新公司法释义与解读系列

XIN GONGSIFA ZHONGDIAN REDIAN WENTI JIEDU
XIN JIU GONGSIFA BIJIAO FENXI

2023

新公司法重点热点问题解读

新旧公司法比较分析

赵旭东　主　编
刘　斌　副主编

法律出版社 | LAW PRESS
北京

图书在版编目(CIP)数据

新公司法重点热点问题解读：新旧公司法比较分析 / 赵旭东主编；刘斌副主编. -- 北京：法律出版社，2024

(新公司法释义与解读系列)

ISBN 978-7-5197-8581-9

Ⅰ. ①新… Ⅱ. ①赵… ②刘… Ⅲ. ①公司法－法律解释－中国 Ⅳ. ①D922.291.915

中国国家版本馆 CIP 数据核字(2023)第 228527 号

新公司法重点热点问题解读
——新旧公司法比较分析
XIN GONGSIFA ZHONGDIAN REDIAN WENTI JIEDU
—XIN JIU GONGSIFA BIJIAO FENXI

赵旭东 主　编
刘　斌 副主编

策划编辑 张　珺
责任编辑 张　珺　田　浩
装帧设计 汪奇峰

出版发行 法律出版社
编辑统筹 法商出版分社
责任校对 王晓萍
责任印制 胡晓雅
经　　销 新华书店

开本 710 毫米×1000 毫米　1/16
印张 34　　**字数** 509 千
版本 2024 年 1 月第 1 版
印次 2024 年 1 月第 1 次印刷
印刷 天津嘉恒印务有限公司

地址：北京市丰台区莲花池西里 7 号(100073)
网址：www.lawpress.com.cn
投稿邮箱：info@lawpress.com.cn
举报盗版邮箱：jbwq@lawpress.com.cn

销售电话：010-83938349
客服电话：010-83938350
咨询电话：010-63939796

书号：ISBN 978-7-5197-8581-9　　**定价**：130.00 元
凡购买本社图书，如有印装错误，我社负责退换。电话：010-83938349

新公司法重点热点问题解读

——新旧公司法比较分析

主　　编　赵旭东

副主编　刘　斌

撰稿人　（以姓氏拼音为序）

陈　萱　郭建广　靳　桢

李　华　刘　斌　徐恭平

赵旭东　赵怡琳　周明慧

邹学庚

主编助理　邹学庚

中国公司法三十年：照射进现实的理想主义

1993年12月29日，第八届全国人民代表大会常务委员会第五次会议审议通过了《中华人民共和国公司法》。时隔整整三十年后的同日，2023年12月29日，第十四届全国人民代表大会常务委员会第七次会议通过了第六次修改、第二次修订后的《中华人民共和国公司法》。修订后的新公司法删除了2018年公司法中16个条文，新增和修改了228个条文，其中实质性修改112个条文，是迄今为止规模最大的一次修改。时光移转，这部凝结了几代法律人心血的法律，转眼已然步入而立之年。在这三十年间，全国公司从寥寥无几发展至4800多万家，是中国经济快速发展的坚定支撑。正如立法机关在《公司法（修订草案）》审议说明中开门见山地指出，公司是最重要的市场主体。

1993年公司法制定之后，1999年、2004年对个别条款进行了修正，2005年进行了全面修订，2013年、2018年又对公司资本制度进行了两次重要修正。本轮公司法修改工作肇始于2018年。2018年9月7日，第十三届全国人大常委会公布了立法规划，公司法被作为第二类项目列入修改日程，属于“需要抓紧工作、条件成熟时提请审议的法律草案”，由委员长会议提请审议。2019年5月，全国人大常委会法制工作委员会组成了由各相关部门、部分专家学者参加的公司法修改起草组，并组成了工作专班，正式启动了第六次公司法修改工作。本轮公司法修改致力于实现公司法的结构性改革，是一项浩大的系统性工程。什么是公司法的结构性改革，如何实现公司法的结构性改革，都是非常宏大且充满挑战的问题。在立法任务繁重的背景之下，立法机关肩负着完善中国公司法的历史使命和责任，主动启动本轮公司法修订工作，致力于进行大刀阔斧的改革,凸显了这部市场经济基本法的重要价值与独特魅力。

“在几百年公司法的历史上,中国确是一个后来者。我们可能是世界上最年轻的公司法制定国,但在固守传统和崇信教条方面,我们又显得过于老成。我们本来没有传统的包袱和历史的积淀,但我们却无意地套上了传统和历史的枷锁,接受了过时的或不适于本土环境的法律规则。由此,更新观念,顺应时势,以现代理念和制度改革现行中国公司法制度已是大势所趋。”[①]这是一种照射进现实的理想主义,具有持续穿越时光的力量。三十年后的今天,第六次修改后的新公司法已经是一部中国特色现代企业制度的基本法,是一部被深度重构的现代化公司法。

理想的公司法是我们绘制新公司法画卷的原点。我们时常用“心中有山水,笔下存河川”来描述画家和画作之间的关系,画者心中山水不同,笔下河川各异。公司法亦然,“每个人眼中都有一部自己理想的公司法”。不同的前见很大程度上决定了大家对公司法修订的期待和愿景是迥异的。这里所说的“大家”,不仅仅包括立法者和公司法学者,更包括公司领域的从业者、司法者、执法者、监管者,等等。究竟什么样的公司法是理想的公司法,得到的答案不一而足。

自 2005 年公司法修订以来,我国公司法领域呈现出了丰富的商事实践创新。对赌协议对公司资本制度带来了体系性的挑战,出资加速到期纠纷对注册资本认缴制本身带来了巨大冲击,公司并购市场的风云变幻,资本市场中董事、监事、高级管理人员等的卸责与苛责同时存在,营商环境优化为公司法修订提出了新的要求等。自 2012 年启动商事制度改革以来,广泛触及了证照制度、简易注销、强制注销、企业名称登记管理等诸多领域;国有企业改革的进一步深化,对公司治理的整体架构、组织机构设置、权力分配、责任承担等均有映射,公司法规范供给已然不足;资本市场中,协议控制架构(VIE)、中国存托凭证(CDR)、特殊目的收购公司(SPAC)等方兴未艾,其中涉及大量的公司治理和资本规则,尚需公司法协同推进。面对不断发展的商事实践,司法实践中也不断形成新的公司诉讼裁判规则,持续型塑着公司法律制度体系。

面对前述实践需求,本轮公司法修订始终贯穿着三条鲜明的价值主线,这是我们理解新公司法的三把钥匙,分别是坚持效率优先与放松管制、尊重路径

---

① 赵旭东:《中国公司法的修订与改革》,载《法学论坛》2003 年第 2 期。

依赖与适度创新、立足本土语境与务实修法。

首先,新公司法坚持效率优先与放松管制。自1993年以来,公司治理中"三会一层"的超稳定结构,在本轮公司法修订中被突破。本轮公司法修订引入了选择制基础上的单层制方案,公司组织机构是公司治理现代化改革的"基础设施"。在此基础上,通过"突出董事会在公司治理中的地位",以董事会为中心的公司权力配置模式意味着更为自治、高效的公司治理架构。易言之,董事会中心主义是现代公司法的标准配置,也为里程碑意义的授权资本制奠定了公司治理的基础。基于单层制改革和董事会中心,董事义务的具体化、董事责任的扩张、监督权力的重新配置、法定代表人制度改革等始得展开。新公司法第1条开宗明义地增加"弘扬企业家精神",作为公司治理核心的董事会和董事,是企业家精神最重要的践行者。新公司法中引入电子通信方式的会议与表决,增加公司的法定信息公示事项,肯认电子营业执照的效力,新增类别股、无面额股等,增加简易减资、简易注销、简易合并等简化规则,进一步放松管制,提升公司运行效率。

其次,新公司法尊重路径依赖与适度创新。面对巨量的现存公司,新公司法选择在尊重制度稳定的基础上进行审慎创新,避免给公司造成过高的制度转换成本。比如,当前有限公司和股份公司二分的公司类型格局已显迟滞面,产生了公司类型的改革需求。对此,新公司法基于对存量公司的尊重,并未将公司类型破旧立新,而是在具体制度上对二者予以细化完善,包括法定资本制与授权资本制的分别适用、将股东压制的救济措施引入封闭型股份公司、允许小型股份公司简化治理结构等,实质上优化了两类公司的区分安排。再如,包括新增股东压制时的回购请求权、查阅会计账簿的权利、增加股东双重代表诉讼和查阅权穿越行使制度、降低股份公司提案权比例、新增同比例减资的原则规定等,都是对我国公司法实践经验的系统总结和立法回应。

最后,新公司法立足本土语境与务实修法。自2014年修改公司法实施注册资本认缴登记制,取消出资期限、最低注册资本和首期出资比例以来,方便了公司设立,激发了创业活力,公司数量增加迅速。但实践中也出现股东认缴期限过长,影响交易安全、损害债权人利益的情形。对此,新公司法改采限期认缴制,明确全体股东认缴的出资额应当按照公司章程的规定自公司成立之日起5年内缴足。这是对实践中认缴制本身所产生的客观现实问题的理性回应。比如,新公司法将国家出资公司设专章规定,但章名明确为"组织机构的特别规定”,彰显了国家出资公司与普通公司在其他公司法规则上的一体平等适用。面对法定代表人制度所产生的选任范围过窄、抑制董事会权力等问题,新公司法通过扩大选任范围、明确辞任和补任规则、明确变更文件和签署主体、修改章程记载事项等,予以针对性地解决。再如,股份公司改采实缴制、催缴失权、加速到期、简化有限责任公司股权转让模式、明确股东变动模式、明确股权转让后的义务承担等,都是对本土问题的务实回应。

新公司法颁行后,整个社会将出现新一轮学习、宣传和阐释、研究新公司法的热潮,全国各地、各部门、各系统,尤其是公司企业、律师事务所、国家机关、法律院校等都将面临重新学习和实施、适用新公司法的任务,现有的各种公司法的教材和读物也都需要根据新公司法进行全面的修订和更新。值此时机,我们以新公司法的内容和结构为基础,组织编写了这套“新公司法释义与解读系列”丛书,从不同角度系统解析新公司法的法理基础、制度内涵与适用要义。本丛书共5本,每本书根据不同领域、不同专业背景和不同业务的读者情况和需求,按不同内容、不同体例、不同深度和不同风格分别编写,包括:《新公司法条文释解》、《新公司法重点热点问题解读:新旧公司法比较分析》、《新公司法讲义》、《新公司法适用与最高人民法院公布案例解读》和《新公司法诉讼实务指南》。

本丛书编写作者主要由中国政法大学公司法修改课题研究小组的老师和研究人员组成,同时为反映其突出的实务特色,特别邀请了全国人大常委会法工委、最高人民法院和地方高级人民法院、国家市场监督管理总局、中国证监会等相关国家机关及部分律师事务所的实务界专家参与本书编写。

经由本轮公司法修订,我国公司法已经开始从吸收和融合域外规则,走向基于本土资源的制度改革之路。本轮公司法的修订,不仅仅是对过去三十年中国公司法理论和经验的系统总结,更是奠定了未来十数年乃至数十年的司法适用和理论阐释的新起点。本丛书试图提供新公司法的解释体系,也是向中国公司法三十年的致敬与祝愿。

赵旭东　刘　斌
2024 年 1 月 10 日

凡　例

文件名称	文号	发布/修订/修正日期	生效日期
《中华人民共和国公司法》(2023 年修订)(简称新《公司法》)	中华人民共和国主席令第 15 号	2023 年 12 月 29 日	2024 年 7 月 1 日
《中华人民共和国公司法》(2018 年修正)(简称原《公司法》或 2018 年《公司法》)	中华人民共和国主席令第 15 号	2018 年 10 月 26 日	2018 年 10 月 26 日
《中华人民共和国公司法》(2013 年修正)(简称 2013 年《公司法》)	中华人民共和国主席令第 8 号	2013 年 12 月 28 日	2014 年 3 月 1 日
《中华人民共和国公司法》(2005 年修订)(简称 2005 年《公司法》)	中华人民共和国主席令第 42 号	2005 年 10 月 27 日	2006 年 1 月 1 日
《中华人民共和国公司法》(简称 1993 年《公司法》)	中华人民共和国主席令第 16 号	1993 年 12 月 29 日	1994 年 7 月 1 日
《中华人民共和国民法典》(简称《民法典》)	中华人民共和国主席令第 45 号	2020 年 5 月 28 日	2021 年 1 月 1 日
《中华人民共和国企业破产法》(简称《企业破产法》)	中华人民共和国主席令第 54 号	2006 年 8 月 27 日	2007 年 6 月 1 日
《中华人民共和国证券法》(2019 年修订)(简称《证券法》)	中华人民共和国主席令第 37 号	2019 年 12 月 28 日	2020 年 3 月 1 日
《中华人民共和国商业银行法》(简称《商业银行法》)	中华人民共和国主席令第 34 号	2015 年 8 月 29 日	2015 年 10 月 1 日
《中华人民共和国会计法》(2017 年修正)(简称《会计法》)	中华人民共和国主席令第 81 号	2017 年 11 月 4 日	2017 年 11 月 5 日

续表

文件名称	文号	发布/修订/修正日期	生效日期
《中华人民共和国民事诉讼法》(2023 年修正)(简称《民事诉讼法》)	中华人民共和国主席令第 11 号	2023 年 9 月 1 日	2024 年 1 月 1 日
《中华人民共和国企业所得税法》(2018 年修正)(简称《企业所得税法》)	中华人民共和国主席令第 23 号	2018 年 12 月 29 日	2018 年 12 月 29 日
《中华人民共和国企业国有资产法》(简称《企业国有资产法》)	中华人民共和国主席令第 5 号	2008 年 10 月 28 日	2009 年 5 月 1 日
《中华人民共和国全民所有制工业企业法》(2009 修正)(简称《全民所有制工业企业法》)	中华人民共和国主席令第 18 号	2009 年 8 月 27 日	2009 年 8 月 27 日
《中华人民共和国税收征收管理法(2015 修正)》(简称《税收征收管理法》)	中华人民共和国主席令第 23 号	2015 年 4 月 24 日	2015 年 4 月 24 日
最高人民法院《关于适用〈中华人民共和国公司法〉若干问题的规定(一)》(2014 年修正)(简称《公司法司法解释(一)》)	法释〔2014〕2 号	2014 年 2 月 20 日	2014 年 3 月 1 日
最高人民法院《关于适用〈中华人民共和国公司法〉若干问题的规定(二)》(2020 年修正)(简称《公司法司法解释(二)》)	法释〔2020〕18 号	2020 年 12 月 29 日	2021 年 1 月 1 日
最高人民法院《关于适用〈中华人民共和国公司法〉若干问题的规定(三)》(2020 年修正)(简称《公司法司法解释(三)》)	法释〔2020〕18 号	2020 年 12 月 29 日	2021 年 1 月 1 日
最高人民法院《关于适用〈中华人民共和国公司法〉若干问题的规定(四)》(2020 年修正)(简称《公司法司法解释(四)》)	法释〔2020〕18 号	2020 年 12 月 29 日	2021 年 1 月 1 日

续表

文件名称	文号	发布/修订/修正日期	生效日期
最高人民法院《关于适用〈中华人民共和国公司法〉若干问题的规定(五)》(2020年修正)(简称《公司法司法解释(五)》)	法释〔2020〕18号	2020年12月29日	2021年1月1日
最高人民法院《关于适用〈中华人民共和国民法典〉合同编通则若干问题的解释》(简称《民法典合同编通则解释》)	法释〔2023〕13号	2023年12月4日	2023年12月5日
最高人民法院《关于适用〈中华人民共和国民法典〉有关担保制度的解释》(简称《民法典担保制度解释》)	法释〔2020〕28号	2020年12月31日	2021年1月1日
最高人民法院《关于适用〈中华人民共和国企业破产法〉若干问题的规定(一)》(简称《企业破产法解释(一)》)	法释〔2011〕22号	2011年9月9日	2011年9月26日
最高人民法院《关于印发〈全国法院民商事审判工作会议纪要〉的通知》(简称《九民纪要》)	法〔2019〕254号	2019年11月8日	2019年11月8日
《中华人民共和国市场主体登记管理条例》(简称《市场主体登记管理条例》)	中华人民共和国国务院令第746号	2021年7月27日	2022年3月1日
《中华人民共和国市场主体登记管理条例实施细则》(简称《市场主体登记管理条例实施细则》)	国家市场监督管理总局令第52号	2022年3月1日	2022年3月1日
《中华人民共和国公司法(修订草案)(一次审议稿)》(简称《公司法(修订草案一审稿)》)		2021年12月24日	
《中华人民共和国公司法(修订草案)(二次审议稿)》(简称《公司法(修订草案二审稿)》)		2022年12月30日	
《中华人民共和国公司法(修订草案)(三次审议稿)》(简称《公司法(修订草案三审稿)》)		2023年9月1日	

说明:正文中出现的法律文件简称规则同上或于文中第一次出现处标注。

目　　录

第一编　公司设立与登记

第二编　公司资本与公司财务制度

第三编　公司股东与股东权利

第四编　公司治理与公司组织机构

第五编　新公司法中的其他制度

PART 01

第一编

公司设立与登记

专题一 公司发起人的法律责任

一、新《公司法》修改的主要内容

公司发起人的法律责任,是指公司发起人所承担的基于发起人身份的特别法律责任。发起人在公司设立过程中,享有广泛的职权,其有权代表或者代理设立中的公司实施相关设立行为,包括但不限于与第三人订立住所租赁合同、设备买卖合同等。发起人所实施的设立行为,牵涉发起人与设立中的公司、发起人与第三人以及发起人内部之间等多方法律关系。为了保证和督促发起人勤勉尽责地行使发起人职权,保护第三人交易安全和合法权益,法律有必要对发起人施加一些特别的法律义务和责任。

新《公司法》用第44条、第50条、第99条、第107条四个条文,较为系统性地规定了公司发起人的法律责任,具体而言:

其一,发起人实施公司设立行为的法律责任。新《公司法》第44条规定了有限责任公司发起人(设立时的股东)实施公司设立行为的法律责任。根据新《公司法》第107条的规定,新《公司法》第44条的规定同样适用于股份有限公司。新《公司法》第44条整合了原《公司法》《公司法司法解释(三)》相关条文,规定:(1)发起人为设立公司从事的民事活动,其法律后果由公司承受;(2)公司未成立的,其法律后果由发起人承受,发起人为二人以上的,享有连带债权,承担连带债务;(3)发起人为设立公司以自己的名义从事民事活动产生的民事责任,第三人有权选择请求公司或者发起人承担;(4)发起人因履行公司设立职责造成他人损害的,公司或者无过错的股东承担赔偿责任后,可以向有过错的股东追偿。

其二,有限责任公司发起人对公司设立时实缴出资的资本充实责任。根据新《公司法》第47条、第49条,有限责任公司实行限期认缴制,股东既可以选择实缴出资,也可以选择认缴出资。股东选择实缴出资的,应当在公司设立时缴足;股东选择认缴出资的,应当在公司成立之日起5年内缴足。新《公司法》第50条规定,有限责任公司设立时,股东未按照公司章程规定实际缴纳出资,或者实际出资的非货币财产的实际价额显著低于所认缴的出资额的,设立时的其他股东与该股东在出资不足的范围内承担连带责任。根据该条,相较于原《公司法》第30条、《公司法司法解释(三)》第13条第3款关于有限责任公司发起人责任的规定,本次公司法修改关于发起人资本充实责任的重大修改有二:一是,将有限责任公司发起人的资本充实责任,从非货币出资不足,扩张至包括货币出资不足在内的所有出资不足的情形。二是,将发起人资本充实连带责任的范围,限制在公司设立时其他发起人实缴出资范围,而不包括其他发起人的认缴出资。

其三,股份有限公司发起人对其他发起人出资的资本充实责任。根据新《公司法》第98条,股份有限公司实行完全实缴制,股东应当在公司成立前按照其认购的股份全额缴纳股款。新《公司法》第99条规定,发起人不按照其认购的股份缴纳股款,或者作为出资的非货币财产的实际价额显著低于所认购的股份的,其他发起人与该发起人在出资不足的范围内承担连带责任。该条规定了股份有限公司发起人对其他发起人非货币出资不足和货币出资不足的连带责任。与原《公司法》第93条规定的股份有限公司发起人责任相比,除资本缴纳模式由原先的完全认缴制改为完全实缴制外,该条与原《公司法》第93条的规定基本一致。

总体而言,新《公司法》根据长期以来理论探讨的共识,在原《公司法》《公司法司法解释(三)》相关规定的基础上,吸收司法实践积累的经验,衔接《民法典》的相关规则,构建了较为系统和复杂的发起人法律责任制度。为准确理解和适用新《公司法》关于发起人法律责任的规定,有必要对其进行深入理论阐释和规范解读。

二、本次修改的现实依据

(一)公司发起人法律责任的规范必要性

发起人通常是设立中公司的控制者或者与控制者有紧密联系的人,因此需要相应制度来强化发起人的责任,以实现权责对应。[①] 新《公司法》用第44条、第50条、第99条、第107条四个条文规定了公司发起人区别于一般公司股东的法律责任,第44条、第107条规定了发起人实施公司设立行为的法律责任,第50条、第99条分别规定了有限责任公司和股份有限公司发起人的资本充实责任。对公司发起人施以如上特别的法律责任,总体而言有以下三个方面的正当性理据。

1. 使发起人的职权与责任相匹配

公司发起人享有许多一般公司股东不具备的权利。发起人在公司设立过程中有权决定公司目的、经营方式或融资模式等事宜,其通过构建一个公司发展的蓝图或理念,来吸引更多的人参与公司的组建。发起人在公司设立过程中可以协商确定各自的权利义务,订立发起人协议,根据发起人协议筹备公司设立的各项事务。为了保证和督促发起人勤勉尽责地利用发起人的职权,法律有必要对发起人施以一些特别的法律义务和责任。从宏观来看,世界各国公司法对公司设立普遍采准则主义,降低了公司设立的门槛,但却可能使与公司交易的相对人处于风险之中。因此,有必要通过加重公司发起人的设立责任,防范公司滥设行为,从而保障社会公众的利益。从微观来看,公司发起人是公司设立过程中的主导力量,与后续股份认购人相比,其有权制定初始公司章程,决定公司的名称、住所、注册资本、经营范围等诸多重要事项。因此,有必要对其科以与其他非发起人股东相比更重的义务。这体现了法律对当事人权利与义务的公平配置。

2. 督促发起人勤勉尽责地实施设立行为

在公司设立过程中,发起人享有与公司筹办相关的一切职权,在法律地位上与公司成立后的董事相似,但在某种程度上,其所享有的职权更具广泛性。鉴于在公司设立过程中,发起人享有较为广泛的代表设立中的公司从事各类设

---

① 参见周游:《公司发起人范围界定难题及其破解》,载《中国政法大学学报》2022年第5期。

立行为的职权,有必要对其施以特别的法律责任。譬如,根据新《公司法》第44条第4款的规定,发起人在实施设立行为过程中造成他人损害的,公司或者无过错的股东承担赔偿责任后,可以向有过错的股东追偿。如此,可以督促发起人谨慎、妥善处理公司筹办事务。又如,根据新《公司法》第44条第2款的规定,公司设立失败的,相关债务由全体发起人承担连带责任。由此迫使发起人消除投机心理,防范道德风险,保护第三人交易安全。再如,新《公司法》第50条、第99条规定了发起人的资本充实责任,即要求发起人对其他发起人出资不足部分承担连带责任。由此督促发起人审慎确定公司注册资本,莫超出自身能力认缴、认购超出必要限度的公司出资额或者股份。

3. 保护设立中的公司之交易相对人的交易安全

在设立公司的过程中,发起人将代表设立中的公司从事众多民事活动。譬如,发起人代表设立中的公司申报公司名称、承租或者买卖公司的住所、经营场所等,这些设立行为都将会影响到相关交易相对人的交易安全。因此,有必要对发起人施以特别的法律责任,以保护交易相对人的交易安全。又如,使公司发起人对公司资本承担资本充实责任,对公司债权人债权的实现具有担保作用。再如,发起人在为设立法人以自己的名义与第三人从事民事活动时,相对人享有选择由法人或者发起人承担相应的民事责任的权利,这保护了第三人的合理信赖与交易安全。[①] 此外,公司设立失败时,公司发起人对公司设立中的债务承担无限连带责任,将使设立中的公司的债权人之债权不至于因公司不能成立而落空,从而保障了交易安全。

(二)我国公司发起人法律责任的立法演进

我国关于发起人法律责任的立法,可以分为发起人实施设立行为的法律责任和发起人的资本充实责任两个部分。

1. 发起人实施设立行为法律责任的立法演进

(1)原《公司法》对发起人实施设立行为法律责任的规定。

从1993年《公司法》至原《公司法》的历年公司法,均对股份有限公司发起人实施设立行为的法律责任作出了具体规定。

原《公司法》第94条规定,"股份有限公司的发起人应当承担下列责任:

① 参见杨代雄主编:《袖珍民法典评注》,中国民主法制出版社2022年版,第50页。

(一)公司不能成立时,对设立行为所产生的债务和费用负连带责任;(二)公司不能成立时,对认股人已缴纳的股款,负返还股款并加算银行同期存款利息的连带责任;(三)在公司设立过程中,由于发起人的过失致使公司利益受到损害的,应当对公司承担赔偿责任”。

前述规定仅规定了股份有限公司不能成立时相关债务的承担问题、已缴纳股款的返还问题和发起人对公司的赔偿责任问题,存在以下几个方面的问题:一是,前述规定仅是对股份有限公司发起人责任的规定,能否适用于有限责任公司设立时的股东,不无疑问;二是,前述规定仅规定了公司未成立时的债务成立问题,并未规定公司未成立时的债权继受问题;三是,前述规定仅规定了公司未成立时的法律责任问题,并未对公司成立时的法律后果作出规定;四是,前述规定并未规定复数发起人之间的法律关系。

(2)《公司法司法解释(三)》详尽地规定了发起人实施设立行为的法律责任问题。

《公司法司法解释(三)》第2条规定:“发起人为设立公司以自己名义对外签订合同,合同相对人请求该发起人承担合同责任的,人民法院应予支持;公司成立后合同相对人请求公司承担合同责任的,人民法院应予支持。”该条规定了发起人为设立公司以自己名义对外签订合同时,相对人的选择权问题。

第3条规定:“发起人以设立中公司名义对外签订合同,公司成立后合同相对人请求公司承担合同责任的,人民法院应予支持。公司成立后有证据证明发起人利用设立中公司的名义为自己的利益与相对人签订合同,公司以此为由主张不承担合同责任的,人民法院应予支持,但相对人为善意的除外。”该条规定了发起人以设立中公司名义对外签订合同,公司成立后的合同责任承担问题;同时,发起人越权代理设立中公司为自己利益签订合同的,在相对人非善意的情形下,对公司不发生效力。

第4条规定:“公司因故未成立,债权人请求全体或者部分发起人对设立公司行为所产生的费用和债务承担连带清偿责任的,人民法院应予支持。部分发起人依照前款规定承担责任后,请求其他发起人分担的,人民法院应当判令其他发起人按照约定的责任承担比例分担责任;没有约定责任承担比例的,按照约定的出资比例分担责任;没有约定出资比例的,按照均等份额分担责任。因部分发起人的过错导致公司未成立,其他发起人主张其承担设立行为所产生的费用和债务的,人民法院应当根据过错情况,确定过错一方的责任范围。"该条规定了公司未成立时,发起人对实施设立行为所发生的费用和债务的连带责任以及发起人内部之间的责任分担问题。

第 5 条规定:"发起人因履行公司设立职责造成他人损害,公司成立后受害人请求公司承担侵权赔偿责任的,人民法院应予支持;公司未成立,受害人请求全体发起人承担连带赔偿责任的,人民法院应予支持。公司或者无过错的发起人承担赔偿责任后,可以向有过错的发起人追偿。"该条规定了发起人实施设立行为过程中产生的侵权责任的承担问题。

(3)《民法典》重点参照《公司法司法解释(三)》的相关规定,对法人设立人实施设立行为的法律责任作出了系统性规定。

《民法典》第 75 条规定:"设立人为设立法人从事的民事活动,其法律后果由法人承受;法人未成立的,其法律后果由设立人承受,设立人为二人以上的,享有连带债权,承担连带债务。设立人为设立法人以自己的名义从事民事活动产生的民事责任,第三人有权选择请求法人或者设立人承担。"该条规定的进步之处在于,不仅对设立行为所致的债务清偿问题作出了规范,还对设立行为所产生的债权承继问题作出了规范,从而形成了较为体系化的设立人实施设立行为的法律责任体系。

(4)新《公司法》第 44 条第 1 款规定,"有限责任公司设立时的股东为设立公司从事的民事活动,其法律后果由公司承受"。该款延续了《民法典》第 75 条第 1 款第 1 句的规定。新《公司法》第 44 条第 2 款规定,"公司未成立的,其法律后果由公司设立时的股东承受;设立时的股东为二人以上的,享有连带债权,承担连带债务"。该款延续了《民法典》第 75 条第 1 款第 2 句的规定。新《公司法》第 44 条第 3 款规定,"设立时的股东为设立公司以自己的名义从事民事活动产生的民事责任,第三人有权选择请求公司或者公司设立时的股东承担"。该款延续了《民法典》第 75 条第 2 款的规定,规定了第三人的选择权。新《公司法》第 44 条第 4 款规定,"设立时的股东因履行公司设立职责造成他人损害的,公司或者无过错的股东承担赔偿责任后,可以向有过错的股东追偿"。该款规定了设立行为所致侵权责任的责任承担问题。同时,新《公司法》第 107 条规定,第 44 条的前述规定,同样适用于股份有限公司。

2. 发起人的资本充实责任的立法演进

我国发起人的资本充实责任始于1993年《公司法》,在历次修法过程中,其适用范围不断扩张。1993年《公司法》仅要求有限责任公司发起人对其他发起人非货币出资承担连带责任,2005年《公司法》增设了股份有限公司发起人的资本充实责任,并将之扩展至货币出资与非货币出资。2011年《公司法司法解释(三)》统一了有限责任公司与股份有限公司的发起人资本充实责任规则。2018年《公司法》虽未采纳2011年《公司法司法解释(三)》的规定,但新《公司法》在一定程度上接受了2011年《公司法司法解释(三)》第13条的内容。

(1)1993年《公司法》第28条规定:"有限责任公司成立后,发现作为出资的实物、工业产权、非专利技术、土地使用权的实际价额显著低于公司章程所定价额的,应当由交付该出资的股东补交其差额,公司设立时的其他股东对其承担连带责任。"该条规定仅要求有限责任公司发起人对其他发起人非货币出资显著低价承担连带责任。

(2)2005年《公司法》第31条规定:"有限责任公司成立后,发现作为设立公司出资的非货币财产的实际价额显著低于公司章程所定价额的,应当由交付该出资的股东补足其差额;公司设立时的其他股东承担连带责任。"第94条规定:"股份有限公司成立后,发起人未按照公司章程的规定缴足出资的,应当补缴;其他发起人承担连带责任。股份有限公司成立后,发现作为设立公司出资的非货币财产的实际价额显著低于公司章程所定价额的,应当由交付该出资的发起人补足其差额;其他发起人承担连带责任。"2005年《公司法》在1993年《公司法》的基础上,增加股份有限公司发起人资本充实责任,但股份有限公司发起人资本充实责任范围大于有限责任公司,不仅包括非货币出资,还包括货币出资。

(3)2011年《公司法司法解释(三)》第13条第3款规定:"股东在公司设立时未履行或者未全面履行出资义务,依照本条第一款或者第二款提起诉讼的原告,请求公司的发起人与被告股东承担连带责任的,人民法院应予支持;公司的发起人承担责任后,可以向被告股东追偿。"该条进一步将股份有限公司的发起人资本充实责任类推适用至有限责任公司,不仅不再区分公司类型,还将发起人责任范围扩张至未出资本息。

(4)2018年《公司法》第30条规定:"有限责任公司成立后,发现作为设立公司出资的非货币财产的实际价额显著低于公司章程所定价额的,应当由交付该出资的股东补足其差额;公司设立时的其他股东承担连带责任。”第93条规定:“股份有限公司成立后,发起人未按照公司章程的规定缴足出资的,应当补缴;其他发起人承担连带责任。股份有限公司成立后,发现作为设立公司出资的非货币财产的实际价额显著低于公司章程所定价额的,应当由交付该出资的发起人补足其差额;其他发起人承担连带责任。”前述规定基本延续2005年《公司法》的规定,并未采纳《公司法司法解释(三)》第13条的规定。

(5)新《公司法》第50条规定:“有限责任公司设立时,股东未按照公司章程规定实际缴纳出资,或者实际出资的非货币财产的实际价额显著低于所认缴的出资额的,设立时的其他股东与该股东在出资不足的范围内承担连带责任。”第99条规定:“发起人不按照其认购的股份缴纳股款,或者作为出资的非货币财产的实际价额显著低于所认购的股份的,其他发起人与该发起人在出资不足的范围内承担连带责任。”上述规定表明,新《公司法》在一定程度上采纳《公司法司法解释(三)》第13条的规定。

(三)社会各界对公司发起人法律责任的意见和建议

《公司法(修订草案一审稿)》颁布后,有的高校和学者就公司设立中的法律责任问题提出建议:关于公司设立时的股东的概念,有的学者提出,《公司法司法解释(三)》已经使用了发起人的概念,建议统一使用发起人的概念,并明确设立协议的效力。关于作为公司设立时的股东的公司发起人之间的连带责任,有的学者建议删除未缴纳出资股东对已按期足额缴纳出资的股东承担违约责任的规定,原因在于该责任不属于公司法规则,而属于合同法规则。有实务部门提出,建议删除“设立时的其他股东承担连带责任”的表述,其理由在于:出资是股东对公司最基本的义务,该义务应当首先由股东自身履行并对此承担责任。在公司认缴期限可能为10年、20年以上的认缴制的情况下,要求设立时的股东为其他股东未来不确定期限的行为负责并不合理,可能使中小股东遭受损失,也使公司管理人员承担过重的职业风险。

三、公司发起人法律责任的理论阐释

(一)公司发起人及相关概念的辨析与澄清

在公司设立过程中,存有发起人与设立中的公司、发起人与第三人、发起人与认股人以及发起人内部之间等众多的法律关系,在此基础上所衍生的发起人法律责任体系的规范构造形态极为复杂多元。要阐释这项制度,首先需要澄清发起人、设立中的公司、设立行为等基础概念及其性质。

1. 发起人的概念及其认定

公司发起人又称公司设立人,是指为设立公司而签署公司章程、向公司认购出资或者股份并履行公司设立职责的人。在不同法律文本下,发起人有着不同的语词表达。在公司法理论中,通常将设立公司的人称为发起人。我国《民法典》将设立法人或者非法人组织的人,称为设立人。新《公司法》则区分有限责任公司和股份有限公司,将设立前者的人称为设立时的股东,将设立后者的人称为发起人。不难发现,无论如何指称发起人这一概念,不同的语词内涵均指向设立公司或者非公司组织的人。由此,为便于指称,下文将设立有限责任公司的人和设立股份有限公司的人,统一指称为发起人。

如何认定发起人,是公司法理论与实务中的一大难题。有的国家公司法从形式要件上认定发起人。譬如,《德国股份公司法》第 28 条规定,制定公司章程的股东为公司发起人。由此可见,德国法强调发起人是制定公司初始章程的人。该意见强调,在认定发起人时,应以其是否在公司初始章程上签章为准。与前述意见不同,英美国家的学者倾向于从实质要件上认定发起人。1877 年,科伯恩(Cockbum)大法官在 Twgeross v. Grant 一案中指出,发起人是按一定方案组织公司,使公司运转,并采取必要的步骤达到这一目的的人。汉密尔顿教授认为,发起人是在形成和组织一个新的商事企业过程中起主要作用的人。由上可见,英美国家的学者在认定发起人时,主要是着眼于发起人在公司设立中所起的实质性作用。这与德国的形式要件认定方法有明显的差别。

在我国,《公司法司法解释(三)》第 1 条对发起人的认定作出了专门的规定,该条规定,"为设立公司而签署公司章程、向公司认购出资或者股份并履行公司设立职责的人,应当认定为公司的发起人,包括有限责任公司设立时的股东"。根据该条,发起人应当具备三个构成要件:一是,为设立公司而签署公司章程;二是,向公司认购出资或者股份;三是履行公司设立职责。本书采此观点。

2. 设立中的公司的含义及其法律性质

发起人代表设立中的公司从事设立相关的民事活动。设立中公司系指自订立公司章程起至公司登记成立前进行公司设立事项的组织体。设立中公司在事实中存在,乃基于如下原因:一是,公司乃社团法人,而社团的生成是渐次的。公司之实体并非由于公司被获准登记而突然成立,社团的生成需要一个由个人人格向社团独立性的演进的过程。二是,社团之实体已形成,但到公司获准登记仍需时日。设立中公司在组成未来公司法人各机关之际已具备了公司法人的实体要件,但公司法人之成立还必须履行公司登记这一形式要件,故而公司设立登记制度是存在设立中公司这一组织的另一原因。

关于设立中的公司的法律性质,学界大致有以下几种观点:

(1)无权利能力社团说。该说认为设立中的公司尚未取得法人资格,因而不具有权利能力与行为能力,在性质上属于无权利能力社团。此说承认设立中公司的社团性,即把设立中的公司看作一个整体的社团,而非发起人个体之简单相加。

(2)同一体说。此学说认为设立中的公司与成立后的公司是同一主体,只不过二者处于不同的阶段而已。这种学说对设立中的公司与成立后的公司不作严格区分,认为二者在组织形态上并无实质差别。在二者权利义务的继承关系上,该说主张成立后的公司对设立中公司的行为后果进行不加区分的概括继承。

(3)修正的同一体说。顾名思义,该说是对同一体说的一种修正。该说虽然也认为从设立中的公司到成立后的公司是一个连续的、渐进的过程,但也同时认为,二者之间有着严格的界限,即成立后的公司由于获准登记而取得人格,而设立中的公司却没有人格。在二者权利义务关系的继承上,该说主张设立中的公司的行为只有为设立公司之必要时,成立后的公司才予以当然继承,否则成立后的公司对设立中公司的权利义务并不当然继承。

目前,无权利能力社团说为通说。同一体说与修正的同一体说均来自德国司法判例,其中修正的同一体说较为客观地揭示了设立中的公司与成立后的公司之关系,而受到学者之肯认,但这两种学说所要揭示的乃是设立中的公司与成立后公司之关系,至于设立中的公司本身的性质,此两种学说并没有十分明确的回答。“无权利能力社团说”由于认识到了设立中公司正在生成或已生成之社团性而被学者认为是关于设立中公司法律性质之通说。

3. 设立行为的含义及法律性质

公司成立之前发生的、目的在于取得独立主体资格的全部活动都属于公司设立行为。从新《公司法》的规定看,设立行为的核心部分是法律行为,但该行为为何种性质的法律行为,理论上有不同的主张,主要可概括为:

第一,契约行为说。这种学说认为,公司发起人协议、公司章程都是以当事人之间的合意为基础,并且对当事人均有约束力,因而公司设立行为属于民法上的契约行为。

第二,共同行为说。这种学说认为,公司设立行为是公司设立人的共同行为。公司设立行为是设立人在共同的意思表示下所为的行为,这种行为与契约行为是有区别的。因为在共同行为下,行为人的意思表示是平行的;而在契约行为下,行为人的意思表示是交错的,相互之间的权利是对立的。公司设立行为以创立新的法律主体为各行为人的共同目的,行为人在此目的下进行着一致的行为。

第三,单独行为说。该学说认为,公司设立行为是每个行为人单独实施的行为。这些单独行为因目的均指向设立公司,而结合为聚合的行为群,从而每一个发起人须就全部设立行为所发生的债务负全部清偿责任。

对于以上三种学说,学界多认为共同行为说为通说。其原因是:第一,公司发起人之间所签订的发起人协议可以认为是一种合伙契约,但此契约与公司设立行为却要加以区分。因为发起人协议只就发起人个人关系而言,而设立行为却是相对于创设一个新的法律主体的目的而言。第二,既然单独行为说认为设立人之间的单独行为会在公司设立过程中加以集合,那便成为"共同行为",单独行为说也失去存在必要。

需要指出的是,虽然共同行为说确实能从设立行为的总体上阐明其特征,我们也较为倾向于此种学说,但是公司的设立行为是一个复杂的行为,所含之具体行为繁多,共同行为说仅能从大体上阐明其性质。若要想窥设立行为之全貌,尚需进行进一步的透析。

其一,从设立行为的总体来看,既包含法律行为,又包含公法行为。以上关于公司设立行为的三种学说均基于同一个前提——公司的设立行为是法律行为。诚然,在公司设立过程中大部分行为是法律行为,如订立章程的行为、认购股份的行为等;但在公司设立过程中设立人也会向相关行政机关申请审批和申请公司登记设立等。因此,公司的设立行为中既包含有法律行为并且构成公司设立行为的主要部分,也包含有公法行为。

其二,从设立行为中法律行为的构成来看,其既包含共同行为,也包含契约行为。在公司设立过程中最明显地反映出共同行为特性的就是公司章程的制定或者制订。公司章程的制定或者制订并非要在公司发起人之间确立具体的权利义务,而是发起人方向一致的意思表示。因此公司章程的制定或者制订不属于一种契约行为,而属于一种共同行为。公司设立过程中也存在契约行为,这些行为包括公司发起人之间签订发起人协议的行为,也包括公司发起人为设立公司与第三人的契约行为。与公司章程的制定或者制订不同,发起人协议的本质是一种合伙契约,发起人在签订发起人协议时他们的意思表示是交错的而非一致的。因而,发起人协议的签订与公司章程的制定或者制订是有本质区别的。

其三,从公司设立行为的法律属性看,其既包括实体法上的行为也包含有程序法上的行为。从公司法所规定的公司设立行为的整体来看,公司设立行为是由一系列的程序所组成的,因此从客观的角度观之,公司设立行为是程序法上的行为。同时,若从微观的角度看,公司设立行为包含众多实体法上的行为,如在公司设立过程中所发生的众多契约行为。

综上所述,任何一种学说都难以全面解释设立行为的法律意义。总体上看,设立行为在法律性质上兼具共同行为和契约行为的要素和特征,是一种混合行为。

(二)公司发起人的法律地位

公司发起人是公司设立过程中所产生权利义务的主要承受者。对公司发起人的法律地位,学理上主要存在四种学说,即无因管理说、为第三人利益契约说、设立中的公司机关说和当然继承说。

1. 无因管理说

该说认为发起人与成立后的公司是一种无因管理关系,即发起人为了即将成立的公司的事务而进行管理。在公司成立之后,作为管理人的公司发起人便把公司设立过程中所发生的权利义务归属于公司。但此说有以下缺陷:第一,无因管理乃为他人之事务进行管理,而公司设立阶段此“他人”并不存在;第二,无因管理的前提是管理人无法定义务,然而筹办公司事务乃发起人之法定义务;第三,无因管理中的管理人并无报酬请求权,而发起人在公司成立之后拥有报酬请求权。

2. 为第三人利益契约说

此说认为发起人在公司设立阶段与他人所缔结的契约乃是以成立后的公司为受益第三人的合同。然而若按为第三人利益契约说,为第三人利益契约仅能使该第三人受益,并不能使其负义务。若按此学说,公司发起人为设立公司所负的正当的义务便无法移转于公司。

3. 设立中的公司机关说

该说认为发起人乃“设立中的公司”的机关,并建立在“设立中的公司”应被视为一种“无权利能力社团”的前提上。由于该社团与成立后的公司属于同一体,因而发起人在公司设立中的权利义务自然由成立后的公司承受。但是,此说无法解释在公司不能成立时,对于设立所发生之费用为何由发起人负连带责任,而不是由该无权利能力社团负责。

4. 当然继承说

此说认为,发起人在设立公司中的权利义务在公司成立时当然由公司承受,然而该说并未阐释其缘由。

5. 本书观点:公司机关说和合伙说的结合

由上可见,前述四种观点都不能圆满解释公司发起人的法律地位,我们认为,公司发起人的法律地位具有相对的复杂性,需要区分不同情形,对发起人的法律地位进行解释:一是,在公司设立过程中和公司成立的情形下,可采公司机关说,将发起人作为一个公司机关,其以设立中的公司名义对外从事的民事活动,法律效果自然归属于公司。二是,在公司设立失败的情形下,应将发起人之间的关系视为一种合伙,发起人实施设立行为所产生的债权和债务,当由全体发起人承受,享有连带债权,负担连带债务。

(三)公司发起人法律责任的具体内容

公司设立行为的后果有二:一是经过设立程序,符合法定条件,被核准登记,公司取得法律人格;二是经过设立程序,不符合法定条件,未被核准登记,公司设立失败。但无论公司成立还是不成立,发起人对其实施的设立行为,都要承担相应的法律责任,这也是设立行为效力的重要表现。

1. 公司设立完成时发起人的法律责任

公司设立完成,是指公司完成设立登记,取得营业执照,顺利成立的情形。发起人的设立行为对于认股人、因设立行为而成立的公司都有直接的影响。为增强发起人的责任感,防止滥设公司以及以公司名义进行欺诈活动,各国或地区的公司立法均对发起人规定了较为严格的责任。

(1)资本充实责任

发起人的资本充实责任又称“差额填补责任”,是指为了确保资本的充足和可靠,保证法律人格健全,由发起人相互担保出资义务的履行,从而确保实收资本与公司章程所规定的资本相一致的民事责任。不少国家或地区的公司法都规定了发起人的资本充实责任。如《日本公司法》第52条、第103条就规定,公司成立时,实物财产出资及受让财产中的标的财产之实际份额明显低于公司章程撰写的价额时,发起人就此不足额对公司承担连带的填补责任,但若该实物财产出资经过检查人的调查或是发起人能够证明其职务执行的过程中没有过失的除外。我国新《公司法》第50条、第99条亦规定了发起人的资本充实责任。需要注意的是,资本充实责任是一种严格责任,不论公司设立时发起人对资本不实这一事实是否知悉或应否知悉,均须承担连带的补充责任。

(2)发起人对设立行为的责任承担规则

发起人在实施设立行为过程中,会产生合同责任、侵权责任等法律责任。在公司设立成功后,这些责任原则上由公司承继,具体如下所述。

一是,发起人实施设立行为引发的合同责任。依订立合同名义之不同,有如下处理规则:其一,发起人为设立公司以自己名义对外签订合同的责任承担。在公司成立前,发起人为设立公司通常会和第三人签订合同。如果发起人以自己的名义租用办公场地、购买办公设备,此类合同的目的虽然是设立公司,但签订合同的当事人并非公司,而是公司发起人,从合同相对性的角度出发,应允许合同相对人对合同交易对象作出选择,即有权要求成立后的公司承担合同责任,或者继续要求发起人承担合同责任。其二,对于发起人以设立中公司的名义对外签订合同的责任承担。在公司成立前,如果发起人并非以自己的名义对外签订合同,而是以设立中公司的名义对外签订合同,此时其行为的后果原则上应当由成立后的公司直接承担。

二是,发起人实施设立行为引发的侵权责任。如果发起人因履行公司设立职责造成他人损害,由于发起人履职行为属于职务行为,该侵权构成职务侵权,法律后果归属于公司,故公司设立成功后,该侵权责任由公司承担。

此外,发起人须就违反发起人协议向其他发起人承担违约责任。根据新

《公司法》第43条、第93条第2款，有限责任公司的发起人可以签订设立协议，股份有限公司的发起人应当签订发起人协议，以明确发起人之间的权利义务关系。需要特别说明的是，虽然新《公司法》删除了原《公司法》第28条第2款“股东不按照前款规定缴纳出资的，除应当向公司足额缴纳外，还应当向已按期足额缴纳出资的股东承担违约责任”和第83条第2款“发起人不依照前款规定缴纳出资的，应当按照发起人协议承担违约责任”规定的发起人违约责任，但不影响发起人根据《民法典》合同编相关规定追究违约发起人的违约责任。

2. 公司设立失败时发起人的法律责任

公司设立失败，是指公司未完成设立登记，未能成立的情形。公司设立失败的原因有很多，例如，因未能筹集到资金或者因投资环境发生变化等，发起人在申请公司设立登记之前决定停止公司设立活动；又如因发起人未能够就出资方式、组织人员选任等内容达成一致，于是终止合作，不再继续公司设立活动等。

公司设立失败时，需要妥善处理发起人实施设立行为而产生的合同债权债务承继问题和侵权责任的承担问题，具体而言：

(1)全体发起人对设立行为引发的合同债权和债务，享有连带债权、负担连带债务。在设立公司的过程中必然会发生一些交易，这就涉及如何处理基于这些交易所产生的债权和债务问题。在理论上，当公司设立失败时，各发起人之间是合伙关系。因此，在外部关系上，为设立公司而产生的利益和债权，实质上属全体发起人共同债权，各发起人对此享有连带债权；为设立公司而产生的费用和债务，属全体发起人共同债务，各发起人对此负担连带债务。在内部关系上，设立行为所致的债权与债务，根据《民法典》第519条、第521条，若连带债权、债务份额能够确定的，依确定的份额在全体发起人之间分配和分担；若连带债权、债务份额难以确定的，则视为份额相同，由全体发起人平均分配和分担。

(2)全体发起人对设立行为所致侵权责任承担连带责任。若发起人因履行公司设立职责造成他人损害，在公司设立失败时，受害人有权请求全体发起人承担连带赔偿责任。如果无过错的发起人对受害人承担了赔偿责任，其可以向有过错的发起人追偿。如此处理既保障了第三人的权益，又兼顾了无过错发起人的利益。

(3)对已收股款的返还责任。公司设立失败后，如果认股人已经缴纳了股款,应作何处理?根据新《公司法》第105条第1款的规定,公司设立时应发行的股份未募足,或者发行股份的股款缴足后,发起人在30日内未召开成立大会的,认股人可以按照所缴股款并加算银行同期存款利息,要求发起人返还。意即在外部关系上,所有发起人对返还股款承担连带责任。至于发起人之间的内部关系应如何处理,理论上而言,有约定的依照约定,没有约定应按照认股比例划分。

(四)域外公司发起人责任制度的考察

1. 我国台湾地区“公司法”

我国台湾地区“公司法”第五章第一节规定了股份公司中发起人的连带认缴义务、损害赔偿责任和价格填补责任。其第147条规定,发起人所得受之报酬或特别利益及公司所负担之设立费用有冒滥者,创立会均得裁减之,用以抵作股款之财产,如估价过高者,创立会得减少其所给股数或责令补足。第148条规定,未认足之第一次发行股份,及已认而未缴股款者,应由发起人连带认缴;其已认而经撤回者亦同。第149条规定,因第147条及第148条情形,公司受有损害时,得向发起人请求赔偿。第150条规定,公司不能成立时,发起人关于公司设立所为之行为,及设立所需之费用,均应负连带责任,其因冒滥经裁减者亦同。然而,我国台湾地区“公司法”对于其他种类公司的发起人责任未有明确。有观点认为,公司在登记确定前所为之营业,非公司之营业,只为另一合伙营业,其对于第三人所负之债务,应由各股东依合伙法例,负连带清偿之责。①

2. 德国公司法

德国公司法对于公司发起人的责任进行了较为严格的规定。《德国股份公司法》第46条用了较长的条文对公司发起人的责任进行了详细的规定。该条多次强调,发起人作为总债务人对公司负责。例如,该法第46条第1款规定,对于设立公司所作的有关认购股票、支付股款、对已支付款项的使用、特殊利益、设立经费、实物出资和实物接收的报告的准确性和完整性,发起人作为总债务人向公司负责。该法第46条第2款规定,设立人通过出资、实物接收或者设立费用故意或者出于重大过失而损害公司的,全体设立人作为连带债务人对公

① 参见王文宇:《公司法论》(第6版),台北,元照出版社2019年版,第113页。

司承担损害赔偿责任。

3. 日本公司法

《日本公司法》构建了较为完善的发起人责任制度。一方面,其规定了公司设立成功时,发起人乃至设立时董事、监事的怠于履行职务责任,以及发起人对于实物财产出资及受让财产中的标的物价额存在不足时的填补责任。就前者而言,接受损害赔偿的对象是成立后的公司及公司之外的第三方,其至少需要发起人等行为存在重大过失才可以产生。就后者而言,在发起设立时,发起人所承担的同样是过失责任,而在募集设立时其则系无过失责任。另一方面,《日本公司法》也规定了公司不成立时发起人的连带责任。①

四、新《公司法》规定解读与延伸问题

(一)新《公司法》的规定与解读

新《公司法》以第 44 条、第 50 条、第 99 条、第 107 条 4 个条文详细规定了发起人实施公司设立行为的法律后果、发起人的资本充实责任,构建了较为系统的发起人法律责任体系。

1. 发起人实施公司设立行为的法律后果

第 44 条 有限责任公司设立时的股东为设立公司从事的民事活动,其法律后果由公司承受。

公司未成立的,其法律后果由公司设立时的股东承受;设立时的股东为二人以上的,享有连带债权,承担连带债务。

设立时的股东为设立公司以自己的名义从事民事活动产生的民事责任,第三人有权选择请求公司或者公司设立时的股东承担。

设立时的股东因履行公司设立职责造成他人损害的,公司或者无过错的股东承担赔偿责任后,可以向有过错的股东追偿。

第 107 条 本法第四十四条、第四十九条第三款、第五十一条、第五十二条、第五十三条的规定,适用于股份有限公司。

由于新《公司法》第 107 条为引致规定,下文以新《公司法》第 44 条作为解

① 参见[日]山本为三郎:《日本公司法精解》,朱大明等译,法律出版社 2015 年版,第 54—55 页。

读对象。新《公司法》第 44 条规定了发起人实施公司设立行为的法律后果问题,基本的规范逻辑是:首先,目的限制。只有发起人(设立时的股东)“为设立公司”而从事的民事活动,才能适用本条规定。有必要强调的是,发起人非“为设立公司”而从事的民事活动,不受本条规范。其次,区分名义。在满足“为设立公司”的前提条件下,本条区分发起人是否以自己的名义从事民事活动,分别予以规范。在发起人未以自己的名义从事民事活动的情形下——既包括以设立中公司的名义从事民事活动,譬如与第三人签订公司住所租赁协议;也包括发起人在实施设立行为过程中可能造成的不涉及名义问题的侵权责任——本条用第 1 款、第 4 款对这两种情形予以规范。而在发起人以自己的名义从事民事活动的情形下,为保护第三人的信赖利益,本条第 3 款赋予了第三人以选择交易对象的权利。最后,区分公司是否成立。对发起人“为设立公司”而从事的民事活动之法律后果的承受问题——无论是以发起人自己的名义,还是非以发起人自己的名义——本条区分公司是否成立,规定由不同的主体承受。本条第 1 款规定,在公司成立的情形下,法律后果由公司承受。本条第 2 款规定,在公司未成立的情形下,由设立时的股东承受。具体而言:

本条第 1 款规定,有限责任公司设立时的股东为设立公司从事的民事活动,其法律后果由公司承受。其一,所谓设立时的股东,与本书所称发起人同义,是新《公司法》对有限责任公司发起人的特别称呼。其二,本款要求,只有发起人“为设立公司”而从事的民事活动所产生的法律后果,才由公司承受。依反对解释,发起人实施的与设立公司无关的民事活动所产生的法律后果,不由公司承受。而所谓“为设立公司”而从事的民事活动,主要是指发起人为设立中的公司租赁住所、采买经营设备、聘请中介机构等与筹办公司相关的民事活动。其三,所谓法律后果由公司承受,是指公司设立成功后,发起人实施设立行为的法律后果由公司承受。因为,只有公司成立,公司才取得相应的法人主体资格,才有承受相应法律后果的权利能力和行为能力。反之,若公司设立失败,那么应依本条第 2 款处理。

本条第 2 款规定,公司未成立的,其法律后果由公司设立时的股东承受;设立时的股东为 2 人以上的,享有连带债权,承担连带债务。公司未成立,是指公司因不满足法定条件或者发起人合意不再继续设立公司等种种原因而设立失败,从而未能完成设立登记和取得营业执照。由于公司在设立过程已经产生了诸多债权债务，这些债权债务必须要被妥善处理。若发起人为单数，这些债权债务由该发起人承受。若发起人为复数，基于复数发起人之间的合伙关系，这些债权债务当由全体发起人共同承受，享有连带债权，负担连带债务。具体而言：一是，对于公司设立过程中产生的债权，全体公司发起人享有连带债权。所谓连带债权，根据《民法典》第 518 条第 1 款第 1 分句的规定，是指债权人为 2 人以上，部分或者全部债权人均可以请求债务人履行债务的债权。二是，对于公司设立过程中产生的债务，全体公司发起人承担连带债务。所谓连带债务，根据《民法典》第 518 条第 1 款第 1 分句，是指债务人为 2 人以上，部分或者全部债权人可以请求债务人履行全部债务的债务。另根据《公司法司法解释（三）》第 4 条第 1、2 款的规定，债权人有权请求全体或者部分公司发起人对设立公司行为所产生的费用和债务承担连带清偿责任；部分公司发起人承担责任后，可以请求其他公司发起人按照公司设立协议约定的责任承担比例分担责任；若公司设立协议中没有约定责任承担比例，公司发起人按照约定的出资比例分担责任；若公司发起人未签订设立协议或设立协议中没有约定出资比例，公司发起人按照均等份额分担责任。

需要特别解释的是，公司发起人为设立公司而投入的财产的处理问题。这需要区分两种情形：一是，该投入的财产构成该发起人的出资。当公司设立失败时，该出资应当返还给该发起人。二是，该投入的财产形成了该发起人对设立中的公司的债权。此时，该投入的财产本质上已经不再是该发起人的个人财产，而是设立中公司的财产，由全体公司发起人共同共有。当公司设立失败时，这些财产应作为合伙财产清算处理，而投入该财产的发起人仅享有债权。举例而言，发起人为设立公司而向设立中的公司投入了一套价值 100 万元的房屋作为办公场所，而后公司设立失败，在此期间，该房屋增值至 150 万元。若该投入的房屋为该发起人的出资，公司设立失败时，应将该房屋返还给该发起人，房屋增值的 50 万元由该发起人享有。若该投入的房屋为该发起人对设立中的公司的投入，并同时形成了该发起人对设立中的公司的 100 万元债权，公司设立失败时，该房屋将构成合伙财产，该发起人无权请求返还该房屋，房屋增长的 50 万元由全体发起人共同享有。此外，公司设立失败时，相关连带债权、连带债务在复数发起人之间内部分配和分担的问题，基于复数发起人之间的合伙关系，应参照《民法典》第 978 条、第 972 条处理。

本条第3款规定,设立时的股东为设立公司以自己的名义从事民事活动产生的民事责任,第三人有权选择请求公司或者公司设立时的股东承担。这是为了保护第三人对交易的信赖,赋予其以选择权。发起人以自己的名义与第三人实施包括订立合同在内的民事行为,第三人有权请求发起人承担相应的民事责任,是应有之义。同时,发起人与设立中的公司之间在某种意义上可以认为构成隐名代理,依照《民法典》第926条第2款之原理,第三人在知悉委托人时,有权直接向委托人主张权利。

本条第4款规定,设立时的股东因履行公司设立职责造成他人损害的,公司或者无过错的股东承担赔偿责任后,可以向有过错的股东追偿。本款是关于发起人实施设立行为造成第三人损害后侵权责任承担的规定。在公司设立成功的情形下,发起人实施的设立行为属于职务行为,其所引发的侵权责任,当由公司承担。公司承担侵权责任后,参照《民法典》第62条第2款或第1191条第1款,可以向有过错的发起人追偿。在公司设立失败的情形下,发起人之间成立合伙关系,在外部关系上,对被侵权人承担连带赔偿责任;而在内部关系中,依《民法典》第178条第2款、第973条的规定,无过错的发起人可以向有过错的发起人追偿,由后者承担终局责任。

2. 有限责任公司发起人对公司设立时实缴出资的资本充实责任

第50条 有限责任公司设立时,股东未按照公司章程规定实际缴纳出资,或者实际出资的非货币财产的实际价额显著低于所认缴的出资额的,设立时的其他股东与该股东在出资不足的范围内承担连带责任。

本条规定,有限责任公司的发起人需要对公司设立时其他发起人的实缴货币出资和实缴非货币出资承担资本充实连带责任。发起人的资本充实责任属于无过错责任、行为责任,只要发起人未按照公司章程规定实际缴纳出资,或者实际出资的非货币财产的实际价额显著低于所认缴的出资额,就满足资本充实责任的构成要件。相较于原《公司法》第30条、《公司法司法解释(三)》第13条第3款关于有限责任公司发起人责任的规定,本次公司法修改关于发起人资本充实责任的修订要点有二:

一是,有限责任公司发起人的资本充实责任的适用情形有二:(1)其他发起人未按照公司章程规定实际缴纳出资。该情况包括出资期限届满时完全未履行出资义务和出资期限届满时未完全履行出资义务两种。(2)其他发起人实际出资的非货币财产的实际价额显著低于所认缴的出资额。对此,有两点需要关注:其一,此行为的对象仅限于实物、知识产权、土地使用权、股权、债权等非货币财产,不包括货币。原因在于,只有非货币财产须经评估作价才能作为股东出资的形式,股东以货币出资无须评估作价,也就不存在实际价额偏高或偏低的问题。其二,对于"显著低于"的判断应以股东出资时该非货币资产的评估额与认缴出资额的差值为标准。一般而言,若评估额低于认缴出资额 30% 以上,就可以视为满足本条所规定的"显著低于"。需要注意的是,如果发起人以符合法定条件的非货币财产出资后,因市场变化或者其他客观因素导致出资财产贬值,即便非货币财产价值大幅低于该发起人的认缴出资额,该发起人也无须承担补足出资责任。这是因为,在该发起人完成出资的时刻,该非货币出资与其认缴出资额是相匹配的。另外,根据《公司法司法解释(三)》第 15 条,当事人可以对此另作约定。

值得注意的是,2018 年《公司法》第 30 条规定的有限责任公司发起人资本充实责任,仅适用于后一种情形,即虚增非货币出资。新《公司法》将其扩张适用于所有有限责任公司发起人出资不足的情形,即新增未按时足额缴纳货币出资这一情形。此外,需要注意的是,虽然新《公司法》第 50 条并未规定责任承担的顺序,但从理论上而言,首先应当由未按时足额缴纳货币出资或者虚增非货币出资的发起人补足出资,而后才应由其他发起人承担补充连带责任。

二是,有限责任公司发起人资本充实责任的范围,仅限于公司设立时其他发起人的实缴出资,而不包括其他发起人的认缴出资。首先需要界定的是,实缴出资和认缴出资的区别。实缴出资,是指公司成立前,发起人需要缴纳的出资;认缴出资,是指公司成立后,股东需要缴纳的出资。根据新《公司法》第 47 条、第 49 条,有限责任公司实行限期认缴制,股东既可以选择实缴出资,也可以选择认缴出资。股东选择实缴出资的,应当在公司设立时缴足;股东选择认缴出资的,应当在公司成立之日起 5 年内缴足。根据本条规定,有限责任公司发起人仅需对其他发起人实缴出资部分承担连带责任,而无须对其他发起人认缴出资部分承担连带责任。换言之,发起人仅对公司章程规定其他发起人需在公司成立前缴纳的出资承担连带责任,无须对公司章程规定其他发起人需在公司成立后缴纳的出资承担连带责任。

这是本次《公司法》修改关于有限责任公司发起人资本充实责任规则最重大的变化。在《公司法(修订草案四审稿)》审议过程中，有意见提出，《公司法(修订草案四审稿)》第50条规定的"有限责任公司设立时的股东，在出资不足的范围内承担连带责任"，应仅适用于设立时股东未实际缴纳出资或实际出资的非货币财产的实际价额显著低于所认缴的出资额的情形，建议进一步予以明确。全国人民代表大会宪法和法律委员会经研究，建议采纳这一意见，对相关表述进行调整。由此，立法者在新《公司法》第50条中特别使用了"实际缴纳出资""实际出资的非货币财产"的表述，将有限责任公司发起人资本充实责任的范围，明确限定在其他发起人实缴出资范围内，而不包括其他发起人的认缴出资。而对于其他发起人的认缴出资，新《公司法》第51条、第52条规定了催缴失权制度，由董事会来承担公司成立后发起人认缴出资和非发起人股东出资的资本充实责任。

另外，还有以下三点需要注意：一是，本条规定不适用于发起人抽逃出资的情形。发起人之所以要对有限责任公司设立时其他发起人的实缴出资承担连带责任，是因为在公司设立过程中，发起人享有与公司筹办相关的一切职权，在法律地位上与公司成立后的董事相似，其应承担保证发起人实缴出资到位的担保责任。而发起人抽逃出资发生在公司成立之后，此时公司权力已由发起人移转至股东会、董事会、经理等组织机构，发起人已不再享有相关公司权力，监督发起人不得抽逃出资的义务和责任也移转给董事会，因而不应使发起人负担对其他发起人抽逃出资情形下的资本充实责任。二是，本条规定也不适用于发起人增资。同理，公司增资发生于公司成立后，此时发起人对其他发起人的增资行为并不具有任何管控力，因而也不应使其承担相应的资本充实责任。三是，本条规定在法律适用上不应具有溯及力。《立法法》第104条规定："法律、行政法规、地方性法规、自治条例和单行条例、规章不溯及既往，但为了更好地保护公民、法人和其他组织的权利和利益而作的特别规定除外。"据此，本条规定原则上不具有溯及力，仅适用于2024年7月1日以后设立的有限责任公司的发起人，在此之前设立的有限责任公司的发起人，适用当时的法律规定。

此外，根据《公司法司法解释(三)》第13条的规定，发起人责任纠纷的适格原告包括公司、公司其他股东以及公司债权人。公司或者其他股东有权请求未履行或者未全面履行出资义务的发起人股东，依法全面履行出资义务，并有权请求其他公司发起人承担连带责任；公司债权人有权请求未履行或者未全面履行出资义务的发起人股东，在未出资本息范围内对公司债务不能清偿的部分承担补充赔偿责任，并有权请求其他公司发起人承担连带责任。

3. 股份有限公司发起人对其他发起人股款的资本充实责任

第99条 发起人不按照其认购的股份缴纳股款，或者作为出资的非货币财产的实际价额显著低于所认购的股份的，其他发起人与该发起人在出资不足的范围内承担连带责任。

本条规定，股份有限公司发起人对其他发起人出资义务承担连带责任。根据新《公司法》第98条，股份有限公司实行完全实缴制，股东应当在公司成立前按照其认购的股份全额缴纳股款。本条规定的适用情形有二：一是，货币出资不足。发起人不按照其认购股份缴纳股款的，其他发起人在该发起人出资不足的范围内承担连带责任。二是，非货币出资不足。发起人作为出资的非货币财产的实际价额显著低于所认购的股份的，其他发起人与该发起人在出资不足的范围内承担连带责任。本条规定与原《公司法》第93条规定的股份有限公司发起人责任相比，除资本缴纳模式由原先的完全认缴制改为完全实缴制外，本条与原《公司法》第93条的规定基本一致。

其他相关问题，请参见上文“有限责任公司发起人对公司设立时实缴出资的资本充实责任”，于此不赘。

（二）延伸问题

1. 发起人概念内涵的定义

新《公司法》以发起人为中心，构建了较为严密的发起人法律责任体系。发起人概念的内涵和外延，决定了何人将享有发起人的职权、负担发起人的义务和责任。但遗憾的是，新《公司法》并没有对发起人这一基础性法律概念下定义，并未明确规定其构成要件。

需要关注的是，《公司法司法解释（三）》第1条将发起人定义为，“为设立公司而签署公司章程、向公司认购出资或者股份并履行公司设立职责的人”。该定义将“为设立公司而签署公司章程”“向公司认购出资或者股份”“履行公司设立职责”作为发起人概念的三大要素。然而，该定义殊值商榷：如果有人基于原因关系（如发起人协议等）本应当承担设立公司的义务，但怠于履行或者由于疏忽未在公司章程上签字或者盖章，按照形式上的要求其反而不会被认定为是发起人,进而也无须承担相应责任。这将与《公司法司法解释(三)》强调公司资本制度、加强对债权人保护的价值取向相冲突。《公司法司法解释(三)》第1条应解释为,“应当”为设立公司而签署公司章程、向公司认购出资或者股份并履行公司设立职责的人。[①] 换言之,一个人虽然没有在公司章程上签字或者盖章,但其应当在公司章程上签字或者盖章,也将被认定为是发起人。

除此之外,关于发起人的范围可否由当事人合意确定以及合意确定发起人能否对公司债权人产生效力等问题,均有待未来公司法修法时回答,或由人民法院在司法实践中予以法律补充或解释。

2. 发起人资本充实责任的限缩适用

新《公司法》第50条构建了全面的发起人资本充实责任,并在原《公司法》第30条规定的发起人对其他发起人虚增非货币出资承担连带责任的基础上,新增规定发起人对其他发起人未按时足额缴纳货币出资承担连带责任,扩大了发起人资本充实责任的适用范围。

如果说原《公司法》将虚增非货币出资作为发起人承担资本充实责任的一种情形,是因为发起人有权也有机会监督其他发起人的非货币出资不被虚增。但是,发起人对其他发起人是否将按期足额缴纳货币出资,完全不具备控制力,使发起人对其他发起人未按期足额缴纳的货币出资承担资本充实责任,缺乏相应的正当理据。因此,新《公司法》第50条将发起人的资本充实责任扩张适用于其他发起人未按时足额缴纳货币出资这一情形,对于部分持股比例低、不控制公司、不实际参与设立事务的发起人而言,是明显过重的、不公平的。试想,一个持股仅1%的发起人,却要对100%的注册资本承担全额的担保责任,这无论如何都是不成比例、不相称的,难言公平。并且,由于发起人的资本充实责任仅限于公司设立时的注册资本,增资时的股东又无资本充实责任,此种发起人的资本充实责任也极易被通过增资方式加以规避,发起人资本充实责任及其背后的规范目的将被架空。由此,未来公司法修改或者人民法院在适用法律时,应考虑限缩发起人资本充实责任的适用范围,避免持股比例低、不控制公司、不实际参与设立事务的发起人承担资本充实责任。

---

① 参见郭雳:《论我国公司资本制度的最新发展——〈公司法司法解释(三)〉之解读》,载《法商研究》2012年第4期。

专题二 公司登记事项及其法律效力

一、新《公司法》修改的主要内容

公司登记,是指公司的筹办人,旨在设立、变更或注销公司主体资格及相关事项,依照法定的程序,向主管机关提出申请,由主管机关依法对申请事项进行审查、登记公示的一种复合行为。公司登记是由两方实施但牵涉多方利益的法律行为,也是一套保护公司与第三人间市场活动的自由、安全、效率为内在价值追求的法律制度。公司登记制度具有双重目标,既要保障私权又要实现公法控制,需要平衡国家、登记申请人、第三人等多方主体的利益诉求,是公司法律制度中的基本法律制度,具体包括登记事项、登记效力、登记程序等。

公司登记制度中,最具法律性的是公司登记事项及其法律效力。公司登记事项,是指登记申请人依法必须向公司登记机关提交相关材料、记载于公司登记系统并向社会公示的事项。譬如,公司名称、住所、注册资本、经营范围等事项。公司登记事项的设计,牵涉公民行商自由、公司与第三人交易安全保护和政府对市场的监管三个方面的协调及平衡,立法须谨慎对待。公司登记的效力,则是公司登记制度中最为核心的问题,其是指相关事项在登记机关登记后在法律上产生的效力,是公司登记制度的终极目标和落脚点。不同登记事项的登记效力并不完全相同,需区分讨论。

新《公司法》新设"公司登记"专章,第 29 条至第 41 条共计 13 个条文系统性地规定了公司登记法律制度。其中,新《公司法》在第 32 条规定了公司登记事项,包括名称、住所、注册资本、经营范围、法定代表人的姓名、有限责任公司股东、股份有限公司发起人的姓名或者名称等 6 类,并要求公司登记机关将前述公司登记事项通过国家企业信用信息公示系统向社会公示。新《公司法》在第 34 条第 2 款规定了公司登记公示效力,即公司登记事项未经登记或者未经变更登记,不得对抗善意相对人。对此,有必要就公司登记事项及其法律效力问题展开深入的阐释。

二、本次修改的现实依据

公司登记制度已在我国施行几十年之久,公司登记机关和社会各界积累了丰富的实践经验,已具备较为成熟的实践基础和条件。2023年《公司法》修改,设专章规定公司登记,具有充分的现实依据。

(一)公司登记事项及其法律效力的立法演进

1. 公司登记事项的立法演进

我国法律关于公司登记事项的规定,历经了《企业法人登记管理条例》(已失效)、《公司登记管理条例》(已失效)、《市场主体登记管理条例》、《市场主体登记管理条例实施细则》、《公司法(修订草案一审稿)》、《公司法(修订草案二审稿)》和《公司法(修订草案三审稿)》等阶段,公司登记事项不断发生变化,从最早的11项逐步删减至6项。特别需要关注的是,在新《公司法》颁行之前,我国此前的《公司法》并没有对公司登记的事项作出规定,仅有行政法规和规章作出了相关规定。

(1)2019年《企业法人登记管理条例》(已失效)规定了11项企业法人登记注册事项,分别为:企业法人名称、住所、经营场所、法定代表人、经济性质、经营范围、经营方式、注册资金、从业人数、经营期限、分支机构。

(2)《公司登记管理条例》在其不同修改版本中,对于公司登记事项的内容存在不同的规定。该条例最早公布于1994年,历经2005年、2014年、2016年的多次修订。其中,1994年《公司登记管理条例》规定了8项公司登记事项,分别是名称、住所、法定代表人、注册资本、企业类型、经营范围、营业期限、有限责任公司股东或者股份有限公司发起人的姓名或者名称。2005年《公司登记管理条例》规定了9项公司登记事项,分别是名称、住所、法定代表人姓名、注册资本、实收资本、公司类型、经营范围、营业期限、有限责任公司股东或者股份有限公司发起人的姓名或者名称,以及认缴和实缴的出资额、出资时间、出资方式。2014年、2016年修订后的《公司登记管理条例》规定了8项公司登记事项,分别为名称、住所、法定代表人姓名、注册资本、公司类型、经营范围、营业期限、有限责任公司股东或者股份有限公司发起人的姓名或者名称。需要特别注意的是,2014年的修订删除了实收资本和认缴和实缴的出资额、出资时间、出资方式。

(3)2021 年《市场主体登记管理条例》和 2022 年《市场主体登记管理条例实施细则》规定了 7 项公司登记事项,分别为:名称;主体类型;经营范围;住所或者主要经营场所;注册资本或者出资额;法定代表人、执行事务合伙人或者负责人姓名;有限责任公司股东、股份有限公司发起人、非公司企业法人出资人的姓名或者名称。

(4)2022 年、2023 年公布的《公司法(修订草案一审稿)》《公司法(修订草案二审稿)》《公司法(修订草案三审稿)》均规定了 6 项公司登记事项,分别为:名称;住所;注册资本;经营范围;法定代表人的姓名;有限责任公司股东、股份有限公司发起人的姓名或者名称。

(5)新《公司法》规定了 6 项公司登记事项,与《公司法(修订草案三审稿)》一致。

2. 公司登记法律效力的立法演进

我国现行法对公司登记效力的规定不够系统,相关规定散落在《民法典》、《公司法》及相关行政法规、部门规章、地方性法规和规范性文件中。鉴于有关公司登记效力的规定过于零散,下文按照效力的类型进行整理:

(1)关于设立登记的效力。《民法典》第 54 条、第 77 条,新《公司法》第 6 条第 1 款,以及《企业法人登记管理条例》(已失效)第 3 条、《公司登记管理条例》(已失效)第 3 条等公司登记管理条例、规章的规定都在不同程度上规定了公司设立登记具有创设公司主体的效力。

(2)关于公司登记的生效效力,即登记是否具有使相关法律事实生效的效力。对此,我国现行法并未作出规定。从一些早期的法律文件看,原国家工商行政管理总局在对原海南省工商行政管理局的一份答复中认为,股权登记具有生效效力,股权受让人经公司登记机关核准变更登记后,成为公司股东,①但该规章已于 2006 年被废止。

(3)关于公司登记的公示效力。在法律层面,《民法典》第 65 条规定了法人登记的公示效力。原《公司法》第 32 条第 3 款规定了股权登记具有公示效力。值得关注的是,2020 年 6 月 15 日市场监管总局公布了《商事主体登记管理条例(草案)》,该草案第 3 条第 2 款第 2 句规定“登记事项未经登记或变更,不得对

① 参见国家工商行政管理局《关于股权转让有关问题的答复》(工商企字〔2000〕第 263 号)。

抗善意第三人”,明确了公司登记具有公示效力。但在后续正式通过的《市场主体登记管理条例》中,删除了这一规定。删除的理由是,《民法典》第65条已作出规定,行政法规没有必要再重复规定,直接适用《民法典》的规定即可。在法规层面,已被废止的《深圳经济特区商事条例》是最早较为系统地规定公司登记的公示效力的法规,相关内容主要规定在该条例第20条第3款、第4款和第48条。另外,《厦门经济特区商事登记条例》第11条第2款也对公司登记的效力作了规定。近年来,一些地方市场监管部门在试点商事登记确认制改革中,亦出台了一些法规,对商事登记的公示效力作出了规定。例如,《中国(四川)自由贸易试验区川南临港片区商事主体登记确认制实施办法(试行)》(以下简称《四川自贸区商事登记实施办法》)第36条。2019年,最高人民法院出台的《九民纪要》“8.【有限责任公司的股权变动】”,对有限责任公司股权登记的效力作出了规定,即“未向公司登记机关办理股权变更登记的,不得对抗善意相对人”。最后,新《公司法》第34条第2款参考《民法典》第65条,规定了公司登记的公示效力,即“公司登记事项未经登记或者未经变更登记,不得对抗善意相对人”。

(二)公司登记事项及其法律效力的实践样态

由于公司登记事项属于法定登记事项,当事人必须予以遵守,故实践中对于公司登记事项本身是否为必要并不会产生争议。在《民法总则》、《民法典》、新《公司法》颁行之前,法律并未对法定代表人登记的效力作出明确规定。有关争议主要集中在对公司登记事项的法律效力问题上,其中又尤以法定代表人和住所登记的效力问题为重。

1. 关于法定代表人登记的效力问题

法定代表人的姓名属于公司登记事项,法定代表人对外以公司名义从事民事活动的法律效果归属于公司。司法实践中,最为常见的争议是:公司已经通过内部决议更换了法定代表人,但尚未办理法定代表人变更登记。此时,已被免职但仍被登记的法定代表人以公司名义从事的民事活动,是否对公司发生效力,争议巨大。在刊载于《最高人民法院公报》2010年第11期的北京公达房地产有限责任公司诉北京祥和三峡房地产开发公司房地产开发合同纠纷案中,①

① 参见最高人民法院民事判决书,(2009)民提字第76号。

被申请人的法定代表人被免职但未办理变更登记，该法定代表人仍代表被申请人与申请人签订了合同，双方争议的焦点是，该合同是否对被申请人发生效力。最高人民法院提审后认为，公司的法定代表人依法代表公司对外进行民事活动；法定代表人发生变更的，应当在工商管理部门办理变更登记；公司的法定代表人在对外签订合同时已经被上级单位决定停止职务，但未办理变更登记，公司以此主张合同无效的，人民法院不予支持。

2. 关于住所登记的效力问题

住所是公司主要办事机构所在地，也是公司登记事项，具有重要法律意义：第一，在公司的设立过程之中，住所决定了公司登记机关的管辖。公司登记申请人应向拟设立公司的住所地的公司登记机关申请设立登记。第二，在履行合同的过程中，公司住所是确定债权债务接受地与履行地的依据。第三，在发生商事纠纷时，公司住所是决定案件司法管辖、法律文书送达地的依据。第四，在公司面临涉外法律纠纷时，公司住所是确认准据法的依据之一。第五，在税收管理方面，公司住所也是决定公司纳税地与税务机关的依据之一，等等。司法实践中，最为常见的争议是，一方当事人向另一方公司当事人的住所地送达相关法律文书，是否可以产生送达的法律效力。在“河北长天药业有限公司、中国工商银行股份有限公司保定朝阳支行金融借款合同纠纷再审审查与审判监督案”中，①申请人的办公场所搬到了新地址，但未办理住所变更登记。申请人主张，其公司收件地已经发生了变更，被申请人仍向原地址即住所地邮寄法律文书，不产生送达的法律效力。最高人民法院经审理后认为，“在新大通公司未明确新的邮件寄送地址的情况下，作为债权人的工商银行在主张权利时向新大通公司登记的住所地寄送催收逾期贷款本息通知书，并无不当”。概言之，该案中最高人民法院认为，尽管公司变更了地址，但只要未办理住所变更登记，那么向公司住所送达法律文书，对公司可以产生送达的法律效力。

由上两例不难发现，公司登记的法律效力，牵涉公司、第三人、公司登记机关等多方主体的利益，涉及交易安全的保护和市场秩序的维护，因此，在立法上明确公司登记的法律效力，是极为必要的。

综上所述，原《公司法》全文有 32 个条文涉及共计 97 个“登记”的表述，却

① 参见最高人民法院再审裁定书，(2017) 民申字第 2890 号。

没有就公司登记的具体事项和法律效力作出规定，存有法律漏洞。鉴于公司登记事项及其法律效力的重要性，新《公司法》有必要对公司登记事项及其法律效力加以特别规定。

（三）社会各界对公司登记事项及其法律效力的意见和建议

1. 对公司登记事项的建议

有学者建议，增加实缴资本、公司章程、经理的姓名及代理权限、有限责任公司股权比例作为公司登记事项。还有学者建议，增加营业期限和公司类型两项作为公司登记事项。有部委单位建议，在“公司登记”中增加破产程序中的登记事项，包括破产中公司的控制权人、破产程序中企业登记事项变更的特别要求等。

2. 对公司登记法律效力的建议

有部委单位提出，应区分公司登记的创设权利、确认权利、对抗效力等。有学者提出，建议增加规定公司登记公示效力的正面表述，并增加两条：其一，规定公司设立、类型变更、注销、名称、住所、注册资本、有限责任公司股东及其股权比例的登记效力为生效效力；其二，规定有限责任公司股权、股份有限公司股份，因人民法院、仲裁机构的生效法律文书、继承而变动的效力。还有学者提出，应当明确公司、股东是不是本条所称的相对人，并明确公司章程登记事项的内部效力。另有学者提出，基于商事外观主义原理，建议删除相对人的“善意”要求。有部委单位提出，建议增加“公示后的公司登记事项可以对抗第三人”的规定。有学者提出，章程并非公司登记内容，涉及商业秘密，不应该不受限制地供公众查询，且将增加第三人的注意义务，不利于交易的快捷性和安全性。

三、公司登记事项及其法律效力的理论阐释

阐释公司登记事项及其法律效力，离不开对公司登记制度价值的讨论，也离不开对公司登记法律性质的探究。只有清晰地揭示公司登记的制度价值、公司登记的法律性质，才能够对我国公司登记应当登记哪些事项、应当具有哪些法律效力进行推理、演绎和阐释。

（一）公司登记的制度价值

1. 赋予公司法人主体资格，肯定其法律地位

取得合法的商人身份是进入市场交易的前提和基础，但公司登记是否为公

司成立之必要条件，各国立法不一，主要有成立要件主义和非成立要件主义两种。成立要件主义是指公司登记为公司成立之必要条件，未经登记不得成立公司。这是 20 世纪下半叶各国公司登记立法的主流。当今世界，多数国家奉行成立要件主义。对于符合公司成立条件的当事人，国家强制要求其进行登记并赋予其公司法人主体资格。

在成立要件主义之下，任何当事人要以公司名义进行营利性活动，必须经过专门的登记。公司登记制度的首要价值正是对市场中各类公司进行“身份”和基本权利的确认，登记机关将公司的名称、住所、法定代表人、注册资本、企业类型、经营范围等事项记载于公司登记簿并予以公示，从而确认公司的成立、变更、终止，为公司进入市场交易提供合法的资格。

我国采公司登记成立要件主义，即公司登记是公司成立的生效要件。《民法典》第 77 条规定，营利法人经依法登记成立。新《公司法》第 29 条第 1 款规定，设立公司，应当依法向公司登记机关申请设立登记。根据上述规定，公司只有经过依法登记后，方可成立。

2. 公示公司的经营状况和能力，确立和维持其商业信誉

公司进行登记之后才有可能实现信息公示、利益相关者的权益保护以及国家对市场的监督管理。进而言之，我国公司登记制度，是在对市场中经营主体确认的基础上通过信息公示等手段实现市场各个主体利益均衡。

在古罗马时期，对商人的经营就已有公示的要求。开设商店从事经营活动的人必须在其店堂内挂一块牌子，上面写明自己的经营项目、经营范围和经营情况，以表明自己的经营状态。近现代以来，法律之所以要求公司筹办人承担公司登记的义务，其最重要的原因是公司登记制度具有公示的效力，公司可以通过登记将自己与营业有关的信息进行公布，交易相对方和社会公众通过查询登记簿得知该公司的基本状况，作出是否与该公司交易的决定，以及与公司登记的代表人进行交易，公司的股东可以在公司具体种类得到登记之后获得有限责任的保护，善意第三人可以根据公示信息在法律的保护下大胆进行交易，行政部门也因此更加便利地实施市场管理。

可以说，公司登记法律制度主要就是一个公示公司信用状况的制度。这种信用公示不仅有利于公司自身营业信用的展示，而且更有利于减少交易风险。具体而言，公司的信用表现在资本状况、责任方式、组织形式、资产状况、经营者

的人格信用等多个方面。交易相对人通过对以上事项甚至更多的有关公司的信用状况进行了解和评价,从而确定交易风险的高低,进而作出是否与该公司交易的决定。

3.降低交易成本,增进交易安全,提高交易效率

效率与安全是现代公司登记制度的两大核心价值追求,而效率价值更直接体现着登记制度对经济活动的应然促进作用,是以经济学的视角重新审视法律制度并对其加以完善。我国的公司登记制度直接为公司服务,促进经济发展和效率提升是其应有之义。

在现代商事交易中,很多交易产生于陌生人之间。陌生人之间缺乏了解和信任,为确保交易安全,交易者需要尽量多地掌握交易相对人的情况。公司登记提供了交易相对人及社会公众低成本地了解公司情况的途径,成为交易相对人可以合理依赖的客观基础,即公司登记具有公信效力。交易第三人通过公司登记的事项而不需要通过其他方式即可获得交易所需要的信息,极大地降低了商事交易的成本。公司登记具有法律赋予的公信效力,有助于当事人对交易主体资格和能力信息的了解,以便预测特定交易的风险,从而降低商事交易中风险发生的频率,提高交易安全性。

公司登记制度可以提高社会经济运行效率是因为其具有公共物品的属性。公司登记信息具有公共物品的属性,因为除国家以外,任何私人组织都不可能向社会提供这种公共物品,国家以法律制度的形式向社会提供快捷、简便的公司信息登记和查询系统,使信息透明、公开,市场主体之间相互了解更加便利,减少交易中可能发生的摩擦、猜疑,从而在降低个人交易成本的同时,为整个社会经济运行成本的降低奠定基础。公司登记制度所具有的效率价值无疑是对社会主义市场经济制度合理性的最好诠释,监管者、商人、消费者等相关利益方都实现了在更低的制度成本下获取更高收益,从而促进社会福利的快速增长。

市场交易的效率主要通过两个方面来实现:市场主体设立中的效率和市场交易过程中的效率。前者是指市场主体以较低的成本和最快的速度设立;后者主要是从交易第三人的角度来讲,指交易相对人在选择交易和交易过程中如何通过市场主体登记法律制度实现低成本地获取有关商事交易的信息。现代多数国家要求包括公司在内的市场主体的设立进行强制登记,并规定了一定的登记程序,登记机关在规定的时间内依照法律的规定完成特定的事项,这就使当

事人对市场主体的设立过程有一个明确的把握和合理的预期,可以防止登记机关的故意拖延而加大当事人在经济利益和时间上的支出。在商事交易方面,交易相对人可以通过登记的事项获取自己所需的交易信息,从而尽快作出能否交易的决定。这既符合商法的外观主义,也符合商法的效率原则。

4. 便利国家管理,建立和维持商事经营秩序

公司登记不仅直接关系到每个市场参与主体,也间接关系到非市场参与主体,它体现的不仅是个人利益,同时也涉及国家利益、公共利益和社会利益。来自于登记制度的公示功能,保证了市场交易的微观安全;来自登记过程中的审查和准入制度,则侧重于国家对市场的全面监管与宏观经济安全。公司登记制度一方面肯定了商事经营者的主体身份和经营权利,为其实施经营行为提供了制度性的基础保障;另一方面也为国家介入市场管理提供了具有效率和技术性的途径。

事实上,国家市场监管功能的出现既是登记制度创立的初衷,也是经济发展的必然结果。就我国而言,一方面,市场经济中的政府以保护交易相对方的微观安全为己任,保障交易相对人交易安全的功能是依托市场主体登记的商人商业信息公共服务功能和市场准入及异动监控功能实现的。通过登记制度的信息公共服务功能,可以较好地解决市场信息短缺和不对称的问题;通过市场准入和异动监控功能,可以有效地控制市场主体设立的瑕疵,监控市场异动,防止欺诈行为。另一方面,保护交易相对方的微观安全是为了实现市场整体的安全稳定与国民经济的良好运行,这包括政府通过登记制度获取市场或产业中的各项统计信息,为宏观调控奠定基础。市场交易活动是市场主体的活动,一系列市场主体之间的商事交易构成了整个社会的经济秩序,市场主体的活动反映着整个社会的经济运行情况。通过对已登记的市场主体的数量和分布等的数据分析,有助于国家了解和掌握社会经济发展的总体状态和产业结构,调整和引导当事人的投资行为和投资方向,规范企业经营行为,防范和遏制欺诈或过度的投机行为,建立和维持健康有序的市场经营秩序。

公司登记对于税收、产品质量与卫生安全监管等方面的行政管理更有着重要的功能和作用。对经营活动征收税款是社会经济管理的基本要求,而只有通过公司登记才能确定纳税义务人,并对其依法纳税实行有效的监管和征缴。产品质量和卫生安全,尤其是食品安全监管,同样需要借助于对生产者和经营者

进行身份认定和市场准入来实现政府适度的行政干预,这也正是公司登记制度的另一项基本功能。

(二)公司登记的法律性质

关于公司登记的法律性质,我国实证法并无明确的规定,学界亦众说纷纭,实践中也认识不一。我们认为公司登记兼具公法与私法性质,公司登记一方面体现为登记申请人基于自由意志而实施的向登记机关申请登记的法律行为;另一方面体现为登记机关依法行使公共管理职能对登记申请依法进行审查、登记的行政行为。

1. 公司登记性质的理论争议

学界关于公司登记的法律性质,主要存在以下三种观点:

(1)公法性质说。该说认为公司登记是公法行为,是国家利用公权力干预商事活动的行为,公司登记法律关系是登记申请人与登记主管机关之间的关系。主张该说的学者认为这种关系就是行政法律关系。还有观点认为这种关系受商事组织法调整,商事组织法以强制性规范为主,属于公法范畴。在该观点内部,公司登记作为一种行政法律关系属于行政许可还是行政确认存在分歧,但主流意见逐渐趋向于后者。

(2)私法性质说。该说认为公司登记属私法行为,理由是公司法属于私法,因此,公司登记是一种私法行为。私人从商的权利源起于天赋行商权,故而法律只是通过登记制度确认了商人的这种营业自由。

(3)双重性质说。该说认为公司登记兼具公法与私法性质,其内容上主要为上述前两种观点的折中。该说认为,公司登记一方面是登记申请人自由意志的体现,另一方面还是行政机关履行公共管理职能的体现,具有私法与公法双重性质。

2. 公司登记性质的探讨

我们认为,采双重性质说较为适宜,理由如下:

公法性质说未能涵盖公司登记之全貌。首先,其忽视了公司登记制度源起于民间商业行会的历史渊源,忽视了公司登记最初是一种自发的民间商业秩序,直至第二次世界大战以后,在贸易管制主义的影响下,国家权力才慢慢渗透其中;其次,这种观点还忽视了公司登记的私法属性。法律主体是否参与登记、为何种登记,取决于其意思自治,国家无权强制其为登记申请。因此,公司登记具有显著的私法属性。

私法性质说忽视了公司登记具有国家管制的功能。首先,申请人必须向登记机关申请登记,国家管制是逻辑之必然结果;其次,从登记的内容看,一些关乎最低限度经营条件的事项属必须登记事项,未经登记的,国家不确认其商事主体资格;最后,公司登记还是登记机关对商事活动实施事前、事中、事后管控与权利界定、税收追缴的制度性平台。因此,公司登记具有显著的公法属性。

公法性质说和私法性质说都不当放大了公司登记在某一方面的特征,而忽略其另外一种特质,都不能全面地反映公司登记的客观性质。从登记申请人的角度看,公司登记行为是登记申请人依据自主意思,向登记机关申请商事主体登记并获取相关资格和信息公示的法律行为;从登记机关的角度看,公司登记是登记机关基于法律法规赋予的公共管理职能,对登记申请人的申请事项依法进行审查并予以许可或确认的具体行政行为。因此,公司登记在性质上自然兼具公法与私法的双重属性。以不动产登记错误损害赔偿为例,若是民事主体虚假登记,造成第三人损失的,在司法实践中属于民事诉讼管辖,虚假登记人承担民事责任;若是登记机关错误登记造成第三人损失的,则属行政赔偿诉讼范畴,登记机关承担国家赔偿责任。综上,公司登记兼具公法与私法性质,具有双重属性。

3. 公司登记公法性质的争议:行政许可或是行政确认

对于公司登记双重属性的认识,在私法属性部分,学界并无太大争议,即认为公司登记是申请人的法律行为。但是,对于其公法性质的认识仍存在一定分歧。一种观点认为公司登记是行政机关的行政许可行为,另一种观点认为公司登记是行政机关的行政确认行为。我们认为,公司登记在公法性质上应为行政确认。

认为公司登记是行政许可的观点,其主要依据是2003年颁布的《行政许可法》第12条第5项:“企业或者其他组织的设立等,需要确定主体资格的事项。”该项规定明确将企业登记规定为一种行政许可,固化了公司登记的行政审批机制,近年来饱受商法学者诟病。然而,立法和行政上将公司登记作为行政许可事项是存在一定历史原因的。党的十四届三中全会明确社会主义市场经济体制的架构之前,我国长期实行高度集中的计划经济体制,在经济活动领域设置了大量行政审批事项。就公司登记制度而言,在2013年工商登记制度改革之前,绝大多数的经营范围都需要通过行政审批才能取得。这就意味着,公司在注册登记之前,必须先取得相应经营范围的行政审批,获取相应的"许可证",进而才能向公司登记机关申领营业执照,这种现象被称为"先证后照"。并且,由于我国公司登记并不区分主体登记和营业登记,营业执照兼具证明公司法人主体资格和经营资格的双重作用,因此,申请人若想通过公司登记申领营业执照,就必须先取得相应经营范围的行政许可,而后才能为公司登记。由此,公司登记总是滞后于行政许可发生,二者之间似乎建立了某种因果关系,进而许多人就认为公司登记就是一种行政许可。由上可见,将公司登记作为一种行政许可是在特定历史时期下的认识。

2013 年 3 月 14 日第十二届全国人民代表大会第一次会议通过了《国务院机构改革和职能转变方案》,该方案指出:"对按照法律、行政法规和国务院决定需要取得前置许可的事项,除涉及国家安全、公民生命财产安全等外,不再实行先主管部门审批、再工商登记的制度,商事主体向工商部门申请登记,取得营业执照后即可从事一般生产经营活动;对从事需要许可的生产经营活动,持营业执照和有关材料向主管部门申请许可。将注册资本实缴登记制改为认缴登记制,并放宽工商登记其他条件。"此后,按照该方案的精神,相继出台了国务院《关于取消和调整一批行政审批项目等事项的决定》(国发〔2014〕27 号)、国务院《关于取消和调整一批行政审批项目等事项的决定》(国发〔2015〕11 号)、国务院《关于"先照后证"改革后加强事中事后监管的意见》(国发〔2015〕62 号)等文件,改"先证后照"为"先照后证"。随着"先照后证"改革的不断深入,前置审批事项目录和负面清单的出台,基本消灭了公司登记总是滞后于各类行政许可的现象。在"先照后证"改革已基本完成的背景下,有必要重新思考公司登记的法律性质。

公司登记在公法上应属行政确认,而非行政许可。一方面,行政许可以普遍禁止为前提,许可是对当事人的赋权,而行政确认则是以一般允许为前提,不需要特别赋权。公司登记是对公司法人主体资格的记载和公示,并非针对普遍禁止的经营范围的赋权,不符合行政许可赋权的特征。并且,公司法人主体资格登记与经营资格登记在逻辑上应当是相分离的。对于公司法人主体资格,除前置审批事项目录所列事项外,主体登记处于一般允许的状态。对于经营资格,在工商登记制度改革后,除前置审批事项目录、后置审批事项目录和负面清单上所列的事项外，绝大多数的经营事项也处于一般允许的状态，这与行政许可以“普遍禁止”为前提相悖，而与行政确认“一般允许”特征相契合。另一方面，行政许可是裁量行政行为，行政机关拥有裁量权，而行政确认是羁束行政行为，行政机关并无裁量权。原国务院法制办公室主任杨景宇在《关于〈中华人民共和国行政许可法〉（草案）的说明》中明确指出，登记的功能主要是确立申请人的市场主体资格，没有数量控制。也就是说，凡是符合登记条件的，登记机关就要予以登记，没有裁量权，这与行政许可的裁量性存在显著差异。事实上，公司登记的公法性质，需要在不同登记主义下讨论：在登记许可主义下，登记机关既负责登记又审查批准，此时，登记应属行政许可；在登记主义从许可主义走向准则主义后，登记机关只进行形式审查，对符合条件的都要予以登记，没有自由裁量权，此时，登记应属行政确认。

目前，新《公司法》对公司登记原则上采准则主义，例外采许可主义。新《公司法》第29条规定：“设立公司，应当依法向公司登记机关申请设立登记。法律、行政法规规定设立公司应当报经批准的，应当在公司登记前依法办理批准手续。”所谓“法律、行政法规规定设立公司应当报经批准的”，是指国家市场监督管理总局公布的《企业登记前置审批事项目录》，根据市场监管总局《关于调整企业登记前置审批事项目录的通知》（国市监注发〔2021〕17号），目前已经更新至2021年版。该目录共设置了包括证券公司设立审批、烟草专卖生产企业许可证核发、烟草专卖批发企业许可证核发、营利性民办学校（营利性民办培训机构）办学许可、金融控股公司设立审批、民用爆炸物品生产许可、爆破作业单位许可证核发、民用枪支（弹药）制造、配售许可等35项企业登记前置审批事项。

综上，公司登记在公法性质上应属行政确认行为，是公司登记机关对公司法人主体资格和营业资格的确认。

（三）公司登记事项的设计

1.公司登记事项的设计与公司登记的制度价值

公司登记事项的设计，与公司登记的制度价值及功能息息相关。循前所述，公司登记制度具有四个方面的制度价值，这些制度价值的实现，有赖于相关事项的登记。具体而言：

(1)实现“赋予公司法人主体资格，肯定其法律地位”制度价值的登记事项。该项制度价值是从公司成立的角度阐释的。与自然人不同,公司毕竟不是客观存在的生物,而是法律拟制的、观念上的主体,因此必须要对公司的主体相关信息进行登记,以昭示其成立。这些必须的主体相关信息,应为登记事项。典型如公司名称、住所的登记,前者是对公司“姓甚名谁”的指称,后者是对公司“家住何方”的确定。

(2)实现“公示公司的经营状况和能力,确立和维持其商业信誉”制度价值的登记事项。该项制度价值立足公司经营视角,通过登记并公示与公司经营相关的事项,彰显和维持商业信誉。典型如经营范围的登记,此项登记向全社会公示了公司主要从事的经营活动的类型,特别是一些须经许可才能获取的经营事项,还具有彰显公司经营实力和能力的效果。

(3)实现“降低交易成本,增进交易安全,提高交易效率”制度价值的登记事项。该项制度价值是从第三人与公司开展交易的角度出发,通过登记并公示公司相关信息,使得第三人得以低成本、快速地获取公司的主体信息、信用信息,从而起到促进信息流动,提高市场交易效率、交易安全的作用。典型如法定代表人、注册资本的登记,前者提示了第三人谁有权代表公司对外从事经营活动,后者提示了第三人公司的规模和资本信用。

(4)实现“便利国家管理,建立和维持商事经营秩序”制度价值的登记事项。公司作为一个社会团体,需要国家对其实施管理,这既是为了建立和维持正常有序的市场经营秩序的需要,也是国家对经济社会实施管理的需要。典型如法定代表人、有限责任公司股东姓名的登记,前者为国家对公司实施监管提供了具体的自然人联系人和责任人,后者为国家掌握公司的投资人情况提供了信息。

综上所述,从公司登记四个方面的制度价值来看,其分别立足公司筹办人、公司、第三人和国家的立场或视角,推导出对不同公司登记事项的需求。(1)从公司筹办人的立场出发,其希望具有更少的登记事项,从而可以最大限度地实现其成立公司从事市场经营活动的自由;(2)站在公司的立场上,公司希望尽可能地登记和公示能够增进其商业信誉、提高其获得交易机会的信息;(3)从第三人的视角分析,其希望更多地获取公司的全面信息,特别是那些对公司不利的、消极的信息,从而使其能够更准确地判断公司的信用和实力,决定是否与之进行交易;(4)站在国家的立场看,国家希望能够获取公司的全方位信息,包括公司的主体信息、投资人信息、经营信息等，从而为实施监管提供便利。

2. 公司登记事项的设计目标是最大限度地实现制度价值

不同制度价值之间既存在协同又存在冲突，其所需要的登记事项也不尽相同。这主要体现在：(1)公司筹办人期待更少的登记事项来扩大其营商自由的范围，而国家则追求更多的登记事项以更好地对公司实施监管。(2)公司所希望的登记事项是能够增进其商业信誉的事项，而第三人所需求的登记事项是能够真实客观反映公司信用和实力特别是那些对公司而言是消极的、不利的信息，二者之间存在价值上的冲突，需要法律在设计公司登记事项时予以平衡。(3)与此同时，无论是公司所希望的登记事项，还是第三人所需要的登记事项，都将成为国家采集公司信息的一种方式或渠道，将有助于国家对公司实施监管。

公司登记事项的设计，需要平衡好上述制度价值之间的关系，使公司登记的制度价值被最大限度地实现。其中，主要有以下两组价值关系需要被妥善处理：(1)公司筹办人为扩大营商自由的范围而期待更少的登记事项，与国家对公司实施有效监管所需的更多的登记事项之间的冲突；(2)公司为彰显其商业信誉而期待的对其商业信誉有利的登记事项，与第三人为维护其交易安全、提高其交易效率所期待的有关公司客观真实信息的登记事项之间的冲突。

此外，还需要考虑公司登记制度的整体运行成本和效益，更多的登记事项，意味着更高的制度构建成本、运行成本和监管成本。在制度经济学层面，需要考虑某一项登记事项的选入，是否能够带来正效应的产出；若是，则应考虑引入，反之则否。

目前，新《公司法》第 32 条第 1 款规定了 6 种公司登记事项，即名称；住所；注册资本；经营范围；法定代表人的姓名；有限责任公司股东、股份有限公司发起人的姓名或者名称。这些登记事项是否均为必要，是否遗漏了其他必要的登记事项等问题，将在本专题第四部分"延伸问题"中讨论。

(四)公司登记的法律效力

公司登记的效力，是指相关事项在登记机关登记后在法律上产生的效力，它是公司登记制度的终极目标和落脚点。目前，学界对公司登记效力的内涵并无太大争议，而对公司登记效力的外延构成众说纷纭。

1. 公司登记效力的划分与构成

世界各国、各地区对公司登记的效力主要有两种立法模式，即登记生效主义与登记对抗主义。在登记生效主义的模式下，登记是相关法律事实生效的必要条件。在登记对抗主义的模式下，登记仅作为相关法律事实得以对抗第三人的要件。之所以以上述标准划分两种主义，是因为登记是否具有使相应法律事实生效的效力对私人自治空间具有重大影响。

新《公司法》第32条第1款规定了6种公司登记事项，分别为：名称；住所；注册资本；经营范围；法定代表人的姓名；有限责任公司股东、股份有限公司发起人的姓名或者名称。上述不同登记事项之间性质迥异，若简单地以登记生效或登记对抗对其进行"一刀切"式的认定，难免会犯"削足适履"式的错误。学理上对具体登记事项应具何种效力的研究较为薄弱，但总体上倾向于认为，公司的设立、变更和注销登记等登记应采登记生效主义，而法定代表人等登记则应采登记对抗主义。

在理论上，可以利用二分法和归纳法对公司登记效力的外延进行划分和阐释。二分法是依据一定标准对概念的外延进行划分，利用二分法，以是否具有生效效力为标准对公司登记进行划分，进而得到具有生效效力的公司登记与不具有生效效力的公司登记。前者是指公司登记是某种法律事实的生效要件；而后者具有何种属性，仍处于不明的状态，需要进一步利用归纳法进行解析。从归纳法的角度可以发现，无论是公司登记，还是民法不动产物权登记，当一个事项经过特定的法律程序进行登记公示，因登记程序的严肃性使登记事项所体现的登记事实与客观事实存在普遍一致时，就形成了第三人对登记事实的合理信赖。为了保护这种信赖，大陆法系构建了外观主义规则，在法律上推定登记事实为真；英美法系创制了禁反言规则，二者异曲同工。可见，不具有生效效力的公司登记因登记公示而产生了一种保护信赖的一般性效力，这种因公示而产生的效力可以称之为公示效力，该点在不动产登记簿具有公信力的逻辑中早已有所体现。上述划分方法与德国商法上的划分方法不谋而合，在德国，"对于公司登记的法律后果应区分设权作用和公示作用"①，前者是指只有通过公司登记该法律事实才能成立的场合，后者是对已经成立的法律事实的公示。德国学者进

① ［德］C. W. 卡纳里斯：《德国商法》，杨继译，法律出版社2006年版，第74页。

一步指出,这种公示性登记并非不产生任何法律效果,而仅指被登记法律事实本身并非通过登记才产生。①

综上,在逻辑上可以将公司登记效力划分为生效效力与公示效力。②

2. 公司登记的生效效力

公司登记的生效效力,是指登记具有使相关法律事实生效的效力,可进一步分为创设效力和其他生效效力。

(1)公司登记的创设效力

公司登记的创设效力是指公司登记具有使公司成立的效力。商事主体的筹办人根据自主意思,依照一定的法律程序向公司登记主管机关申请设立商事主体,并经公司登记主管机关审查、登记后,产生设立商事主体的效力,即一个崭新的能够以自己的名义享有权利并承担义务的法律主体诞生。

在我国,公司登记具有创设效力。《民法典》第 77 条规定,“营利法人经依法登记成立”。第 78 条规定,“依法设立的营利法人,由登记机关发给营利法人营业执照。营业执照签发日期为营利法人的成立日期”。新《公司法》第 29 条第 1 款规定,“设立公司,应当依法向公司登记机关申请设立登记”。第 33 条第 1 款规定,“依法设立的公司,由公司登记机关发给公司营业执照。公司营业执照签发日期为公司成立日期”。可见,我国法律对公司采强制登记主义,公司登记具有创设效力,是公司取得法人主体资格的必要条件。

(2)公司登记的其他生效效力

公司登记的其他生效效力是指,除公司设立登记外,公司登记中其他事项的登记具有使相关法律事实生效的效力。新《公司法》规定的 6 类公司登记事项在法律上是否具有生效效力,新《公司法》并未明确规定,该问题留待未来立法完善,或者由人民法院在司法实践中通过法律解释或者法律补充来解决。我们认为,公司名称、住所和注册资本的登记应具有生效效力,本文第四部分对此详述。

从域外规定来看,我国澳门地区《商业登记法典》第 9 条第 2 款专门规定了公司登记的生效效力。该款规定:“二、然而下列者于登记前不产生效力:a)法

---

① 参见[德]C. W. 卡纳里斯:《德国商法》,杨继译,法律出版社 2006 年版,第 74—75 页。

② 参见赵旭东、邹学庚:《商事登记效力体系的反思与重构》,载《法学论坛》2021 年第 4 期。

人商业企业主之设立、章程及有关修改,但不以作为登记为先决条件者,则在其成员间产生效力;b)法人商业企业主之合并、分立及变更组织;c)法律规定必须登记方产生效力之其他事实。”根据以上规定,在我国澳门地区,公司登记是法人商业企业章程修改的生效要件,并且该款c)项使用了兜底性规定,为其他“法律”将公司登记设置为相关法律事实的生效要件预留了空间。日本法上亦有类似的规定。

3. 公司登记的公示效力

公司登记的公示效力,是指相关事项登记后产生的“谁得以登记事实对抗另一方”的效力,可以分为公信效力与对抗效力。前者体现为第三人得以登记事实对抗登记义务人,即指经过公示的登记事项有被推定为真实、合法、有效并为社会一般公众所信赖的效力,善意第三人得以登记事实对抗登记义务人。后者体现为登记义务人得以登记事实对抗第三人,即指经过公示的登记事项,可以推定为一般社会公众所知,登记义务人得以登记事实对抗第三人。二者是一对相对的效力,起着平衡登记义务人与第三人之间法律风险和利益的作用。

《民法典》第65条规定了法人登记的公示效力,该条规定,“法人的实际情况与登记的事项不一致的,不得对抗善意相对人”。新《公司法》吸收了《民法典》第65条的规定,在第34条第2款规定了公司登记的公示效力,该款规定,“公司登记事项未经登记或者未经变更登记,不得对抗善意相对人”。依反对解释可以推论出,公司登记事项未经登记或者未经变更登记,善意相对人可以对抗公司,此即前述公信效力。同理可以推论出,公司登记事项经登记或者变更登记,公司可以对抗善意相对人,此即前述对抗效力。

(1)公司登记的公信效力

公司登记的公信效力,是指登记事项一经法定登记机关登记,便推定为真实,形成第三人与登记义务人之间的约束。换而言之,即登记事项一经公司登记机关登记,便被推定为真实有效,即使登记事实与客观事实不符,善意第三人也仍可向登记义务人主张登记事实,法律拟制相关的登记事实存乎于善意第三人与登记义务人之间。公司登记的公信效力解决的是在应登记事项未登记或已登记事项登记错误时,保护善意第三人交易安全的问题。《民法典》第65条、新《公司法》第34条第2款均规定了公司登记的公信效力。

公司登记公信效力的正当性基础来源于商事外观主义与行政公定力。为维护交易安全,提高交易效率,各国商法、公司法普遍采取商事外观主义,公信效力就是商事外观主义在公司登记领域的表现。同时,公司登记事项由行政机关加以审查,使得公司登记事实在大多数情况下与客观事实相符,增强了登记事实的可信度,为公司登记的公信效力提供了行政法上的支持。

另外,公司登记公信效力具有节约市场交易成本的功能。就这一功能,有学者指出,“在现代商事交易中,很多交易是陌生人之间的交易。陌生人之间缺乏相互了解和信任,确保交易安全,交易者需要尽量多掌握交易相对人的情况。公司登记提供了交易相对人及社会公众低成本地了解商事主体情况的途径,成为交易相对人可以合理依赖的客观基础,即公司登记具有公信效力”。

(2)公司登记的对抗效力

公司登记的对抗效力,是指公司登记义务人得向第三人主张其已知晓公司登记簿上已登记之事实,并由法律推定第三人知晓登记事实并由其承担相应的交易风险和不利后果的法律效力。公司登记对抗效力具有保护公司合法权益、控制公司经营风险、公示其商业信誉的作用。例如,公司可以通过在公司登记中明确其经营范围,限制董事、经理的代理权限,有效地降低股东与董事、经理之间的代理成本,降低交易风险。

公司登记公信效力与公司登记对抗效力既具有差异性,也具有共性。二者在主体方面的差异是显著的,前者是善意第三人得以主张的权利,后者是登记义务人得以主张的权利。但二者在内容、产生的时间等方面又具有共性:在内容上都表现为“谁得向谁主张登记事实”,即公信效力是指第三人可以已经登记的事实对抗登记义务人的效力;对抗效力是指登记义务人可以就登记事实对抗第三人的效力。在产生时间上,二者皆随公司登记产生。

值得注意的是,我国实定法规范并不直接区分规定公司登记的公信效力与对抗效力,而是需要借由法律解释,这也是公信效力与对抗效力极易混淆的一个原因。新《公司法》第 34 条第 2 款规定,“公司登记事项未经登记或者未经变更登记,不得对抗善意相对人”。该条采用的是“不得对抗善意相对人”的消极表述,意在说明在“未经登记或者未经变更登记”的情况下,善意相对人可以登记事实对抗公司,也即公司登记具有公信效力。从反面解释看,该条的表述还包含一个隐含的规范,即“已经登记或者已经变更登记”的情况下,公司有权向善意相对人主张其知悉登记事实。因此,新《公司法》第 34 条第 2 款采用的“不得对抗善意相对人”的表述,其实同时规定了公信效力与对抗效力。

(3)公司登记效力的产生时间

从域外相关规定来看,对于公司登记效力的产生时间之规定并不相同,依登记和公告的关系,大致可以分为以下几种:

①登记行为完成即产生法律效力。典型如意大利、日本等。例如,《意大利民法典》第2193条规定:“法律规定必须登记而未登记的企业行为,不得对抗第三人,但是能够证明第三人知道的除外。自完成登记之时起,第三人不得再以不知道依法必须进行登记的事项为由提出异议。法律有特别规定的,不在此限。”

②登记完成尚不足以产生法律效力,必须将登记事项公告后方可产生对第三人的对抗效力。例如,《德国商法典》第15条规定:“在应登入商业登记簿的事实尚未登记和公告期间,在其事务上应对此种事实进行登记的人,不得以此种事实对抗第三人,但此种事实为第三人所知的,不在此限。已经对此种事实进行登记和公告的,第三人必须承受事实的效力。”

③区分不同登记事项决定法律效力的产生始于登记还是公告。如我国澳门地区《商业登记法典》第9条第1款规定需登记之事实在登记后对第三人产生效力;但是依第68条规定,其第65条规定的事项仅于该事实公布之日后,方对第三人产生效力。

我国《公司法》采第一种模式,即登记行为完成即产生法律效力。《民法典》第66条规定,登记机关应当依法及时公示法人登记的有关信息。新《公司法》第32条第2款规定,公司登记机关应当将公司登记事项通过国家企业信用信息公示系统向社会公示。《企业信息公示暂行条例》第3条规定,企业信息公示应当真实、及时。在互联网信息技术已发展成熟的今天,在技术上完全可以实现对登记事项的实时公示,社会公众可以随时通过企业信用信息公示系统查询公司登记信息。登记与公示在逻辑上虽然体现为两个步骤,但在事实上已经合二为一。因此,应当认为,我国公司登记的法律效力自登记时产生。

(4)登记与公示不符的处理

在公司登记中,基于各种复杂的原因,登记的信息难免与公示的信息会产生出入,造成登记事实与公示事实不一致的情况。在这种情况下,是以登记事实为准还是以公示事实为准,各国、各地区的规定并不一致,总的来说有以下两种模式：

①第一种是以登记事实为准。如《日本商法典》第11条第2款规定“公告与登记不符者,视为未进行公告”。

②第二种是规定公告具有公信效力但不具有对抗效力。如《第1号欧盟公司法指令》第3条第6款规定,“成员国应当采取必要措施防止公告信息与登记簿或文档记载的信息之间出现不一致。在出现不一致的情况下,公司不得以公告的信息对抗第三人;但是第三人可以以公告的信息对抗公司,除非公司证明该第三人知道保存于文档或者记入登记簿的文本”。

我们认为,第二种模式既保障了正常商业交往所必需的交易安全,又督促登记义务人、登记机关作正确公告,是一种较好的做法。因为,在正常的市场交往活动中,善意相对人对于登记事实与公示事实不一致不具有任何控制力,也不具有任何可非难性。因此,不应使其承担登记事实与公示事实不一致的不利后果。反观原因之所在,登记事实与公示事实不一致是登记义务人与登记机关不小心谨慎造成的,其理应承担相应的不利后果。

四、新《公司法》规定解读与延伸问题

(一)新《公司法》的规定与解读

新《公司法》在第32条第1款和第34条第2款,分别规定了公司登记事项与公司登记的法律效力。

1. 关于公司登记事项

> **第32条第1款** 公司登记事项包括：
> (一)名称;
> (二)住所;
> (三)注册资本;
> (四)经营范围;
> (五)法定代表人的姓名;
> (六)有限责任公司股东、股份有限公司发起人的姓名或者名称。

新《公司法》第32条第1款规定的每一项登记事项都具有丰富的法律含义。

(1)名称。公司名称是公司进行营业活动的代号和标签,是公司人格独立化和特定化的具体体现,作为公司设立登记以及从事商业经营活动的基本前提。

(2)住所。住所是确定登记管辖机关和诉讼管辖法院的依据,是法律文书的送达地点和无明确约定情况下的合同履行地点。公司必须有其住所,根据新《公司法》第8条的规定,公司以其主要办事机构所在地为住所。

(3)注册资本。根据新《公司法》第47条第1款,公司的注册资本为在公司登记机关登记的全体股东认缴的出资额。

(4)经营范围。经营范围反映了公司的投资方向和经营活动的基本领域,公司应当在登记的经营范围内从事经营活动。公司可以变更经营范围,但应办理变更登记。

(5)法定代表人的姓名。《民法典》第61条第1款、第2款规定,依照法律或者法人章程的规定,代表法人从事民事活动的负责人,为法人的法定代表人。法定代表人以法人名义从事的民事活动,其法律后果由法人承受。新《公司法》第10条第1款规定,公司的法定代表人按照公司章程的规定,由代表公司执行公司事务的董事或者经理担任。新《公司法》第11条第1款规定,法定代表人以公司名义从事的民事活动,其法律后果由公司承受。由此,法定代表人由代表公司执行公司事务的董事或者经理担任,其以公司名义从事的民事活动的法律后果,由公司承受。

(6)有限责任公司股东、股份有限公司发起人的姓名或者名称。有限责任公司股东,是指通过出资、受让股权或者其他合法方式取得公司股权的自然人、法人或者其他组织。取得有限责任公司股东身份,可以通过在公司设立时认缴出资额,也可以通过受让原始股东的股权,还可以通过增资。此外,继承、遗赠等亦可以取得有限责任公司股东身份。股份有限公司发起人,是指在股份有限公司设立时认购股份的自然人、法人或者其他组织。股份有限公司发起人身份,仅可通过发起设立股份有限公司取得。

2. 关于公司登记法律效力

第34条第2款 公司登记事项未经登记或者未经变更登记,不得对抗善意相对人。

新《公司法》第 34 条第 2 款规定了公司登记的公示效力，即“公司登记事项未经登记或者未经变更登记，不得对抗善意相对人”。

所谓“未经登记”，是指公司在设立登记时没有登记。譬如，公司在设立登记时遗漏登记了有关股东。所谓“未经变更登记”，是指依照本条第 1 款的规定，应当变更登记而没有依法办理变更登记的情形。譬如，公司股东会决议进行增资，而后公司未办理注册资本的变更登记。

理解本款的核心，在于理解“不得对抗善意相对人”。本款参照《民法典》第 65 条法人登记的公示效力“法人的实际情况与登记的事项不一致的，不得对抗善意相对人”，对公司登记的公示效力作出了特别规定。

所谓公示效力，是指登记后产生的“谁得以登记事实对抗另一方”的效力，依据得主张效力的主体不同，可分为公信效力和对抗效力。公信效力，是指善意相对人得以登记事实对抗登记义务人，将登记事实拟制为客观真实存乎于当事人之间，并据此使相关法律事实发生相应法律后果的效力。所谓“善意”，是指相对人不知道且不应当知道公司登记事项未登记或者未经变更登记。譬如，公司依照公司章程的规定由董事会决议变更了法定代表人，但未向公司登记机关办理变更登记。而后，原法定代表人以公司名义对外签订合同，善意相对人得主张原法定代表人与其签订的合同对公司发生效力。对抗效力，是指登记义务人得以登记事实对抗相对人，推定其知悉登记事实的效力。循前例，公司依照公司章程的规定变更了法定代表人，同时也向公司登记机关办理了变更登记。而后，原法定代表人以公司名义对外签订合同，此时，公司得主张相对人（即便其主观上确不知情）知悉法定代表人已变更、原法定代表人已无代表权，从而该合同对公司不发生效力。

公司登记的公信效力和对抗效力可以从本款文义上解释而出。本款规定“公司登记事项未经登记或者未经变更登记，不得对抗善意相对人”，依反对解释，公司登记事项未经登记或者未经变更登记，善意相对人可以对抗公司，此即前述公信效力。同理还可解释出，公司登记事项经登记或者变更登记，公司可以对抗善意相对人，此即前述对抗效力。

此外需要注意的是，本款仅对公司登记的公示效力作出了规定，但未对哪些公司登记事项具有生效效力作出规定。我们认为，在本法第 32 条第 1 款规定的 6 类登记事项中，名称、住所、注册资本的登记应当具有生效效力。换言之,未经登记,公司变更名称、住所和注册资本的法律行为不发生效力。

(二)延伸问题

新《公司法》第 32 条第 1 款仅规定了 6 项公司登记事项,这 6 项公司登记事项是否足以起到保护交易安全、维护市场交易秩序、便利国家监管的作用和功能,不无疑问。需要特别关注的是,2014 年《公司登记管理条例》的修正,删除了实收资本和认缴与实缴的出资额、出资时间、出资方式。该删除是否合理,尚未经过审慎的论证。此外,新《公司法》第 34 条第 2 款仅规定了公司登记的公示效力,而对公司登记是否具有生效效力保持了沉默,这也有待立法在未来进一步明确。

1. 关于新增公司登记事项的建议

(1)实缴资本登记问题

2013 年《公司法》修改,实行完全的认缴制,在完全的资本认缴制下,《公司法》不再强制要求对有限公司和发起设立的股份公司的实收资本进行验资,因此,工商部门也取消了对股东实缴资本的登记,具体表现为,删除了 2005 年《公司登记管理条例》第 9 条第 5 项、第 9 项中的实收资本以及认缴和实缴的出资额、出资时间、出资方式登记,改而要求公司将实缴出资在"企业信用信息公示系统"上公示,并由股东对公示的真实性和合法性负责。并且,还要求将出资的缴纳情况在年度报告上载明,每年向公司登记机关报送,并通过"企业信用信息公示系统"向社会公示。国务院颁布的《企业信息公示暂行条例》详细地规定了上述内容。

然而,在"企业信用信息公示系统"运行几年来,其公示效果却差强人意。不仅"企业信用信息公示系统"本身存在技术上的缺陷,使用户查询体验很一般,而且许多公司根本没有按照《企业信息公示暂行条例》的要求,对实缴资本进行公示,使大量公司实收资本信息一栏长期处于空白状态。可见,在法律法规层面,我国已经取消了实缴资本的登记,改为实缴资本的企业自主公示与年度报告报送。然而,在实践中,实缴资本的登记确已取消,但是实缴资本的公示却未真正得到落实,偏离了制度设计和运行的初衷。

现行法忽视了实缴资本的重要法律地位和意义。在大多数域外发达国家公司法中,一般都要求公司在设立时公示或声明其实收资本的信息,有的甚至要求其对实收资本进行登记。然而在我国,2013 年《公司法》和紧随其后的《公司登记管理条例》的修改,却逆潮流地删除了对实缴资本的登记,这或许是该次公司法修改不应留下的制度漏洞和缺陷。

我们认为,即便是在完全的认缴资本制下,实缴资本也仍具有重要的法律意义。在未来公司法修改中,有必要将实缴资本作为公司登记事项。

(2)章程的外部效力及其登记问题

依照公司法的规定,章程在一定程度上具有外部效力。《民法典合同编通则解释》第 20 条第 1 款的规定,"法律、行政法规为限制法人的法定代表人或者非法人组织的负责人的代表权,规定合同所涉事项应当由法人、非法人组织的权力机构或者决策机构决议,或者应当由法人、非法人组织的执行机构决定,法定代表人、负责人未取得授权而以法人、非法人组织的名义订立合同,未尽到合理审查义务的相对人主张该合同对法人、非法人组织发生效力并由其承担违约责任的,人民法院不予支持"。以公司对外担保为例,新《公司法》第 15 条第 1、2 款规定,公司向其他企业投资或者为他人提供担保,依照公司章程的规定,由董事会或者股东会决议;公司章程对投资或者担保的总额及单项投资或者担保的数额有限额规定的,不得超过规定的限额。公司为公司股东或者实际控制人提供担保的,应当经股东会决议。该条构成法律对法定代表人权限的特别限制,意即公司对外担保应当依照公司章程的规定进行决议。因而,若相对人在与公司签订担保合同接受公司担保时,若未审查公司章程,根据前述司法解释的规定,该担保对公司不发生效力。据此,公司章程就产生了外部效力,即公司章程具有影响了公司对外民事法律行为效力的作用。除此之外,公司章程中关于公司重大资产处置、董事、高级管理人员职权等的规定亦会影响公司对外民事法律行为的效力。

然而,在新《公司法》下,公司章程并不属于登记事项,而仅属于备案事项。在实践中,获取某一个公司的章程并不容易,因为查询公司的档案需要具备相应的条件,并非所有社会公众都能够查询公司的备案章程。不仅如此,即便获取了公司备案的章程,该备案章程是否具有公示效力,也未被法律所明确。因此,备案章程是否具有保护善意相对人的功能,并不明确。

在此情形下,我们认为,未来公司法修法,应将公司章程作为登记事项,进行登记公示,赋予其保护善意相对人交易安全的效力。

(3)经理登记问题

经理与法定代表人一样都具有对外代表公司为法律行为的代表权。然而,对于经理的登记,新《公司法》没有规定,根据《市场主体登记管理条例》第 9 条第 4 项的规定,公司高级管理人员(经理)发生变动时,需要向公司登记机关备案。对于这种备案具有何种效力,法律上并没有直接规定。

新《公司法》中关于经理登记制度的规定几乎空白,主要存在以下问题:第一,没有明确规定经理登记制度。如同每个公司都有法定代表人一样,每个公司都设有经理。从新《公司法》的规定来看,法定代表人的姓名是登记事项,而经理的姓名仅需在公司登记机关备案。这与商事登记制度比较成熟的国家和地区的立法不符,在后者的公司法中,经理往往是必须登记的事项之一。第二,经理登记的内容不完备,法律没有规定经理的签名或者签章、代理权范围等是否必须进行登记。经理是公司日常经营活动的计划者和执行者,对内行使公司内部的组织管理权、人事任命权等重大权力;对外代表公司与交易相对人签订合同,发生债权债务关系。根据新《公司法》第 74 条第 2 款、第 126 条第 2 款,经理对董事会负责,根据公司章程的规定或者董事会的授权行使职权。由此,经理的姓名和代理权限涉及相对人交易安全的保护,因此有必要对经理及其代理权限予以登记。第三,与法定代表人登记类似,经理登记具有生效效力还是公示效力也需要法律明确规定。

综上,我们认为,未来公司法修改,应将公司经理及其代理权限作为登记事项。

(4)股东及其股权比例问题

2013 年《公司法》修改后,我国实施完全认缴资本制,2014 年,国务院对《公司登记管理条例》进行了修改,将第 9 条第 9 项中“以及认缴和实缴的出资额、出资时间、出资方式”删除。这使得公司登记机关,不但不再对实缴资本进行登记,认缴资本也不再进行登记,导致实践中出现了许多问题。

第一,股东股权比例的确认缺乏依据。取消了认缴资本的登记,使得司法实践中出现股权纠纷时,对股权比例的确定缺乏依据。出资证明书、决议、股东名册、公司章程、股权转让协议虽然或多或少地体现股东之间的股权比例,然而上述文件毕竟都属于私人制备的文件,若其存在冲突时以何者为准,实践中尚未确立明确的标准。经公司登记机关登记的认缴资本比例,若无相反的证据,其证明效力显然要高于其他私人制备的文件。

第二,第三人难以知悉股东个人的出资责任。公司全体股东的认缴出资构成公司的注册资本,而注册资本在实践中一个很大的作用,就在于确定股东有限责任的范围,每个股东的出资责任范围由其认缴的出资额决定。若不对认缴资本进行登记,交易第三人就难以知悉各个股东各自的出资责任范围,这对于保护第三人的交易安全极为不利。

第三,司法机关对股权的冻结和强制执行缺乏有效的载体。《公司法》及《市场主体登记管理条例》仅对股东的姓名进行登记,而不对认缴资本进行登记,这使得法院查封有限公司的股权无法在登记机关落实。由于公司登记机关仅知悉谁是股东,而不知悉特定的股东享有多大比例的股权,这就导致公司登记机关无法实现对股权的有效控制。法院在向公司登记机关发出查封股权的协助执行通知书后,查封股权这项执行措施的法律效力如何得到实际保证,引发了实践中的困惑。

综上,建议未来公司法修法,将股东及其股权比例作为登记事项。

2. 关于进一步明确公司登记生效效力的建议

(1)名称登记应具有生效效力

公司名称是公司进行营业活动的代号和标签,是公司人格独立化和特定化的具体体现,作为公司设立登记以及从事商业经营活动的基本前提。

公司名称的地位和特征对于我国选择公司名称登记的具体效力具有参考价值和决断意义。首先,公司名称具有单一性。公司原则上只能使用一个名称,其基本作用是帮助社会公众区分不同的公司主体,同时也是为了便于政府对公司市场经营行为的监督管理。公司所获准使用的名称不得与登记主管机关辖区内已登记注册的其他公司名称相同或相近。其次,公司名称具有识别性。公司名称是表现其独立身份的记号,是公司用以代表指称自己并与其他企业或组织相区别的名称。最后,公司名称具有营业性。公司使用统一的商业名称来表示营业的一体化和继续性,具有统摄公司这一有机组织体的功效,客观上能将主观上的营业即具体营业活动和客观上的营业如不动产、设备、商誉等经营要素密切整合为一个整体。

正是基于以上特性,我国自市场经济运行初期以来就高度重视对公司名称的规范和公司名称权的保障。在我国现行法律规范体系下存在不同层级的调整公司名称的法律、法规和规章，包括《公司法》、《市场主体登记管理条例》、《企业名称登记管理规定》、《企业名称登记管理实施办法》（已失效）等。环视以上法律法规，可对公司名称登记效力进行实证初探。《市场主体登记管理条例》第10条规定："市场主体只能登记一个名称，经登记的市场主体名称受法律保护。市场主体名称由申请人依法自主申报。"对此条文进行反对解释可知，未经公司登记机关核准登记的公司名称不能受到法律的妥当保护，意即必须经过严格的公司名称登记行为才能得到公权力的背书，获得法律的正式认可。

公司名称登记具有生效效力，也是我国司法实践的基本立场。关于公司名称生效效力的探讨往往与商标权侵权纠纷、不正当竞争案件联系密切。广东省高级人民法院在新百伦贸易（中国）有限公司与周某伦侵害商标权纠纷上诉案①中对于新百伦公司是否具有"新百伦"在先名称权的讨论中认为，我国企业名称受到法律保护的前提条件之一是必须经企业名称登记主管部门核准注册。本案中，新百伦公司直到2006年12月才注册登记成立，于该时才对"新百伦"享有名称权，其对"新百伦"名称的使用只能是2006年12月之后，显然晚于被上诉人周某伦于1994年和2004年分别注册的"百伦"和"新百伦"商标，故上诉人主张不能得到支持。无独有偶，黑龙江省高级人民法院在韩某与哈尔滨报达家政有限公司侵害商标权纠纷上诉案②中，就哈尔滨报达家政有限公司的企业名称是否侵犯韩某的注册商标专用权的问题，认为韩某于2009年10月获得核准注册的商标相比较于2009年3月登记注册的哈尔滨报达家政有限公司的名称不具有在先权利。福建省高级人民法院在一则类似案件"日本手塚株式会社、阿童木（福建）体育用品有限公司侵害其他著作财产权纠纷案"③中，认为"阿童木（福建）体育用品有限公司"是自"福建省南安市菲克鞋服有限公司"变更而来，自新名称注册登记之日起享有名称权。

综上，无论是基于公司名称登记的法律原理，还是司法实践对公司名称登记效力的解释和认定，公司名称登记应具有生效效力，是公司取得名称、变更名称、注销名称的生效要件。

---

① 广东省高级人民法院民事判决书，（2015）粤高法民三终字第444号。

② 黑龙江省高级人民法院民事判决书，（2015）黑知终字第9号。

③ 福建省高级人民法院民事判决书，（2014）闽民终字第413号。

(2)住所登记应具有生效效力

公司的住所是公司的主要办事机构,对于公司的设立与经营发挥着重大的作用,使得公司的法律关系集中于一处。在公司的设立过程之中,住所决定了筹办人进行商事登记的机关与监管机关;在公司进行商业活动之中,公司营业执照中所登记的住所地也发挥着一部分信用承担的功能,不同的住所地彰显着不同的公司实力,可以有效地提高公司商誉,以便交易相对方更加充分地衡量公司实力,作出交易决定。同时在履行通过的过程中,公司住所可以成为确定债权债务接受地与履行地的依据。在后续出现商事纠纷解决的过程之中,公司住所发挥着巨大的诉讼法上的功能。根据《民事诉讼法》的相关规定,对于法人提起的民事诉讼,有被告住所地人民法院管辖、公司住所也是收受法律文书的处所。在公司面临涉外法律纠纷时,公司住所也是确认准据法的依据之一。在税收管理方面,公司住所地也决定了公司的纳税地区与税收管理机构。由此可见,从公司设立伊始,到公司从事市场交易,直到面临商事争端的解决,公司住所在整个过程中都发挥了重要的作用。

相对于在公司成立之后可能不断发生的股东变更情形,公司住所更加稳定,且影响远超于常见的股东变更等事项,对其采取登记生效主义更为妥当。理由如下:第一,将住所登记设置为生效要件,可以使得法律关系更加清晰,便于相对方据此作出判断和调整。第二,明确的公司住所登记有利于市场的监管,在公司设立的过程之中便明确了相应的监管机构,便利监管机构介入管理。同时也便于税务机关明确纳税主体,进行税收征管。第三,赋予公司住所登记的生效效力,可以督促当事人尽快登记,提高登记信息的准确性。

综上所述,公司住所这一登记事项,在公司设立、公司运转、公司参与纠纷解决中发挥着重要的作用,应当赋予其登记以生效效力,从而保护公司、第三人合法权益,保护交易安全,维护市场交易秩序。

(3)注册资本登记应具有生效效力

注册资本登记是否具有生效效力,新《公司法》并未予以明确。但从立法中有关资本制度的条文内涵以及公司法内的法理和价值取向可以推论出,注册资本的登记应具有生效效力。

在资本制度上,公司法贯穿了资本确定、资本维持和资本不变的基本原则,注册资本认缴制度并未改变我国法定资本制的本质,公司在设立登记时必须确定资本总额,并且由股东一次认足。公司成立后,注册资本已经成为相对固定的金额,非经法定增资、减资程序不得随意变更,如果公司需要增资或减资必须履行严格的法定程序。股东虽然可以对出资金额、出资期限等自行约定,但并未免除股东实际缴纳认缴出资的义务,而是将公司对股东的出资债权置于与公司资产同等的地位下,这种立法精神和修改倾向更多的是为了尊重公司商业自治、降低市场准入门槛、促进社会资源有效利用和保障繁荣市场经济的积极因子充分涌流,而非对注册资本制度的削弱乃至瓦解。虽然客观上对法定资本制造成了一定冲击,但立法机关在对注册资本的态度上依然坚持和恪守着注册资本之核心地位的制度价值。其用心十分明显,就是仍然强调以公司明确登记的注册资本作为奠定公司经营能力和责任能力的基础,以公司资本作为公司债权人利益的基本保障,并未从根本上改变资本的信用功能。

在股东出资制度上,公司法实行了严格的出资形式法定主义。新《公司法》第 48 条第 1 款规定:"股东可以用货币出资,也可以用实物、知识产权、土地使用权、股权、债权等可以用货币估价并可以依法转让的非货币财产作价出资;但是,法律、行政法规规定不得作为出资的财产除外。"这就意味着法律明确规定了可以作为出资的经营要素和条件,不允许当事人对出资形式做另外的约定。究其根本,首先,是因为这些出资形式具有价值上的确定性,货币的价值金额表征功能不言而喻,实物、土地等财产价值也极易量化,即使是工业产权等无形资产,借助现有的资产评估技术也可以进行客观合理的估值。其次,此类出资形式的价值又具有相对稳定性,非因外部环境和条件的变化,其价值一般不会因为自身的原因发生波动。最后,这些出资形式不仅可由股东缴纳于公司,而且在公司对外清偿债务时,也可以有效地转移给公司债权人,并为债权人有效利用。因此,此种出资形式的法定主义和严格限制是与资本制度相辅相成的配套制度,因为既然以股东出资作为公司注册资本的来源,那么注册资本的信用进一步表现为出资信用,法律、行政法规以确定性、稳定性和可转让性为股东划定出资的具体形式,本质上是对资本的债权担保功能的有力支撑和申明。

在公司行为规则方面,公司法设有一系列对公司或其股东行为的严格限制,其中包括:第一,对公司转投资的严格限制。新《公司法》第 14 条规定:"公司可以向其他企业投资。法律规定公司不得成为对所投资企业的债务承担连带责任的出资人的,从其规定。"以及第 15 条对公司投资和担保情形中关于决议的程序性规定，其目的在于防止公司资本被层层投资或担保之后造成注册资本面临虚假扩张或不利亏空的巨大风险。第二，新《公司法》第 148 条规定："面额股股票的发行价格可以按票面金额，也可以超过票面金额，但不得低于票面金额。"禁止股份的折价发行，但允许股份溢价发行，其原因在于资本的折价发行意味着登记的注册资本是虚假的，背离了资本确定、维持的基本原则。第三，除法定 6 种例外情形，禁止公司收购本公司的股份和以本公司股份质押。新《公司法》第 162 条第 1 款和第 5 款分别规定："公司不得收购本公司股份。但是，有下列情形之一的除外……"和"公司不得接受本公司的股份作为质权的标的"。这是因为公司回购并持有自己的股份完全可能是使用公司的原始资本对外支付，其结果是公司变相偿还了股东出资、股东抽逃出资或者此部分股份未能实际发行。第四，设定严格的减资程序。根据新《公司法》第 224 条，减资程序包括资产的清理造册、债权人的通知公告、债务的清偿或担保。这一程序的目的就是防止股东通过减资而抽逃出资，并进而逃避债务的清偿。第五，禁止股东退股。在传统公司理念下，公司与个人独资企业、合伙企业等非法人组织的一项重要区别就在于公司是易进不易出，甚至是能进不能出的企业，股东以其出资额为限对公司承担有限责任。除非通过减资程序或股权转让，几乎没有投资者退出的机会和空间。

从以上三个方面可以看出，我国公司资本制度虽然几经变迁，但并未动摇注册资本作为公司对外履约和偿债信用的根基。公司资本是公司赖以生存的血液，是公司运营的物质基础，是公司债务的总担保。在现代交易情势下，公司运作离不开银行信用和商业信用的帮扶，同样离不开社会信用的支持，而公司注册资本正是这些信用赖以形成和稳固的基础。公司的注册资本构成了公司对外交往的信用，为保护债权人的利益和交易安全就必须确定和维持一定数额的公司资本，并将其公之于众，以便使与公司发生经济往来的自然人或组织了解和掌握公司的基本状况，决定其交易的范围和条件。注册资本作为彰显公司资信状况的强力凭证如果不采取登记生效主义，后果不堪设想。没有了注册资本作为外部第三人交易的初步准据，而仅仅主张公司资产价值这一交易向对方难以查证和核实的数据作为履约担保，可能更大程度上增加了交易的不确定性和债权人的交易风险。尽管注册资本登记生效主义增加了公司登记成本，以及在资本认缴制度下可能会出现公司实际资产与注册资本相脱离的现象，但不可否认的是，注册资本承担的彰显公司经营规模、表征投资人经营实力、指示公司交易一般担保范围的基础功能和立法长期坚守的价值基调及精神底线可能更应为我们所赏识和认可。

在司法实践中，部分判例采取了注册资本登记生效主义的观点。最高人民法院在辽阳天俊矿业有限公司、常某股权转让纠纷案①中肯认了注册资本登记的生效效力。在针对当事人天俊公司擅自将投资额作为股权转让款交付温某源是否合法正当的争点讨论中，最高人民法院指出："天俊公司已经向万凯峰公司投资共计4亿元，万凯峰公司的注册资本金、股东及持股比例等工商登记信息也已经变更完成，因而该笔4亿元已经成为万凯峰公司的注册资本金以及资本公积金，已属于万凯峰公司法人财产，因而，未经法定程序不得任由股东进行处分。"本案双方当事人的补充协议中有关向温某源转让或处分万凯峰公司4亿元注册资本金以及资本公积金的约定，在履行法定程序并经工商变更登记之前不发生法律效力，该部分协议内容属部分未生效，该笔4亿元财产性质并不能依此约定发生改变。由此可见，我国最高司法机关将注册资本的工商登记作为了公司法人取得独立财产和判定合同效力的依据之一，侧面印证了对注册资本登记生效效力的肯定。

综上所述，我们认为，未来公司法修法，应明确注册资本登记的生效效力。

---

① 最高人民法院民事判决书，(2016)最高法民终806号。

专题三 公司信息公示制度

一、新《公司法》修改的主要内容

“公开是医治现代工业社会疾病的良药;正如阳光是最好的防腐剂,灯光是最有效的警察。”宏观层面,信息公示是市场公平交易的基础,是建设诚信有序市场的前提;微观层面,信息公示是交易相对人作出合理商业决策的必要条件,亦是债权人防范公司信用风险的有效手段。

新《公司法》建立了以国家企业信用信息公示系统为基本公示媒介的公司信息公示制度,在《企业信息公示暂行条例》的基础上对信息公示制度进行了完善与补充。公司信息公示制度主要由三个部分组成:其一,登记公示制度,新《公司法》第 32 条第 2 款要求公司登记机关应当将公司登记事项通过国家企业信用信息公示系统向社会公示。其二,自主公示制度,新《公司法》第 40 条、第 251 条规定公司应当通过国家企业信用信息公示系统公示出资信息、股权变更信息、行政许可的取得变更注销等事项,公司未依法公示的需承担对应的行政责任。其三,新《公司法》还规定了合并、分立、减资、解散、清算、注销等特殊重大事项的公告制度,公司不按规定通知或公告债权人的还需要承担相应的法律责任。公司的信息公示制度具有重要的制度价值,对新《公司法》所确立的信息公示制度,可作出如下解读。

二、本次修改的现实依据

(一)信息公示的制度价值

1. 防范交易风险,维护交易安全

商事交往中总是不可避免地存在信息的不对称性,而信息公示制度就是解决信息不对称问题的有效手段。在公司的对外经营活动中,外部债权人需根据公司的资信状况、业务前景、发展潜力等评估交易风险,进而作出合理的商业决策，信息公开的首要目标就是保障市场主体的知情权，[①]公司的信息公示制度是外部债权人评估风险的基础。

在法律意义上，公示信息是可被合理信赖的商事外观。商事外观主义强调，出于维护外部人对外观的合理信赖，一个实际上并不存在的法律事实可依其商事外观而被视为存在，公示推定真实。在公司信息公示制度中，公司为其公示的信息真实性负责，公示错误或故意公示错误的公司需要受到其公示外观的拘束，外部交易主体得以依据该外观而主张对应的请求，公示产生的公信力并不可被轻易推翻。故此，公示信息构成外部人合理的信赖基础，由此形成的交易安排受到法律的保护。公示制度能有效维护交易安全，推动构建安全稳定的交易秩序。

2. 推进信用建设，强化信用约束

2014 年国务院印发的《社会信用体系建设规划纲要（2014—2020 年）》强调了到 2020 年我国基本建立社会信用基础性法律法规和标准体系、基本建成以信用信息资源共享为基础的覆盖全社会的征信系统的目标。纲要指出，社会信用体系是社会主义市场经济体制和社会治理体制的重要组成部分。它以法律、法规、标准和契约为依据，以健全覆盖社会成员的信用记录和信用基础设施网络为基础，以信用信息合规应用和信用服务体系为支撑，以树立诚信文化理念、弘扬诚信传统美德为内在要求，以守信激励和失信约束为奖惩机制，目的是提高全社会的诚信意识和信用水平。加快社会信用体系建设是全面落实科学发展观、构建社会主义和谐社会的重要基础，是完善社会主义市场经济体制、加强和创新社会治理的重要手段，对增强社会成员诚信意识，营造优良信用环境，提升国家整体竞争力，促进社会发展与文明进步具有重要意义。

而企业信息公示制度的构建是社会信用体系建设的重要步骤。社会信用是商事信用的上位概念，在公司法语境中更多需要关注商事信用，也即商主体的信用。商事信用既是指商事主体在商事活动中履行义务、清偿债务的能力及其主观评价，也是对商事主体资本和资产规模、经营业绩、既往履约记录等表现

① 参见王伟：《企业信息公示机制的逻辑与立法研究——兼论〈企业信息公示暂行条例〉的修法思路》，载《首都师范大学学报（社会科学版）》2021 年第 1 期。

出来的履行能力或偿债能力的客观评价。① 信息公示制度是商事信用制度的重要组成之一，信息公示制度的构建，有利于客观上反映商事主体的资本、资产规模、经营业绩、履约记录、社会表现等。信息的公示是对商事主体信用展开评价的前提，市场经济的健康发展要靠信用手段来实现。信用约束机制的建立，有利于强化社会参与，提升企业失信成本，进而促进经济的高质量发展，形成稳定有序的市场秩序。

3. 体现简政放权的新型监管理念

国务院2015年10月13日发布的《关于"先照后证"改革后加强事中事后监管的意见》指出："加快推进全国统一的信用信息共享交换平台和企业信用信息公示系统建设，推进政府部门、行业协会、社会组织信用信息共享共用，强化信用对市场主体的约束作用，构建以信息归集共享为基础，以信息公示为手段，以信用监管为核心的监管制度，让失信主体'一处违法，处处受限'。"信息公示制度要求企业对其公示的信息负责，这是从政府监管转向社会共治的表现，体现了简政放权的监管理念。企业对社会负责，有利于充分发挥行业自律的作用，扩大社会监督，推动形成企业自治、行业自律、社会监督、政府监管的社会共治新格局。

（二）我国企业信息公示制度的立法与实践

早在2014年，国务院即颁布了信息公示的专门立法——《企业信息公示暂行条例》。这一部系统、全面的行政法规是我国颇具创新的制度设计，在保障公平竞争、强化企业信用约束、扩大社会监督等方面发挥了重要的作用。《企业信息公示暂行条例》的核心内容是建立企业信息公示制度，政府部门公布行政处罚等信用信息、企业公布年报和其他经营活动信息，强调"谁产生、谁提供、谁负责"的原则，要求政府部门与企业分别对其公示信息的真实性负责。该条例的具体内容可归纳为如下。

1. 政府的信息公示

政府的公示义务主要体现在《企业信息公示暂行条例》第6条与第7条。工商行政管理部门应当通过企业信用信息公示系统，公示其在履行职责过程中产生的企业信息，这些信息包括注册登记，备案信息，动产抵押登记信息，股权

① 参见赵旭东：《商事信用的界定与制度构成》，载《浙江工商大学学报》2019年第5期。

出质登记信息,行政处罚信息以及其他依法应当公示的信息。对这些企业信息,工商行政管理部门应当自产生之日起 20 个工作日内予以公示。其他政府部门应当公示的企业信息包括行政许可准予、变更、延续信息,行政处罚信息以及其他依法应当公示的信息。

除了政府的信息公示义务外,《企业信息公示暂行条例》第 12 条第 1 款还规定了政府对信息的及时更正义务:“政府部门发现其公示的信息不准确的,应当及时更正。公民、法人或者其他组织有证据证明政府部门公示的信息不准确的,有权要求该政府部门予以更正。”

2. 企业的信息公示

企业的公示义务主要有两方面,一是通过企业信用信息公示系统报送年报的义务,二是自主公示从事生产经营活动中所形成的信息的义务。

(1)年报报送义务

根据《企业信息公示暂行条例》第 8 条与第 9 条的规定,企业负有报送年报的义务。时间上,企业应当于每年 1 月 1 日至 6 月 30 日,通过企业信用信息公示系统向工商行政管理部门报送上一年度年度报告,并向社会公示。当年设立登记的企业,自下一年起报送并公示年度报告。内容上,《企业信息公示暂行条例》将公示信息分为强制公示与自愿公示,必须公示的信息有:企业通信地址、邮政编码、联系电话、电子邮箱等信息;企业开业、歇业、清算等存续状态信息;企业投资设立企业、购买股权信息;企业为有限责任公司或者股份有限公司的,其股东或者发起人认缴和实缴的出资额、出资时间、出资方式等信息;有限责任公司股东股权转让等股权变更信息;企业网站以及从事网络经营的网店的名称、网址等信息。可自愿公示的信息有:企业从业人数、资产总额、负债总额、对外提供保证担保、所有者权益合计、营业总收入、主营业务收入、利润总额、净利润、纳税总额信息。企业可选择是否向社会公示,经企业同意,公民、法人或者其他组织可以查询企业选择不公示的信息。

(2)自主公示义务

《企业信息公示暂行条例》第 10 条规定:“企业应当自下列信息形成之日起 20 个工作日内通过企业信用信息公示系统向社会公示:(一)有限责任公司股东或者股份有限公司发起人认缴和实缴的出资额、出资时间、出资方式等信息;(二)有限责任公司股东股权转让等股权变更信息;(三)行政许可取得、变更、延续信息；（四）知识产权出质登记信息；（五）受到行政处罚的信息；（六）其他依法应当公示的信息。工商行政管理部门发现企业未依照前款规定履行公示义务的，应当责令其限期履行。”可以看出，2014 年的企业信息公示制度，公示范围覆盖了企业的基本经营信息、企业财产和经营状况、涉及其履约和债务清偿能力的信息，且对于行政许可、行政处罚等事项，还分别规范了政府与企业的双主体公示义务。

此外，该条例还规定了信息更正、社会公众举报、信息公示抽查、信息公示不规范的处罚等监管规范。后续亦陆续出台了与该条例配套的五部规章：《企业经营异常名录管理暂行办法》、《企业公示信息抽查暂行办法》、《工商行政管理行政处罚信息公示暂行规定》（已失效）、《个体工商户年度报告暂行办法》、《农民专业合作社年度报告公示暂行办法》以及国家统计局颁布的《统计上严重失信企业信息公示暂行办法》（已失效），从监管层面细化了企业的信息公示义务。

应该说，2014 年国务院颁布的该信息公示专门规范，体现了较高的信用构建制度设计水平。信息资源向社会公众开放，任何单位和个人均可查询利用企业的公示信息，也鼓励了社会各方运用公示数据开发合规的衍生产品，促进了市场化信用服务的发展。①

（三）信息公示的现实基础：企业信用信息公示系统的建设与运行

企业信用信息公示系统，全称是国家企业信用信息公示系统，也被称为“全国一张网”，是我国涉企信息统一归集、依法公示、联合惩戒、社会监督的应用平台。工商部门（现市场监管局）于 2014 年依据国务院《注册资本登记制度改革方案》和《企业信息公示暂行条例》建立了该系统。依《政府部门涉企信息统一归集公示工作实施方案》规定，企业信息公示的方式为涉企信息统一归集到国家企业信用信息公示系统并对外公示。

国家企业信用信息公示系统依法归集公示了全量经营主体的登记注册、年度报告、行政许可、行政处罚、抽查检查等信息，既增强了企业信息透明度，有助于解决信息不对称的问题，降低了市场交易成本，同时也发挥了鼓励社会监督、引导社会共治的作用。该系统自上线以来，已归集企业信息 54.7 亿条，累计访

① 参见赵旭东：《商事信用的界定与制度构成》，载《浙江工商大学学报》2019 年第 5 期。

问量达3000亿次,日均访问量超过了1亿次,取得了较好的社会效果。[①]

相较于传统的报纸等公示手段,企业信息公示系统这一公示手段是推行信息化改革的有力工具,其传播效率更高、传播范围更广,有利于便利社会公众,提升政务服务水平。国务院《关于加快推进"互联网+政务服务"工作的指导意见》指出,要优化网上服务流程,凡是能实现网上办理的事项,不得要求必须到现场办理。要推进服务事项网上办理,凡与企业注册登记、年度报告、变更注销、项目投资、生产经营、商标专利、资质认定、税费办理、安全生产等密切相关的服务事项,都要推行网上受理、网上办理、网上反馈,做到政务服务事项"应上尽上、全程在线"。企业信用信息公示系统的成立与运行,是开展"互联网+政府服务"工作的举措之一,在公司法层面增设企业信息公示制度,有利于推进电子化改革,提高公示效率。

三、公司信息公示制度的理论阐释

(一)信息公示制度概述

公司信息公示制度是企业信息公示制度的下位概念,是指向社会公众公开公司信息的制度。在制度构造上,可对信息公示制度作出如下拆解:其一,谁来公示,此事关公示主体;其二,如何公示,此事关公示原则;其三,公示什么,此事关公示事项;其四,怎样公示,此事关公示途径。具体如下所述。

1. 公示主体

信息公示制度的构建,旨在通过信息的公开一定程度上减少市场的信息不对称性。而进行信息公示这一过程的主体可能是产生信息的公司本身,也可能是公权力部门。公司向外进行信息公示,典型的制度表现有新《公司法》所规定的公司自主公示制度、《证券法》所规定的信息披露制度等,除了法律规定的信息公示义务外,公司当然也可以自主选择向社会主体公示一定信息。公权力部门的信息公示指行政机关对履行职责过程中产生的企业信息进行公示,如企业的登记信息、行政处罚信息。

① 参见《国家企业信用信息公示系统日均访问量过亿次》,载中国青年报2023年4月13日,https://baijiahao.baidu.com/s?id=1763052761649354167&wfr=spider&for=pc。该信息来源于"权威部门话开局"系列主题新闻发布会,国家市场监督管理总局副局长蒲淳介绍。

2. 公示原则

信息公示既可能是法律规定的必须履行的义务,也可能仅是公示主体可自主选择公示与否的权利。公示主体需要依照法律的规定,承担按时公开信息、保证信息真实的义务。真实、准确、完整与公示及时是公示制度的两大原则。

其一,负有公示义务的主体应坚持保证公示内容的真实、准确、完整。无论是公司的信息公示还是政府部门的信息公示,也无论是强制公示还是自愿公示,公示主体都需要对公示信息的真实性负责,信息公开失真可能面临相应的民事、行政、刑事责任,如《证券法》即构建了一套完整的信息披露失真责任制度,《企业信息公示暂行条例》也规定了企业公示虚假信息所应承担的法律责任。

其二,及时公示原则。及时公告是商事效率的必然要求。若法律规定公司需于一定时间内及时公示,而公司并未按时公示相应信息,则可能面临一定的行政责任,行政机关会责令要求企业限期履行,否则会被列入经营异常名录。

3. 公示事项

根据信息经济学的理论,在市场中易产生不对称性的信息有两类:其一是外生的信息,即商事主体的客观状态,在具体商事行为发生前业已独立存在,如企业客观存在的运营以及内部管理情况。其二是内生的信息,取决于当事人行为本身,即商事主体在具体商事行为发生之后的后续主观行为。[①] 并非公司的所有信息都需要被公示,确定公司的公示事项,需要兼顾交易安全与交易效率,交易安全考虑的是信息的重要程度,如证券法领域通常要求公司需公示对股票交易价格产生较大影响的重要信息;交易效率考虑的是公司的公示成本,如公示信息是否为公司的商业秘密。

4. 公示途径

向社会公示信息的手段是多样的,通常而言需要选择具有影响力的、权威的公示媒介,方可达到使社会公众知悉的效果。

公示媒介主要有网站、报纸、信息公示专栏、章程约定的其他方式这四种方式。网站如企业的官网、证监会指定的网络媒体、破产重整案件信息网、税务总局门户网站等,报纸如证监会指定的纸质媒体、企业章程约定的公告纸质媒体

① 参见吴韬:《企业信用信息公示制度研究》,华东政法大学 2017 年博士学位论文,第 12—13 页。

平台,信息公示专栏如人民法院设在法院门前的公示栏、证券公司在证券营业部、服务部等营业场所的投资者园地中设立的信息公示专栏、税务机关设立的公告栏等。

2014 年我国建设了国家企业信用信息公示系统,该系统归集了市场经营主体的登记注册、年度报告、行政许可、行政处罚、抽查检查等信息,提高了信息公示的效率。

(二)信息公示的效力

负有信息公示义务的主体将信息向社会公众公示后,会产生相应的公示后果,不同情形的公示所对应的法律效果并不一致。结合新《公司法》所确立的登记公示、自主公示、特殊事项公示公告制度,可将信息公示的效力分为以下三类:

第一,如果是对登记事项进行公示,则会产生公示效力,公示效力进一步可划分为积极效力与消极效力。积极效力强调公信效力与对抗效力,对于公示主体来说,公示推定真实,公示主体需要对信息的真实性负责,也需要受因公示所形成的商事外观的约束,第三人得以登记事实对抗登记人。对于第三人来说,公示也推定知悉,登记人得以登记事实对抗第三人。交易相对人并不享有不知或不应知公示信息的抗辩权。消极效力强调应公示而不公示,不发生相应的法律效果。对于应公示的事项,如果未公示,则根据其公示的目的,或者不能发生相应的对外公示的法律效力,或者不能对抗善意第三人,或者应该承担相应的法律责任。需要说明的是,登记公示所产生的公示效力,本质上来源于登记制度,而非来源于公示制度,登记制度通过公示实现其公示效力。

第二,如果是公司自主公示出资或股权变更等公示事项,则仅产生信息披露的法律后果,不具备公信效力、对抗效力。公司自主公示实缴出资、出资缴纳期限、股权变更等信息,旨在履行信息披露义务,为社会公众提供与商事主体有关的信息,从而便于利害关系人决定是否与公司进行商事交易。此类信息公示只发挥信息披露作用,对应的是事实公告,事实公告虽然仅有宣示效力,但它也是当事人或有利害关系的第三方获得信息的有效途径。

第三,如果是公司在发生合并、分立、减资、解散、清算、注销等特殊重大事项时,通过企业公示系统向债权人公告,则产生送达效力。与单独通知、通过报纸通知债权人一样,公司通过企业公示系统向债权人发出特殊事项的通知,一经公告即为送达。商事领域追求便捷高效,公告送达促使利害关系人及时查看相关商事信息,促进商事信息的快速流通。

(三)公示制度与登记、备案制度的关系

除了公示制度以外,新《公司法》专设一章规定公司登记制度,《市场主体登记管理条例》分别规定了备案与登记制度。如何理解公示、登记、备案这三种制度的概念差异与适用关系,是一个需要阐释的问题。

1. 登记与公示制度的关系

对于登记制度与公示制度的关系,我们认为,公示制度是登记制度实现公示效力的手段。

在概念上,登记是指企业筹办人,旨在设立、变更或注销企业主体资格及相关事项,依照法定的程序,向主管机关提出申请,由主管机关依法对申请事项进行审查、登记公示的一种复合行为;而公示是指向社会公众公开企业的信息。登记与公示在概念上存在明显差异,登记制度强调申请人向登记机关进行申请,而公示制度强调向社会公众进行公开。

不过,从效力上来看,登记制度具有生效效力、公示效力,其中公示效力是指"谁得以登记事实对抗另一方"的效力,可分为公信效力与对抗效力,前者体现为第三人得以登记事实对抗登记义务人,后者体现为登记义务人得以登记事实对抗第三人。[①] 对于登记产生公示效力的时间,世界范围内存在多种制度模式,一是登记完成时即产生法律效力,二是登记事项公告后方才产生法律效力,三是区分不同登记事项决定法律效力的产生始于登记还是公告。之所以存在上述三种模式,是因为登记与公告在公示效力上存在明显区别,登记备查是一种消极的公示,而公告是一种积极的公示,登记信息属于社会资源,由登记机关依法登记于登记簿,供社会公众查阅。相对于登记备查,公告是一种更加积极主动的公示制度,公告的具体方式一般通过专门设立的场所、报纸或者政府公告公开,一般应当选取最容易为人所知的方式进行公告,多种方式并存,既要有固定的公告方式以便于查询,又要有灵活多样的公告方式消除较少获取信息的障碍。登记与公告都是公示的方式。

结合我国新《公司法》与《民法典》等规范可知,我国现行法律采纳登记行

---

① 参见赵旭东、邹学庚:《商事登记效力体系的反思与重构》,载《法学论坛》2021 年第 4 期。

为完成即产生法律效力的立场,且将公告制度内化为登记制度的其中一个环节。新《公司法》第32条第2款规定公司登记机关应当将公司登记事项通过国家企业信用信息公示系统向社会公示,此时通过企业信用信息公示系统而进行的公示实则是公告。公司登记环节与公示环节虽是逻辑上的两个步骤,但事实上已经合二为一,公司登记信息必须公示,不存在不公示的登记。登记的法律效力自登记完成时产生,而公示程序本质上是登记流程的组成部分,公司登记的公示效力需要通过公示程序来实现。

2. 备案与登记、公示制度的关系

对于备案制度与登记、公示制度的关系,我们认为,备案制度与登记制度具有实质上的区别,备案信息并不应具有外部公示性,备案信息不具有登记信息所具有的公示效力。

备案与登记的二分是我国的制度创举。登记具有创设、变更或终止商事主体法律资格的特性,登记机关必须对其进行内容或形式审查。而区别于登记制度,备案制度应该认定为是一种行政事实行为,不具有创设权利的审批或许可性质。我们认为,理论上备案制度与登记制度的区别可归纳为如下四点:一是效力区别,登记具有创设、变更法律关系的效力,而备案事项一般不对自然人、法人或者其他组织的权利义务产生影响;二是功能区别,典型的备案信息应单纯面向行政机关的监督管理,主要功能是信息收集、信息披露、存档备查;三是登记机关的审查义务有别,登记机关在备案前无须对备案信息进行审查,而登记机关还需要对登记信息进行审查,虽然近年来推行的登记确认制改革要求市场主体自身对登记信息的真实性负责,登记机关仅需进行形式审查,但是相比备案事项而言,登记机关对登记事项的审查强度仍然较高;[①]四是效力区别,由上述三点可推知登记与备案制度存在效力上的区别,备案不应具有公示效力,备案信息俗称"内档",其透明度与登记信息明显不同,备案信息仅供登记机关内部监督管理,登记机关可为社会公众提供查阅备案事项的服务,但备案信息并不直接向社会公众公示,不具有登记信息的公示效力。

以上更多是从理论层面对登记与备案制度的区别进行探讨,但在我国的规

---

① 参见刘斌、张昕惠:《商事主体登记与备案之辨——兼评〈商事主体登记管理条例(草案)〉》,载《经贸法律评论》2021年第2期。

范演进中,登记制度与备案制度的划分存在一定变化,我国法律实际上并未贯彻登记与备案的清晰界分。如2014年《公司登记管理条例》(已失效)第56条要求公司登记机关应当将公司登记、备案信息通过企业信用信息公示系统向社会公示,《企业信息公示暂行条例》第6条第1款第1项也规定工商行政管理部门应当通过企业信用信息公示系统,公示其在履行职责过程中产生的注册登记信息和备案信息,可见,在以上规范中登记与备案信息均具有公示性。不过,虽然《企业信息公示暂行条例》第6条第1款第1项规定备案信息应当被公示,但该规范在实践中并未被充分遵守,部分备案信息仍未被充分公示。① 2021年我国《市场主体登记管理条例》不再要求登记机关将备案信息进行公示,《市场主体登记管理条例实施细则》第7条第2款仅要求登记机关在设立登记时将备案事项一并进行信息采集。需要注意的是,新《公司法》也未规定登记与备案的二分。我们认为,在我国现行规范体系中,备案制度不应与登记制度做同等理解,备案制度与登记制度的规范定位不同,备案制度应发挥行政监管与信息备查的功能,备案信息不应具有公示效力。因此,备案信息更多仅供存档备查,不具有公示性。

四、新《公司法》规定解读与延伸问题

(一)新《公司法》的规定与解读

新《公司法》第32条、第40条、第220条、第222条、第224条、第225条、第229条、第235条、第240条、第241条规定了公司的信息公示制度,在原《公司法》、《企业信息公示暂行条例》的基础上进行了变动与调整。具体可陈述如下。

1. 公司登记公示制度

> **第32条** 公司登记事项包括:
> (一)名称;
> (二)住所;
> (三)注册资本;
> (四)经营范围;

---

① 参见刘斌、张昕惠:《商事主体登记与备案之辨——兼评〈商事主体登记管理条例(草案)〉》,载《经贸法律评论》2021年第2期。

（五）法定代表人的姓名；

（六）有限责任公司股东、股份有限公司发起人的姓名或者名称。

公司登记机关应当将前款规定的公司登记事项通过国家企业信用信息公示系统向社会公示。

对于新《公司法》所规定的公司登记公示制度，应作如下理解：公司登记的流程为由公司先向登记机关进行登记，再由登记机关通过企业信用信息公示系统向社会公示。登记信息的公示主体是登记机关，而不是公司。2014 年《企业信息公示暂行条例》第 6 条第 1 款第 1 项规定，工商行政管理部门应当通过企业信用信息公示系统，公示其在履行职责过程中产生的注册登记信息；而 2021 年《市场主体登记管理条例》第 35 条却规定，市场主体应当按照国家有关规定公示年度报告和登记相关信息，将登记信息的公示主体转为公司。新《公司法》在法律层面正式确立了登记信息的公示主体应该是登记机关而不是公司。

值得注意的是，在新《公司法》修改的过程中，对于章程是否应该公示，存在较大争议。《公司法（修订草案一审稿）》第 34 条规定："公司登记机关应当将公司登记事项、公司章程等信息通过统一的企业信息公示系统向社会公示。"对此有学者认为，章程并非公司登记内容，涉及商业秘密，不应该不受限制地供公众查询，且章程的公示将增加第三人的注意义务，不利于交易的快捷性和安全性。后续《公司法（修订草案二审稿）》与最终通过的新《公司法》将章程的公示规定删除，法律不再要求公司将章程进行公示。依现行有效的《市场主体登记条例》第 9 条第 1 项，公司章程仅是备案事项而不是登记事项，没有公示要求。

2. 公司自主公示制度

第 40 条 公司应当按照规定通过国家企业信用信息公示系统公示下列事项：

（一）有限责任公司股东认缴和实缴的出资额、出资方式和出资日期，股份有限公司发起人认购的股份数；

（二）有限责任公司股东、股份有限公司发起人的股权、股份变更信息；

（三）行政许可取得、变更、注销等信息；

（四）法律、行政法规规定的其他信息。

公司应当确保前款公示信息真实、准确、完整。

第251条 公司未依照本法第四十条规定公示有关信息或者不如实公示有关信息的，由公司登记机关责令改正，可以处以一万元以上五万元以下的罚款。情节严重的，处以五万元以上二十万元以下的罚款；对直接负责的主管人员和其他直接责任人员处以一万元以上十万元以下的罚款。

对于新《公司法》所规定的公司自主公示制度，应作如下理解：

其一，公示的主体是公司。公司负有保障公示信息真实、准确、完整与及时公示的义务。区别于《企业信息公示暂行条例》所构建的强制公示 + 自愿公示规则，新《公司法》要求公司必须公示相关信息。

其二，自主公示事项的确定。公司应自主公示哪些事项，社会各界争议很大。对于《企业信息公示暂行条例》所规定的公示事项，有学者认为，应强调基础性资产信用信息的重要性，将现行《企业信息公示暂行条例》中关于选择不公示的信息，按照分类公示的原则进行公示，企业从业人数、资产总额、负债总额、对外提供保证担保、所有者权益合计、营业总收入、主营业务收入、利润总额、净利润、纳税总额信息这十类信息中，多数是企业的基础财务信息，社会各方最为关注，要求予以公示的呼声也最为强烈。建议企业信用公示应将基础资产信息的公示作为关键，分类进行公示，如规模较大的企业应当强制公示基础资产信息，其他企业可选择不公开，但合同相对人或社会公众可在现场查询或通过专门系统进行查询。①

在新《公司法》修订过程中，有学者建议，应当增加对股份有限公司股东的公示。也有学者建议，应增加"非公开的股份有限公司股份转让的变更信息"，以明确权利归属，满足反洗钱要求。还有学者认为，新《公司法》不能仅仅以《企业信息公示暂行条例》为基础，还应增加如股权转让合同、股份公司发起人股东的股份变更情况、主要的财务指标也有公示、担保金额等公示事项。也有学者表示，股权转让合同、财务信息不应进行公示，此类事项应该是股东查阅权制度的规范范畴。

---

① 参见王伟：《企业信息公示机制的逻辑与立法研究——兼论〈企业信息公示暂行条例〉的修法思路》，载《首都师范大学学报（社会科学版）》2021年第1期。

新《公司法》第40条区分了有限责任公司与股份有限公司,要求有限责任公司需要公示股东认缴和实缴的出资额、出资方式和出资日期等出资信息,而股份有限公司仅需要公示发起人认购的股份数,这两类公司都需要公示股权或股份的变更信息、行政许可的取得、变更、注销等信息。新《公司法》第40条与《企业信息公示暂行条例》第10条的差别主要有两处:一是股份有限公司从需要公示发起人认缴和实缴的出资额、出资时间、出资方式等变更为仅需要公示发起人认购的股份数,二是新《公司法》并未列举知识产权出质登记信息、受到行政处罚的信息。知识产权出质登记信息、行政处罚信息是无须公司予以自主公示,还是由兜底条款引致到其他具体法律、行政法规的规定,有待后续实践探索。

我们认为,股东出资信息的公示具有重要的法律地位与意义,而新《公司法》对此的规定既有进步,也有一定遗憾。股东的实缴出资、出资方式、出资日期等信息,是公司外部债权人判断公司实际偿债能力的重要依据,债权人需据此作出合理商业决策。但有限责任公司的出资信息公示制度在本次公司法修订以前呈现出规范矛盾、实践落实不足的局面:如《企业信息公示暂行条例》第10条规定了出资信息的公示,而2021年《市场主体登记管理条例》第9条第3项则将“有限责任公司股东或者股份有限公司发起人认缴的出资数额”规定为备案事项;并且,观察实践情况可知,很多公司根本没有按照《企业信息公示暂行条例》的要求对实缴资本进行公示,在企业信用信息公示系统上,许多公司的实收资本信息一栏长期处于空白状态。新《公司法》第40条将出资等事项的公示制度上升为法律,有利于在上位法层次统一规范,推进实践中公示制度的落实与运行。但需要提及的是,新《公司法》对股份有限公司股东的实缴出资信息并无公示要求,稍显遗憾。

其三,未履行自主公示的法律后果。若公司未依照新《公司法》第40条的规定,在公示系统上及时公示相应信息或未如实公示,则需承担相应的行政责任。登记机关可以责令公司改正,可对公司处以1万元以上5万元以下的罚款;若情节严重的,可以对公司处以5万元以上20万元以下罚款,对公司直接负责的主管人员和其他直接责任人员处以1万元以上10万元以下的罚款。2014年《企业信息公示暂行条例》第17条中规定,若公司未依法自主公示或不实公示,则工商行政管理部门(今市场监督管理部门)可以将公司列入经营异常名录,通过企业信用信息公示系统向社会公示,提醒公司履行公示义务,情节严重的公司还需接受行政处罚、造成他人损失的需承担民事赔偿责任，构成犯罪的依法追究刑事责任。新《公司法》第 251 条对于公司未自主公示的行政责任予以具体化，至于公司登记机关是否仍可将相关公司列入经营异常名录，有待后续实践的探索与立法的更新。

3. 特殊事项的公示公告

除了企业经营中常态化事项的公示外，新《公司法》还规定了合并、分立、减资、解散、清算、注销等特殊重大事项的公告制度。新《公司法》第 220 条、第 222 条、第 224 条、第 225 条、第 229 条、第 235 条、第 240 条、第 241 条规定了特殊事项的公示制度，相较于旧法通过报纸公示的方式，新法在报纸的基础上增加了国家企业信用信息公示系统，在公司存在特殊重大事项时，公司可以选择通过报纸或国家企业信用信息公示系统进行公告。需公示的特殊事项与公示内容可陈列如下。

第一，公司合并时的公示。公司应当自作出合并决议之日起 10 日内通知债权人，并于 30 日内在报纸上或者通过国家企业信用信息公示系统公告。

第二，公司分立时的公示。公司应当自作出分立决议之日起 10 日内通知债权人，并于 30 日内在报纸上或者通过国家企业信用信息公示系统公告。

第三，公司减资时的公示。若公司进行减资，应当自股东会作出减少注册资本决议之日起 10 日内通知债权人，并于 30 日内在报纸上或者通过国家企业信用信息公示系统公告。若公司依照《公司法》第 225 条进行简易减资，虽然无须通知债权人，但是仍需将减资事实在报纸上或者通过国家企业信用信息公示系统公告。

第四，公司解散时的公示。若公司出现章程规定的营业期限届满或者公司章程规定的其他解散事由、股东会决议解散、公司合并或者分立、被吊销营业执照、责令关闭或者被撤销、被司法解散等解散事由，公司应当在 10 日内将解散事由通过国家企业信用信息公示系统予以公示。

第五，公司清算时的公示。公司解散后清算义务人成立清算组，清算组应当自成立之日起 10 日内通知债权人，并于 60 日内在报纸上或者通过国家企业信用信息公示系统公告。

第六，公司简易注销时的公示。满足一定条件的公司可以申请简易注销，豁免清算程序。通过简易程序注销公司登记的公司应当通过国家企业信用信息公示系统予以公告，公告期限不少于 20 日。

第七,公司被强制注销时的公示。公司被吊销营业执照、责令关闭或者被撤销,满3年未向公司登记机关申请注销登记的,公司登记机关可以通过国家企业信用信息公示系统予以公告,公告期限不少于60日。公告期限届满后,未有异议的,公司登记机关可以注销公司登记。

并且,新《公司法》还规定,若公司不按照规定,将合并分立减资或清算等特殊事项通知或公告债权人的,需要承担相应的行政责任。新《公司法》第255条规定:"公司在合并、分立、减少注册资本或者进行清算时,不依照本法规定通知或者公告债权人的,由公司登记机关责令改正,对公司处以一万元以上十万元以下的罚款。"

(二)延伸问题

新《公司法》所形成的公司信息公示制度以企业信用信息公示系统为主要公示媒介。在与其他公示媒介的关系上,存在以下问题:

首先是登记公示制度的公示媒介选择。公司登记事项的公示手段,是否仅剩通过企业信用信息公示系统公示这一种方式。原《公司法》第6条第3款规定:"公众可以向公司登记机关申请查询公司登记事项,公司登记机关应当提供查询服务。"本次公司法修订删除了该款,是否意味着公司登记的公示方式仅剩企业信用信息公示系统,公众需要自主登录公示系统进行查询,登记机关不再提供查询服务?应该说,企业信用信息公示系统的构建,本就旨在推进电子化改革,提高公示效率,社会公众登录企业信用信息公示系统查询的效率无疑远高于通过登记机关查询。但是,电子化的改革亦需避免走向单一化、绝对化,并非所有的市场主体均能适应企业信用信息公示系统,推进公示手段的多元化,如构建线上与线下均可查询的公示系统,更符合以人为本的政务服务理念。

其次是特殊事项的公示公告媒介。对于公司合并、分立、减资、解散、清算、注销等特殊重大事项的公告媒介,新《公司法》的表述是"报纸上或者通过国家企业信用信息公示系统",这意味着公司可以选择两种媒介之一进行公示。在新《公司法》修订的过程中,有学者建议删除"报纸",统一通过企业信用信息公示系统进行公告。我们认为,企业择一公示,可能会不利于形成统一的公示效果,也可能增加交易相对人的查询负担。该制度的实施效果,有待实践检验。因此,对于实务中的公示方式选择问题,当事人可以通过合同事先约定特定的公示手段,以此降低公司的公示成本与相对人的查询成本。

PART 02
第二编

公司资本与公司财务制度

专题四 有限责任公司资本的限期认缴制

一、新《公司法》修改的主要内容

有限责任公司资本限期认缴制是指公司法对有限责任公司股东应当足额缴纳其认缴出资的最长期限作出限制的制度。新《公司法》第47条确立了有限责任公司资本5年限期认缴制，将公司章程规定的股东出资的最长期限限制为自公司成立之日起5年，法律、行政法规以及国务院决定可以对有限责任公司注册资本实缴、注册资本最低限额、股东出资期限作另外的规定。此外，新《公司法》第266条还规定了新《公司法》确立的限期认缴制对存量公司的法律效力以及溯及适用的方式。

公司资本缴纳制度包括实缴制和认缴制，前者是指股东在公司申请设立登记之前便应足额缴纳其认缴出资额的制度，后者则是指股东在公司申请设立登记之前只需认缴出资，公司成立后才应按照公司章程的规定缴纳出资的制度。认缴制又可进一步分为完全认缴制和限期认缴制，二者区别主要在于公司法是否对股东认缴出资的最长期限作出限制。新《公司法》施行前，我国《公司法》上的公司资本缴纳制度经历了由实缴制到完全认缴制的变革。完全认缴制是一把双刃剑，其一方面激发了万众创业的活力，另一方面也对公司资本充实形成冲击，影响了交易安全。为维护交易安全，新《公司法》对原《公司法》规定的公司资本缴纳制度作出重大修改。本专题从理论和实务层面出发，分析了新《公司法》构建有限责任公司资本5年限期认缴制的现实依据，阐释了限期认缴制的相关理论,并对新《公司法》第47条、第266条确立的有限责任公司资本5年限期认缴制的具体适用作出解读。

二、本次修改的现实依据

(一)原《公司法》施行完全认缴制引发现实问题

新《公司法》施行前,我国《公司法》规定的公司资本缴纳制度经历了从严到宽的改革。1993年《公司法》确立的是最为严格的实缴制,股东必须在公司成立之前完全缴纳出资;2005年《公司法》放宽了对公司资本的管制,实行有限制的认缴制,股东缴足法定最低首次出资额后,其认缴出资的剩余部分可在公司成立之日起的法定期限内缴足。2013年《公司法》进一步放宽对公司资本缴纳的管制,对一般公司实行完全认缴制,取消了最低注册资本限额的要求、全体股东首次出资比例的规定以及验资的要求,不再限制股东缴纳出资的期限,将股东缴纳出资的比例和期限交由公司章程自行规定。2013年《公司法》施行后,我国《公司法》虽经历过修改,但修改范围并不涉及完全认缴制。在新《公司法》生效前,我国已经实行了近10年的完全认缴制。

完全认缴制取消了公司设立时实缴出资的比例要求与出资期限要求,公司设立的法定门槛大大降低,施行完全认缴制推动了我国公司创设数量的快速增长。据统计,截至2023年6月底,我国存续的有限责任公司(包含一人有限公司)总计已有近4600万户。然而,这些公司中有相当数量的是注册资本虚高、股东出资期限畸长的公司。完全认缴制下极度宽松的出资安排给公司、公司债权人以及社会都造成了消极影响。

第一,完全认缴制降低了公司股权融资难度的同时增加了筹资成本。完全认缴制的制度预期之一是股东或发起人能够根据公司的实际需要,合理地安排出资期限。这就要求全体股东在设立公司时有能力预见到公司未来若干年的资金需求,并在章程中作出分期出资的合理安排。但实际的情况是,股东在章程中所规定的分期实缴出资的期限往往只是粗略地估计;更有甚者,在很多公司中,股东往往采取"能延后就延后"的出资策略,致使公司无法及时获得生产经营所需的资金。

第二,完全认缴制具有危害交易安全的可能性,会增加纠纷解决成本。完全认缴制度降低了设立巨额注册资本公司的成本,在实践中诱发了公司注册资本虚高的现象。虚高的注册资本给公司债权人制造了虚假的清偿能力外观,最终也导致公司债权人的合法权益受到损害。完全认缴制施行以来,我国司法实践中已经出现了大量因公司注册资本未完全实缴而使公司债权人直接起诉公司股东要求清偿债权的纠纷。这不仅增加了公司债权人实现债权的成本,也加重了司法机关的负担。

第三,完全认缴制有碍诚信营商环境的构建。诚然,完全认缴制的施行有利于我国公司数量在短时间内大量增加,但是数量激增只能说明完全认缴制具有促进经济高速发展的作用,不能反映出完全认缴制对于经济高质量发展的积极意义。相反,完全认缴制催生的"无赖公司"所施行的种种不诚信经营行为扰乱了正常交易秩序,对于我国构建诚信经营的市场环境造成阻碍。

显然,我国施行完全认缴制后,公司注册率虽高,但公司质量并未跟上。股权投资者享受着完全认缴制的利好,却将其风险完全转由公司债权人承担。放宽市场准入门槛的同时,亦需重视市场秩序的维护,完全认缴制并不适合我国目前的市场环境。

(二)各界呼吁进一步完善认缴登记制度

针对实践中存在的因股东认缴期限过长而影响交易安全、损害债权人利益的情形,有的地方、部门、专家学者和社会公众提出,我国《公司法》应当进一步完善认缴登记制度,维护资本充实和交易安全。

我国理论界也有诸多学者认为我国《公司法》应当确立限期认缴制。例如,有学者认为,我国《公司法》应构建"债权人友好型"公司法理念,恢复5年的最长法定期限。① 还有学者提出,施行限期认缴制有助于沥干资本"水分"、引导投资者实事求是,而不是营造空有注册率的繁荣假象。② 另外,也有观点提出,域外施行限期认缴制以及实缴制的国家和地区不在少数,我国开展限期认缴制改革存在可资借鉴之先例。

---

① 参见刘俊海:《债权人友好型〈公司法〉理念和制度重塑》,载《国家检察官学院学报》2022年第3期。

② 参见周游:《公司法修订草案三审稿争议条款分析与修改意见》,载微信公众号"中国民商法律网"2023年9月19日,https://mp.weixin.qq.com/s/4zST1HAcp-xArjt9OsHZUQ。

三、限期认缴制的理论阐释

(一)限期认缴制的定性

我国自2013年《公司法》就已经施行了公司注册资本缴纳制度中最为宽松的完全认缴制,与之相比,新《公司法》确立的限期认缴制更为严苛。因此,有观点质疑新《公司法》确立限期认缴制的做法是在"开历史的倒车"。须知,限期认缴制只是对完全认缴制的修正和完善,并不是对完全认缴制的全盘否定,新《公司法》并未改变我国公司资本缴纳制度采取认缴制的本质,更没有退回实缴制。

实缴制是与认缴制相对的公司资本缴纳制度。实缴制下,公司和股东在公司资本缴纳期限和比例上没有意思自治的空间,股东必须"即认即缴";与之相反,认缴制下,公司和股东可以在公司法允许的范围内自行约定公司资本缴纳的期限和比例。我国1993年《公司法》确立的即是实缴制,有限责任公司的注册资本为在公司登记机关登记的全体股东实缴的出资额,仅当公司全体股东已经履行全部出资义务并经法定验资机构验资后,股东指定的代表或者共同委托的代理人才能向公司登记机关申请设立登记,并且申请时还须提交验资证明。

对比可见,新《公司法》确立的限期认缴制并不属于实缴制:其一,有限责任公司的注册资本为公司登记机关登记的全体股东认缴的出资额,而非实缴的出资额;其二,公司和股东在资本缴纳比例方面享有完全的自治空间,对出资缴纳具体期限也享有一定的自治权;其三,股东出资无须经验资程序,公司申请设立登记时也无须向公司登记机关提交验资报告。综上可见,限期认缴制并未改变认缴制的本质,更未退回实缴制。限期认缴制和完全认缴制均属于认缴制,二者的区别在于公司法是否对股东出资的最长期限作出限制。我们认为,施行限期认缴制非但不会削弱完全认缴制的制度优势,反而还能较好地解决完全认缴制引发的问题。这也正是限期认缴制的制度价值所在。

(二)限期认缴制的价值

如前所述,限期认缴制本质上属于公司资本缴纳制度中的认缴制,具有认缴制所含提高资金使用效率、降低公司设立门槛的基本价值。通过对股东出资最长期限的限制,限期认缴制压实了股东的出资义务,有利于增加公司资本信用的可信度、营造更加诚信营商环境。

1. 提高资金使用效率

限期认缴制允许股东和公司自行约定股东出资的数额以及缴纳期限，股东和公司可以根据实际情况和需求安排股权投资相关事宜，避免资金闲置。对于投资者而言，进行股权投资只是个人财产的使用方式之一，在投资数额及投资期限方面享有意思自由意味着股东可以根据个人在不同时期的投资能力和投资意愿对个人财产作出灵活安排，无须即刻将大额财产全部转到公司名下。对于公司而言，资本是公司进行经营活动的基本物质条件，但是公司所处不同经营阶段需要的资本数额并不完全相同，一律要求公司资本必须在公司设立时就缴足难免会导致资金闲置的问题。相反，允许公司根据生产经营的实际需求制定符合公司发展计划的资本缴纳方案则可以最大限度地避免这一问题的发生，提高资金的使用效率。并且，公司可以根据公司经营的实际情况在需要扩大股权融资规模时增加注册资本，限期认缴制不会限制公司的资本规模。限期认缴制下，股东的投资安排与公司的经营发展计划理论上会更加契合，既能避免资金闲置，也有利于及时获得生产经营所需的资金。

2. 维持公司设立的低门槛

限期认缴制没有对注册资本最低限额、公司设立时股东最低实缴出资额作出要求，公司设立的资金门槛并未提高，万众创业的制度红利仍然存在。并且，新《公司法》确立限期认缴并不改变公司登记机关对于公司设立申请原则上采取的准则主义审查标准。根据新《公司法》第 29 条至第 31 条的规定，公司登记机关只对公司登记申请进行形式审查，符合设立条件的都要予以登记，公司登记机关没有自由裁量权。另外，股东实缴的出资额、出资方式和出资日期情况并没有随着限期认缴制的施行由公司自主公示事项变为公司登记事项。就此而言，施行限期认缴制并未增加公司登记的成本。

3. 强化公司资本信用

在公司法领域内，对公司信用的理解应落脚于公司履行义务和清偿债务的能力上。理论上，公司有人合公司与资合公司之分。所谓资合公司指以资金的联合为基础而组成的公司，其信用基础在于公司本身，在于公司本身的财产状况和支付能力及既往的商业信誉，有限公司和股份有限公司通常属资合公司。资合公司所谓的“资”，究竟是指公司的资本还是公司的资产？公司的信用基础究竟在于公司的资本还是公司的资产？这是公司法上极为核心的问题。研究证明，公司信用的基础是公司的资产而非公司的资本。[①] 但这并不意味着，公司资本对于公司信用的判断毫无用处。公司资本由股东出资构成，是公司资产形成的重要来源之一，对公司债务具有一定的担保功能。实践中，公司债权人往往会根据公司资本数额判断公司的信用水平。完全认缴制下，公司资本数额虚高，股东实际缴纳部分与未缴纳部分数额相差较大，如此形成的公司资本信用"水分较多"，容易给公司债权人造成误解。施行限期认缴制则有利于沥干公司资本的"水分"，促使公司资本回归真实性，强化公司资本信用。

4. 营造更诚信的营商环境

完全认缴制给公司、公司债权人、社会造成不利影响的根本原因在于其未对股东的出资期限作任何限制，给无赖股东、无赖公司的提供了"温床"。将股东出资的最长期限限制在合理的范围内便可压实股东的出资义务，使其不再受畸长的出资期限的庇护。限制股东的实缴出资期限并且对违反按期实缴出资义务的股东作出相应处罚具有督促股东和公司诚信经营的作用，令其根据自身的实际经济状况认缴出资、登记注册资本，减少注册资本虚高给公司债权人造成的误导，营造更加诚实守信的营商环境。

（三）限期认缴制的溯及力

限期认缴制是新《公司法》新增的条文规定。根据法律时间效力的一般原理，新法适用于其施行后发生的法律关系自不待言，但其是否具有溯及既往的效力以及如何溯及既往，在新《公司法》制定的过程中一直是一个充满争议的问题，会对我国数量巨大的存量公司造成极大的影响。

1. 限期认缴制时间效力的三种规范路径及其应然选择

学理上，新法溯及力的规范模式包括不溯及既往、溯及既往以及过渡期三种模式。

第一，不溯及既往模式。理论上，新法的时间效力需遵循"法不溯及既往"的原则。该原则是法律安定性的体现，维护了人们对法律的合理信赖，彰显了

① 参见赵旭东：《从资本信用到资产信用》，载《法学研究》2003 年第 5 期。

重要的人权价值。[①] 该原则的地位已在世界范围内得到承认,我国《立法法》第104条亦规定:“法律、行政法规、地方性法规、自治条例和单行条例、规章不溯及既往,但为了更好地保护公民、法人和其他组织的权利和利益而作的特别规定除外。”支持不溯及既往模式的观点认为,“新老划断”的方法对存量公司的影响较小,不会破坏公司、股东对法律的合理信赖,更容易被市场接受。

第二,溯及既往模式。溯及既往是指新的制度规范直接适用于该规范生效之前的法律关系。原则上,虽然法不溯及既往,但凡是原则即有例外,我国《立法法》第104条规定了有利溯及例外,各部门法亦规定了其他的例外溯及规则,如最高人民法院《关于适用〈中华人民共和国民法典〉时间效力的若干规定》(以下简称《民法典时间效力解释》)还补充了“有序溯及”和“重大公益溯及”两种例外。[②]

第三,过渡期模式。除以上两种模式外,还存在着折中方案,即采取溯及既往模式的同时,为存量公司设置一定期限的过渡期。这一规范路径要求新法施行前的有关事实或行为应在过渡期内进行调整以符合新法要求,如果过渡期内无法调整,则将产生一定的法律后果。[③] 如果采取过渡期的规范路径,则存量公司需在过渡期采取必要措施满足出资要求,过渡期届满而仍未缴足出资的,将承担相应的出资法律责任。

据统计,前述三种限期认缴制溯及力的规范路径中,社会各界对过渡期模式的呼声最高。我们亦赞同这一模式,因为相较于直接溯及既往与不溯及既往而言,过渡期设计的必要性、合理性显而易见,具体现在以下三个方面。

首先,不溯及既往模式会诱发诸多潜在危害。其一,若新法颁布之前的公司不受5年出资期限的限制,则意味着市场将分化出两类出资期限截然不同的公司,容易催生壳资源买卖,不利于市场秩序的维护,也会增加司法、执法的成本。其二,如果新《公司法》确立的限期认缴制不适用于存量公司,也就无法全面地消除完全认缴制的弊端,限期认缴制改革的目的难以实现。本次资本制度改革应溯及既往地适用于存量公司,参照类推“重大公益溯及”原理,对存量公

① 参见朱力宇:《关于法的溯及力问题和法律不溯既往原则的若干新思考》,载《法治研究》2010年第5期。

② 参见熊丙万:《论〈民法典〉的溯及力》,载《中国法学》2021年第2期。

③ 参见汪全胜:《论法律文本中“过渡条款”的规范化设置》,载《法商研究》2013年第4期。

司适用新法更有利于维护社会经济秩序。

其次,直接溯及既往规则对存量公司的冲击过大,设置过渡期的方案相较而言更为缓和,存量公司所受冲击较小。过渡期的制度设计给予了存量公司一定的缓冲时间,在保障债权人保护立法目的实现的同时,亦能最大限度减少对市场主体的伤害。

最后,我国现行立法中早已存在类似的过渡期规则设计。《外商投资法》第42条允许在新法施行前设立的外商投资企业,在新法施行后5年内仍可继续保留原企业组织形式。同时,《外商投资法实施条例》第44条规定,5年过渡期满后未能依法调整的企业,市场监督管理部门应不予办理其申请的其他登记事项并公示相关情形。

2. 过渡期模式下限期认缴制溯及既往的期限

在以过渡期模式规范限期认缴制溯及力的基础上,需要进一步讨论的问题是过渡期的具体期限。社会各界对于过渡期的期限具体应当如何设定有两种不同观点。一种观点认为,从公平以及借鉴《外商投资法》等相关制度的角度出发,应设置固定期限为5年的过渡期。实务部门大多数代表持这一观点。另外,这一观点也为我国多数学者所主张。[①] 另一种为少数支持的观点则认为,过渡期不应设置固定期限,而应考虑存量公司的原认缴时间、注册资本数额、行业等具体情况设置个性化的过渡期。比如,新法施行后,存量公司实缴全部出资的期限应为原认缴期限的1/3,若其不超过5年,则为5年。

(四)域外制度上有限责任公司注册资本缴纳的制度模式

综合域外主要制度可见,有限责任公司注册资本缴纳的制度模式主要包括三种:第一是全额实缴制,以日本和韩国为代表;第二是限期认缴制,以法国和德国为代表;第三是完全认缴制,以英国和美国为代表。

1. 全额实缴制

《日本公司法》第578条规定,在公司章程制定后、公司设立登记完成前的期间内,有限责任公司的发起人以货币出资的,须缴纳与其出资金额相当的全部货币,以非货币财产出资的,须将该非货币财产完整地交付公司。当公司设

① 参见朱慈蕴:《中国公司资本制度体系化再造之思考》,载《法律科学(西北政法大学学报)》2021年第3期。

立完成后，根据《日本公司法》第 604 条第 3 款的规定，如有新成员欲加入公司，该主体只有在完成全部的出资缴纳义务后才成为公司的股东。由此可见，在日本，完整履行实缴出资义务是获得有限责任公司的股东资格的前提。并且，在这样的情况下，日本有限责任公司股东“不存在对公司债权人承担直接清偿债务责任的问题”，①因为股东已经完成了实缴出资的义务，其对公司债权人的义务以其出资为限。

韩国公司法的立法模式区别于日本，韩国并不存在单独的“公司法”，公司的相关规定在商法中。根据《韩国商法》第 287 －4 条的规定，有限责任公司发起人须在公司章程起草完成后、公司设立登记完成前履行缴纳全部出资的义务；如为登记之必要，股东还需准备登记相关的文件和材料并将其交付给公司。针对有限责任公司成立后加入公司的股东的出资义务，《韩国商法》第 287 －23 条规定，有限责任公司的新成员依公司章程的相关内容修改获得股东资格，但是在公司章程修改之前，该主体须完成实缴出资的义务；如果在公司章程修改之时，该主体未履行实缴出资义务或未完全履行实缴出资义务，该主体则不能取得股东资格。

综上可见，《日本公司法》与《韩国商法》关于有限责任公司发起人及股东出资义务的规定具有相似性：第一，发起人须在公司章程制定后、公司设立登记完成前完整履行出资义务；第二，完整履行出资义务是有限责任公司成立后，新成员获得公司股东资格的前提条件。

2. 限期认缴制

《法国商法典》采取的是限期认缴制。根据《法国商法典》的规定，有限公司设立之时，实物出资的股份应当全额缴清，货币出资的股份应当至少缴纳五分之一，其余部分自公司注册登记起 5 年内缴清。

《德国有限责任公司法》也对股东的出资缴纳义务作出了限制，但其限制的重心在于公司设立时股东应当实缴的最低数额，而非股东应当在哪一时间节点之前完成履行出资的义务。根据《德国有限责任公司法》的规定，有限责任公司的初始资本数额由公司章程确定，其最低数额不得少于 25000 欧元；在公司提出设立登记的申请时，“每份股权最低必须缴纳其名义价值的 1/4，所缴纳的现金总额必须达到法定最低初始资本金的 1/2，及 12500 欧元”；股东以实物出资

① ［日］前田庸：《公司法入门》（第 12 版），王作全译，北京大学出版社 2012 年版，第 9 页。

的,“出资的标的物须处于公司董事最终自由支配的状态下”。[①]

3. 完全认缴制

在美国,根据《美国标准商事公司法》的规定,股东实缴出资的时间非由法律统一规定,而由公司董事会决定。具体而言,发起人缴纳其认缴出资的时间由公司董事会决定,但若“认购协议”中对此另有约定,则以约定的时间为准;[②]公司成立后,董事会可以在股东会的授权下以筹措公司经营资金之目的发行股份,股东缴纳认缴出资的时间由董事会决定。[③] 由此可见,《美国标准商事公司法》规定公司注册资本缴纳制度属于董事会催缴下的完全认缴制,法律不对股东的实缴出资时间作过多干涉。但此种模式的公司资本缴纳制度在美国仅适用于小型封闭公司,对公众公司不适用。[④]

《英国 2006 年公司法》对于私人公司股东资本缴纳的要求类似于前述《美国标准商事公司法》。《英国 2006 年公司法》不对私人公司的最低资本数额作特殊要求,故发起人在公司成立时无须实际缴纳任何出资。以股东缴纳其认缴出资的情况为分类标准,公司的股权可分为已全额缴纳出资股权、部分缴纳出资的股权、未缴纳出资的股权三类。其中,部分缴纳出资的股权和未缴纳出资的股权又可按照其是否已经被召集缴付股款为标准分为已召集的股权和未召集的股权两类。而召集股东缴付股款的具体方式则是由董事会以公司名义发出“要求认购缴纳股本通知”。据研究,英国私人公司的股东在接到公司的“要求认购缴纳股本通知”后一般都会按照通知要求全额缴纳出资。[⑤]

四、新《公司法》规定解读与延伸问题

(一)新《公司法》规定解读

1. 新设公司注册资本的限期认缴制

新《公司法》中新设有限责任公司注册资本限期认缴制的规范如下:

---

① [德]托马斯·莱赛尔、[德]吕迪格·法伊尔:《德国资合公司法》(下),高旭军等译,上海人民出版社 2019 年版,第 513、529、534 页。

② 参见《美国标准商事公司法》第 6.20 条。

③ 参见《美国标准商事公司法》第 6.21 条。

④ 参见[美]理查德·D. 弗里尔:《美国公司法》(第 7 版),崔焕鹏、施汉博译,法律出版社 2021 年版,第 62 页。

⑤ 参见林少伟:《英国现代公司法》,中国法制出版社 2015 年版,第 587 页。

> **第47条** 有限责任公司的注册资本为在公司登记机关登记的全体股东认缴的出资额。全体股东认缴的出资额由股东按照公司章程的规定自公司成立之日起五年内缴足。
>
> 法律、行政法规以及国务院决定对有限责任公司注册资本实缴、注册资本最低限额、股东出资期限另有规定的,从其规定。

新《公司法》第47条对不同有限责任公司的注册资本额及其缴纳作出了不同的要求,第1款适用于一般情形,第2款适用于特殊情形。

根据新《公司法》第47条第1款规定,5年为一般情形下有限责任公司股东实缴出资的最长期限,其具体期限由公司章程规定。新《公司法》将有限公司股东认缴出资的最长期限设定为5年具有合理性。其一,以5年为限符合我国企业设立和存续的基本情况。全国工商联公布的官方数据显示,中国的民营企业平均寿命只有3—4年;[①]根据抽样调查,中国民营企业平均寿命为3.7年,中小企业平均寿命为2.5年。[②] 公司寿命终止意味着公司主体资格的消灭,股东出资的期限利益随着公司人格的消灭当然地不复存在,新《公司法》要求有限责任公司股东自公司设立之日起5年内缴足认缴出资与我国公司的一般发展规律相符。其二,以5年为限契合公司经营、融资规划的实际需求。我国国民经济和社会发展按阶段进行,每一阶段为期5年。同国家发展一样,可持续的公司发展同样需要公司分阶段作出不同的生产经营计划及融资规划,以适应不断变化的社会的环境。实践经验表明,5年是较为适宜的规划期限。

新《公司法》第47条将限期认缴制的期限起算时点规定为"公司成立之日",股东在公司设立时认缴的出资额的最长缴纳期限为公司获发营业执照之日起5年。当公司增加注册资本时,该5年期限是否适用?起算时点为何?我们认为,公司增资后,认缴公司新增资本的股东的出资最长期限同样为5年。新《公司法》第228条第1款规定:"有限责任公司增加注册资本时,股东认缴新增资本的出资,依照本法设立有限责任公司缴纳出资的有关规定执行。"这意味

---

① 《数禾科技8周年:三个"坚持"铸就长期主义》,载中国日报中文网2023年8月10日,http://ex.chinadaily.com.cn/exchange/partners/82/rss/channel/cn/columns/snl9a7/stories/WS64d48d49a3109d7585e48b66.html。

② 参见刘兴国:《中国企业平均寿命为什么短》,载《经济日报》2016年6月1日,第9版。

着,公司新增注册资本同设立时的注册资本都受到限期认缴制的约束,股东实缴出资的最长期限均为5年。

根据新《公司法》第47条第2款规定,法律、行政法规以及国务院决定可以对有限责任公司注册资本实缴、注册资本最低限额、股东出资期限另有规定。注册资本最低限制数额,指的是公司设立时,在登记机关登记注册的资本总额应当达到法律规定的最低限额,否则公司不得成立。规定注册资本最低限额的意义在于使公司在成立时能具备为法律所认可的最低数额的资本,从而为公司的经营活动提供物质条件,也为公司承担财产责任提供基本的保证。

新《公司法》对普通有限责任公司实行限期认缴制,且无最低注册资本额的限制。然而,如有商事特别规范对一些特殊公司的注册资本缴纳方式以及最低注册资本额提出明确要求,这些特殊公司不适用新《公司法》第47条第1款规定的5年限期认缴制,而受其具体规范调整。根据《注册资本登记制度改革方案》的规定,公司注册资本数额及缴纳受到特别规范的公司共有27类,包括商业银行、期货公司、金融资产管理公司、信托公司、财务公司、金融租赁公司等。这些公司大都以提供金融服务为主营业务,需要拥有大量资金才能顺利开展经营活动。并且,金融业是一个风险相对集中的行业,金融机构的经营情况直接影响国家金融安全及社会稳定。历史证明,严重的系统性金融风险和金融危机不仅会导致经济长期衰退,也不利于社会稳定。有鉴于此,为了满足金融机构经营的需求并维护国家金融安全、社会稳定,国家对金融机构所采取的监管措施比一般企业更为严格、审慎,在企业设立阶段即体现为对金融机构注册资本实缴、注册资本最低限额的严格要求。例如,《商业银行法》第13条规定:"设立全国性商业银行的注册资本最低限额为十亿元人民币。设立城市商业银行的注册资本最低限额为一亿元人民币,设立农村商业银行的注册资本最低限额为五千万元人民币。注册资本应当是实缴资本。"再如,《期货和衍生品法》第60条规定,设立期货公司的应当具备条件包括"注册资本不低于人民币一亿元,且应当为实缴货币资本"。

另外,值得注意的是,根据新《公司法》第40条的规定,有限责任公司股东实缴出资的相关信息属于公司自主公示事项,有限责任公司股东实缴的出资额、出资方式和出资日期应当按照规定通过统一的企业信用信息公示系统公示。

2. 限期认缴制对存量公司的适用

新《公司法》中就限期认缴制时间效力的规范如下:

> **第266条** 本法自2024年7月1日起施行。
>
> 本法施行前已登记设立的公司,出资期限超过本法规定的期限的,除法律、行政法规或者国务院另有规定外,应当逐步调整至本法规定的期限以内;对于出资期限、出资额明显异常的,公司登记机关可以依法要求其及时调整。具体实施办法由国务院规定。

新《公司法》第266条确立了限期认缴制时间效力的过渡期模式,并将存量公司分为两类,一是出资期限超过5年,但出资期限、出资额不存在明显异常的公司;二是出资期限、出资额存在明显异常的公司。

对于第一类公司,自2024年7月1日新《公司法》生效后,应当将超出5年的股东出资期限逐步缩短调整到5年以内。换言之,此类公司的股东无须在2024年7月1日立刻缴足出资,而是可以"逐步调整"。至于此类公司应当如何调整其出资期限,具体办法由国务院另行规定。可以预见的是,存量公司为使其股东的实缴出资期限符合新《公司法》的规定,可能采取的措施包括减资、注销等。

对于第二类公司,由于其出资期限,出资额存在明显异常的情况,可能会威胁交易安全、市场监管正常秩序,公司登记机关可以依法要求该类公司及时调整股东出资期限。分析新《公司法》第266条的规范内容可见,公司登记机关关于是否责令公司调整出资期限、出资数额的决定必须依法作出。"出资期限、出资额明显异常"的情形、公司登记机关作出决定的程序、公司调整的期限及方式等具体事项由国务院另行规定。其中,我们认为,公司"出资期限、出资额"是否异常并非一个简单的数额高低的问题,评判一个公司的出资期限是否畸长、出资额是否畸高须结合该公司经营活动所涉及的行业特征、公司的发展状况等因素综合考量。

(二)延伸问题

公司的资本由股东的出资组成。没有股东的出资,公司便没有成立的财产基础。因此,出资义务是股东最基本、最重要的义务之一。股东负有按照公司章程规定的期限足额缴纳其所认缴出资额的义务。只有按期足额缴纳完其所认缴的全部出资后，股东的出资义务才履行完毕。根据新《公司法》第 49 条至第 52 条的规定，股东未按期足额缴纳出资应当承担资本充实责任，给公司造成损失的股东还应当承担赔偿责任，并且该股东还可能面临失权的法律后果。

新《公司法》第 49 条规定了有限责任公司股东未按期足额缴纳出资的违约责任，包括足额缴纳其未按照公司章程规定缴纳的出资，以及赔偿因其出资违约行为给公司造成的损失。其中，损失赔偿责任属于无过错责任，只要股东存在未按期足额缴纳出资的行为，出现公司遭受损失的后果，并且公司的损失与股东的行为存在因果关系，无论股东的主观心态为何，股东都应当对公司的损失承担赔偿责任。此外，股东还应当向其他已按期足额缴纳出资的股东承担违约的损害赔偿责任。

新《公司法》第 50 条规定了有限责任公司发起人资本充实责任，即为贯彻公司法中的资本充实原则，由公司发起人共同承担的保证公司成立时的实有资本与公司章程记载一致的责任。股东未按照公司章程规定实际缴纳出资，或者实际出资的非货币财产的实际价额显著低于所认缴的出资额，股东应当承担出资补足责任，同时，公司发起人与该股东在出资不足的范围内承担连带责任。

新《公司法》第 51 条、第 52 条规定了有限责任公司的催缴制度与股东失权制度。有限责任公司成立后，董事会应当对股东的出资情况进行核查，发现股东未按期足额缴纳公司章程规定的出资的，应当向该股东发出书面催缴书，催缴出资；若股东在书面催缴书载明的宽限期届满时仍未履行出资义务，公司可以向该股东发出失权通知，自书面失权通知发出之日起，该股东丧失其未缴纳出资的股权。股东对失权有异议的，应当自接到失权通知之日起 30 日内，向人民法院提起诉讼。

专题五 出资义务加速到期

一、新《公司法》修改的主要内容

2013年我国实行完全认缴制改革,在促进投资、激发创业的同时,也产生了股东设定过长出资期限、公司长期缺乏运营资本的现实问题,实践中诸多债权人的到期债权无法得到公司的有效清偿,而股东的出资期限却远未届满。为平衡债权人保护与股东期限利益,加速到期制度在学术界与实务界引起了广泛的讨论。

加速到期制度是指要求未届认缴期限的股东提前履行出资义务的制度。我国《企业破产法》第35条规定了破产情形下的加速到期,《公司法司法解释(二)》第22条第1款规定了公司解散时的加速到期。非破产情形下股东出资义务能否加速到期,所涉理论争议频发,裁判实践分歧巨大,已然成为公司法上的重点争议问题之一。[①] 是否承认出资义务加速到期,如何设定加速到期的条件与后果,是本轮公司法修订中的重点事项。加速到期制度争议本质上是价值判断问题:从微观层面而言,实质是如何妥当处理公司、股东和债权人利益之间的序列关系;从宏观层面而言,实质是如何对待认缴资本制的适用场域,甚至是认缴制本身的命运。

新《公司法》第54条新增非破产情形股东出资义务的加速到期制度,对实践与理论的重大争议问题作出了回应。对于该条款的正当性基础与具体适用,应作如下阐释。

二、本次修改的现实依据

(一)破产与解散情形的加速到期制度

2007年施行的《企业破产法》第35条规定:"人民法院受理破产申请后,债

① 参见钱玉林:《股东出资加速到期的理论证成》,载《法学研究》2020年第6期。

务人的出资人尚未完全履行出资义务的,管理人应当要求该出资人缴纳所认缴的出资,而不受出资期限的限制。”该条规定了人民法院受理破产申请后股东出资义务加速到期的规则。

2008 年施行的《公司法司法解释(二)》第 22 条第 1 款规定:“公司解散时,股东尚未缴纳的出资均应作为清算财产。股东尚未缴纳的出资,包括到期应缴未缴的出资,以及依照公司法第二十六条和第八十一条的规定分期缴纳尚未届满缴纳期限的出资。”该条规定了公司解散时股东出资义务加速到期的规则。

以上两种情形的加速到期制度,仅适用于破产或解散的特殊情形,公司出现破产或解散情形后需要进行债权债务的清理,公司后续甚至可能不复存在(重整和和解除外)。但对于一般情形中能否要求股东出资加速到期,并未有明确规定。在司法实践中,对于公司无法清偿到期债务的情形,最高人民法院倾向于由债权人通过申请债务人破产的方式,待进入破产程序后通过《企业破产法》第 35 条予以加速到期,以保护全体债权人利益。①

(二)司法实践样态

2013 年《公司法》修正后,债权人起诉要求股东出资加速到期的案件数量呈倍数增长,由 2014 年的两百余件上升至 2021 年的两万余件。因缺少明确的成文法依据,加速到期制度在审判实务中呈现出同案不同判的裁判困境,各地不同人民法院对是否能在非破产情形中适用加速到期制度有着截然不同的裁判与说理。

第一类观点否认加速到期制度在非破产情形中的适用,法院的理由可归纳为以下三个方面:其一,现行法无明文规定。如有法院论述道:“认缴制是公司法的明文规定,而加速到期无疑是对认缴制的突破,这种突破实质上是加重了股东个人的责任,这种对个人责任的科处,在法无明确规定的情况下,不宜对相关条款做扩大解释。”②其二,适用破产程序更符合债权人公平受偿的原则。如有法院论述道:“如果公司资产对单个债权人已不具备清偿能力或可能丧失清偿能力,在公司存在其他债权人的情况下,如果赋予单个公司债权人请求公司

① 参见杨临萍:《关于当前商事审判工作中的若干具体问题》,载《人民司法·应用》2016 年第 4 期。

② 郑某霖等与中山市钊洪五金电机有限公司等公司债权人利益责任纠纷上诉案,广东省中山市中级人民法院民事判决书,(2017)粤 20 民终 2304 号。

股东提前履行出资义务的权利，实质上是允许了公司对单个债权人进行个别清偿，这将损害公司其他债权人的利益。因此，当公司资产已不具备清偿能力或可能丧失清偿能力的情况下，公司债权人没有申请启动破产程序径行请求股东出资义务加速到期，不符合法律规定。”①其三，股东认缴期限是公示事项，债权人应预见相应的交易风险。如有法院论述道：“股东认缴的金额、期限都明确记载于公司章程，作为一种公示文件，债权人应当知道这一事实，在交易过程中对此风险也应予以预见，故以保护债权人预期利益为由来论证加速到期的正当性，理论略显不足。”②

第二类观点则通过扩张解释现有规范的方法支持非破产情形的出资加速到期，主要有以下三种解释路径：其一，直接以原《公司法》第 3 条为基础，如有法院论述道：“《公司法》第三条规定，公司以其全部财产对公司的债务承担责任。公司的全部财产由全体股东的出资构成，包括已经缴纳的部分出资和认缴后尚未到期的出资。认缴制下公司股东的出资义务只是暂缓缴纳，而不是永久免除。当公司经营出现困难，现有资产已无法及时清偿债权人债务时，为平衡公司债权人和股东的利益，公司债权人有权要求公司股东出资加速到期、提前缴纳出资，以用于清偿公司债务。”③其二是扩张适用最高人民法院《关于民事执行中变更、追加当事人若干问题的规定》第 17 条，如有法院论述道：“《最高人民法院关于民事执行中变更、追加当事人若干问题的规定》第十七条与第十九条规定的‘未缴纳或未足额缴纳出资’‘未依法履行出资义务’的范围并未明确仅限于‘未缴纳已到期的出资’。”④其三是直接扩张解释《公司法司法解释（三）》第 13 条第 2 款，如有法院认为即便认缴期限未至，也可以直接适用《公司法司法解释（三）》第 13 条第 2 款，要求未届出资期限的股东向债权人承担补充清偿责任。⑤

---

① 洪某与四川惠昌建设有限公司等公司债权人利益责任纠纷上诉案，四川省成都市中级人民法院民事判决书，(2017)川 01 民终 11290 号。

② 江苏博恩大宗商品交易有限公司与张家港保税区熙泰进出口有限公司、陈某等买卖合同纠纷案，江苏省张家港市人民法院民事判决书，(2016)苏 0582 民初 3630 号。

③ 世纪长龙影视有限公司与风山渐文化传播（上海）有限公司、风山渐文化传播（北京）有限公司借款合同纠纷案，福建省福州市中级人民法院民事判决书，(2018)闽 01 民初 1560 号。

④ 郑某园、李某存执行异议之诉案，安徽省合肥市中级人民法院民事判决书，(2019)皖 01 民初 770 号。

⑤ 张某与康某胜、徐某、胡某、四川强诚胜投资管理有限公司民间借贷纠纷案，泸州市龙马潭区人民法院民事判决书，(2015)龙马民初字第 757 号。

(三)《九民纪要》的规定

2019 年,为解决实践审判的重大理论争议问题,最高人民法院发布的《九民纪要》第 6 条对股东出资加速到期制度作出了规定。该条款规定:“在注册资本认缴制下,股东依法享有期限利益。债权人以公司不能清偿到期债务为由,请求未届出资期限的股东在未出资范围内对公司不能清偿的债务承担补充赔偿责任的,人民法院不予支持。但是,下列情形除外:(1)公司作为被执行人的案件,人民法院穷尽执行措施无财产可供执行,已具备破产原因,但不申请破产的;(2)在公司债务产生后,公司股东(大)会决议或以其他方式延长股东出资期限的。”

《九民纪要》并不能直接作为裁判依据,但可作为说理理由,对审判实践有着指导作用。相较于实践中已经出现的支持非破产情形加速到期的审判观点而言,《九民纪要》以保护股东期限利益为由,确立了原则上不允许加速到期,只在满足破产条件而不申请破产、延长出资期限时方可加速的审判立场。“法院穷尽执行措施无财产可供执行,已具备破产原因”这一种情形本质上是公司破产时的加速到期,而“公司债务产生后延长股东出资期限的”本质上属于债权人撤销权制度的适用范围。由此可见,《九民纪要》实际上抑制了非破产情形加速到期制度的适用,并不支持在非破产语境中债权人通过该制度主张一般性的救济。

三、出资义务加速到期的理论阐释

(一)加速到期制度的正当性基础

非破产情形下的加速到期争论,形式上是规范之争,实质上是对债权人、股东、公司等各主体利益的差异化对待,本质上是价值判断分歧,属于商法问题中的价值判断问题。① 不少学者从利益衡量的角度对加速到期制度进行了剖析,但都主要聚焦于股东利益和债权人利益的平衡。② 虽然论者对公司利益有所提及,但并未明确透析公司利益与加速到期制度之间的具体关联。新《公司法》所

① 参见刘斌:《商事关系的中国语境与解释选择》,载《法商研究》2022 年第 4 期。

② 参见李晓楠:《利益平衡视角下股东出资加速到期制度构建》,载《河南财经政法大学学报》2020 年第 3 期。

确立的加速到期制度,本身也是一种利益衡量方案,其正当性基础应作如下分析。

1. 加速到期规则中的利益衡量结构

如何设定加速到期的条件,本质上系如何衡平公司、股东、债权人等各方主体之利益。在加速到期规则的争议背后,其关涉的利益层次包括个体利益、群体利益、社会利益。其中,个体利益是明确的,即公司利益、股东利益和债权人利益,其中,股东利益包括个体股东的利益和全体股东的利益,债权人利益包括个体债权人的利益和整体债权人的利益。群体利益包括社会中股权投资者的利益、债权人群体的利益。群体社会利益是该制度所影响的社会整体利益。前述利益关系既需要微观上的权衡,也需宏观上的考量。

在个体利益层面,在非破产情形下应否加速到期的争论中,主要集中于如何认识股东的"期限利益",其一端连接股东,另一端连接债权人,是非破产加速到期争论的主要着力点。反对和支持非破产加速到期的学者都提出了有说服力的论证。反对加速到期的主要理由在于期限利益是股东的法定利益,不应当被架空,且出资期限届至前,股东未进行出资也不损害债权人的信赖利益。① 从债权人保护机制上而言,债权人保护并不依赖注册资本评估公司的偿债能力,担保等债权保护机制运用广泛,且破产程序通畅度不断提升,因而不允许加速到期保护股东期限利益的同时,也不会过分损害债权人利益。② 从公司法上的信赖机制而言,认缴信息业已经过企业信息系统公示,出资期限是公示事项,债权人可以查知也可以预见,随意加速到期将损害其公示效力。③ 赞同加速到期的理由则包括:股东和公司之间的关系属于公司内部关系,股东基于内部关系所享有的期限利益不能对抗债权人。④ 期限利益并非刚性的,可以基于各种原因而被打破,对其理解不应绝对化。⑤ 无论何种理由,实则都是在非破产情形下

① 参见刘凯湘:《认缴制下股东出资义务加速到期之否定》,载《荆楚法学》2022 年第 2 期。

② 参见梁泽宇:《股东期限利益保护研究——基于〈全国法院民商事审判工作会议纪要〉第 6 条的分析》,载《北京科技大学学报(社会科学版)》2020 年第 5 期。

③ 参见郗伟明:《股东出资义务"常态加速到期理论"之反思——兼论对不诚信认缴出资行为的可行规制》,载《法商研究》2022 年第 3 期。

④ 参见梁上上:《未出资股东对公司债权人的补充赔偿责任》,载《中外法学》2015 年第 3 期。

⑤ 参见蒋大兴:《论出资义务加速到期的商业逻辑——股东/董事作为履行者与监督者责任之差异》,载《上海政法学院学报(法治论丛)》2022 年第 6 期。

如何平衡公司、股东、债权人之利益,都是价值判断的论证素材。

2. 公司利益是利益衡量中的决定性利益

就个体利益衡量而言,第一层次的利益衡量在公司、股东和债权人之间展开。新《公司法》第1条明确规定公司法的立法宗旨在于规范公司的组织和行为,保护公司、股东、职工和债权人的合法权益。这也决定了公司法的底色即组织法,对内规范公司与股东的关系,对外规范公司与交易对方的关系。[①] 公司利益作为组织利益,是公司法首先需要考量的利益类型,也是公司法上的决定性利益。由此,公司利益目标是解决利益相关者矛盾冲突的衡量标尺。[②] 这并不意味着其他主体的利益被公司法忽略,事实上,对债权人提供保护的法律除了公司法,还包括合同法、担保法、企业破产法、保险法等规则。[③] 由于法律之间的分工协作关系,公司法并不负担对前述各主体提供无差别保护的使命,而以公司利益保护为其核心价值。暂且搁置期限利益引起的股东利益和债权人利益之争,出资义务加速到期中应当首先考量其是否契合公司利益。

当公司陷入停止支付情形时,如果不能启动加速到期,可以预见的是债权人将以提起诉讼或者破产申请的方式来实现权利救济。公司将不得不面对债权人的权利行使行为乃至于正常经营受到影响,公司利益也将因股东出资未届期而受到现实损害。对于受到影响的正常营业,"若有加速到期规则,就能敦促股东及时实缴出资,公司不能偿债的局面就会打破,公司就能恢复正常经营。"[④] 对于债权人提起的破产申请,公司可以提出不构成破产原因的答辩,但是毕竟经过了破产听证等程序,其需要支出相应成本。如果能够在此时加速到期,完全不需要经历后续程序,否则将不仅增加公司成本,也会增加司法资源等社会成本。"如果某个股东或几个股东可以出资的财产就足以偿付公司的债务,又何必置公司于破产呢?"[⑤]总之,出资义务加速到期规则应当以公司利益为本位而展开。加速到期规则的全面引入,本身是基于公司利益,债权人利益和股东

① 参见安建主编:《中华人民共和国公司法释义》,法律出版社2005年版,第19页。

② 参见傅穹:《公司利益范式下的董事义务改革》,载《中国法学》2022年第6期。

③ 参见刘斌:《认真对待公司清偿能力模式》,载《法律科学(西北政法大学学报)》2021年第4期。

④ 朱慈蕴:《股东出资义务的性质与公司资本制度完善》,载《清华法学》2022年第2期。

⑤ 赵旭东:《资本制度变革下的资本法律责任——公司法修改的理性解读》,载《法学研究》2014年第5期。

利益则处于次顺位。比如,股东出资自由代表的是股东的个体利益和股东群体的利益,这些应置于公司利益之后。

就个体利益衡量而言,第二层次的利益衡量在单个债权人和全体债权人之间展开。正如最高人民法院民二庭法官会议纪要所指出,主张加速到期的,基本上是从单个债权人利益的角度,但是更应当从破产法角度进行审视,从而以更有力的法律手段来维护全体债权人的利益。① 如前文所论,由于加速到期的标准低于破产界限,加速到期规则并不必然受制于破产法上的清偿程序。仅在实质破产情形下,个别债权人与全体债权人之间的矛盾会被加剧,进而有赖于破产法中的撤销权等制度相济。易言之,单个债权人和全体债权人之间的冲突存在于不同的条件和情形之中,并非概括地存在冲突。

3. 群体利益和社会利益

在群体利益层面,本轮公司法修改的重要动因即在于完善包括股权、债权等在内的产权保护制度、加强产权保护,而切实维护公司、股东、债权人的合法权益是题中之义。② 这种利益保护,既包括个体的产权保护,也包括群体的产权保护。作为与公司交易的相对方,债权人群体的利益保护程度攸关企业获得融资的难易程度。仅由出资义务加速到期规则,债权人的产权保护可以获得进一步强化,亦契合本轮公司法修改的价值诉求。在强化债权人保护的同时,新《公司法》仍然维持了认缴制的基本框架,加速到期规则对股东利益的影响亦以公司利益为限,在各主体的利益衡量中达成了妥当的方案。

就社会利益层面,在本轮公司法修订中,核心修法目标之一即持续优化营商环境、激发市场创新活力,具体包括为方便公司设立、退出提供制度保障,为便利公司融资投资、优化治理机制提供更为丰富的制度性选择,降低公司运行成本。③ 在党的二十大报告中,明确提出"高质量发展是全面建设社会主义现代化国家的首要任务。发展是党执政兴国的第一要务"。由此可见,效率仍然是

① 参见贺小荣主编:《最高人民法院民事审判第二庭法官会议纪要——追寻裁判背后的法理》,人民法院出版社 2018 年版,第 149—153 页。

② 参见王瑞贺:《关于〈中华人民共和国公司法(修订草案)〉的说明》(2021 年 12 月 20 日在第十三届全国人民代表大会常务委员会第三十二次会议上)。

③ 参见王瑞贺:《关于〈中华人民共和国公司法(修订草案)〉的说明》(2021 年 12 月 20 日在第十三届全国人民代表大会常务委员会第三十二次会议上)。

我国当前社会主义初级阶段中企业发展的核心价值诉求。如果搁置出资义务加速到期规则,使大量债权人静待长达数年的出资期限,无疑是对商业资源的巨大浪费,也是对公司效率需求的漠视。如果在有限责任公司制度中回归实缴制,认缴制改革所产生的自治空间和制度红利亦将荡然无存,与效率价值的追求不符。

(二)域外制度的考察与借鉴

在域外制度中,美国对认缴制下股东出资期限问题所进行的制度设计与理论演进,能为我国的制度构建提供一定的参考。

作为授权资本制的典型代表,美国往往将出资期限的决定权赋予董事会。以特拉华州为例,《美国特拉华州普通公司法》第152条规定股份对价的支付形式和方式由董事会决定,第156条允许公司公开发行分期认缴股份,第163条规定董事会可以根据公司需要随时要求股东支付待缴股款,第162条则规定若公司资产不足以债务时,尚未全部缴清股份应付对价的股东应当支付未付余额。[①]《美国标准商事公司法》6.20(b)规定在认购协议没有另外约定时,公司董事会可以决定公司成立之前股款的缴纳期限。[②] 可见,相较于我国期限自决的完全认缴制而言,美国决定股东出资期限的往往是董事会,并且在一般情形中股东需根据董事会的商事决策,做好随时为公司发展需求提供资本的准备,而在公司资产不足以清偿债务的特殊情形时,股东更是并不享有期限利益,需要完全缴纳其认购资本。

在理论演进上,美国发展出了“法定义务理论”作为债权人对未出资到位的股东享有直接权利的理论基础。为解决认购“掺水股”股东的责任问题,美国司法审判上先后发展出了“信托基金说”“欺诈理论”“法定义务说”三种学说。“信托基金说”源于Story法官在Wood v. Dummer一案中发表的观点,该学说主张股东的出资应看作是债权人的信托财产,虽然一开始该理论并未指向股东仍未缴付的出资,但随后的判决拓宽了其适用边界,将股东认购但尚未实缴的出资亦囊括了进来。“欺诈理论”源于明尼苏达州高院所判决的Hospes一案,该理论认为在公司陷入支付困境时,债权人有权主张因被误导而产生信赖的股

---

① See The Delaware General Corporation Law §152、§156、§162、§163.

② See MBCA 6.20(b).

东实际并未缴付的出资。[①] 但上述理论随着成文法的明确规定而逐渐式微，美国如今的通说是"法定义务说"，该学说强调股东的出资义务是法律所规定的，[②]根据《美国标准商事公司法》6. 22(a)款，股东除了支付对价外，不对公司或公司债权人承担任何责任。[③] 该学说强调了股东按认缴数额缴纳出资这一义务的重要性，与我国学界所重视的股东出资义务法定性不谋而合。

四、新《公司法》规定解读与延伸问题

(一)新《公司法》的规定与解读

新《公司法》关于出资义务加速到期的规定如下：

> **第54条** 公司不能清偿到期债务的，公司或者已到期债权的债权人有权要求已认缴出资但未届出资期限的股东提前缴纳出资。

就此我国现行法确立了非破产情形的出资加速到期制度，与未届期股权转让后的补充责任、5年限期实缴制度等一起体系性地发挥着债权人保护的作用。就该条款的具体适用而言，我们认为可作出如下解读。

1. 公司不能清偿到期债务的判断标准

依照现行法律的制度设计，"不能清偿到期债务"是出资义务加速到期的唯一条件，从表述上明显有别于《企业破产法》第2条所规定的破产界限。《企业破产法》上的破产原因，包括"不能清偿到期债务＋资产不足以清偿全部债务"和"不能清偿到期债务＋明显缺乏清偿能力"两种情形。文义上来看，构成出资义务加速到期的标准低于破产界限。破产界限的设定关涉事项众多，其尺度宽严反映出了立法者对债权人与债务人利益保护之利弊权衡的价值取向以及保护力度之大小，这可能影响到企业破产率的高低，继而影响到失业人数的多少，还可能影响到社会经济秩序与社会稳定。[④] 因而，破产界限设定背后的制度价

---

① 参见[美]Bayless Manning等：《法律资本制度》，后向东译，载王保树主编：《商事法论集》第12卷，法律出版社2007年版。

② See Robert W. Hamilton, Rishcard D. Freer, *The Law of Corporations in a Nutshell*, West Publishing CO., 2011, p. 119.

③ See MBCA 6. 22(a).

④ 参见最高人民法院民事审判第二庭编著：《最高人民法院关于企业破产法司法解释理解与适用》，人民法院出版社2013年版，第41页。

值与加速到期制度的价值基础并不同一。但是,从文字表述上,《公司法》采取了和《企业破产法》同样的术语表达,二者均属于同一商事法律体系,在解释上应当有其内在逻辑的一致性。

但是,解释的起点并不十分理想。我国《企业破产法》第2条的规定文义本身就不够明确,与域外法上惯常的破产原因也不相同。这与《企业破产法》制定过程中对破产界限的争论有关。基于限制破产的立场,《企业破产法》中曾一度规定破产原因需同时具备"不能清偿到期债务"和"资产不足以清偿全部债务"两项要件。[①] 该限制明显过于严格,债权人也很难提出相关证据,人民法院也难以查证债务人的资产负债情况,这最终导致破产程序启动极其困难。为了兼顾各方面意见,全国人大常委会法工委在法律草案中又增加了"明显缺乏清偿能力"这一我国独特的要件。[②] 在司法实践中,债权人只要证明债务人不能清偿到期债务,即可向人民法院提出破产申请;如果债务人不能及时举证证明其并非达到"资产不足以清偿全部债务",也没有"明显缺乏清偿能力",人民法院可以推定债务人出现了破产原因。[③]

通常认为,所谓"不能清偿到期债务",破产法理论上称为支付不能或无支付能力。比如,根据《德国破产法》第17条第2款规定,当债务人不能履行到期债务时,即构成支付不能。从支付不能的构成来看,其取决于债务人的支付能力,而非支付意愿,需要比较可支配的资产和到期需支付的债务;从支付不能的程度上来看,也不必达到"很大程度",资金不足以偿付多个债权人之一即可构成支付不能,但很小的资金断裂不构成支付不能。[④] 不同于支付不能,停止支付是任何可归责于债务人的行为并且使合同相对方产生因无支付能力而不能支付的印象,由停止支付推定为支付不能。[⑤]

在我国,根据《企业破产法解释(一)》第2条规定,同时具备债权债务关系

① 参见贾志杰:《关于〈中华人民共和国企业破产法(草案)〉的说明》(2004年6月21日在第十届全国人民代表大会常务委员会第十次会议上)。

② 参见蒋黔贵:《全国人大法律委员会关于〈中华人民共和国企业破产法(草案)〉修改情况的汇报》(2004年10月22日在第十届全国人民代表大会常务委员会第十二次会议上)。

③ 参见最高人民法院民事审判第二庭编著:《最高人民法院关于企业破产法司法解释理解与适用》,人民法院出版社2013年版,第48页。

④ 参见[德]乌尔里希·福尔斯特:《德国破产法》,张宇晖译,中国法制出版社2019年版,第69页。

⑤ 参见[德]乌尔里希·福尔斯特:《德国破产法》,张宇晖译,中国法制出版社2019年版,第70页。

依法成立、债务履行期限已经届满、债务人未完全清偿债务三个要件的,人民法院应当认定债权人不能清偿到期债务。由于该条件是启动破产程序的必要条件,同时还要附加资不抵债或者明显缺乏清偿能力的任一要件,二者叠加在解释上实际效果相当于德国法上的停止支付。[①] 正如《企业破产法解释(一)》发布时民二庭负责人答记者问中所指出的,不能清偿到期债务是指债务人以明示或默示的形式表示其不能支付到期债务,其强调的是债务人不能清偿债务的外部客观行为,而不是债务人的财产客观状况。[②] 循此,经由《企业破产法解释(一)》的规定,《企业破产法》上的"不能清偿到期债务"实则已经从"支付不能"被变通为"停止支付"的概念。究其原因,这与我国破产法上缺乏对停止支付的规定有关,也与破产法上规定了"明显缺乏清偿能力"这一独有概念有关。

对于"明显缺乏清偿能力"的认定,《企业破产法解释(一)》第 4 条规定了明显缺乏清偿能力的具体类型和兜底条款,包括:"(一)因资金严重不足或者财产不能变现等原因,无法清偿债务;(二)法定代表人下落不明且无其他人员负责管理财产,无法清偿债务;(三)经人民法院强制执行,无法清偿债务;(四)长期亏损且经营扭亏困难,无法清偿债务;(五)导致债务人丧失清偿能力的其他情形。"该条建立在《企业破产法解释(一)》第 3 条的基础之上,如果公司资产不足以清偿全部债务,当然也属于丧失清偿能力的体现。《企业破产法解释(一)》第 3 条和第 4 条的区别在于,即使公司资产大于负债,但仍然可能构成"明显缺乏清偿能力"。而且,与停止支付的客观表现不同,明显缺乏清偿能力是通过各类证据对债务人清偿能力的推定。由此,"不能清偿到期债务"和"明显缺乏清偿能力"同时具备,与"支付不能"的实质作用相同。

追本溯源,《企业破产法》中"不能清偿到期债务"的概念实际上相当模糊,但由于在解释上具有竞争性的术语(明显缺乏清偿能力)被采用,导致了司法解释中概念内涵的被动变化。值得注意的是,《公司法(修订草案一审稿)》中规定的"明显缺乏清偿能力"要件在《公司法(修订草案二审稿)》中被删除,由此

① 参见宋晓明等:《〈关于适用企业破产法若干问题的规定(一)〉的理解与适用》,载《人民司法》2011年第 21 期。

② 《依法受理审理案件、充分发挥企业破产法应有作用——最高人民法院民二庭负责人就〈破产法司法解释(一)答记者问〉》,载《人民法院报》2011 年 9 月 26 日,第 5 版。

导致了加速到期条件明显不同于破产界限。这明确体现了立法机关摒弃了破产法中对清偿能力判断的要求,在加速到期程序中也不需要再适用《企业破产法解释(一)》第4条的要求。毕竟,加速到期程序不是破产程序,其无须受制于破产程序背后的复杂社会价值考量。由此,新《公司法》第54条中所规定的"不能清偿到期债务",与《企业破产法解释(一)》第2条的停止支付作同一解释较为妥当,也契合商事法律体系的一致性。由于停止支付并非支付不能,无论是主观意愿上的停止支付,抑或客观能力导致的停止支付,均在此列。

综上,在新《公司法》中,出资义务加速到期的构成标准实际上低于破产界限。由此,在不同情形下,其所适用的程序如下:如果公司的清偿能力超过了加速到期标准,此时不适用加速到期制度,也不适用破产程序,由公司对债权人进行个别清偿;如果公司的清偿能力符合了加速到期标准,但未达到破产界限,此时适用加速到期制度,不触发破产程序;如果公司的清偿能力已经达到了破产标准,同时也必然触发了加速到期标准,此时可产生两种结果,即通过破产程序的公平清偿、通过加速到期程序的个别清偿,后者可因导致偏颇性清偿而产生破产法上的返还后果。具体见表5-1。

表5-1 不同清偿能力的规则适用

公司清偿能力	适用规则	清偿形态
公司清偿能力 > 加速到期标准	不加速到期 + 不破产	个别清偿
加速到期标准 > 公司清偿能力 > 破产标准	加速到期 + 不破产	个别清偿
破产标准 > 公司清偿能力	加速到期 + 破产程序	公平清偿
	加速到期	个别清偿

2. 二元主体:债权人和公司

依照新《公司法》第54条规定,在公司不能清偿到期债务的情况下,可要求股东提前缴纳出资的主体有二:公司或者已到期债权的债权人。结合入库规则可知,在加速到期的情形中,公司已到期的债权人只能要求股东向公司履行出资义务,并不能以《公司法司法解释(三)》第13条为规范依据,要求未届出资期限的股东直接向自己履行补充清偿责任。并且在数额上,债权人所能主张的数额应以其债权为限,若股东未届期出资数额大于债权人已到期债权数额,则债权人无权要求股东提前缴纳所有出资。

3. 保障公平清偿的入库规则

反对实质破产情形下加速到期的重要缘由在于其违反了债权清偿的正当程序,相较之下破产程序更为公平。在将加速到期情形扩展至非破产情形之下,如何处理出资财产的路径流向对各方利益存在实质影响。在本轮公司法修订中,主要的争议主要集中在债权人直接受偿规则和入库规则之间:前者存在效率优势但在公平性上有缺失,后者则相反。新《公司法》所采取的“股东提前缴纳出资”方案,即要求股东先向公司履行出资义务,继而由公司向其债权人清偿债务。对此,支持者认为该种处理方案既符合法律逻辑,也兼顾了其他债权人的利益。反对的观点认为,这将极大削弱债权人主张加速到期的主观能动性,影响加速到期规则的效率。在民法典编纂过程中,《民法典》第 537 条代位权行使的规则也伴随着类似争议,实质效果上肯认了直接清偿规则和限定性入库规则。① 基于该条规定,行使代位权的债权人可得直接受偿,但如果债务人对相对人的债权被采取保全、执行措施,或者债务人破产的,依照相关法律的规定处理。② 由于代位权中债务人的利益处于次顺位,劣后于债权人利益,而加速到期中公司作为债务人其尚有独立的公司利益,利益衡量结构和衡量结论并不相同,《民法典》第 537 条的处理方案也不能简单照搬。

我们认为,在加速到期制度中,适用入库规则更具妥当性。首先,从法理逻辑上而言,债权人与公司之间、公司与未出资股东之间的关系存在明显的相对性,股东承担的出资义务对象系公司而非债权人。未届期股东的出资义务一旦触发加速到期条件,可因债权人或公司的要求而即时到期,成为一项履行期届满的义务。如果股东未履行其义务,将进一步导致《公司法司法解释(三)》第 13 条所规定的未出资股东补充责任;而补充责任具有顺位补充性,并非连带责任。其次,需要考量公司作为独立法人主体的利益,这一点不同于民法上的代位权行使。股东对公司的出资形态是多元的,对于公司而言股东出资的价值并不局限于债权担保,同时,对公司有意义的出资形态未必能够满足债权人之需要。③ 加速到期后的股东出资完全有可能成为盘活公司资产、恢复公司清偿能

① 参见龙俊:《民法典中的债之保全体系》,载《比较法研究》2020 年第 4 期。
② 参见黄薇主编:《中华人民共和国民法典合同编释义》,法律出版社 2020 年版,第 174 页。
③ 参见刘斌:《股东出资形式的规制逻辑与规范重构》,载《法学杂志》2020 年第 10 期。

力的救命稻草。此时,若径行要求股东向债权人直接清偿,将浪费资产的经营价值。最后,入库规则可以最大范围内实现全体债权人公平清偿的目的,如果多个债权人提起加速到期,入库规则还可以避免诉讼竞争和讼累。反对的观点认为,此时公司并未陷入破产,完全无须遵循公平清偿的规则。如前所述,虽然停止支付仅为破产的推定事由,并不等同于破产,不需要遵循公平清偿规则,但是,加速到期情形毕竟属于清偿异常形态,已经触发了破产界限的要素之一,实际上"半条腿已经迈进了破产的门槛"。即使在《民法典》第537条中,债务人虽未破产但其债权被采取保全、执行措施的,亦需要适用限定入库规则以保障清偿公平。入库规则的确会导致债权人缺乏激励,并产生债权人搭便车的理性选择,从而影响制度效率,但这是在公司停止支付情形下较为理想的选择方案。

(二)延伸问题

对于加速到期和催缴失权制度之间的关系,也存在分歧:有观点认为二者可以同时适用,先加速到期后可再发生催缴失权后果,以督促股东履行其出资义务;有观点持反对立场,认为加速到期不能适用催缴失权制度,其理由在于加速到期时失权规则已经宣告失败,股东应当确定性地履行其出资义务。前述两个观点均有其合理之处,前者强调以失权为手段,督促股东缴纳出资,给予其相当之压力;后者则力求避免失权股东出局后进一步恶化公司清偿能力,导致未出资股东"金蝉脱壳"。

从制度逻辑来看,出资义务加速到期后的股权,实际上出资义务的履行期限已经届至,如果此时股东不能完成出资义务,则可以构成新《公司法》第51条第1款规定的"股东未按期足额缴纳公司章程规定的出资",并进而适用后续条款规定的法律后果。此时,问题在于,公司已经陷入了停止支付之困难境地,此时,董事会在进行催缴时固然无须多虑,但其决定失权时却不得不慎重,因为失权决定可能导致公司清偿能力雪上加霜,继而损害公司利益,触发董事违背信义义务的法律责任。此时,如果有其他股东或投资者既具有受让意愿,也具有出资能力,董事会通过失权决定后将股份转让至有出资能力的受让人,法律上也无禁止之必要。故而,从整体上来看,与其在立法上作强制性的安排,倒不如给董事会预留相应的商事裁量空间,以满足公司实践所需。

专题六 催缴失权制度

一、新《公司法》修改的主要内容

2023年《公司法》修改，新设催缴失权制度，是指公司成立后，董事会经核查股东出资情况，发现股东未按期足额缴纳公司章程规定的出资，向该股东发出书面催缴书催缴出资后，该股东仍未履行出资义务的，公司经董事会决议可以向该股东发出失权通知，自通知发出之日起，该股东丧失其未缴纳出资股权的制度。

新《公司法》用第51条、第52条两个条文，系统性地规定了催缴失权制度，具体而言：一是，董事会负有对股东出资进行核查和催缴的义务；二是，董事会未履行核查和催缴义务，给公司造成损失的，负有责任的董事应当承担赔偿责任；三是，董事会可以决议向未按期足额出资的股东发出催缴书，催缴书可以载明宽限期，也可以不载明宽限期；四是，在催缴书载明的不少于60日宽限期届满后，该股东仍未缴资的，董事会可以决议向该股东发出失权通知，也可以不发出失权通知，失权通知应当为书面形式，自通知发出之日起，该股东失去未缴纳出资部分的股权；五是，失权股权收归公司作为库存股管理，公司应当将该股权转让或者注销，公司在6个月内未完成转让或者注销的，由公司其他股东按照其出资比例足额缴纳相应出资；六是，新设失权异议之诉，即失权股东对失权有异议的，可以自收到失权通知之日起30日内，向人民法院提起诉讼。

催缴失权制度具有维护公司资本充实，保护公司债权人合法权益，促进股东平等，降低公司代理成本等制度价值和功能。该制度牵涉公司、董事、股东和公司债权人等多方权利义务关系，法律关系极为复杂。因此，有必要对催缴失权制度的现实依据、理论基础和法律适用等问题，展开深入系统的阐释。

二、本次修改的现实依据

(一)资本认缴制下引入催缴失权制度的现实意义

自2013年公司注册资本认缴登记制改革以来,我国公司法在资本制度上施行法定资本制下的完全认缴制,股东实缴出资期限由公司自治,公司法不做强制性规定。但需要强调的是,股东认缴的出资额,并非一个抽象的数字,而是实实在在的、切实的法律责任。"认缴"虽然不等同于"实缴",但"认缴"并非意味着"认而不缴",而是指通过认缴确定出资义务和出资义务人后,出资义务人依照相关法律规定或者公司章程规定,在相应期限内缴足出资。对此,新《公司法》第47条第1款规定了限期认缴制,即全体股东认缴的出资额由股东按照公司章程的规定自公司成立之日起5年内缴足。新《公司法》第54条规定了出资义务加速到期制度,即当公司不能清偿到期债务的,公司或者已到期债权的债权人有权要求已认缴出资但未届缴资期限的股东提前缴纳出资。《企业破产法》第35条规定了公司破产情形下的出资义务加速到期制度,即人民法院受理破产申请后,公司股东尚未完全履行出资义务的,管理人应当要求该股东缴纳所认缴的出资,而不受出资期限的限制。由此可见,"认缴"的真实含义,并非"认而不缴",而是一种确定出资义务和出资义务人的方式,出资义务人须依照相关法律规定和公司章程的规定,及时向公司缴足出资。

然而,实践中,股东逃避认缴出资义务的情况较为多见,给公司、其他股东和债权人造成了损失。为了遏制股东逃避出资义务的违法行为,公司有必要对股东的出资情况进行监督。新《公司法》修改之前,我国司法实践中已经出现了相关的判决。例如,在斯曼特微显示科技(深圳)有限公司、胡某生损害公司利益责任纠纷案中,最高人民法院明确了董事对股东出资的催缴义务及其相应法律责任。在此背景下,新《公司法》构建催缴失权制度,其制度价值与功能主要有二:一是维护公司的资本充实,保护公司债权人合法权益;二是保障公司其他股东合法权益。

1. 维护公司资本充实,保护公司债权人合法权益

公司在认缴制和实缴制下所享有的资产形态和所承担的风险并不相同。在注册资本认缴制下,股东认缴公司出资后,可以与公司约定出资期限,从而享有出资的期限利益;在出资未届期之前,如无法定事由,公司仅享有对股东的附

缴款期限的出资债权,股东无须向公司提前缴付出资。在注册资本实缴制下,投资人必须向公司缴付出资,进而才能取得股权或者股份,成为公司股东。不难发现,公司在注册资本认缴制下享有的出资债权,不同于公司在注册资本实缴制下享有的货币资金、银行存款、实物资产等财产。在认缴制下,公司须承担股东个人的资力不足风险;并且,由于股东享有出资的期限利益,其也就无须向公司支付在出资期限内的资金利息,故公司在承担股东个人资力不足风险的同时,并没有获得应有的出资债权利息的风险补偿。而在实缴制下,公司已经取得了股东的出资,故无须承担股东个人的资力不足风险。因此,相较于实缴制,公司在认缴制下须承担股东个人的资力不足风险,由此公司资本在一定程度上受到了减损或者说侵蚀。

在认缴制背景下,催缴失权制度具有维护公司资本充实的重要制度价值和功能。当股东未按期足额缴纳出资时,公司董事会应当向该股东催缴出资,经适格催缴后仍不缴足的,公司经董事会决议可以向该股东发出失权通知,使该股东在未缴足出资的范围内失权,由此督促股东按期足额缴纳出资,维护公司资本充实,进而能够起到保护公司债权人合法权益的作用。

在域外实行资本认缴制的制度上,基于公司的资金需求而由董事会进行催缴系常例。譬如,《德国有限责任公司法》第 21 条至第 25 条系统性地规定了催缴失权制度。在股东迟延缴纳出资的情形下,公司可以警告将取消其相应营业份额,要求该股东在特定宽限期内缴纳出资,宽限期满该股东仍未缴纳的,为公司利益,公司可以声明该股东丧失其营业份额和已经缴纳部分的出资。再如,《美国特拉华州普通公司法》第 163 条规定:“公司股份的股款应当按照董事会要求的数额和期数支付。对于股款没有付清的每一股份,董事会可以随时要求支付董事会认为业务所必需的数额,但总数不超过该股份尚未付清的余额;对于被要求支付的款项,应当按照董事会指定的时间和数目向公司支付。”对于期限届满后仍未支付的股东,董事会可以通过诉讼从股东手中取得未交付股款、催缴款项或其他任何未付金额,否则可以公开拍卖欠缴股东的适当数量股份。在英国,通过《公司标准章程》的指引,在出资期限届至或者董事会认为必要时作出董事会决议,可以向股东发出催缴通知。

2. 保障公司其他股东合法权益

催缴失权制度在维护公司资本充实的同时,也保护了其他股东合法权益。

公司经营活动的开展,有赖于与经营活动相匹配的资本规模。股东出资形成的公司资本,是公司产出效益的必要条件,因而,原则上股东没有实际出资,就不能获得相应的股东权利,也不能获取相应的投资报酬。该理念体现在公司法的多个具体规则和制度中。比如,根据《公司法司法解释(三)》第16条的规定,股东未履行或者未全面履行出资义务或者抽逃出资,公司可以根据公司章程或者股东会决议对其利润分配请求权、新股优先认购权、剩余财产分配请求权等股东权利作出相应的合理限制。再如,新《公司法》第210条第4款规定,在分配税后利润时,有限责任公司按照股东实缴的出资比例分配利润,但全体股东约定不按照出资比例分配利润的除外。新《公司法》第227条第1款规定,有限责任公司增加资本时,股东在同等条件下有权优先按照实缴的出资比例认缴出资。但是,全体股东约定不按照出资比例优先认缴出资的除外。

由上,股东依法依约按期足额向公司缴付出资,是公司得以正常开展经营活动、股东有权取得相应权利的必要条件。若部分股东不按期足额缴纳出资,侵蚀公司资本,这将阻滞公司开展相关经营活动,并将最终损害其他股东应有的投资权益。于此情形下,通过催缴失权制度,向部分未按期足额缴纳出资的股东催缴,并在其未及时补缴时,使其在未缴足范围内失权,不再分享公司的投资收益,有助于保护公司其他股东的合法权益。

此外,催缴失权制度使未按期足额缴纳出资的股东,在未足额缴纳出资范围内失去相应股权,有助于实现股东平等。股东向公司缴付出资,是股东取得股权或股东资格的对价。如果未按期足额缴纳出资的股东仍然享有各类股东权利,不仅增加了公司治理中的代理成本,也对其他股东并不公平。催缴失权制度,使得未按期足额缴纳出资的股东,在未缴足范围内失去相应的股东权利,使其与其他按期足额缴纳出资的股东相区别,符合比例原则的要求,是股东平等原则的体现。

(二)催缴失权制度的立法演进

我国公司法中的催缴失权制度,是从《公司法司法解释(三)》股东除名制度中发展出来的,经由《公司法(修订草案一审稿)》《公司法(修订草案二审稿)》《公司法(修订草案三审稿)》等阶段,最终得以在新《公司法》中确立。

1. 催缴失权制度的前身:除名制度

《公司法司法解释(三)》第17条规定:“有限责任公司的股东未履行出资

义务或者抽逃全部出资,经公司催告缴纳或者返还,其在合理期间内仍未缴纳或者返还出资,公司以股东会决议解除该股东的股东资格,该股东请求确认该解除行为无效的,人民法院不予支持。在前款规定的情形下,人民法院在判决时应当释明,公司应当及时办理法定减资程序或者由其他股东或者第三人缴纳相应的出资。在办理法定减资程序或者其他股东或者第三人缴纳相应的出资之前,公司债权人依照本规定第十三条或者第十四条请求相关当事人承担相应责任的,人民法院应予支持。"

2. 催缴失权制度的雏形

(1)《公司法(修订草案一审稿)》第46条规定:"有限责任公司成立后,应当对股东的出资情况进行核查,发现股东未按期足额缴纳出资,或者作为出资的非货币财产的实际价额显著低于所认缴的出资额的,应当向该股东发出书面催缴书,催缴出资。公司依照前款规定催缴出资,可以载明缴纳出资的宽限期;宽限期自公司发出出资催缴书之日起,不得少于六十日。宽限期届满,股东仍未缴纳出资的,公司可以向该股东发出失权通知,通知应当以书面形式发出,自通知发出之日起,该股东丧失其未缴纳出资的股权。依照前款规定丧失的股权,公司应当在六个月内依法转让,或者相应减少注册资本并注销该股权。"

在《公司法(修订草案一审稿)》阶段,催缴失权制度具有以下特征:一是,催缴义务的主体是公司,而不是董事会;二是,催缴失权的适用情形,包括股东未按期足额缴纳出资和作为出资的非货币财产的实际价额显著低于所认缴的出资额两类。

(2)《公司法(修订草案二审稿)》第51条规定:"有限责任公司成立后,董事会应当对股东的出资情况进行核查,发现股东未按期足额缴纳出资的,应当向该股东发出书面催缴书,催缴出资。公司依照前款规定催缴出资,可以载明缴纳出资的宽限期;宽限期自公司发出出资催缴书之日起,不得少于六十日。宽限期届满,股东仍未履行出资义务的,公司可以向该股东发出失权通知,通知应当以书面形式发出,自通知发出之日起,该股东丧失其未缴纳出资的股权。依照前款规定丧失的股权应当依法转让,或者相应减少注册资本并注销该股权;六个月内未转让或者注销的,由公司其他股东按照其出资比例足额缴纳相应出资。股东未按期足额缴纳出资,给公司造成损失的,应当承担赔偿责任。"

在《公司法(修订草案二审稿)》阶段,催缴失权制度的特征有二:一是明确了董事会的催缴义务;二是将催缴失权的适用情形,限缩为股东未按期足额缴纳出资的一种情形。

(3)《公司法(修订草案三审稿)》第51条规定:"有限责任公司成立后,董事会应当对股东的出资情况进行核查,发现股东未按期足额缴纳公司章程规定的出资的,应当向该股东发出书面催缴书,催缴出资。董事会未履行前款规定的义务,给公司造成损失的,负有责任的董事应当承担赔偿责任。"第52条规定:"公司依照前条第一款规定发出书面催缴书催缴出资,可以载明缴纳出资的宽限期;宽限期自公司发出催缴书之日起,不得少于六十日。宽限期届满,股东仍未履行出资义务的,公司可以向该股东发出失权通知,通知应当以书面形式发出,自通知发出之日起,该股东丧失其未缴纳出资的股权。依照前款规定丧失的股权应当依法转让,或者相应减少注册资本并注销该股权;六个月内未转让或者注销的,由公司其他股东按照其出资比例足额缴纳相应出资。"

在《公司法(修订草案三审稿)》阶段,催缴失权制度的特征有二:一是明确董事会的催缴义务;二是明确董事会未履行催缴义务情形下,负有责任的董事的赔偿义务。

3. 催缴失权制度的确立

在新《公司法》第51条、第52条关于催缴失权制度的规定中,第51条与《公司法(修订草案三审稿)》一致。

新《公司法》第52条规定:"股东未按照公司章程规定的出资日期缴纳出资,公司依照前条第一款规定发出书面催缴书催缴出资的,可以载明缴纳出资的宽限期;宽限期自公司发出催缴书之日起,不得少于六十日。宽限期届满,股东仍未履行出资义务的,公司经董事会决议可以向该股东发出失权通知,通知应当以书面形式发出。自通知发出之日起,该股东丧失其未缴纳出资的股权。依照前款规定丧失的股权应当依法转让,或者相应减少注册资本并注销该股权;六个月内未转让或者注销的,由公司其他股东按照其出资比例足额缴纳相应出资。股东对失权有异议的,应当自收到失权通知之日起三十日内,向人民法院提起诉讼。"

新《公司法》第52条对《公司法(修订草案三审稿)》第52条的修改之处有二:一是明确公司发出失权通知必须经董事会决议;二是新增失权异议之诉,允许对失权有异议的股东,在受到失权通知之日起30日内,向人民法院起诉。

(三)司法实践对催缴失权制度的迫切需求

1. 董事催缴义务亟待立法明确

在新《公司法》施行之前,董事是否负有对股东出资的催缴义务,立法并未予以明确。根据原《公司法》第 147 条第 1 款规定,董事、监事和高级管理人员对公司负有忠实义务和勤勉义务。其中,原《公司法》对忠实义务的具体内容作出了“列举加兜底”的规定;但对勤勉义务的具体内容未作规定,司法实践中也未形成清晰、可操作的义务外延和规则。例外的是,《公司法司法解释(三)》第 13 条第 4 款特别对公司增资时董事监督股东出资的勤勉义务作出了具体解释和规定。依照该规定,董事消极不履行监督增资股东出资的勤勉义务致使出资未缴足的,应承担相应责任。基于增资股东出资与发起人股东出资的同质性,要提出的问题是,董事对发起人股东的出资是否负有同样的监督义务?若有,违反该义务应承担何种责任?对此,公司法立法和实践都未有明确结论。

司法实践中存在许多董事对股东催缴出资的纠纷。其中,最为典型的就是最高人民法院第一巡回法庭审理的斯曼特微显示科技(深圳)有限公司、胡某生、薄某明等损害公司利益责任纠纷案。2019 年 6 月 28 日,最高人民法院作出再审判决,以未履行向股东催缴出资的勤勉义务为由,撤销了一、二审判决,改判胡某生、薄某明等深圳斯曼特公司的六名董事就发起人股东 South Mountain Technologies Ltd.(以下简称开曼斯曼特公司)未出资部分共计 4912376.06 美元向公司承担连带赔偿责任。该判决犹如一把高悬的“达摩克利斯之剑”,使得董事暴露在随时可能为股东未出资部分承担连带赔偿责任的危险之中,引发了社会各界讨论。① 有不少观点认为,原《公司法》并未对董事催缴义务作出规定,《公司法司法解释(三)》也仅是规定了董事对增资股东的催缴义务,最高人民法院的前述判决缺乏实定法根据。另有意见认为,鉴于股东出资是公司资本形成的唯一来源,而资本的确定、维持又是公司人格得以正当存在和存续、公司事务得以有效运行、股东享有有限责任的必要保证和条件,因此,董事应对发起人股东出资承担催缴义务。总之,应否使董事负担对股东出资特别是发起人股东出资的催缴义务,亟待新《公司法》予以明确。

---

① 参见深圳斯曼特公司与胡某生等损害公司利益责任纠纷案,最高人民法院民事判决书,(2018)最高法民再 366 号。

2.《公司法司法解释(三)》中除名制度的局限与实践困境

根据《公司法司法解释(三)》第17条的规定,除名制度的适用条件有三:一是有限责任公司的股东完全未履行出资或者抽逃全部出资;二是该股东经公司催告缴纳或者返还,在合理期间内仍未缴纳或者返还出资;三是股东会决议解除该股东的股东资格。

该条规定在理论和实践中存有以下几个方面的局限和困境:一是适用范围过于狭窄。除名规则仅适用于股东完全未履行出资或者抽逃全部出资的情形,而之所以如此规定,是因为除名对股东利益影响重大,需要极为谨慎。[①] 然而,由于适用条件极为苛刻,这使得股东可以通过缴纳部分出资,来排除除名规则的适用。司法实践中,不少法院即以此为由认定股东会的除名决议无效。[②] 最为极端的情形即为,股东缴纳1元出资,从而排除除名规则的适用。二是没有明确规定催缴程序。催缴由谁决定?以什么样的方式催缴?均没有规定。三是没有明确规定被除名的股东是否有权参与股东会表决。司法实践中,对此存在争议,在一些案件中,法院认为,在公司法、公司章程没有明确规定回避表决的情形下,被除名股东无须回避。[③] 而在另一些案件中,法院认为,如果不令被除名股东回避表决,将导致大股东永远不可能被除名的结果,从除名制度规范目的上看,被除名股东应当回避表决。[④] 由上可见,除名规则亟待进一步改进和完善。司法实践中,也迫切需要一套统一的催缴失权规则。

(四)社会各界对催缴失权制度的意见和建议

1. 关于核查和催缴主体

《公司法(修订草案一审稿)》公布后,有关部委建议,进一步明确核查和催缴义务的主体为董事会,增加因失权而转让股权时其他股东的优先购买权,以及明确是否需要经过股东会决议等程序。有学者提出,应当赋权董事会实施催缴。还有学者提出,应当明确核查和催缴义务的主体。有学者提出,建议将核

---

① 参见《规范审理公司设立、出资、股权确认等案件——最高人民法院民二庭负责人答本报记者问》,载《人民法院报》2011年2月16日,第3版。

② 参见最高人民法院民事裁定书,(2018)最高法民申3057号;西藏自治区高级人民法院民事裁定书,(2021)藏民申292号。

③ 参见最高人民法院民事判决书,(2022)最高法民再215号。

④ 参见最高人民法院民事判决书,(2018)最高法民再328号。

查机关明确为董事会或监事会。还有学者提出，催缴职权应当是董事会的权力。

2. 关于核查时限

有学者建议，将《公司法（修订草案一审稿）》第 46 条规定的“有限责任公司成立后，应当对股东的出资情况进行核查”，修改为“有限责任公司成立后 × × 日内，应当对股东的出资情况进行核查”，增加一定的日期限制。有学者提出，建议明确核查期间，并由章程记载。

3. 关于催缴的任意性

有学者提出，如果催缴是任意性的，那么，“应当催缴”应该为“可以催缴”。还有学者提出，《公司法（修订草案一审稿）》第 46 条第 1 款中的“应当”应该调整为“可以”，第 2 款中出资期限的载明应该将“可以”改为“应当”，以维持该手段的终局性和可选择性；不应当允许按比例失权，应当将失权后果调整为“丧失所有股权，已经缴纳的出资也不再返还，并且仍然继续承担未缴纳出资及责任”，以实现制度的强大威慑力。有学者提出，在数个股东均存在出资瑕疵的情形下，应当明确股东平等对待原则，即应当对所有股东发出书面催缴书。

4. 关于催缴失权的适用情形

有学者建议，增加规定，将催缴失权制度适用于“抽逃出资”。有学者提出，催缴出资包括两种情况，认缴制下的催缴出资和出资瑕疵下的催缴出资，目前本条仅规定了前一种情形，未涉及前一种情形，建议增加后一种情形。

5. 关于失权的法律后果

有学者建议，失权应当采到达生效主义，而非发出生效主义。有学者提出，催缴宽限期应当采到达主义，自到达后起算。有学者提出，应处理好失权的程序问题，建议参考《德国有限责任公司法》的规定，按照“失权——前手股东责任——转让或拍卖——失权股东责任——其他股东按份责任”的顺序进行规定。有学者提出，终极的失权是除名，应该一并规定除名制度。有学者提出，建议明确失权后股东不享有权利，对此可参考英国法上的股份没收，即丧失该部分股份，但并未免除该股东对公司继续承担缴纳相当于未出资部分的债务，该债务变为普通债务。

三、催缴失权制度的理论阐释①

新《公司法》新增规定的催缴失权制度，其适用范围、催缴程序、失权程序、董事责任、救济措施及与相关制度之间的关联，亟待理论阐释。

（一）催缴决定与法律后果

1. 催缴的决定主体与方式

在我国纷杂的公司治理现状中，对于公司催缴主体的认识并不一致，包括以下主张：(1)法定代表人负责催缴；(2)已出资股东负责催缴；(3)董事会负责催缴；(4)法定代表人、董事、其他股东均有义务催缴；(5)法定代表人和其他股东均有义务催缴；(6)法定代表人、董事会、监事会、其他股东依次催缴；(7)由已缴纳股东向股东会提议，经股东会决议后再由公司通知催缴；等等。

在前述各类主张之中，董事会作为经营决策机关，对公司财务状况和资金需求更为了解，具有商业判断能力，且负担有信义义务作为履职保障，由其承担相应职责较为妥当。这也契合了本轮公司法中全面强化董事、监事、高级管理人员维护资本充实义务的改革方向。确定董事会为催缴的决定主体后，催缴决定当以董事会决议的方式作出。未设董事会的公司，催缴决定当以董事决定的方式作出。

此外，在董事会作出催缴决议时，关联董事应当回避表决。这是为了防止大股东控制董事会，使董事会永远无法作出催缴大股东出资的决议。虽然，董事们负有信义义务，但他们可能仍然无法完全摆脱大股东的控制。特别是，在一些情形下，大股东本身就直接出任董事，此时信义义务在该问题上的作用将大打折扣。另外，在关联董事回避后，若剩余董事人数不足 3 人，则将无法形成有效董事会决议。参照适用新《公司法》第 186 条，应当将该事项提交股东会决议。在股东会审议时，虽然股东并非都应对关联事项回避表决，但是在催缴问题上若不使关联股东特别是使关联大股东回避表决，那么股东会将永远无法作出催缴决议，故应参照适用新《公司法》第 15 条第 3 款，被催缴的股东应回避表决。

---

① 前期发表版本可参见邹学庚：《论董事对股东出资的监督义务——兼评“斯曼特”损害公司利益责任纠纷案》，载《甘肃政法大学学报》2022 年第 2 期。

2. 催缴通知的类型:区分是否载明宽限期

从理论上分析,可以将催缴通知分为失权催缴和非失权催缴。前者是指公司以失权为目的向瑕疵出资股东发出的催缴通知,此种催缴通知是未来股东失权的必要条件之一。鉴于股东失权对于公司和股东而言,是一个重大事项,故该催缴通知,需要具备特定的形式和要件。后者是指公司不以失权为目的向瑕疵出资股东发出的催缴通知,它不是未来股东失权的必要条件之一,没有特别的法定形式和要件的要求。

根据新《公司法》第 52 条规定,公司向瑕疵出资的股东发出催缴通知,可以载明缴纳出资的宽限期;宽限期自公司发出催缴书之日起,不得少于 60 日。宽限期届满,股东仍未履行出资义务的,公司可以向该股东发出失权通知。

由上,公司可以发出载明宽限期的催缴书,也可以发出不载明宽限期的催缴书,而只有载明不少于 60 日宽限期的催缴书,才构成进一步发出失权通知的适格催缴书。如此规定的理由在于:一方面,鉴于股东失权无论对公司还是股东,均是重大事件,需要尤为谨慎,因此法律规定宽限期不得少于 60 日,给予瑕疵出资股东较为充分的筹资和审慎决策的时间。另一方面,在公司急需资金充实现金流时,可能无法等待 60 日以上,而是需要向瑕疵出资股东即刻催缴出资,此种催缴的形式,也应为公司法所许。

3. 催缴的法律后果:区分失权催缴和非失权催缴

不同类型的催缴通知,对被催缴股东的法律效力是不同的。根据新《公司法》第 52 条的规定,只有载明不少于 60 日宽限期的催缴书,才构成公司未来进一步向瑕疵出资股东发出失权通知的适格催缴。这是一种失权催缴,其不仅能够产生请求被催缴股东履行出资义务的债法上的效力,还能够产生使公司在未来有权向被催缴股东发出失权通知的公司法上的效力。

与此相应,若未载明宽限期或者虽载明宽限期但少于 60 日的催缴书,仅具有请求被催缴股东履行出资义务的效力,不是未来公司据以发出失权通知的适格催缴。这是一种非失权催缴。未来,公司若欲向瑕疵出资股东发出失权通知,需要重新发出载明不少于 60 日宽限期的催缴书,方可满足法定的程序要求。

(二)失权决定与法律后果

1. 失权的决定主体与方式

根据新《公司法》第 52 条规定,在公司董事会决定向瑕疵出资股东发出载明不少于60日宽限期的失权催缴书后，待到宽限期届满，股东仍未履行出资义务的，公司经董事会决议可以向该股东发出书面失权通知。该条明确规定，有权发出失权通知的主体是董事会。在立法过程中，对于有权作出失权决定的主体，曾有不同的意见。我们认为，相较于股东会、法定代表人和高级管理人员，董事会是最适合作出失权决定的主体，最终出台的新《公司法》第52条也持相同意见，理由如下。

一是，在满足失权条件后，是否要向瑕疵出资股东发出失权通知，构成一项商业判断，需要借由董事的专业能力，去判断是向该股东发出失权通知对公司更为有利，还是不向该股东发出失权通知对公司更为有利，而董事会具备商业判断的能力和条件。因此，由董事会来决定是否要发出失权通知较为合理。

二是，通过董事会决议的方式向瑕疵出资股东发出失权通知，被失权的股东，若认为失权通知损害其合法权益的，可以通过提起决议效力之诉，来保障自身合法权益。譬如，董事会在未向瑕疵出资股东发出适格催缴通知的情况下，作出董事会决议向该股东发出失权通知的，该股东可以提起董事会决议无效之诉，维护自身合法权益。

三是，从新《公司法》第52条与第51条的关系上看，第51条规定催缴决定由董事会作出；因此，将发出失权通知的决定权也交由董事会，在体系上更为的融贯。

2. 失权的生效时间

关于失权的生效时间问题，理论上有通知到达主义和通知发出主义两种主张。通知到达主义，是指自公司发出的失权通知到达被通知股东之时起，该股东丧失其瑕疵出资股权。此种主张的理由在于，失权是对被失权股东股权的剥夺，对其而言是一个重大事件，因而待到其知悉失权事项时起，使其丧失相应的股权更为妥当。通知发出主义，是指自公司发出失权通知之时起，被通知的股东丧失其瑕疵出资股权。此种主张的理由在于，被通知失权的股东，是未按约缴纳出资的违约股东，且其在不少于60日宽限期内仍然未缴纳出资，已经构成严重的违约，故在此种情形下，公司有权单方解除与其之间的法律关系，即自失权通知发出之时起，使其丧失相应股东权利，而无须待到其知悉失权通知时。新《公司法》第52条采纳了通知发出主义。

3. 失权的法律后果

(1)失权对瑕疵出资股东的法律后果

根据新《公司法》第 52 条的规定,自公司向瑕疵出资股东发出失权通知之时起,将对该股东产生如下法律后果:一是,该股东自失权通知发出之时起,丧失其瑕疵出资股权。需要注意的是,该股东丧失的仅为其瑕疵出资部分的股权,其已经依约缴纳出资部分的股权,不受影响。二是,该股东无须再对其丧失的股权,承担出资义务。此外,新《公司法》第 52 条第 3 款新设了失权异议之诉,即股东对失权有异议的,有权在收到失权通知之日起 30 日内,向人民法院提起诉讼。

需要特别讨论的是,失权股东是否需要如《公司法司法解释(三)》第 17 条第 2 款的规定[①]一般,对公司债权人承担相应责任,尚不明确,留待未来立法予以明确和完善,或者由人民法院进行法律补充或者解释。一种意见认为,在公司对股东发出失权通知后,该股东的出资义务即告消灭,无须对公司债权人承担任何责任。否则,当该失权股东向公司债权人承担了相应的责任后,其是否还能够被认为是失权,将存有疑问。另一种意见认为,在公司对股东发出失权通知后,由于出资与股权互为对价,该股东在丧失股权的同时,其出资义务理应同时消灭,但是,由于公司债权人对失权与否完全没有控制力,故为保护公司债权人利益,应使该失权股东继续向公司债权人承担相应法律责任。

我们赞同前一种意见。失权与除名不同,前者是基于董事商业判断作出的,可以通过董事的信义义务规则保护公司利益,进而保护公司债权人的合法权益。若董事违反了对公司的信义义务,作出不利于公司的失权决定,那么其应对公司承担相应的赔偿责任。并且,若董事是出于故意或者重大过失作出失权决定,导致公司债权人无法从公司足额受偿,那么,公司债权人可以直接根据新《公司法》第 191 条规定的董事对第三人的责任规则,请求负有责任的董事对其承担赔偿责任。

---

① 《公司法司法解释(三)》第 17 条第 2 款规定:“在前款规定的情形下,人民法院在判决时应当释明,公司应当及时办理法定减资程序或者由其他股东或者第三人缴纳相应的出资。在办理法定减资程序或者其他股东或者第三人缴纳相应的出资之前,公司债权人依照本规定第十三条或者第十四条请求相关当事人承担相应责任的,人民法院应予支持。”

(2)失权对公司的法律后果

根据新《公司法》第52条的规定,股东失权后,公司将收回失权股权,作为库存股进行管理。由于公司持有自己的股权将会侵蚀公司资本,所以法律要求公司不能长时间持有自身股权。因而,公司应当及时处理该库存股。公司可以将该库存股转让给第三方,也可以通过实质减资将这部分库存股予以注销。然而,无论是库存股转让还是实质减资,都需要满足一定的条件:前者要求有适合的受让人,后者要求满足实质减资的法定条件。因而,公司能否将库存股转让或者注销,具有一定的不确定性。为了避免公司长时间持有自身股权,持续性地侵蚀公司资本,危及公司债权人利益,新《公司法》第52条规定,公司超过6个月未转让库存股或者注销库存股的,由公司其他股东按照其出资比例足额缴纳相应出资。

(3)失权对其他股东的法律后果

循前所述,股东失权后,若公司超过6个月未转让库存股或者注销库存股的,其他股东须按照出资比例足额缴纳相应出资,并获得相应的股权。这对其他股东而言,是一项额外的出资义务或者说负担,对其权利义务具有重大影响。由于公司的股权随时处于流转之中,此间最重要的问题在于,如何确定"其他股东"。

理论上,确定"其他股东"的时点大致有三种:一是,失权股东出资到期日;二是,失权通知生效日,即失权通知发出日;三是,失权通知生效后,公司未能转让或者注销库存股,6个月期限到期日。

我们赞同第二种观点,即以失权通知发出日作为确定"其他股东"的时点。这是因为,公司可以向瑕疵出资的股东发出失权通知,也可以不发出;在董事会作出向瑕疵出资的股东发出失权通知的决议、公司发出失权通知之前,该股东仍然享有股权。而只有该股东丧失股权后,其他股东才负有对失权股权的附条件出资义务,也即若公司在6个月内未能转让或者注销该库存股,则其他股东须依出资比例足额缴纳相应出资。

此外,其他股东在负有且尚未履行对失权股权的附条件出资义务的情形下,将股权转让给第三人的,可视为未出资股权转让,应参照适用新《公司法》第88条的规定,可区分两种情形:一是,失权股权处置期6个月尚未届满的,其他股东负有的出资义务尚未生效,可视为是一种"未届缴资期限"的股权,参照适用新《公司法》第 88 条第 1 款未届期股权转让规则,原则上由受让人承担缴纳该出资的义务,受让人未按期足额缴纳出资的,转让人对受让人未按期缴纳的出资承担补充责任。二是,失权股权处置期 6 个月已届满的,其他股东负有的出资义务生效,可视为是一种"未按期足额缴纳出资"的股权,参照适用新《公司法》第 88 条第 2 款瑕疵股权转让规则,原则上由转让人承担该出资义务,受让人知道或者应当知道存在该情形的,在出资不足的范围内与该股东承担连带责任。

(三)催缴失权与董事责任

催缴决定与失权决定均是由董事会以决议的形式作出,而董事对公司负有信义义务,因而,若董事违反信义义务拒不催缴或者未在充分知情条件下作出失权决定,给公司造成损失的,应当承担相应的赔偿责任。

1. 关于催缴问题

基于董事对公司负有的信义义务,董事对股东出资具有核查义务,凡是未依约足额缴纳出资的股东,董事均应对其进行催缴。但是,不同催缴方式会涉及成本的考量,须借由董事商业判断。譬如,董事应当采取口头催缴,还是书面通知催缴,抑或是通过诉讼的方式进行催缴。我们认为,只要董事对股东进行书面催缴即可构成对催缴义务的合格履行,该书面形式既包括纸面形式,也包括数据电文的形式。[①] 理由在于,一方面,口头形式有违商事活动的严谨性和严肃性,这在比较法上有经验可资镜鉴。譬如,《美国统一商法典》规定,凡是超过 500 美元的买卖合同必须以书面形式订立才能获得法律的保护。[②] 并且,口头形式在发生纠纷时,存在证明责任上的困难,因而不足可取。另一方面,鉴于诉讼成本高昂,是否要采取诉讼的方式催缴股东出资属董事商业判断的范畴。例如,股东未出资部分仅为 10 万元,但诉讼费和律师费却高达 20 万元,以诉讼方式催缴,不符合公司最佳利益原则。

2. 关于失权问题

是否发出失权通知,属董事会的决策权。基于董事对公司负有的信义义

---

① 参见《民法典》第 469 条。

② See Uniform Commercial Code § 2. 201. 参见潘琪:《美国〈统一商法典〉解读》,法律出版社 2020 年版,第 50—52 页。

务,董事在决策时应当为公司的最大利益尽到管理者通常应有的合理注意。在瑕疵出资股东经适格催缴后,仍未履行出资义务的,董事会决定发出失权通知并不一定均符合公司最佳利益原则。譬如,在该瑕疵出资股东具备充足缴资能力时,董事会决议向其发出失权通知,将会损害公司利益,进而损害公司其他股东和债权人利益。此时,更好的方案应当是通过诉讼的方式,催缴该股东的出资。与此相应,当该瑕疵出资股东已经陷入资力不足,此时若董事会不向其发出失权通知,可能会损害公司、其他股东和债权人利益,更好的方案应当是发出失权通知,然后将该失权股权转让或者注销或者由其他股东缴足。简言之,是否发出失权通知,是一个极为复杂的商业判断问题,须借由董事在充分知情的条件下决策。

3. 关于损失问题

根据新《公司法》第 51 条第 2 款的规定,董事违反催缴义务,给公司造成损失的,负有责任的董事须承担赔偿责任。此间问题的核心在于,如何判断“给公司造成损失”。股东未履行或未全面履行出资义务是公司受损的直接原因,董事消极未履行催缴股东出资的义务仅居于次要或者辅助地位。因此,判断是否存在损害的关键,是要确定股东在客观上是否确定性地缺乏清偿能力。

在我国,确定一个股东缺乏清偿能力主要体现为以下几种情形:一是,经人民法院强制执行,自然人、法人和非法人组织股东的财产不足以清偿包括出资义务在内的全部债务,并被人民法院裁定终结本次执行或者终结执行的;二是,企业法人被依法破产清算,未能全额清偿包括出资义务在内的全部破产债务的;三是,自然人股东死亡,且遗产不足以清偿包括出资义务在内的全部债务的。在法律形式上,通常体现为人民法院作出的终结本次执行程序、终结执行程序或者终结破产程序的裁定等。

4. 关于负有责任的董事问题

循前所述,根据新《公司法》第 51 条第 2 款规定,负有责任的董事才承担违反催缴义务的赔偿责任。如何确定“负有责任的董事”,是本款的一个重要问题。

私法以过错将侵害行为和损害结果相统一,从而将损害归咎于过错行为人,实现矫正正义。① 在董事消极未履行催缴股东出资的监督义务致使公司受损的情形下,要使董事承担个人责任,还必须证明董事存有主观过错。在侵权法理论上,“违反保护他人之法律”的一般侵权行为的过错要件是推定的,其背后的法理是,“盖既有保护他人法律的存在,行为人自有注意之义务”②。新《公司法》第 51 条第 1 款规定了董事会对股东出资的核查和催缴义务,董事会违反核查和催缴义务,就构成违反保护他人之法律,应被推定为具有过错。而董事会是一个集体行权机构,虽然董事会决议不催缴被认为是具有过错,但是对于其中投赞成票支持催缴的董事而言,其投赞成票支持催缴将构成其免责事由。另外,公司可以通过公司章程、董事决议将催缴义务分配给特定的董事,该董事就是负有责任的董事。

此外,在董事们向公司承担赔偿责任之后,在其内部求偿关系上,可依过错和因果关系大小分担损失。在过错大小的判断上,应考虑每位董事的专业技能、工作经验、工作时间、职务等多种因素,进行综合判断。

(四)催缴失权与股东平等

股东平等原则是公司法基本原则,其要求公司在同等条件下同等对待股东。在催缴失权过程中,有以下几个方面的内容需要考虑股东平等问题:一是,在催缴环节,董事会对于所有未依法依约足额缴纳出资的股东,都应进行催缴。二是,在是否载明不少于 60 日宽限期的问题上,董事会可以作出商业判断,但在作出商业判断的时候,对处于同等条件的股东,应予同等对待,也即均载明不少于 60 日宽限期或者均不载明不少于 60 日宽限期。三是,在是否发出失权通知的问题上,董事会也可以作出商业判断;同样的,在作出商业判断时,对处于同等条件的股东,应予同等对待,也即均发出失权通知,或者均不发出失权通知,或者均按比例发出失权通知。

需要注意的是,股东平等原则在催缴失权制度中适用的前提条件,是被催缴或者被失权股东处于同等条件。而至于如何判断“同等条件”,应考虑相关条件与出资义务履行之间的关系,采实质性的判断规则。譬如,两个股东,一个不具备清偿能力,一个具备清偿能力,那么公司就可以对前者发出失权通知,不对

---

① See Ernest J. Weinrib, *The Idea of Private Law*, Harvard University Press, 2012, p. 145 – 170.

② 王泽鉴:《侵权行为》(第 3 版),北京大学出版社 2016 年版,第 357 页。

后者发出失权通知而要求其继续履行。但是,形式上的差异不能作为非同等条件的理由。譬如,两个股东一个为自然人,一个为法人,不能认为二者对于出资义务的履行存在实质性的不同。基于董事注意义务或者说勤勉义务规则,董事应当在充分知情的条件下作出商业判断,其中就需要对股东平等及其相关材料进行考虑和研究。

(五)催缴失权与加速到期

根据新《公司法》第 54 条的规定,公司不能清偿到期债务的,公司或者已到期债权的债权人,有权要求已认缴出资但未届缴资期限的股东提前缴纳出资。在已认缴出资但未届缴资期限的股权加速到期后,该股权成为出资届期股权。

关于出资义务加速到期的股权应否适用催缴失权制度的问题。新《公司法》第 51 条第 1 款规定,有限责任公司成立后,董事会应当对股东的出资情况进行核查,发现股东未按期足额缴纳公司章程规定的出资的,应当向该股东发出书面催缴书,催缴出资。从文义解释上看,出资义务加速到期的股权是一种届期股权,股东若未在合理期限内缴纳出资,属于“未按期足额缴纳出资”的股权,但能否认定为“未按期足额缴纳公司章程规定的出资”的股权,不无疑问,因为公司章程规定的出资期限并非加速到期后的期限。此间存有两种理解:一是,认为加速到期后,即认为公司章程规定的出资期限也同时发生变更,从而落入新《公司法》第 51 条、第 52 条规定的催缴失权制度的适用范围;二是,认为加速到期是出资义务的提前履行,而不构成对公司章程的直接变更。我们赞同第一种意见。

(六)催缴失权与除名规则

催缴失权制度是新《公司法》创设的新制度,除名制度是《公司法司法解释(三)》规定的制度,二者在功能上类似,都在于使未按时足额缴纳出资的股东,失去相应的股东权利,但二者在以下几个方面存在不同:

1. 适用范围不同

催缴失权制度仅适用于一种情形,即股东未按期足额缴纳公司章程规定的出资;而除名制度适用于两种情形,一是股东未履行出资义务,二是股东抽逃全部出资。

2. 催缴义务的主体不同

在催缴失权制度下，催缴义务的主体是董事会，若董事会怠于履行催缴义务给公司造成损失，负有责任的董事须对公司承担赔偿责任；而在除名制度下，催缴义务的主体是公司，具体执行公司事务的董事、高级管理人员均可能成为催缴义务人。

3. 失权或者除名决定的主体不同

在催缴失权制度下，失权决定是由董事会以决议的形式作出，失权通知是由公司发出；而在除名制度下，除名决定是由股东会以决议的形式作出，决议后无须再作出额外的通知行为。

4. 法律后果不同

催缴失权和除名在法律后果上存在以下几个方面的不同：

一是，是否丧失股东资格不同。催缴失权制度下，未按期足额缴资的股东，经催缴和公司发送失权通知后，丧失的是其未足额缴纳出资部分的股权，而不是全部股权，因而除非该股东未缴纳全部出资，否则其仍享有相应的股东资格。在除名制度下，由于其仅适用于股东完全未履行出资义务和股东抽逃全部出资的情形，其丧失的是全部股权，进而也就当然丧失了股东资格。另外，需要注意的是，在除名制度的司法实践中，在瑕疵出资股东仅未缴纳部分出资或者抽逃部分出资的情形下，有的法院采取"比例除名"或称"部分除名"的方式进行判决。[①] 在这种方式下，被"比例除名"或者"部分除名"的股东，保有一定股权，并不丧失股东资格。

二是，被失权或者除名股东的法律责任不同。在催缴失权制度下，被失权的股东在丧失股权的同时，也被免除了出资义务，无须再对公司债权人负担任何法律责任。在除名制度下，依照《公司法司法解释（三）》第 17 条第 2 款的规定，若公司无法完成减资也没能将除名股权转让，公司债权人有权请求被除名的股东承担相应的责任。

三是，其他股东的法律责任不同。在催缴失权制度下，若公司在 6 个月内未能将失权股权转让或者注销，其他股东应当按照出资比例认购该失权股权。在除名制度下，其他股东并无此义务或者责任。

---

① 参见北京市第二中级人民法院民事判决书，（2018）京 02 民终 12476 号。

四、新《公司法》规定解读与延伸问题

(一)新《公司法》的规定与解读

新《公司法》用第51条、第52条两个条文,分别规定了董事会催缴义务与董事责任、股东失权程序及其法律后果,具体表述如下:

1. 董事会催缴义务与董事责任

> **第51条** 有限责任公司成立后,董事会应当对股东的出资情况进行核查,发现股东未按期足额缴纳公司章程规定的出资的,应当由公司向该股东发出书面催缴书,催缴出资。
>
> 未及时履行前款规定的义务,给公司造成损失的,负有责任的董事应当承担赔偿责任。

本条为新《公司法》新增条文,是我国《公司法》首次对董事会核查、催缴股东实缴出资情况的职责作出规定,回应了我国司法实践的现实需求,是本轮公司法修订的重要创新成果之一。

根据新《公司法》第51条第1款的规定,首先,负有核查股东出资情况义务的公司组织机构是董事会。董事作为日常经营决策机关,对公司财务状况和资金需求更为了解,具有商业判断能力,且负担有信义义务作为履职保障,由其承担相应职责较为妥当。这也契合了本轮公司法中全面强化董事、监事、高级管理人员维护资本充实义务的改革方向。董事会对股东出资情况进行核查后,如果发现股东未按期足额缴纳公司章程规定的出资,则应当由公司向该股东发出书面催缴书。其次,董事会应通过决议的方式作出催缴决定。董事会是集体行权机构,催缴决定应当由全体董事过半数同意以决议的方式作出。在表决过程中,关联董事应当回避表决。若关联董事回避后,剩余董事不足3人的,参照适用新《公司法》第185条的规定,应将该事项提交股东会表决。股东会表决过程中,关联股东也应回避表决。在不设董事会的公司中,由董事作出催缴决定。再次,董事会对股东出资的催缴义务是持续性的而不是一时性的,只要存在股东未缴足出资,那么董事会就需要定期核查股东出资的情况,及时向未按期足额缴纳出资的股东催缴。最后,董事会对股东进行催缴必须采取书面形式。根据《民法典》第469条规定,书面形式是指合同书、信件、电报、电传、传真等可以

有形地表现所载内容的形式。以电子数据交换、电子邮件等方式能够有形地表现所载内容,并可以随时调取查用的数据电文,视为书面形式。之所以必须采取书面形式,是出于证明董事会已经履行催缴义务的证据的需要。此外,应采取普通的书面通知催缴,还是采取诉讼催缴,须借由董事会商业判断。

新《公司法》第51条第2款规定了董事会怠于履行催缴出资义务给公司造成损失的,负有责任的董事应当承担的赔偿责任。董事怠于履行催缴义务对公司的赔偿责任属于侵权责任,其构成要件有五:一是,行为要件,即董事会未依照新《公司法》第51条第1款的规定履行催缴义务。二是,损害要件,即公司受有损害。公司受有的损害必须是现实发生的。股东未履行或未全面履行出资义务是公司受损的直接原因,董事消极未履行催缴义务仅居于次要地位。因此,判断公司受有损害的关键,在于确定股东在客观上是否确定性的缺乏清偿能力。在我国,确定一个股东缺乏清偿能力的主要法律文件,通常体现为人民法院作出的终结本次执行程序、终结执行程序或者终结破产程序的裁定等。三是,因果关系要件,即董事会未催缴与公司受有损害之间具有因果关系。从条件关系分析,若股东已经陷入资力不足的状态,董事会催缴或者不催缴,该股东均无力缴纳出资的,应认定董事会未催缴与公司受有损害之间不存在因果关系;反之,则存在因果关系。四是,违法性要件,即必须存在董事违反信义义务。若董事会决议不催缴,是董事们在充分知情的情况下作出的商业判断,那么,董事们即没有违反信义义务,进而也无须承担任何责任。譬如,公司与股东之间正在开展合作业务,该业务能够给公司带来巨额的经济利益,为此需要维系与该股东之间的良好商业关系。在该股东出资义务业已届期的情况下,董事们在充分知情的条件下经过审慎的商业判断,通过董事会决议的方式决定,暂缓对该股东出资义务的催缴,以维系良好的商业关系,保证合作业务顺利开展和推进。五是,过错要件,即董事主观上存在过错。在董事违反信义义务的条件下,过错是推定的。另外,需要特别注意的是,并非全体董事均需要承担赔偿责任,只有负有责任的董事才须承担赔偿责任。当公司章程、决议或者其他内部文件,对董事的职责有分工时,那么分管催缴股东出资的董事应承担赔偿责任,若公司章程、决议或者其他内部文件对董事的职责没有分工,就由全体董事承担连带赔偿责任。

2. 股东失权程序及其法律后果

> **第52条** 股东未按照公司章程规定的出资日期缴纳出资，公司依照前条第一款规定发出书面催缴书催缴出资的，可以载明缴纳出资的宽限期；宽限期自公司发出催缴书之日起，不得少于六十日。宽限期届满，股东仍未履行出资义务的，公司经董事会决议可以向该股东发出失权通知，通知应当以书面形式发出。自通知发出之日起，该股东丧失其未缴纳出资的股权。
>
> 依照前款规定丧失的股权应当依法转让，或者相应减少注册资本并注销该股权；六个月内未转让或者注销的，由公司其他股东按照其出资比例足额缴纳相应出资。
>
> 股东对失权有异议的，应当自接到失权通知之日起三十日内，向人民法院提起诉讼。

本条规定了股东失权程序、法律后果和失权异议之诉。

新《公司法》第52条第1款第1句规定，股东未按照公司章程规定的出资日期缴纳出资，公司依照新《公司法》第51条第1款规定发出书面催缴书催缴出资的，可以载明缴纳出资的宽限期；宽限期自公司发出催缴书之日起，不得少于60日。该句中的"可以"，是指公司可以发出载明不少于60日宽限期的催缴书，也可以发出不载明宽限期或者载明少于60日宽限期的催缴书。至于发出何种类型的催缴书，属于公司自治事项。但只有发出载明不少于60日宽限期的催缴书，才构成公司未来进一步向瑕疵出资股东发出失权通知的适格催缴。还值得注意的是，本款对宽限期的期限仅规定了下限即60日，而未对其上限作出规定，各公司董事会可根据实际情况选择更长的宽限期。

新《公司法》第52条第1款第2、3句规定，宽限期届满，股东仍未履行出资义务的，公司经董事会决议可以向该股东发出失权通知，通知应当以书面形式发出。自通知发出之日起，该股东丧失其未缴纳出资的股权。需要注意的是，宽限期满后，股东仍未履行出资义务的，该股东并不当然丧失股权。公司可以向该股东发出书面失权通知，也可以不向该股东发出书面失权通知，是否要发出书面失权通知，需借由公司董事会的商业判断。只有在董事会经过商业判断，认为向该股东发出书面失权通知，对公司更为有利，才应决议发出失权通知。典型者如,该股东存在充分的缴纳出资的能力,而其他股东缺乏必要的缴纳出资的能力,此时董事会决议发出失权通知,应更为谨慎。失权通知应采书面形式,自通知发出之日起,该股东丧失其未缴纳出资的股权,其相应的出资义务也归于消灭。需要强调的是,失权股东丧失的仅是其未缴纳出资部分的股权,而非全部股权,其股东资格并不当然丧失。只有在该股东完全未缴纳出资,丧失全部股权的情形下,该股东的股东资格方同时丧失。

新《公司法》第 52 条第 2 款规定,失权股权应当依法转让或者注销,在 6 个月内未转让和注销的,由其他股东按照其出资比例足额缴纳相应出资。公司持有自身股权将会侵蚀公司资本,危及公司债权人合法权益,因此,本款将失权股权纳入库存股管理,要求公司及时处置:(1)公司可以将该库存股对外转让,但应依照新《公司法》第 84 条规定的股权转让程序进行,其他股东享有优先购买权。(2)公司也可以通过实质减资程序将该股权注销,但应依照新《公司法》第 224 条实质减资程序进行。由于,无论是股权转让还是实质减资,都需要符合一定的条件和程序,若公司长时间无法处置该库存股,将会使公司资本持续性处于亏缺状态,危及公司债权人合法权益,故本款要求,公司在 6 个月内无法实现库存股转让或者注销的,其他股东须按照出资比例足额缴纳相应出资,以此维持公司资本。

新《公司法》第 52 条第 3 款规定失权异议之诉,即股东对失权有异议的,应当自接到失权通知之日起 30 日内,向人民法院提起诉讼。这是本次公司法修改新设的诉讼。前文已述,股东的出资和公司的股权互为对价,股东不依法依约向公司缴付出资的,应允许公司收回已经向股东交付的股权。鉴于失权是对股东既有股权的一种剥夺,事涉私权保护,兹事体大,为此,新《公司法》规定了严格的催缴失权程序,即要求公司董事会先对未按照公司章程规定缴纳出资的股东进行书面催缴,且须给予不少于 60 日宽限期;而后,该股东仍不缴纳出资的,公司经公司董事会决议,才可向该股东发出失权通知。在整个股东失权过程中,公司和公司董事会必须严格依照新《公司法》第 51 条、第 52 条的规定进行,若公司违法向股东发出失权通知,接到失权通知的股东应有权提出异议。典型者如,股东实际上已经缴纳了出资,而公司不予承认。此时,应允许股东提出失权异议之诉,救济自身的权利。同时,为了使失权股权的状态能够被尽快确定下来,维持公司资本的确定和充实,本款规定失权股东有异议的,须在接到失权通知之日起 30 日内提起诉讼。该 30 日为除斥期间,该期间经过的,失权股东的异议权即告消灭。

(二)延伸问题

1. 催缴失权的适用范围

立法机关对催缴失权制度适用范围的态度存在变迁。《公司法(修订草案一审稿)》第 46 条规定的催缴失权制度,适用于"股东未按期足额缴纳出资"和"作为出资的非货币财产的实际价额显著低于所认缴的出资额"两种情形。而后,《公司法(修订草案二审稿)》第 51 条、《公司法(修订草案三审稿)》第 51 条以及新《公司法》第 51 条,将催缴失权制度的适用范围限缩至"股东未按期足额缴纳出资"这一种情形。

在催缴失权适用范围的设计上,不仅需要考量所涉主体,更需要考量各主体的利益状态。从法理上分析,出资和股权互为对价。股东向公司出资,公司向股东交付股权,这意味着,只要股东不出资,那么公司就不应该向其交付股权,其也就不应享有股东权利。循此,无论是新《公司法》第 51 条规定的"股东未按期足额缴纳出资",还是《公司法(修订草案一审稿)》第 46 条规定的"作为出资的非货币财产的实际价额显著低于所认缴的出资额",抑或是《公司法司法解释(三)》第 17 条规定的"抽逃全部出资",在法理上,只要股东没有依法依约足额缴纳出资,或者虽然已经缴纳了出资但却抽逃出资,就无权享有未缴纳出资范围内的股权。

相较于新《公司法》第 51 条较为单一的适用情形,更为理想的方案是,根据公司的清偿能力不同而区分设置催缴规则。在公司能够清偿到期债务时,应尊重和保护股东出资的期限利益。在公司不能清偿到期债务时,可以预见到公司将受到债权人的追索,并由此承担经营受到影响、增加违约利息、诉讼费用等成本,势必对公司利益造成影响。此时,对于公司而言,其向未届期股东催缴也是维护公司运营的重要手段。在未陷入清偿能力危机时,公司则可以根据公司经营或财务状况,自行判断是否需要要求股东提前缴纳出资。

综上所述,从理论上而言,催缴失权制度应当适用于以下 4 种情形:(1)股东未按期足额缴纳出资;(2)作为出资的非货币财产的实际价额低于所认缴的出资额;(3)股东抽逃部分或全部出资;(4)公司无法清偿到期债务。由此分析,新《公司法》第 51 条规定的催缴失权制度的适用范围过于狭窄,有待未来修法时扩张，或者由人民法院在具体案件的法律适用中，通过法律解释或者法律补充的方式进行扩张，以期实现催缴失权制度的规范目的。

2. 失权异议之诉与决议救济

在法律逻辑上，股东对失权有异议的，存在两种救济途径。一是，通过决议效力制度进行救济。新《公司法》第 52 条第 1 款规定，失权决定须由公司经董事会决议后作出。由此，若失权董事会决议存在不成立、可撤销或者无效事由的，股东可以通过决议效力制度，救济自身的合法权益。二是，通过失权异议之诉进行救济。新《公司法》第 52 条第 3 款特别规定，股东对失权有异议的，应当自收到失权通知之日起 30 日内，向人民法院提起诉讼。这是新《公司法》为失权股东救济自身权益而专门新设的诉。

我们认为，失权异议之诉排除了决议效力制度在失权异议中的适用。从立法目的上看，既然新《公司法》第 52 条第 3 款为失权股东专设失权异议之诉，并设置了 30 日的行权除斥期间，根据特别法优先于一般法的法律适用规则，在失权异议问题上，失权异议之诉当优先于决议效力制度加以适用；同时，考虑立法者之所以对失权异议之诉设置了 30 日的除斥期间，是为了使公司的股权结构和状态、公司和失权股东、其他股东之前的权利义务关系能够被尽早确定，实现公司资本状态的安定，从目的解释上看，宜使失权异议之诉排除决议效力制度的适用。换言之，对失权有异议的股东，若在收到失权通知之日起 30 日内，未向人民法院提起诉讼的，其也失去了对失权董事会决议提起决议效力诉讼的权利。但需要特别注意的是，这并不妨碍股东以其他理由对失权董事会决议提出决议效力瑕疵诉讼。譬如，该失权董事会决议的召集程序、表决方式违反法律、行政法规或者公司章程而属于可撤销决议；再如，该失权董事会决议未召开、未表决、出席董事数量不足、同意决议事项的表决权未达公司法或者公司章程规定的比例而不成立；等等。质言之，对失权有异议的股东，可以“对失权有异议”之外的理由，对失权董事会决议提起决议效力瑕疵诉讼。

专题七 未出资股权转让后的出资责任

一、新《公司法》修改的主要内容

2013 年我国《公司法》的资本制度改革取消了公司设立的最低实缴资本与验资程序,从原本有最低实缴资本、有出资期限的有限认缴制改为无最低实缴资本、无期限要求的完全认缴制,降低了设立公司的门槛。完全认缴制的改革在激发市场活力的同时,也产生了债权人保护的问题。自 2014 年《公司法》修改后,实践中与股东出资责任有关的纠纷数量显著增加,其中,未出资股权转让后的出资责任问题,在理论与实践中存在较大争议。

未出资股权转让后的出资责任,是指当出资义务尚未完全履行的股权发生转让时,该由谁来承担后续对公司的出资责任,又该以怎样的责任形态来承担的问题。以股权转让时股东出资义务的履行期限是否届满为标准,可将未出资股权分为瑕疵股权与未届期股权。瑕疵股权是指股权转让时股东出资期限已经届满、股东仍未履行出资义务的股权,未届期股权是指股权转让时股东认缴出资期限尚未届满的股权。在未出资股权发生转让时,被转让的不仅是股东的个人财产,还包括对公司的出资义务与出资责任。该问题之所以具有较大争议,在于其兼具组织法与交易法的复杂性,关系着公司债权人的保护与股东转让自由的利益平衡。具体而言,未出资股权的转让首先是转让股东对个人财产权的转让,是交易法层面上转让股东对财产的处分,转让股东通过股权转让换取经济利益、并实现退出公司的目标;其次,因出资义务或责任尚未完全履行,未出资股权的转让还具有明显的组织法特性,股权转让导致公司股东发生变动,这一变动关乎出资债务能否按期履行,关系公司资本充实原则的落实,影响着公司债权人利益的实现。

《公司法司法解释(三)》第 18 条规定,瑕疵股权转让后,转让股东对公司承担出资责任,对公司债权人承担补充清偿责任,主观恶意的受让股东对以上责任承担连带责任。该制度仅适用于瑕疵股权转让,不包括未届期股权转让。在如今的资本认缴制背景下,瑕疵股权转让后的出资责任是否仍应沿袭该条款的规定,未届期股权转让后的出资责任又该如何配置,亟待本次修法予以解决。

新《公司法》第 88 条在《公司法司法解释(三)》第 18 条的基础上规定了未出资股权转让后的出资责任制度,未届期股权转让后,受让股东需承担出资义务与出资责任,转让股东承担补充责任,瑕疵股权转让后,转让股东与受让股东需承担连带责任,受让股东不知道且不应当知道股权瑕疵情形的,由转让股东承担出资责任。新《公司法》亦对资本制度进行了改革,增设了 5 年的最长实缴期限,但有限责任公司认缴制仍未根本变动,股东在 5 年内仍然存在认而未缴的可能。由此,有必要在新《公司法》的制度背景下,对未出资股权转让后的出资责任制度进行理论阐释与适用解读。

二、本次修改的现实依据

(一)《公司法司法解释(三)》的规定

2011 年最高人民法院颁布《公司法司法解释(三)》第 19 条规定:“有限责任公司的股东未履行或者未全面履行出资义务即转让股权,受让人对此知道或者应当知道,公司请求该股东履行出资义务、受让人对此承担连带责任的,人民法院应予支持;公司债权人依照本规定第十三条第二款向该股东提起诉讼,同时请求前述受让人对此承担连带责任的,人民法院应予支持。受让人根据前款规定承担责任后,向该未履行或者未全面履行出资义务的股东追偿的,人民法院应予支持。但是,当事人另有约定的除外。”由此我国以司法解释的形式正式规定了瑕疵股权转让后的出资责任问题,结束了实践与理论界的诸多争议。

2013 年我国公司法进行了资本制度改革,取消了最低注册资本和实缴要求。而 2014 年《公司法司法解释(三)》也随之更新。诞生于有限认缴制时期的瑕疵股权连带责任制度,是否能适应完全认缴制的土壤,学界对此存有疑问。但 2014 年修正的《公司法司法解释(三)》仍然保留旧有规定,除了条文数目的变化外,瑕疵股权转让后的出资责任制度并未实质改变。

根据现行《公司法司法解释(三)》第 18 条,瑕疵股权转让后的出资责任规则应做如下解读:首先,出资责任的内容上,不仅仅包含对公司的出资之债,也包含对债权人在出资不足范围内的补充清偿责任。其次,在责任主体与责任形态配置上,受让股东与转让股东承担连带责任,但受让股东的连带责任需要考虑其主观状态,只有在受让股东知道或应该知道被转让股权的瑕疵状况时,方才需要与转让股东承担连带责任。最后,该司法解释还规定了当事人没有特殊约定时受让股东对转让股东的追偿权。

(二)司法实践样态

在司法实践中,由于《公司法司法解释(三)》第18条已经对瑕疵股权转让后的出资责任有所规定,实践中的争议更多集中于未届期股权转让后的出资责任。随着2013年完全认缴制改革的落地,实践中越来越多股东设定较长的出资期限,并在期限届满前转让股权。债权人要求公司清偿到期债务的愿望却无法实现,向未履行出资义务的受让股东主张补充责任亦无可供执行的财产,于是越来越多的债权人以转让股东为被告,请求法院追加转让股东为被执行人,要求转让股东承担出资责任。而《公司法司法解释(三)》第18条在文义上并不能覆盖未届期股权转让,面对真实而突出的实践需求,各地各级法院只能在存在法律漏洞的前提下,依照扩张性解释或利益衡量等原理,作出不同的判决,实践观点可归纳为如下四种。

第一种观点,以债权人保护与资本充实为由,判决转让股东承担连带责任。在支持该观点的典型判决中,针对被告主张股权转让时出资期限尚未届满的抗辩,法院认为:"股东未实缴出资即转让股权,实质是原股东将其对公司的债务转移给了股权受让人,是通过股权转让的方式对债务主体进行变更,且变更后的主体即股权受让人亦未补交出资,导致债权人的债权难以实现,超出了债权人的预期,债权不能实现的风险不应由债权人承担",①因此,转让股东应在未出资范围内对公司债务承担责任,其出资期限利益不应予以保护。

第二种观点,以第三人违约为由,判决转让股东承担连带责任。在该案中股权转让时出资期限尚未届满,但受让股东在未如期缴纳出资时即注销公司,法院认为:"依据《合同法》第六十五条之规定,当事人约定由第三人向债权人履行债务的,第三人不履行债务或者履行债务不符合约定,债务人应当向债权人承担违约责任。在公司法框架下,股东转让股权,无需目标公司同意,对于公司

① 大荔县皇家沙苑旅游开发有限公司、中国旅行社总社西北有限公司等建设工程施工合同纠纷案,最高人民法院民事判决书,(2022)最高法民终116号。

的资本认缴出资的合同义务，转让给股权的后股东（受让人）后，其未按期出资即注销公司的行为，使得后股东对于公司具有因出资期限届满向公司支付出资的合同义务，在其未履行的情况下，符合上述法律规定中第三人不履行债务的情形，因此，公司得向前股东（债权人）主张违约责任。”①

第三种观点，以债权人信赖为由，判决转让股东承担补充责任。实践中有法院认为，公司债权人对公司股东已认缴出资所对应的公司偿债能力产生合理信赖和可预见的期待，并且股东的出资义务因公司法的明确规定和公司登记公示制度而具有法定属性，故公司股东因股权转让发生变动，不能当然推定认缴股东的法定出资义务随之发生转移，为确保股东兑现认缴承诺，维护资本充实原则，避免认缴制背景下的股权转让成为股东逃避出资的工具，在受让人未按期缴纳出资的情况下，出让股东应对其原认缴的出资承担财产担保责任。②

第四种观点，以转让股东不再有股东身份为由，判决转让股东无须承担出资责任。有法院认为，股权转让关系与补缴出资义务分属不同法律关系，股东尚未出资并不影响其股权的转让，股权转让后原股东不再具有股东身份，对外承担出资责任并无明文法律依据。③

综上可见，对于未届期股权转让后的出资责任该如何配置，司法实践中有法院判决转让股东承担连带责任，也有法院判决承担补充责任，也有法院认为转让股东无须承担责任。审判观点的多样性有违法律适用的统一，同案不同判的现象不利于维护司法权威。故此，未届期股权转让后的出资责任究竟该如何配置，亟待立法明确立场，为裁判提供规范指引。

（三）新《公司法》的修法进程

在新《公司法》的修订过程中，对未出资股权转让后出资责任如何配置这一问题，审议稿的立法演进可概括如下：

针对瑕疵股权转让后的出资责任，审议稿总体上沿袭《公司法司法解释

① 许某勤、常州市通舜机械制造有限公司加工合同纠纷案，山东省青岛市中级人民法院民事判决书，（2020）鲁02民终12403号。该案件是最高人民法院2021年公布的《2020年全国法院十大商事案例》之一。

② 广东省深圳市宜安延保担保服务有限公司诉上海昊跃投资管理有限公司等股权转让纠纷案，上海市第二中级人民法院民事判决书，（2018）沪02民终9359号。

③ 曾某、甘肃华慧能数字科技有限公司股权转让纠纷案，最高人民法院民事判决书，（2019）最高法民终230号。

(三)》第18条规定,要求受让股东仅需在知道或应该知道瑕疵股权的情形时方才需要承担连带责任。如《公司法(修订草案一审稿)》第89条第2款规定:“股东未按期足额缴纳出资或者作为出资的非货币财产的实际价额显著低于所认缴的出资额,即转让股权的,受让人知道或者应当知道存在上述情形的,在出资不足的范围内与该股东承担连带责任。”《公司法(修订草案二审稿)》第88条第2款调整了表述:“未按期足额缴纳出资或者作为出资的非货币财产的实际价额显著低于所认缴的出资额的股东转让股权的,受让人知道或者应当知道存在上述情形的,在出资不足的范围内与该股东承担连带责任。”新《公司法》第88条第2款最终规定:“未按照公司章程规定的出资日期缴纳出资或者作为出资的非货币财产的实际价额显著低于所认缴的出资额的股东转让股权的,转让人与受让人在出资不足的范围内承担连带责任;受让人不知道且不应当知道存在上述情形的,由转让人承担。”

相比起瑕疵股权转让后的出资责任而言,未届期股权转让后的出资责任无疑更具争议。审议稿对此态度不一。《公司法(修订草案一审稿)》第89条第1款规定仅由受让股东承担出资责任:“股东转让已认缴出资但未届缴资期限的股权的,由受让人承担缴纳该出资的义务。”但随后《公司法(修订草案二审稿)》第88条第1款则新增了转让股东的补充责任,该款规定:“股东转让已认缴出资但未届缴资期限的股权的,由受让人承担缴纳该出资的义务;受让人未按期足额缴纳出资的,出让人对受让人未按期缴纳的出资承担补充责任。”《公司法(修订草案三审稿)》第88条第1款在《公司法(修订草案二审稿)》的基础上仅调整了表述,将“出让人”转换为“转让人”,其中规定:“股东转让已认缴出资但未届缴资期限的股权的,由受让人承担缴纳该出资的义务;受让人未按期足额缴纳出资的,转让人对受让人未按期缴纳的出资承担补充责任。”

(四)社会各界对未出资股权转让后出资责任制度的意见和建议

1. 未届期股权转让后的出资责任

未届期股权转让后的出资责任问题,核心争议集中于转让股东是否应承担出资责任。在新《公司法》出台以前,社会各界常见的观点可归纳为如下四种。

第一种学说,受让人责任说。论者认为受让人在成为公司股东后需要履行出资义务,依债务承担原理,转让股东在转移股东身份的同时也将对于公司出资的债务转移给了受让股东,因此转让股东无须再履行出资义务。①

第二种学说,转让股东补充责任说。支持者认为转让股东可能通过股权转让逃脱应有的义务与责任,并且通过将股权转让给无履行能力的受让人而损害债权人利益。考虑到债权人所信赖的是原转让股东,也为避免转让股东恶意逃避责任,因此转让股东也需要承担出资责任,在受让股东未能履行时承担次位的补充责任。②

第三种学说,转让股东与受让股东连带责任说。支持者主张扩张适用《公司法司法解释(三)》第18条,以利益衡量为研究方法,结合法律目的可见,扩张解释具有正当性基础,也存在可供参考的先例,未届期股权转让应该适用受让股东与转让股东连带责任制度。③

第四种学说认为,应区分债权形成的时间进行归责。债权人往往是对股东的资信能力产生信赖,才对应产生了与公司的债权债务关系,因此应根据债权产生时间进行区分归责,若债权形成时间发生于股权转让之前,则由转让股东承担责任,若债权形成于股权转让之后,则由受让股东承担责任。④

除了以上观点外,在新《公司法》修订的过程中,诸多专家学者也对《公司法》第88条第1款的规定发表了看法。有学者建议,应当在第1款后增加规定股东通过将股权转让给无清偿能力的第三人来逃避债务时的法律责任。有学者提出,应将第1款修改为"股东转让已认缴出资但未届缴资期限的股权时,知道或者应当知道受让人缺乏履行出资义务的能力仍继续转让股权的,与受让人在出资不足的范围内承担连带责任"。还有学者建议将第1款修改为"股东出资到期前转让股权的,受让股东承担该转让股权的出资义务,转让股东在股权转让后五年内承担补充责任"。有学者提出,应当让出让人和受让人承担连带责任,避免恶意逃避缴纳出资的义务,并且对连带责任设定一个期限。

2. 瑕疵股权转让后的出资责任

在《公司法司法解释(三)》出台之前,关于瑕疵股权转让后的出资责任问

① 参见顾克强、王敬、何建:《分期缴纳出资股权转让中的几个问题》,载《人民司法》2011年第16期。

② 参见王东光:《论股权转让人对公司债权人的补充责任》,载《法律科学(西北政法大学学报)》2020年第2期。

③ 参见梁上上:《未出资股东对公司债权人的补充赔偿责任》,载《中外法学》2015年第3期。

④ 参见李志刚等:《认缴资本制语境下的股权转让与出资责任》,载《人民司法·应用》2017年第13期。

题有诸多理论争议，司法解释出台后这一争议也仍未平息。社会各界的观点可归纳为如下四类。

第一种为转让人责任说。支持者认为，出资义务实则仅是原始认缴资本的股东所需履行的义务，不是所有股东的义务，出资义务并不随股权的转让而转移。除非当事人另有特殊约定，否则受让人无须承担后续出资责任。①

第二种为转让股东补充责任说。持有该观点的学者认为，受让人成为股东后理应承担出资责任，但为了避免转让股东恶意转让逃避责任，转让人在出让股东无力承担责任时应承担第二位的补充责任。②

第三种为连带责任说。支持者认为，若受让人明知股权存在瑕疵而受让或未主张撤销股权转让合同的，则受让人应与转让人承担连带责任，③又或者受让股东明知瑕疵仍受让或无偿受让时需承担连带责任。④

第四种观点强调区分对公司的出资责任与对债权人的补充清偿责任，如有学者认为，对于公司而言，受让人若对瑕疵情形并不知悉，则无须承担对公司的出资责任，但对于债权人而言，无须考虑受让人的主观状态，受让人的善意并不可对抗债权人的请求权。⑤

三、未出资股权转让后出资责任的理论阐释

（一）未出资股权的类型与可转让性

未出资股权转让后的出资责任该如何配置，对这一问题的探讨需以未出资股权具有可转让性为前提。在 2013 年《公司法》施行前，有一些观点认为未出资的股权不具有可转让性，还有观点认为未出资的股东并未取得股东资格，作为转让客体的股权实则也尚未存在。我们认为，无论是瑕疵股权还是未届期股权，该股权均具有可转让性。股权在权利性质上虽然是区别于债权与物权的新

① 参见孙巾淋：《论瑕疵出资对股权转让协议效力的影响》，载《人民司法》2007 年第 23 期。

② 参见赵旭东：《企业与公司法纵论》，法律出版社 2003 年版，第 266—267 页；金剑锋等：《公司诉讼的理论与实务问题研究》，人民法院出版社 2008 年版，第 361 页。

③ 参见高玉成：《公司股权转让中瑕疵出资的民事责任》，载《中国审判》2007 年第 7 期。

④ 参见游伟、李盛：《诉讼视野下的瑕疵股权转让问题研究》，载《法治论丛（上海政法学院学报）》2008 年第 1 期。

⑤ 参见蒋大兴：《公司法的展开与评判：方法 · 判例 · 制度》，法律出版社 2001 年版，第 152、185 页；刘涛、陈国军：《论股份有限公司瑕疵出资股权转让民事责任承担》，载《政治与法律》2011 年第 11 期。

型权利，但其仍然具备财产属性，具有财产的流通性特征。财产法并未禁止瑕疵标的物的流转，更多地在后端配置以转让方对受让方的瑕疵担保责任，以此实现交易双方的利益平衡，瑕疵标的物并不因其存在瑕疵而不具有流通性。同理，未出资股权类似于存在瑕疵的标的物，对此类股权的转让不仅仅涉及权利的转让，也包含着对出资义务的转移，依法不禁止即自由原理，仅需将未出资股权转让后的出资义务与责任配置给特定主体即可，无须在根本上禁止此类股权的流转。

随股权发生转让的是附着于股权之上的出资之债。出资之债是股东对公司所负担的债务，而债务有义务与责任之别。出资期限尚未届满时，股东对公司承担如期缴纳出资的义务，若出资期限届满后股东仍未履行出资义务，该义务则会转变为出资责任。在未届期股权转让的情形中，受让股东在继受取得股东身份后，首先需要在出资期限届满后如期履行对公司的出资义务，当受让股东未能按期履行时，受让股东还需承担由此衍生的出资责任，由此，未届期股权转让中发生转移的是出资义务与出资责任，而瑕疵股权在转让时发生转移的自始至终都是出资责任。

综上可见，未出资股权有瑕疵股权与未届期股权之别，无论是瑕疵股权还是未届期股权均具有可转让性。但对于这两类股权转让后的出资责任问题，需要遵循不同的配置原理，下文将分别探讨这两类股权转让后出资责任配置背后所涉及的理论与利益平衡。

（二）未届期股权转让后的出资责任

1. 受让股东承担出资义务与责任的理论基础

未届期股权转让时出资期限尚未届满，发生转移的不仅仅是股权，还包含着对公司的出资义务。相较于转让股东是否应承担责任所面临的巨大争议，社会各界对受让股东承担出资义务与责任并无太多异议。就受让股东后续承担对公司的出资义务与责任而言，存在以下两种解释路径。

（1）债务承担学说与公司同意权

关于受让股东承担出资义务与责任的理论基础，学界通常借助债务承担学说加以说明。债务承担是指原债务人在不改变债同一性的前提下将债务转移给新债务人的制度。在未出资股权转让的情形中，随股权一起转让的是对公司的出资之债，在转移中该债务的同一性未曾改变，债权人仍是公司、债务内容仍是向公司在一定期限内缴付一定资本，转让股东将对公司的出资之债转让给受让股东，仅改变了义务主体。未出资股权转让的这一过程符合债务承担制度的原理与构造，受让股东据此继受取得股东资格，承担对公司的出资之债。

债务承担在类型上有免责债务承担与并存债务承担之别，根据《民法典》第551条，免责的债务承担需经债权人同意。学界有观点以债务承担学说为理论基础，主张未出资股权的转让需要经过公司的同意。[①] 该观点的核心理由是，公司在未出资股权转让中具有特殊地位，出资之债的法定属性意味着公司作为相对人的地位不容忽视。公司资本来源于股东的出资，而公司的资本是公司开展持续经营的基础，认缴制下股东认而不缴不仅是对外部债权人的侵害，亦从根本上影响公司的持续运行。

(2)股权的取得

债务承担学说强调的是出资之债的转移，本质上是以民法一般性原理为视角对受让股东的出资责任进行解读。但从组织法视角来看，股权的取得才是受让股东出资责任更为本质的来源。受让股东自转让股东处继受取得了股权，成为公司的股东，因而需要承担出资义务。股东的出资义务来源于股东对公司的认缴意思表示，在债法视角中属于股东对公司所作出的承诺。但转换一下视角可知，出资义务应理解为相应股权上的负担，是股权的“物的负担”而非股东“人的负担”，股东所持股权与其出资义务应看作是法律上的一体关系，出资义务从属于相应股权。[②] 据此，在组织法意义上，受让股东承担出资义务与责任，根本原因是其继受取得了股权。遵循该解释路径可见，由债务承担学说而推导出的公司同意权制度并非当然的制度安排，其仍需在法理上寻求更为合理的正当性基础。

2. 转让人承担出资责任的利益平衡

相比起受让股东承担出资责任的应然性，对于转让股东在股权转让后是否仍应向公司承担出资责任，社会各界的争议很大。转让股东是否该承担责任、如果应该承担，对应的责任形态又是什么。这一问题本质上关系着债权人保护

① 参见朱慈蕴：《股东出资义务的性质与公司资本制度完善》，载《清华法学》2022年第2期；参见梁上上：《有限公司股权对外转让的自由与限制——以利益位阶理论为视角展开》，载《清华法学》2022年第2期；参见王建文：《再论股东未届期出资义务的履行》，载《法学》2017年第9期。

② 参见陈甦：《股权受让人出资责任的规则建构分析》，载《环球法律评论》2023年第3期。

与股东退出自由、期限利益的平衡。

(1)转让股东的退出自由与期限利益

公司的独立人格使得公司的财产独立于股东,而有限责任原则使得股东的财产亦与公司区隔,由此,公司的财产价值与股东个人的经济状况相互隔离,股权的自由流转成为可能。因所有权与经营权的分离,公司的代理成本无法根本避免,但股权的自由流转有助于股东降低该代理成本。自组织法视角观察,股权的自由流转使得转让股东能够实现退出公司的目标,当公司盈利情况并未满足股东的投资期待时,股东可通过股权转让退出公司,并且受让股权转让对价、减少经济损失。股权的自由流转也促使经营者提升经营管理水平,在代理人市场中为股东利益的最大化勤勉尽责。

但是,若要求转让股东在转让股权后仍然承担出资责任,实际上转让股东并不能实现退出公司的目标。转让股东即便已经退出公司不再享有股东身份,也仍然存在被追究责任的可能,其退出自由受到损害,并且出资请求权不受诉讼时效限制的特点进一步加剧了该损害。[①] 从原理上看,保障股东的退出自由实则是公司资合性的要求,若股东的退出自由无法得到保障,则股东投资均要三思而后行,退出渠道的间接封锁可能抑制潜在投资者的投资热情,不利于激发市场活力。

在未届期股权转让的情况下,转让股东的利益除了退出自由外,还有期限利益。认缴约定是股东与公司达成的远期支付合意,在期限届满前通常股东无需提前缴纳出资,面对公司的出资请求权,股东享有期限未至的抗辩权。而若未届期股权转让后的股东还需承担后续出资责任,则意味着在股权转让完成后不再受出资期限约束的股东反而丧失了期限利益,在一些案例中,受让股东持股期间可能发生公司破产或解散的情形,此时受让股东的出资义务加速到期,而转让股东若也需承担出资责任,其期限利益无疑被限制或剥夺,有违转让股东股权转让后不受出资期限约束的合理预期。

(2)债权人保护的价值判断

若要求转让股东在股权转让后仍需承担可能的责任,最重要的制度目的在于保护债权人。在完全认缴制时期,股东享有无限制的期限自决空间,可以自

---

① 参见陈甦:《股权受让人出资责任的规则建构分析》,载《环球法律评论》2023 年第 3 期。

行决定实缴出资的期限,实践中因此出现了大量动辄设定过长出资期限的股东,此类转让股东在公司运营过程中不仅分毫未出,在参与公司分红后还可能将股权转让给毫无偿债能力的受让人。由此,股东与公司的权利义务呈现不平等的极端状态,股东在享受股权财产利益的同时,并未履行基本的出资义务,而公司缺少维持运营的经营资本,并且在股权转让后往往无法成功向受让股东主张出资,公司资本未能得到根本的充实。认而未缴的股东可能对公司经营不善具有一定责任,而若允许股东转让股权且无须承担责任,则无疑为股东提供了逃避责任的渠道,股东可以通过股权转让逃避责任,并且将股权转让给无履行能力的受让人,损害债权人利益。

由此,转让股东承担相应责任的制度构建,能够使转让股东在退出公司后仍然需受其认缴意思的拘束,即便不再具有股东身份,转让股东也需要就受让股东无法清偿的部分向公司或债权人承担责任。这一责任配置降低了转让股东通过股权转让逃避责任的可能性,在一定程度上也促使转让股东谨慎选择受让股东,为避免自己无法实现完全退出公司的目标,转让股东需审慎考察受让股东的履行能力,又或者需要仔细设计与受让股东的股权转让合同,赋予自己在承担可能的补充责任后能及时向受让股东追偿的权利。

综上可见,转让股东在对外转让股权、丧失股东资格后是否仍需承担出资责任,本质上是债权人保护与股东退出自由的利益角逐,这一价值判断问题,需要立法选择优位保护的立场。

(三)瑕疵股权转让后的出资责任

对瑕疵股权转让后出资责任的配置问题,与未届期股权转让的理论分析存在一定共性,从转让股东角度出发,若要求转让股东仍然承担出资责任,本质上也是资本充实原则与债权人保护的要求,从受让股东角度,若要求受让股东与转让股东承担连带责任,也是因为受让股东继受取得股权,依债务承担原理需要履行对公司的出资责任。但是,相较于未届期股权,瑕疵股权又有其责任配置的特殊性,以下详述之。

1. 转让股东承担出资责任的应然性

与未届期股权不同的是,瑕疵股权在股权转让时出资期限已经届满。在瑕疵股权转让后,转让股东虽然不再是股东,但仍然需要承担对公司的出资责任。除了债权人保护的价值判断之外,还体现了自己责任原理的归责要求。在股权转让时该股权即已然处于瑕疵状态，转让股东已届期而未实缴的行为是出资违约行为，违反了与公司的出资约定。既然股权的出资瑕疵源于转让股东的违约行为，若转让股东还能通过转让该瑕疵股权而逃脱责任，无疑有违自己责任的理念。因此，转让股东即便不再是公司股东，也需要继续承担对公司的出资责任，且在内部关系中，相较于受让股东而言，转让股东是股权瑕疵的起源，具有更强的可归责性。

2. 受让股东承担出资责任的利益衡量

理论上，股东对公司的出资义务是基于股东身份而产生的法定义务。但在瑕疵股权转让情形中，受让股东取得股东身份，却并不当然承担后续的出资责任。瑕疵股权转让中的受让股东责任需区别于未届期股权转让中的受让股东责任，原因在于：未届期股权发生转让时，股权出资期限尚未届满的事实具有公示性，作为相对人的受让股东可以在国家企业信息公示系统等公示途径中查询到该股权的认缴期限与实缴金额；而瑕疵股权既包含货币出资不足，也包含非实物出资不实的瑕疵情形，此时受让股东存在对瑕疵情况无知悉基础的可能。在瑕疵股权转让中，相较于转让股东责任的应然性，受让股东是否应该承担责任，需要进行利益衡量，一方面，受让股东有对出资瑕疵不知且不应知悉的可能，另一方面，受让股东与出资违约行为并无直接关联。

（四）域外制度的考察与参考

未出资股权转让后的出资责任该如何配置，比较法上存在较为丰富的参考资源。结合各国资本制度进行考察可见，以英美为代表的国家通常要求未出资股权转让后的受让股东对出资之债承担连带责任，但受让股东若对所受让股权并未实缴的情况并不知悉或不应知悉，则无须承担连带责任，仅由转让股东补缴出资即可。德国、意大利则强调转让股东与受让股东需一并承担责任，但转让股东的责任通常有最长期限的限制，且若股权被多次转让，股权转让链条中的多位前手转让股东之间也有明确的责任承担顺序。各国规则具体陈述如下。

1. 美国

美国是采取授权资本制的典型代表，出资期限借催缴制度由董事会掌控。

以商事实践最为发达的特拉华州公司法为例，其允许公司公开发行部分缴付股份，[①]也允许董事会可以根据公司发展需求随时要求股东支付未付清股款。[②]

在未出资股权转让后出资责任问题上，《美国特拉华州普通公司法》第162条规定："（一）公司股份的应付对价没有全部缴清的，如果公司资产不足以清偿债权人的请求，则该股份的所有持股人或者认股人应当基于其持有或者认购的所有支付充足的数额，以付清公司已发行或者决定发行的股份对价的未付余额。（二）本条（一）款规定的应付金额，可以根据本编第325条的规定追偿；根据本编第325条规定追偿的，必须在针对公司的执行令状没有得到执行后才可进行。（三）不知道、也不应知道对价没有完全付清的任何人，善意地成为股份受让人或者股份认购的受让人的，不对对价中未付清的部分承担个人责任，但转让人应当承担责任。（四）持有公司股份作为附加担保的人，不作为股东承担个人责任，但将股份质押的人应视为持股人并承担责任。遗嘱执行人、遗产管理人、监护人、受托人或者其他信托人不作为股东承担个人责任，但是遗嘱执行人、遗产管理人、监护人、受托人或者处在信托人地位的其他信托人持有的财产或者基金应当承担责任。（五）被要求估价的股份发行后超过6年的，或者认购日之后超过6年的，本条或者本编第325条规定的责任不得再行主张。"[③]

可见，美国法并未对未届期股权与瑕疵股权转让后的出资责任进行分别规定，而一律要求善意受让股东无须承担出资责任，仅由转让股东承担责任，但若受让股东明知或应知该未付情形，则与转让股东承担连带责任。

2. 英国

英国亦实行授权资本制，允许公司发行部分缴付的股份，在股份公司中，该缴付承诺需在5年内履行完毕。[④]

对于未出资股权转让后的出资责任问题，《英国2006年公司法》第588条"后续股份持有人的责任"前两款规定："（1）如果一个人在成为股份持有人的过程中有以下情形：（a）违反本章的任何条款，并且（b）由于该违反，其他人根据被违反的条款负有责任缴付任何数额，隶属于下述条款，那个人也负有责任

① See The Delaware General Corporation Law §156.

② See The Delaware General Corporation Law §163.

③ 参见《美国特拉华州普通公司法：最新全译本》，徐文彬等译，中国法制出版社2010年版，第60—61页。

④ See Companies act 2006 §587.

缴付该数额(与负有该责任的任何其他人共同连带承担)。(2)根据第(1)款负有责任的人,被免除该责任,如果:(a)他是有偿的购买人,并且在购买时他实际并不知道所涉的违反,或者(b)他从违反后成为股份持有人并根据第(1)款不负有责任的人处(直接或间接)继受股份所有权。"①

可见,对于未完全缴付股权转让后的出资责任问题,英国同样规定了受让股东与转让股东需承担连带责任,但相比美国,除了受让股东主观善意的抗辩外,英国还规定了责任切断规则,考虑到股份的流转与财产性,只要是从被免除责任的前手股东继受取得股份的,后续的受让人亦无须承担缴付责任。

3. 德国

德国法实行法定资本制,要求设立或新增资本时现金出资至少缴付四分之一,实物出资必须全部缴纳完毕。②

在未出资股权转让后的出资责任问题上,《德国有限责任公司法》第 16 条第 2 款规定了转让股东与受让股东的共同责任,股东变更或者其参股大小变化时的法律地位;从无权利人手中受让:(1)在与公司的关系上,在股东变更或者其参股大小变化的情况下,只有作为营业份额持有人被载入商事登记簿中的股东名单上(《德国有限责任公司法》第 40 条)的人,才是营业份额持有人。营业份额受让人在涉及与公司关系方面实施的法律行为视为自始有效,如果(新)股东名单在法律行为实施后不迟延地被记载于商事登记簿。(2)在受让人依据上述第(1)款第 1 句在与公司关系上视为营业份额持有人时尚未付清的出资,受让人与出让人共同承担出资义务。③

同时,《德国有限责任公司法》第 22 条"前权利人的责任"条款规定:(1)对于被除名股东未履行的出资义务,该被除名股东的最后一个前权利人和每个在与公司关系上被视为营业份额持有人的更早的前权利人,也对公司承担责任。(2)只有从其权利继受者未能获得出资时,一个较早的前权利人才承担责任;在向权利继受者进行催缴并就该催缴向前权利人发出通知之后,权利继受者在 1 个月期满时未缴纳出资的,应推定存在此种情形,有相反证明的除外。(3)前权

① 《英国 2006 年公司法》,葛伟军译,法律出版社 2008 年版,第 364—365 页。

② 参见[德]托马斯·莱塞尔、[德]吕迪格·法伊尔:《德国资合公司法》,高旭军等译,法律出版社 2005 年版,第 460 页。

③ 参见《德国商事公司法》,胡晓静、杨代雄译,法律出版社 2014 年版,第 33—34 页。

利人的责任仅限于缴纳在 5 年的期限内催缴的出资。此期间从权利继受者在与公司的关系上被视为营业份额持有人之日起开始起算。(4)前权利人在缴纳欠缴的出资后取得被除名股东的营业份额。①

可见,德国公司法也是要求转让股东与受让股东一并承担责任,但是转让股东与受让股东承担责任有顺序之别,转让股东只有在继受股东无法履行时候方才需要履行,且转让股东的责任仅限于自受让股东被视为持有人之日起算 5 年内催缴的出资。并且,在股权多次转让中,前手的多位转让人之间也存在明显的顺序区别。

4. 意大利

意大利作为民商合一的国家,其公司出资期限与出资责任等事项均规定于《意大利民法典》中。

《意大利民法典》第 2356 条规定了转让人与出让人的连带承担缴纳责任,在转让尚未缴足全部股款的股票的情况下,自转让(参见第 1534 条)之日起 3 年内,出让人与受让人连带承担缴纳尚未付清的股款的责任。不得向出让人请求缴纳尚未付清的股款;已经向股票持有人提出缴纳股款的请求,但是,股票持有人仍未支付所欠股款的情况,不在此限。② 且第 2481 条规定,该责任是有顺序的、有最长期限的:转让人尚应当付款的责任在股份转让的情况下,自转让时起 3 年期间内转让人就尚应支付的款项与受让人负连带责任。只有在向迟延支付的股东提出要求而毫无结果时,才能向转让人主张支付。③

可见,意大利要求未出资股权转让后的转让股东与受让股东承担责任,且转让股东的责任是次位的、有三年最长责任期限的。

四、新《公司法》规定解读与延伸问题

(一)新《公司法》的规定与解读

新《公司法》第 88 条对未出资股权转让后的出资责任问题作出了明确的规定,确立了瑕疵股权转让后的受让人与转让人承担连带责任、未届期股权转让后转

① 参见《德国商事公司法》,胡晓静、杨代雄译,法律出版社 2014 年版,第 35 页。
② 参见《意大利民法典》,陈国柱译,中国人民大学出版社 2010 年版,第 407 页。
③ 参见《意大利民法典》,陈国柱译,中国人民大学出版社 2010 年版,第 433 页。

让人承担补充责任的规则。就该规定的具体适用而言,我们认为可作如下解读。

1. 未届期股权转让后的出资责任

第88条第1款 股东转让已认缴出资但未届出资期限的股权的,由受让人承担缴纳该出资的义务;受让人未按期足额缴纳出资的,转让人对受让人未按期缴纳的出资承担补充责任。

该规范是完全规范,对未届期股权转让后的出资义务承担、出资责任承担作出了明确规定。该条款的构成要件与法律效果可解构为如下三个层面:

首先,被转让的是已认缴但未届出资期限的股权。在尚未届出资期限时,转让股东也可以将股权转让给受让人,此时随未届期股权转移的还有如期向公司缴付出资的出资义务。受让股东在继受取得股东资格后,在后续出资期限届满时需向公司履行如期缴纳出资的义务。

其次,当受让股东在出资期限届满后未能如期缴纳出资时,由此产生的出资责任也应由受让股东承担。出资责任是违反出资义务而产生的责任,理论上出资义务的违反有完全未履行、未完全履行、不适当履行三种可能,其中完全未履行包含拒绝出资、出资不能、抽逃出资,未完全履行主要是指货币或非货币的实物出资不足额,不适当履行主要是指迟延出资、标的物瑕疵、出资行为瑕疵等情形。① 出资责任即出资违约责任,受让股东应向公司足额缴纳出资。

最后,转让股东应对出资责任承担补充责任。现行规定要求转让股东在转让未届期股权后需承担补充出资责任,补充责任的典型特征是次位性,仅当受让股东不能承担出资责任时,公司方可向转让股东主张。应该说,转让股东承担补充责任的制度设计体现了立法者所作出的价值选择,债权人保护的目标优胜于股东的退出自由与期限利益,这一制度设计赋予了公司与债权人更多的博弈筹码,在受让股东无法履行出资义务时,转让股东需以其先前认缴承诺为限充实公司资本。但转让股东的责任也并非当然的、无条件的,而是次位性的、有条件的。结合新《公司法》改革的其他制度,如加速到期制度、催缴失权制度、五年实缴期限改革等可观察到,加强对债权人的保护力度是本次修法的重点,体现了立法者优化营商环境、构建良好市场秩序的决心。

① 参见赵旭东主编:《公司法学》(第4版),高等教育出版社2015年版,第190—191页。

2. 瑕疵股权转让后的出资责任

> **第88条第2款** 未按照公司章程规定的出资日期缴纳出资或者作为出资的非货币财产的实际价额显著低于所认缴的出资额的股东转让股权的，转让人与受让人在出资不足的范围内承担连带责任；受让人不知道且不应当知道存在上述情形的，由转让人承担责任。

该规定总体上沿袭了《公司法司法解释(三)》第18条，就该完全规范的构成要件与法律效果，可作出如下解读。

其一，被转移的是瑕疵股权，移转的债务是出资责任而不是出资义务。相比起未届期股权，瑕疵股权在转让发生时即已经发生义务违反情况。作为出资债务人的转让股东“未按照公司章程规定的出资日期缴纳出资”，又或者“作为出资的非货币财产的实际价额显著低于所认缴的出资额”。相比起《公司法司法解释(三)》第18条所表述的“股东未履行或者未全面履行出资义务”，新《公司法》对义务违反形态的表述更为精确细致。

其二，转让股东与主观恶意的受让股东对出资责任承担连带责任。在对外关系上，作为出资之债的债权人，公司可以向受让股东或转让股东中的一方或双方主张全部未给付的出资。原则上，受让股东因其继受取得股东身份，需对外承担责任，但考虑到受让股东对瑕疵股权存在善意不知的可能，立法赋予受让股东抗辩权，在受让股东不知道且不应该知道存在瑕疵时，由转让股东单独承担出资责任。

其三，在对内关系上，新《公司法》删除了《公司法司法解释(三)》第18条第2款所规定的追偿权，应该认为，追偿权的有无依股东间关系调整即可，第88条主要解决的是对外出资责任的承担问题，现行法删除了司法解释的冗余表述，体现了立法技术上对旧有规定的调整与优化。在受让股东与转让股东没有关于追偿权的特殊约定时，是否赋予受让股东对转让股东的追偿权，需要结合内部股权转让关系的对价、受让股东的主观状态、转让股东是否履行告知义务等因素综合判断。

(二)延伸问题

1. 股权多次转让的复杂性

“股权是由股东出资而取得的，依法定或公司章程的规则和程序参与公司事务并在公司中享受财产利益的，具有转让性的权利。”[1]作为独立的民事权利，股权的财产属性不可忽略，因财产的流通性特征，股权天然存在被多次转让的可能。

若股权发生了多次转让，股权转让链条中会存在多位转让股东。如果瑕疵股权发生多次转让，则转让链条中的多位转让股东是否均需承担连带责任？造成出资瑕疵的初始股东将股权转让给后手股东，而该后手股东又将股权转让给现受让股东，但若后手股东对股权瑕疵情况并不知悉，而现受让股东对瑕疵状况知悉，连带责任又该如何配置？如果未届期股权发生多次转让，则多位转让股东之间的责任顺序又该如何安排？在受让股东无法承担出资责任时，公司是可以任意选择股权转让链条中曾经出现过的任意转让股东进行追责？还是需要由后往前进行追责？

比较法上与学理上对股权多次转让时的出资责任问题存在多样化的制度设计。其一，如英国方案，设置责任切断规则，只要是从被免除责任的前手股东继受取得股份的，后续的受让人亦无须承担缴付责任。其二，如德国方案，设置责任的最长期限与责任顺序规则，德国规则将转让股东的责任限制于5年内，并且必须由后往前追索，多位转让股东之间存在明显的责任顺序之别。[2] 其三，如增加补充责任的主观要件前提，主张有过错的补充责任，如要求原股东具有逃避债权等不法目的或者原股东使债权人产生了合理信赖。[3]

新《公司法》第88条第1款、第2款并未对股权多次转让中的复杂情形进行明确规定。在文义上，新《公司法》并不能直接解释多位转让股东之间的责任顺序、责任期限、主观要件区别。若存在多位前手转让股东，转让股东之间承担责任的顺序存在两种解读可能，第一种是多位转让股东并没有承担责任的顺序之别，公司可以选择转让链条中的任意转让股东进行追偿，第二种可能是转让股东之间需以时间先后为顺序，公司只能由后往前追责。我们认为，第二种解读更为合理，公司若要主张未届期股权转让后的出资责任，需由后往前进行主

---

① 江平、孔祥俊：《论股权》，载《中国法学》1994年第1期。

② 《德国有限责任公司法》第22条第2款、第3款。参见《德国商事公司法》，胡晓静、杨代雄译，法律出版社2014年版，第35页。

③ 参见陈群峰、张衡：《论出资未届期股权转让后原股东的补充责任》，载《首都师范大学学报（社会科学版）》2022年第3期。

张,第一位的责任主体是受让股东,第二位的责任主体是受让股东的前手转让股东,再者才是由后往前的其他转让股东。在责任期限与主观要件上,新《公司法》第 88 条第 1 款本质上确立了转让股东无过错、无期限的补充责任。只要受让股东无法按期履行,转让股东就要无过错地承担次位的补充责任,无论转让股东的主观状态如何,并且在时间上,转让股东存在一直承担后续补充责任的可能,没有最长责任期限。

相比国外立法与学术观点,目前新《公司法》第 88 条所设定的责任对于转让股东来说较为严格。就此,想要加入股权转让链条中的每一位主体均应慎重考虑该股权所负担的出资义务与出资责任,并慎重选择后续的受让股东。

2. 抽逃出资的适用

被股东抽逃出资的股权是否属于瑕疵股权?从文义上看,抽逃出资与瑕疵股权显然有别,抽逃出资强调出资义务曾经履行,但股东后续又将出资抽回,公司并未终局受领资本,公司财产权被侵害,而瑕疵股权更侧重于该股权从始至终未被履行或未被完全履行。抽逃出资属于对公司财产权的侵权,是一种侵权行为,而出资瑕疵更多是指股东违反出资约定,是一种违约行为。

虽然文义上无法直接将抽逃出资的股权纳入新《公司法》第 88 条第 2 款"未按照公司章程规定的出资日期缴纳出资或者作为出资的非货币财产的实际价额显著低于所认缴的出资额"的适用范围,但抽逃出资的股权若被转让,又该如何配置后续对公司的出资责任?是否应参照适用新《公司法》第 88 条第 2 款?我们认为,抽逃出资的股权发生转让后,应参照适用第 88 条第 2 款,要求转让股东与主观恶意的受让股东承担连带责任,理由有二:其一,就制度需求性而言,抽逃出资的股权转让后该如何配置出资责任,该问题在实践中争议较大,甚至因为抽逃出资更具隐蔽性,更有必要界明其转让后的出资责任配置规则。其二,就可归责性而言,抽逃出资股东的主观恶意并不比瑕疵出资的股东小,甚至因抽逃出资的隐蔽性,公司对外形成了虚假的资本外观,转让股东承担连带责任具有更加充分的法理基础。仅因股权转让前该出资是否曾经履行过而区分规制瑕疵股权与抽逃出资股权,缺乏合理性与正当性,二者本质上都在结果上导致了公司资本的不充实。

专题八 股份有限公司授权资本制

一、新《公司法》修改的主要内容

公司资本对公司的“生命”延续和正常运行起着不可或缺的重要作用。各国公司法基于其立法宗旨、社会背景、法律传统和现实需要等多方面的因素，对资本形成方式有不同的设计，并制定了相应的法律规则，由此产生了各国相对稳定的资本形成制度。环顾各国资本形成制度，主要包括法定资本制、授权资本制两种。其中，授权资本制是指：在公司设立时，虽然应在章程中载明公司资本总额，但公司资本总额不必全部发行，公司即可成立。其余部分，授权董事会在认为必要时，一次或分次发行或募集。各认股人可以一次缴纳股款，也可以分次缴纳。公司成立后，如因经营或财务上的需要欲增加资本，仅需在授权资本数额内，由董事会决议发行新股，而无须股东会决议变更公司章程。对比法定资本制，两者的核心区别在于股东会是否有权通过章程或股东会决议的方式将资本发行权限授予董事会，并由董事会决定分次发行。

新《公司法》突破传统的法定资本制的束缚，正式在股份有限公司中引入授权资本制。新《公司法》第 152 条、第 153 条明确公司章程或股东会可以授权董事会经由特别多数决，在一定的发行期限或发行比例的限度内，自主决定发行新股。新《公司法》第 98 条、第 228 条第 2 款则为股份有限公司的授权资本制这一资本发行模式配套了实缴制的资本缴纳模式。新《公司法》第 95 条、第 96 条也通过明确“已发行的股份数”“设立时发行的股份数”等记载事项，调整股份有限公司的“注册资本”的含义，为授权资本制的引入提供配套的规则供给。

授权资本制的引入契合了新《公司法》关于董事会中心主义的改革诉求，其意味着对董事会资本决策权的强化，董事可基于商业判断而选择在适当时机发行新股引入新股东。但是，被赋予资本发行权限的董事也有可能通过不当发行的行为稀释公司原股东的持股比例，在我国公司股权集中的现实背景下，董事还可能为了控股股东利益而损害公司中小股东的权益。因此，公司法在引入授权资本制的同时，有必要对董事的发行权限作出一定限制，并强化董事不当发行行为的违信责任。至于是否有必要进一步引入新股发行瑕疵诉讼以维护利益相关人的利益，则尚需立足于我国公司法的文本及实践，参酌对各方利益主体的保护必要性，进行系统性审视。本书就此从授权资本制的改革背景和制度定位出发，对新《公司法》中的授权资本制的规范构造及其配套的制度体系展开探讨和分析。

二、本次修改的现实依据

（一）授权资本制的立法探索

我国早在1993年即存在授权资本制的探索试点，国家经济体制改革委员会（已变更）印发的《关于到香港上市的公司执行〈股份有限公司规范意见〉的补充规定》（1993年5月24日公布施行，体改生〔1993〕91号）第5条规定："公司章程中规定的股份总数，可在公司成立后十五个月内分次发行，但首次发行的股份不得少于公司股份总数的百分之四十。公司在股份总数内分次发行股份，应按国家证券主管机构规定的程序办理核准手续，并遵守以下规定：（一）公司股份总数内拟发行的H种股份应全部一次发行，但包销协议要求在该次发行计划中预留一部分股份作进一步发行的，对预留股份的发行可被视为该次发行的一部分；（二）公司在股份总数内分次发行股份，须在各次发行股份的招股说明书（包括发行H种股份的招股说明书）内作出详尽披露。在该披露的计划范围内，公司发行股份应由董事会作出决定。毋须另行取得股东会或类别股东会的批准；但如在任何招股说明书披露的计划以外发行股份，须按《规范意见》及《到香港上市公司章程必备条款》有关增加股份的规定办理。公司股份分次发行时，公司注册资本应为已发行股份的实收股本。"这一规定精练地体现了授权资本制度内含的分次发行、董事会根据商业判断作出决定、公司注册资本应为已发行股份的实收股本的三项原理。在此基础上，我国《公司法》于2005年修改时本来有采用授权资本制的建议和考虑，但是由于当时学界存在一种将分期认缴制等同于授权资本制的普遍认识，造成"注册资本"与"授权资本""实缴资本"各概念之间的关系未能充分厘清，因而立法机关在当时未能接受授权资本制的概念和规则。①

2018 年《公司法》对 2013 年《公司法》第 142 条的股份回购制度作出了修改。原《公司法》第 142 条第 1 款、第 2 款规定:“公司不得收购本公司股份。但是,有下列情形之一的除外:(一)减少公司注册资本;(二)与持有本公司股份的其他公司合并;(三)将股份用于员工持股计划或者股权激励;(四)股东因对股东大会作出的公司合并、分立决议持异议,要求公司收购其股份;(五)将股份用于转换上市公司发行的可转换为股票的公司债券;(六)上市公司为维护公司价值及股东权益所必需。公司因前款第(一)项、第(二)项规定的情形收购本公司股份的,应当经股东大会决议;公司因前款第(三)项、第(五)项、第(六)项规定的情形收购本公司股份的,可以依照公司章程的规定或者股东大会的授权,经三分之二以上董事出席的董事会会议决议。”相较 2013 年《公司法》,2018 年的修改允许董事会依照公司章程或者股东会的授权,决定特定的股份回购事项,一定程度彰显了授权资本制的因素。

在新《公司法》修订时,在理论研究和实践探索的基础上,对于“授权资本制”及其相关概念的使用更为精准和深刻。《公司法(修订草案一审稿)》第 97 条规定:“公司章程或者股东会可以授权董事会决定发行公司股份总数中设立时应发行股份数之外的部分,并可以对授权发行股份的期限和比例作出限制。”第 164 条规定:“公司章程或者股东会授权董事会决定发行新股的,董事会决议应当经全体董事三分之二以上通过。发行新股所代表的表决权数超过公司已发行股份代表的表决权总数百分之二十的,应当经股东会决议。”这两个条文确立了我国公司法中授权资本制的基本框架。《公司法(修订草案二审稿)》在《公司法(修订草案一审稿)》的基础上,又对授权限制模式作出修改,其第 152 条规定:“公司章程或者股东会可以授权董事会在三年内决定发行不超过已发行股份百分之五十的股份。但以非现金支付方式支付股款的应当经股东会决议。”新《公司法》在《公司法(修订草案二审稿)》的基础上又增设了一款,并优化了条文表达,第 152 条规定:“公司章程或者股东会可以授权董事会在三年内决定发行不超过已发行股份百分之五十的股份。但以非货币财产作价出资的

① 参见赵旭东:《中国公司资本制度的改革与未来》,载赵旭东主编:《国际视野下公司法改革——中国与世界:公司法改革国际峰会论文集》,中国政法大学出版社 2007 年版,第 280 页。

应当经股东会决议。董事会依照前款规定决定发行股份导致公司注册资本、已发行股份数发生变化的，对公司章程该项记载事项的修改不需再由股东会表决。”

（二）引入授权资本制的现实意义

1. 有助于改善僵化的法定资本制阻碍融资的状况

在公司制发展的初期，法定资本制的产生和存在有其必然性。由于法律规定不完善，主管部门对股东的出资、验资审查不严，导致公司的滥设和“皮包公司”的大量出现，干扰了社会经济的正常秩序。而且，公司经营中经常出现抽逃资本的行为，一些公司动辄陷入资不抵债，债务拖欠现象相当严重，给债权人造成严重损害或构成严重威胁。但是，随着我国市场经济体制的建立和完善，公司制度的演进成熟，法定资本制的弊端逐渐地显露出来并成为束缚公司设立、发展的桎梏。我国的法定资本制显然是建立在资本信用基础上的资本形成制度。为了保证资本信用，公司法不得不容忍法定资本制带来的公司设立难度大、公司资金闲置与浪费、增资程序复杂等弊端。2005 年和 2013 年《公司法》的两次修改，通过降低公司设立门槛、扩大公司出资方式、采取有限或完全的认缴制并降低或取消最低限额，缓和了严格的法定资本制。但是，法定资本制一次发行并认足的模式还是可能引发公司设立之初的资本积压问题，由股东会决定后续增资发行的模式也拖延了公司在特定情形下必要的融资经营需求。相较法定资本制，授权资本制分次发行的特点避免了公司一次积累大量闲置资本，提高了资金使用的灵活性；授权资本制由董事会决定发行的模式，也使得公司得以根据营业需求逐步增加资本，适应了市场经济对公司决策迅速、高效的客观要求。检视各国资本制度的发展历史，资本形成一端呈现出从法定资本制向授权资本制过渡的放松管制并加强自治的趋势，我国亦不例外，借助授权资本制的优势，可以便利企业融资，更好发挥市场主体的活力。

2. 契合新《公司法》董事会中心主义的改革诉求

从授权资本制与公司治理制度的关联来看，这一制度更契合以董事会为核心的公司治理体系，其有利于董事会各项职能间的融贯。在董事会中心主义的治理体系之下，若要充分发挥董事会的治理效能，势必需要破除各种事项之间的权力壁垒，尽可能使得公司经营过程中涉及的各类事项均可统一地纳入董事会决策体系之中。资本决策虽表面上与公司经营决策分立于不同的轨道，但资本变动对公司经营的影响已被反复印证,在现代化的公司经营实践中,资本决策愈发成为重要的经营决策事项之一。由股东会决策资本发行的机制注定了其无法高效率并及时地反映公司的实际融资需求,并会增加不必要的沟通和协商成本。转而由董事会掌握资本决策权,有助于拓宽董事会的决策空间,使其对于公司的经营策略进行整体把握,根据自身经营策略来调整公司投资、业务等一般的经营事项,还可以充分利用资本变动的价值来为公司融取更多资金或调整资本结构,实现公司各经营环节的整体统一。因此,授权资本制的确立几乎是推行董事会中心主义治理模式的应有之义与必然要求。①

3. 适应上市公司并购与反并购的实践需求

囿于现金的紧缺和捆绑被收购方股东的需要,公司对外收购其他公司时,可以由董事会发行股份作为购买"拟收购公司股份"的对价以完成收购。在竞标并购的场合,授权资本制这一灵活的发行模式更是能够使得董事会抓住稍纵即逝的商业机会,为公司谋得最大利益。除此之外,授权资本制还可以发挥反并购的功能。在公司面临敌意收购时,获得授权发行新股权利的董事会可以决议向"白衣骑士"等善意投资人定向增发新股以稀释收购人持股比例,从而达到反收购的目的,间接维护了公司的利益。②

三、股份有限公司授权资本制的理论阐释

(一)授权资本制的概念澄清

1. "授权资本制"与"授权股份制"

授权资本制,是一种公司资本分期形成的方式,它允许公司设立时的发起人只认缴资本总额的一部分。该部分通常记为"已发行资本",但公司章程同时需要将授权发行的资本总额记载为"授权资本"。"授权资本"与"已发行资本"之间的差额由公司在成立后根据需要随时发行募集。在授权资本制发展的历程中,记载授权发行的资本数额是授权资本制的一项重要特征。这源于早期公司的设立采用特许主义,公司股份资本的发行是基于国家的授权,授权资本额

① 参见辛海平:《中国公司治理的董事会集权模式研究》,中国政法大学 2023 年博士学位论文,第 90—102 页。

② 参见马更新、安振雷:《重塑资本形成:授权资本制的本土化建构》,载《经贸法律评论》2023 年第 3 期。

度的明确，其实是对公司发行股份的特权的明确。即便英美立法后来改采公司设立的准则主义，“授权资本”依然作为一项历史遗留产物保存下来。

随着现代公司的发展，公司章程或注册文件中的“授权资本”的概念逐渐成为一项冗余概念。由于公司通常不会将授权资本全部发行，“授权资本”的概念引发了三方面的信息混乱：一是对于债权人来说，“授权资本”是一项无效信息。债权人为判断公司的财务基础，还需要进一步了解公司已发行股本与未发行股份、已缴付的股本与尚未缴付的股本等情况。二是公司注册簿、公司章程与公司财务报表之间出现脱节，前二者反映的是“授权资本”，而公司财务报表反映的是“实收资本”或“已催缴资本”。三是由于股份面值与发行价之间经常存在差异，即使公司授权资本已全部发行完毕，公司“实收资本”也并不等于“授权资本”。实践中，为了避免误导第三人，公司法一般要求公司在公示事项中提及“法定资本”或“授权资本”时须同步述明“实收资本”，否则追究公司及相关高管的法律责任。由此，又带来了两套资本概念的监管问题，徒增管理成本。在20世纪末开始的公司法改革中，英国、澳大利亚、新西兰、新加坡都废除了“授权资本”概念，规定公司设立时直接登记“已发行股本”以及“实缴股本”。当然，公司章程可以继续规定授权董事会发行的股份数，但它仅体现股东与董事会之间就股份发行进行授权与控制安排，与公司的注册资本或资本额无直接关系。[①]

因此，授权资本制更为准确的名称应是授权股份制，此时公司资本运作是以“股份”概念为中心的，先有股份，再有资本与股本，在公司发行面额股的情况下，公司注册资本 = 已发行股份数 × 面额。公司可在章程中自主选择记载可发行的“公司股份总数”，这些股份总数由于尚未发行，不形成公司注册资本。“股份”与“资本”的差异体现为：股份的功能是划定股东之间的持股比例和股东相互之间的权利义务关系，而资本的功能是对债权人债权清偿的保障。对于股东而言，股份数量和自身的持股比例是股东所关心的重大事项，股东会授权董事会的权限范围一定是围绕股份数量而不是资本数量而展开。[②]《公司法（修订

① 参见刘燕：《公司法资本制度改革的逻辑与路径——基于商业实践视角的观察》，载《法学研究》2014年第5期。

② 参见沈朝晖：《授权股份制的体系构造——兼评2021年〈公司法〉（修订草案）相关规定》，载《当代法学》2022年第2期。

草案三审稿)》第95条第4项规定:股份有限公司章程应当载明“公司股份总数”“公司设立时发行的股份数”,其实仅具有在公司股东会与董事会之间分配股份发行权力的意义。即便在我国采取资本维持的立场之下,“公司股份总数”也无法起到维持债权人信赖的作用。债权人可得信赖的仅系此处“公司设立时发行的股份数”,以及新《公司法》第96条规定的“已发行股份”,在授权资本制配套实缴制的制度安排下,其能够成为公司真实的资本,发挥信赖保护的作用。因此,新《公司法》第95条第4项最终删去“公司股份总数”的法定章程记载事项的要求,而交由公司自主决定是否在章程中予以记载,厘清了“股份”与“资本”的内外关系,避免了概念之冗余,顺应了授权资本制的制度变革趋势。

2. 新《公司法》中的授权资本制概念辨析

根据各国公司资本制度的相关规定和学理阐述,资本形成制度的分类存在“二分法”和“三分法”两种分类模式。“二分法”将资本形成制度分为法定资本制和授权资本制。“三分法”将资本形成制度分为法定资本制、授权资本制和折中资本制。相较于授权资本制下对授权董事会发行股份数量的完全自治,折中资本制对授权董事会发行的股份数量加以限制。折中资本制本质是法定资本制或授权资本制的变种,其是在总结长期的公司资本立法经验,在充分吸收法定资本制和授权资本制的优点,克服其不足的基础上,将二者有机结合而产生的一种新型的公司资本形成制度。它减少了公司设立的难度,避免了因公司资本闲置造成的浪费,提高了公司运作效率。同时,对公司股份首次发行的数量及公司股本总额发行的期限作出规定,又使公司资本相应地确定和稳定,有利于保障债权人利益。对于处在渐进式改革过程的中国资本形成制度而言,可能更容易被接纳。

根据各国折中资本制呈现出的不同类型,又可以进一步分为许可资本制和折中授权资本制。许可资本制,是指在公司设立时,必须在章程中明确规定公司资本总额,并一次性发行、全部认足或募足。同时,公司章程可以授权董事会在公司成立后一定期限内,在授权时公司资本一定比例的范围内,发行新股、增加资本,而无须股东会的特别决议。许可资本制下股东会对于董事会的授权发行行为的放宽适用于公司成立后的增资行为,对公司设立时的资本发行仍适用法定资本制的要求。折中授权资本制同样存在对董事会股份发行授权的限制,但这种限制适用于公司自设立时起到成立后的所有股份发行行为。换言之,许可资本制和折中授权资本制的核心区别在于授权董事会发行的股份是否在公司设立时公司章程载明的资本总额范围之内，董事会在授权的范围内如果需要增资才能发行新股则属于许可资本制，如果不需要重新增资即可发行新股则属于折中授权资本制。

新《公司法》第152条确立的资本形成制度属于何种类型？2021年12月20日，全国人大常委会在《关于〈中华人民共和国公司法(修订草案)〉的说明》中明确指出，本轮《公司法》修订为股份有限公司引入了授权资本制。这是全国人大常委会在“二分法”语境之下对新《公司法》第152条确立的资本形成制度的界定。法定资本制和授权资本制的核心区别在于董事会在经过股东会或章程授权发行股份后，董事会是否有权自主决定发行新股，无须再经过股东会决议。新《公司法》第152条、第153条明确，公司章程或股东会可以授权董事会决定发行股份且只需董事会决议即可发行新股，无须再经股东会决议。因此，按照“二分法”，新《公司法》第152条确立的资本形成制度属于授权资本制。如果按照“三分法”界定新《公司法》中的资本形成制度，实则更类似于许可资本制。原因在于：新《公司法》第152条对授权董事会的股份数量予以限制，第96条规定股份有限公司的注册资本是在公司登记机关登记的已发行股份的股本总额。此时授权董事会发行的新股不属于已发行股份，不属于注册资本，董事会在授权范围内发行新股需要增资。本书总体遵循立法机关所采用的“二分法”，不采用“三分法”，将新《公司法》第152条的资本形成制度界定为授权资本制。

3. 授权资本制与注册资本认缴制的关系

授权资本制与注册资本认缴制的概念长期为学界混淆甚至等同，但是，授权资本制与注册资本认缴制存在根本差异。注册资本认缴制是指，公司设立时一次性发行全部的注册资本，全体股东一次性认缴出资但不必全部缴足，后续各股东按照章程对于缴纳出资的期限和方式的要求承担其认缴资本的责任。认缴制之下，公司一旦成立，股权或股份的归属便已落实，股东的权利义务关系亦已明确，后续的资本缴纳无非股东对出资义务的履行行为，而没有创设新的法律关系。相较而言，授权资本制的机理和效果则与此不同。授权资本制之下，公司成立之后，股东会授权董事会分次发行股份，董事会发行资本不但是行使公司章程授予的权力，也是在创设新的法律关系。新的资本发行后，新的股东才能诞生,新的股权归属和出资义务也才能够得到确定。认缴制下股东分期缴付出资和授权资本制下公司分期发行资本的规范构造完全不同:从制度功效上看,认缴制仅是允许股东延期缴纳出资,难以满足公司成立后不断变化的资金需求;此外,分期出资的筹资对象仅限于现有股东,公司在筹资对象上没有足够的机动性,无法真正发挥授权资本制增加公司筹资灵活性的功能。① 换言之,注册资本认缴制仅是体现股东出资自治的安排,而授权资本制是真正彰显公司自治的设计。当然,两者在制度功效层面确实有其共性,其均有助于提高投资者设立公司的积极性,体现长期以来资本制度趋于缓和的特征。但是,这并不意味着可以将两者等而视之。

回到注册资本认缴制的制度定位本身,其充其量仅是一种与实缴制相对应的资本缴纳模式,指向股东出资义务的履行阶段。就逻辑层面而言,与指向股东出资义务成立阶段的授权资本制可以并行不悖。但是,就制度价值层面而言,授权资本制如与认缴制拼合,可能有损其制度效用的发挥:其一,不利于满足公司的融资需求。授权资本发行是董事会基于公司的融资需求作出的商业判断,只有资金实缴到位才能实现制度功效,再行采用认缴制,不仅制度构造上叠床架屋,也与授权资本发行的目标背道而驰。② 其二,不利于保护公司债权人。授权资本制下,章程所规定的股份总数仅具有形式意义,已发行的股本构成公司的注册资本,实缴制的制度安排有助于使公司的资本信用向资产信用回归,进而发挥保护债权人的功用。③

因此,实缴制的制度安排更有助于发挥授权资本制制度功能,逐渐为更多立法所采纳,我国新《公司法》亦不例外。新《公司法》第 98 条第 1 款规定:“发起人应当在公司成立前按照其认购的股份全额缴纳股款。”第 228 条第 2 款规定:“股份有限公司为增加注册资本发行新股时,股东认购新股,依照本法设立股份有限公司缴纳股款的有关规定执行。”在我国公司法的授权资本制模式之下,董事会每次决定发行新股,均将导致公司注册资本的增加,此时股份认购人亦应同于股份有限公司的发起人,在收购股份之时即全额缴纳股款。新《公司

① 参见王军:《公司资本制度》,北京大学出版社 2022 年版,第 100—101 页。
② 参见李建伟:《授权资本发行制与认缴制的融合——公司资本制度的变革及公司法修订选择》,载《现代法学》2021 年第 6 期。
③ 参见冯果:《论授权资本制下认缴制的去与留》,载《政法论坛》2022 年第 6 期。

法》亦在第 95 条第 6 项要求股份有限公司章程应当载明“发起人的姓名或者名称、认购的股份数、出资方式”。对比第 46 条第 1 款第 5 项关于有限责任公司章程应当载明“股东的出资额、出资方式和出资日期”的规定，股份有限公司的章程记载事项中并不包括“出资日期”，实缴制的制度安排也从中得以体现。

（二）新《公司法》中授权资本制的引入争议与建议

1. 授权资本制的引入争议

授权资本制符合全球公司法改革与演变中放松资本管制的历史趋势，亦顺应公司治理董事会中心主义的内在要求，理应成为本次新《公司法》资本形成制度改革的不二选择。

不过，学界也不乏反对引入授权资本制的声音。代表性的包括：在授权资本制下，公司的实收资本可能微乎其微，并且注册资本的相当部分未能落实到人，加上资本内容复杂，显然它更可能被欺诈行为所利用，减弱对公司债权人利益的保护。在董事受信义务不发达的制度背景下，将发行新股的权利完全赋予董事会，对股东权益的保护也有失周全。[①] 授权资本制必须在相对放松管制的证券发行监管制度之中才有用武之地，中国严格的证券发行审核制度将限制该制度的功效。

这些担忧的确值得关注，但并不应妨碍授权资本制的引入。首先，我国的社会信用管理和商事反欺诈法律也在逐步完善之中，原《公司法》及《公司法司法解释（三）》对于股东的出资责任作出较为细致的规定，新《公司法》对认缴制以及公司法人格否认制度均作出系统性完善，为债权人提供了更多主张救济的机会和渠道。其次，董事会通过不当发行损害股东权益的问题，亦可以通过对股份授权期限、比例的限制等事先救济，以及董事违信义务责任、公司决议瑕疵诉讼等事后救济予以回应。最后，授权资本制当属私法层面的公司资本制度问题，与公法层面的监管问题虽有交叉，但关联程度有限，况且我国证券发行制度亦已由审核制转为注册制，呈现了放松管制的改革趋势，更难谓对授权资本制的功效造成何种程度的限制。[②]

---

① 参见《商法学》编写组编：《商法学》，高等教育出版社 2019 年版，第 128—129 页。

② 参见沈朝晖：《授权股份制的体系构造——兼评 2021 年〈公司法〉（修订草案）相关规定》，载《当代法学》2022 年第 2 期。

2. 授权资本制的修改建议

新《公司法》修订过程中，针对授权资本制的规范设计，社会各界提出了不少有益的意见或建议，其中不乏一些建议最终为新《公司法》所采纳。

关于资本缴付，有的学者建议明确授权资本制下不允许分期缴付，采用实际缴付制度。对于授权资本制的限制，有的学者建议增加关于董事会的融资决定不得产生浪费、不得增加股东负担、不得排挤不能追加投资的股东等规定。

关于授权资本制下股份发行的决策，有的学者建议，应当对第 152 条第 1 款进一步细化，明确为“累积发行股份代表的表决权总数”；本条对股东会和董事会的决策权转换机制规定过于单一，比如分拆发行规避行为、对第三人有利发行情形等需予以特别规定，以避免法律漏洞。有的学者提出，授权资本制下新股发行的权利是否专属于董事会，建议予以明确。有的学者建议，增加异议股东优先认购的规则。

关于授权资本制的适用范围，有的学者建议将其扩大适用于有限责任公司。有的学者提出，建议区分封闭公司与公众公司，对于小型的封闭公司可保留现有资本发行规则，对于大型的封闭公司可以由章程自治选择授权资本制，对于公众公司采授权资本制。

关于授权资本制的配套制度的完善，有的学者建议，完善与公司并购、财务会计制度、董事会中心主义、加速到期等制度的关系。有的学者建议，进一步增加董事会滥用发行权的诉权保障机制，增加针对董事会滥用发行权的诉讼规则，以保护股东利益，对接董事会决议的瑕疵之诉。

（三）授权资本制的域外制度概况

1. 美国公司法

美国公司资本制度被认为是典型的授权资本制，《美国标准商事公司法》《美国特拉华州普通公司法》《美国加利福尼亚州公司法》等都存在授权董事自主发行股份的一般性规定。《美国标准商事公司法》第 6.01(a)条规定：公司在章程大纲中应明确规定授权发行股票的种类、每一类中不同系列的股票，以及公司被授权发行每一种类每一系列股票的数量。《美国特拉华州普通公司法》第 102(a)条也存在类似规定：只授权公司董事会发行一类股份的，章程应载明股份总数和面额，或声明所有股份都是无面额股；如果公司发行的股份种类超过一种，章程应载明所有种类股份的总数和每一类股份的数量。美国法律还规定了授权资本制下如何对董事会的发行权限进行限制。《美国标准商事公司法》第6.21(f)条规定,在以下情形发生时,董事会发行新股应当经过股东会的同意:(1)如果支付股份的对价是现金以外的其他形式;(2)新发行的股份所代表表决权超过当前流通股份代表表决权的20%时。这一限制比例主要来源于美国几大交易所的规则。

2. 德国公司法

德国公司资本制度亦包含授权资本发行的规定,但无论是对于有限责任公司还是股份公司,此项发行授权均存在时间或比例上的限制:《德国有限责任公司法》第55a条规定:"(1)公司章程可以授权业务执行人最长在公司登记后五年内,通过发行新的凭缴纳出资购买的营业份额,将基本资本增加到特定的数额(授权资本)。授权资本的数额不得超过授权时基本资本的一半。(2)也可以通过变更公司章程进行变更登记后最长五年的授权。(3)只有在授权时有规定的情况下,才允许发行凭实物出资(第56条)购买的营业份额。"《德国股份公司法》第202条规定:"(1)章程可以授权董事会,在公司登记后至多五年的期间内,通过发行新股将基本资本增加至一个特定的面值(授权资本)。(2)也可以通过变更章程,给予章程变更登记后至多五年的授权。为此,股东大会决议需要决议时所代表基本资本的至少四分之三多数同意。章程可以规定一个更高的资本多数和其他条件。适用第182条第(2)款的规定。(3)授权资本的面值不得超过授权时既存的基本资本的一半。"德国是典型的大陆法系国家,其引入授权资本制是为了增加股权融资的灵活性。但是,为了与《欧盟公司法第二指令》保持一致,也为了保护股东的利益,设置了授权资本的数额不能超过授权时公司既有资本的一半以及授权期限不超过5年的限制。

3. 日本公司法

日本公司法同样存在授权资本发行的规定。《日本公司法》第37条规定,股份有限公司可发行股份总数不得超过已发行股份总数的4倍,但非公众公司不受4倍的限制。立法中设置4倍限制规则的目的有三个方面:一是防止董事发行新股权的滥用;二是授权数量没有反映未来股东的意思;三是为既有股东持股比例的降低设定底线。此外,对于可能导致控制权变动的新股发行,《日本公司法》于2014年修法时在第206条增加了程序限制:其一,公开公司向非股东配发新股时,发行生效后其持股比例达到公司表决权半数以上的,公司需要在股款缴纳日或者期间开始日的2周前向股东通知或公告该认购人的信息;其二,如果持有10%以上的股东向公司表达了反对该认购人的意思,则应通过股东大会的同意方可向该认购人发行新股。其三,《日本公司法》也存在关于授权期限限制的规定,其第200条第3款规定"授权自授权决议之日起1年内有效"。

四、新《公司法》规定解读与延伸问题

(一)新《公司法》的规定与解读

1. 关于授权资本制的发行条件的规定

第152条 公司章程或者股东会可以授权董事会在三年内决定发行不超过已发行股份百分之五十的股份。但以非货币财产作价出资的应当经股东会决议。

董事会依照前款规定决定发行股份导致公司注册资本、已发行股份数发生变化的,对公司章程该项记载事项的修改不需再由股东会表决。

(1)对本条第1款第1句前半句的理解。本条第1款第1句前半句规定"公司章程或者股东会可以授权董事会"发行股份。对此作如下阐释。

其一,此处的"公司"应指向股份有限公司,授权资本制的适用范围仅限股份有限公司。这一条款规定于"股份有限公司的发行与转让"一章,而在有限责任公司的对应章节中并无类似规定,从体系解释的角度可以得出这一结论。作此理解也基本符合我国不同类型公司的实际情况。授权资本制的重要制度价值在于通过将股份发行的权利由股东会配置给董事会,由董事会灵活地根据公司的实际融资需求决定发行股份的时点和数量,以提高公司融资的效率。股份有限公司包含非上市公众公司、上市公司等类型,其发行新股融资的需求更高,但股东人数通常又相对较多,股东会召开频率较低。因此,对于此类以所有权和经营权的分离为典型的股份有限公司,新股发行的权力更有必要配置给其董事会。反观有限责任公司,根据国家市场监督管理总局的统计数据,我国超过99%的有限责任公司股东人数在5人以下,其召集股东会比较方便,公司在运行中如有融资需要,公司股东可以自行通过召开股东会决定发行事宜,无须将发行权转移给董事会代为判断而徒增代理成本。

其二,此处的"章程或者股东会"明确了新股发行的权力机关及授权方式。

股东是公司的所有者,新股发行的权力原则上应归属于股东会,但是股东可以通过“章程”概括授权或者通过“股东会决议”定期或灵活地授权董事会发行新股。至于股东会究竟应以章程还是股东会决议的方式授权,在两者公示性程度存在差异的情况下,可能尚存在差别。比如《公司法(修订草案一审稿)》第 34 条规定:“公司登记机关应当将公司登记事项、公司章程等信息通过统一的企业信息公示系统向社会公示。”这一规定将公司章程作为一项法定的登记事项,使得章程相较股东会决议具有更强的公示性,可以更好保护债权人对于“已发行的股份数”“设立时发行的股份数”等事项的信赖。但是,由于这一规定最终为新《公司法》所删除,在新法的框架下,无论是章程还是股东会决议,均不对外公示,无须因虑及保护债权人而有所限制。因此,应允许公司在两种授权方式中自由选择,无须因虑及保护债权人而受到限制。

其三,此处的“可以”意味着该规范系任意性规定。股份有限公司可以在“授权资本制”和“法定资本制”两种发行模式之间自由选择。但是,由于新《公司法》第 98 条第 1 款明确规定“发起人应当在公司成立前按照其认购的股份全额缴纳股款”,第 228 条第 2 款规定“股份有限公司为增加注册资本发行新股时,股东认购新股,依照本法设立股份有限公司缴纳股款的有关规定执行”,股份有限公司无论是采取一次发行的法定资本制还是分次发行的授权资本制,均需实缴到位。若非投资者极度追求股份有限公司的注册资本的规模,资本初次发行的规模无须较大的授权资本制显然是更吸引投资者的选择。

(2)本条第 1 款第 1 句后半句规定“在三年内决定发行不超过已发行股份百分之五十的股份”。对此应作如下解读。

这一规定明确了董事会发行新股的期限和比例的限制。其限制董事会在 3 年内仅能发行不超过已发行股份 50% 的股份,如果超出这一期限或者比例,则需要股东会通过修改章程或者作出决议而对董事会另行授权。此处的限制为法定的限制模式,新《公司法》在起草和修订过程中,就这一问题的立场发生过转变。《公司法(修订草案一审稿)》第 97 条规定:“公司章程或者股东会可以授权董事会决定发行公司股份总数中设立时应发行股份数之外的部分,并可以对授权发行股份的期限和比例作出限制。”此时关于授权期限和比例的限制系交由公司章程或股东会决议而进行自治。新《公司法》作此修改有多方面的原因。

其一，维持法律体系内部形式逻辑的一致性。《公司法（修订草案一审稿）》中没有对采取法定资本制模式之下的有限责任公司资本的认缴期限和认缴比例进行强制性规定，出于这一形式理由，立法机关也未对可以采取授权资本制的股份有限公司授权董事发行资本的期限和比例范围作出法定限制，而是采取章程限定的模式。[①] 或许是出于这一原因的考虑，在新《公司法》最终确立了有限责任公司发行的注册资本 5 年内应予缴足的限期认缴制后，此处也相应增加了授权期限和授权比例范围的法定限制。

其二，防范股东会对董事会发行决策行为的过分干预。新《公司法》引入授权资本制的重要意义在于契合以董事会为公司权力中心的改革要求，资本发行的决策权应属董事会的一项重要职权，然而，《公司法（修订草案一审稿）》的章程限制模式，为股东会不当侵蚀董事会的资本发行权提供了通道。对比《公司法（修订草案一审稿）》的规定，新《公司法》的规定意味着董事会在“三年”的期限和“不超过已发行股份百分之五十”的范围内，享有了充分的自治权力。[②]

其三，借助法定限制保护原股东的利益。授权资本制的情况下，公司系由董事会决定分次发行股份，此时公司原股东可能因为增资行为导致的股权比例稀释而遭受损害。在《公司法（修订草案一审稿）》的规定之下，股东会可能因对于董事会的过度授权而遭受利益损害，新《公司法》所采取的“法定限制”模式，一定程度上可以防范董事会超额发行而稀释原股东的权利，损害后者的合法权益。不过需要指出的是，此种法定限制模式，确实存在“家父主义”的关怀之嫌，不宜大量出现。《公司法（修订草案一审稿）》中关于特定情形下的授权撤回机制实则也是基于同一理念和理由所作的规定，《公司法（修订草案一审稿）》第 164 条第 2 句规定：“发行新股所代表的表决权数超过公司已发行股份代表的表决权总数百分之二十的，应当经股东会决议。”新《公司法》删除了这一限制，并不意味原股东将无从救济，如果董事因其不当发行股份的行为稀释了原股东的股权，原股东可以基于董事对信义义务的违反而要求其承担损害赔偿责任。

---

① 参见沈朝晖：《授权股份制的体系构造——兼评 2021 年〈公司法〉（修订草案）相关规定》，载《当代法学》2022 年第 2 期。

② 参见马更新、安振雷：《重塑资本形成：授权资本制的本土化建构》，载《经贸法律评论》2023 年第 3 期。

(3)本条第1款第2句规定了一种特定情形下的股份授权发行的回收机制。

这一"但书"条款所指向的情形是"以非货币财产作价出资"的情形,该条款系《公司法(修订草案二审稿)》中新增的条款,这一规定意味着由董事会享有股份认购和定价的第一层控制,由股东会施加评估价格的第二层控制。作此规定,是为了防范董事会对非货币财产出资单一控制时所产生的代理成本甚至欺诈等问题。于此,立法机关牺牲了公司发行资本的效率,而优先考虑维护股东的利益。这一规定一方面反映了立法机关对于将新股发行权利充分授予董事会的犹豫,另一方面也反映了其对于非货币财产作价出资的谨慎态度,而这与资本制度改革的整体趋势,以及其在授权资本制的其他规则设计上所采取的价值判断均存在龃龉之处。在这一问题上,事实上完全可以遵循授权资本制下强化董事信义义务的逻辑,将发行定价与评估的权力均授予董事会,如果其决策失误给公司股东带来了损失,应当事后予以追责。

(4)本条第2款规定了授权资本制下例外的决议规则。

根据本条第2款的规定,董事会发行股份后修改关于公司章程中的注册资本和已发行股份数的相关事项不需要股东会表决。这一规定系授权资本制下落实董事会资本发行权的体现。董事会在作出增发新股的决定后,公司的"已发行股份数量"需要变更,"注册资本"也应随之变更。"注册资本"属于股份有限公司章程所应载明的事项,由此董事会增资发行的行为将会触发关于修改章程的股东会职权,进而造成股份发行的权力回归到股东会,可能架空授权资本制的"授权"内核。[①] 为了避免这一情形的出现,立法机关为本条特设这一例外条款。

2. 关于授权资本制下董事会发行决议通过比例的限制

> **第153条** 公司章程或者股东会授权董事会决定发行新股的,董事会决议应当经全体董事三分之二以上通过。

本条要求董事会决议时应当经过特别多数决,原因在于公司资本的发行与

① 参见张其鉴:《公司法修订背景下我国资本制度研究的主要误区及其修正》,载《法学评论》2022年第5期。

增加通常意味着股权的稀释和股权结构的调整,其系直接影响现有股东利益并可能导致严重利益冲突的公司重大事项。在法定资本制的情况下,公司股东会对增加资本作出决议,必须经代表2/3以上表决权的股东通过。基于相同的价值判断,此处的特别多数决的限制也应当沿用至董事会决议发行新股的场合之下。不过,这种人数上的绝对多数决同样存在流于形式的风险。基于股份有限公司中董事常常由股东所委派的现实情况,一旦董事会为股东会中控股股东所委派的董事充分控制,那么由董事会所决定的增资发行可能成为公司控股股东挤压中小股东以损害其利益的工具。

(二)延伸问题

新《公司法》契合董事会中心主义的改革要求,引入授权资本制,允许董事会根据公司经营情况自主决定股份的发行,使其在发行时间、发行对象、发行价格上享有了更多的自由。基于权责对应的逻辑,董事如果违背其对于公司的信义义务而为不当发行的行为,亦将受到相应追责。新《公司法》虽然未直接在授权资本制对应的条文下予以明确,但是基于其修法逻辑与体系结构,可以得出这一结论。但是,此次修法过程中学界不少观点认为此种责任救济模式对于授权资本制下公司及原股东的利益保护仍不够充分,有必要引进新股发行停止之诉、新股发行不成立之诉、新股发行无效之诉等新股发行决议瑕疵诉讼以强化利害关系人的救济。我们对此观点持有保留态度。

新股发行停止之诉,系赋予公司股东不当发行停止请求权,当董事会在发行股份时存在违反法律或章程规定、超出授权股份数发行、未由法定组织机构作出决议与未进行公告或通知等情形时,股东即可提起该项诉请。有观点认为,该诉讼有三方面的优势:其一,有助于保护原股东的利益,避免其因董事会的不当发行而遭受权利稀释;其二,防范公司中小股东因公司控股股东指示董事发行新股的行为而遭受不当压迫;其三,降低法院裁判难度,从而较好地实现公司利益保护的社会效益、司法裁判的效率、股东权利保护的法律正义之间的平衡。① 但是,我们认为,在新《公司法》已经对授权资本制施加发行时限、比例等限制保护原股东利益之后,再行引入此种事先规制的模式,将为董事会决策发行新股设立过高的门槛。这其实也是对董事履职能力或忠诚度的信任缺失,

① 参见李卓卓:《授权资本制中不当发行停止请求权的建构与行使》,载《财经法学》2023年第1期。

与新《公司法》整体强化董事会的权力与责任的改革逻辑相背离。再者,司法实践中的诉前保全制度完全可以发挥该诉讼的制度效用,公司法没有必要再行引入该制度。

至于新股发行不成立之诉、新股发行无效之诉等事后救济之诉,我们认为新《公司法》同样没有必要引入,其制度功效完全可以通过我国公司法中成熟的决议效力瑕疵之诉得以实现。新《公司法》更是正式引入了公司决议不成立之诉,从而充分覆盖了股份发行决议的效力瑕疵类型,为利害相关人提供了针对性的救济渠道。不过应注意的是,事后的决议瑕疵诉讼有可能会给债权人利益造成损害,因此应当谨慎适用。授权资本制的情况下,公司每次发行的股份均登记为注册资本,债权人对这部分股份将形成信赖。一旦股份发行决议无效,公司资本金便并未增多,偿债能力也无法增强,基于对资本金登记数额的信赖而与公司发生交易的债权人,利益无疑将会因此受损。[①] 再者,频繁的新股发行决议效力瑕疵之诉,也有损于法律秩序的稳定性,因此其总体上仅应作为原股东等利害关系人的一种补充性救济手段。

① 参见陈景善:《授权资本制下股份发行规制的重构》,载《华东政法大学学报》2022 年第 2 期。

专题九 无面额股

一、新《公司法》修改的主要内容

无面额股(non par-value stock)是指股票票面仅记载其所代表的股份数量,而不记载每股的票面金额的股份。

原《公司法》第125条第1款规定,股份有限公司的资本划分为股份,每一股的金额相等,确立了强制性的面额股制度,股份有限公司只能发行面额股。面额股制度作为传统公司法理论中法定资本制和资本维持原则的基础性制度,一般被认为具有维护股东平等、保护债权人利益的功能。但是随着资本市场的发展,面额股制度的此种功能被质疑,并且限制了公司筹资的弹性和空间,致使公司资金运作僵化,逐渐无法满足实践需求。相较而言,无面额股制度具有便利公司融资和资本重组、改善公司财务状况的功能,商业实践对于无面额股合法化的呼声愈渐强烈。

新《公司法》回应实践需要,引入了无面额股制度,对我国股票面额制度作出重大革新。新《公司法》第142条是针对无面额股制度的专门规定,第1款赋予股份有限公司择一发行面额股或无面额股的权利,第2款明确面额股与无面额股之间可以相互转换,第3款规定发行无面额股公司的注册资本处理规则。除此之外,新《公司法》中的无面额股制度规范还包括第149条、第151条、第154条和第213条,规则体系较为完整。新《公司法》背景下,无面额股制度如何与注册资本、资本公积金、授权资本制等概念规则衔接适用,值得进一步分析。并且,在新《公司法》依然保留面额股制度的情况下,面额股制度和无面额股制度如何区分适用也值得深入阐释。本专题围绕以上问题具体剖析新《公司法》中无面额股制度的规范构造,并指出该制度适用中所应注意的问题。

二、本次修改的现实依据

(一)助力公司摆脱融资困境

无面额股制度的首要优势和价值在于其能够方便公司筹集资金。原《公司法》第127条规定:“股票发行价格可以按票面金额,也可以超过票面金额,但不得低于票面金额。”票面金额是面额股发行的最低价格,公司不得折价发行。区别于面额股,无面额股不存在票面金额,公司可以根据财务状况和现实需要自行决定发行价格,享有较大的定价空间和筹资空间,不受禁止折价发行规则的限制。这对财务上处于困境的公司尤有意义。公司股票价值下跌并不一定是因为公司经营管理水平不佳,也可能是因为股市整体行情低迷等,规范上有必要为具有发展潜力但面临财务困境的公司提供重新融资以自救的途径,以便其东山再起。反之,如果机械地以禁止折价发行规则限制公司融资,将剥夺跌破面值但急需资金的亏损企业融资再生的机会。[①] 除此之外,限定股票发行价格本质上是对股票价格的人为干预手段,无面额股制度使股票价格回归市场价格,有利于充分发挥二级市场的价格发现机制。[②]

(二)降低公司资本运作成本

无面额股制度使得公司股份拆分合并的操作更为流畅,从而便利公司资本运作。实践中,公司资本运作的一种代表性手段即股份的拆分合并,通过股份拆分合并,有助于调整股票市价,刺激投资者的购买欲,增强股份流动性。在面额股的情况下,股票的拆分合并需要变更股票面额,这意味着公司需要回收注销已发行股票,并发行新股票。此操作大大增加了公司资本运作成本,拖延了公司资本运作效率。相较而言,无面额股制度之下,仅需通过改变股票发行数量便可达到股票拆分合并的效果,使公司的资金运作更加灵活,更适应于发展迅速、变化不穷的股票市场。[③] 除此之外,无面额股在公司增资、减资过程中也有重要价值,增资、减资过程中,公司只需要实际上增加或减少每股所代表的资产或资本额,无须再发行增加新的股份或回收注销已发行股份,大大节省了程

---

① 参见官欣荣:《论我国无面额股制度之推行》,载《华南理工大学学报(社会科学版)》2013年第5期。

② 参见朱慈蕴、梁泽宇:《无面额股制度引入我国公司法路径研究》,载《扬州大学学报(人文社会科学版)》2021年第2期。

③ 参见卢宁:《股份面额制度的式微与无面额股的引入》,载《东岳论丛》2018年第9期。

序成本。

（三）适应授权资本制改革要求

无面额股制度强化了公司对股票发行的定价权，适应授权资本制的改革要求。新《公司法》为了便利股份有限公司融资，契合董事会中心主义的改革诉求，确立了授权资本制，强化了公司董事会的资本决策权。在无面额股制度的协同之下，获得股东会新股发行授权的董事会可以基于商业判断，决定更符合公司融资需求的发行价格，在满足公司的融资需求的同时，妥善调节新老股东之间的持股比例，作出最为符合各方利益的安排，充分发挥授权资本制的制度效能。

三、无面额股的理论阐释

（一）公司资本与股份面额的相对分离

无面额股制度下，公司资本与股份面额相对分离。这是无面额制度与面额股制度的主要区别。面额股制度下，股份是代表公司资本的最小单位，是计算判断公司资本的重要依据。公司资本总额可由发行股票总数乘以每股面额计算得出，反之也可由公司资本总额推算出公司股份发行总数。无面额股制度推翻了"资本总额 = 股份发行总数 × 股票面额"的公式，将股票发行所获资金全部视为公司股本，但股本实际计入公司注册资本的额度由公司另行决定。

此外，即使无面额股的股份发行数量增减，也不必然导致公司资本的增减。无面额股制度进一步澄清了"股份"与"资本"的功能差异：股份的功能是划定股东之间的持股比例和股东相互之间的权利义务关系，而资本的功能是对债权人债权清偿的保障。对于股东而言，股份数量和自身的持股比例方为其真正所关心的重大事项。①

（二）"注册资本"与"资本公积金"的处理模式

在纯粹的无面额股制度逻辑中，公司中并无注册资本的概念。但是实践中，为了阻却公司的不合理分配，公司董事会通常需按照法律规定从发行无面值股票所收到的对价中指定一部分作为对外的声明资本，从而发挥面额股制度

① 参见沈朝晖：《授权股份制的体系构造——兼评 2021 年〈公司法〉（修订草案）相关规定》，载《当代法学》2022 年第 2 期。

下股份面值总额所对应的注册资本额的功能。[①] 在实行无面额股制度的国家（地区）中，基本均存在注册资本或者类似的概念。

实施无面额股制度的情况下，公司会计账目中是否仍有必要设置“资本公积金”？不同国家或地区的规定存在差异。《新加坡公司法》、《美国标准商事公司法》、我国香港地区《公司条例》有关于公司发行无面额股，公司会计账目便不存在资本公积金科目，股票发行所得全部视为公司股本的规定。但也存在与之相反的相关规定，规定发行无面额股的公司仍然有必要设置资本公积金科目，将股本溢价归入其中。如《日本公司法》规定，股份有限公司的资本金额为设立或股份发行之际成为股东而向公司缴纳的财产金额，该笔金额无须全部记为公司资本金，可以将不超过总数一半的金额记为资本公积金。《韩国商法》第451条第2款规定，董事可以将股份发行价格1/2以上的金额确立为公司资本金。《美国特拉华州普通公司法》第154条也允许董事会保留部分股款作为资本公积金，但是不得超过股款的1/2。从制度的简洁性来看，《新加坡公司法》、《美国标准商事公司法》、我国香港地区《公司条例》的规定可以有效减少会计上长期存在的资本公积金处理混乱问题。将资本公积金归并入公司股本，也明确了股本溢价与股本的同质性，即投资人投入公司的全部财产都是其获得公司股份的对价，无论该部分财产是被计入注册资本或是资本公积金，都不得任意返还股东。但是，从为公司保留资本灵活运作的空间的角度分析，保留“资本公积金”也有其必要性。

（三）无面额股的引入模式

无面额股主要存在两种引入模式。一是强制型无面额股，即通过法定的方式废除面额股制度并强制公司发行无面额股；二是赋权型无面额股，指公司立法并不强制公司必须采取无面额股，法律将是否发行无面额股的权利授予公司，公司根据其商事判断决定是否发行无面额股，并相应在公司章程中予以载明。[②]

1. 强制型无面额股模式

我国香港地区《公司条例》是采取强制型无面额股模式的典型代表。第

① See Bayless Manning, *Legal Capital*, Foundation Press, 2013, p. 80.

② 参见傅穹：《重思公司资本制原理》，法律出版社2004年版，第155页。

135 条规定:“(1)公司的股份没有面值。(2)本条适用于在本条的生效日期前发行的股份,亦适用于在该日期当日或之后发行的股份。”以强制型模式引入无面额股,原因有二:其一,有助于降低立法难度和管理成本。在一部公司法中同时保留面额股和无面额股意味着需要分别针对面额股和无面额股设置完全不同的规则,具体如注册资本和资本公积金处理规则、折价发行规则、财务会计制度、股票发行规则等,增加制度运行和规则适用的复杂性。其二,避免公司因为路径依赖而继续采用面额股,造成立法目的落空。日本引入无面额股分为两个阶段,1950 年《日本商法典》首先推出了赋权型无面额股制度,但实践中公司普遍怠于主动修改公司股票形式,导致无面额股在日本的引进收效甚微,因此,日本随后在 2001 年改采强制型无面额股制度。

采取强制性无面额股模式,需要着重解决好面额股制度向无面额股制度过渡的问题。我国香港地区自 2014 年 3 月全面强制采用无面额股票。为了使得无面额股顺利推行,给予两年的过渡时间,在其《公司条例》附表 11 第 4 部第 2 分部规定了“关乎废止面额的过渡性条文”①,便于公司重新审视与调整相关章程、契约文件。例如,在过渡期经过之后,公司尚未为章程中有关面额条款变更者,相关条文自动失效,公司无须召开股东会进行变更公司章程,降低了采用成本。除此之外,对于公司原来订立合同中所使用的面值等相关概念,《公司条例》也规定了过渡性的条文和推定条文,以保障合同双方在使用旧有概念时仍享有合约中的权利,并不因为面值的废除而影响其权利的行使。

2. 赋权型无面额股模式

赋权型无面额股模式包括“择一模式”与“并存模式”两种。“择一模式”意味着允许公司在无面额股或面额股之间择一选择,“并存模式”则意味着允许公司同时发行无面额股和面额股。“择一选择”模式为更多国家立法所接受,比较具有代表性的包括韩国法、德国法等。《韩国商法》第 329 条第 1 款规定:“公司可以在章程中规定全部的股份以无面额股的方式发行。但是,在发行无面额股时,不得发行面额股。”《德国股份公司法》第 8 条第 1 款规定:“股票可以是面额股,也可以是无面额股。”与“择一选择”模式被广泛接纳不同,“并存模式”由于

① 过渡性的条文主要涉及香港地区《公司条例》第 135 条的生效日期前发行的股份缴付的款额、对股份溢价账及资本赎回储备的处理、股份溢价账的贷方结余的运用、部分缴付股款的股份的催缴。

运行难度较高，采取这一模式的国家寥寥无几。

在“择一选择”这种赋权型面额股模式之下，围绕面额股与无面额股的相互转换，主要存在两个问题：其一，面额股和无面额股之间的转换，原则上不应改变公司的注册资本，如欲变动必须履行相应的增资或减资程序。该原则在同样采取赋权型模式的国家中予以确立，如《韩国商法》第451条第3项规定：“公司的资本金不能因面额股转换为无面额股或者无面额股转换为面额股而变更。”其二，面额股或无面额股的转换，要求公司回收旧股票并换发新股票，但此行为不应损害利害关系人的利益。《韩国商法》第442条的规定可资参考：“股份合并的情形下，存在无法对公司提交旧股票的股东时，公司根据该股东的请求，规定三个月以上的期间，在该期间内向利害关系人公告，利害关系人存在异议时，可以在该期间内提出。该期间届满后，可以向请求的股东交付新股票。前项公告的费用，由请求人承担。”但是，为了确保股票的流通性，一般认为在换发新的股票权证之前，不应影响原有股票的正常交易。

四、新《公司法》规定解读与延伸问题

新《公司法》中关于无面额股制度的规范如下：

> **第142条**　公司的资本划分为股份。公司的全部股份，根据公司章程的规定择一采用面额股或者无面额股。采用面额股的，每一股的金额相等。
>
> 公司可以根据公司章程的规定将已发行的面额股全部转换为无面额股或者将无面额股全部转换为面额股。
>
> 采用无面额股的，应当将发行股份所得股款的二分之一以上计入注册资本。
>
> **第213条**　公司以超过股票票面金额的发行价格发行股份所得的溢价款、发行无面额股所得股款未计入注册资本的金额以及国务院财政部门规定列入资本公积金的其他项目，应当列为公司资本公积金。

（一）新《公司法》的规定与解读

1. 面额股和无面额股择一的选择模式

新《公司法》第142条构建了我国股份有限公司关于面额股和无面额股的择一选择模式，股份有限公司可以择一选择发行面额股或无面额股，而不能同

时发行面额股和无面额股。立法者采用该模式可能基于以下原因:其一,因循制度依赖。我国公司法历史上面额股贯穿始终,从未出现过无面额股的概念,基于公司实践惯性和制度转换成本的考虑,立法机关采用了面额股和无面额股并存模式。其二,尊重公司自治。我国多数中小企业均为家族企业,股份可能很少转让,也没有对外引进资金的需求,股本变动的可能性很低,采用无面额股的效益不高,故应允许该部分公司选择继续采用面额股。

实践中,无面额股制度与面额股制度之间可能存在竞争关系。面额股的优势在于其已在我国形成了相对稳定、完整的规则体系,我国公司对面额股更为熟悉。相较而言,无面额股虽有助于提高公司融资效率,但是对于投资者而言可能较为陌生,存在制度运行的风险和不确定性。因此,关注公司运行安定性和稳定性的公司会更倾向于选择面额股,关注融资效率和资金运作便捷的公司会倾向于选择无面额股。

但是,经营过程中,公司可能发现其采用的面额股或无面额股制度逐渐与公司目标发生冲突,存在转换公司股票类型的需求。新《公司法》为其提供了转换股票类型的选择权。根据新《公司法》第 142 条的规定,公司可以将面额股转换为无面额股,也可以将无面额股转换为面额股。但是,行使此种转换权时需要通过股东会决议修改公司章程,该项决议属于特别决议,应当经出席会议的股东所持表决权的 2/3 以上通过。

2. 无面额股制度下的注册资本处理规则

根据新《公司法》第 142 条规定,公司在发行无面额股时,应当由股东会决议将发行股份所得股款的 1/2 以上计入注册资本。这意味着新《公司法》不仅维持了“注册资本”这一对外公示项目的设置,并且更强制性地规定了其计提比例要求。这一规则,彰显了我国公司法长期所秉持的资本信用,也为有意向从面额股改采无面额股的公司设立了转换门槛,增加了程序成本,可能导致无面额股制度丧失其吸引力。在采取面额股的公司中,公司可以任意决定注册资本额,但在无面额股制度下,公司必须将发行股份所得股款的 1/2 以上计入注册资本。受制于这一要求,采取面额股的公司如果实收股款较高而设置的注册资本额又较低,则在其向无面额股的转换过程中可能不得不履行相应增资程序。然而增资即意味着公司必须经由股东会决议,修改公司章程,并变更公司登记,这为公司增加了不必要的负担。

无面额股制度下，还可能存在另一项关于注册资本处理规则的问题。在无面额股向面额股转换的过程中，由于股票转换前后公司注册资本原则上应当一致，此时可能出现票面金额无法整除注册资本总额所产生的畸零股。对此，主要存在两种解决方法：其一，消除畸零股。公司可以将畸零股买回，或进行股份的分割与合并，或通过增资、减资程序予以消除。其二，允许畸零股的继续存在并使股东按比例行使其权利，日本公司法即存在类似规定。

3. 无面额股制度下的资本公积金处理规则

新《公司法》第 142 条要求公司将发行股份所得股款的 1/2 以上计入注册资本，但是并未设置计提比例的上限要求。新《公司法》第 213 条规定公司发行无面额股所得股款未计入注册资本的金额应列为公司资本公积金。逻辑上，公司可以将全部股款计入注册资本，而不设资本公积金。[①] 但是，我们认为，从保留公司资本灵活运作空间的角度来看，公司留存"资本公积金"仍有益处。新《公司法》规定，资本公积金可以用于扩大生产经营、转增资本以及在一定条件下弥补公司亏损。若将股款全部归入注册资本，固然可以简化公司的财务会计制度，也可以将股东进入公司付出的对价通过注册资本登记而全部公示，避免非公示的资本公积金向股东返还。但因注册资本不可随意变更，公司的财务处置将较为僵化，公司会失去通过留存资本公积金发挥其扩大生产经营、转增资本及弥补亏损的功能，从而缩减提高公司资本灵活运作的空间。

（二）延伸问题

1. 无面额股发行权的配置模式

新《公司法》第 151 条第 1 款第 1、2、5 项规定，股份有限公司发行新股，由股东会对新股种类及数额、新股发行价格、发行无面额股所得股款计入注册资本的金额作出决议。该条规定与原《公司法》第 133 条规定的将新股发行事项决定权交给股东会的规范思路相同。在此之外，新《公司法》第 152 条规定"公司章程或者股东会可以授权董事会在三年内决定发行不超过已发行股份百分之五十的股份"，为股份有限公司新增了授权资本制的发行选择。由此，公司若采用无面额股，董事会可以在其授权范围内决定无面额股的发行数量及价格。

---

① 参见叶林、张冉：《无面额股规则的创新与守成：不真正无面额股——〈公司法（修订草案二次审议稿）〉规则评述》，载《证券法苑》2022 年第 3 期。

无面额股制度的主要功能和最大价值是提高融资和资金运作的效率,使公司根据市场需求及时灵活地作出决策。董事是公司经营、财务情况的第一手情报人,比股东更了解公司运营情况和财务状况,而股东仅根据董事的汇报间接掌握公司情况,因此由董事会就无面额股的发行事项作出决策将更有效率。从世界范围观察,采用无面额股的国家也基本将股票发行价格决定权交给董事会,由其根据公司的经营情况和财务状况作出决策。

2. 完善确保无面额股合理定价的规则

无面额股的发行价格不存在票面金额的最低标准,理论上股东会或董事会可以随意决定发行价格,此时可能存在以不合理价格向第三人发行无面额股,损害公司及现有股东利益的风险。比较法上对这一问题也有所关照,德国通过规定无面额股最低发行价格的方式,来保证股份发行价格的合理,但该操作使股票名为"无面额股"实为"面额股",无法满足公司在特殊情况下突破最低发行价格的融资需求。此种抽象规定最低发行价格的措施,并不能解决发行价格合理性的问题,真正对确保价格公平合理有所助益的是构建一套公正合理的决策约束机制。

当董事会主导股票定价时,可以配合董事信义义务和董事责任以保证合理的股价。而当股东会主导股票定价时,则可以通过实际控制人、控股股东规制规则确保合理的股价。此外,还应当为利益受损人提供救济途径,例如,第一,若认为新股发行价格明显不合理时,可以要求董事会向股东会作出解释,论证价格确定的合理性。第二,向法院申请诉前禁令或保全,并针对发行决议提起决议效力瑕疵之诉,避免公司以不合理价格发行新股。在域外制度中,同样存在类似的新股发行瑕疵之诉,在新股尚未发行阶段,法院可以经股东请求直接撤销新股发行行为;如果股票已经出售但公司尚未上市,法院同样可以经股东请求撤销该行为,同时强制公司返还认股人购买股票的对价。第三,要求以明显不公正价格认购股份者承担特别差额填补责任。新《公司法》相关条款规定了股东未足额缴纳出资及非货币出资不足时的差额填补责任、发起人的连带责任以及董事怠于履行催缴义务时的赔偿责任。在股东以明显不公正的价格认购股份时,法律后果同样是认购人以低于股份的实际价格取得公司股份,两者利益状况其实比较类似,存在类推适用的空间。在公司以不公平的价格发行无面额股的情况下,受害者可以要求认股人承担差额填补的责任,要求与认股人存在通谋的发起人、董事承担相应的补充责任或赔偿责任。

专题十 简易减资

一、新《公司法》修改的主要内容

简易减资制度，是指公司以法定公积金、资本公积金弥补亏损后，仍有亏损的，以亏损数额为限，相应地减少公司的注册资本数额，但不向股东分配，也不免除股东缴纳出资或者股款义务的制度。

新《公司法》第225条在原《公司法》第177条普通减资程序的基础上新增简易减资程序，确立了公司弥补亏损情况下更为简化的减资程序，提高了减资效率。简易减资制度在兼顾债权人利益的同时体现了对公司自治的尊重，进一步扩大了公司经营的自主空间，提高了公司资本的灵活性，也维护了股东的投资利益，提高了投资者的投资热情。

作为公司资本退出的手段，减资制度具有重要的价值和丰富的内涵。减资规则的设计是立法机构把握减资本质的过程，平衡减资所影响的利益群体的过程，回应商业实践的需求与保障债权人权益的兼顾的过程。[①] 减资制度所包含的利益博弈主要在于公司、股东、债权人利益的冲突问题，为了平衡减资过程中各方群体的利益，一方面要严格保护债权人利益不因减资而受损，另一方面也应当允许公司在不损害债权人利益的基础上有充分的自治空间，允许股东获得充分的投资回报，简易减资制度使得三方主体的利益平衡状态更易达成。新《公司法》确立简易减资制度具有重要意义。本专题对新《公司法》规定的简易减资制度的现实依据、理论基础和适用等问题，展开探讨。

① 参见傅穹：《公司减资规则论》，载《法学评论》2004年第3期。

二、本次修改的现实依据

（一）原《公司法》对于减资制度的规定机械单一

原《公司法》对于减资的规定散落在四个条文中，主要涉及股东会有权作出公司减资决议（原《公司法》第37条第1款第7项）、股东会作出减资的决议必须经代表三分之二以上表决权的股东通过（原《公司法》第43条第2款）、公司减资的程序要求（原《公司法》第177条）、公司违反减资程序的责任（原《公司法》第204条第1款）。以上4个条文没有区分不同的减资情形，忽略了不同的减资形式对债权人以及股东造成的差异化影响，影响公司减资效率，存在问题。

一方面，原《公司法》的规定存在“一刀切”的嫌疑，使得债权人获得了过于优待的保护。其原因在于，在承认资本信用的前提下，设定严格的公司减资程序是为了防范股东通过减少资本而抽逃出资、逃避债务清偿，但若公司减资是为了弥补亏损而仅在财务账面上进行了处理，则并不产生债权人保护的必要性。再者，在从资本信用向资产信用的演变过程中，减资已经不再能直接决定公司对外清偿债务的范围，不会直接影响债权人合法权益的实现，故出于运营效率、操作成本的考量，公司法的减资程序也应当进行简化。①

另一方面，原《公司法》规定的减资规则增加了公司的运营成本，不符合商业经济逻辑，也不利于公司在特殊情形下的自救。根据原《公司法》确定的减资程序，从公司通知债权人到根据债权人的要求清偿债务或提供担保，通过通知书联系债权人的情况下最多要经过40天、通过公告形式告知债权人的情况下最多要经过75天，减资的时间较长，减资的成本较高。漫长的债权人保护程序完成后，公司很可能早已错失融资良机。例如，在公司长年亏损的情况下，股票发行价格不能反映股份的真实价值，公司股份的实际价格低于公司的发行价格，很少有投资人愿意购买这样的股票。根据沪、深证交所发布的退市规则，上市公司连续20个交易日的每日股票收盘价均低于1元的，将被强制退市。履行原《公司法》烦琐的减资程序，公司根本来不及在20个交易日扭转股价，最终触发“一元退市”规则，失去自救机会。

---

① 参见赵旭东：《从资本信用到资产信用》，载《法学研究》2003年第5期。

（二）实践中出现简化普通减资程序的发展趋势

在制度缺位的情况下，原《公司法》虽然没有直接确立简易减资程序，但是司法判例以及商事实践中已经涉及对简易减资制度的探索。

在商事实践中，已经出现上市公司以减资方式弥补亏损的简易减资操作，但是公司法对此回应不足。2006 年 7 月，*ST 飞彩为实施股权分置改革，推出了"资产重组＋转增＋赠股＋减资补亏"的组合方案——公司先以资本公积金向全体股东每 10 股转增 22 股，再由非流通股股东将其获赠股份中的 29120000 股转送给流通股股东，最后全体股东以每 10 股减 6.7335 股的方式减资弥补亏损。这一操作事实上并没有给公司债权人带来损失，只是帮助公司解决持续经营的困境、化解证券市场的风险。

在司法裁判中，事实上亦不乏法院对于简易减资制度的肯认。在丰汇世通（北京）投资有限公司与黑龙江省农业生产资料公司案外人执行异议之诉纠纷再审案中，最高人民法院认为被申请人设立的公司虽然在减少注册资本过程中，存在先发布减资公告后召开股东会、变更登记时提供虚假材料等违反原《公司法》关于公司减资程序规定的情形，但被申请人作为公司股东并未利用公司减资实际实施抽回出资的行为。被申请人虽然将其登记出资由 5000 万元减至 3000 万元，但公司的权益并未因被申请人的行为受到损害，资产总量并未因此而减少、偿债能力亦未因此而降低，所以本案不存在抽逃出资的行为，属于"形式减资"[①]，被申请人不宜被追加为被执行人。[②] 有法院则更进一步，认为形式减资情形下公司无须履行严格的债权人保护程序，在汇投控股集团有限公司、珠海金海实业有限公司与南京圣鹰投资有限公司、南京圣鹰智能系统工程有限公司股东损害公司债权人利益责任纠纷再审案中，江苏省高级人民法院认为，公司进行减少注册资本变更登记之后，其股东并未从公司领取减少注册资本的款项，公司仅在财务账面上将减少注册资本的款项作为应付款处理。该应付款系公司应收债权，其法律性质与债权人主张的债权相同。公司未实际支付该款项，其清偿债务的财产亦未实际消减。公司办理减少注册资本变更登记未通知

---

① 根据减资的目的不同，减资可以分为实质减资和形式减资，简易减资对应的是形式减资情况下的减资程序。

② 丰汇世通（北京）投资有限公司与黑龙江省农业生产资料公司案外人执行异议之诉纠纷再审案，最高人民法院民事判决书，（2019）最高法民再 144 号。

债权人,程序上存在瑕疵,但与债权人不能获得债权的后果之间没有因果关系,因此,其股东不应承担侵权赔偿责任。[①]

(三)简易减资制度具有重要的价值与功能

作为对原《公司法》减资程序的补充,简易减资制度平衡了债权人、公司、股东之间的利益,消除了公司弥补亏损情况下的减资障碍,降低了公司减资程序的运行成本,实现了股东的投资利益,丰富了减资的类型,具有如下制度价值和功能:

1. 真实反映公司资本信用状况,提高投资者投资热情

如果公司亏损严重,资本与其净资产差额过大,公司资本就会失去其应有的标示公司信用状况的法律意义,通过简易减资程序,可以尽快使两者保持基本一致。经过简易减资程序后,公司的偿债能力不仅没有发生变化,而且偿债能力信息也趋于真实,规避了虚假的偿债能力信息可能对公司造成的负面影响,也有助于公司资本信用与资产信用的匹配。真实的注册资本反映出公司的实际信用和经营能力,投资者和公司之间的信息不对称得到缓和,投资者利益受损的风险也因此减少,投资者能够在此基础上审慎投资,不必对公司的信用反复质疑,有利于市场交易安全的实现。

2. 降低利润分配门槛,维护股东投资利益

根据新《公司法》第210条规定,公司分配当年税后利润时,首先应当用税后利润弥补上年度通过法定公积金无法弥补的亏损,并再行提取利润的10%列入公司法定公积金;公司法定公积金累计额为公司注册资本的50%以上的,可以不再提取;公司弥补亏损和提取公积金后所余税后利润部分,股东可以进行分配。在无盈不分的利润分配原则下,如果公司亏损严重,将使得股东长期得不到股利的分配,不利于调动股东的积极性。而以减资方式弥补公司亏损恰恰缓和了股东的分红困境,注册资本的减少也降低了利润分配的门槛。因此,简易减资制度有利于尽快改变公司的亏损状态,使公司具备向股东分配利润的条件,实现股东的合理投资目的。

---

① 汇投控股集团有限公司、珠海金海实业有限公司与南京圣鹰投资有限公司、南京圣鹰智能系统工程有限公司股东损害公司债权人利益责任纠纷再审案,江苏省高级人民法院民事判决书,(2015)苏商再提字第00102号。

3. 减少公司减资障碍,增加公司财务安排灵活性

从公司治理的角度,简易减资制度消除了公司亏损难以填补情况下的减资障碍,增加了公司财务的灵活性。原《公司法》确立的一般减资程序不论公司减资的原因和目的为何,一律要求公司履行债权人保护程序。但是正如前文所述,在公司为弥补亏损而减资的情况下,此种资本分配并不损害债权人利益。在极端情况下,普通减资程序中的债权人可能滥用债权人保护程序,恶意拖延减资程序,给公司减资造成较大困难。在简易减资程序中,公司无须履行债权人保护程序,只需要自股东会作出减少注册资本决议之日起 30 日内在报纸上或者国家企业信用信息公示系统公告,但受到更加严格的分配制度限制。此际,公司减资的成本显著降低,在不减损公司债权人利益的同时提高了公司资金的使用效率,激发了公司的活力。

4. 完善减资体系,优化公司立法

从立法层面来看,不区分不同减资原因下的债权人保护需求,一概适用同种规则是不合理的,违背了不同情况区分对待的法律原则。在普通减资程序之外增加简易减资程序,完善了公司因亏损而处理账面资本情况下的减资规则,实现了我国公司法上减资程序的类型化,丰富了公司资本退出阶段的程序,是公司法立法科学性的体现。

三、简易减资制度的理论阐释

(一)简易减资制度的体系定位

简易减资是减资制度项下的一种类型。根据资产是否向股东流出,可以将减资分为实质减资和形式减资。

实质减资,又称真实减资,是指在公司资本过剩时,为了避免资本的闲置和浪费,公司通过减少注册资本的方式,将该部分资产退还股东。在实质减资的情况下,公司净资产向股东流出,因此必须严格履行编制资产负债表及财产清单、通知公告债权人、向债权人清偿债务或提供担保等一系列程序,原《公司法》第 177 条的规定对应的就是实质减资情况下的普通减资程序。

形式减资,又称名义减资,是指在公司亏损的情况下,公司资本额与实有资产严重不符,为了避免传递出错误的偿债能力信息、误导债权人,根据公司的亏损数额相应地减少公司的资本金额数,从而反映出公司的真实资本情况。在形

式减资情况下,公司真实持有的资产并没有减少,不发生资本向股东的流动,公司的偿债能力也没有发生实质变化,因此对债权人的利益不会造成实质减资那样的冲击。简易减资是形式减资的程序,其内在逻辑为,公司资本的减少"不得向股东分配,也不得免除股东缴纳出资或者股款的义务",主要依靠会计账簿上的处理。具体而言,在公司的资产负债表上,公司未弥补的亏损额会记载为"未分配利润"科目的借方余额,呈现为负数,通过减资来补亏只需要在资产负债表的股东权益项下将实收资本科目的金额与未分配利润科目中的负数金额相抵消即可。

实质减资是资本退出规则的重点规制对象,因为切实涉及债权人的利益。但随着司法实践的发展,为了弥补公司亏损而进行的形式减资愈发多见,因此新《公司法》在原《公司法》第 177 条的基础上增加规定了简易减资制度,简化了形式减资情况下的减资程序。质言之,从体系定位角度看,简易减资程序是形式减资制度在我国公司法上的程序表现,是对公司亏损情况下减资程序的简化处理。

(二)简易减资的域外相关规定

1. 德国

《德国有限责任公司法》第 58a 条对简易减资进行了规定。概括而言,公司以弥补价值减少或其他损失为目的进行减资的,可以采取简易减资的方式(第 58a 条第 1 款)。在具体适用条件上,只有公司不存在结转盈余,并且总计超过减资后注册资本的 10% 的资本公积金和盈余公积金被预先解除后,才允许进行简易减资(第 58a 条第 2 款)。在简易减资的决议中,营业份额的金额必须以整数欧元标示,并且面值应当与减资后的注册资本相一致(第 58a 条第 3 款)。在同时进行现金增资且对于该项增资未确定实物出资的前提下,法律允许将注册资本降至法定最低面值以下,上述决议应当共同登记于商事登记簿,并且应当在作出后 3 个月内登记于商事登记簿,否则决议无效(第 58a 条第 4 款)。[①]

《德国股份公司法》第三章分别规定了普通减资、简易减资(或称"简化减资")、股份回赎减资三种减资程序。[②] 其中,第一节是对普通减资的规定,公司

① 参见《德国商事公司法》,胡晓静、杨代雄译,法律出版社 2014 年版,第 54—55 页。

② 参见《德国商事公司法》,胡晓静、杨代雄译,法律出版社 2014 年版,第 170—171 页。

经过减资决议后(第222条),由董事会和监事会主席将决议申报商业登记(第223条),减资自决议登记后生效(第224条)。债权人于公告后6个月内申报债权的,公司应向其提供担保。公司只有在登记公告经过6个月,并且向及时申报债权的债权人清偿或提供担保后,才能可以向股东进行基于减资的支付(第225条)。第二节是对简易减资的规定,为弥补价值减少、补偿其他亏损或者提取资本公积金而减资的,可以简易形式进行;并且法定公积金和资本公积金合计超过减资后剩余基本资本的10%的部分以及盈余公积金已被预先解除的,才允许进行简易减资(第229条)。此外,因解除资本公积金或者盈余公积金以及减资获得的款项,不得用于向股东支付,也不得用于免除股东的出资义务。其只能用于弥补价值减少、补偿其他亏损和提取资本公积金或者法定公积金(第230条)。

2. 日本

《日本公司法》第445—449条均涉及简易减资的规定。一方面,股份公司减少公司资本需要经过股东会的决议,就减少的资本金额、是否转为公积金、资本金额减少的生效日作出具体决议(第447条第1款)。另一方面,股份公司减少注册资本时,该公司的债权人可以就股份公司注册资本减少提出异议;同时,公司须就注册资本的减少、公司的财务会计报表等法务省令规定的相关事项、债权人的异议等内容进行公告,并且分别催告已知的债权人。债权人在规定的期间内提出异议的,股份公司应当对该债权人进行清偿或提供担保,或者以让该债权人得到清偿为目的向信托公司及经营信托业务的金融机构信托相应财产。但该资本金的减少不会损害债权人时,不在此限(第449条)。

3. 法国

法国同样针对“因公司亏损而减资”情况设置了简易减资程序,规定因公司亏损而减资时无须保留债权人异议程序。

《法国商法典》第225-205条规定,股东会批准并非因公司发生亏损而减少资本的计划时,公司同期债券持有人的代表以及债权产生于股东会审议笔录存交至商事法院书记室之日前的债权人,可以在最高行政法院提出资政意见后颁布的法令规定的期限内,对公司减少资本提出异议。法院作出裁定,或者驳回异议,或者命令偿还债务,或者如公司同意提供担保并且所提供的担保被认为充分时,设立担保减少资本的各项活动不得在债权人可以提出异议的期间开始,相应场合,亦不得在初审法院对提出的异议进行审理之前开始。如初审法院支持所提出的异议,减少资本的程序应立即中断,直至设定足够担保或清偿债务为止。如法院驳回债权人提出的异议,减少资本的活动即可开始。[①]

4. 英美

英美法中不存在简易减资和实质减资的规则区分,但其相关法律规范也彰显了平衡保护债权人和公司、股东利益的价值判断,与大陆法系国家区分减资类型背后的理念相契合。

美国法是适用偿债能力模式的典型,相较于披露程序下的严格债权人保护模式来说,偿债能力模式放宽了对于减资的要求,重点考量减资后的资产能否足以支付公司债务。如果减资并没有对债权人的利益产生实质影响,则无须对此设置过多限制。

英国公司法则将清偿能力模式和严格债权人保护模式加以结合,在此模式下公司对资本数额缩减的决议需经法院进行审查。对于公开募股公司来说,根据《英国2006年公司法》第646条第(1)(b)款规定,债权人需要能够证明存在资本减少将导致公司无法偿还其到期债务的真实可能性,由法院对该项异议进行审查,若债权人确实有可能受到减资损害,则公司应当提供担保。对于私人公司而言,其可以选择通过偿债能力声明的路径减资,也可以选择通过法院确认的传统路径减资——根据第642—644条,选择偿债能力声明的路径的公司董事须进行"偿债能力声明"以支持减资的股东会决议,董事必须将所有的公司债务(包括任何或有债务或预期债务)都考虑在内,并且确认对于声明之日的公司状况,没有理由认为公司将无法偿付债务。[②]

(三)社会各界对简易减资制度的意见和建议

有观点建议细化公司减资的类型,建议新增因公司亏损而作出减资的情况,规定实质减资的规定不适用于因亏损、为设立法定公积金或追加法定公积金而作出的减资,并且在该种情况下不免除股东缴付公司资本的义务。

关于简易减资程序本身,有观点建议明确简易减资的定义。有学者建议在建议减资程序中规定债权人公示的程序。

---

① 参见《法国公司法典》(上册),罗结珍译,中国法制出版社2007年版,第220页。

② 参见《英国2006年公司法》(2012年修订译本),葛伟军译,法律出版社2012年版,第410—415页。

关于简易减资后的利润分配要求，有观点认为法定公积金达到注册资本的50%即可分配，无须设定过高的比例。

关于违法减资的法律责任，有观点指出，在补亏的情形下，不涉及向股东支付财产，建议增加相应的恢复原状的规则。

四、新《公司法》对简易减资制度的设计与延伸问题

（一）新《公司法》的规定与解读

新《公司法》关于简易减资制度的规定如下所述。

第225条 公司依照本法第二百一十四条第二款的规定弥补亏损后，仍有亏损的，可以减少注册资本弥补亏损。减少注册资本弥补亏损的，公司不得向股东分配，也不得免除股东缴纳出资或者股款的义务。

依照前款规定减少注册资本的，不适用前条第二款的规定，但应当自股东会作出减少注册资本决议之日起三十日内在报纸上或者国家企业信用信息公示系统公告。

公司依照前两款的规定减少注册资本后，在法定公积金和任意公积金累计额达到公司注册资本百分之五十前，不得分配利润。

从构成要件来看，在规范主体方面，简易减资制度位于新《公司法》第十一章“公司合并、分立、增资、减资”下，因此适用于所有的有限责任公司和股份有限公司。在规范客体方面，简易减资制度的客体指向公司在弥补亏损情况下的减资行为。

在规范性质方面，虽然新《公司法》第225条第1款连用两个“不得”限制了公司通过简易减资程序向股东进行资本流出的空间，但是本条适用的前提是“可以减少注册资本弥补亏损”。质言之，公司“可以”通过简易减资弥补亏损，也可以选择通过其他方式弥补亏损，新《公司法》第225条第1款第1句性质上属于任意性规范。此外，因为新《公司法》第225条并没有就违规进行简易减资的法律效果进行规定，所以其不能直接作为请求权基础，属于不完全法条。

在具体操作方面，简易减资制度有如下适用规则。

第一，以减少公司注册资本的方式弥补亏损是公司弥补亏损的最后手段。根据新《公司法》第225条规定，公司依照新《公司法》第214条第2款的规定弥

补亏损后,仍有亏损的,可以减少注册资本弥补亏损,但不得向股东分配,也不得免除股东缴纳出资或者股款的义务。可见,公司用以弥补亏损的资金顺位依次为:公司当年利润、任意公积金和法定公积金、资本公积金、公司注册资本。换言之,只有在穷尽当年利润以及各类公积金仍不能弥补亏损时,才可以将注册资本作为补亏的最后财源。这样的规定具备合理性,否则公司很有可能利用规则缺位的漏洞直接以简易减资的会计处理方式来弥补亏损,留存下公司的当年利润或者盈余公积金用于分配股利,从而达到变相将公司资本返还股东的效果,相当于规避了债权人保护程序达到实质减资的目的。

第二,在减少注册资本的过程中,不得向股东分配,也不得免除股东缴纳出资或者股款的义务。简易减资的本质是会计账簿的纸面处理,区别于新《公司法》第 224 条规定的普通减资程序。

第三,公司应当自股东会作出减少注册资本决议之日起 30 日内在报纸上或者国家企业信用信息公示系统进行公告。虽然简易减资制度不涉及公司偿债能力的变动,但是公司仍应遵循最低限度的公示义务,保障债权人的知情权,这有利于避免公司借简易减资之名行实质减资之实,最终使得债权人难以获得救济。相较于原《公司法》第 177 条,新《公司法》在公告的方式上增加了国家企业信用信息公示系统这一公示渠道,并且将公告的时间限制在股东会作出减少注册资本决议之日起 30 日内,不仅降低了公司的公示成本,提高了公告效率,也使得债权人等第三方主体更易查询到公司的减资情况。

第四,减资后公司股东须遵循利润分配的限制。公司简易减资后,在法定公积金和任意公积金累计额达到注册资本 50% 前,公司不得分配利润。虽然简易减资不减少公司的偿债资产,但是减资后公司的注册资本形式上减少,这意味着公司的利润分配门槛降低。一般情况下公司的利润分配属于公司自治事项,立法并没有就此设置针对债权人的保护机制。而在新《公司法》语境下,简易减资虽然不会直接损害债权人的利益,但是可能成为股东用来作为降低利润分配门槛的工具,从而使得股东先于债权人获得分配。因此简易减资制度设置了利润分配的限制条款,缓和了股东想通过这种方式获取不当分配的想法。相较于德国法"在法定公积金和资本公积金之和累积至股本 10% 之前不得分红"的规定,我国公司法对于简易减资后的利润分配限制比较严格,考虑到利润分配涉及股东投资目的的实现,对于利润分配门槛的设置不宜过高,因此新《公司法》改变了《公司法(修订草案一审稿)》第221条第2款关于“公司简易减资后,在法定公积金累计额超过公司注册资本前,不得分配利润”的规定有其合理性。

(二)延伸问题

首先,新《公司法》设立的简易减资程序虽然提高了公司弥补亏损情况下的减资效率,但是程序的简化在客观上会间接影响债权人的利益。以减资方式弥补公司亏损,而不是以公司的未来利润弥补亏损,实际上使得股东在未来拥有更多的利润分配机会。这意味着公司更多把未来收益分配给了股东,而不是留存于公司用于偿还债务,所以简易减资程序还是会对债权人存在一定的负面影响,客观上使得债权人受偿可能性降低,只不过在时间层面,这种影响未必会即刻表现出来,在发生概率上也存在个案差异。①

其次,实践中可能会出现公司为了降低利润分配成本而佯装亏损的消极后果,构成虚假的简易减资行为。若减少的资本流向股东,即构成资本向股东返还或免除股东的出资,实际上产生了实质减资的效果。此时若仍适用简易减资程序下简化的债权人保护程序,会减损债权人的权益,这违背了减资制度设计的初衷。在这种情况下,可以适用新《公司法》第226条的规定,要求股东退还其收到的资金或者要求被减免出资的股东恢复原状。若减少的资本并没有流向股东,公司只是在财务账面上进行了处理,则如前所述,此时债权人仍会因利润分配门槛的降低而在预期上丧失获得分配的在先利益,但是对于由此带来的法律后果,新《公司法》并没有进行规定,存在一定的制度缺位,有待立法者或司法裁判进一步明确由此带来的责任承担问题。

最后,公司资本中股东认缴的部分不能进行简易减资。简易减资所减少的应是注册资本,但在认缴制下,资产负债表中并无对应的注册资本的科目。中国证监会2020年发布的《监管规则适用指引——会计类第1号》规定:“认缴制下,投资方在未实际出资前是否应确认与所认缴出资相关的股权投资,应结合法律法规规定与具体合同协议确定,若合同协议有具体约定的,按照合同约定进行会计处理;合同协议没有具体约定的,则应根据《公司法》等法律法规的相关规定进行会计处理。对于投资的初始确认,若合同明确约定认缴出资的时间

---

① 参见王军:《公司资本制度》,北京大学出版社2022年版,第449—450页。

和金额，且投资方按认缴比例享有股东权利，则投资方应确认一项金融负债及相应的资产；若合同没有明确约定，则属于一项未来的出资承诺，不确认金融负债及相应的资产。”财政部2006年发布的《企业会计准则——应用指南》“会计科目和主要账务处理”部分也规定，“实收资本核算企业接受投资者投入的实收资本”。因此，我国在会计处理上普遍没有对未实缴为出资的股本作股本确认，对于未实缴部分的注册资本只是投资者承诺在未来的某个时间点将要投入企业的资本，投资者的投资行为并没有实际发生，因此不应该进行账务处理。资产负债表科目中仅存在与企业“收到”或“接受”投资者投入的资本所对应的“实收资本”。由此产生的问题是，当实收资本科目的金额小于未分配利润科目中的负数金额，两者无法完全抵消时，若再要求减少注册资本，在资产负债表的会计科目上可能无法体现，认缴情形之下的简易减资在会计科目上应如何处理，还有待实践探索。

专题十一 公司财务资助制度

一、新《公司法》修改的主要内容

公司财务资助是指以赠与、借款、担保、赔偿、债务免除和其他导致公司净资产减少的方式为他人取得公司或其控股公司的股份提供帮助的行为。公司财务资助行为因为可能构成变相的资本流出，为一些国家的立法所规制，英国法是其中的典型代表。但是，基于各国经济发展程度、企业融资模式、公司治理水平等因素的差异，在财务资助行为的规制必要性与规制模式的问题上，存在不同的立法选择。不少观点认为，财务资助行为仅是一种正常的商业行为而不会侵蚀公司的资本，无须在公司法中予以特别对待甚至制度化规制，或者即便其存在规制必要性，也应当降低财务资助行为的规制强度。

我国公司治理实践总体上认为有必要对财务资助行为予以特别规制。新《公司法》修订之前，各类部门规章或监管规则中亦不乏关于财务资助行为的规定。但是，这些规范性文件的内容不仅缺乏体系性，而且效力层级较低，难以充分实现规范目的，保障公司、中小股东、债权人等利害关系人的权益。新《公司法》基于资本维持或资产维持的制度目标，正式引入财务资助制度，其采取“原则禁止——例外允许——法律责任”的规范构造，建构起一套具有中国特色的财务资助制度。其中，“原则禁止”系指新《公司法》第163条第1款前半句规定的“公司不得为他人取得本公司或者其母公司的股份提供赠与、借款、担保以及其他财务资助”；“例外允许”包括“具体例外”和“一般例外”，“具体例外”是指新《公司法》第163条第1款后半句规定的公司在员工持股计划中可以对外提供财务资助，“一般例外”是指新《公司法》第163条第2款规定的为公司利益，经股东会决议，或者董事会按照公司章程或者股东会的授权作出决议，公司可以在累计总额不得超过已发行股本总额的10%的范围内为他人取得本公司或者其母公司的股份提供财务资助；“法律责任”是指新《公司法》第163条第3款规定的对于财务资助规则的违反负有责任的公司董事、监事、高级管理人员,应当承担赔偿责任。

财务资助制度未来可得实现的功能主要有三:第一,防范公司通过财务资助行为向潜在股东进行分配,或者变相向公司控股股东、实际控制人等进行利益输送,导致公司资产的实质减少。第二,防范公司利用财务资助行为进行循环增资,冲击公司的资本信用,损害债权人的利益。第三,遏制公司杠杆收购的行为,防止公司通过向他人为在二级市场购买股票而提供财务资助,不当抬升公司股价,损害证券市场的定价机制。当然,新《公司法》中的财务资助制度或多或少可能存在一定的问题,主要包括"概念界定不够周延""效力认定规则缺失""适用对象不够精准"三个方面,有待完善。

二、本次修改的现实依据

不当财务资助行为所引发的现实问题较为突出,但是,我国立法层面并非没有回应。在证监会、国资委出台的相关文件中,事实上已经存在不少规制上市公司、非上市公众公司、国有公司的财务资助行为的探索。

针对上市公司,2018 年《上市公司股权激励管理办法》第 21 条规定:"激励对象参与股权激励计划的资金来源应当合法合规,不得违反法律、行政法规及中国证监会的相关规定。上市公司不得为激励对象依股权激励计划获取有关权益提供贷款以及其他任何形式的财务资助,包括为其贷款提供担保。"2020 年《上市公司收购管理办法》第 8 条规定:"被收购公司的董事、监事、高级管理人员对公司负有忠实义务和勤勉义务,应当公平对待收购本公司的所有收购人。被收购公司董事会针对收购所作出的决策及采取的措施,应当有利于维护公司及其股东的利益,不得滥用职权对收购设置不适当的障碍,不得利用公司资源向收购人提供任何形式的财务资助,不得损害公司及其股东的合法权益。"2023 年《上市公司证券发行注册管理办法》第 66 条规定:"向特定对象发行证券,上市公司及其控股股东、实际控制人、主要股东不得向发行对象作出保底保收益或者变相保底保收益承诺,也不得直接或者通过利益相关方向发行对象提供财务资助或者其他补偿。"

针对非上市公众公司,2020 年《非上市公众公司收购管理办法》第 8 条规定:"被收购公司的董事、监事、高级管理人员对公司负有忠实义务和勤勉义务,应当公平对待收购本公司的所有收购人。被收购公司董事会针对收购所作出的决策及采取的措施,应当有利于维护公司及其股东的利益,不得滥用职权对收购设置不适当的障碍,不得利用公司资源向收购人提供任何形式的财务资助。”2023 年《非上市公众公司监督管理办法》第 16 条规定:“进行公众公司收购,收购人或者其实际控制人应当具有健全的公司治理机制和良好的诚信记录。收购人不得以任何形式从被收购公司获得财务资助,不得利用收购活动损害被收购公司及其股东的合法权益。在公众公司收购中,收购人应该承诺所持有的被收购公司的股份,在收购完成后十二个月内不得转让。”

针对国有公司,2016 年《关于国有控股混合所有制企业开展员工持股试点的意见》在“企业员工入股”部分规定:“试点企业、国有股东不得向员工无偿赠与股份,不得向持股员工提供垫资、担保、借贷等财务资助。持股员工不得接受与试点企业有生产经营业务往来的其他企业的借款或融资帮助。”2020 年《中央企业控股上市公司实施股权激励工作指引》第 62 条同样提出:“股权激励对象应当承担行使权益或者购买股票时所发生的费用。上市公司不得直接或通过关联方间接为激励对象依股权激励计划获取有关权益提供贷款以及其他任何形式的财务资助,包括为其贷款提供担保。”并在第 87 条指出了违反财务资助规则所需承担的责任:“上市公司未按照法律法规及相关规定实施股权激励计划的,中央企业集团公司应当责令国有控股股东督促上市公司立即进行整改,并对公司及相关责任人依法依规追究责任;在整改期间,中央企业集团公司应当停止受理该公司实施股权激励的申请。”

观察我国现有的财务资助规则体系,主要存在四方面的问题。第一,缺乏概念界定。现有规则仅罗列了部分财务资助行为的可能形式,未从正面明确这一概念的内涵。第二,适用对象有限。现有的财务资助规则仅适用于少数特别的公司类型。第三,规则缺乏弹性。现有规则对于公司的财务资助行为一律采用禁止态度,未设置例外条款。第四,法律责任不明。现有规则仅概括性地规定了违反财务资助规则的责任,对于该责任的性质及基础均未明确。有基于此,新《公司法》需要对已有的财务资助制度规范进行整合,从概念之界定、适用对象与范围之明确、法律责任之体系化等多个角度建构起完整的财务资助规则体系,从而为法律适用提供明确指引,更好规制当事人的行为,避免公司、中小股东、债权人等利害关系人的利益受损。

三、公司财务资助制度的理论阐释

(一)公司财务资助的界定模式与立法模式

1. 财务资助行为的界定模式

域外对于财务资助行为的界定模式并不相同,目前主要有三种模式:第一种是笼统地在法条中指出公司(或子公司)不得为他人取得本公司(或母公司)的股份提供经济帮助,典型代表是澳大利亚公司法。第二种可称为行为形式标准,通常规定财务资助是公司直接或者间接地预付资金或提供借款或担保,以便第三方收购其股份,典型代表是《欧盟公司法第二指令》以及德国公司法。第三种则系行为形式标准和净资产实质标准并存的界定模式,通常规定财务资助是以赠与、借款、担保、赔偿、债务免除和其他导致公司净资产减少的方式为他人取得公司股份提供帮助,典型代表是英国公司法。

财务资助的含义存在不同的界定模式,主要肇因于不同国家和地区的相关规定对财务资助行为性质及其制度定位的认识差异。目前,大多数国家和地区的相关规定将财务资助定性为分配行为,将之置于资本维持体系之下予以规制,但也有少数国家和地区另辟蹊径,直接基于财务资助的经营属性,将其与公司向股东、董事、管理层借款的行为视为相似情形而一并规范。

2. 财务资助制度的立法模式

财务资助行为在各国或地区立法中其实皆有所体现,只是一些国家或地区基于该行为的特殊性质,将其制度化并予以规制。而凡是对该行为予以专项规制的立法,其共性在于对财务资助行为采取负面评价或原则上禁止的态度。

英国是最具代表性的采取原则禁止财务资助立法模式的国家。早在1887年,英国上议院在Trevor v. Whitworth一案的判决中即存在禁止财务资助制度的雏形。第一次世界大战后,很多英国公司经营良好,取得了商业上的巨大成功,积累了丰富的现金资产,但公司无法很好地管理它们的资产,股权变动比较频繁,英国的格林尼委员会(Greene Committee)在审查1908年"公司合并法令"时,收到了大量前股东关于被他人利用本公司的财产收购本公司的投诉。格林尼委员会认为这一交易实践非常不恰当,会导致公司资产的严重滥用,实质上属于公司收购自己的股份,因此在1926年发布的报告中提议禁止公司直接或间接为他人购买自己的股份提供借款、保证或其他形式的财务资助,除非是借贷公司的正常经营业务或公司员工持股计划及类似事项。[①] 这一规则最终在《英国1929年公司法》第45条中得以明确，其将财务资助行为确立为一项应予禁止的法定罪行。而后禁止财务资助规则又被重新整理为《英国1948年公司法》第54条："禁止公司直接或间接为第三方购买本公司或母公司股份提供任何财务资助，但借贷公司的正常经营业务与公司员工持股计划除外。"随着公司实践的发展，财务资助制度不再是仅为促使或帮助对方购买自身股份，而具有了更多元的目的。英国公司法于1981年对财务资助进行了一定的修改，并为《英国1985年公司法》所接纳。此时，财务资助原则上依然被禁止，但立法增设了主要目的例外、无条件例外（分红、清算）、附条件例外（基于正常业务、为员工持股计划提供资助）三种例外规则，并排除了这一制度对于非上市公司的适用。[②]

德国在1930年的判例中也确定了禁止财务资助的规则，其禁止公司通过提供贷款或者担保的方式来获取股份。欧洲经济共同体关于财务资助制度的规定始于1973年英国加入欧洲经济共同体，在英国的要求下禁止财务资助制度被规定于"第二理事会指令"。新加坡、澳大利亚、新西兰、马来西亚等英联邦国家随后亦在本国的公司法中对于财务资助行为采取了原则禁止的态度。[③] 不过随着实践的发展以及商事观念的转变，相关立法对财务资助的态度也有所缓和，规制模式更为灵活，承认了更多财务资助的例外规则。

（二）新《公司法》中财务资助制度的引入争议与建议

1. 财务资助制度的引入争议

新《公司法》对财务资助制度采用了"原则禁止，例外允许"的立法模式。这一模式整体上坚持了资本维持原则的价值面向，防范公司通过财务资助行为造成公司资产向股东的实质流动。但是，对于这一立法模式，学界也存在不少怀疑的声音。有观点认为，财务资助制度不会有损于公司的资本维持：公司提供财务资助后，未必直接导致公司资产减少，而很可能是资产形态发生变化，不直接损害公司资本。更有观点认为，一部分财务资助行为不仅无害于公司，还

① 参见皮正德：《禁止财务资助规则的公司法建构》，载《法学研究》2023年第1期。

② 参见林少伟：《英国现代公司法》，中国法制出版社2015年版，第665页。

③ 参见张弓长：《论公司财务资助的价值面向和规制结构》，载《华东政法大学学报》2023年第3期。

有可能对公司有利。例如,公司资助有商业才华的企业家收购公司,该企业家收购公司后,不仅改善了公司治理,而且研发了有价值的产品,让公司市值实现了大幅度增长,公司和债权人都能从中受益。又如,公司将资金借贷给他人在二级市场购买本公司股份,公司通过借贷收回了本金并获得丰厚利息,该财务资助行为也使得公司和债权人都从中获利。

即便认可财务资助行为可能有损于公司的资本维持原则,由于近年来,世界主要公司法例普遍由资本维持模式转向清偿能力测试模式,对于资本维持行为的规制强度也应有所缓和。在资本维持模式之下,公司法在资本流出环节呈现出过度规制、宽严失当的现象。相较而言,清偿能力测试模式的逻辑起点是债权人放弃了公司资本的担保价值和清偿功能,而更关注日有所变的企业流动性,更强调通过严格的事后责任促进董事会审慎进行商业决策。在这一模式之下,无须刻意对财务资助行为予以特别规制,财务资助行为可能引发的不当分配的问题,完全可以通过合同法、破产法等法律机制予以实现。例如,美国就并未专门规定财务资助制度,其以《美国统一欺诈性转让法》为基础,通过对撤销权构成要件的扩展,明确了“欺诈转让行为”的范围、债权人救济权与受让人抗辩权的界定模式,旨在通过禁止债务人从事限制其偿债能力的交易来保护债权人,以债权人撤销权发挥债权人保护的同质效果。又如,《欧洲示范公司法》也一度试图搁置财务资助规则,只不过后来考虑到欧盟公司法指令对公众公司已经作了规定,于是相应地规定了财源规制、股东会的决议控制、管理机构的信息报告等要求。除此之外,在已经对财务资助行为有所规制的国家或地区,相关立法也开始吸收清偿能力测试模式的特点,对财务资助制度予以改造,例如要求公司董事在提供资助后的 15 日内,对外作出偿付能力的陈述。如果之后财务资助的行为导致了损失的发生,则董事需要对此承担责任。

2. 财务资助制度的立法建议

对于新《公司法》第 163 条关于财务资助的条款,有学者建议,将本条适用范围限制在公众公司,并且在财务资助的种类中增加“补偿”方式。亦有学者主张进一步扩大责任主体范围,在第 3 款中将“实际控制人”增加为责任主体。也有实务部门人士对于现有财务资助制度的规定提出批判,认为禁止财务资助的规定适用于所有股份有限公司似乎没有必要,建议仅适用于上市公司,对于非上市的股份有限公司是否允许财务资助,可以参照有限责任公司,由公司自治。[①]

(三)公司财务资助制度的域外规则参考

1.《英国2006年公司法》

英国公司法中的禁止财务资助制度起源较早、发展历程悠久,规则比较具有典型性。基于“原则禁止——例外允许”的思路,区分公众公司与私人公司,《英国2006年公司法》存在专门针对财务资助行为的丰富的规范体系。

《英国2006年公司法》第677条第1款是关于“财务资助”的含义的规定:“在本章中,财务资助是指(a)以赠品方式提供的财务资助;(b)以下列方式提供的财务资助:(i)保证、担保或补偿(除对于补偿人自己的过失或失责的补偿外),或者(ii)免除或放弃;(c)以下列方式提供的财务资助:(i)贷款或任何其他协议,根据该协议资助人的任何义务将被履行,而同时根据该协议,协议其他当事人的任何义务仍未被履行,或者(ii)根据贷款或该其他协议而产生的权利之更新或转让;(d)在下列情形下,公司提供的任何其他财务资助:(i)公司净资产因资助之提供而实质性地减少,或者(ii)公司没有净资产。”

《英国2006年公司法》第678条是关于对取得公众公司股份的资助的规定:“(1)当一个人正或计划取得公众公司的股份时,该公司或该公司的子公司在取得发生之前或之时为取得之目的而直接或间接提供财务资助,是不合法的。(2)第(1)款不禁止公司为了取得其或其控股公司的股份而提供财务资助,如果(a)公司提供资助的主要目的不是为任何该取得之目的而提供资助,或者(b)为了该目的而提供资助,只是公司某个更大目的的附带部分,并且资助为了公司利益而被善意地提供。(3)当(a)一个人已经取得公司股份,并且(b)为取得之目的(那个人或其他人)已经产生责任,如果在提供资助之时,股份被取得的公司是公众公司,则该公司或该公司的子公司为减少或清偿责任之目的而直接或间接提供财务资助,是不合法的。(4)第(3)款不禁止公司提供财务资助,如果(a)公司提供资助的主要目的不是为取得公司或其控股公司股份之目的而减少或清偿一个人产生的任何责任,或者(b)减少或清偿任何该责任,只是公司某个更大目的的附带部分,并且资助为了公司利益而被善意地提供。(5)本条

① 参见陈召利:《关于公司法修订草案(三审稿)的修改建议》,载微信公众号“利眼观察”2023年9月28日,https://mp.weixin.qq.com/s/JAPoWv4KFHyuEeXMejb2Ng。

的效力,受限于第681条和第682条(对禁止的无条件和附条件例外)。”

《英国2006年公司法》第682条是关于禁止财务资助模式下的例外条款的规定:“(1)第678条和第679条都不禁止本条所适用的交易(a)如果提供资助的公司是私人公司;(b)如果提供资助的公司是公众公司,并且(i)公司具有不因资助之提供而减少的净资产,或者(ii)在那些资产被这样减少的范围内,资助是从可分配利润中提取的。(2)本条所适用的交易是(a)当借款是公司正常经营的一部分时,在公司正常经营过程中的借款;(b)为雇员持股计划之目的,公司为了公司或其控股公司的利益而善意提供财务资助;(c)公司为其(或同一个集团中的其他公司)为了授权或推进首先提及之公司或其控股公司的股份在下列人员之间并涉及下列人员取得那些股份之受益所有权的交易所做的任何事情之目的或与此相关联而提供财务资助(i)该公司(或同一个集团中的其他公司)善意的雇员或前雇员,或者(ii)任何该雇员或前雇员的配偶或同伴,寡妇、鳏夫或幸存同伴,或未成年子女或继子女;(d)为了使那些人以受益所有权的形式取得并持有公司或其控股公司的全额已缴付股份,公司向被公司善意雇用的人(除董事外)提供贷款。”

2. 我国香港地区《公司条例》

我国香港地区《公司条例》中的不少规则是英国法的承继,比如“原则禁止——例外允许”的模式。我国香港地区《公司条例》的规定相较《英国2006年公司法》更清晰,其包括并不限于承认了违反财务资助行为的行政或刑事责任,指出了违反财务资助行为的效力,引入了清偿能力测试的相关规则,细化了禁止财务资助行为模式下的例外规则。

我国香港地区《公司条例》第275条是关于禁止为购入股份或为减少或解除因购入招致的债务而提供资助的规定。该条分为四款,包括:“(1)除本分部有所规定外,如任何人正进行购入或正建议购入某公司的股份,在该项购入进行之前或同时,该公司或其任何附属公司不得为该项购入而直接或间接提供资助。(2)如(a)某人已购入某公司的股份;而(b)任何人为该项购入而招致债务,则除本分部有所规定外,该公司或其任何附属公司不得为减少或解除该项债务,而直接或间接提供资助。(3)(由2018年第35号第27条废除。)(4)如公司违反第(1)或(2)款,该公司及其每名责任人均属犯罪,可各处罚款$150000及监禁12个月。”

我国香港地区《公司条例》第276条是关于违反禁止财务资助行为的效力的规定。该条规定:“如公司在违反本分部的情况下提供资助,则该项资助及与其有关联的任何合约或交易的有效性,不得仅因该项违反而受影响。”第277条是关于财务资助的“一般例外”的规定。该条所指出的例外情形包括公司的资产以合法派发股息的形式分派和在该公司的清算过程中分派、红股配发、按法律要求回购或回赎股份等情形。

我国香港地区《公司条例》第280条则是关于雇员参股计划的“具体例外”的规定。第283条是关于禁止财务资助行为模式下的“一般例外”的规定。该条规定:(1)如符合以下条件,公司可为购入其股份或其控权公司的股份而提供资助,或为减少或解除为该项购入而招致的债务而提供资助(a)董事在提供该项资助前议决(i)该公司应提供该项资助;(ii)提供该项资助符合该公司的最佳利益;及(iii)提供该项资助的条款及条件,对该公司而言属公平及合理;(b)董事通过该项决议的同一日,表决赞成该项决议的董事就提供该项资助作出符合第2分部的偿付能力陈述;(c)该项资助加上任何其他根据本条提供但尚未偿还的资助的总数,不超过该公司的已缴股本及储备(以公司最新经审计的财务报表内披露者为准)的5%;及(d)该项资助是在根据(b)段作出偿付能力陈述的日期后的12个月内提供的。(2)董事根据第(1)(a)款通过的决议,须详列他们对第(1)(a)(i)、(ii)及(iii)款提述的事宜所下结论的理由。(3)在第(1)(c)款中,提述任何其他根据本条提供但尚未偿还的资助,包括以担保或保证的形式提供的资助的款额,而在提供该资助时,公司是仍然就该担保或保证负有法律责任。(4)公司须在根据本条提供资助后的15日内,向其每名成员送交根据第(1)(b)款作出的偿付能力陈述的文本,及载有下列资料的通知(a)提供该项资助所关乎的股份的类别及数目;(b)已就或须就该等股份支付的代价;(c)获得该项资助的人的姓名或名称,如获得资助的人是不同的人,该等股份的实益拥有人的姓名或名称;(d)该项资助的性质、条款及款额。第284条是关于财务资助行为需经公司所有成员批准的规定。第285条则是关于借普通决议而提供财务资助的规定。

3. 德国公司法

德国法将财务资助作为变相股份回购的情形加以对待,未赋予其在立法上独立的地位。具体在《德国股份公司法》中,禁止财务资助规范被规定为第71

条“取得自己的股份”规定之下的一种情形，其第71(a)条规定：“(1)以取得公司股票为目的，通过公司为他人提供预付担保或者贷款担保或者作出保证的法律行为无效。上述规定不适用于信贷机构或者金融服务机构日常营业范围内的法律行为，不适用于以获得股票为目的、通过公司或其关联企业的员工作出的预付担保或者贷款担保或者保证；公司在取得股票之时，如果不减少基本资本或者依据法律、章程应提取的不得用于向股东进行支付的公积金，则不能提取取得股票所需数额的公积金，上述情形中的法律行为亦为无效。此外，第1句不适用于存在控制或者盈余转移合同时的法律行为。(2)此外，公司与他人之间的法律行为，依据该行为该他人应有权或者有义务公司之计算或者公司的一个从属企业或者多数参股企业之计算取得公司股票，只要通过公司的取得违反第71条第(1)款或者第(2)款的规定，则该法律行为无效。”

四、新《公司法》规定解读与延伸问题

(一)新《公司法》的规定与解读

新《公司法》关于公司财务资助制度的规定如下：

> **第163条** 公司不得为他人取得本公司或者其母公司的股份提供赠与、借款、担保以及其他财务资助，公司实施员工持股计划的除外。
>
> 为公司利益，经股东会决议，或者董事会按照公司章程或者股东会的授权作出决议，公司可以为他人取得本公司或者其母公司的股份提供财务资助，但财务资助的累计总额不得超过已发行股本总额的百分之十。董事会作出决议应当经全体董事的三分之二以上通过。
>
> 违反前两款规定，给公司造成损失的，负有责任的董事、监事、高级管理人员应当承担赔偿责任。

1. 财务资助的原则禁止及具体例外

新《公司法》第163条第1款规定了对公司提供财务资助行为的“原则禁止及具体例外”情形，“原则禁止”系指“公司不得为他人取得本公司或者其母公司的股份提供赠与、借款、担保以及其他财务资助”，“具体例外”则系指公司在员工持股计划中可以对外提供财务资助。

对于“原则禁止”的行为，具体应作如下理解：

其一,“本公司或者其母公司”中的两个“公司”均指“股份有限公司”。基于体系解释,该规定仅居于新《公司法》“股份有限公司的发行与转让”的章节之中,而在“有限责任公司的股权转让”一章中并无体现。

其二,“他人”系指公司的潜在股东。与减资、股份回购、股份回赎相比,财务资助并非公司与股东之间的直接交易,而是和公司股份的购买者之间的交易,但可能由于财务资助而为原股东的退出和新股东的加入“铺平了道路”。但为了防止本规定被轻易规避,“他人”也可以指公司股东。

其三,“取得本公司或者其母公司的股份”中的“股份”,系指股权凭证或者未来可转换为股权凭证的可转换公司债券。但是,不应当包括纯粹的债权性凭证。该条法律在适用过程中,需要法官穿透复杂的交易形式的商业本质,认定当事人的行为是否属于“取得股份”。

其四,“赠与、借款、担保以及其他财务资助”指向公司的财务资助形式。此处采取了明示+兜底列举的方式。对于“赠与”事项,公司向他人购买本公司股份提供无偿资助的,将直接导致公司资产减少并不当流出,现实损害公司资本充实利益,原则应予禁止。对于“借款”事项,他人购买本公司股份,公司以自有资金向其提供借款的,该部分资产将转型为公司债权,公司将面临新增的债务偿付风险。如果被资助人不能按期足额偿还借款,并且其主要的责任财产为公司股份,意味着公司只能通过获取自己股份实现债权,使财务资助最终演变为股份回购行为,此过程中亦存在公司资产减少且实质流向未来股东或原股东的问题,构成对未来股东或原股东的变相分配。对于“担保”事项,公司以担保形式为他人取得本公司股份提供财务资助的,当被资助人无力清偿债务时,公司资产会因公司承担担保责任而减少。当公司不行使追偿权时,公司替被资助人清偿债务的行为实质上亦构成公司向被资助人变相分配财产利益,损害了公司、其他股东和公司债权人的合法权益。对于“其他财务资助”这一兜底事项,则应秉持实质重于形式的判断标准,主要剖析该财务资助行为是否会导致公司净资产减少,是否构成公司资产向未来股东或原股东的变相分配。

其五,公司的财务资助行为与他人取得公司股份之间应存在直接的因果关系,避免该制度打击面过宽。由此,对于实践中公司出于寻找潜在的公司股份购买人的目的而向投资银行或专业顾问支付服务费用的行为,因缺乏资助行为与股份取得之间的直接因果关系,不宜直接认定为财务资助。

对于新《公司法》中所设定的"公司实施员工持股计划"的"具体例外",应作如下解释:公司为了实现内部股权社会化和经济民主,允许公司员工通过员工持股计划取得本公司股份。但是,由于员工薪酬收入的购买力有限,多数情况下难以购买公司股份,此时应允许公司对于员工持股提供财务资助,此时公司的资助行为无须受到任何的财源限制。此处的例外条款的设置,体现了我国商事立法对于"员工持股计划"一贯的宽容态度,新《公司法》第162条中关于公司股份回购的例外规定,《证券法》第9条中关于公开发行证券的例外规定,均包括"员工持股计划"的情形。

2. 财务资助的"一般例外"

新《公司法》第163条第2款规定了财务资助的"一般例外"的情形,具体可归纳为"实质要件""程序要件""资本比例要件"三个层面。

"实质要件"所指向的是本款中的"为公司利益"。"公司利益"源于公司的人格独立,因而其区别于股东利益、债权人利益以及员工利益等利益相关者的利益。现代公司治理中,"公司利益"通常落脚于董事这一公司受托人的忠实义务和勤勉义务之上。具体到一般意义上的财务资助行为中的公司利益,系指公司的资助行为不得减少公司净资产,不得构成公司资产向未来股东或原股东的变相分配。由此,董事违反该项义务而造成不当分配时,需依新《公司法》第163条第3款的规定向公司承担损害赔偿责任。

"程序要件"所指向的是本款中的"股东会决议或授权董事会决议"模式,该模式意在协调公司财务资助行为的灵活性与股东利益的维护。由于资本的不当流出,给公司造成利益损失的同时通常将间接损害公司中小股东的利益,因此本款规定财务资助事项原则上由股东会决议,例外情况下方由董事会决议,通过事先规制的手段维护公司和中小股东的利益。不过,此处规定尚缺乏关于股东会决议比例的内容。基于新《公司法》对于财务资助行为的谨慎态度,以及关于董事会决议比例的特别多数决的要求,此处也有必要将股东会决议比例认定为特别多数决,以实现制度之间的协调。

"资本比例要件"所指向的是本款中的"财务资助的累计总额不得超过已发行股本总额的百分之十"的规定,这同样是对董事会基于商业判断对财务资助行为的决策权的限制,属于对财务资助行为的事先监督。事实上,域外制度在财务资助规则上也不乏资本比例的限制要件,但是其与"程序要件"的关系通常是择一的，当授权公司在不超过一定注册资本比例内提供财务资助后，便不需要经过公司股东大会或股东的审批，但须向公司股东进行通知。相较之下，新《公司法》此处的规定将“程序要件”与“资本比例要件”相结合，更加鲜明地体现了我国对于财务资助行为的资本维持规则的制度定位。

3. 违法提供财务资助的法律责任

新《公司法》第 163 条第 3 款要求违反财务资助规则造成公司损失的公司董事、监事、高级管理人员承担赔偿责任。

首先，此责任应为过错责任，并且公司损失与违法财务资助行为间应当具有因果关系，如果违法财务资助行为并未给公司造成损失，则相关责任主体无须承担责任。

其次，各主体因其行为的过错程度有差异，最终承担的责任范围也应当存在差异。对于董事而言，如其未尽到义务去查明财务资助行为是否对公司有益，是否损害公司偿付能力和公司的资金流动性时，可能因违反受信义务而需对全部损失承担损害赔偿责任。对于高级管理人员而言，由于其系公司财务资助行为的执行者，同样应对违法财务资助行为造成的全部损失对公司负责。至于监事，由于其仅承担监督义务而不直接参与财务资助行为的决策执行，其仅应在监督不力的范围内承担相应的责任。

再次，损害赔偿请求权主体系公司，但是，基于禁止财务资助行为所彰显的资本维持属性，债权人亦可通过新《公司法》第 191 条直接向对违法财务资助行为存在故意或重大过失的董事或高级管理人员主张损害赔偿责任。

最后，新《公司法》第 163 条第 3 款仅规定了违法财务资助的民事责任，相较而言，域外制度普遍存在相应的行政或刑事责任，新《公司法》在这一问题上则尚付阙如。但是，这并不意味着新《公司法》责任体系不周延，而是行政或刑事责任应具有谦抑性，对于此项新引进的制度，完全可以在对其法律适用效果留待观察后，再决定是否配套严苛的行政或刑事责任的规定。

（二）延伸问题

总体而言，新《公司法》参考域外制度经验，吸收本土实践规则，按照“原则禁止——例外允许——法律责任”的逻辑，科学建构了我国的财务资助制度，值得肯定。但是新《公司法》也存在一些未尽的遗憾之处。

1. 财务资助行为的概念界定不够周延

新《公司法》对于财务资助行为的定义，采取了“列举 + 兜底”的做法，列举的目的主要是明确典型情形，为司法适用提供示范，但目前来看，条文仅包含增加他人利益之情形(赠与、贷款、担保)，欠缺减少他人不利益(如免除义务)之列举。在列举模式力有不逮的情况下，应当通过兜底表述概括财务资助行为的共同特征，然而现有的条文表述同样难以达成这一目的，并且有循环定义之嫌。从比较法看，英国财务资助规则兜底采取的标准为“净资产实质性减少”，在实践中还发展出了“减少的百分比”与“减少的总数额”两种解释方式。[①] 新《公司法》在这一方面回应不足，有待后续司法解释的明确。

2. 不当财务资助行为的效力认定规则缺失

新《公司法》规定了不当财务资助时的法律责任，但是并未规定不当财务资助行为本身的效力。域外相关规定对此认识不一，交易无效或者交易效力不受影响的规定均见诸成文法中，我国学者亦对这一问题存在不同认识。有观点认为，应参照越权担保的规则认定财务资助行为的效力，此时应当对接受财务资助的相对人的主观状态进行判断，如果相对人为善意，履行相应的决议审查程序后，那么应当认定财务资助协议有效，公司应当履行。如果相对人恶意，那么财务资助协议无效，此时公司无须继续进行交易，也不会产生任何损失，但此时相对人可以基于财务资助协议要求协议主体中的董事、监事或高级管理人员承担违约责任。[②] 也有学者持有不同观点，认为财务资助合同应直接作无效认定。从财务资助制度目的来看，如果非法财务资助合同能履行，实际就股权取得提供非法财务支持，不是禁止财务资助规范的立法目的所能接受的。因而，新《公司法》第 163 条第 1 款中的“不得”应作效力性强制规定的理解，进而依据《民法典》第 153 条对此合同作无效认定，没有区分原则适用余地。[③] 对此，我们赞同后一种理解，此处应当作强制性规定的解释，从而避免公司利益因财务资助行为受损，并进而为中小股东或债权人带来不利。

---

① 参见葛伟军：《英国公司法要义》，法律出版社 2014 年版，第 162 页。

② 参见张弓长：《论公司财务资助的价值面向和规制结构》，载《华东政法大学学报》2023 年第 3 期。

③ 参见陈克：《公司资本制度的整体化改进——公司法草案评析(三)》(下)，载微信公众号“天同诉讼圈”2022 年 6 月 7 日，https://mp.weixin.qq.com/s/gDPOzmVqL2CC2efOYOC6Cg。

3. 财务资助制度的适用对象不够精准

新《公司法》将财务资助的适用对象限定于股份有限公司。立法机关作此规定可能系参考了英国法的规定,《英国2006年公司法》相较《英国1985年公司法》在财务资助规制领域作出革新,财务资助禁令的适用对象仅包括公众公司而不再包括私人公司。作此修改的原因英国法没有明确阐述,我们认为,其无非基于公众公司相较私人公司的治理模式更加复杂,规模更大,涉及主体与利益更加多元,故而更有提高规制强度并施行强制性规范之必要。但是,这一逻辑系建立在其公众公司与私人公司存在明显区分的前提之下,相较而言,我国的有限责任公司和股份有限公司类型差异并不显著,作此区分对待并无必要。除了少数上市公司或非上市公众公司,大多数股份有限公司也与有限责任公司一样封闭性特征较为明显,禁止财务资助制度背后所彰显的规制目标或者规制强度其实是一致的,此时有必要对股份有限公司与有限责任公司予以统一对待。事实上,从新《公司法》第163条第2款的"资本比例要件"来看,立法机关也更多是想借这一制度设计防范上市公司的杠杆收购,防止公司不正当影响公司的股价。[①] 如果侧重这一制度目的,新《公司法》将财务资助制度仅适用于上市公司即可,否则导致该制度的打击面不当扩大。基于我国实践中公司类型与立法机关预设模式的差异性,关于财务资助制度适用对象,未来可能还需留待司法解释加以限定,更为精准地发挥其制度功能。

① 参见沈朝晖:《财务资助行为的体系化规制——兼评释2021〈公司法(修订草案)〉第174条》,载《中国政法大学学报》2022年第5期。

PART 03

第三编

公司股东与股东权利

专题十二 有限责任公司股权变动模式①

一、新《公司法》修改的主要内容

有限责任公司股权变动模式,简称股权变动模式,意在指股权的发生、内容变更和消灭的模式。如何确定有限责任公司股权变动模式一直是我国公司法学界和实务界亟待解答却未能形成共识的问题。

新《公司法》在第 86 条第 2 款新增规定,股权转让的,受让人自记载于股东名册时起向公司主张行使股东权利。根据该款规定,记载于股东名册,是股权受让人向公司主张股东权利的充分条件。同时,新《公司法》第 34 条第 2 款规定,公司登记事项未经登记或者未经变更登记,不得对抗善意相对人。根据该款规定,股权登记具有公示效力,未经登记不得对抗善意相对人。由此,新《公司法》将股东名册变更作为股权变动的生效要件,将股权登记作为股权变动的对抗要件。鉴于股权变动模式问题比较重要,有必要对其进行深入的理论阐释和规范解读。

二、本次修改的现实依据

股权变动模式的核心要义在于确定股权变动的时点,也即股东身份何时发

① 前期发表版本参见邹学庚:《股权变动模式的理论反思与立法选择》,载《安徽大学学报(哲学社会科学版)》2023 年第 6 期。

生移转、股权何时脱离转让人的责任财产进入受让人的责任财产，牵涉多方核心法律利益。譬如，股权变动模式决定了，股权转让合同中的转让人何时完成交付股权的义务；决定了何者对公司享有股东权利、应承担股东义务；决定了股权转让人或者股权受让人的个人债权人，何时有权以标的股权为债之清偿；决定了在股权代持中，名义股东之债权人申请强制执行代持股权时，实际出资人是否有权通过执行异议、执行复议、执行异议之诉排除强制执行。诸如此类的重大民商事法律问题，不胜枚举。由此，在立法上明确股权变动模式，对正确规范股东与公司之间的权利义务，理顺转让人、受让人与第三人之间的法律关系，维护市场秩序和保护交易安全具有重大法律意义。

(一)股权变动模式的立法演进

关于有限责任公司股权变动模式问题，新《公司法》颁布前，我国法律并未作出明确规定，但存在一些相关的法律规定，具体如下：

(1)原《公司法》第32条规定："有限责任公司应当置备股东名册，记载下列事项：(一)股东的姓名或者名称及住所；(二)股东的出资额；(三)出资证明书编号。记载于股东名册的股东，可以依股东名册主张行使股东权利。公司应当将股东的姓名或者名称向公司登记机关登记；登记事项发生变更的，应当办理变更登记。未经登记或者变更登记的，不得对抗第三人。"根据该规定，有限责任公司应当置备股东名册，记载于股东名册是股东向公司主张股东权利的充分条件，未变更股权登记的，不得对抗第三人。在原《公司法》下，通说认为，有限责任公司股权变动模式基本上是以股东名册变更为生效要件，股权登记为对抗要件。然而，在实践中，我国绝大多数的有限责任公司未置备股东名册，这使得以股东名册变更作为股权变动生效要件的模式缺乏适用的现实依据。

(2)2019年《九民纪要》第8条【有限责任公司的股权变动】规定："当事人之间转让有限责任公司股权，受让人以其姓名或者名称已记载于股东名册为由主张其已经取得股权的，人民法院依法予以支持，但法律、行政法规规定应当办理批准手续生效的股权转让除外。未向公司登记机关办理股权变更登记的，不得对抗善意相对人。"根据该规定，《九民纪要》将记载于股东名册作为股权变动的生效要件，将股权变动登记作为对抗要件。同时，考虑到实践中部分公司管理不规范，存在未设股东名册的情况，最高人民法院指出，股东名册变更的实质是公司认可，审判实践中可以根据案件实际审理情况，考虑公司章程、会议纪要等文件，认定股东名册是否变更。①

（3）还值得关注的是，原国家工商行政管理局2000年发布的《关于股权转让有关问题的答复》（工商企字〔2000〕第263号）规定，“股东转让股权，出让人与受让人签订转让协议后，受让人直接支付出让人已缴付公司的出资额，不必再向公司重新入资，经公司登记机关核准变更登记后，成为公司股东”。根据该文件，股权登记是股权变动的生效要件，股权受让人经公司登记机关核准变更登记后，成为公司股东。但需要注意的是，该文件已于2006年被废止，并且在法律效力层级上，该文件仅属部门规范性文件。

总体而言，新《公司法》之前的法律法规，并未对有限责任公司股权变动模式作出明确的规定，但总体上认为，有限责任公司股权变动以记载于股东名册为生效要件，以股权登记为对抗要件。

（二）涉股权变动模式的司法实践样态

立法上股权变动模式的不明确，在司法实践中催生了大量涉股权变动模式的疑难案件。譬如，股权转让合同下，股权转让人何时完成了交付股权的义务？股权代持中，实际出资人和名义股东，谁是公司真正合法有效的股东？等等。《九民纪要》出台后，最高人民法院对公司纠纷采“区分内外”的裁判理念，即在公司内部关系上，倾向于尊重公司自治，在外部关系上，倾向于尊重权利外观。然而，这种“区分内外”的裁判理念，在关涉股权变动模式的司法案件裁判中，存在裁判逻辑上的不融贯。

以实践中多发的股权代持纠纷为例。依“区分内外”的裁判理念，在公司内部关系中，法院往往以当事人之间的真实意思表示来确定股权归属，认定代持股权归属于实际履行或者承担出资义务、实际参与公司经营管理的隐名股东。譬如，在华夏银行股份有限公司与联大集团有限公司股权确权纠纷上诉案中，最高人民法院认为，虽然润华集团并非华夏银行股份有限公司章程中记载的股东，也未登记于工商登记材料中，但工商登记材料并没有创设股东资格的效果，工商登记并非设权程序，而是一个证权程序，工商登记材料是证明股东资格的表面证据。故在出现出资纠纷时，股东的确定不能仅以工商登记为准。名义股

① 参见最高人民法院民事审判第二庭编著：《〈全国法院民商事审判工作会议纪要〉理解与适用》，人民法院出版社2019年版，第135页。

东与隐名投资人之间发生股权确认纠纷,应当根据当事人之间的约定探究其真实意思表示。[①] 相应地,在公司外部关系中,法院往往以外观主义来确定股权归属,认定代持股权归属于记载于股东名册、登记于工商登记、占有股权形式要件较多的名义股东。譬如,在申银万国证券股份有限公司与上海银行股份有限公司福民支行、上海国宏置业有限公司财产权属纠纷案中,上海市高级人民法院认为,即使按申银万国证券股份有限公司所称其与上海国宏置业有限公司存在实际的代持股权关系,申银万国证券股份有限公司要求确认系争法人股归其所有的主张,依法亦不能予以支持。因为,申银万国证券股份有限公司与上海国宏置业有限公司签订股权转让协议后已在中登公司办理了股权转让的变更登记手续,故系争股权已移转于受让人上海国宏置业有限公司名下,即股权变动已发生法律效力。根据我国《公司法》和《证券法》的相关规定,公司股权转让应办理变更登记手续,以取得对外的公示效力,否则不得对抗第三人。该规定遵循的是商法的外观主义原则,立法目的在于维护商事交易安全。[②] 由此,同一股权因"内外关系"不同,时而归属于隐名股东,时而归属于名义股东,存在逻辑上的不融贯。

问题还不止于此,上述逻辑矛盾在公司内部关系与外部关系直接发生关联和冲突时被推演到了极致,严重影响了类案公正。在名义股东之债权人申请强制执行名义股东名下股权的场合,若认为代持股权归属于名义股东,则代持股权构成名义股东之责任财产,其债权人当然有权申请强制执行,无须赘言。若认为代持股权归属于隐名股东,名义股东之债权人能否强制执行代持股权,理论和实践中众说纷纭:有论者从保护实质正义的角度出发,认为代持股权并非名义股东之责任财产,名义股东之债权人无权申请强制执行;另有论者认为仅有名义股东之善意交易相对人有权申请强制执行代持股权;[③]还有论者对上述

① 华夏银行股份有限公司与润华集团股份有限公司、联大集团有限公司股权确权纠纷上诉案,最高人民法院民事判决书,(2006)民二终字第6号。

② 申银万国证券股份有限公司与上海银行股份有限公司福民支行、上海国宏置业有限公司财产权属纠纷案,上海市高级人民法院民事判决书,(2008)沪高民二(商)终字第106号。

③ 参见张勇健:《商事审判中适用外观主义原则的范围探讨与最高人民法院〈关于适用《中华人民共和国公司法》若干问题的规定(三)〉相关条文对照》,载《法律适用》2011年第8期;相关案例可参考中国银行股份有限公司西安南郊支行与上海华冠投资有限公司申请执行人执行异议之诉再审案,最高人民法院民事裁定书,(2015)民申字第2381号。

两种观点皆不认同，其从外观主义和保护交易安全的角度出发，认为无论是名义股东的善意交易相对人还是善意非交易相对人都有权申请强制执行代持股权。[①] 要言之，若代持股权归属于名义股东，则名义股东之债权人将确定性地有权申请强制执行；若代持股权归属于隐名股东，则名义股东之债权人能否申请强制执行，司法处理并不一致。

不难发现，“区分内外”的公司纠纷案件裁判理念，实质上是回避了股权变动模式的问题，在单一地解决公司内部纠纷或外部纠纷时能够在一定程度上实现个案正义，但其并非解决所有涉股权归属纠纷案件的万能良药，一旦内部关系和外部关系相互交织时，其间的逻辑冲突就将直接显现。而事实上，公司法律关系具有很强的涉外性，所谓的内部关系与外部关系相互影响、相互交织，难以明确区分。如果说，以“区分内外”的裁判理念来规避股权变动模式的实定法漏洞是司法实践中不得已而为之的无奈妥协和迂回策略，那么在立法论上，这无论如何不应是公司法立法应有的价值取向和制度设计理念。

综上，有限责任公司股权变动模式亟待新《公司法》予以立法明确，为司法实践提供明确的裁判规范和裁判指引，同时也为社会各界提供一套逻辑清晰、规则明确的行为规范。

（三）社会各界对有限公司股权变动模式的意见和建议

社会各界对有限责任公司股权变动模式问题提出了诸多意见和建议。有学者提出，公司法应规定，当事人双方达成转让合意时，股权即发生变动。也有学者提出，当事人双方达成转让合意时，股权发生变动，待“公司认可”后方可对抗公司。另有学者提出，除当事人之间转让的合意外，还需公司将受让人记载于股东名册，股权才发生变动。还有学者提出，将股权工商登记同时作为股权变动的生效要件。此外，有观点提出，目前关于股权变动模式的规定仍然是不明确的，建议明确赋予股东名册认定股东资格的效力，要求有限公司必须将股东名册提交给公司登记机关备案，同时辅助以变更股东名册和提交备案的义务和责任；可考虑将股东名册变更记载的主体确定为法定代表人；建议明确公司

---

① 参见司伟：《有限责任公司实际出资人执行异议之诉的裁判理念》，载《人民法院报》2018 年 8 月 22 日；最高人民法院相关案例可参考黄某鸣与皮某案外人执行异议之诉再审案，最高人民法院民事判决书，(2019)最高法民再45号。

章程、公司登记、股东名册之间的关系。有学者提出，要解决股东名册和外部工商登记的关系问题。有学者建议，宜明确请求公司履行变更记载义务的主体为转让人或受让人。有学者建议明确书面通知公司和公司应当办理变更登记的时间，比如 2 个月。

三、有限责任公司股权变动模式的理论阐释

(一) 股权变动模式的既有观点及其反思

学界对股权变动模式多有探讨。从既有文献看，对于股权变动是否必须以一定的公示方法为生效要件；若需要，以何种公示方法为要件，学界莫衷一是。以股权变动时点为标准，可将学界有关股权变动模式的观点分为意思主义和形式主义两派。其中，意思主义可进一步细分为纯粹意思主义和修正意思主义。形式主义中依“形式”的不同，可细分为以公司内部股东名册为“形式”的记载形式主义和以公司外部工商登记为“形式”的登记形式主义两类。除以上四种观点外，司法实践中还广泛存在“综合说”的意见。

1. 纯粹意思主义及其反思

纯粹意思主义认为股权变动无须以公示为生效要件，当事人意思表示一致即股权转让合同生效时，股权发生变动。[①] 我们认为，这种观点忽视了股权变动中对人性和对世性法律关系的变动。通过前文分析可知，股权变动过程中，既具有对人性法律关系的变动，也存在对世性法律关系的变动，这使得股权既具有合同属性又具有财产权属性。在合同属性方面，合同权利义务的概括转让需经合同相对人同意，纯粹意思主义直接以转让人和受让人的意思表示变动股权，而无视其他合同参与方的同意权，存在极大的理论缺陷。在财产权属性方面，依财产权法定主义原理，[②]作为一种财产权的股权，其设置和变动规则都须由法律直接加以规定，而不允许当事人意定，否则将有损第三人利益之虞。纯粹意思主义仅以当事人之间的合意变动股权，忽视了股权作为财产权的对世性，并不足取。

---

① 参见李建伟：《公司法学》，中国人民大学出版社 2011 年版，第 241 页。

② 有关财产权法定主义的原理，参见王涌：《财产权谱系、财产权法定主义与民法典〈财产法总则〉》，载《政法论坛》2016 年第 1 期；王涌：《私权的分析与建构：民法的分析法学基础》，北京大学出版社 2020 年版，第 255—260 页；梁慧星、陈华彬：《物权法》，法律出版社 2010 年版，第 67—69 页。

另外,纯粹意思主义亦未能考虑到公司法关于股权转让规范的强制性,仅以当事人之间的意思表示变动股权,有失偏颇。譬如,一份股权转让合同约定,股权自合同成立时移转给受让人;另一份股权转让合同约定,股权自股权转让款支付完毕时移转给受让人。试问,在纯粹意思主义下,股权何时发生变动?当事人之间的约定是否有效?更进一步的问题是公司法中关于股权变动的法律规范是强制性规范,还是任意性规范?该点,对比《民法典》第209条、第224条关于不动产物权变动和动产物权变动的规范,可以比较容易得出结论,也即法律对于财产权变动的规范应当是强制性的。因此,在《公司法》没有授权当事人意定变动股权的情况下,不宜超出文义解释,将股权变动规范任意化。这也是纯粹意思主义说的致命弱点。不仅如此,纯粹意思主义将公司完全排除在外,也极易损害公司利益和其他股东优先购买权,因此并非良策。

2. 修正意思主义及其反思

修正意思主义参照债权让与制度,主张在转让人和受让人之间,股权在股权转让合同生效时即发生变动,经公司认可后方可对抗公司,经工商登记后方可对抗第三人。① 我们认为,修正意思主义虽然在一定程度上缓和了纯粹意思主义的不足,但仍存在三大难以弥补的缺陷。

其一,修正意思主义违背"成员权与成员资格禁止分离"原则。修正意思主义蕴含的逻辑前提是,股权中的财产性权益和人身性权益可分离:受让人在股权转让合同生效后取得股权的财产性权益;获得公司认可后,取得股权的人身性权益,若公司具有合理理由不予认可,此时转让人仍保有股权的财产性权益。前文已述,这种财产性权益和人身性权益相分离的方案将导致巨额的代理成本,不应为法秩序所允许。不仅如此,此种方案明显与"成员权与成员资格禁止分离"原则相悖。② 股权的身份属性要求其权利之成立、行使与实现,均必须落于"成员"之语境中,"无论是概括性的股权,还是各种具体的股东权利,在归属

① 参见李建伟:《有限责任公司股权变动模式研究——以公司受通知与认可的程序构建为中心》,载《暨南学报(哲学社会科学版)》2012年第12期;张双根:《股权善意取得之质疑——基于解释论的分析》,载《法学家》2016年第1期。

② 参见[德]托马斯·莱赛尔、[德]吕迪格·法伊尔:《德国合资公司法》(上册),高旭军等译,上海人民出版社2019年版,132—134页。

上均不能与股东资格相脱离,亦即二者在归属上不得异其主体"①。

其二,修正意思主义重蹈"不完全物权"的解释路径,与股权作为财产权的对世性相违背。修正意思主义认为,股权转让合同生效后,股权仅在当事人之间发生变动,受让人取得不得对抗公司及公司以外第三人的股权;经公司认可后方可对抗公司,经登记后方可对抗第三人。这与"不完全物权"学说的解释路径类似,该学说最初由日本学者我妻荣提出,曾盛极一时,后因其与物权绝对效力、一物一权等物权法基本原理不符,逐渐衰落,近来已不为民法学者所倡。修正意思主义的本质系复制"不完全物权"的解释路径,其更多的是一种概念游戏,也即一个既不能对抗公司也不能对抗第三人的"股权"是否还能被称为股权?"不完全股权"概念的引入将直接与作为财产权的股权的对世性相冲突,将导致更多的解释难题。

其三,修正意思主义下,"公司认可"规则不清,易陷入"公司认可"综合说的困境。修正意思主义者认为,公司形成认可的意思表示,既可明示也可默示。前者如公司向股权受让人发出通知明示表示认可,后者如公司向股权受让人颁发新的出资证明书、变更股东名册、通知参加股东会、分发股利等。但这种方案是存在巨大缺陷的。譬如,公司向名义股东颁发出资证明书,但是仅通知隐名股东出席股东会、仅向隐名股东分发股利。此时,依修正意思主义,前述名义股东和隐名股东均是"公司认可"的股东,欲判断谁是公司真实有效的股东,不免要陷入综合说的困境。

3. 记载形式主义及其反思

记载形式主义认为,股权转让合同生效后,还需将受让人记载于股东名册方可实现股权变动,未经工商登记不得对抗第三人。② 相较于前述两种意思主义的变动模式,记载形式主义采股东名册作为股权变动的公示要件,具有显著的进步意义,但股东名册并不足以承担公示股权对世性法律关系变动的功能。前文已述,在股权变动中,股东与公司、股东与其他股东之间的法律关系仅具有相对性,公司法和公司章程的规定属"格式合同",参照合同权利义务概括转让

① 张双根:《股权善意取得之质疑——基于解释论的分析》,载《法学家》2016 年第 1 期。

② 参见赵旭东主编:《公司法学》(第 4 版),高等教育出版社 2015 年版,第 250 页;《全国法院民商事审判工作会议纪要》(法〔2019〕254 号)8.【有限责任公司的股权变动】。

的规则,股权经公司和其他股东同意即可发生变动。由此,当受让人被记载于股东名册,即意味着公司和其他股东同意其概括承继原股东的全部权利与义务,完成了股权变动向相关权利人的公示。然而,除对人性法律关系外,股权变动中还存在股东与其个人债权人、股东与公司债权人之间的对世性法律关系的变动,而股东名册作为公司内部的文件,在我国实定法下,其既不积极地对外公示,公司外部人也无从查询,因而无法成为统一的可信赖事实,①无法起到股权对世性法律关系变动的作用,这恐怕是记载形式主义最大的缺陷。

在比较法上,为弥补股东名册公示范围的不足,德国立法者于 2008 年修改了《德国有限责任公司法》,根据修改后该法第 16 条以及《德国商事登记簿条例》第 9 条之规定,股东名册需收录在商事登记簿中,②如此一来,扩大了股东名册的公示范围,这与我国的股权工商登记异曲同工。此外,其他对记载形式主义说的批判,主要集中在认为公司对当事人股权转让干涉过度,损害当事人之间的合同自由。

4. 登记形式主义及其反思

登记形式主义认为,股权登记是股权变动的生效要件,仅有股权转让双方的转让合意并不能直接使股权发生变动,还需公司完成工商变更登记,方发生变动。持该说的学者认为,其一,在申请股权工商登记的具体手续上,可以吸收工商登记电子化改革的有益成果,借鉴美国特拉华州、德国和新加坡的立法经验,引入现代信息技术和互联网技术,依托现有的企业信用信息公示系统构建统一的电子化商事登记平台,由公司通过统一社会信用代码登录电子化商事登记平台,自主申请变更登记;登记机关对登记申请仅进行形式审查,以此简化和便捷股权工商登记的手续和流程。同时,允许包括公司、股东和债权人在内的社会公众通过电子化商事登记平台,查询、下载、输出或者打印股权工商登记信息。其二,在法律上承认股权工商登记对公司原本需要置备的股东名册的吸收、统一或者取代,实现股权工商登记对股东名册功能的法律替代。③

登记形式主义的最大缺陷,在于行政权力对私人自治空间的过度介入。股

---

① 参见石一峰:《非权利人转让股权的处置规则》,载《法商研究》2016 年第 1 期。

② 参见余佳楠:《我国有限公司股权善意取得制度的缺陷与建构:基于权利外观原理的视角》,载《清华法学》2015 年第 4 期。

③ 参见赵旭东、邹学庚:《股权变动模式的比较研究与中国方案》,载《法律适用》2021 年第 7 期。

权转让归根结底是转让人、受让人、公司等私主体之间的私法行为，登记形式主义将股权登记作为股权变动的生效要件，将股权变动这一纯粹的私法关系的生效，系于公司登记机关的行政行为，有公权力过度介入私人关系之嫌。

5."综合说"及其反思

"综合说"主张要综合考虑出资认股、出资证明书、公司章程、股权转让合同、股东名册、工商登记、股东行权、其他股东态度等事项后，对股权是否发生变动作出判断。[①] 我们认为，该说对法官素质提出了过高的要求。"综合说"的核心观点，即要求法官结合全案证据，权衡当事人双方各自占有的股东形式要件与实质要件，运用自由心证作出"谁更像股东"的裁判。此种裁判属"衡平"式审判，对法官素质提出了极高的要求，基于我国的实际情况，能否在衡平式审判中实现公正，不无疑问。

(二)域外股权变动模式相关规定考察

考察、比较域外制度是我国《公司法》修改中的基础性工作。单独或者仅仅比较某一个国家或者地区的特定法律制度，意义甚微，因为不同国家和地区的交易习惯和相关配套制度不同，更具有意义的是要分析和理解特定法律制度背后所承载的特定制度功能。下文考察了美国特拉华州封闭公司、英国私人公司、德国有限责任公司和日本股份有限公司股权/股份变动的模式。

其一，美国特拉华州封闭公司发行的登记式股票证券变动的要件为"合意+背书"，变动后还需转让双方申请公司变更股东名册(变更注册所有权人)；无票股票证券变动的要件为"合意+登记"，即由转让股东(旧注册所有权人)向公司或其代理人发出"指示"，由后者对证券的权利人进行变更登记，在登记完成后，受让人成为股东(新注册所有权人)。股东名册仅有股东、债券持有人等投资人可以查询。

其二，英国私人公司股份的变动区分两个阶段：第一个阶段，股份的衡平法所有权变动，即股份转让协议生效后，股份衡平法上的所有权即时转让给受让人；第二个阶段，股份的普通法所有权变动，即当股份的衡平法所有权人同意成

① 参见万某裕与丽江宏瑞水电开发有限公司股东资格确认纠纷案，最高人民法院(2014)民提字第00054号民事判决书；黄某培与施某祥股东资格确认纠纷案，上海市高级人民法院(2019)沪民申1899号民事裁定书。

为股东,并且其姓名被登记在公司的成员登记册上后,其取得股份的普通法所有权。成员登记册向社会公众公开,并以刑事责任作为公开之保障。

其三,德国有限责任公司股权变动的要件为"债权合意 + 物权合意 + 公证"。股权变动后,只有受让人被记载于公司的股东名册并且被不迟延地纳入商事登记簿,受让人才能成为公司认可的股东。记载于股东名册和商事登记不是股权变动的生效要件,而只是对公司和第三人的对抗要件。纳入商事登记簿的股东名册可供社会公众查询。

其四,日本股份有限公司股份变动需区分两种情形:在不发行股票的股份有限公司中,其股份变动的要件为"合意",该合意既包括债权合意,也包括变动准物权性质的效果意思合意,后者一般和债权性效果意思结合为一体被同时表示;对于发行股票的股份有限公司,其股份变动的要件为"合意 + 交付"。股份变动后,转让双方还需要请求公司变更股东名册,股东名册变更不是股权转让的生效要件,而是对抗公司和第三人的要件。股东名册仅供股东和债权人查询。

(三)域外股权变动模式之反思

1. 股权法律内涵的反思

通过前文的考察,可以发现域外各国或地区股权变动模式不尽相同,但也各有值得反思之处。首先,英国私人公司股份转让区分两个阶段,当事人达成股份转让合意时股份的衡平法所有权变动,待到受让人同意成为股东并且其姓名被登记于成员登记册,股份的普通法所有权始发生变动。用大陆法系物债二分的术语体系来描述,普通法所有权可以被描述为是物权性质的权利,但衡平法所有权严格意义上来说既不是债权也不是物权,而是介于债权和物权之间的一种特殊构造权利;但是若与普通法所有权相比,其更倾向于是一种债权性质的权利,即在转让人和受让人之间,衡平法所有权人有权占有拟转让的财产,有权要求转让人履行义务交付普通法所有权。由此,不禁要反思,股份的衡平法所有权能否被称为"股权"?其次,德国有限责任公司股权的变动模式为"债权合意 + 物权合意 + 公证",登记于股东名册并进行商事登记仅是对抗公司和第三人的要件,而非转让的生效要件。循此,一个不得对抗第三人,也不得对抗公司,仅在转让双方之间有效的股权,是否还能够被称为"股权"?最后,在美国特拉华州的"间接持有"模式下,投资者通过证券公司持有证券而享有证券权利,主要体现为对证券公司的合同权利,以及在特殊情况下的例外性财产权利。如此,当这种证券权利对应的是封闭公司的股份时,这种权利是否还能被称为通常意义上的“股份/股权”?

我们认为,股权的法律内涵应当是一个既能够对抗合同相对人,又可以对抗公司和第三人的完整的权利。其中,又以能够对抗公司最为核心,这是因为股权的价值与公司的价值之间具有勾稽关系。在公司持续经营的情况下,股权价值体现为股利价值和转让价值,其中,转让价值归根结底体现为未来股利贴现或称资本化后的现值。在公司清算时,股权的价值体现为公司的清算价值。据此,股权的价值基础来源于公司,因而公司对股权变动的承认,是受让人能够取得股权并实现其价值的核心。反之,若股权变动未得到公司承认,其仅在转让人和受让人之间有效,那么受让人只可向转让人主张权利,而不能向公司主张。与其说这样的一种权利转让构成股权变动,不如说是在转让人和受让人之间设定了一个债权,而这个债权的金额或者价值锚定在拟转让的股权之上。

2. 公示范围的反思

关于股权变动的公示范围,有两大价值需要权衡,一是对利害关系人交易安全的保护,二是当事人的财产隐私。此处的利害关系人不仅包括股东、债券持有人或者债权人等在内的公司投资人,还应包括现实的或者潜在的股东个人债权人和潜在的公司债权人。美国特拉华州和日本的立法选择是,股权转让双方需申请公司变更股东名册,股东名册仅向股东、债券持有人或者债权人等投资人公开。英国和德国的立法选择是,股东名册向全社会公开,任何人皆可查询。我们认为,鉴于股权作为一种财产权具有对世效力,必须使第三人知悉这种权利的产生、变动和消灭,故而股权的归属状态应向社会公众公开。这在财产法上被称为透明性原则,该原则要求,一方面权利的归属主体要清晰(特定性原则),另一方面权利需能够被第三人所知悉(公示原则),这在大陆法系和普通法系都存在。[①] 虽然在理论上当事人应享有一定程度的财产隐私。但是财产不公开、不透明常常跟腐败相联系,国际反腐败组织透明国际(TI)的报告显示,财

① 参见[德]桑吉尔夫·范·埃尔普:《比较财产法》,耿林译,载[德]马蒂亚斯·赖曼、[德]莱因哈德·齐默尔曼编:《牛津比较法手册》,高鸿钧等译,北京大学出版社 2019 年版。

产越是公开的国家腐败指数(CPI)越低,反之则腐败指数越高。[1] 2014 年 11 月的 G20 领导人峰会,对提高公司股权/股份实际受益人透明度提出了 10 条高标准原则。[2] 2015 年,透明国际对 G20 成员国落实前述提高公司股权/股份实际受益人透明度的法律制度进行调研,调研发现英国在这些国家中拥有最强有力的法律制度,处于第一梯队;德国和日本处于第三梯队;中国和美国处于第四梯队。可以说,股权归属和变动的公开和透明是未来的国际趋势,我国有关法律制度仍需进一步完善。

四、新《公司法》规定解读与延伸问题

(一)新《公司法》的规定与解读

新《公司法》并未对股权变动模式作出明确规定,但在第 86 条规定了股东向公司行使股东权利的充分条件:

> **第 86 条** 股东转让股权的,应当书面通知公司,请求变更股东名册;需要办理变更登记的,并请求公司向公司登记机关办理变更登记。公司拒绝或者在合理期限内不予答复的,转让人、受让人可以依法向人民法院提起诉讼。
>
> 股权转让的,受让人自记载于股东名册时起可以向公司主张行使股东权利。

新《公司法》第 86 条吸收了《公司法司法解释(三)》的相关规定,明确了有限责任公司在股权转让中的义务,即根据转让人的通知变更股东名册和股权登记的义务,并赋予转让人和受让人在公司不履行前述义务时提起诉讼的权利,以完善股权转让相关程序。该条为新增条文,包括以下适用要点。

1. 股权转让人对公司的通知义务

公司在股权转让中具有重要的法律地位,股权转让应通知公司。股东需要依托公司行使股东权利,公司需要股东承担相应的股东义务,同时,股权对内转

---

① See TI, *Corruption Perceptions Index* 2020, Transparency International (March 18, 2021), https://www.transparency.org/en/cpi/2020/index/nzl.

② See G20 High-Level Principles on Beneficial Ownership Transparency (March 18, 2021), http://www.g20.utoronto.ca/2014/g20_high-level_principles_beneficial_ownership_transparency.pdf.

让将改变公司股权结构,股权对外转让则会引入新的股东。因而公司应当对股权转让具有知情权。然而,由于股权转让合同是转让人和受让人之间签订的合同,公司对此未必知悉,在此种情形下,由作为公司内部人的转让人承担向公司的通知义务是最为便利的,即股权转让交易完成后,转让人应当以书面形式通知公司股权转让后的股东及其持股情况,并请求公司变更股东名册;需要办理变更登记的,应同时请求公司向公司登记机关办理变更登记。若因转让人过错未通知而致未能变更股东名册或变更公司登记,则转让人应依据股权转让合同向受让人承担违约责任。

2. 公司变更股东名册、股权登记的义务

股东名册变更是股权受让人取得股权的充分条件,也是股东向公司主张股东权利的重要凭证,因此该条要求公司在知晓股权转让事实后,应当承担变更股东名册的义务。同时,股权变更登记是股权转让得以对抗善意相对人的必要条件,对转让人、受让人和公司利益均具有重要影响,因此该条要求股权转让需要办理股权变更登记的,公司应向公司登记机关申请办理变更登记。这也是新《公司法》第 34 条第 1 款的要求。在新《公司法》施行之前,《公司法司法解释(三)》有类似规定,其第 23 条规定,当事人依法履行出资义务或者依法继受取得股权后,公司未依法签发出资证明书、记载于股东名册并办理公司登记机关登记,当事人有权请求公司履行上述义务。另需注意的是,如果股权转让不符合公司法及公司章程的规定,公司有权拒绝变更股东名册或变更股权登记。此时,股权转让并不能发生股权变动的效力,转让人与受让人之间的纠纷依据股权转让合同处理。

3. 公司无正当理由拒不变更股东名册、股权登记的法律责任

如果股权转让符合公司法及公司章程的规定,公司无正当理由拒绝变更股东名册或者股权登记的,那么公司就侵害了股东依法转让股权的权利,也违反了公司法上的义务,应承担相应的侵权责任。具体而言:其一,行为责任。转让人提起诉讼,要求公司承担变更股东名称和股权登记的责任。其二,赔偿责任。公司拒绝变更股东名册或者股权登记,给转让人、受让人造成损失的,转让人、受让人有权请求公司承担相应的侵权责任。其三,公司在赔偿后,可以向负有责任的董事、高级管理人员追究违反信义义务的法律责任。

4. 受让人依股东名册向公司主张股东权利

新《公司法》第 86 条第 2 款规定，股权转让的，受让人自记载于股东名册时起可以向公司主张行使股东权利。由此，股东名册具有确认股东资格和权利的效力。只有记载于股东名册的股东才可以向公司主张行使股东权利。公司变更股东名册的行为，意味着公司已承认受让人正式加入公司并成为新股东，自股东名册记载受让人相关信息时起，受让人就享有了相应的股东权利。

5. 未经股权变更登记，股权转让不得对抗善意相对人

虽然，公司将受让人姓名或者名称及相应的股权比例记载于股东名册后，受让人得依股东名册向公司主张股东权利，但在完成股权登记变更之前，受让人享有的是一个不得对抗善意相对人的“不完全”股权。根据新《公司法》第 34 条第 2 款，公司登记事项未经登记或者未经变更登记，不得对抗善意相对人。有限责任公司股东姓名或者名称属于公司登记事项之一，由此，股权转让后，有限责任公司股东姓名或者名称未办理变更登记的，不得对抗善意相对人。因此，在公司变更股东名册后、未完成股权变更登记之前，受让人取得的股权不得对抗善意相对人。

（二）延伸问题

1. 有限责任公司未置备股东名册情形下股权变动的认定

2023 年《公司法》修改，将股东名册变更作为股权变动的生效要件，将股东登记变更作为股权变动的对抗要件。然而，实践中，大多数的有限责任公司，或是因为管理不规范，或是因为成本上的考虑，均没有置备专门的股东名册，这使得以股东名册作为股权变动的生效要件缺乏必要的实践根据和基础。由此，进一步的问题是，虽然新《公司法》第 86 条的规定可以被认为，是将股东名册变更作为股权变动的生效要件，将股权登记变更作为股权变动的对抗要件；但是，这种缺乏相应实践根据和基础的法律规定，在适用时，应如何应对实践中股东名册缺位问题？质言之，在有限责任公司未置备专门股东名册情形下，应当以何者为依据认定股东是否已经发生了变动？从实践逻辑的角度说，法律不能因为有限责任公司未置备专门的股东名册，就一概否认股权在转让人和受让人之间变动和流转，对此，法律适用者、解释者有必要探寻一条契合实践的法律解释路径。

我们认为，在新《公司法》第 86 条规定的背景下，若有限责任公司未置备专

门的股东名册,当发生涉及股权变动的纠纷时,由于股东名册变更的根本实质是公司对股权变动的认可,人民法院应综合考虑股东会决议、股东会通知、股东会会议记录、公司章程、股权登记、董事会决议、董事会通知、董事会会议记录、财务会计账簿等各类公司文件,去探寻"观念上"的、"虚拟"的股东名册。需要注意的是,这是一种替代性方案,并非解决涉股权变动模式司法纠纷"一劳永逸"的方案。由于缺乏一套单一、清晰、可查询的股权变动公示规则,实践中不乏存在如下情形:股权代持情形下,实际出资人对股东会决议以股东的身份签字,而公司章程、股权登记上记载名义股东的姓名,二者同时主张自己为股东,此时应如何处理,不无疑问。

此外,还需要说明的是,新《公司法》第 86 条仅是明确受让人何时可向公司主张权利,并未如《民法典》第 209 条第 1 款"不动产物权的设立、变更、转让和消灭,经依法登记,发生效力;未经登记,不发生效力,但是法律另有规定的除外"明确不动产物权变动模式一般,明确股权变动模式。从法律适用逻辑上看,该规定仅是将记载于股东名册作为股东行使股东权利的充分条件,而非必要条件。这意味着,立法并不排斥其他股权变动的形式要件。

2. 股权代持中的股东资格问题

股权代持情形下,存在实际出资人与名义股东之间何者为公司真实合法有效的股东的问题。在新《公司法》第 86 条的规定下,若名义股东记载于股东名册,那么名义股东才是公司真实合法有效的股东。实际出资人与名义股东之间基于代持股协议的有关约定仅具有债法上的效力,而无公司法上变动股权的效力,这是财产权变动规则的强制性所决定的。值得关注的是《公司法司法解释(三)》第 24 条,依照该条规定,实际出资人有权要求名义股东向其支付投资收益。该条使用了"投资收益"的表述,足见最高人民法院在这个问题上的纠结和犹豫——"投资收益"在法律性质上属债权还是股权?我们认为,该投资收益在法律性质上当属债权,而这个债权的价值锚定在名义股东实际持有的股权之上,也即实际出资人有权要求名义股东支付等同于股权价值的投资收益,而不能实际取得股权。

3. 实际出资人能否排除名义股东之债权人的强制执行

司法实践中,常见名义股东之债权人申请强制执行名义股东名下股权的情形,此时实际出资人能否排除强制执行,存在争议。在新《公司法》第 86 条的规定下，需要区分两种情形进行分析：一是，名义股东记载于股东名册，也登记于工商登记，此时，依新《公司法》第 86 条的规定，名义股东就是公司真实合法有效的股东，名义股东之债权人有权申请强制执行其名下的股权，实际出资人无权排除强制执行。二是，名义股东未记载于股东名册，但登记于工商登记。此时，依新《公司法》第 86 条并之以该法第 34 条第 2 款，此时名义股东并非公司真实合法有效的股东，但由于并未变更股权工商登记，不得对抗善意相对人。由此，若名义股东之债权人为善意相对人，则有权申请强制执行登记于名义股东名下的股权；反之则否。需要注意的是，善意相对人是一个合同法上的概念，其与善意第三人或者第三人所指称的范围是不同的，善意相对人仅指与名义股东发生交易的主观上不知道且不应当知道名义股东并非真实合法有效的股东的人。

4. 股权善意取得问题

关于股权能否善意取得的问题，理论和实务中争议已久。根据《公司法司法解释（三）》第 25 条规定，股权能够善意取得。该条规定，名义股东将登记于其名下的股权转让、质押或者以其他方式处分，实际出资人以其对于股权享有实际权利为由，请求认定处分股权行为无效的，可以参照适用善意取得规则。名义股东处分股权造成实际出资人损失，实际出资人有权请求名义股东承担赔偿责任的，在新《公司法》第 86 条的规定下，需要区分两种情形：其一，名义股东记载于股东名册，也登记于工商登记，此时名义股东就是公司真实合法有效的股东，其对股权的处分就是有权处分，不存在善意取得的适用空间。其二，名义股东未记载于股东名册，但登记于工商登记，此时是否有善意取得的空间，还需进一步讨论。一方面，既然新《公司法》第 86 条已经规定了，记载于股东名册是股权变动的生效要件，那么股权受让人自有义务在受让股权之前，去审查公司的股东名册，确认名义股东是否是公司真实合法有效的股东，对标的股权是否具备处分权。另一方面，善意取得股权的构成要件有三：一是受让人受让时为善意；二是对价合理；三是已经办理了股权变动手续，即在新《公司法》第 86 条的规定下，已经完成了股东名册变更。如此，受让人在办理股东名册变更时，应当发现名义股东并非股东名册上的股东，由此，受让人也就不可能成立善意，故无善意取得适用的实践空间。当然，抽象法律规范难以全面涵盖复杂的社会实践，以上讨论不排除在极为特殊情形下，并不构成对《公司法司法解释（三）》第 25 条的评价，在一些极为特别的情形下，可以存在股权善意取得的适用空间。

专题十三 股东压迫情形下的回购救济

一、新《公司法》修改的主要内容

调整股东之间的关系是公司治理的重要课题之一，在中国尤其如此，股东之间的冲突是中国公司治理长期存在的问题。依发生冲突的股东所持股权比例之不同，股东之间的冲突可表现为势均力敌的股东间的股东僵局、力量失衡股东间的股东压迫。股东之间的"内斗"和大股东对中小股东的欺压是有限责任公司存在的最为典型和突出的问题。[①]

股东压迫也称股东压制，是英美公司法的常见概念，常用于描述公司（尤其是封闭公司）中控股股东或股份多数股东凭借自身优势，通过影响公司的劳动雇佣、薪酬计划、股利分配等事项排挤、欺压其他股东（主要是少数股东），令其不能获得相应的投资回报或者不能正常参与经营管理的情形。[②] 在股东压迫的情况下，股东之间合作的基础已被严重削弱，甚至不复存在，此时应允许受压迫的股东通过一定的方式离开公司。

原《公司法》第 20 条第 2 款规定："公司股东滥用股东权利给公司或者其他股东造成损失的，应当依法承担赔偿责任。"该条一般认为是对股东压迫的原则性规定。另外，原《公司法》第 74 条规定了异议股东回购请求权以保证小股东的退出，亦可适用于部分股东压迫的情形。

新《公司法》第 89 条第 3 款规定："公司的控股股东滥用股东权利，严重损害公司或者其他股东利益的，其他股东有权请求公司按照合理的价格收购其股权。"有别于原《公司法》，该规定在我国正式确立了有限责任公司股东压迫情形下的回购救济制度，明确了股东压迫的判断标准和回购救济手段。

① 参见赵旭东：《公司治理中的控股股东及其法律规制》，载《法学研究》2020 年第 4 期。

② 参见李建伟：《股东压制的公司法救济：英国经验与中国实践》，载《环球法律评论》2019 年第 3 期。

二、本次修改的现实依据

（一）原《公司法》立法的不足

原《公司法》第20条第2款规定："公司股东滥用股东权利给公司或者其他股东造成损失的，应当依法承担赔偿责任。"这一规定奠定了股东权利不得滥用的理论基础，其根源是民法中的禁止权利滥用原则。学界认为，可将"股东压迫"视为"滥用股东权利"的一种表现形式，进而将该条作为认定股东压迫的法律依据。但是，股东压迫只是股东权利滥用的一个类型，其应当具有与一般性的权利滥用不同的法律后果。

原《公司法》第74条规定了有限责任公司的异议股东回购请求权。该条致力于解决小股东的保护问题，为了避免小股东由于有限公司的人合性和封闭性而无法退出公司，该条规定通过列举的方式，就实践中几类典型情形进行了规定，为受压迫股东提供了救济渠道。但是该规定存在适用范围过窄的问题：只规定了利润分配和公司转让主要财产时的股东压迫情形，其他压迫情形下的受压迫股东无法根据该条规定得到救济，比如不合理的增资与减资等。

（二）司法实践的需求

在新《公司法》确立股东压迫情形下的回购救济制度前，司法实践常使用抽象的理论原则或借助其他条款来对受压迫的股东提供救济。例如，在面对股东压迫导致少数股东投资目的落空时，法院通过解释原《公司法》第74条的规定判决解散公司，以此为小股东提供救济，代表性案例有弘正公司、玮琪公司与弘健公司公司解散纠纷案等，以下列举两例。

1. 弘正公司、玮琪公司与弘健公司的公司解散纠纷案

在弘正公司、玮琪公司与弘健公司的公司解散纠纷案[①]中，公司股东围绕追加出资、股权收购、董事会重组等一系列问题存在严重的分歧和矛盾。法院分析案情后指出，该案中被告弘健公司的财产权和经营权均由股份多数的股东生健公司控制，公司会议形同虚设，股东之间的沟通、协商其实不能阻碍生健公司实现其意志，导致增资过程中股东之间出现严重冲突，其他股东遭受了"事实上的压制"和"严重的不公平"。作为被告弘健公司的股东，原告基于其出资享有

① 参见马燕、刘尚雷：《公司经营管理发生严重困难的司法判断》，载《人民司法·案例》2017年第32期。

的经营管理权名存实亡,投资时的出资目的已彻底落空,因而法院认定被告经营管理出现了严重困难。为了使被告公司股东利益免予进一步的损失,适用司法解散。① 该案中股东的矛盾是典型的股东压迫情形,但是因为立法中缺少关于股东压迫的认定标准和救济手段的全面规定,法院只得借助关于公司僵局的相关规定适用司法解散而无法适用回购救济。虽然司法解散和回购救济同样可以起到保护少数股东的效果,但是相比之下,后者可以使公司保留下来,对社会生产以及公司利益相关者的冲击较小。

2. 上海裕和公司与汪某公司解散纠纷案

在另一案例——上海裕和公司与汪某公司解散纠纷案②中,股份多数股东骆某持股 60%,担任公司高管,实际上控制着公司,在公司经营亏损的情况下通过股东会批准个人年薪 100 万元并赋予自己 3000 万元额度的对外投资权限。股东汪某持股 40%,不在公司工作,代表其处理事务的朱某被无故解聘了总工程师职务,汪某实际上已无法行使知情权等股东权利。与前一个案例类似,由于股东压迫立法的缺失,本案中法官同样试图通过将案件事实涵摄到关于公司僵局的规定中,试图论证被告公司存在经营管理上的障碍并为小股东提供救济。但是公司被股份多数股东实际控制,从股东会决议的通过到内部管理运行,都不曾出现困难。二审法院以股东会特殊多数决事项不能通过为由,认为公司存在僵局,然而公司两年内未发生过该等事项,二审法院描述的场景并没有真实地发生过。或许是为了论证"继续存续会使股东利益受到重大损失"情形的存在,二审法院提到股东的"预期"并将其解释为一种股东利益,将股东预期目的落空作为解散公司的条件之一。二审法院指出,公司股东双方发生实质分歧并丧失了信任和合作基础,少数股东汪某不愿意与股份多数股东骆某共同参与公司经营,冲突无法调和,公司已经丧失了人合基础,无法实现预期的经营目的;如公司继续存续,少数股东的权益将会在僵持中逐渐耗竭;相比较而言,解散公司能为双方提供退出机制,避免股东利益受到不可挽回的重大损失。③

以上两起案件由不同的法院审理,但是裁判思路比较一致:第一,由于原《公司法》中没有专门针对案涉股东压迫情形的立法,也没有赋予被压迫股东以

① 参见马燕、刘尚雷:《公司经营管理发生严重困难的司法判断》,载《人民司法·案例》2017 年第 32 期。

② 参见上海市第二中级人民法院民事判决书,(2014)沪二中民四(商)终字第 459 号。

③ 参见上海市第二中级人民法院民事判决书,(2014)沪二中民四(商)终字第 459 号。

回购救济，这使得当事人只能以原《公司法》第 182 条的公司解散之诉进行诉讼，法院只能调解双方进行股权回购，如调解不成，法院只能解散公司。[①] 第二，当法院只能提供解散公司这一种救济手段时，并不是对股东压迫进行认定，而是通过认定公司僵局裁判公司解散。但是，公司僵局与股东压迫具有完全不同的表现形式：前者以公司经营管理发生严重困难为前提条件，常表现为股东表决权僵持无法作出有效决议；而后者往往意味着公司从权力机构运行到业务经营都由控股股东控制，公司的日常经营反而是通畅无阻的。因此在原《公司法》下，欲对股东压迫进行救济，只能在同时存在公司僵局的情形下裁判公司解散，若公司不存在僵局，则难以进行有效的救济。

（三）社会各界对股东压迫情形下回购救济制度的意见和建议

我国理论界一般从股东信义义务、股东合理期待原则及股东救济的具体制度上对“股东压迫”的救济路径进行研究和探讨。

第一，在选择信义义务还是法定压迫救济制度的问题上，有学者指出，信义义务是通过构建义务体系的方式去规避侵害公司和其他股东的利益；而法定压迫救济是提供明确的法律指引，告知受侵害的股东如何主张权利。两者只是角度不同，但是目的是相同的。[②]

第二，关于解决股东压迫问题的具体路径，有学者认为英美法解决股东压迫问题的经验是具有一定指导价值的，信义义务理论与合理期待理论为国内股东压迫问题的预防与解决提供了新的思路，具体而言，如司法解散公司制度以及股份回购制度都可以参考西方经验。[③] 有学者提议应利用司法解散制度完善股东退出机制，从而解决股东压迫问题。[④] 也有学者认为虽然在股东压迫问题

---

① 根据《公司法司法解释（二）》第 5 条第 1 款规定，法院可以调解双方进行股权回购，但是法院不能直接进行这样的判决，而且一旦发生股东压制，双方是否愿意心平气和地协商卖出、减资仍是一个疑问。《公司法司法解释（二）》第 5 条第 1 款规定：“人民法院审理解散公司诉讼案件，应当注重调解。当事人协商同意由公司或者股东收购股份，或者以减资等方式使公司存续，且不违反法律、行政法规强制性规定的，人民法院应予支持。当事人不能协商一致使公司存续的，人民法院应当及时判决。”

② 参见翁小川：《受压迫股东的救济路径研究：股东受信义务与法定压迫救济制度》，载《比较法研究》2021 年第 4 期。

③ 参见彭冰：《理解有限公司中的股东压迫问题——最高人民法院指导案例 10 号评析》，载《北大法律评论》2014 年第 1 期。

④ 参见耿利航：《有限责任公司股东困境和司法解散制度——美国法的经验和对中国的启示》，载《政法论坛》2010 年第 5 期。

上司法介入会更为直接地解决问题,但同时也产生了新的问题,即法院审查股东行为时容易出现审查不适当的情形,进而阻碍公司的正当经营。①

此外,在本次《公司法》修订过程中,许多学者提出了针对具体条文的意见。例如有学者建议增加规定"有限公司可以与股东约定回购本公司股权";有学者提出,应当将异议股东回购中的"投反对票"修改为"表示反对意见",以适应实践需求,并增加"实质性改变公司设立目的"作为回购情形之一。

三、股东压迫情形下回购救济的理论阐释

股东压迫情形下的回购救济涉及如何认定股东压迫、由何者承担回购义务、主张回购救济的程序等方面的问题。其中讨论最多的问题是如何认定股东压迫,或者说,在何种情形下应对受压迫股东提供救济。在比较法上,界定股东压迫有三种思路:一是,股份多数股东实质性地挫败少数股东的合理期待,这种标准被称为股东合理期待原则;②二是,股东压迫是对股东间提高的信义义务的违反,此标准为股东信义义务标准;三是,把股东压迫理解为繁重的、苛刻的、不正当的行为,违背了公平交易标准和股东信任的规则。③ 这三种思路看起来的确都在界定股东压迫,其效果也有相似之处,但是背后的法理构造、构成要件以及在部分案例中的适用仍有细微的不同。其中,第一种思路,即股东合理期待原则在英美法系得到非常普遍的适用,并且在中国的司法实践中已经初见端倪;④第二种思路面临着理论和实践上的诸多分歧;第三种思路对司法救济设定的门槛较

① 参见周淳、肖宇:《封闭公司控股股东对小股东信义义务的重新审视——以控股股东义务指向与边界为视角》,载《社会科学研究》2016 年第 1 期。

② 在英美判例法的实践和研究中,称其为股东合理期待标准、股东合理期待方法或股东合理期待原则。国内的研究者多以原则相称,因此本文亦沿用这种表述。国内以"股东合理期待原则"为表述的著述,参见张学文:《英美法中的股东合理期待原则》,载《比较法研究》2011 年第 4 期;冯果、段丙华:《公司法中的契约自由——以股权处分抑制条款为视角》,载《中国社会科学》2017 年第 3 期;杨署东:《合理期待原则下的美国股东权益救济制度及其启示》,载《法律科学(西北政法大学学报)》2012 年第 2 期;龚博:《有限公司股东股利分配权的司法救济》,载《法学》2016 年第 12 期;彭冰:《理解有限公司中的股东压迫问题——最高人民法院指导案例 10 号评析》,载《北大法律评论》2014 年第 1 期。

③ 参见邓江源:《有限责任公司股东压制的困境与出路》,人民法院出版社 2015 年版,第 22—23 页;范世乾:《控制股东滥用控制权行为的法律规制——中国公司法相关制度的构建》,法律出版社 2010 年版,第 164—167 页。

④ 参见彭冰:《理解有限公司中的股东压迫问题——最高人民法院指导案例 10 号评析》,载《北大法律评论》2014 年第 1 期。

高,在实践中较少被采用。

上述第一种思路在英国公司法体现为不公平损害,或称不公平妨害等。《英国2006年公司法》第994条规定:"基于下列理由,公司股东可以通过诉状向法院申请本部分之下的命令:(a)正在执行或已经执行的公司事务对全体或部分股东利益造成不公平损害;(b)公司实际行为、拟从事行为或者不作为造成或将造成全体或部分股东之不公平损害。"不公平妨害可能导致法院颁布数种法令,包括调整公司事务在未来的执行、限制公司为或不为一定的行为、限制公司章程修改、股权回购等。上述法令种类多样,形式灵活,从公司减资、决议效力、行为约束等方面对不公平损害进行有针对性的救济。

在英国的 Ebrahimi v. Westbourne Galleries Ltd. ,Re Saul D Harrison & Sons plc 及 O'Neill v. Phillips 等案中,Wilberforce 和 Hoffmann 通过考察封闭公司具有私人关系的股东之间未载于明文约款中的合理期待而决定是否适用衡平救济。从以上案件的裁判思路来看,之所以要考察股东的合理期待,是因为有限公司并不仅仅是具有法人资格的法律实体,在公司背后是一系列互有权利、期待和义务的人,不应隐没于由公司法和公司章程确定的公司结构中。[①] 如 Hoffmann 在 Re Saul D Harrison & Sons plc 及 O'Neill v. Phillips 案中所指出的,在一些情形[②]中,公司法和公司章程中的文字并不能完全反映股东合作赖以成立的基础和股东间的合理期待,仅凭公司法和公司章程载明的内容来行使权利

---

① See Ebrahimi v. Westbourne Galleries Ltd. [1973] AC 360.

② 在 Ebrahimi v. Westbourne Galleries Ltd. 案中, Wilberforce 指出:"明确公平考虑(equitable considerations)适用的情形是不可能且完全不必要的,但是仅考虑公司规模显然不够。有的公司仅仅是商业的合作,其基础已经充分、详尽地载明于约款。适用公平考虑需要更多因素,可能包括下述一项或多项因素:(1)公司的成立或存续建立在互信的个人关系的基础上,这通常可以从之前存在的合伙关系转化为一个有限公司的事实中被发现;(2)关于全部或部分股东参与公司管理的协议或谅解;(3)限制股权转让,如果丧失信任或者成员被移出管理层会使得他不能取出股份并另谋出路。"可以看到,Wilberforce 给出了适用或不适用公平考虑需要考虑的因素,即股东间存在个人关系、至少部分股东参与管理以及对股权转让的限制,如果是股东间有充分、详尽的约款的纯粹商业公司,则不适用公平考虑。需要注意的是,Wilberforce 并未要求前述三项因素同时满足,甚至认为明确界定所有情形是不可能的。或许会令人困惑的问题是,如果公司是纯粹商业公司但是股东间约款并非详尽,或者虽非商业公司但是约款详尽的情形下,是否会适用公平考虑。另外,Wilberforce 列举的三项要素中的某项要素在何种情形下是不重要的,也不能在本案中完全获得解释,以三项要素中的第二项为例,至少部分股东参与管理这一要素或许只是因为本案涉及一部分股东通过法定权利解聘某位股东而显得比较重要,在其他案件情形下,可能不这么重要。See Ebrahimi v. Westbourne Galleries Ltd. [1973] AC 360.

的行为可能看似合法但并非公平。①

四、新《公司法》规定解读与延伸问题

(一)新《公司法》的规定与解读

相比于原《公司法》,新《公司法》中关于股东压迫及其回购救济有了更加完善的规定。

> 第89条　有下列情形之一的,对股东会该项决议投反对票的股东可以请求公司按照合理的价格收购其股权:
>
> (一)公司连续五年不向股东分配利润,而公司该五年连续盈利,并且符合本法规定的分配利润条件;
>
> (二)公司合并、分立、转让主要财产;
>
> (三)公司章程规定的营业期限届满或者章程规定的其他解散事由出现,股东会通过决议修改章程使公司存续。
>
> 自股东会决议作出之日起六十日内,股东与公司不能达成股权收购协议的,股东可以自股东会决议作出之日起九十日内向人民法院提起诉讼。
>
> 公司的控股股东滥用股东权利,严重损害公司或者其他股东利益的,其他股东有权请求公司按照合理的价格收购其股权。
>
> 公司因本条第一款、第三款规定的情形收购的本公司股权,应当在六个月内依法转让或者注销。

相较于原《公司法》,新《公司法》第89条第3款是此次《公司法》修订的新增内容,为中小股东摆脱控股股东压迫退出公司提供了通道。从规范意旨来看,原《公司法》中规定的触发异议股东回购请求权的几种情形与股东权利或股

① See Re Saul D Harrison & Sons plc [1995] 1 BCLC 14 (CA) and O'Neil v. Phillips [1999] 1 WLR 1092 (HL). 在 Re Saul D Harrison & Sons plc 案中,上诉人的曾祖于1891年创立企业,并由上诉人的表兄妹任董事对该企业进行管理。公司有大量财产但是处于亏损状态。作为有分红权和解散后的剩余分配权但无投票权的C类股股东抱怨,董事们不合理地继续经营公司(并领取薪酬,尽管法院不认为这些薪酬过高)而不是清算公司。Hoffmann 在该案中秉承了 Wilberforce 在 Ebrahimi v. Westbourne Galleries Ltd. 案中的推理思路,对那些具有个人关系并且约款不够详尽的股东之间的合理期待给予保护。

东合理期待利益受侵害有一定关系,[①]新增的控股股东滥用股东权利严重损害公司或者其他股东利益这一情形也不例外,是对中小股东权利和合理期待利益的保护。中小股东因股东压迫退出公司须满足以下条件:

1. 公司控股股东滥用股东权利

所谓控股股东即《公司法》第265条规定"出资额占有限责任公司资本总额超过百分之五十;或出资额比例虽然低于百分之五十,但依其出资额所享有的表决权已足以对股东会的决议产生重大影响"的股东。控股股东滥用权利主要指控股股东滥用表决权的情形。值得注意的是,《公司法》并未对控股股东滥用权利的具体情形进行规定,该条款存在较大的解释空间。

2. 严重损害公司或者其他股东利益

对此条件的判断,需要注意:一方面,其他股东的合法利益受到严重侵害,例如大股东通过决议不分配利润,使得小股东无法从公司获得利益,其投资目的无法实现;另一方面,股东利益受到严重侵害与控股股东滥用股东权利的行为之间存在因果关系,这是一种直接的因果关系,受到间接影响时很难认定为股东压迫。另外,本条并未规定控股股东滥用权利的主观过错,一般认为,过错是损害赔偿的归责事由,股东压迫情形下的异议股东回购请求权的法律效果是公司回购股权,不包括损害赔偿,所以不需要考虑过错这一损害赔偿归责事由。

3. 请求公司按照合理的价格收购股权

这里仅要求公司作为股东压迫情形下的股权回购义务人。中小股东请求公司回购股份的,公司应当同意,但其股权回购价格应当合理,既可以是股权交易市场的合理价格,也可以是双方协商确定的价格。在当事人无法协商确定回购价格时,我国法院对异议股东请求公司回购股权时合理价格的确定,主要有评估报告和审计报告两大标准。

在判定存在股东压迫时,被压迫股东有权请求公司按照合理的价格收购其股权,原因在于:(1)原《公司法》下的损害赔偿救济存在不足之处。压迫行为本身具有复杂性、隐蔽性,诉讼本身也具有不确定性和巨大的成本,单纯的损害赔偿只能提供一次性的、阶段性的救济,不足以震慑压迫者和救济受压迫者,受压迫者只有通过请求公司回购其股权退出公司,才能防止损害进一步扩大。并

---

① 参见宋燕妮、赵旭东主编:《中华人民共和国公司法释义》,法律出版社2019年版,第152—153页。

且,损害赔偿的范围很难确定,给被压迫股东和司法裁判都带来了难题。(2)股份回购有利于保护中小股东的权利。股东压迫形成后,中小股东与控股股东之间失去了信任,合作基础丧失,此时如仍强求中小股东留在公司,而仅给予与其股份公平价值相对应的损害赔偿救济途径,可能无法弥补或者抵消在未来控股股东可能会对其实施的更为隐蔽的侵害行为。(3)股份回购可以成为公司陷入僵局时的替代措施。若公司因僵局面临司法解散时,股东选择退出公司,则可能解除公司僵局,使得公司继续运营。

(二)延伸问题

我们认为,可将我国商事实践中出现的股东压迫根据其本质区分为以下几种类型:

1. 不公平分配

不公平分配是股东压迫中比例最高的类型,对该"分配"应采广义理解,可能表现为利润分配、股份回购、担任公司雇员并获得报酬、减资等多种形式的分配。无论不公平分配采取何种形式,其本质是改变了同一类型的股东应当取得同等程度分配、具有同等分配顺位的立法预设。不公平分配有几种典型的表现形式:

(1)通过合法途径实施不公平利润分配

公司法的原则是"同股同权",在利润分配上也是如此。在有限责任公司当中,除非全体股东约定不按照出资比例分红,公司法的默认规则就是按照实缴比例分红。但是,在对案例的观察中,可以发现大股东会利用其优势地位,通过股东会决议损害小股东的利润分配请求权。在一个典型案例中,大股东利用公司多数决,以67.92%之表决权通过了一项股东会决议,在该决议当中,并没有按照持股比例分红,而是按照人头分红,每位股东可以得到40万元的利润分配。[①] 此案表明,合法的股东会决议也可能会被利用以侵害某些股东的利润分配请求权。

(2)通过其他形式进行不公平分配

大股东除了通过合法决议进行不公平分配外,还可能通过公司的歧视性"分配"进行股东压迫,其表现形式可能为:选举自己或自己的亲信担任公司的

① 参见安徽省合肥市中级人民法院民事判决书,(2014)合民二终字第00036号。

职务,并且通过决议发放超出正常水平的薪资,提供超出正常水平的福利待遇。这可以看作对小股东的压迫,同时也是对公司利益的损害。

2. 不公平剥夺经营参与或工作机会

(1)剥夺经营参与

股权中两大基础权利为利润分配请求权和对公司治理的参与权,其中参与公司治理的权利分为对公司重大事项的决策权和选择公司管理人的权利。① 我国有限责任公司在组建时,所有股东都可能先担任公司的管理者,比如担任公司的经理或者董事。② 在股东与管理者的双重身份下,小股东有两种途径参与公司的治理:其一,作为股东在股东会上投票;其二,作为公司管理者控制公司的运作。但是在实践当中,股东这两种参与公司经营的权利都可能会被股份多数股东剥夺:若大股东掌握超过 1/2 甚至 2/3 的股份,股份少数股东的投票将无法改变大股东的决定,少数股东在股东会上投票的权利可能被大股东的多数股权实质上剥夺;少数股东作为公司管理者的身份可能被大股东通过决议剥夺,例如,大股东通过承诺经营管理权骗取小股东信任,使小股东投资公司,但是在事后通过股东会决议罢免小股东的职务。一般情况下,公司管理人员的人选属于公司自治的范畴,公权力应当尊重当事人的自由意志,但是如果小股东存在对自己职务、对公司参与的合理期待时,公权力就有介入的基础。

(2)剥夺工作机会

在一些公司中,股东通常更愿意在公司中成为雇员。在公司任职从而获得报酬,是股东取得投资回报的常用方式。在公司经营状况一般、利润较少难以满足利润分配的条件时,这种安排可以使股东获得一份固定的收入。更重要的是,作为自然人的股东在这种安排下也可以避免公司和股东被双重征税。③ 如果股东以雇员的形式在公司任职并且领取报酬从而获得实际上的“股息分配”,那么这部分工资就可以在公司当年经营成本中支出,避免计入企业所得税的基数当中。从公司及股东的利益最大化角度出发,有限责任公司常常会利用自己灵活的财务制度与薪酬制度,以报酬形式来代替股利分配,这样报酬支出可以

① 参见赵旭东:《公司法人财产权与公司治理》,载《北方法学》2008 年第 1 期。

② 参见沈严、温占敏:《变相分配公司资产的股东会决议无效》,载《人民司法·案例》2015 年第 22 期。

③ 在我国,根据《企业所得税法》规定,公司应当就其利润按照 25% 缴纳营业所得税,依《个人所得税法》规定,自然人股东也应当就其股息收入按 20% 缴纳个人所得税。

作为公司经营成本,降低公司与股东的总体应纳税额。这种变相获得的公司利润就被称为“事实上的股利”。[①] 少数股东在初始投资进入公司时的目的可能并非为了股利分配,而在于公司正常运作时能够支付给其作为雇员的报酬,并以此作为生活来源,一旦控制股东剥夺了少数股东的雇员地位,就变相地剥夺了少数股东获得“事实上的股利”的机会,属于股东压迫的范畴。

3. 不公平改变股东持股比例

(1)稀释少数股东持股比例

还有另外一种类型的股东压迫,即稀释少数股东的股权比例。无论是出于正常的商业目的,还是控股股东为了稀释小股东的股权比例,公司增资扩股都是十分常见的现象。在这种情况下,股东应当有权利保全自己在公司中的出资比例,优先认购权就是保障股东出资比例的制度工具。但是控股股东可能利用自己对公司的实际控制与小股东的现实情况,变相地让小股东无法行使自己的优先认购权。比如控制股东在少数股东处于财务困境时,提案以现金方式增资扩股并且被股东会决议通过,此时少数股东即使愿意行使优先购买权,也会因为现金问题而被迫放弃参与认购新股;或者控制股东仅仅给予少数股东极短的时间要求少数股东认缴增资款,使少数股东无法及时支付款项而丧失优先认购权。少数股东原本就在公司处于劣势地位,若股权被进一步稀释,则对公司的实际控制能力也就被进一步地削弱。这一方式往往是控制股东施加其他压迫行为的重要环节,控股股东可以在成功稀释少数股东持股比例的基础上,达到将对公司实施合并或者对公司结构进行根本性变更的目的。[②]

(2)不公平增加少数股东持股比例

与股东利用优势地位稀释少数股东持股比例相对,还有另外一种股东压迫的情形,即股东利用其优势地位不公平地增加少数股东的持股比例。比如公司原有两股东,股东 A 持股 80%,股东 B 持股 20%,公司经营基本由 A 股东控制,并且每年按照持股比例向 A 和 B 分红,A 因为其优势地位更了解公司运作

① See Douglas Moll, *Shareholder Oppression & Dividend Policy in the Close Corporation*, 60 Washington and Lee Law Review 876(2003).

② See F. Hodge O'Neal & Robert B., *Thompson*: *O'Neal and Thompson's Oppression of Minority Shareholders and LLC Members*: *Protecting Minority Rights in Squeeze-outs and Other Intracorporate Conflicts*, rec 2nd edn, Thompson Reuters/West, 2011, p. 3 – 189.

的实际情况，某年公司运营情况急转直下，公司资金链也十分紧张，A 股东便向 B 股东虚假透露公司运作情况，表明自己近期资金较为紧张，但是公司急需一笔资金以维持运营。于是公司召开了股东会，B 溢价入股公司，A 仍占据公司 70% 的股份，后公司业务难以为继，陷入解散清算的困境。

与稀释小股东股权比例不同，这种情况下小股东在大股东的“欺诈”下付出了自己的真金白银，大股东企图利用自己的优势地位借小股东资金以使公司渡过难关。大股东采用了不公平的手段（比如隐瞒信息、虚假陈述等）使得小股东陷入了错误的认知，基于该错误认知向公司进行了增资，也属于股东压迫。

4. 知情权限制

股东知情权为股权的基本权能，且不能通过公司章程、股东协议等剥夺。① 股东压迫也可能表现为知情权的限制，但是要明确区分这一限制是来源于其他股东还是来源于公司。如果其他股东基于股东会决议、大股东身份等限制中小股东知情权，可以被纳入股东压迫的范畴，但是如果是董事会拒绝股东行使知情权，则可能不属于股东压迫的范畴。

国内有些学者在讨论股东压迫的具体类型时，往往没有区分股东知情权的类型，认为股份多数股东侵害股份少数股东知情权的方式多为拒绝提供公司内部资料、拖延不办查阅事项、提供虚假的资料等。而我们认为应当对侵犯小股东知情权的情况进行区分，有些属于董事会侵犯小股东知情权，应当由小股东通过诉请人民法院要求查阅，不属于股东压迫的范畴；其中有属于其他股东侵犯小股东知情权的，比如大股东以股东身份进行不实陈述或者向小股东提供虚假的报告，就属于股东压迫的范畴。

---

① 《公司法司法解释（四）》第 9 条规定：“公司章程、股东之间的协议等实质性剥夺股东依据公司法第三十三条、第九十七条规定查阅或者复制公司文件材料的权利，公司以此为由拒绝股东查阅或者复制的，人民法院不予支持。”

专题十四 股东双重代表诉讼

一、新《公司法》修改的主要内容

股东代表诉讼,又称派生诉讼,是指当公司董事、监事、高级管理人员等主体侵害了公司权益,而公司怠于追究其责任时,符合法定条件的股东以自己的名义代表公司提起的诉讼。依诉讼涉及的持股关系之层数,股东代表诉讼包括单层股东代表诉讼、股东双重代表诉讼和股东多重代表诉讼。其中,股东双重代表诉讼指的是由母公司的股东以自己的名义,在穷尽公司内部救济的情况下对实施侵害子公司利益行为的主体提起的诉讼,所谓“双重”是指在该诉讼关系中存在两重股权关系,一是母公司与其股东之间的股权关系,二是母公司与子公司之间的股权关系。股东双重代表诉讼主要适用于股权关系较为复杂的公司集团之中。新《公司法》第 189 条新增股东双重代表诉讼制度。

域外多个国家和地区的公司法已构建了较为完整的股东代表诉讼制度,其内容包括股东双重代表诉讼制度和单层股东代表诉讼制度。然而,我国原《公司法》只规定了单层股东代表诉讼制度,股东双重代表诉讼制度虽然得到了理论界的认可并为司法实践切实所需,但一直未被《公司法》明确规定。经过多年的讨论,我国新《公司法》终于承认了股东双重代表诉讼的合法性,回应了我国司法实践对于股东双重代表诉讼制度的现实需求。确立股东双重代表诉讼制度是新《公司法》的修订亮点之一。本专题从理论和实务层面出发,分析了新《公司法》构建股东双重代表诉讼制度的现实依据,阐释了股东双重代表诉讼制度的相关理论,并对新《公司法》第 189 条规定的股东双重代表诉讼制度的具体内容进行解读。

二、本次修改的现实依据

(一)司法实践的需求

早在我国2005年《公司法》修订时,就曾有立法专家呼吁我国应当承认股东双重代表诉讼,但是这一提议最终并未得到我国立法机关的认同。网上公开可查询的判决文书显示,2005年修订的《公司法》实施后,我国司法实践中也曾出现过零星几例与股东双重代表诉讼相关的案例。在缺乏实证法明确规定的情况下,有的法院对提起股东代表诉讼的条件做严格解释,认为股东仅可以为维护自己直接出资的公司利益而提起股东代表诉讼;①有的法院则稍微放宽,认为如果母公司对子公司形成了绝对的资本控制,即母公司是子公司的唯一股东,那么母公司的股东为了子公司的利益以自己的名义直接向人民法院提起诉讼不违反《公司法》规定。② 在这个问题上,最高人民法院也曾采纳后一种观点。

2016年4月12日,《公司法司法解释(四)(征求意见稿)》向社会公布,其中第31条规定:"公司法第一百五十一条第一款、第二款所称的'董事、高级管理人员'、'监事会'、'监事'包括全资子公司的董事、高级管理人员、监事会、监事。公司法第一百五十一条第三款所称的'他人',是指除公司或者全资子公司的董事、监事、高级管理人员以外的其他人。"第35条第2款规定:"股东因公司的全资子公司利益受到损害,依据公司法第一百五十一条提起诉讼,请求被告向全资子公司承担民事责任的,应予支持;请求被告向公司承担民事责任的,不予支持。"从上述两条规定可以看出,最高人民法院就全资母公司股东对损害其全资子公司利益的行为人提起股东代表诉讼持肯定态度。

《公司法司法解释(四)(征求意见稿)》一经发布,各界对于前述条文的必要性和合理性有不同的看法。支持者认为,承认全资母子公司之间的股东双重代表诉讼符合我国现实公司实践,能够有效地弥补全资母公司和全资子公司的内部救济失灵机制,更好地保护各利益相关者的合法权益。反对者则主张,第一,适用股东双重代表诉讼容易造成司法过度干预市场主体的投资安排及集团

① 参见江苏省高级人民法院民事裁定书,(2016)苏民终568号。
② 参见陕西省高级人民法院民事判决书,(2016)陕民终228号。

公司自治的问题；第二，如果《公司法司法解释（四）》在《公司法》尚未承认股东双重代表诉讼的情况下作出相反规定，就相当于在行使立法而非司法解释之权，是对上位法的较大突破。其中，第二个反对理由是《公司法司法解释（四）》作为一部司法解释所无法反驳的，尽管它与股东双重代表诉讼制度的必要性并不直接相关。有鉴于此，《公司法司法解释（四）（征求意见稿）》第 31 条及第 35 条第 2 款没能被最终文本所保留。①

股东双重代表诉讼制度在《公司法司法解释（四）》中无法越过的位阶鸿沟最终被新《公司法》所跨越，该法第 189 条第 4 款在借鉴《公司法司法解释（四）（征求意见稿）》相关规定的基础上承认了全资母子公司之间的股东双重代表诉讼制度，终于将这一制度正式上升到了法律层面，标志着我国股东代表诉讼制度的进一步完善。

（二）理论界的呼吁

借鉴域外经验引入单层股东代表诉讼制度是我国 2005 年《公司法》的立法亮点之一。这一制度创新突破了 1991 年《民事诉讼法》第 108 条第 1 项对于"原告是与本案有直接利害关系的公民、法人和其他组织"的起诉条件限制，对于维护中小股东利益具有重要的积极意义。

2005 年《公司法》施行后不久就有学者提出了构建股东双重代表诉讼制度的设想。学者认为，2005 年《公司法》的规定已经为股东双重代表诉讼的构建预留了制度空间，呼吁完善我国股东代表诉讼制度，构建股东双重代表诉讼制度。②

还有学者认为，原《公司法》规定的单层股东代表诉讼制度无法保护公司集团中母公司股东的合法权益，"法律呈真空状态，这与我国《公司法》的立法精神与宗旨背道而驰"，故而应当借鉴域外相关制度经验在规范层面构建股东双重代表诉讼制度。③

更有学者进一步主张，"二重派生诉讼制度是在公司重组、集团化发展运作中，完善公司集团治理机制，堵塞法律漏洞，保护投资人基本权益不可缺少的必

---

① 参见杜万华主编、最高人民法院民事审判第二庭编著：《最高人民法院公司法司法解释（四）理解与适用》，人民法院出版社 2017 年版，第 588—589 页。

② 参见刘俊海：《新公司法的制度创新：立法争点与解释难点》，法律出版社 2006 年版，第 277—278 页。

③ 参见林少伟：《股东代表诉讼：世界与中国》，华中科技大学出版社 2019 年版，第 415 页。

要环节”①,股东双重代表诉讼制度构建的要点包括适用该制度的基础关系、原告股东适格的实体要求和程序要求。

综上可见,我国学者基本上都认可双重股东诉讼制度的价值,均主张我国《公司法》应当引入股东双重代表诉讼。

三、股东双重代表诉讼制度的理论阐释

(一)股东双重代表诉讼的制度价值

股东双重代表诉讼的制度目的在于解决因母公司对子公司控制力减弱而无法直接通过干涉子公司经营管理维护自身及股东利益的问题,为母公司股东提供了事后救济的途径。

公司具有独立的法人人格,可以自己的名义对外进行投资,成为另一公司的股东。公司拥有另一公司一定比例以上的股份,或者通过协议方式能够对另一公司的经营进行实际控制,该公司则为另一公司的母公司,另一公司称子公司。当子公司也像母公司那样开展投资,或者通过协议控制其他公司,将会形成一个公司集团,集团内的各个公司通过股权关系或协议关系连接,母公司处于主导地位。这在并购、重组、换股、转投资等集团化运作已经成为常态的现代商业社会中,已经是十分常见的现象。根据现代公司的控制权与所有权分离理论,股东控制公司的能力有限,随着关系链的不断延伸,母公司控制隔代公司的能力通常呈递减趋势。但是,无论控制关系多么疏远,集团公司之间总是存在着一定的利益关系。然而,在控制力不断减弱的现实窘境之下,母公司或其股东通常较难通过事前干预子公司的经营管理来达到维护自身利益的目的,即便目的可以实现也会增加母公司的经营管理成本。

传统公司法确立的公司独立人格是以公司在经济利益上的独立为基础的,然而,公司之间的关联关系和集团关系改变了原来公司的独立状态,其结果不只是威胁到个别关联公司自身的利益,而且也危及与该公司有关的其他公司的利益。同时,也会直接或间接地损害少数股东和债权人的利益。因此,在承认关联公司和公司集团的合法存在的情况下,必须通过各种法律手段予以规制,切实保护关联公司及其少数股东以及公司债权人的利益,最大限度地抑制关联

① 沈贵明:《二重派生诉讼适格原告要件的构建》,载《法制与社会发展》2015年第2期。

关系的消极影响和后果。① 目前,各国公司法已经形成了多样化的制度,包括横向人格否认制度、表决权穿越制度、股东知情权穿越制度、关联关系提示或通知制度、禁止不当影响制度、利益补偿制度等,也包括本专题讨论的股东双重代表诉讼制度。

股东双重代表诉讼制度授权母公司股东在公司内部缺乏有效维权机制的情况下,对侵害子公司合法权益的主体提起股东代表诉讼。在当前普遍存在的母子公司关系中,倘若子公司的董事、监事、高级管理人员或其他人侵害子公司的利益时,只能由母公司提起股东代表诉讼,子公司的合法权益很有可能得不到及时、有效维护。原因在于,母公司也是一个法人机构,若以母公司的名义提起股东代表诉讼,先后需要经过母公司内部作出相应决议或决定、向子公司提出先诉请求的复杂程序,过程中涉及母公司内部人员的沟通与协调。如果母公司是一个管理秩序良好、管理人员齐备的公司,其形成提起股东代表诉讼决议或决定的难度可能较低、成本可能较小,但仍需要经过公司内部的协商;反之,如果母公司本身经营秩序混乱,所有者之间、管理者之间、经营者与管理者之间的矛盾尖锐,其可能难以或无法形成一致意见。在后一种情况下,指望母公司维护子公司的合法权益显然并不现实。

子公司利益受损将影响母公司的利益,进而就会影响母公司股东的利益,倘若不赋予母公司股东直接提起诉讼的权利,其所遭受的间接损失便难以得到补偿。相反,如果允许母公司股东"越过"母公司,以其个人名义追究损害子公司合法权益相关主体的法律责任,便能更加有效地维护子公司、母公司、母公司股东个人的合法权益,实现三方共赢。这也正是股东双重代表诉讼的核心价值所在。这不仅为母公司股东间接维护其合法权益提供了机会,减少了因控制权减弱可能带来的不利影响,也增加了母公司股东监督子公司内部治理的途径,相当于给关联公司的董事、监事、高级管理人员、实际控制人、控股股东等主体悬上一把"达摩克利斯之剑",令其小心谨慎地在法律法规及公司章程允许的范围内实施相关行为或作出相关决策。

(二)股东双重代表诉讼的前置程序

作为一个具有独立人格的主体,公司在自身权益受损害时应当有权利且有

① 参见赵旭东主编:《公司法学》(第4版),高等教育出版社2015年版,第57页。

责任自行维护。并且,侵害公司合法权益的行为多发生在公司对外的经营活动和对内的管理活动之中,在控制权与所有权分离的现代公司中,负责经营、管理公司的并非股东,而是董事会、高级管理人员等公司的内部人员,他们对公司经营管理事务的了解程度远大于股东,对于应当通过何种方式维护公司合法权益的判断也比股东更为精准。因此,当股东代表公司维护其合法权益时,无论是基于有效维护公司合法权益的考量,出于节约司法资源、防止股东滥诉的目的,还是出于对公司独立人格、公司自治的尊重,股东以自己的名义提起诉讼之前原则上应首先穷尽公司的内部救济。这在理论上被称为"先诉请求",也即股东代表诉讼的前置程序。

"穷尽公司内部救济"规则尊重了公司自治,同时也有效地保护了公司的利益,这一规则在股东双重代表诉讼中同样适用。但相较单层股东代表诉讼更为复杂的是,在股东双重代表诉讼中,母公司和子公司的独立人格都需要被尊重。这意味着,母公司股东提起诉讼之前应当穷尽母公司和子公司的内部救济。

理论上,股东双重代表诉讼前置程序的履行方式存在四种可能的方案。一是"双层顺序提起"的方案,即原告股东先向母公司再向子公司提出先诉请求,当两公司均未在法定时间内作出回复、拒绝提起股东代表诉讼或直接诉讼时,股东就已满足前置程序的要求;二是"双层逆向提起"的方案,该方案与前一方案类似,区别在于原告股东先向子公司再向母公司提出先诉请求;三是"分别提起"的方案,即原告股东向母公司和子公司提出先诉请求不再有顺序的限制,只要最终的结果是两公司均怠于起诉,满足实质性要求的股东便可获得提起股东双重代表诉讼的权利;四是"单向提起及告知"的方案,该方案与第三种方案类似,但原告股东无须向母公司履行前置程序,而只是书面告知其相应的情况。[①]相较而言,四种方案中后两种方案最省时。而这两种方案相比,第三种更加体现对母公司独立人格的尊重,应当更佳。但是,在我国股东代表诉讼本身并不活跃的现实背景下,为了简化程序,提升诉讼效率,新《公司法》第189条并不要求母公司股东履行双重前置程序,母公司股东只需书面请求全资子公司的监事会、董事会向人民法院提起诉讼即可,无须向母公司董事会、监事会再行请求。

① 参见沈贵明:《二重派生诉讼适格原告要件的构建》,载《法制与社会发展》2015年第2期。

(三)股东双重代表诉讼的基础关系

学理上,母公司与子公司是两个互相对应的概念。母公司是指拥有另一公司一定比例以上的股份,或通过协议方式能够对另一公司的经营进行实际控制的公司。与其相对应,一定比例以上的股份被另一公司所拥有或通过协议受到另一公司实际控制的公司即为子公司。母公司与子公司之间法律关系的特点是子公司受母公司的实际控制,母公司拥有对子公司的重大事项的决定权。实践中,母公司控制子公司的方式有多种,包括股权控制、协议控制等。

母子公司之间属于哪一类或哪几类控制关系才构成适用股东双重代表诉讼的基础关系?制度上有不同的做法。美国采取的是综合性的判断标准,母公司持有子公司半数以上股份并对其具有实质上的支配性权力即可。[①] 日本采取的是股权控制的判断标准,母公司应当持有子公司的全部股份。[②] 我国学者对美国和日本的做法持有不同观点,有人支持美国的做法,[③]也有人认为日本的规定更为合理。[④] 新《公司法》与日本的立法模式类似,同样要求子公司必须是原告所持股公司的"全资子公司"。

(四)股东双重代表诉讼制度的域外制度概况

作为现代公司集团中保护母公司股东合法权益的关键措施,股东双重代表诉讼制度得到了域外主要国家和地区的认可,域外制度中不乏关于股东双重代表诉讼的规定。

《日本公司法》第847条之3第1款、第4款规定,在子公司董事等对子公司负有赔偿责任时,母公司的股东可以向子公司提出请求,请求其提起追究董事损害赔偿责任的诉讼,自请求之日起60日内子公司未提起追究董事责任之诉讼的,母公司的股东为了子公司利益,可对子公司董事直接提起追究责任之诉。能够提起双重代表诉讼的原告,仅限于6个月以上连续持有"最终全资母公司"1%以上表决权或1%以上已发行股份的股东,但公司可以在公司章程中

---

① 参见林少伟:《股东代表诉讼:世界与中国》,华中科技大学出版社2019年版,第422—424页。

② 参见《日本公司法》第847条之3第1款。

③ 参见王淼、许明月:《美国特拉华州二重代表诉讼的实践及其对我国的启示》,载《法学评论》2014年第1期。

④ 参见樊纪伟:《日本多重代表诉讼制度及其启示》,载《法学杂志》2016年第7期。

规定少于1%的持股比例。另外,《日本公司法》第847条之3使用的“最终全资母公司”包括直接持有子公司全部股份的母公司和通过其他全资子公司间接全部持有子公司股份的母公司。

在美国,Matthew Ryan 诉 Leavenworth 案、Craftsman Finance 和 Mortgage Co. ,Inc. ,诉 Brown 案以及 United States Lines 诉 United States Lines Co. 案等案件的判例确立了股东双重代表诉讼制度。美国法院认为当子公司的利益受到不法行为人的侵害后,若子公司董事会不予追究或母公司拒绝提起股东代表诉讼否认母公司股东有代表子公司提起诉讼的权利是不公平的,不利于维护子公司利益。美国大部分法院虽未限制只有全资母公司才有提起双重代表诉讼的权利,但多要求母公司需对子公司有实际控制权。

我国香港地区《公司条例》也设计了股东双重代表诉讼制度。根据该条例第732条的规定,股东双重代表诉讼诉权的取得以获得原讼法庭的审查许可为前提;第734条规定,受批准或追认的行为并不能因此免于代表诉讼;第735条规定,代表诉讼未经原讼法庭许可法律程序不得中止或和解;第736至738条规定了原讼法庭对于诉讼事项的介入权,包括诉讼费用。

四、新《公司法》规定解读与延伸问题

(一)新《公司法》规定解读

新《公司法》所确立的股东双重代表诉讼制度如下:

> **第189条** 董事、高级管理人员有前条规定的情形的,有限责任公司的股东、股份有限公司连续一百八十日以上单独或者合计持有公司百分之一以上股份的股东,可以书面请求监事会向人民法院提起诉讼;监事有前条规定的情形的,前述股东可以书面请求董事会向人民法院提起诉讼。
>
> 监事会或者董事会收到前款规定的股东书面请求后拒绝提起诉讼,或者自收到请求之日起三十日内未提起诉讼,或者情况紧急、不立即提起诉讼将会使公司利益受到难以弥补的损害的,前款规定的股东有权为公司利益以自己的名义直接向人民法院提起诉讼。
>
> 他人侵犯公司合法权益,给公司造成损失的,本条第一款规定的股东可以依照前两款的规定向人民法院提起诉讼。

公司全资子公司的董事、监事、高级管理人员有前条规定情形，或者他人侵犯公司全资子公司合法权益造成损失的，有限责任公司的股东、股份有限公司连续一百八十日以上单独或者合计持有公司百分之一以上股份的股东，可以依照前三款规定书面请求全资子公司的监事会、董事会向人民法院提起诉讼或者以自己的名义直接向人民法院提起诉讼。

分析新《公司法》第189条可见，在立法模式上，新《公司法》并未对股东双重代表诉讼制度作专门规定，而是在单层股东代表诉讼制度的基础上设置引致条款，将单层股东代表诉讼制度中的其他基本规则适用于股东双重代表诉讼制度。在制度内容上，我国股东双重代表诉讼制度的主要内容包括以下几个方面：

1. 原告适格的前置程序条件

根据新《公司法》第189条的规定，单层股东代表诉讼的前置程序如下：董事、高级管理人员执行职务违反法律、行政法规或者公司章程的规定，给公司造成损失的情况下，有限责任公司的股东、股份有限公司连续180日以上单独或者合计持有公司1%以上股份的股东，可以书面请求监事会向人民法院提起诉讼；监事存在前述违反信义义务的行为时，符合条件的股东可以书面请求董事会向人民法院提起诉讼。如果监事会或者董事会收到股东书面请求后拒绝提起诉讼，或者自收到请求之日起30日内未提起诉讼，或者情况紧急、不立即提起诉讼将会使公司利益受到难以弥补的损害，有限责任公司的股东、股份有限公司连续180日以上单独或者合计持有公司1%以上股份的股东有权提起股东代表诉讼。

从公司法原理上来看，股东双重代表诉讼的前置程序与单层股东代表诉讼的原理相同。因此，母公司的股东需“竭尽母、子公司内部救济”，即母公司股东须履行双重的前置程序，分别向子公司和母公司提起救济请求，只有当二者均不可行时，才能以自己的名义提起双重代表诉讼。但是，这种双重前置程序，也将降低股东双重代表诉讼的效力。我国股东代表诉讼本身并不活跃，为了简化程序，提升诉讼效率，新《公司法》第189条第4款规定，母公司股东只需书面请求全资子公司的监事会、董事会向人民法院提起诉讼即可，而不要求其向母公司董事会、监事会再行请求。

另外，值得注意的是，母公司股东提起诉讼之前应当履行前置程序针对的是公司治理的一般情况，即在股东向公司有关机关提出书面申请之时，存在公司有关机关提起诉讼的可能性。如果全资子公司的监事会、董事会实质上已经无法正常开展工作或者其成员本身存在侵犯公司合法权益的行为，导致全资子公司、母公司的监事会、董事会根本不存在提起诉讼可能性的，母公司股东应得豁免履行前置程序。这是《九民纪要》第25条所明确的。在上述情况下，人民法院不应当以原告未履行前置程序为由驳回起诉。

2. 原告适格的股东持股条件

自2005年《公司法》确立单层股东代表诉讼制度以来，我国《公司法》对股份有限公司和有限责任公司股东的持股条件一直采取的都是差异化的立法模式。对于有限责任公司股东而言，提起股东代表诉讼的权利属于单独股东权，有限责任公司的全体股东均有权提起股东代表诉讼。对于股份有限公司股东而言，股东代表诉讼的诉权属于少数股东权，仅连续180日以上单独或合计持有公司1%以上股份的股东享有提起股东代表诉讼的权利。新《公司法》第189条也延续了这一规定。

在单层股东代表诉讼制度中，我国《公司法》限制股份有限公司股东的持股时间的原因在于“确保提起股东代表诉讼的股东为投资股东，而非从事短线交易、追涨杀跌的投机股东……在一定程度上，180日的连续持股期限不仅是对股东投资实力，也是对其面向公司的诚信度以及心理素质（尤其是持股耐力和毅力）的一大考验”[①]。而《公司法》对股份有限公司股东的最低持股比例作出要求的目的有三：一是预防或避免恶意诉讼的发生，通过股东的资本实力推定其不会滥用诉权损害公司及利益相关者的合法权益；二是更大程度地代表公司股东利益；三是更充分地代表公司行使诉权。[②]

《公司法》对有限责任公司和股份有限公司股东的适格条件所作的差异化规定，在法律关系较为简单、清晰的单层股东代表诉讼中不存在适用的问题。但是，在法律关系较为复杂的股东双重代表诉讼中，前述限制性条件具体应当如何适用却需要进一步分析。理论上，股东双重代表诉讼存在四种情形。一是

① 刘俊海：《新公司法的制度创新：立法争点与解释难点》，法律出版社2006年版，第259页。

② 参见沈贵明：《二重派生诉讼适格原告要件的构建》，载《法制与社会发展》2015年第2期。

母公司为股份有限公司,子公司为有限责任公司;二是母公司为股份有限公司,子公司为股份有限公司;三是母公司为有限责任公司,子公司为股份有限公司;四是母公司为有限责任公司,子公司为有限责任公司。当母公司和子公司均为有限责任公司时,母公司的任一股东都满足持股要求。当母公司为有限责任公司而子公司为股份有限公司时,母公司的任一股东也都满足持股要求,因为母公司的股东不直接持有子公司的股权,《公司法》对股份有限公司股东的持股要求不适用于母公司股东。而当母公司为股份有限公司,子公司为有限责任公司或股份有限公司时,母公司的股东是否应满足"连续180日以上单独或合计持有公司1%以上股份"的要求,我国通说持肯定观点,认为这样有利于促使股东审慎起诉,同时也与股东双重代表诉讼制度衍生于单层股东代表诉讼的特征相吻合。

综上所述,股东双重代表诉讼原告适格的持股要求以母公司的类型为标准,当母公司为有限责任公司时,母公司的股东均符合持股要求;当母公司为股份有限公司时,仅"连续180日以上单独或合计持有公司1%以上股份"的股东有权提起股东双重代表诉讼。上述股东双重代表诉讼中原告应当满足的持股要求可归纳如表14-1。

表14-1　股东双重代表诉讼原告的持股要求

序号	子公司类型	母公司类型	股东持股要求
1	有限责任公司	股份有限公司	连续180日以上单独或合计持有母公司1%以上股份
2	股份有限公司	股份有限公司	连续180日以上单独或合计持有母公司1%以上股份
3	股份有限公司	有限责任公司	持有母公司股权
4	有限责任公司	有限责任公司	持有母公司股权

另外,值得注意的是,何时成为母公司股东不影响股东双重代表诉讼原告的资格,即便子公司合法权益受到侵害的行为发生时原告尚未成为母公司股东,原告的资格也不受影响,这是《九民纪要》第24条明确规定的。

3. 原告适格的基础关系条件

根据新《公司法》第189条,股东双重代表诉讼适用的基础关系是全资母子公司关系,即仅当母公司为子公司唯一股东时,母公司的股东才有权利为维护子公司的利益提起股东双重代表诉讼。这一限制条件与《公司法司法解释(四)(征求意见稿)》的规定相同。

4. 适格被告

实践中,公司的合法权益可能受到两方面的侵害。一方面的侵害来自全资子公司内部,由其实际控制人、控股股东、董事、高级管理人员、监事等公司内部人员实施;另一方面的侵害来自公司外部,由任何可能给公司造成不利影响的外部行为人实施。由此,出于公司全面救济合法权益的目的,公司的内部人员和外部行为人都有可能成为股东代表诉讼的被告。

根据新《公司法》第 189 条的规定,股东不仅可以就其全资子公司的董事、监事、高级管理人员在执行职务时违反法律、行政法规或者公司章程的规定并给公司造成损失的行为提起股东代表诉讼,也可以通过股东代表诉讼追究"他人侵犯公司合法权益,给公司造成损失"的法律责任。可见,新《公司法》确立的股东双重代表诉讼的被告范围广泛,不限于子公司内部人员。相应地,股东双重代表诉讼可诉行为的范围也是广泛的,既包括侵犯公司合法权益的侵权行为,也包括违约行为。如此,不仅有益于在事后更加充分地维护公司的合法权益,也能够在事前有效地威慑、减少侵害公司合法权益的行为。

(二)延伸问题

1. 股东双重代表诉讼的诉讼构造

《公司法司法解释(四)》第 24 条规定了单层股东代表诉讼的诉讼构造,即股东为原告,公司为第三人,侵犯公司合法权益的主体为被告;一审法庭辩论终结前,符合起诉条件的其他股东,以相同的诉讼请求申请参加诉讼的,列为共同原告。这一诉讼构造应参照适用于股东双重代表诉讼。具体而言,在双层股东代表诉讼中,母公司股东为原告,母公司和全资子公司为第三人,侵犯公司合法权益的主体为被告;一审法庭辩论终结前,符合起诉条件的其他母公司股东,以相同的诉讼请求申请参加诉讼的,列为共同原告。

2. 胜诉利益与诉讼费用分配规则

《公司法司法解释(四)》第 25 条规定,在股东为维护其所持股公司利益而以个人名义提起的诉讼中,股东的胜诉利益归属于公司,股东无权请求被告直接向其承担民事责任。此乃单层股东代表诉讼的胜诉利益分配规则,即胜诉利益归属于该诉讼所欲保护的利益主体。这一胜诉利益分配规则同样适用于股东双重代表诉讼。在股东双重代表诉讼中,母公司股东个人的利益并没有直接受到损害,股东为了保护子公司的直接利益而非其个人的直接利益提起诉讼。相应地,母公司股东胜诉后的利益应当归属于股东双重代表诉讼所欲保护的对象——子公司,股东无权请求被告直接向其个人或母公司承担民事责任。如果股东的目的仅是寻求对自身合法权益的救济,则应提起股东直接诉讼而不是股东代表诉讼。

当然,这并不意味着股东在不会获得任何直接收益的情况下仍需自行承担所有的诉讼费用,否则股东代表诉讼制度就极有可能地会被束之高阁,完全成为纸面上的制度。因此,《公司法司法解释(四)》第26条规定,当股东提出的“诉讼请求部分或者全部得到人民法院支持”,股东就可以请求公司承担其因参加诉讼所支出的合理费用,包括律师费、交通费、差旅费等。值得注意的是,根据前述规定,股东得请求公司承担相关合理费用的条件是诉讼请求得到支持,而不论该诉讼请求是否涉及金钱性赔偿。换言之,即便股东提出的诉讼请求是被告向原告公司赔礼道歉,公司也不能以胜诉后未获得实际金钱利益而拒绝承担股东支出的合理费用。这是根据《公司法司法解释(四)》第26条之文义能够作出的当然推断。

3. 股东双重代表诉讼的调解

诉讼程序中的调解指的是双方当事人在人民法院审判人员的主持下,在事实清楚的基础上,自愿协商,就案件争议解决达成一致意见并形成调解协议的诉讼活动。根据《民事诉讼法》第100条的规定,调解达成协议,人民法院应当制作调解书;调解书经双方当事人签收后,即具有法律效力。单层股东代表诉讼可以通过调解的方式解决案件争议,但由于原告并非自身权利实际受到直接损害的主体,单层股东代表诉讼的调解规则区别于一般诉讼。根据《九民纪要》第27条的规定,公司是股东代表诉讼的最终受益人,为避免因原告股东与被告通过调解损害公司利益,人民法院应当审查调解协议是否符合公司的意思;只有在调解协议经公司股东会或董事会决议通过后,人民法院才能出具调解书予以确认。在调解利益归属的问题上,股东双重代表诉讼与单层股东代表诉讼具有相似性,故《九民纪要》的上述规定也应类推适用于股东双重代表诉讼。考虑到股东双重代表诉讼胜诉利益的归属者为子公司,人民法院审查调解协议时的重点应为该协议的内容是否符合子公司的意思。并且,只有在子公司股东会或董事会决议通过该调解协议后,人民法院才能出具调解书。

专题十五 股东查阅会计凭证的权利

一、新《公司法》修改的主要内容

股东知情权是公司法赋予股东的知悉公司经营、管理、财务等方面信息的权利,属于股东权利中的辅助性权利,为股东其他权利的有效行使提供基础保障。股东查阅会计凭证的权利是股东知情权中重要的权利之一,其客体为公司会计凭证。新《公司法》第 57 条、第 110 条新增股东查阅会计凭证权制度。

我国《公司法》早已对股东知情权进行规范,原《公司法》赋予了股东查阅、复制公司章程、股东会会议记录、董事会会议决议、监事会会议决议和财务会计报告等文件的权利。相较于原《公司法》,新《公司法》在股东知情权制度方面有多处修改亮点,其中之一便是扩大股东知情权的客体范围,将会计凭证纳入其中,增设股东对本公司以及全资子公司会计凭证的查阅权。

会计凭证记录了公司各项经济业务发生或完成的情况,属于公司的敏感信息。允许股东查阅公司会计凭证可使其更加深入地了解公司财务的真实情况,有利于减少信息不对称给股东合法权益保护带来的消极影响;反之,不允许股东查阅会计凭证则有可能导致股东其他合法权益无法有效行使,进而受到损害。但与此同时,这也增加了公司敏感信息被泄露的风险,容易导致公司商业秘密受到侵犯。

为平衡股东与公司之间的利益,新《公司法》第 57 条、第 110 条分别对有限责任公司股东的会计凭证查阅权和股份有限公司股东的会计凭证查阅权进行了精心的制度设计,就股东会计凭证查阅权的保障手段及限制措施作出详细规定。确立股东会计凭证查阅权是新《公司法》的立法亮点之一。本专题从理论和实务层面出发,分析了新《公司法》构建股东会计凭证查阅权的现实依据,阐释了股东会计凭证查阅权的相关理论,解读了新《公司法》第 57 条、第 110 条规定的股东会计凭证查阅权的具体内容。

二、本次修改的现实依据

(一)司法实践的需求

在新《公司法》确立股东会计凭证查阅权之前,我国司法实践中不乏与股东要求查阅公司会计凭证相关的案件。面对当事人的诉讼请求,在缺乏《公司法》明确规定的情况下,我国司法机关曾力图将会计凭证纳入股东知情权的范围之内。

在规范层面上,最高人民法院曾将会计凭证规定为股东可以查阅的对象。2016 年 4 月 12 日公布的《公司法司法解释(四)(征求意见稿)》第 16 条规定:"有限责任公司的股东起诉请求查阅公司会计账簿及与会计账簿记载内容有关的记账凭证或者原始凭证等材料的,应当依法受理。公司提供证据证明股东查阅记账凭证或者原始凭证等有不正当目的,可能损害公司合法利益的,应当驳回诉讼请求。"

我国地方司法机关也曾在地方司法文件中明确提出股东应当享有会计凭证查阅权的观点。例如,北京市高级人民法院民二庭在其于 2007 年 11 月公布的《关于新〈公司法〉适用中若干问题的调查研究》中表明,有限责任公司股东的会计账簿查阅权的范围包括原始凭证。再如,山东省高级人民法院民二庭在其于 2018 年 7 月公布的《关于审理公司纠纷案件若干问题的解答》也提出,股东对公司经营状况享有知情权,股东查阅会计账簿时,可以一并查阅会计凭证,会计凭证可以视为会计账簿的附件。理由在于:"原始会计凭证才是公司经营情况最真实的反映,如果将小股东查阅权的范围仅限于会计账簿,将难以确保通过会计账簿了解公司的真实经营情况,在会计账簿虚假记载大量存在的情况下,造成股东知情权落空。"

在具体个案中,我国也不乏将会计凭证解释为股东知情权对象的判决。例如,在李某君、吴某、孙某、王某兴诉江苏佳德置业发展有限公司股东知情权纠纷案中,终审法院支持了股东提出的查阅公司会计凭证的诉讼请求,并认为"公司的具体经营活动只有通过查阅原始凭证才能知晓,不查阅原始凭证,中小股东可能无法准确了解公司真正的经营状况"①。该案最终入选最高人民法院2011年第8期公报案例,代表了最高人民法院彼时对于会计凭证是否为股东知情权客体的态度。再如,在倪某英诉福建省福清市东门百货有限公司股东知情权纠纷案中,福州市中级人民法院支持了当事人提出的查阅会计凭证的诉讼请求,并作出了与最高人民法院在上述公报案例中观点相类似的裁判,认为"会计账簿是依据会计凭证而制作,只有允许其查阅作为记账依据的原始会计凭证,才能使其对会计账簿的真实性作出准确判断,进而才能保障其股东知情权的实现"②。

综上所述,我国司法机关认可会计凭证对于股东合法权益保护的重要性,并认为会计凭证应当被纳入股东知情权的客体范围之内。但是,这并未得到司法机关的普遍认同,在某些案件中,司法机关驳回了股东提出的查阅会计凭证的诉讼请求。例如,在富巴投资有限公司、海融博信国际融资租赁有限公司股东知情权纠纷案中,最高人民法院所作判决指出:"会计账簿不包括原始凭证和记账凭证。股东知情权和公司利益的保护需要平衡,故不应当随意超越法律的规定扩张解释股东知情权的范畴。《中华人民共和国公司法》仅将股东可查阅财会资料的范围限定为财务会计报告与会计账簿,没有涉及原始凭证。"③再如,在盈之美(北京)食品饮料有限公司与泛金管理有限公司股东知情权纠纷案中,北京市高级人民法院也以原《公司法》未规定股东知情权的范围包括会计凭证为由拒绝了股东提出的查阅会计凭证的诉讼请求。④ 值得注意的是,最高人民法院和北京市高级人民法院都曾明确支持将会计凭证纳入股东知情权的范围。

可见,我国司法机关对于会计凭证是否应当纳入股东知情权的客体范围存在一定的争议,而引起争议的根本原因并非在于司法机关否认会计凭证对于股东,特别是中小股东权益保护的重要性,而在于原《公司法》并未将会计凭证纳入股东知情权的客体范围并且司法机关对如何平衡股东知情权和公司利益保护存在不同理解。这也反映出了新《公司法》将会计凭证明确规定为股东可以查阅的公司文件并完善股东会计凭证查阅权的必要性,能够切实回应我国司法

---

① 《最高人民法院公报》2011年第8期。
② 福建省福州市中级人民法院民事判决书,(2018)闽01民终7296号。
③ 最高人民法院民事裁定书,(2019)最高法民申6815号。
④ 参见北京市高级人民法院民事判决书,(2020)京民终717号。

实践的需求。

(二)理论界的呼吁

与我国司法实践中司法机关是否支持股东享有会计凭证查阅权存在不同做法类似,理论界和实务界对于我国《公司法》是否应当将会计凭证纳入股东知情权的客体范围也存在不同观点。

肯定说的主要理由包括以下四点:第一,赋予股东查阅会计凭证的权利是对股东权利保护制度的优化;①第二,允许股东查阅会计凭证有利于解决我国目前普遍存在的财务信息失真问题;②第三,会计凭证是公司真实经营情况的反映,不允许股东查阅会计凭证,股东知情权将无法实现;③第四,股东知情权具有共益权的属性,允许股东查阅会计凭证有利于股东对公司经营者进行会计监督。④

反对说的理由则主要包括两个方面:其一,会计凭证与公司内部信息联系紧密,允许股东查阅会计凭证将损害公司秘密,进而损害公司利益;其二,扩大股东知情权的客体范围会增加公司的管理成本,阻碍公司正常经营。⑤

我们认为,反对说所提出的允许股东查阅会计凭证可能对公司造成的不利影响都不是否定知晓会计凭证信息对于股东合法权益保护重要性的充分理由,不应以此否定股东会计凭证查阅权的正当性。并且,科学、合理的股东会计凭证查阅权制度设计可以有效解决允许股东查阅公司会计账簿可能引起的损害公司秘密、增加公司管理成本的问题。

三、股东会计凭证查阅权的理论阐释

(一)会计凭证的信息优位:股东会计凭证查阅权的必要性与合理性

基于公司所有者的身份,股东在公司享有多元化的股东权利。每一种股东权利虽然具有独立性,但彼此之间却不是完全分离、毫无联系的。在股东享有

---

① 参见邹海林:《〈公司法〉修订的制度创新:回顾与展望——以〈公司法〉修订草案二次审议稿为蓝本》,载《法律适用》2023 年第 8 期。

② 参见李建伟:《股东查阅会计凭证的公司法修订方案》,载《国家检察官学院学报》2023 年第 4 期。

③ 参见石少侠:《对〈《公司法》司法解释(四)〉若干规定的理解与评析》,载《当代法学》2017 年第 6 期。

④ 参见朱大明:《论股东会计账簿查阅权的监督功能——以查阅权的共益性为中心》,载《北方法学》2021 年第 1 期。

⑤ 参见李建伟:《股东查阅会计凭证的公司法修订方案》,载《国家检察官学院学报》2023 年第 4 期。

的众多权利之中，知情权属于手段性的权利，为其他股东权利的实现起到了重要的辅助作用，缺乏知情权的帮助，股东的其他权利可能无法有效行使。例如，在不了解公司经营状况的情况下，股东在股东会上难以作出有利于公司及自身的决策，无法有效行使表决权；股东也无法向公司提出具有针对性的建议或质询，难以有效行使监督权；并且，股东在诉讼中难以提出能够得到法院支持的诉讼请求或有效履行举证义务，不仅股东诉权无法有效行使，其欲通过诉讼保护的实体权益也难以实现。可见，股东知情权本质上是一种信息获取权，是改善控股股东与非控股股东之间、股东与公司经营管理者之间信息不对称问题的重要措施，对于保护公司中弱势股东的合法权益具有重要意义，同时也能起到监督公司控股股东和公司经营管理者的作用。

股东知情权的实现以股东享有查阅、复制公司相关文件和资料的权利为基础，否则股东知情权就只是一个纯粹的纸面上的概念，难以落到实处，从而发挥实际作用。为了给股东知情权提供最低限度的保障，新《公司法》规定了股东可查阅、复制的公司文件或资料的最小范围，涉及公司的基本信息、经营管理信息以及财务信息。涉及公司财务的资料主要包括公司的财务会计报告、会计账簿、会计凭证等，三者在内容上存在紧密的联系，但对公司经营活动、财务状况所反映信息的真实性和完整性存在较大差别。

会计学意义上的会计凭证又称会计证据，是记录各项经济业务发生或完成情况的书面证明，包括原始凭证和记账凭证；会计账簿是指以经过审核会计凭证为根据，由一系列格式化且相互联系的账页所组成的簿籍；会计报告是指以会计账簿为主要资料来源编制的反映企业特定期间财务状况及其他会计信息的文件。可见，从会计凭证到会计账簿再到会计报告存在一个信息传递和信息整理的过程。在编制会计账簿、会计报告的人员人为因素的干扰下，会计信息失真的可能性不断增大，相关文件的真实性与可信度也随之降低。综上，在反映公司经营活动、财务状况方面，会计凭证的真实性和完整性最高，会计账簿次之，会计报告最低。

尽管《会计法》明确规定了公司制备会计账簿、会计报告的要求，即“保证会计帐簿记录与实物及款项的实有数额相符、会计帐簿记录与会计凭证的有关内容相符、会计帐簿之间相对应的记录相符、会计帐簿记录与会计报表的有关内容相符”，实践中，公司违法设置“两套账”“黑账”的行为以及出具虚假会计报告的行为屡见不鲜。如果股东只能查阅内容可能存在瑕疵甚至包含虚假信息的会计账簿、会计报告,而无权查阅会计凭证,股东便难以了解公司真实的经营状况,股东知情权的立法目的也无法实现,股东其他权利的行使也将受到阻碍。

然而,会计报告、会计账簿、会计凭证三者与公司经营信息的直接关联程度呈不断递增的态势,信息披露的范围越大公司商业秘密被披露得也就越多。股东知情权保障与公司商业秘密保护之间存在一定的矛盾。如果该信息被与公司业务存在竞争关系的股东或与公司关系交恶的股东透露给公司的竞争对手或向社会公众公开,公司及其利益相关者的利益便有可能遭受重大损失。从我国《公司法》的立法过程来看,我国立法者缓和、化解前述矛盾的方式经历了由单纯客体范围限制向权利行使层面限制、客体范围放开的转变。为平衡好股东信息获取的权益和公司及其利益相关者的利益之间的关系,避免股东滥用会计凭证查阅权损害公司及其利益相关者的合法权益,新《公司法》对股东会计凭证查阅权的行使规定了一系列限制性条件,包括对有权行使会计凭证查阅权的主体资格的限制和权利内容的限制、股东行使知情权时主观目的的限制、股东及其辅助人员承担的保密义务及相关法律责任等方面。(关于新《公司法》对股东会计凭证查阅权的限制的详细论述请参阅本专题第四部分)

(二)股东会计凭证查阅权的"穿越"

如本书专题十四所论,公司集团关系改变了原来公司的独立状态,可能导致个别公司少数股东的利益直接或间接受到损害。为了维护母公司股东的合法利益,各国公司法确立了一系列规制公司集团关系的法律制度,其中就包括由股东知情权制度衍生的股东知情权穿越制度。

《日本公司法》第 433 条是关于股东查账权的规定,该条第 1 款、第 2 款规范一般的股东查账权,第 3 款、第 4 款规范股东查账权的穿越行使。具体而言,《日本公司法》第 433 条第 3 款、第 4 款规定,股份公司的母公司的股东为行使其权利,在得到法院批准后,可以向股份公司提出查阅、复制会计账簿或相关资料的请求,母公司股东提出查阅请求时应当说明查阅的理由;如果法院审查认为,母公司股东存在《日本公司法》第 433 条第 2 款规定的不正当目的,该股东提出的查阅请求将不会得到法院的批准。《日本公司法》第 433 条第 2 款规定的不正当目的包括 5 种:(1)请求查阅、复制的目的与为维护、行使股东权利而开展的调查无关;(2)请求查阅、复制的目的是妨碍公司正常经营管理秩序并且损害其他股东利益;(3)提出查阅、复制请求的股东从事或参与和公司业务存在实质性竞争关系的经营活动;(4)请求查阅、复制的目的是将相关信息贩卖给第三人;(5)提出查阅、复制请求前的2年时间内,该股东曾将获取的信息贩卖给第三人。另外,根据《日本公司法》第2条的规定,"母公司"指的是控制另一公司管理事务的公司。

在美国,股东知情权穿越制度起源于判例法,法官大多基于法人人格否认理论支持母公司股东查阅子公司文件材料的请求。如果母子公司之间的关系可以导致母公司为子公司的侵权行为承担法律责任,那么批准母公司股东查阅子公司账簿资料并无不妥。① 2003年,《美国特拉华州普通公司法》修订,股东知情权穿越制度进入美国成文法。其后,堪萨斯州、俄克拉何马州等州的公司法也确立了股东知情权穿越制度。② 根据现行有效的《美国特拉华州普通公司法》,任一股东基于维护股东合法利益的正当目的,可亲自、委任律师或其他代理人,于公司营业时间内,依载明目的并经宣誓的书面请求,复印或摘录子公司的账簿和记录;如果公司拒绝提供子公司的账簿和记录,或者在股东作出书面请求后的5个工作日内未予答复,该股东可以提起诉讼,请求法院作出强制公司提供特定文件材料的命令。其中,"子公司"包括两类,一是股份被股东所在公司直接或间接全部或部分持有的公司,二是股东所在公司可以直接或间接控制其经营活动的公司。③

对比《日本公司法》和《美国特拉华州普通公司法》关于股东知情权穿越制度的规定可见,二者存在相似之处,例如母公司的任一股东都有权提出查阅请求、母公司股东查阅子公司文件材料须有正当理由。但是,二者也存在一定的区别,其中最突出的三点分别是:母公司股东请求的对象、向法院提起诉讼的时间、母子公司控制关系的判断标准。其一,在日本,母公司股东可以直接向子公司提出请求;但是,在美国特拉华州,母公司股东的请求对象是母公司。就此点而言,理论上,《日本公司法》的规定属于"行使对象"穿越,《美国特拉华州普通

① 参见王勇华:《穿越公司的边界——企业集团五个特例法制研究》,法律出版社2014年版,第66—69页。

② 参见王建文:《论我国股东知情权穿越的制度构造》,载《法律科学(西北政法大学学报)》2019年第4期。

③ See Del. Code Ann. tit. 8, § 220.

公司法》的规定属于“行使效果”穿越。[①] 其二，在日本，母公司股东需要在向子公司提出请求之前便已经获得法院的批准；而在美国特拉华州，获得法院批准并非母公司股东穿越行使知情权的前提条件，而是救济途径，为母公司股东获取相关文件提供最后的保障。其三，《美国特拉华州普通公司法》规定的母子公司控制关系的判断标准比《日本公司法》更加具体，既包括股权控制，也包括协议控制。

为配合股东双重代表诉讼制度的实施，完善我国公司集团法律制度，新《公司法》第 57 条、第 110 条确立了股东知情权穿越制度，母公司股东知情权的客体范围包括全资子公司的公司章程、股东名册、股东会会议记录、董事会会议决议等文件，也包括全资子公司的会计账簿和会计凭证。相较而言，新《公司法》确立的股东知情权穿越制度与《日本公司法》和《美国特拉华州普通公司法》都不完全相同，具有中国特色。关于新《公司法》中股东会计凭证查阅权穿越制度具体内容的分析请参阅本专题第四部分。

（三）域外股东会计凭证查阅权制度

综合域外主要国家和地区制度来看，大多公司法中确认了股东知情权，分别规定了股东查阅各种公司文件以及获知公司经营信息的权利。然而，就会计凭证查阅权而言，其制度设计并不完全相同，股东会计凭证查阅的权利并未得到所有国家和地区的认可。

以《日本公司法》为例，该法系规范日本各类公司的基本法律，适用于股份公司、普通合伙公司、有限合伙公司及有限责任公司。[②] 但是《日本公司法》仅在“第 2 部分股份公司”下的第 433 条规定了股份公司股东查阅“会计账簿或资料”的权利，其余条文中未作类似规定。对于“会计账簿或资料”中的“资料”的具体范围应当作何解释，日本学界存在一定的争论，相关学说分为两派，分别是“限定说”和“非限定说”。这两派观点的主要分歧在于公司任意制作的账簿是否为股东知情权的对象，而在股东有权查阅制成公司会计账簿的相关基础资料这一点上，两方意见相同。[③] 换言之，日本学界普遍认为股份公司股东有权查阅

---

① 参见王建文：《论我国股东知情权穿越的制度构造》，载《法律科学（西北政法大学学报）》2019 年第 4 期。

② 参见《日本公司法》第 2 条第 i 项。

③ 参见李建伟：《股东查阅会计凭证的公司法修订方案》，载《国家检察官学院学报》2023 年第 4 期。

公司的会计凭证。严格来说,根据《日本公司法》第433条的规定,并非股份公司的每一股东都有权利查阅会计凭证。在《日本公司法》上,会计凭证查阅权属于少数股东权而非单独股东权。具体而言,仅持有不少于3%表决权的股东或持有不少于3%已发行股份的股东可以在工作日的任何时候请求查阅公司会计账簿。此外,满足上述持股条件的股东还须按照《日本公司法》第433条的要求以规定的形式提出查阅的请求;如果存在公司认为查阅请求与股东权利保护无关、申请人与公司存在竞业关系、申请人将出售会计信息、申请人在提出申请之日起两年内曾出售公司会计信息等4种情形,公司可以拒绝股东的查阅申请。如前所述,在日本,股东会计凭证查阅权可以穿越行使,母公司股东可以依法请求查阅子公司的会计凭证。

《澳大利亚2001年公司法》第247A条规定,股东享有查阅"公司账簿"的权利。根据该法第9条的解释,"公司账簿"包括登记簿,其他信息的记录,经汇编、记录或存储的财务报告或财务记录等。其中,财务记录包括发票、收据、金钱支付令、汇票、支票、本票、凭证、原始记录文件等。有观点认为:"澳大利亚对于books的定义极为广泛,几乎公司经营管理中的任何材料都被纳入到了查阅的范围。基于体系解释,可以认为股东可查阅的对象包括会计凭证。"①

相较于日本和澳大利亚,《英国2006年公司法》对于股东查阅会计凭证的权利进一步收缩。根据《英国2006年公司法》第386条的规定,公司有义务制备"翔实的会计记录",即该记录能够反映并解释公司的各项交易,能够及时准确地披露公司的经济情况,还能够使得董事确信需要制备的会计账目符合《英国2006年公司法》的相关规定;并且,在翔实的会计记录中,有两项内容必须包括在内,一是公司每日的收入和支出金额总额以及与该收支对应的事项,二是关于公司财产和责任的记录。从前述规定可见,《英国2006年公司法》规定的"翔实的会计记录"更类似于我国《公司法》规定的财务会计报告和会计账簿,并不包括制成该记录的原始凭证。此外,根据《英国2006年公司法》第388条第1款的规定,上述会计记录仅供公司高级管理人员查阅,不向股东公开。换言之,英国公司的股东并不享有查阅公司会计凭证的法定权利。

---

① 李建伟:《股东查阅会计凭证的公司法修订方案》,载《国家检察官学院学报》2023年第4期。

四、新《公司法》规定解读与延伸问题

(一)新《公司法》规定解读

新《公司法》第57条、第110条分别规定了有限责任公司股东的会计凭证查阅权和股份有限公司股东的会计凭证查阅权,具体内容如下:

第57条 股东有权查阅、复制公司章程、股东名册、股东会会议记录、董事会会议决议、监事会会议决议和财务会计报告。

股东可以要求查阅公司会计账簿、会计凭证。股东要求查阅公司会计账簿、会计凭证的,应当向公司提出书面请求,说明目的。公司有合理根据认为股东查阅会计账簿、会计凭证有不正当目的,可能损害公司合法利益的,可以拒绝提供查阅,并应当自股东提出书面请求之日起十五日内书面答复股东并说明理由。公司拒绝提供查阅的,股东可以向人民法院提起诉讼。

股东查阅前款规定的材料,可以委托会计师事务所、律师事务所等中介机构进行。

股东及其委托的会计师事务所、律师事务所等中介机构查阅、复制有关材料,应当遵守有关保护国家秘密、商业秘密、个人隐私、个人信息等法律、行政法规的规定。

股东要求查阅、复制公司全资子公司相关材料的,适用前四款的规定。

第110条 股东有权查阅、复制公司章程、股东名册、股东会会议记录、董事会会议决议、监事会会议决议、财务会计报告,对公司的经营提出建议或者质询。

连续一百八十日以上单独或者合计持有公司百分之三以上股份的股东要求查阅公司的会计账簿、会计凭证的,适用本法第五十七条第二款、第三款、第四款的规定。公司章程对持股比例有较低规定的,从其规定。

股东要求查阅、复制公司全资子公司相关材料的,适用前两款的规定。

上市公司股东查阅、复制相关材料的,应当遵守《中华人民共和国证券法》等法律、行政法规的规定。

分析前述两条的规范内容可见,有限责任公司股东的会计凭证查阅权和股份有限公司股东的会计凭证查阅权的制度内容基本一致,二者仅在股东资格限制条件方面有所区别。具体而言,新《公司法》规定的股东会计凭证查阅权制度主要内容如下:

1. 股东会计凭证查阅权不受私人意志限制或剥夺

公司本质上是一个"人的联合体",各生产要素之间的契约关系构成了公司的基础,①公司法的强制性与任意性是公司法理论和实践最基本和最重要的问题。聚焦到本专题的语境下,新《公司法》第 57 条、第 110 条属于任意性规范、强制性规范还是兼具任意性与强制性的规范,直接关系到公司是否有权利通过公司章程、股东之间的协议、股东与公司之间的协议、股东与他人之间的股权受让协议等限制或者剥夺股东的知情权,包括股东会计凭证查阅权。

从条文内容来看,新《公司法》第 57 条、第 110 条均不含有"全体股东另有约定的除外""公司章程另有规定的除外"等直接授权公司对股东知情权另作约定的表述,这些条文在表面上不属于法律明示的任意性规范。至于它们是否属于法理上的任意性规范则需要回到理论层面来判断。"公司法关于中小股东权益保护……的某些规则,虽然其属于公司内部的、只涉及股东……的规范,但却基于对弱势股东的最低限度保护……的必然要求而应赋予其强制性。"②股东知情权正是公司法对弱势股东的最低限度保护之一,因为股东知情权是手段性的权利,实践中控制股东对非控制股东的压迫往往起源于对其知情权的剥夺,而非控制股东的反抗和寻求救济也往往需以知情权为起点。③

综上可见,我国《公司法》中关于股东知情权的规定属于强制性规范。故而,股东知情权是不受私人意志剥夺、股东基于其身份固有的权利。这一点已经得到了我国理论界和实务界的广泛认同。例如,《公司法司法解释(四)》第 9 条规定:"公司章程、股东之间的协议等实质性剥夺股东依据公司法第三十三

---

① 参见冯珏:《法人概念论》,法律出版社 2021 年版,第 46 页。

② 赵旭东:《强化自治、弱化强制依然是公司法修订的重要方向》,载《西北工业大学学报(社会科学版)》2021 年第 1 期。

③ 参见李建伟:《股东知情权诉讼研究》,载《中国法学》2013 年第 2 期。

条、[1]第九十七条[2]规定查阅或者复制公司文件材料的权利，公司以此为由拒绝股东查阅或者复制的，人民法院不予支持。"其中，"实质性剥夺"应当做扩大解释，不仅包括公司或他人强令股东知情权客观上无法行使，也包括股东自愿放弃或让渡知情权。[3]

2. 股东的持股条件

股东会计凭证查阅权是股东基于其身份享有的权利，与股东出资义务的履行情况无关，即便股东未履行出资义务、未完全履行出资义务或出资存在瑕疵，公司也无权以此为由限制股东行使会计凭证查阅权。一般情况下，享有股东会计凭证查阅权的前提是具备公司股东资格，即持有公司股份。在判断股东与公司利益相关性的紧密程度方面，股东的持股时间、持股比例通常是重要的衡量标准。因而，立法限制股东会计凭证查阅权通常从这两方面着手。

新《公司法》第 57 条、第 110 条对有限责任公司和股份有限公司股东享有会计凭证查阅权的持股条件作出了不同规定。对于有限责任公司股东而言，查阅会计凭证的权利属于单独股东权，有限责任公司的全体股东均有权查阅会计凭证；对于股份有限公司股东而言，会计凭证查阅权属于少数股东的权利，仅连续 180 日以上单独或合计持有公司 3% 以上股份的股东享有查阅会计凭证的权利。这一差异化的立法模式类似于新《公司法》第 189 条规定的股东双重代表诉讼制度。根据新《公司法》第 189 条，有限责任公司的全体股东均有权提起股东双重代表诉讼，而股份有限公司中仅连续 180 日以上单独或合计持有公司 1% 以上股份的股东享有提起股东双重代表诉讼的权利。

在股东双重代表诉讼制度中，新《公司法》限制股份有限公司股东的持股比例及持股时间的根本原因在于，股份有限公司通常人数众多，且股东加入或退出公司较为自由，如果不对股东持股条件加以限制，难免会出现"投机"股东滥用股东代表诉讼制度扰乱公司正常经营秩序的问题。类似地，会计凭证记载的内容属于公司的敏感信息，与公司商业秘密联系紧密，如果不对股份有限公司股东的持股条件加以限制，就进一步加大了"投机"股东滥用股东知情权损害公

① 新《公司法》第 57 条。

② 新《公司法》第 110 条。

③ 参见李建伟：《"实质性剥夺"股东知情权的公司意思效力研究：〈公司法解释四〉第 9 条的法教义学分析及展开》，载《中外法学》2018 年第 5 期。

司合法权益的可能性。相反,限制股份有限公司股东的持股条件便能够降低公司合法权益受到侵害的可能性,将股东会计凭证查阅权可能造成的负面影响控制在合理的范围之内。当然,对股份有限公司股东持股条件的要求也非越高越好,过高的要求会使得股东难以有效行使会计凭证查阅权,反而损害了股东的合法权益。新《公司法》第 110 条将最高持股要求规定为连续 180 日以上单独或者合计持有公司 3% 以上股份,公司章程可以降低前述 3% 的比例,将查阅会计凭证权赋予更多的中小股东,但不能升高比例要求,不能作更多限制。

3. 股东会计凭证查阅权的客体

股东会计凭证查阅权的客体是会计凭证,包括原始凭证和记账凭证。新《公司法》并未对股东有权查阅的会计凭证的范围作出限制,从文义解释的角度分析,符合条件的股东有权查阅公司所有的会计凭证。但是,会计凭证所载信息敏感,与公司商业秘密紧密相关,无限扩大股东查阅权的范围增加了公司合法权益受到损害的风险。因此,我们认为,应当对股东会计凭证查阅权的客体范围作出限制,仅允许股东查阅与其查阅目的实现直接相关的会计凭证,超出查阅目的范围的,股东无权查阅。

4. 股东会计凭证查阅权的内容

享有会计凭证查阅权的股东可以自行查阅公司会计凭证,也可以委托会计师事务所、律师事务所等中介机构代其查阅公司会计凭证。会计凭证信息具有一定的专业性,具备法律、会计等方面的专业知识是准确理解和恰当运用这些信息的基本前提。然而,是否具备专业知识却不是衡量某一主体能否成为公司股东的标准。换言之,即便股东不具有专业知识也不妨碍其基于股东身份享有会计凭证查阅权。出于保障股东会计凭证查阅权有效行使的考虑,应当允许具有相关专业知识的人员提供帮助。

区别于股东对公司章程、股东名册、股东会会议记录等文件和资料享有的知情权,股东对会计凭证行使知情权时只能以“查阅”的方式进行,新《公司法》第 57 条和第 110 条均未规定股东享有“复制”会计凭证的权利。对于股东查阅会计凭证权中的“查阅”应当如何理解,理论上存在三种不同的观点。第一种观点认为,“查阅”应当作严格的文义解释,即股东只能翻阅会计凭证,不得将其信息以其他形式复刻,以免造成公司商业秘密的泄露。第二种观点认为,“查阅”的含义不仅包括翻阅,还包括合理范围内的摘抄,即股东不得成篇、成本地翻印公司会计账簿或会计凭证,但可以在合理范围内摘抄、誊写相关内容。[①] 如此,既可以给股东提供初步证据,以便其提起相关诉讼维护其股东权利,也可以避免大范围复制会计凭证可能给公司造成的不利影响。在诉讼过程中,股东也可以请求人民法院调取与案件争议相关的完整的公司会计凭证信息。第三种观点则认为,"查阅"应当作扩大解释,包含"复制",以便保障股东获得诉讼过程中的必要证据,更加有效地保护股东的合法权益。

我们认为,基于便利股东知情权行使以及避免公司商业秘密泄露的考量,此处股东不享有的"复制"的权利应当作适当的扩大解释,即股东不得成篇、成本地翻印公司会计账簿或会计凭证,但可以在合理范围内摘抄相关内容。相应地,根据委托代理理论,在股东委托中介机构行使会计凭证查阅权的情况下,受托机构也有权在合理范围内摘抄会计凭证记载的相关内容。值得注意的是,"复制"应当作实质性解释,即所有可以使会计凭证上所记载信息整体地、完整地复刻的手段都属于"复制",具体包括扫描、复印、拍照等。

5. 股东会计凭证查阅权的行使方式

股东请求查阅会计凭证应当向公司提出书面请求,说明目的。若公司有合理根据认为股东查阅会计凭证有不正当目的,存在损害公司合法利益的可能性,则公司可以拒绝提供查阅。所谓"不正当目的"是指可能给公司合法权益造成损失的主观恶意,具有此等主观恶意的股东无权查阅、复制公司的相关文件或资料。根据《公司法司法解释(四)》的规定,实践中股东存在不正当目的的情形包括以下三种:一是除公司章程另有规定或者全体股东另有约定外,股东自营或者为他人经营与公司主营业务有实质性竞争关系业务;二是股东为了向他人通报有关信息查阅公司会计账簿,可能损害公司合法利益;三是股东在向公司提出查阅请求之日前的三年内,曾通过查阅公司会计账簿,向他人通报有关信息,损害公司合法利益。如果股东存在其他可能损害公司合法权益的行为或主观意图,也可能被认定为存在不正当目的。值得注意的是,新《公司法》仅将目的限制规则适用于股东请求查阅公司会计账簿、会计凭证的情形,股东请求查阅、复制其他类型的公司文件或资料无须说明目的。

---

① 参见邓峰、许德峰、李建伟主编:《最高人民法院公司法解释(四)理解适用专题讲座》,中国法制出版社2018年版,第188页。

公司拒绝股东查阅会计账簿的请求后,股东可以向人民法院提起股东知情权诉讼请求查阅会计账簿。股东知情权实现的理想状态是股东向公司提出查阅、复制特定文件或资料的请求,然后公司依据股东的请求配合地提供股东需要的文件或资料。这使股东能够快速、高效、低成本地获取想要知道的信息。然而,理想和现实总是存在一定的偏差。实践中,公司或是不满足,或是不完全满足股东的请求,有时甚至还会因此给股东造成损失。在这种情况下,股东依靠自身能力已经较难行使股东知情权,但是股东知情权仍然受到国家强制力的保护。当股东因公司不配合而无法行使知情权、行使知情权受到阻碍或者因此遭受损失时,股东有权提起诉讼,向法院寻求司法救济。在股东知情权诉讼中,由于股东直接维护的是自身的权利而不是公司的利益,这一诉讼程序属于股东直接诉讼,不属于股东代表诉讼。

6. 公司合法利益保护

为保护公司合法利益免受股东不当查阅行为的损害,新《公司法》规定,公司认为股东查阅公司会计凭证的行为可能损害公司合法利益的,可以拒绝提供查阅,但应当自股东提出书面请求之日起 15 日内书面答复股东并说明理由。另外,股东及其委托的会计师事务所、律师事务所等中介机构查阅公司会计凭证受到有关保护国家秘密、商业秘密、个人隐私、个人信息等法律、行政法规的约束,违反保密义务应当承担相应的法律责任。通过行使会计凭证查阅权,股东及其辅助人员获知了公司不会向社会公众公开的公司财务信息,相较于公司债权人等无权查阅公司会计凭证的主体具有一定的信息优势。股东会计凭证查阅权的妥当行使应当包括两方面的要求。第一,股东及其辅助人员应对公司会计凭证相关信息尽到保密义务,不得向他人披露此类信息;第二,股东及其辅助人员应当在合法范围内妥当使用公司会计凭证信息,不得滥用其信息优势地位从事内幕交易等违法行为。如果股东及其辅助人员违反了对公司的保密义务,导致公司利益受到损害,公司则有权追究相关主体的侵权责任。对此,《公司法司法解释(四)》第 11 条作了专门规定。如果股东及辅助人员泄露信息的行为还导致国家利益或其他个人利益受到损害,相关主体还需要承担《保守国家秘密法》《民法典》《个人信息保护法》等相关法律规定的民事责任、行政责任甚至刑事责任。也就是说,当股东及其辅助人员存在滥用公司未公开的财务信息从事内幕交易等违规行为时,相关主体须依据《证券法》承担相应的民事赔偿责任以及行政责任,甚至会触犯《刑法》承担刑事责任。

7. 股东会计凭证查阅权的穿越行使

新《公司法》第 57 条第 5 款和第 110 条第 3 款是关于股东会计凭证查阅权穿越制度的规定,两款都采用了引致条款的立法模式,没有对股东会计凭证查阅权穿越行使的条件和要求作其他规定,股东要求查阅公司全资子公司会计账簿的,适用《公司法》关于股东查阅会计账簿的规定。具体而言,会计凭证查阅权穿越制度的主体是有限责任公司股东、股份有限公司连续 180 日以上单独或者合计持有公司 3% 以上股份的股东,对象是股东所在公司全资子公司的会计凭证。可见,新《公司法》采取了严格的股权控制标准规范股东会计凭证查阅权制度中的母子公司控制关系,区别于前述《日本公司法》和《美国特拉华州普通公司法》的规定。

会计凭证查阅权穿越行使的程序主要包括以下三个方面的内容:首先,母公司股东向公司提出查阅会计凭证的书面请求,说明目的;其次,公司提供会计凭证,或者公司有合理根据认为母公司股东查阅会计凭证有不正当目的,可能损害公司合法利益的,可以拒绝提供查阅,并应当自股东提出书面请求之日起 15 日内书面答复母公司股东并说明理由;最后,公司拒绝提供查阅的,母公司股东可以向人民法院提起诉讼,请求查阅。

就此,值得进一步讨论的问题是,股东请求的对象是母公司还是母公司的全资子公司?我们认为,基于查阅效率的考量,应当允许股东直接向母公司的全资子公司提出查阅请求。

(二)延伸问题

满足法定持股时长和持股比例要求的公司现股东在无不正当目的的情况下享有查阅会计凭证的权利。但是,这一论断是否适用于曾经符合法定持股时长和持股比例要求的公司原股东?新《公司法》第 57 条、第 110 条未作明确规定。

对此,我国理论界曾经存在三种不同观点。第一种观点认为,应当不加条件地承认公司原股东的诉权;第二种观点认为,应当有限度、有条件地承认公司原股东的诉权;第三种观点认为,应当全盘否认公司原股东的诉权。[1]《公司法

① 参见蒋大兴:《超越股东知情权诉讼的司法困境》,载《法学》2005 年第 2 期。

司法解释(四)》在起草的过程中也曾采纳第三种观点,[①]但正式发布的文本最终采纳了第二种观点。《公司法司法解释(四)》第7条第2款规定:“公司有证据证明前款规定的原告在起诉时不具有公司股东资格的,人民法院应当驳回起诉,但原告有初步证据证明在持股期间其合法权益受到损害,请求依法查阅或者复制其持股期间的公司特定文件材料的除外。”可见,公司原股东成为股东知情权诉讼适格原告需要满足的条件是,其具有股东身份期间的合法权益遭受损害,并且能够提供初步证据;原股东知情权的范围限于该原股东持股期间、依据其原先持有的公司股份数额和时长有权查阅、复制公司的特定文件资料。

我们认为,股东知情权是一种手段性权利,其功能在于辅助股东行使表决权、质询权、利润分配请求权等其他股东权利。原则上,具有股东身份是享有股东知情权的前提,股东身份丧失后,公司原股东的知情权也应随之丧失。然而,公司原股东的股东权利在其持股期间所遭受的损害却不会因其退出公司而消灭,原股东仍有权依法请求公司董事、高级管理人员、控股股东等主体承担相应的侵权责任。此时,如果公司原股东无权查阅公司会计账簿等文件材料,不了解其持股期间股东权益受损的具体情况,公司原股东便无法合理决定其维护合法权益的方式,在诉讼中也无法完全履行举证责任。基于公平合理的考量,为便利公司原股东了解其持股期间的公司相关文件材料,获取真实情况及证据,为进一步维护其利益作准备,有必要承认公司原股东在知情权诉讼中的原告资格。

此外,值得注意的是,满足《公司法司法解释(四)》第7条第2款规定的公司原股东由此获得的只是股东知情权诉讼的诉权,而不是胜诉权。换言之,成为股东知情权诉讼的适格原告,不等于其提出的查阅、复制公司特定文件、资料的诉讼请求必然会得到法院支持。是否应当支持公司原股东的诉讼请求还需法院对公司原股东持股期间的合法权益是否受到损害、原股东的诉讼请求是否满足法律规定的其他条件进行实质性审查。总而言之,公司原股东的诉权和胜诉权是两种不同的诉讼权利,对法院的审查要求亦有不同,不可混淆。

---

① 2012年发布的《公司法司法解释(四)(征求意见稿)》第10条第2款规定:“原告起诉时应当依照本规定第二条提供证据证明其股东身份,公司有证据证明原告起诉时或者在诉讼中已经不具有公司股东身份的,人民法院应当驳回起诉。”2016年发布的《公司法司法解释(四)(征求意见稿)》第13条第2款延续了前述观点,认为公司原股东绝对不具有股东知情权诉讼的原告资格,但在具体表述上稍有改动:“公司提供证据证明原告起诉时或者在诉讼中已经不具有股东身份的,应当驳回起诉。”

专题十六　类别股制度

一、新《公司法》修改的主要内容

在多样化的实践创新与经济模式发展的推动下，世界范围内公司的股权结构逐渐多元，类别股层出不穷。为了回应社会需求，英国、美国、日本、韩国、德国、法国等国家和地区早就通过公司立法构建了类别股制度，我国实践对类别股的需求也日益高涨，在公司法上明确设立类别股制度得到了一致认可。与其他国家和地区相比，我国类别股制度的立法起步较晚，规则零散，需要对其进行重点研究。

在本次《公司法》修订以前，我国《公司法》一直坚持严格的同股同权原则，严格意义上来说并不存在类别股制度。但新《公司法》的修订，就类别股的发行主体、类别股的法定种类、公开发行特殊表决权股和转让受限股的限制、选任监事或审计委员会成员时类别股与普通股每一股的表决权数、类别股表决制度、类别股发行的决议主体以及在公司章程、股东名册、股票、招股说明书中应当强制记载的相关事项等进行了规定，并要求同类别的每一股份应当具有同等权利、同类股份的发行条件和价格应当相同。从新《公司法》的相关规定来看，我国类别股制度的基本架构已经得以确立，这不仅回应了强烈的实践需求，也解决了我国类别股制度立法缺乏上位法统一协调的问题。本专题将对新《公司法》所确立的类别股制度作出详细解读。

二、本次修改的现实依据

（一）类别股的立法基础

我国早在20世纪90年代初期就已经认识到了类别股的重要功能价值，虽未在原《公司法》中明文规定，但已经进行了相关立法实践。

1. 1993 年《公司法》授权国务院对类别股另行规定

1993 年，我国《公司法》出台，其第 135 条规定了股份有限公司可以依据国务院另行作出的规定发行其他种类股票。此后我国对《公司法》的多次修改，也延续了 1993《公司法》的规定，不规定股票的具体种类，但允许发行其他种类的股票。另外，在实践中一般认为，经有限责任公司全体股东一致同意，可进行特殊的分红安排；股份有限公司则可以通过章程约定不按持股比例分红。原《公司法》的相关规定为公司发行类别股预留了空间，在适用时不存在法律障碍。

2. 优先股试点探索了类别股制度

2013 年 11 月 30 日，国务院出台了《关于开展优先股试点的指导意见》，为了落实该指导意见的相关规定，2014 年 3 月 21 日，证监会颁布了《优先股试点管理办法》。这两个规范性法律文件对优先股的含义、优先股股东的权利与义务、权利行使、发行主体、发行条件、发行程序、交易与登记结算、信息披露等事项进行了具体的规定。2014 年 4 月 3 日，原银监会和证监会联合颁布《关于商业银行发行优先股补充一级资本的指导意见》，对商业银行发行优先股的标准、优先股强制转换为普通股、商业银行不得发行附有回购条款的优先股等进行了专门规定。基于此，优先股试点正式开始了对我国类别股制度的探索。

3. 多层股权结构的引入发展了类别股制度

2014 年，国家新闻出版广电总局颁布《非公有制文化企业参与对外专项出版业务试点办法》，明确规定国有出版社与非公有制文化企业共同出资新设有限责任公司实行特殊管理权股制度，国有出版社作为特殊管理股股东享有特殊的管理权。2018 年 3 月 22 日，国务院办公厅转发证监会《关于开展创新企业境内发行股票或存托凭证试点的若干意见》，为了落实该若干意见的相关规定，上交所、深交所于 2018 年 6 月 15 日集中发布了试点创新企业股票或存托凭证上市交易相关配套业务规则，这些规范性法律文件就采取了双层股权架构的试点创新企业在境内上市融资进行了相关规定。2019 年 1 月 28 日，证监会颁布《关于在上海证券交易所设立科创板并试点注册制的实施意见》，允许科技创新企业发行具有特殊表决权的类别股并在“科创版”上市。2020 年 8 月，深圳市颁发《深圳经济特区科技创新条例》，规定了在深圳市登记的所有科技企业均可设置特殊股权结构。可以说，特殊股权结构得到了法律上的认可，推动了我国类别股制度新的发展。

(二)引入类别股制度的价值

新《公司法》明确规定公司可以根据公司章程发行与普通股权利义务不同的类别股,并且通过"列举+兜底"的方式明确了类别股的种类。我国新《公司法》中引入类别股制度的价值主要在于以下几个方面。

1. 满足多元化投资需求

现代公司理论研究表明,传统同质的股东假设并不成立,股东在投资目的与认知等方面呈现出异质化的不同。① 传统的股东价值思维认为,在投资偏好上,公司的股权投资者间是同质的,他们间不存在任何差异。受此影响,公司的高层管理者们只关心公司股价。但实际上,投资者投资的偏好并非单一而是多元的,例如有的投资者以短期投资为目的,重视股价的短期波动和市场情绪,但与之相对,也存在投资者看好公司的发展前景,期待撷取长期收益;有的投资者,尤其是中小投资者,在推行资本多数决的制度背景下只在意能否获取投资财产的增值,不在乎股权中蕴含的参与公司治理的权力,呈现出一种"理性冷漠的状态",而那些大宗投资者除了撷取投资收益外,还会希望能够影响公司的经营。

法律制度在很大程度上是为了满足作为投资者的股东的差异化需求。② 例如,股东有限责任制度的诞生是为了满足投资人规避投资风险的需求,优先股制度是为了满足投资者优先获得收益与管理者维持控制权的需求,差异投票权制度是为了满足创始股东对公司控制权的维持需要而制定的投票权制度。当市场需求日益差异化时,制度本身也将不断演进。

2. 回应企业的发展需求

在公司法中确立类别股制度,可归因于对之前实践经验的认可和总结。而之前实践经验的产生是为了满足投资者的投资需求和企业的融资需求。对于企业而言,类别股的制度优势有以下几方面的表现:

其一,如前文所述,类别股的制度优势于投资者而言,为满足投资者差异化的投资需求,这将会刺激投资者的投资热情,使更多的社会闲散资金投入到社

---

① 参见汪青松、赵万一:《股份公司内部权力配置的结构性变革——以股东"同质化"假定到"异质化"现实的演进为视角》,载《现代法学》2011年第3期。

② 参见赵玲:《我国类别股创设的法律路径》,载《法学杂志》2021年3期。

会生产中，而归因于投资者高涨的投资热情，企业也更容易获得其存续发展所需要的资金。

其二，可以解决公司融资需求与股东维持控制权之间的矛盾。在一股一权的情况下，处于成长阶段的中小企业，尤其是科技创新型企业，需要大量资金的注入，经过多轮股权融资，公司创始人对公司的控制权将会被逐渐稀释，甚至是失去对公司的控制权。类别股制度便可以通过对每股表决权的差异化配置解决此问题，让公司在获得融资的同时，保障创始股东的控制权。

其三，可以有效利用创始者的人力资本。科技型创新企业更加重视人力，这种类型公司的设立和发展很大程度上是因为充分发挥了创始者的人力资本作用，创始人因为对技术、商业模式等生产要素的创新使得该公司具有投资价值。企业家理论证明了作为企业家的创始者对公司投入的精力和心血使得其比其他人对公司的经营管理更值得其他股东信赖。

其四，可以实现公司长期发展的愿景。[①] 创始人在公司融资或上市后，往往因为控制权的减弱，无法完成或不能顺利实现企业家的长期发展计划，不能充分发挥企业家的特质愿景作用。而类别股制度使得创始者在很大程度上免受公众股东“用脚投票”的干预和影响，能够真正实现公司的长远发展目标。

3. 股东平等原则的实质表现

公司法中的股东平等原则是指法律对股东之间的权利义务一视同仁，按股东持股比例分配权利和义务，不歧视任何股东。平等股东原则对于维护股东权益、防止大股东独断专行，具有十分重要的意义，并成为各国公司法的基石。

传统的股东平等原则是指股东间的绝对的形式上的平等，即只要拥有股东身份，就在公司内享有平等的权利，并以此身份行使股东的各种权利，不考虑股东个体间有何不同。但随着经济模式的发展，越来越多观点认识到股东平等原则应是一种实质平等，即股东平等原则实际上并不排除股权在具体内容上的区别。例如，股权有普通股和优先股之分，立法上存在诸多限制大股东权利、保护中小股东权益的条款。这种内容上的区别并没有否定股东的平等原则。

公司法中股东平等是以每一位股东所持股权或股份的比例作为衡量标准的一种平等，具体包括形式平等和实质平等。前者最典型的表现即为“一股一

---

① 参见高菲：《新经济公司双层股权结构法律制度研究》，法律出版社 2019 年版，第 63 页。

权”原则，凡是持有相同类型股份和相同股份数量的股东，依法享有同等的权利、承担同等的义务，其本质是资本平等。后者强调股东依照其所持有的股份类型以及股份数量获得平等待遇，在一定程度上突破了资本平等的限制。但不可否认的是，将股东分为不同的类型后同等对待，是在考虑到不同股东自身情况、客观需求的情况下对其实质平等的认可。若只追求形式平等，那么那些短期投资者、从始至终怠于履行股东会职权的投资者只是花费资本取得了自己并不需要的权利，这种资源的闲置与浪费给公司运营带来负担，也使得实践中的股东不平等难以被发现，股东的利益更难获得保障。引入类别股制度正是在完全平等地对待所有股东与尊重公司自治之间取得了平衡，体现了实质上的股东平等原则。

三、类别股制度的理论阐释

（一）类别股的概念

在新《公司法》的规定下，以股东承担的风险和享有的权益的大小为标准进行分类，可将股份分为“普通股”与“类别股”。

普通股是股份有限公司最基本、最重要的股票种类。普通股的股东一般都享有表决权，即参与公司重大问题决策的权利。普通股的股东在分配股利时，不享有特别利益，均按当年营业年度终了时的分配比例参加分配，且其分配比例也是不确定的，完全依照当年公司盈利状况确定，而且只能在公司支付了债息和优先股股东权益得到满足后才可参加分配。在公司因破产等进行清算时，持有普通股的股东有权分得公司剩余财产，但普通股股东必须排在公司的债权人、优先股股东之后分得财产。

类别股，也叫种类股，是与普通股相对的概念。其概念源于“普通股”与“优先股”的区分，其中普通股享有投票权和分配权两种基本权利，优先股则是“在盈余分配时或者在清算分配时或者在二者同时进行的情况下，优先于普通股进行分配的股份”①。后来这种传统分类之间的界限逐渐模糊，各种类型的优先股逐渐进入资本市场，美国较早地开始了有别于传统划分的改革。《美国特拉华

① ［美］罗伯特·W. 汉密尔顿：《美国公司法》（第5版），齐东祥等译，法律出版社2008年版，第155页。

州普通公司法》在规定优先股时,就采用了“任何类别或者系列的优先股”这一限定。[①]《美国标准商事公司法》更是直接取消了传统分类,允许不同的股权要素进行组合,进而成为不同的类别。[②] 美国学者也认为,类别股是股权多元化的产物,传统的普通股与优先股的划分日趋模糊,股权的构成要素可进行拆分并重新组合成新的股份类别。[③]

美国作为全球主要资本市场之一,其对股份的认识影响了诸多国家,很多国家均在类别股上采取了开放的理念。例如,《英国2006年公司法》规定“类别股份是具有类别权利的股份”[④],强调依据权利要素进行区分。《日本公司法》则直接将股权的要素拆分为九项,允许公司自由组合不同的要素进行股份类型的创设。[⑤]《韩国商法》允许类别股在“分红、剩余财产分配、表决权行使、股份偿还以及股份类型转换等方面进行不同的规定”[⑥],采用了类别股与普通股的区分,但类别股的范围较大。而《德国股份公司法》虽固守了普通股与优先股的分类,但也规定“具有相同权利的股票构成一个种类”[⑦],依据权利的不同来划分类别。

新《公司法》统一了我国对类别股的认识,其第144条明确规定:“公司可以按照公司章程的规定发行下列与普通股权利不同的类别股……”从文义中可以清晰地看出,类别股是与普通股并列的概念,二者之间的区别在于股份之上附着的权利内容不同。早期我国扩张使用的“优先股”概念自此改变,类别股中可能存在优先股、劣后股甚至其他类型的股份,优先性仅成为类别股的一种权利特征,并且,新《公司法》认为权利附着于股份之上,一般情况下不附属于某一特定股东。

更进一步地,我们认为,类别股对权利的减损或扩张,可以扩展到有或无的范畴,适宜采用更加开放的概念,只要股东权利有所区分,即可成为不同的类

---

① 参见《美国特拉华州普通公司法》第151条第3款。

② 参见《美国标准商事公司法》第6.01节第(a)(b)小节。

③ 参见[美]罗伯特·W.汉密尔顿:《美国公司法》(第5版),齐东祥等译,法律出版社2008年版,第125页。

④ 《英国2006年公司法》第629条。

⑤ 参见《日本公司法》第108条。

⑥ 《韩国商法》第344条。

⑦ 《德国股份公司法》第11条。

别。这一理解与现有规定并不冲突,新《公司法》强调类别股的根本在于"与普通股权利不同",而未要求股东权利的种类必须限定于普通股内。因而股东身份的界定主要依据外观主义,在不考虑隐名持股的情况下,股东名册上记录出资人的即为股东,其权利可能极小或极大,但不影响其股东身份的享有。类别股的概念因此而扩张,只要具有股东身份,就可依据具体的权利内含去考察其所拥有的股份类别。

(二)类别股的类型法定

在类别股的实践与立法过程中,学界对其立法路径存在不同的观点。有学者认为应当遵从章程自治,契约自由才是类别股立法的根基,立法只需作授权性规定,仅在市场失灵时进行矫正。[①] 有学者坚持法定主义的观点,认为应当通过《公司法》对股份的种类、每类股份的权利进行设计,避免公司过度自由地创设种类股。[②] 也有观点认为,封闭公司与公众公司可采取不同的立法形式,前者尊重章程自治,后者则应进行立法规范。[③] 我们认为,一方面,我国长久以来对法律的强制性规定存在路径依赖,贸然采纳章程自治可能导致社会成本与司法成本的大幅提高。另一方面,我国作为大陆法系国家,成文法是法律体系的根基,在股份类别这一关系公司根本的问题上,应坚持法律的权威,只有在法律允许的范围内才可由公司章程作出自由组合与选择,法院的裁判、司法解释和行政规章等仅起到补充解释作用。新《公司法》第 144 条允许国务院规定其他类别股,仅是为国务院的后续管理预留了一定空间,类别股的类型仍需要法律予以法定化。

商事实践中法律的滞后性表现得尤为明显,一般需要商事实践的当事人表现出强烈的制度需求,然后经过不断的探索,才会成为体系性的立法和法学理论。优先股在实践中的探索从一开始就面临着股东平等原则的质疑,经过法学理论与实践的多次博弈,方将绝对的股东平等原则演化为同一类别的股东权利平等这一理念。这种发展符合商法的特质,但"立法者都有把产权关系标准化

---

① 参见汪青松:《股份公司股东权利多元化配置的域外借鉴与制度建构》,载《比较法研究》2015 年第 1 期。

② 参见谷世英:《优先股法律制度研究》,法律出版社 2015 年版,第 112 页。

③ 参见李燕、郭青青:《我国类别股立法的路径选择》,载《现代法学》2016 年第 2 期。

的义务,为市场交易者提供交易的基本类型”①。在商事习惯发展到一定程度时,必须由法律进行适度的标准化,从而降低交易成本。② 这种趋势在其他国家也存在,例如,韩国早期仅规定了优先股和无表决权股份,而2012年实施的新《韩国商法》大幅增加了股份类别,认可了偿还股份、转换股份等多种股份类别。③ 在经济全球化的背景下,各个国家或地区的公司法均希冀进入“最优公司法”④序列,为投资者提供优渥的待遇以吸引全球范围内的资本。一方面,我国《公司法》在引入类别股制度上本已落后于诸多国家,应当在立法时拉近与世界“先进”公司法的差距;另一方面,理应在类别股法定化的进程中准确提取商事实践中的诸多种类,而非仅着眼于传统分类,又在后续的公司法修订中不断修改。

(三)类别股的多样化类型

商法学界对于类别股的类型通常采用列举的方式进行研究,其较为常见的几种类型为:优先股、劣后股、混合股、可回赎股、多数表决权股与无表决权股、转换股。⑤ 由于这种列举式归纳的不周延特性,对于类别股的多样化类型,另有学者引入股东权“子权利”的构造工具,指出类别股的股权内容由多个“子权利”组合而成,国家立法或公司实践可以根据不同的子权利组合出不同的类别股。影响类别股设置的股权内容有:盈余分配事宜、剩余财产分配事项、表决权事宜、转换权事项、偿还权事项等,⑥并且,类别股股权的各项子权利可相互分离并再组合。⑦

有学者在肯定了应将类别股划分为不同的“子权利”的基础上,进一步提出应当从两个维度去创设类别股,即股份的收益权与股份的处分权。前者又细分为是否可累积分红及是否可参与分红两个子权利,后者则细分为回购权与转换

---

① 苏永钦:《寻找新民法》,北京大学出版社2012年版,第153页。

② See Merrill/Smith, *Optimal Standardization in the Law of Property: The Numerus Clausus Principle*, 110 The Yale Law Journal 2000:1-70.

③ 参见李薇:《韩国公司法的最新修改及其评析》,载《宜春学院学报》2012年第7期。

④ 赵忠奎、周友苏:《整合与扩容:公司组织形态变革的本土路径》,载《社会科学研究》2021年第1期。

⑤ 参见郭富青:《股份公司设置特别股的法律透视》,载《河北法学》2002年第5期。

⑥ 参见任尔昕:《关于我国设置公司种类股的思考》,载《中国法学》2010年第6期。

⑦ 参见沈朝晖:《公司类别股的立法规制及修法建议——以类别股股东权的法律保护机制为中心》,载《证券法苑》2011年第2期。

权两个子权利。[①] 在域外规定中,《日本公司法》的规定较为典型,梳理了可供公司选择的9种子权利,并明确列举为可以准许类别股进行调整的九类事项。我国台湾地区"公司法"也存在类似对股权"子权利"的归纳,但与全列举方式不同,允许公司对"特别股权利、义务之其他事项"作出规定,为类别股设置预留了空间。

(四)类别股的权利性质

在仅具有普通股的传统公司法理论和实践中,普通股的股权由法律规定,章程不得创设普通股股权。而在引入类别股制度时,有学者认为,股东权利本质上是一种契约性权利,公司与类别股股东之间的关系由规定各类股份发行的公司章程确定。也有学者认为,类别股是一种法定化权利,并认为对其的保护具有对世性与绝对性,类别股可能涉及不确定的第三方利益,所以类别股只能由法律规定,以确保其具有正当性。[②] 在此基础上,亦有学者综合两类观点,认为类别股具有双重属性:类别股股东基于股东身份应享有的权利、义务等,应受公司法的规范;而类别股合同中记载的权利,可以适用合同法的规则进行规范。[③] 我们认为,类别股确实是一种综合了法定化和契约性质的复杂权利,法律也仅能对类别股的子权利或者不同类型进行列举,某一类别股的权利内容、股份价格等,需由公司与类别股股东之间合意确定。

(五)类别股股东权利的保护

在引入类别股制度时,也不得不解决股东之间的利益冲突问题。在公司法不再将股东同等对待之时,享有不同类别股的股东之间在权利义务上将有所区分,类别股股东、普通股股东之间也将由此划分为不同的群体,其利益可能产生激烈的冲突。有学者指出,如何解决类别股股东与普通股股东之间的"横向冲突",平衡各方利益,在不同种类的股东之间寻求平衡点,将是现代公司法上需要重点关注的问题,也是类别股制度得以实施的关键。[④]

对于公司法上应当如何对类别股股东进行保护的问题,学界进行过诸多探

---

① 参见汪青松:《优先股的市场实践与制度构建》,载《证券市场导报》2014年第3期。
② 参见朱慈蕴、沈朝晖:《类别股与中国公司法的演进》,载《中国社会科学》2013年第9期。
③ 参见刘胜军:《类别表决权:类别股股东保护与公司行为自由的衡平——兼评〈优先股试点管理办法〉第10条》,载《法学评论》2015年第1期。
④ 参见任尔昕:《关于我国设置公司种类股的思考》,载《中国法学》2010年第6期。

讨。有学者建议，应当建立表决权复活制度，在满足一定条件即无表决权股股东的合法权益可能受到侵害时，可以将无表决权股转化为有表决权的股份。[①]也有学者在同意建立表决权复活制度的基础上，认为应当建立类别表决制度，不同种类的股东可分别进行表决。[②] 类别表决制度提出后，在学界得到了广泛的认可，有学者强调，类别表决权是类别股股东对类别股合同的不合理之处进行事后弥补、重新缔约的重要机会，对类别股股东的权益保护具有重要价值。[③]另外，也有学者指出，类别股股东的信义义务应当得到关注，在类别股制度下，仅对控股股东施加信义义务难免权责失衡，应当对不同类别的股东规定不同种类的信义义务。[④] 但控股股东、普通股东的信义义务本就是难以厘清的公司法问题，再要求公司法针对不同类别的股东规定不同的信义义务，很难得出一致的观点，因此本次《公司法》修改也难以对此进行回应。

四、新《公司法》规定解读与延伸问题

（一）新《公司法》的规定与解读

新《公司法》就类别股的法定种类、章程记载事项、表决制度等进行了规定，初步构建了类别股制度。

1. 类别股的法定种类

> **第144条** 公司可以按照公司章程的规定发行下列与普通股权利不同的类别股：
>
> （一）优先或者劣后分配利润或者剩余财产的股份；
>
> （二）每一股的表决权数多于或者少于普通股的股份；
>
> （三）转让须经公司同意等转让受限的股份；
>
> （四）国务院规定的其他类别股。

---

① 参见郭富青：《股份公司设置特别股的法律透视》，载《河北法学》2002年第5期。

② 参见沈朝晖：《公司类别股的立法规制及修法建议——以类别股股东权的法律保护机制为中心》，载《证券法苑》2011年第2期。

③ 参见刘胜军：《类别表决权：类别股股东保护与公司行为自由的衡平——兼评〈优先股试点管理办法〉第10条》，载《法学评论》2015年第1期。

④ 参见朱慈蕴、沈朝晖：《类别股与中国公司法的演进》，载《中国社会科学》2013年第9期。

公开发行股份的公司不得发行前款第二项、第三项规定的类别股；公开发行前已发行的除外。

公司发行本条第一款第二项规定的类别股的，对于监事或者审计委员会成员的选举和更换，类别股与普通股每一股的表决权数相同。

新《公司法》第144条规定于第六章，因此仅适用于股份有限公司。我国公司法采用了类别股类别法定化的立法模式。公司可以按照公司章程规定发行类别股，但仅限于新《公司法》第144条所列明的类别股类型，或国务院规定的其他类别股。出于对股东平等保护的考虑，公司不得创设或发行法定内容以外的类别股。如果不对类别股的权利义务内容作出限制，实践中大股东便可依据资本多数决随意创设，很可能产生权利义务严重失衡的类别股，并成为股东压迫的新工具，损害其他股东的合法权益。

除兜底条款外，新《公司法》第144条第1款通过第1、2、3项列举规定了3项股份类别。需要注意的是，我国公司法采取了对"子权利"进行列举的立法模式，公司可对各项"子权利"进行自由组合。具体而言，本条规定了3项共8种"子权利"：(1)优先分配的、劣后分配的、既不优先也不劣后分配的，(2)表决权较多的、表决权较少的、一股一权的，(3)转让须经同意的、转让不须经同意的。每一类别的股份均需从以上三项中分别选择一种子权利进行组合，排除既不优先也不劣后分配、一股一权、转让必须经同意的这种普通股外，理论上讲共有17种类别股可供公司选择，例如，优先分配、表决权较多、转让须经同意的股份；优先分配、表决权较多、转让不须经同意的股份等。只是权利畸轻、畸重的类别在实践中并不常用，具体如何设置股份类别还需公司进行慎重考虑。至于对类别股中"子权利"内容的理解，其内容如下：

(1)优先或劣后分配利润或剩余财产的股份。与普通股相比，这类股份在权利内容上具有优先性或劣后性。公司可根据其融资需求，组合其权利内容。优先股股东的股利收益一般是提前约定的，可能是固定股息率，也可能是浮动股息率。该股利的分配受公司经营业绩的影响有限，若公司存在可分配利润，则优先股股东优先按约定的股息率收取股利；若公司经营不善导致亏损，优先股股东不可以收取股利。但是，当公司经营状况良好时，优先股股东能否分享公司利润增长所带来的差额收益，需要当事人另行约定。比较法上，将可以同普通股一道分配其余利润的股份称为参与优先股,与之相对的称为非参与优先股。优先股股东也可以约定在公司清算时,按照法定清偿顺序清偿完毕后,若公司还有剩余财产可供分配,则优先向优先股股东分配,再按出资比例或普通股股东之间的约定进行分配。反之,公司与股东约定劣后分配利润或剩余财产也遵循相同规则。优先或劣后分配盈余或剩余财产是典型的资产收益型类别股,具有融资功能。而股东享有优先权利的代价往往是对公司经营话语权的让渡,可以说优先股以分离一部分股权权能为代价换取一部分债权权能,是介于股权与债权之间的融资工具。

(2)每一股的表决权多于或少于普通股的股份。早在《关于在上海市证券交易所设立科创板并试点注册制的实施意见》相关规定中,就已经允许科技创新企业发行具有特别表决权的类别股份,新《公司法》第 144 条将其适用范围扩张至所有有限责任公司。每一表决权股份拥有的表决权数量大于或少于每一普通股份拥有的表决权数量,形成了差异化表决权,其他股东权利则与普通股份相同。差异化表决权结构系一种强化公司控制权的安排,通过赋予特别表决权股份每股多数表决权的方式实现公司控制权的集中,打破了“一股一票”表决结构下所有权与控制权之间的均衡状态。另外,新《公司法》对类别股的规定呈开放包容的态度:并未针对“多于”“少于”作出法定的倍数限制,而是交由市场进行自主决定;该股份的设立不仅适用于创始股东,也可适用于后续加入的所有股东;法律并未规定类别股的期限,可由章程自行决定。

(3)转让受限的股份。依据新《公司法》第 157 条规定,公司章程规定转让受限的股份,其转让按照公司章程的规定进行。一般而言,股份有限公司股东转让其持有的股份,不受任何限制,但公司法允许公司章程对其作出例外规定。较之可自由转让的普通股份,转让受限的股份也属类别股,保护的是股份有限公司的人合性。但该类股份转让所受到的具体限制,应由公司章程明确规定。

(4)国务院规定的其他类别股。譬如在 2015 年发布的《关于国有企业发展混合所有制经济的意见》中,允许国有股东在特定事项上行使否决权。这一兜底性规定为日后法律扩展类别股的权利义务内容预留了空间。

对于公开发行股份的公司而言,新《公司法》禁止其发行前述表决权类别股份与转让受限的股份。但是,允许其在非公开发行阶段发行这两种类别股。禁止这两类类别股在股份公开发行市场流通,是为了保障公开发行公司股份的流通性,减少实际运行中的混乱,节省股权交易成本。

此外,新《公司法》第 144 条第 3 款还规定了股份有限公司在发行"优先或者劣后分配利润或剩余财产的股份"和"每一股的表决权数多于或者少于普通股的股份"后,持前述两种类别股的股东在选举公司监督机构成员时,即对公司监事或审计委员会成员的选举和更换投票时,类别股每一股与普通股每一股的表决权数相同。监事和审计委员会成员系公司监督个体,具体行使监督权。要求优先股(劣后股)股东和表决权类别股股东在该类事项上与普通股股东保持一致表决权数,可防止其凭借选任监督者不当干涉公司监督权行使,损害普通股股东合法权利。

2. 类别股的章程记载事项

新《公司法》第 95 条新增了股份有限公司发行类别股时公司章程应当记载的相关事项。

第 95 条 股份有限公司章程应当载明下列事项:

(一)公司名称和住所;

(二)公司经营范围;

(三)公司设立方式;

(四)公司注册资本、已发行的股份数和设立时发行的股份数,面额股的每股金额;

(五)发行类别股的,每一类别股的股份数及其权利和义务;

(六)发起人的姓名或者名称、认购的股份数、出资方式;

(七)董事会的组成、职权和议事规则;

(八)公司法定代表人的产生、变更办法;

(九)监事会的组成、职权和议事规则;

(十)公司利润分配办法;

(十一)公司的解散事由与清算办法;

(十二)公司的通知和公告办法;

(十三)股东会认为需要规定的其他事项。

类别股制度对我国原有股权制度进行了较为彻底的改革,在章程记载方面自然也需要进行体系性修改,在可能存在类别股股东时,需要在章程中记载类别股股东的股份数及其权利和义务。由于公司可以发行优先劣后股、特殊表决权股和转让受限股等不同类型的股份,章程中也要就该股份的分配财产顺序、表决权数、转让限制等进行记载,以识别不同类型的股东及其所承载的权利义务。另外,新《公司法》规定章程应记载"保护中小股东权益的措施",其原因在于,类别股制度在中小股东权益保护层面确实存在一定的固有弊病,较易导致大股东专权、损害中小股东利益,因此要对中小股东权益保护作出特别处理。

我国对股份有限公司发行类别股采用了法定主义模式,公司能在法律规定的范围内进行选择性配置股份类别,而不能逾越该范围自由创设新型类别股。但是,其发行的类别股的具体权利内容设计则交由股东自治,且允许公司发行的类别股呈现出诸多形态,因此必须明确记载在公司章程中,以备查询。章程应当记载的具体内容如下:

(1)类别股分配利润或者剩余财产的顺序。公司在发行利润分配或剩余财产分配具有特别安排的类别股时,会影响普通股股东利益以及公司债权人利益,所以应当在章程中明确其分配顺序。需要注意的是,公司发行优先或劣后分配利润的股份的,实践中还可能涉及能否将未实现的股息累积到下一个利润分配期间内支付、股息率是否可随相关条件变化进行调整、利润支付顺序等内容。

(2)类别股的表决权数。公司法默认对普通股实行的一股一票表决规则被表决权类别股突破。实践中按照每股对应的表决权数量的不同,可将表决权股分为无限制表决权股、限制表决权股、无表决权股和多重表决权股,公司章程必须明确记载此类类别股所代表的表决权数。

(3)类别股的转让限制。股份有限公司发行转让须经公司同意等转让受限的股份的,应当在章程中载明限制的具体内容。

(4)保护中小股东权益的措施。公司发行类别股时,不仅需要明确类别股的权利内容,还需提供中小股东权益保护的配套机制。类别股的引入,使得股东间的权利义务差异更为明显,很可能产生更趋激烈的利益冲突。另外,与传统的发行普通股融资相比,类别股融资带来的全新代理关系,往往将加剧类别股股东与董事间的利益冲突,意味着公司治理机制亦须着重于弱势地位的中小股东的权益保护格局进行设计。一般而言,既包括事前治理机制,即构建类别表决制度，使得类别股股东在类别股东会上形成团体意思，否决变更类别权或损害其合法利益的公司议案；又包括事后救济机制，即中小股东的异议股东股份回购请求权、董事对类别股股东的信义义务等内容。

(5)股东会认为需要规定的其他事项。此为兜底性规定，意味着股份有限公司类别股发行相关事项的权利归属股东会，股东会应当通过决议将其记载于公司章程中，通过章程授权模式进一步实现相关权利分配。

3. 类别股的股东权利保护

新《公司法》第116条第1款、第143条、第146条共同规范了类别股的表决制度和同一类别股的同股同权，实现对类别股股东权利的保护。

第116条第1款 股东出席股东会会议，所持每一股份有一表决权，类别股股东除外。公司持有的本公司股份没有表决权。

第143条 股份的发行，实行公平、公正的原则，同类别的每一股份应当具有同等权利。

同次发行的同类别股份，每股的发行条件和价格应当相同；认购人所认购的股份，每股应当支付相同价额。

第146条 发行类别股的公司，有本法第一百一十六条第三款规定的事项等可能影响类别股股东权利的，除应当依照第一百一十六条第三款的规定经股东会决议外，还应当经出席类别股股东会议的股东所持表决权的三分之二以上通过。

公司章程可以对需经类别股股东会议决议的其他事项作出规定。

在类别股的同股同权层面，新《公司法》明确规定“同类别的每一股份应当具有同等权利”。股份有限公司无论发行何种股份，都必须遵循第143条所规定的股份发行的一般原则，即公平公正。其具体表现为：

(1)投资者有权获得平等的投资机会。这要求发行公司必须依照法定要求将与其发行股份相关的一切重要的信息和情况向其募集对象公开，既包括公司及其发行股份的基本概况，也包括股份发行操作安排方面的情况，内容必须真实、全面、准确，不得进行虚假或误导性陈述，不得有重大遗漏。在公布时必须将股份发行的有关文件依法进行公示，保证投资者通过合法途径能够及时、有效地获得信息和有关资料，最大限度地保护投资者的利益，使投资者在获悉公司及其股份真实信息的情况下作出投资判断和决策。

(2)同次发行的同类股份,发行的条件和价格应当相同。新《公司法》第143条第2款实际上是对股份发行中的公平原则的具体描述。在同一次股份发行中,相同种类的股份,无论任何人获得股份,都应当支付相同的对价,不允许针对不同的投资主体规定不同的发行条件和发行价格,充分体现了股东平等原则。但是公司对不同次发行的同种类股份,或者在同一次发行的不同种类股份,不在此限。

(3)公司发行的同类股份应具有相同的权利或利益,同股同权,同股同利。股份发行的平等原则是民商法自愿、公平的一般法律原则在股份发行中的具体要求,也是投资者利益保护和股东法律地位平等在股份发行中的具体体现。新《公司法》第144条首次引入了类别股概念,使得"同股同权"之内含修正为"同一类型的股份权利平等"。较之普通股,公司可以对类别股的表决权、分红权等作出差异化安排,但是,同次发行的同类股份,其股东权利或利益应当相同。

在类别股的表决制度层面,新《公司法》进行了特殊设计,明确了发行类别股的股份有限公司应当实行分类表决制度,系类别股制度的重要组成部分。分类表决是指在普通股股东会之外以另行召集类别股股东会,或与普通股股东共同开会但进行单独表决的形式,由类别股股东对议案进行单独表决。其核心内容是明确公司作出哪些决策需要类别股股东的表决同意,涉及对类别股股东权益保障与公司行为自由之间利益冲突的考量。如果说类别股是为满足不同股东对财产权益和公司控制权的偏好而创设,那么分类表决机制则是基于照顾不同利益诉求股东群体的意志表达,而于股东会一般表决机制基础上衍生出的特殊表决机制。该制度有利于未掌握公司控制权的投资者可以在特定事项上掌握一定话语权,尤其是涉及其投资权益的事项。法律应当尊重并保护该类股东自主决断的权利。类别股分类表决的具体内容为:

(1)明确类别股代表的表决权可能与普通股存在差异。类别股股东根据特殊协议享有的表决权可能与普通股股东存在差异,例如优先股股东可能没有表决权或者表决权较低,而其他特殊种类的股份可能使一股拥有多重表决权。这些特殊的股份设计并不受一股一权原则的限制,因此新《公司法》规定股东出席股东会会议,所持每一股份有一表决权,类别股股东除外。

(2)须经分类表决的事由。新《公司法》第146条第1款明确规定了须经分类表决的法定事由,即该法第 116 条第 3 款规定的事项:包括“股东会作出修改公司章程、增加或者减少注册资本的决议,以及公司合并、分立、解散或者变更公司形式的决议”,还包括“其他可能损害类别股股东权利”的事项。前述事项均与类别股股东权益具有直接利害关系,法律应注重保障类别股股东参与该类事项决策的权利。第 146 条第 2 款还赋予了公司章程对需经类别股股东会决议的其他事项作出规定的权利。然而,是否所有事项皆可通过公司章程进入分类表决范畴,殊值讨论。事实上,股东会和类别股股东会形成的双重表决机制,无疑会延长决策时间,降低决策效率。对进入分类表决事项的识别实质上是决策公平正义与决策效率间的博弈,也是类别股股东与普通股股东利益间的博弈。如果将与类别股股东权益无直接关联的事项纳入分类表决,无疑将扩大分类表决的适用范围,会影响股东会决议效率,增加决议成本,损害公司适应市场环境的灵活性,引发类别股股东的道德风险。

(3)分类表决的程序性规定。在股东会对新《公司法》第 116 条第 3 款规定的损害类别股股东权利的事项进行表决时,应当经出席会议的股东所持表决权的 2/3 以上通过,同时还需经出席类别股股东会的股东所持表决权的 2/3 以上通过,在满足前述两个要件时才能形成有效决议。值得注意的是,分类表决制度的价值在于赋予类别股股东对与其权益有关的事项进行单独表决的权利,以防止普通股股东以资本多数决侵害其权益,因而类别股股东的表决应尽量排除普通股股东的影响,且该条强调的是“出席类别股股东会会议的股东所持表决权的 2/3 以上”,即要求应当单独召集类别股股东会,由类别股股东单独表决并形成决议,以确保类别股股东会的独立性。若违反该表决程序,可能导致决议的不成立或可撤销。

(二)延伸问题

1. 类别股种类的扩充

学界一般认为,类别股的种类应当扩充。根据新《公司法》的规定,公司可以发行优先股、劣后股、特殊表决权股、转让受限股以及国务院规定的其他类别股。

一方面,有学者提出,应当适当限制类别股的类型,删除优先或劣后分配剩余财产这一实践中罕见的股份类型,并将“国务院规定的其他类别股”限定在“行政法规规定的其他类别股”。另一方面,更多学者认为商事实践需要更广泛的类别股范围。在我国,除了上述明确规定的几种类别股具有较多实践外,可回赎股、可转换股、董事选任股、黄金股等类别股也有较多实践。[①] 特别是可回赎股,在实践中的使用范围较广,其是指在发行时已经明确在约定时间可按约定条件回赎的股份,回赎选择权可归于公司或股东,或二者兼有。按照回赎方式,可回赎股份可分为强制回赎和任意回赎两种方式,本质上属于类别股。由于股份回赎和股份回购能够发挥相同的经济后果,域外公司制度通常设立同样的财源规制。但是,股份回赎与股份回购是不同的,股份回赎的条件在发行时已经确定,故而其背后的利益冲突较为简单,而定向减资、定向股份回购等还面临股东平等保护的问题,由此产生了利益冲突的差异格局。在清偿顺位上,可回赎优先股的清偿顺位处于债权人和普通股股东之间,在确保债权人利益的情况下,实际上不排除动用资本进行回赎的可能。

2. 类别股表决制度的完善

新《公司法》关于类别股表决权的规定较为简单,对此,有学者提出,第 116 条规定的“类别股股东除外”情形过于宽泛,除第 144 条第 1 款第 2 项所规定的类别股(表决权数不同的类别股)之外,其他类别股仍然应当“一股一权”。应当明确的是,只有表决权数不同的类别股,才构成在表决时的例外,其他类别的股份,一股只能享有一表决权。

另外,我国的类别股制度仍存在完善的空间。有学者提出了类别股表决程序的完善意见,认为类别股股东会如何召集和表决,类别股股东会决议和普通股股东会决议采何种顺序和方式,抑或分别表决、各自单独计票,应当予以进一步明确。另有学者建议,应增加与类别股相配套的控权机制,比如特别表决权股的倍数限制、转让限制等。

① 在我国商业实践中,有较多观点认为,“对赌协议”实质上就属于可回赎股,阿里巴巴公司采用的合伙人模式控制董事提名权实质上就属于董事选任股,OFO 公司的创始股东戴威对公司决议事项享有一票否决权采用的就是黄金股。

PART 04

第四编

公司治理与公司组织机构

专题十七 公司组织机构规范的强制性与任意性

公司组织机构规范,是调整公司组织机构设置、职权、运行的法律规范。依具体调整对象不同,公司组织机构规范可划分为组织机构设置规范、组织机构职权规范以及组织机构运行规范。公司组织机构规范是公司治理的重要内容,但组织机构规范属于任意性规范还是强制性规范,是聚讼纷纭的。

任意性规范与强制性规范是对私法规范的分类。所谓任意性规范,是指公司参与各方可以另作约定,若公司参与各方没有另作约定,则该规范默认适用于各方;而强制性规范,是指公司参与各方所必须遵守的规范,对于法律规范的事项,公司参与各方不得另作约定。江平先生曾道出强制性规范与任意性规范的本质:"强制性规范即国家意志优先于当事人自己意志的规范,与之相对应,任意性规范便是当事人意志优于国家意志的规范,其与私法自治一脉相承。"①

一、立法技术层面强制性规范与任意性规范的识别

在法律适用层面如何甄别强制性规范与任意性规范?可行的路径是在法条中使用"标识性语言",具体而言有以下几个方面。

强制性规范可以使用模态词如"必须""应当"等进行辨别。如新《公司法》

① 江平:《中国民法典制订的宏观思考》,载《法学》2002年第2期。

第73条第2款规定董事会会议应有过半数董事出席方可举行;第76条第2款规定:监事会成员应当包括股东代表和适当比例的公司职工代表;第77条第2款规定:监事任期届满未及时改选,或者监事在任期内辞任导致监事会成员低于法定人数的,在改选出的监事就任前,原监事仍应当依照法律、行政法规和公司章程的规定,履行监事职务。上述规范皆为强制性规范,公司不得排除该规范适用。

任意性规范可以使用模态词——"可以"等进行辨别。如新《公司法》第59条第2款规定有限责任公司股东会可以授权董事会对发行公司债券作出决议。根据该规范内容,有限责任公司股东会可以选择将决议发行债券的权力授予董事会,也可以另作约定选择不将上述权力授予董事会。再如第75条规定规模较小或者股东人数较少的有限责任公司,可以不设董事会,设一名董事,行使该法规定的董事会的职权。根据该规范,公司法并未强制要求规模较小或股东人数较少的有限责任公司不设置董事会,公司仍可以自主选择设置或不设置。上述两规范下的当事人都可以以意思自治替代法律规范,都属任意性规范。除模态词外,在法条句尾使用如"章程另有规定从其规定""由公司章程规定""公司章程另有规定的除外""全体股东另有约定的除外"等表述,表明公司可以就某一事项进行意思自治的,该规范也为任意性规范。

另外,存在在一类法律规范中同时使用"应当"等强制性规范的"标识性语言"以及如"章程另有规定的除外"等任意性规范的"标识性语言"的情况。如新《公司法》第64条规定:召开股东会会议,应当于会议召开15日前通知全体股东;但是,公司章程另有规定或者全体股东另有约定的除外。对于这种情况,实际上,公司股东仍然可以以意思自治替代法律规范而排除法律规范适用,所以此类法律规范仍为任意性规范。

新《公司法》中也有部分条文的表述模棱两可,从法条中难以准确把握规范的强制性与任意性。如关于董事会设置的规范以及在股份有限公司中设置经理的规范,在缺少"标识性语言"的情况下,上述规范属于强制性规范还是任意性规范,是难以单从条文内容中得到答案的。对此,可以借助学理分析、体系解释及将新《公司法》与原《公司法》进行对比等方法得出上述不具有"标识性语言"的规范为强制性规范。根据目前的学理解释,较多意见认为,上述董事会和经理设置的规范应当属于强制性规范。

二、构建以任意性规范为主导的公司组织机构规范

公司法的强制性与任意性是公司法理论和实践最基本和最重要的问题。在20世纪80年代中国公司法起步发展的早期,公司法的强制性与任意性并未引起学者和立法的关注和重视,直到20世纪90年代后期,这一问题逐渐进入人们的视野。其实,在欧美公司法领域,它早已成为理论研究的焦点,并形成了极具引领性和代表性的主张和学说。中国公司法对此问题的探索经历了从介绍域外学说到分析现实问题、从学理探究到立法设计的交互过程,最终无论是在理论还是实践上都达成了相当一致的共识:公司法不仅应具有强制性,还应具有任意性,它是强制性规范和任意性规范有机构成、合理布局的法,公司法的合同解释说或共同契约说则是其根本和核心的理论根据。① 然而对于公司法强制性与任意性的定性之于中外法学理论界与实务界都是复杂且十分艰难的问题,可谓是公司法发展过程中最大的迷思之一。

为厘清公司法的强制性与任意性问题,中外学者都付诸了不懈的努力。其基本的破解思路是首先对公司法规范进行类型划分,再进一步界定不同类型公司法规范的强制性和任意性。最具代表性的是美国著名公司法学者爱森伯格教授提出的规范分类,他将公司法规范分为结构性规范、分配性规范和信义性规范,并认为结构性规范主要应为强制性规范,分配性规范和信义性规范主要应为任意性规范。② 我国公司法学者有的主张将公司法规范分为基本规范和普通规范,基本规范主要属于强制性规范,普通规范基本属于任意性规范。③ 另有主张从内部关系与外部关系的角度界定公司法规范的强制性和任意性,调整公司内部关系的规范应以任意性规范为主,调整公司对外关系的规范应以强制性规范为主。此外,还有主张以公司类型来确定公司法规范的强制性与任意性,即调整有限公司关系的规范应主要为任意性规范,调整股份有限公司关系的规范应主要为强制性规范。

---

① 参见蔡立东:《公司本质论纲——公司法理论体系逻辑起点解读》,载《法制与社会发展》2004年第1期。

② See Melvin Aron Eisenberg, *The Structure of Corporation Law*, 89 Columbia Law Review 1461, 1462 (1989).

③ 参见汤欣:《论公司法的性格——强行法抑或任意法?》,载《中国法学》2001年第1期。

公司法中组织机构规范是公司治理制度主要的构成部分,按照上述学者对于公司法律规范的划分标准,组织机构规范属于结构性规范、普通规范、内部规范,除少数意见或主张外,这些类型的公司法规范都主要属于任意性规范。[①] 因此,无论学者们对公司法规范的分类角度有何不同,都是对公司组织机构规范强制性和任意性的定性,即公司立法应充分尊重公司自治,公司组织机构规范的基本属性是任意性,应以任意性规范为主,以强制性规范为辅。

我们同意上述学者认为公司组织机构规范应主要以任意性规范为主的观点,理由如下:

1. 作为私法的公司法应体现意思自治的理念。按照公法与私法的分类标准,大体上,公司法应属于私法范畴,因而应体现私法自治的理念。基本原则是如果某一公司经营管理事务可能影响第三人权益或是产生危害社会公共利益之虞,则应以强制性规范调整,否则应适用任意性规范,但若一些规范涉及公司组织机构存在和运行所必需的要求或条件,则应具有强制性。总体而言,公司组织机构规范一般不会直接影响公司外部当事人的合法权益,也无损害社会公共利益之虞,原则上应是以任意性规范为主。

2. 公司本质论对自治的强调决定了公司法应是以任意性为主导的法。不论是在公司合同束理论下,将合同自由原则映射至公司法,将公司法理解为一套可被选出的合同范本,或是在公司宪治论下强调公司应民主自治,公司法都应当是以任意性为主的法,其中组织机构规范作为公司法中的一部分也应当以任意性规范为主。

3. 立法者有限的能力使其无法完全掌握不同公司对组织机构的不同需求,至少大型公众公司和小型封闭公司对于组织机构的需求必然是不同的。因此,公司法在规范公司组织机构设置问题上采取法律强制应该是谦抑的,具体则表现为公司法组织机构规范应当以任意性规范为主。

三、公司组织机构规范中强制性与任意性的配置

仅仅得出公司组织机构规范应以任意性规范为主是远远不够的。法律是最为严谨的规范性文件,依其内容,有些法律规定具有抽象性和原则性的特点,

---

① 参见赵旭东:《公司组织机构职权规范的制度安排与立法设计》,载《政法论坛》2022 年第 4 期。

而有些规定则容不得“暧昧”和含糊。公司组织机构规范强制性与任意性的界定,就是必须明晰、不应含糊的。公司作为法律拟制的主体,无法自主形成和执行意思表示,须依靠其组织机构,因此,组织机构之于公司存续发展的重要地位是不言而喻的,规范组织机构的法律规范也应当是明确清晰的。

进一步而言,虽然相对整个公司组织机构制度的立法安排,少数强制性规范的界定只是制度设计的细节,但细节却往往决定成败,如果对少数的、非基本的或次要的强制性规范不予界定,其多数的、基本的或主要的任意性规范也就难以精确界定。不能确定哪些规范属于强制性的,就意味着任何一个任意性规范都可能成为或被解读为强制性规范,其结果是公司自治的边界不清、范围不明,将会形成公司治理制度实施的隐患和障碍,导致公司组织机构规范的失效和瓦解。

同时,就法律传统和立法使命而言,在英美判例法之下,这样棘手的法律细节或技术问题可以像许多其他问题一样,交由法官在个案中去作独立判断和解释,但在讲究严密立法逻辑并坚持依法裁判的大陆法传统之下,我国的公司立法没有理由将这样艰巨的法律判断甩给当事人或任由法官自由裁量,立法设计都颇感艰难的法律问题又怎能寄望在当事人和法官那里得到合理、圆满的应对和解决?因此,无论是基于公司制度立法设计本身的科学要求,还是面对法律施行和适用的现实需求,公司立法对此都不应再漠视闪避,不应再忽略模糊,不应以其昏昏使人昭昭,“立法者应使用精准无误的法律概念和文字表述”公司组织机构规范强制性与任意性的界定,即必须明晰、不应含糊。

如本章开头所言,依据规范调整的对象不同,公司组织机构规范可以分为三类:其一是关于是否设置某个公司组织机构的规范,其二是关于该组织机构享有哪些法定职权的规范,其三是该组织机构如何运行,包括召开、召集、提案、表决等事项的规范。我们认为对于上述三类规范的强制性与任意性,按照前述以任意性规范为原则,只有在公司事务存在损害他人权益及社会公共利益之虞,或是涉及公司组织机构存在和运行所必需的要求或条件,才应适用强制性规范的原则,即公司法应作以下安排。

(一)公司组织机构设置规范的强制性与任意性

对于公司组织机构设置规范而言,我们认为,并主张股东会、经理机构的设置规范应具有强制性,而董事会、监事会的设置规范应具有任意性。

首先,股东会的确是所有公司必有和应设之组织机构,作为公司终极的所有者,股东毕竟是公司最终权利的享有者,只要存在两个以上的股东就需要股东权利行使的协调和统一,股东会是股东共同行权必不可少的组织形式,任何公司,即使没有股东会的形式和名称,但却不可能没有股东会的实质。由此,公司法关于设置股东会的法律规范当然应属强制性规范。

其次,经理机构的设置具有同样的必然性,任何一个企业都有日常经营管理,一个公司可以没有董事会,也可以不设监事会,但却不可能没有经理,所有公司无论设定何种权力结构和管理模式,负责日常管理事务的经理都是必设的机构。“我国公司法对总经理机构的设置法定化及其职权法定化的规定,只不过是对经理权扩张的事实积极承认而已。从某种程度说,这一积极性制度安排恰恰有效减少了立法与现实反差的程度和空间,因而不失为一项确保实现公司法人治理效率性的重要制度安排,”应“将公司业务执行权作为独立的权力赋予经理,使经理成为与股东会、董事会、监事会相并列的公司机构”。由此,经理与股东会一样应作为法定治理机构,相应的规范归类为强制性规范才更为合理。原《公司法》与新《公司法》都将有限责任公司经理规定为任意设置的机构其原因可能是路径依赖,其依赖的路径则是经理机构性质的“代理人说”。然而,关于公司经理的法律地位,学理上并不只有“代理人说”,还有“机构说”“代表说”等,[①]而我国的立法和现实显然并不支持“代理说”,更相吻合的恰是“机构说”和“代表说”。无论是从经理作为公司组织机构的组成部分还是从其设置的法定性分析,其法律性质与董事会、监事会及董事长并无实质差异,认为其属于代理人的主张只是对经理对外代表行为的观察,但决定经理法律性质的主要是内部关系而非对外关系,正因如此,我国公司法规定公司可以确定董事长也可以确定经理为公司的法定代表人。

最后,董事会与监事会的设置应作为任意性规范。与股东会和经理有所不同,董事会和监事会在公司治理中的地位似乎并非完全不可取代。虽然立法上董事会被确定为公司的执行机构并享有若干职权,但现实中的董事会职权却被分割、弱化,随着分权和监督思想倾向的流行,董事会的角色、职能和定位变得越来越尴尬。随着市场竞争的日益加剧,董事会相当一部分权力正逐步让渡给

---

① 参见吴伟央、周佳磊:《论公司经理对第三人的民事责任》,载《河北法学》2010 年第 4 期。

经理,公司权力特别是公司业务执行权开始由董事会向经理转移,而董事会权力正逐步转向形骸化或边缘化。面对董事会的尴尬地位,有强化董事会职权或索性进一步弱化的双向选择,因对董事会与生俱来的、先验性的崇信,后一选项常常被忽略,而无论是在逻辑上还是事实上,董事会的权力既可由股东会直接行使,也可授予经理机构一并行使,还可以将其权力切割由股东会和经理分别行使。事实上,许多公司的股东和董事、董事会与股东会都有相当大的重合,董事会的召开与决议和股东会的召开与决议不过是会议和文件名称的简单转换。在这样的公司中,取消董事会的设置对公司治理几乎不产生任何影响,只是省却了重复开会和两次决议的烦累。

至于监事会,虽然公司法赋予其甚为重要的监督职责,为使其名副其实各方都尽千方百计的努力,但它始终是公司治理职能发挥最名不副实的机构,新《公司法》授权公司在监事会与董事会审计委员会之间进行选择,不再要求设置监事会。这是回应监事会监督效果不佳的可行路径。

(二)组织机构职权规范的强制性与任意性

对于公司组织机构的职权规范,其强制性和任意性应区分不同事项分别确定。股东会的职权规范应是强制性的,董事会的职权规范应是任意性的。若设监事会,则监事会的职权规范也应是强制性的。其确定的根据在于不同机构职权的专属性质,即当某项职权必然专属于某个机构,若该机构不行使此项职权则该机构的设置就失去其应有功能时,那么该项职权规范就应具有强制性,反之则否。就新《公司法》规定的公司股东会的职权而言,可以将其分解为所有者权力和经营者权力。所有者权力包括任免董事监事并决定其报酬,审议批准董事会和监事会报告,审议批准利润分配和弥补亏损方案,对公司增资、减资、合并、分立、解散、清算或变更公司形式作出决议,修改公司章程等,对于这些职权法律应作强制性规定。经营者权力包括决定公司经营方针和投资计划、对发行公司债券作出决议两项,这两项因十分重大而被公司法规定为股东会的职权,但却并非所有者的固有权力,因此应赋予其任意性,允许公司将这两种权力规定由董事会或经理机构行使。对于董事会的职权规范而言,前文已述,董事会机构设置规范应是任意性的,公司有权根据自身具体的经营情况,选择设置或不设董事会,故而其职权也应是任意性的,董事会的职权既可以上收至股东会,也可下放到经理层,不存在专属于董事会的职权。至于监事会的职权规范,如保留监事会的设置,那么其职权应是强制性的,否则失去监督权的监事会将失去其设置的意义。

(三)组织机构运行规范的强制性与任意性

对于组织机构运行规范而言,宜将其全面定性为任意性规范。诸如每年公司股东会的召开次数、召集方式、通知、主持、董事会人数、董事和监事的任期以及是否可以连选连任等,纯属公司内部管理事项,并不涉及外部当事人的利益,也不会危及交易安全和社会公共利益,完全可以允许公司自由设计适应其经营模式的运行规则。因此,公司组织机构运行规范应全面定性为任意性规范。

四、新《公司法》对组织机构规范强制性与任意性的改革

本次修葺一新的新《公司法》在组织机构规范的任意性与强制性上作出了以下调整:

其一,在组织机构的设置层面,具体而言是在监督机构的设置层面,新《公司法》基于单层制改革引入董事会审计委员会制度,并准许公司在内部监督机构设置上在董事会审计委员会与监事会中选择;换言之,公司可以通过设置董事会审计委员会替代监事会。由此,在有限责任公司与股份有限公司中设置监事会的规范从强制性规范转为任意性规范,与之相对应,在有限责任公司与股份有限公司中设置董事会审计委员会的规范也为任意性规范。

其二,在组织机构的职权层面,首先,对于董事会的职权,新《公司法》对董事会的法定职权有所调整,但并未改变其规范的定性。若公司在董事会下设置审计委员会,则审计委员会行使监事会职权,此为强制性规范。其次,对于经理的职权,新《公司法》规定经理的职权源于董事会授权与章程规定,因此应为任意性规范,这对比原《公司法》中关于经理职权规范强制性与任意性的定性没有变化。不过新《公司法》删除了原《公司法》规定的经理的7项法定职权,确实拓宽了公司在经理职权内容上意思自治的空间。

上述董事会、经理职权的变动以及董事会、审计委员会、监事会的选设都属于本次新《公司法》修订的重点问题,本书的后续章节将进行更为详尽的阐述。

专题十八 董事会职权改革

一、新《公司法》修改的主要内容

董事会是公司治理的核心,其权力的配置对公司的运行具有举足轻重的作用,也对公司治理制度的整体构建具有基础性的影响。科学合理的职权配置不但是公司制度功能结构的逻辑要求,也是公司制度能否有效运行的关键所在。在原《公司法》董事会制度的基础上,推动公司治理由股东会中心主义向董事会中心主义过渡,明确董事会置于公司治理的核心地位,强化公司自治,是公司治理的一个重要方向,也是本次《公司法》修订的关注点之一。

在新《公司法》中,董事会职权由法律直接规定的法定职权、章程规定的章定职权以及股东会授予的授予职权三类构成,相比原《公司法》,新增了由股东会授权的内容。新《公司法》在法定职权内容上,删去了其中“制定公司的年度财务预算方案、决算方案”这一职权;在章定以及授予职权内容上,主要新增董事会经股东会授权可以发行债券以及董事会可以根据章程规定、股东会授权并在法律规定的限制下决定发行公司股份。另外,新《公司法》基于单层制改革,引入董事会审计委员会制度,若公司选择设置董事会审计委员会,则董事会将具有监事会的监督权力。整体而言,新《公司法》扩张了董事会的经营权力,呈现出董事会中心主义的倾向;同时,基于单层制改革,通过内设审计委员会,董事会得以具有监事会的监督职权,其监督权力得到大幅强化。

二、本次修改的现实依据

(一)公司法就董事会职权的探索与发展

根据早期公司法对董事会职权的规定,在我国的公司治理结构中,将董事会定位为执行股东会决议的机构。也是基于这一定位,1993 年《公司法》第 46 条,在立法技术上以列举的形式对有限责任公司董事会职权作出了规定。董事会职权包括:(1)召集股东会会议,并向股东会报告工作;(2)执行股东会的决议;(3)决定公司的经营计划和投资方案;(4)制订公司的年度财务预算方案、决算方案;(5)制订公司的利润分配方案和弥补亏损方案;(6)制订公司增加或者减少注册资本的方案;(7)拟订公司合并、分立、解散或者变更公司形式的方案;(8)决定公司内部管理机构的设置;(9)决定聘任或者解聘公司经理,并根据经理的提名决定聘任或者解聘公司副经理、财务负责人及其报酬事项;(10)制定公司的基本管理制度;另该法第 112 条,对于股份有限公司董事会职权,除在表述上将股东会改为股东大会外,在实际内容上作出了相同的规定。

随着对公司治理理论认识的深化和公司制度的发展,对董事会功能的重视不断深化,在 2005 年修订《公司法》时在董事会职权列举中增加了"公司章程规定的其他职权"的兜底条款,以章程自治的方式进一步厘定董事会与股东会的权力划分问题。分析 2005 年《公司法》第 47 条的规定,董事会的权力主要集中于经营者权力的范畴,如对公司经营计划和投资方案的决定权,对利润分配、分立合并等重要事项的方案制定权,公司基本管理制度的制定权,对公司经理的任免权等重大事项,董事会决策的事项不可谓不"重大",其中不乏实质性权力。[①] 从权力属性来看,该条中董事会召集股东会会议,并向股东会报告工作的职权属于法定职权,不能通过章程规定的方式分配给其他机构,也不能随意剥夺。[②] 除了十项法定权力之外,尚有兜底条款允许公司章程赋予董事会其他权力。

(二)原《公司法》董事会职权规范亟须解决的问题

从 1993 年《公司法》到原《公司法》,对于董事会职权的规范只进行了小修小补,虽然修补的积极意义是不容置喙的,但仍未能触及"痛处"。

事实上,长期以来,在我国《公司法》中董事会权力存在一定的模糊性,虽然法条上明确规定了权力范围,但却常常"失焦"。董事会权力的失焦,集中体现在公司法条文的巨大解释争议,包括董事会的职能定位、权力范围、组织机构间分权等具有复杂关联关系的事项。造成这种模糊性的部分原因是立法技术问题,比如,原《公司法》第 37 条规定的股东会决定经营方针和投资计划的权力,

---

① 参见楼秋然:《股东至上主义批判——兼论控制权分享型公司法的构建》,社会科学文献出版社 2020 年版,第 12 页。

② 参见宋燕妮、赵旭东主编:《中华人民共和国公司法释义》,法律出版社 2019 年版,第 97 页;赵旭东主编:《新公司法条文释解》,人民法院出版社 2005 年版,第 96 页。

与第46条规定的董事会决定经营计划和投资方案的权力,二者边界十分难以厘定。但是,更深层次的原因则在于原《公司法》缺乏对董事会权力的系统定位和动态审视。

若抽丝剥茧,原《公司法》中所规定的董事会职权的失效归因于以下几点。

一是,董事会在公司治理系统中定位的错位。《民法典》沿袭了2017年《民法总则》的规定,营利法人应当设权力机构和执行机构,董事会或执行董事为执行机构。依立法者见解,营利法人之所以必须同时设立权力机构和执行机构,是因为需要由执行机构来执行权力机构的决定,否则权力机构的决定就会落空,法人也无法正常运转。[①]《民法典》第81条直接将董事会或执行董事定性为营利法人权力机构的执行机构与原《公司法》将董事会定位为经营决策机构的本意相悖。如果不能纠正董事会在公司治理系统中定位的错位,即使赋予其再多权力,董事会仍然会受到公司治理系统中各机构间关系之影响。

二是,董事会实质权力的赋予不足。作为公司权力的默示归属机构,董事会应当具有默认模式下完备的经营管理权,以及单层制模式下的监督权力。有学者将公司权力分为所有者权力和经营者权力:所有者权力是指股东作为公司的所有者对关涉公司最根本事项所保有的权力,这些事项关系到公司的基础,直接决定公司的存续与发展并直接影响全体股东的重大投资权益;经营者权力是指公司的实际管理者对公司经营管理事项所具有的权力,为董事会和经理所享有。

从原《公司法》的权力配置来看,董事会和经理的法定职权固然都是经营者权力,但股东会的权力却不止于所有者权力,还包括部分经营者权力,比如对经营方针和投资计划的决定权,新公司法对此已进行调整。进一步而言,在很多情形下所有者权力和经营者权力同时有所体现,比如修订公司章程、利润分配、公司的重大事项变更等往往同时涉及公司经营者和所有者利益,这些事项究竟归属于所有者权力抑或经营者权力,其决策权如何分配,主要取决于立法者的价值判断视角。例如,利润分配通常被认为是所有者权力事项,但如果从公司利益的视角观察,利润分配事项与公司经营更为攸关。总之,原《公司法》对股东会法定权力的过分赋予,将不可避免地导致董事会权力的不足。

三是,董事会权力还受到关联制度的抑制,包括控股股东或实际控制人对

---

① 参见黄薇主编:《中华人民共和国民法典总则编释义》,法律出版社2020年版,第200页。

公司的实际控制、法定代表人对公司表意机制的垄断、经理的经营管理权等等。需要从事实层面,加以规制。

(三)董事会职权的制度改革与创新

在我国30年的公司制度历程中,为探索科学高效的公司治理体系,伴随着公司治理理论的发展和对董事会制度功能的厘清,国务院有关主管机关就上市公司、国家出资公司的治理模式进行了许多有益探索,积累了大量的经验,董事会的职能定位和职权配置也不断优化,为公司法的修订和公司治理模式的设计提供了实践智慧。

证监会对于上市公司的公司治理总结实践经验,为上市公司中的董事会职权及角色定位确定了新的方向,近年来证监会先后颁布《上市公司治理准则》《上市公司章程指引》《上市公司独立董事管理办法》,在上市公司董事会中引入独立董事以及专门委员会制度,要求上市公司在董事会中构建以独立董事为多数的审计委员会,同时根据自身治理需求设置战略委员会、提名委员会以及薪酬考核委员会。其中,独立董事具有三重身份:其一是作为监督者,负责对公司董事及高级管理人员乃至控股股东的行为进行监督,以保障公司及中小股东的利益,或是就公司事务外聘审计人员进行监督;其二是作为顾问,参与董事会决策并对事项发表意见,并对公司经营发展提供专业、客观的建议以促进董事会决议质量;其三是决策者,对特定事项提供专业建议,参与并促进董事会科学合理决策。审计委员会主要负责对公司财务会计事务的监督,如披露财务会计报告的真实性,会计人员的任免等,属于监督权力"机构"。提名委员会负责遴选董事高级管理人员人选以及对董事会高级管理人员的任免提出建议。薪酬与考核委员会负责制定董事、高级管理人员的考核标准并进行考核,制定、审查董事、高级管理人员的薪酬政策与方案。依据两委员会之职权,两委员会既是董事会决策的顾问,也是董事、高级管理人员履职的监督者。战略委员会主要职责是对公司长期发展战略和重大投资决策进行研究并提出建议,[①]毋庸置疑属于董事会决策顾问的角色。总而言之,证监会通过一揽子规范强化了董事会经营决策的职权,同时赋予了董事会作为公司监督机构的新职能。

---

① 参见刘俊海:《上市公司独立董事制度的反思和重构——康美药业案中独董巨额连带赔偿责任的法律思考》,载《法学杂志》2022年第3期。

2020年国资委印发《国企改革三年行动方案(2020—2022年)》和《国有企业公司章程制定管理办法》,2021年印发《中央企业董事会工作规则(试行)》,定国有企业董事会的功能为"定战略、作决策和防风险",定战略是指董事会研究确定企业中长期发展战略并对战略落地进行有效管控,充分贯彻出资人意志。作决策是依法依规讨论决定企业重大改革重组事项、重大投融资项目、组织机构设置、资产处置、财务预决算等重大事项并督导经理层高效执行。防风险是有效识别和揭示企业经营中的重大风险隐患,推动完善风险管理体系,防范和化解重大投资决策风险。①

三、董事会职权的理论阐释

(一)股东会中心主义与董事会中心主义的取舍

传统公司法认为,公司架构是以权力制衡理念为基础的,股东会是公司的权力机构,董事会作为公司的经营机构,由股东会产生,受其监督并对其负责。在股东会与董事会的职权配置上,对于公司法律法规和公司章程规定的必须由股东会决定的重大事项,董事会未经股东会决定,不得擅自进行。而法律法规和公司章程赋予董事会行使的职权,股东会不得任意进行干涉。

股东会和董事会是公司最主要的组织机构,是法定的公司治理主体,公司治理的分权制衡主要是股东会与董事会的权力分配和相互牵制。在公司治理的类型上,存在着不同公司治理模式,其各自董事会的角色具有相当大的差异性,权力配置差异甚大,主要是股东会中心主义和董事会中心主义,公司治理结构的不同导致董事会与股东会的法律关系有所不同。两种主义的讨论和设计伴随着公司法的发展一直在延续,股东会和董事会的职权配置也一直在调适。

1. 股东会中心主义:作为公司治理的一种模式,股东会中心主义并不是与公司制度伴生而来的,而是在公司制度发生一段时间后确定的。19世纪之后,各国公司法将股东会作为最高的权力机构。股东是公司最高利益的享有者,因此也理应是公司权力的掌控者。大陆法系国家认为股东会是最高的权力机构,董事会只是机械地执行股东会决议。英美法系国家也认为董事会只是公司的代理人,自然要接受股东会的控制。

① 王瑾:《公司治理下的董事会职权体系完善研究》,载《法学杂志》2022年第2期。

2. 董事会中心主义:从20世纪初开始,在判例和立法中出现了董事会中心主义的治理模式。1899年,美国特拉华州就已经修订了本州的公司法,确定了董事会对于公司业务的领导地位。1950年由全美律师协会起草的《美国标准商事公司法》更是进一步明确了除章程和股东协议另有约定外,董事会对“公司所有权力”的享有。英国董事会中心主义的确定始于1906年英国上诉法院的“自动过滤器公司案”,判决中明确了董事会的独立性,即在章程授权的范围内,董事会可以独立决策而不受股东会的干预。随着更多的判例对董事会独立地位的认可,这种制度在1985年的《英国示范公司章程》中得到确认。在大陆法系中,1937年的《德国股份公司法》承认董事会在管理公司业务时的主导性和独立性,股东会不再被视为公司的运营核心,这一理念也体现在1965年的《德国股份公司法》中。按照法律规定,董事会是公司的领导机构,负责公司经营事务的管理,股东会不能干预董事会在权限范围内作出的决策。① 在同时期,法国也对股东会和董事会的职权进行了调整,1967年发布的《法国商事公司法》第98条在明确股东会权利基础上,将其他权利一并授予董事会行使。② 该法第153—155条以及第157条规定,股东大会主要就修订章程、任命董事并确定薪酬、审议关联交易等有限的重大事项作出决议,由董事会负责公司的日常经营管理。

股东会中心主义和董事会中心主义两种不同公司治理模式各有其形成和发展的历史原因,各有其实现的主要价值目标和法律功能,对于公司经营管理各有其特别优势,不同类型的公司对股东会中心主义和董事会中心主义的选择也有着内生的需求。尽管对股东会中心主义与董事会中心主义的优劣众说纷纭,甚至贯穿了整个公司法修订的过程,但许多学者从公司制度本身的发展历程和公司自身的发展出发,认为董事会中心主义治理模式在许多方面表现出特有的制度优势和更为充分的法理根据。

从公司经营效率和企业管理专业性方面考量,由职业经理人和专业人士以及擅长经营管理的股东代表组成的董事会更有优势。从法律制度间的相互协调和功能实现来考量,将公司主要的经营者权力赋予董事会更尊重和符合公司法人地位、人格独立及法人人格权与财产权的内在要求;从公司制度的实践来

---

① 参见《德国股份法》,杜景林、卢谌译,中国政法大学出版社2000年版,第34、58页。

② 参见《法国公司法典》,罗结珍译,国际文化出版公司1995年版,第71页。

看,现代公司特别是公众公司股权高度分散,股东对公司经营事务消极冷漠,导致事实上的股东会地位下降、权力虚化,公司权力向董事会逐渐转移和集中,最终使董事会在公司治理中的核心和枢纽地位水到渠成,因此各国公司法从股东会中心主义转采董事会中心主义。而有限公司或封闭性公司,股东人数较少、规模较小的公司,股权较为集中的公司更适宜实行股东会中心主义。

(二)对治理中心之辩的再思考

股东会中心主义以及董事会中心主义的争论意在厘定股东会与董事会之间的权力配置,明确公司经营的实际管理人。然而未等股东会中心主义与董事会中心主义之争达成普遍共识,在公司治理的实践中,经理已然逐步掌握公司经营管理的权力。董事会的定位及其职权发生了变化,经营管理公司的权力下沉至公司经理,而董事会则主要作为经理的监督者,具有监督经营者的权力。现代公司的治理模式进一步复杂化,公司治理应以哪一组织机构为中心这一问题愈发错综复杂。

实际上,不同公司治理模式各有所长,各有其短,没有尽善尽美的最佳治理模式,有的只是对投资者和公司最适合、最能满足其不同投资需求、不同股东与股权结构、不同价值取向和目标追求等的治理模式。在公司合同束理论中便有对法律当选择何种治理模式精辟的论断:“在作为合同联结体的公司里,并不存在所谓以股东为中心(所谓的股东中心主义)或者以经理为中心(所谓的经理中心主义)的层级序列。公司管理只不过是公司持续性合约反复不断的过程。”①我国亦有学者提出更为详尽的观点,不再进行“二选一”或“多选一”的非此即彼的选择,而是回应公司客观现实需求,赋予治理模式规范以法律的任意性,允许公司当事人根据自身需求和不同情况进行合意选择,不再为是选择股东会中心主义还是董事会中心主义流连取舍,最具立法智慧的最佳选择就是,让当事人自己选择公司治理模式。由此,公司的经营者权力分配将不再具有法律的强制性,公司法虽依然需要根据公司经营管理一般规律、以股东会或以董事会为权力中心作出统一的模式设计,并进行相应的职权分配,但如同其他公司法的任意性规范一样,此种规定理应作为指引性或倡导性的规则供公司选用,经营者权力将由不同公司基于其自身情况和需求在几个机构之间进行灵活配置和

① 罗培新:《股东会与董事会权力构造论:以合同为进路的分析》,载《政治与法律》2016年第2期。

调整,公司法预先设计的公司治理中心也将因公司自我配置和调整的力度和幅度而可能发生游移和更替。遵循这样的立法思路,公司法担当的将是任意性规范框架下公司治理合同范本或格式条款的制作者和提供者的角色。

四、新《公司法》规定解读与延伸问题

(一)新《公司法》的规定与解读

新《公司法》对董事会职权的规范如下。

第67条 有限责任公司设董事会,本法第七十五条另有规定的除外。

董事会行使下列职权:

(一)召集股东会会议,并向股东会报告工作;

(二)执行股东会的决议;

(三)决定公司的经营计划和投资方案;

(四)制订公司的利润分配方案和弥补亏损方案;

(五)制订公司增加或者减少注册资本以及发行公司债券的方案;

(六)制订公司合并、分立、解散或者变更公司形式的方案;

(七)决定公司内部管理机构的设置;

(八)决定聘任或者解聘公司经理及其报酬事项,并根据经理的提名决定聘任或者解聘公司副经理、财务负责人及其报酬事项;

(九)制定公司的基本管理制度;

(十)公司章程规定或者股东会授予的其他职权。

公司章程对董事会职权的限制不得对抗善意相对人。

第120条 股份有限公司设董事会,本法第一百二十八条另有规定的除外。

本法第六十七条、第六十八条第一款、第七十条、第七十一条的规定,适用于股份有限公司。

新《公司法》对公司治理理论和实践的回应是充分的。《关于〈中华人民共和国公司法(修订草案)〉的说明》明确提出“贯彻落实党中央关于完善中国特色现代企业制度的要求,深入总结我国公司制度创新实践经验,在公司组织机构设置方面赋予公司更大自主权”。《公司法(修订草案一审稿)》对董事会职

权采用概括的剩余权力分配模式，即董事会享有股东会职权以外的权力，董事会成为公司的经营决策中心，充分展示了说明中提出的"突出董事会在公司治理中的地位"的立法目的。《公司法（修订草案二审稿）》《公司法（修订草案三审稿）》虽然在条文设计上回归到原《公司法》的列举模式上，但进一步强化董事会独立地位和职权的目的还是体现了出来。

与原《公司法》的规定相比较，无论是在立法模式上还是职权内容上，《公司法（修订草案一审稿）》的变化当属最大，采用概括的剩余权力分配模式，强化董事会的独立地位，也正契合了董事会中心主义的基本特征。《公司法（修订草案二审稿）》恢复原《公司法》列举加兜底条款的规范模式，但保留了"公司章程对董事会权力的限制不得对抗善意相对人"的规定。

新《公司法》在董事会的职权规定上，基本延续了《公司法（修订草案二审稿）》及《公司法（修订草案三审稿）》的设计，对于新《公司法》在董事会职权规范上的改革可以概括为以下几方面。

1. 董事会的经营权得到扩张，独立地得到强化

股东会职权与董事会职权是紧密相关的，新《公司法》在股东会职权上相比原《公司法》进行了调整，删除了原《公司法》中规定的"决定公司经营方针和投资计划""审议批准公司的年度财务预算、决算方案"，意味着股东会在经营管理中的权力减弱，与之对应的是董事会在实际经营中的职权加强。决定公司经营、投资事务的职权属于董事会；对公司年度预算与决算方案的决定权，新《公司法》虽未明确规定，但也可以将其解释为董事会的职权。并且，在该规定中，删除了董事会对股东会负责的表述，更是直接强化了董事会的独立地位。

2. 董事会的监督职能得到强化

新《公司法》第 69 条规定，有限责任公司可以按照公司章程的规定在董事会中设置由董事组成的审计委员会，行使本法规定的监事会的职权，不设监事会和监事。第 121 条对股份有限公司也作出了相同的规定；第 137 条对上市公司董事审计委员会的特殊权力作出了规定。在这种任意性规范的安排下，公司监督的部分权力转移到了董事会，董事会的监督职能得到强化，同时新《公司法》对于股份有限公司董事会审计委员会运行规则，上市公司专门委员会的组成、职权等相关事项载入章程等规定皆表明了新《公司法》对于强化董事会监督职权的重视，使董事会的监督职能无论是在立法规范还是实践运行中都得到

丰富。

3. 董事会中心主义的方向体现更为明显

分析公司法修订是否采纳了董事会中心主义，不但要关注法律文本对董事会职权的直接规定，更要考虑整个立法的指导思想，从立法对股东会、董事会、监事会的整体安排和职权配置上系统考察，从董事会的设立、组成、职权、议事程序、法律责任等贯通考量。就本次公司法修订而言，在优化公司组织机构设置上，《关于〈中华人民共和国公司法（修订草案）〉的说明》中提到的两点值得重视，一是突出董事会在公司治理中的地位，二是采纳了国有独资公司、国有资本投资运营公司董事会建设实践，结合具体条文的安排，展示出立法时以董事会为治理中心的主线。公司组织机构规范中有大量对董事、董事会的规定，也凸显对董事会功能的重视和期待，尤其是从学理上分析，一般认为，股东会的权力来源于股东所有权，董事会的权力则来自法律法规和股东会及公司章程的授权。新《公司法》明确董事会职权包含“公司章程规定或者股东会授予的其他职权”，而且在后续的条文中也有具体的规定，如第 152 条规定，公司章程或者股东会可以授权董事会在 3 年内决定发行不超过已发行股份 50% 的股份。当然，《公司法（修订草案二审稿）》、《公司法（修订草案三审稿）》及新《公司法》在立法技术层面确实改变了《公司法（修订草案一审稿）》以概括的方式来规定董事会职权的做法。但从立法技术上比较上述条文，可理解为在条文表述上将整体授权改写为条文具体分项上的概括授权。无论如何，纵观本次《公司法》的修订，公司治理向着董事会中心主义的演化是显而易见的。

（二）延伸问题

1. 股东会授权董事会的边界

新《公司法》规定了股东会授予董事会的职权，那么股东会的授权行为是否存在边界，换言之，股东会的所有权力是否都可以授予董事会，如果答案是否定的，那么股东会的哪些权力可以被授予董事会，哪些权力是被排除在授权范畴之外？

对此，有学者认为，原则上股东会的授权行为不得破坏权力制衡理念下的权力配置基础结构，股东会的授权内容应与董事会职权密切相关，不可赋予与董事会之于公司经营机构的角色定位无关的权力。换言之，那些基于股东这一公司所有者身份取得的权力不得授予董事会，除此之外的经营者权力通常是可授予董事会的。[①] 我们赞同上述学者的观点。将股东会的权力进行类型化，区分所有者权力（或称基础性权力）以及经营者权力（非基础权力），其底层逻辑是以权力的行使是否会对股东利益产生直接的重大影响为标准的。对于后者，秉持尊重意思自治的原则应准许股东会授权予董事会；对于前者则考虑到对股东间形成有效意思自治的担忧，通常采用家长主义的立法，禁止股东会将该类职权授予董事会。

对应至新《公司法》关于股东会职权的具体规定中，哪些权力属于所有者权力，哪些权力属于经营者权力。我们认为，在新《公司法》第 59 条规定的 8 项股东会的法定职权中除决议债券发行权力外，其余通常应划入所有者权力的范畴，如增减公司资本，决定公司的合立分并等。当然，所有者权力与经营者权力的边界并非完全明晰的，甚至可能是不固定的，以决定公司对外转让财产的权力为例，它可能属于所有者权力也可能是经营者权力。申言之，对于公司重要财产的转让，或对公司全部或绝大多数财产的转让，将明显会对股东利益产生重大影响，则决定这些事项的权力当属所有者权力，而决定一般的财产转让的权力属于经营者权力。然而何为重大资产，绝大多数的比例又当如何认定，可能对于不同的公司，甚至是同一公司处于不同的市场环境下都可能有所不同，这便需要对个案单独进行判断。

另外，证监会颁布的《上市公司章程指引》，其中第 41 条罗列了股东会不可授予董事会的职权清单，可作为判断股东会授权董事会边界的参考。

2. 部分股东会权力应直接归属于董事会

我们认为公司法未来的改革还可以通过进一步规定，将股东会的部分法定职权直接规定由董事会行使：

其一，将公司的利润分配及其他类分配事项的职权调整至董事会。“分配”可区分为广义分配和狭义分配。狭义分配仅指利润分配，如我国原《公司法》第 166 条即仅适用于利润分配情形。广义分配则涵盖公司为股东利益将货币或者其他财产对公司股东的直接或间接的转让，或者承担债务的行为，亦有学者称

---

① 参见曹兴权、黄超颖：《股东会授权董事会的底线：权利配置基础结构维持原则》，载《财经法学》2017 年第 3 期；蒋大兴、薛前强：《股东大会授权董事会的法理分析——基于理论与实践的双重解读》，载《投资者》2018 年第 3 期。

之为“大分配”模式。[①] 由于在前述类型视角之下，利润分配和其他类似行为虽然能产生同样的法律效果，但受到不同强度的规制，导致各类资本交易之间呈现出“木桶效应”。有学者指出，我国原《公司法》上的分配制度包括抽逃出资、利润分配、股份回购、减资等四项，但各规则缺乏统一的标准，难以进行联动的体系化解释。[②] 这种区分规制的方式人为割裂了本属同质的交易行为，导致了对股份回购等情形的过分限制，以及对实质相同的交易适用不同法律规则的不公平后果。[③] 在前述类型基础上，新《公司法》新引入了财务资助规则，成为广义分配规则可能适用的又一类型。

公司分配关涉多元主体的利益，既包括个体层面的公司利益、股东利益（包括大股东和中小股东）、债权人利益等，也包括整体层面的团体利益、社会利益、公共利益、国家利益等。就公司治理而言，分配决定权的归属主要取决于公司利益和股东利益之间的权衡。例如，就作为狭义分配的利润分配事项，对于公司而言，利润分配关系到其清偿能力、商业经营、企业维持等因素，本质上属于一项商事裁量事项。在我国《公司法》开宗明义确立了公司、股东、债权人的差序保护格局的情况下，公司作为《公司法》首先保护的利益主体，相较于异质化利益诉求的股东，董事更能够代表和维护公司利益。进一步而言，利润分配作为商事裁量事项，由作为经营管理机构的董事会决定更符合董事会的商事判断能力和信息优势，股东会显然不适合作此判断。

其二，将决定发行公司债券的权力直接划定为董事会职权。从公司债券的性质来看，其构成发行公司与债券持有人之间的金钱债务关系，并无争议。与股权融资相比，债券持有人不参与公司经营，但公司债券具有团体性和长期性，在公开募集时还具有涉众性，与股份发行相类似。除了前述规模上的相似性，近年来以夹层融资、类别股等为代表的股债融合工具发展趋势明显。[④] 尽管如此，非债券类的债权融资通常经由董事会甚至经理层决策即可实现，同属于债权融资的公司债券由股东会决策，并未实现同等对待，并且债券发行通常需要

---

① 参见刘燕：《“对赌协议”的裁判路径及政策选择——基于 PE/VC 与公司对赌场景的分析》，载《法学研究》2020 年第 2 期。

② 参见王军：《抽逃出资规则及公司分配制度的系统性改造》，载《法学研究》2021 年第 5 期。

③ 参见孔令政：《公司分配法律制度研究》，法律出版社 2021 年版，第 56 页。

④ 参见李安安：《股债融合论：公司法贯通式改革的一个解释框架》，载《环球法律评论》2019 年第 4 期。

从公司现状、市场利率或者证券市场等方面进行综合考虑,判断作为公司的资金筹措手段,发行公司债券是否合适,接下来还必须决定公司债的总额、债券的券面金额、利率、发行价格、发行形态、偿还期限等等,[①]关涉事项众多。其本质上属于商事裁量事项,归于董事会显然更具效率和信息优势。面对稍纵即逝的商业契机,要求董事会将债券发行决定付诸股东会表决,无疑将牺牲公司的融资效率。

① [日]近藤光男:《最新日本公司法》,梁爽译,法律出版社2016年版,第369页。

专题十九 监事会与董事会审计委员会的选设

一、新《公司法》修改的主要内容

我国原《公司法》监督制度的运行效果不尽如人意，作为专门监督机构的监事会和肩负监督使命的上市公司独立董事均难完全有效实现立法目的。如何再造和重构公司监督制度广为公司法学界所关注，也被视为此次公司法修改的重要内容。然则，脱离了经营管理的监督权难免被边缘化，公司内部监督力量面临着固有的弱势地位制约，殊难与决策者权力相抗衡，在我国公司控制股东主导的公司治理语境下更加明显。对股东会、董事会、监事会近乎“三位一体”的存在，法律上预设的分权制衡模式难免流于纸上。对此，学者或主张强化监事会职权，①或主张取消监事会并将董事会改造成公司唯一监督机构，②或主张同时强化监事会和独立董事为核心的两种监督模式并赋予上市公司选择权，③或主张发展多元化的监督体系，④虽观点各异，但均对公司法上监督机制的实际效用持消极评价。

面对公司法监督制度的系统困境，新《公司法》对公司监督机制进行了大刀阔斧的改革。其中最为重大的制度创新，在于基于单层制改革引入了董事会审计委员会以改进公司监督机制。具体而言，新《公司法》授权有限责任公司以及股份有限公司在董事会中设置审计委员会，审计委员会履行监事会职权，进而公司只得在审计委员会与监事会中进行“二选一”。同时，在审计委员会的人员

---

① 参见施天涛：《让监事会的腰杆硬起来——关于强化我国监事会制度功能的随想》，载《中国法律评论》2020 年第 3 期。

② 参见傅穹、曹理：《公司治理模式：全球一体化与中国本土化的相互渗透》，载《国家检察官学院学报》2012 年第 1 期。

③ 参见高旭军：《对我国上市公司“双核心监督机制”的反思》，载《东方法学》2016 年第 2 期。

④ 参见蔡伟：《公司内部监督责任体系的困境——基于对监事的再考察》，载《中外法学》2018 年第 6 期。

组成条件上对有限责任公司、股份有限公司进行差序规范，与有限责任公司相比，规定了股份有限公司的审计委员会须有 3 名以上成员，且过半数成员不得在公司中担任除董事以外的其他职务，不得与公司存在任何可能影响其独立客观判断的关系。

二、本次修改的现实依据

（一）原《公司法》中的监事会制度

对于监督机构设置，原《公司法》采取了平行双层制结构，即股东作为权力机构选任公司董事及监事，董事会（董事）主要负责经营决策，监事会（监事）主要负责监督公司董事及高级管理人员的工作，并且未在公司法规定的几种公司类型中进行区别规范，而是在不同公司类型中皆推行双层制，以监事会（监事）作为公司唯一监督机构。

（二）失灵的监事会监督机制

从我国公司治理的实践来看，我国的原公司监督制度无疑不尽如人意。无论是有限公司内部的股东欺压，还是上市公司爆发的财务丑闻，抑或公司高级管理人员的渎职侵占，在各种公司治理的法律事件中都难觅公司监事会的踪迹，极少看到监事会在维权揭弊等监督职能方面的作为。

诚然，原《公司法》监事会制度在理论逻辑层面看似是完备的，但却不能适应中国公司治理的现实，没能回应实践中存在的问题。原《公司法》的监事会制度暴露出了以下问题：其一，监事会独立性的缺失。中国公司的股权结构不论是股份有限公司或是有限责任公司都是偏向于集中的，控股股东的行为侵害公司以及中小股东的利益是公司治理所面临的主要现实问题。在原《公司法》下，公司的监事通常由股东会借由资本多数决选举产生，因而监事会成员的选任通常由控股股东掌控，受制于与控股股东的监督者当然无法有效地监督这一公司的控制者。其二，监事能力的欠缺。公司监督最主要的当属财务监督，公司关系中的三大利益冲突往往也集中体现在公司财务领域。[1]我国原《公司法》规定监事会的第一项法定职责即为检查公司财务，对经营事

① 参见赵大伟：《监事会监督方式变革论》，载《当代法学》2017 年第 2 期；Lieder & Jan, *The German supervisory board on its way to professionalism*, 11 German Law Journal 115, 122 (2010).

项的监督也往往需要通过财务监督来实现，上市公司信息公开的主要内容为财务信息，虚假陈述、内幕交易、操纵市场等违法行为通常也表现为财务行为的违法或借助财务手段实施，故而，监事会作为公司监督机构应具有专业性，它必须由具有财务会计知识的专业人员组成，而原《公司法》并未作出相关规定。其三，缺乏对监事有效的考核与激励机制。除信义义务作为约束外监事实际缺乏认真履职的激励，并且由于缺乏考核机制，唯有当因公司监督失灵引发重大公司治理事故时才得以发现监事的工作存在纰漏。其四，监事会的地位低下，难以获取履职所需信息。这是监事会在因缺失独立性，缺乏履职能力以及适当激励而致使履职不力，在公司治理中无所作为后极易陷入的“死局”。至少在我国公司法下，监事会并不介入公司董事及其他高级管理人员的经营行为，因此监事会履职有赖于通畅的信息渠道——通常是董事、高级管理人员就经营状况对监事进行汇报，但囿于种种原因而履职不力，监事会在公司内便容易沦为“摆设”，以致在公司中地位低下，进而便很难期待董事会向监事会主动、及时、准确地汇报监事会履职所需的相关经营信息，监事会也难以履行监督职权，循环往复，监事会在公司治理中便会越来越被边缘化。①

诚然，自我国首次建立监事会制度至今的公司治理实践已经证明，监事会这一立法创制的监督机构无法胜任公司监督的职责，这一从欧陆和日本公司法中移植的公司监督制度不仅在其本土如日本、德国等历经失败，在中国实践中更是水土不服，与中国的公司治理先天不合，对监事会制度进行改良式的改革已经无济于事，需要的是革命性的变革。监事会的名不副实不只造成公司治理成本的浪费，更产生公司监督已万事大吉的假象和麻痹效应，进而挤占了法定的监督位置，堵塞了其他监督机制的引入。因此，对既有监督制度进行小修小补可能不足以真正发挥公司监督之实效，彻底取消监事会或者作为过渡性的措施将其只作为任意性的机构让公司自主选择，也许是中国公司治理成功改革的重要突破口和明智选择。

① 参见郭雳：《中国式监事会：安于何处，去向何方？——国际比较视野下的再审思》，载《比较法研究》2016 年第 2 期。

三、监事会与审计委员会选设的理论阐释

(一)审计委员会制度概述

美国的公司治理体系被称作单层制,单层制下的公司组织机构由股东会、董事会、经理三机构组成,其基本理念在于股东通过股东会选举董事会,并授予董事会聘用、解雇、评估和监督管理者(经营者)的权力,股东由此退居幕后,成为真正的"剩余索取者"。

审计委员会是单层制公司治理体系的标志。在董事会内部设置专门委员会是为了提高董事会效率,保障董事会决策的客观性,但公司设置何种委员会完全是公司自律行为,根据公司章程而定。《美国示范公司法》第8.25节之规定,除该法、公司章程或内部细则另有规定外,董事会可以设立一个或多个委员会,并指定一名或多名董事会成员服务于任何委员会;在董事会或者公司章程或者内部细则规定的范围内,每个专门委员会都有权行使董事会权力。与此同时,监督义务被视为董事勤勉义务的重要组成部分,监督职权可在董事会内部进行自主分配。① 美国各州的法律并不要求设立审计委员会,对于董事会的规模、董事资格、"独立性"也通常不做硬性要求,而留给私人来决定。②

不过对于公众公司,审计委员会的设置规范则展现出明显的强制性色彩:美国于2002年7月颁布了《萨班斯—奥克斯利法》(Sarbanes-Oxley Act),以突出董事会的监督职能,强化公众公司的财务监督。该法第301条规定了审计委员会的设立、独立性要求和主要职责。依照该法,上市公司应在董事会内设置审计委员会,审计委员会所有成员必须是独立董事,独立董事的"独立性"被定义为,董事不能"(1)接受发行人的任何咨询、顾问或其他薪酬或(2)成为发行人或其任何子公司的关联人"③。审计委员会的职权主要集中于财务会计领域的监督,包括:(1)负责聘请注册的会计师事务所,决定其报酬,监督其工作;

---

① See Melvin Eisenberg, *The Duty of Care of Corporate Directors and Officers*, 51 University of Pittsburgh Law Review 945, 951 - 952(1990).

② 参见[美]斯蒂芬·M.班布里奇:《金融危机后的公司治理》,罗培新等译,上海人民出版社2021年版,第73页。

③ [美]斯蒂芬·M.班布里奇:《金融危机后的公司治理》,罗培新等译,上海人民出版社2021年版,第77页。

(2)受聘的会计师事务所直接向审计委员会报告;(3)接受、保留和处理有关会计、内部会计控制、审计方面的投诉;(4)聘请独立的法律顾问或其他咨询顾问。这样的职权设计与美国发达的证券市场相契合,美国公司对于公司管理者的监督主要通过自动运行的外在的市场监督,通过市场对于正确信息的反馈,由市场评估管理者的业绩。对应审计委员会的职权配置,审计委员会中需至少有一名“财务专家”,所谓“财务专家”,便是有能力审查财务会计报表的自然人。

除联邦法律外,证券交易所的上市公司治理规则也是规范上市公司治理法律的重要渊源,如《纽约交易所上市公司手册》以及《纳斯达克规则》,在这些自律性组织的规范中,审计委员会为专门委员会制度中的一环,专门委员会制度通常要求公司内设三委员会,各委员会各司其职,由审计委员会负责监督公司的管理者(主要也是进行财务会计层面的监督);薪酬委员会决定公司高级管理人员的薪酬;提名委员会负责高级管理人员的聘任或解聘工作,虽然具体职权不同,但设置三委员会的根本目的皆是监督管理者。为防止审计委员会成员受制于公司的管理者,审计委员会成员均应为独立董事,对其的“独立性”要求为并非公司的雇员且与公司不存在任何可能影响其作出独立判断的关系,该标准对比《萨班斯—奥克斯利法》中独立董事的独立性标准更为严格。

在上述专门委员会制度中,审计委员会可能是最被寄予厚望的。受到联邦法律的影响,证券交易所的自治规范对于审计委员会的规制相比提名以及薪酬委员会更为严格,例如拥有控股股东的上市公司,可以豁免于设置提名委员会以及薪酬委员会,但审计委员会的设置并无任何豁免事由,并且对审计委员会的人员组成、职权以及履职都有着更为详尽且严格的规定。

美国的公司治理机制在世界范围内所获评价颇高,甚至一度被国际货币基金组织以及世界银行奉为公司治理演进的“显而易见的终点”。《萨班斯—奥克斯利法》在国际上也有广泛的影响力,在国际治理规则中广泛要求设置审计委员会,世界各国的公司法在制定或修改其公司监督机制时,也常常参考或直接照搬美国公司法上的董事会审计委员会制度。

(二)监事会制度概述

德国是典型的实行双层制治理结构的国家。双层制最大的特点在于设置了独立于董事会的监事会,而单层制的治理结构并未规定监事会。

德国监事会是特定公司的必设机构,如所有的股份有限公司或者拥有 500

名以上或2000名以上职工的有限责任公司。监事会为会议制机构,必须至少拥有3名成员,其成员构成受到职工共同决定理念的影响,在股份有限公司以及拥有500名以上2000名以下职工的有限责任公司中:监事会由三分之二的股东代表和三分之一的职工代表组成,如果职工人数超过2000名则监事会内须有相同数量的职工代表以及股东代表,至于500人以下的小型股份有限公司,对其监事会并无须有特定数量职工代表的要求。

相比于美国的董事会,德国监事会的监督职权在内容上更丰富,职权范围更广泛。德国监事会的职权包括:选任董事会成员、决定董事报酬、董事竞业行为的同意、董事向公司贷款的同意、财务监督权及委托会计师和审计师、股东会召集权、特定经营事项的同意权、代表公司与董事交易、根据章程授权制定董事会业务规则、有权要求董事会提出报告、年终财务报告的确认、股东会决议的撤销诉权、结算盈余分期支付的同意权。① 其职权在监督事项上不但涵盖公司财务会计层面的监督,甚至包含对于董事行为形式上合法性乃至实质上合理性的审查;在时间轴上其监督贯穿董事经营行为的事前、事中与事后。鉴于此,德国监事会可谓不仅是历史事件和较简单事实情况的监督者,也是"预防性监督"或"伴随性及展望性监督"意义上的董事会机构顾问和对话者。② 另外,德国监事会也有法律赋予的权力来巩固其作为监督机构的地位,德国董事会的选任由监事会全权负责,其薪酬也由监事会确定,并且在特定情况下监事会还有权解任时任董事,可以说德国董事会本就受制于监事。除此以外,德国公司法虽然极力确保董事会经营行为的独立性,要求监事会不得对董事会的经营行为过多干预,换言之,监事会不得指示董事会如何作为,但是,监事会仍可以通过对特定事项的同意保留以阻却董事会实施特定措施。

上文提到了美国公司法中的审计委员会制度对其他国家公司法的制定与修改产生了广泛影响,德国便是其中的实例。德国近些年对监事会制度进行修改,无疑受到了美国审计委员会制度的影响,德国的立法者试图在不变更公司治理结构的前提下实现监事会制度与审计委员会制度的协调。2009年德国通

① 参见林一英:《公司监督机构的立法完善:超越单层制与双层制》,载《法学杂志》2022年第4期。

② 参见杨大可:《审计委员会能替代监事会吗?——兼论公司内部监督机构的应然职责》,载《中国政法大学学报》2022年第5期。

过《资产负债表现代化法案》,在《德国股份公司法》中引入审计委员会制度,新增审计委员会的职权与人员构成规范。[①] 与美国公司法上的审计委员会不同,该法中规定的审计委员会是监事会的内设机构而非美国公司法上的董事会的内设机构,质言之,德国并未照搬美国公司法上的审计委员会制度,而是作为借鉴、参考,以此对本国已有的监督机制进行改造。《德国股份公司法》规定监事会可以根据自身需要选择设置监事会专门委员会,但在专门委员会中特别推荐设置审计委员会,另外规定审计委员会职权为对以下事项实施监督,包括财会程序、内部控制机制、风险管理体系、内部审计制度的有效性;决算审计,特别是审计人员的独立性以及审计人员额外产生的款项。不过根据德国学者的观点,审计委员会的核心职权在于为全体监事履行审计义务进行必要的准备工作并就是否批准年度决算作出决定,再者就是处理半年度报告和季度财务报告。[②] 可见德国公司法体系中的审计委员会的定位为监事会履行财务会计层面监督的帮手。借鉴美国的独立董事制度,德国上市公司监事会设置审计委员会的,审计委员会中应有独立监事,其独立标准与美国证券交易所中独立董事的独立标准类似,为不与公司以及董事会存在商业或人身关系而影响其独立、客观的判断。

(三)监事会模式与审计委员会模式的比较与选择

从上文对于审计委员会制度以及监事会制度的阐述,不难发现,一方面,美国的公司董事会正在逐渐从经营权力机构过渡至监督机构。这种监督职能与经营职能分立的趋势无疑显现出双层制的"身影"。另一方面,德国的监事会也通过借鉴单层制中的专门委员会制度以及独立董事制度以进一步增强自身独立性以及履职能力。推行双层制的国家(地区)与推行单层制的国家(地区)的立法者在互相学习借鉴以完善自身,这证明了两种制度皆有其可取之处。

实际上两种制度都有其独有的价值,并无优劣之分。一方面,审计委员会为董事会内设机构,而监事会在形式上则完全独立于董事会。审计委员会必然

---

① 参见洪秀芬:《德国股份公司单轨制及双轨制之建构》,载《月旦法学》2016 年第 11 期。

② 参见杨大可:《审计委员会能替代监事会吗? ——兼论公司内部监督机构的应然职责》,载《中国政法大学学报》2022 年第 5 期。

比监事会独立性弱,便也更容易受到经营机构的影响而难以对公司的经营状况作出客观的评价。但另一方面,监督者参与公司经营也意味着监督者更熟悉公司的经营情况,这保障了监督行为所需的必要信息。同时,监督者也更可能对公司的经营产生事前的实质影响,防患于未然。这也为监督者的监督不限于合法监督而延伸至实质上的合理监督提供了可能性。相比之下,监事会履行监督职能有赖于通畅的获取经营信息渠道,其监督主要为事中、事后监督以及合法性监督。虽然在德国监事会依照"同意保留"制度得以影响公司董事会决议,但这也仅限于章程中所规定的特定事项,法律明确禁止了监事会笼统地对大量经营决策事项设定同意保留。因此难以评价单层制审计委员会制度与双层制监事会制度孰优孰劣。正如《OECD 公司治理原则》指出的,良好的公司治理模式并非唯一。于是,将双层制与单层制两种模式兼收并蓄,选择何种监督模式的权力再交予公司、交予市场,将会是一种精巧的设计。

早期《日本公司法》采用的是同我国原《公司法》相同的平行双层制模式,公司组织机构由股东、董事会与监事会构成,公司股东会选举监事组成监事会作为公司监督权力机构,选举董事组成董事会作为公司经营权力机构。2002 年,在全球化竞争压力之下,由于外国投资者的增加,同时为增强公司治理的弹性,日本尝试引入董事会专门委员会制度以及独立董事制度,并允许设立三委员会监督公司,让公司在监事会制度与专门委员会制度间进行选择。但专门委员会制度与日本的文化、商业习惯等契合度差,在实践中的表现不甚理想。对此,2014 年《日本公司法》对专门委员会制度进行本土化改良,允许设立监查委员会等监督公司,同时降低了独立董事的比例。归因于 2014 年的改革,监查委员会(审计委员会)制度被越来越多的日本上市公司选用。此外,我国台湾地区有观点认为,单层制是国际趋势,并在于 2006 年修改的"证券交易法"中引入董事会审计委员会制度,授权上市公司在审计委员会与监事会中择一设置,通过行政命令逐步扩大上市、上柜公司设置独立董事和审计委员会的范围。①

① 参见林一英:《公司监督机构的立法完善:超越单层制与双层制》,载《法学杂志》2022 年第 4 期。

四、新《公司法》规定解读与延伸问题

(一)新《公司法》的规定与解读

新《公司法》中监事会制度与审计会委员会制度规范如下。

第69条 有限责任公司可以按照公司章程的规定在董事会中设置由董事组成的审计委员会,行使本法规定的监事会的职权,不设监事会或者监事。公司董事会成员中的职工代表可以成为审计委员会成员。

第121条 股份有限公司可以按照公司章程的规定在董事会中设置由董事组成的审计委员会,行使本法规定的监事会的职权,不设监事会或者监事。

审计委员会成员为三名以上,过半数成员不得在公司担任除董事以外的其他职务,且不得与公司存在任何可能影响其独立客观判断的关系。公司董事会成员中的职工代表可以成为审计委员会成员。

审计委员会作出决议,应当经审计委员会成员的过半数通过。

审计委员会决议的表决,应当一人一票。

审计委员会的议事方式和表决程序,除本法有规定的外,由公司章程规定。

公司可以按照公司章程的规定在董事会中设置其他委员会。

新《公司法》以两条法条分别规定了在股份有限公司以及有限责任公司中设置董事会审计委员会的相关事务。除审计委员会的人员组成外,二者规范内容差异不大。下文将对新《公司法》中的审计委员会制度予以阐释。

1. 关于审计委员会的设置:新《公司法》将审计委员会的设置定为任意性规范,规定有限责任公司、股份有限公司可以按照章程的规定在董事会中设置审计委员会。

2. 关于审计委员会的人员组成:新《公司法》对有限责任公司与股份有限公司的规范是存在差异的。对于前者,新《公司法》要求审计委员会成员为公司董事,至于后者,则进一步要求审计委员会成员须为3人以上,其中过半数成员不得在公司担任除董事以外的其他职务,且不得与公司存在任何可能影响其独立客观判断的关系。

新《公司法》对股份有限公司设置审计委员会提出了两项关于审计委员会人员组成方面的要求：一是在组织机构规模上要求审计委员会成员达到3人，如此规定的目的在于确保多方面的监督独立性；二是在具体成员构成上要求审计委员会过半数成员不得在公司担任除董事以外的其他职务，且不得与公司存在任何可能影响其独立客观判断的关系。由于审计委员会负责监督公司的内部控制体系，以确保资产得到妥善管理和保护，审计委员会的成员必须独立、客观，并不受其他职务的影响，以确保他们能够有效地履行这一职责。他们必须专注于内部控制的有效性，并提供独立的意见，以确保公司的资产受到适当的保护。因此，过半数的审计委员会成员不得担任除董事以外的其他职务，且不得与公司存在任何可能影响其独立客观判断的关系。内部控制是预防欺诈和不正当行为的重要手段，而审计委员会的存在有助于强化这一方面的监督。

3. 关于审计委员会成员的选任：审计委员会为董事内设专门委员会，审计委员会成员自然为公司董事，新《公司法》第69条直接规定了有限责任公司中董事会审计委员会由董事组成，对于股份有限公司，新《公司法》第121条虽未直接规定，但股份有限公司中董事会审计委员会成员为公司董事也是显而易见的。在法律没有特别规定的情况下，参照董事的选任，审计委员会成员的选任属于股东会权力，为股东会一般决议事项。

4. 关于审计委员会的职权：新《公司法》规定，有限责任公司与股份有限公司在董事会内设审计委员会的，审计委员会履行监事会的职权。在整个新《公司法》修订的过程中，对审计委员会的职权范畴是进行过一次较大幅度的调整的。早先在《公司法(修订草案一审稿)》中，有限责任公司以及股份有限公司审计委员会的职权被划定为对公司财务、会计进行监督，以及公司章程规定的其他职权，《公司法(修订草案二审稿)》则改为“行使本法规定的监事会”职权，此一规定一直被保留至新《公司法》当中。

对《公司法(修订草案一审稿)》中规定的审计委员会的职权，概括而言，除章定权力外为财务监督权，然而财务监督权不过是监事会具有的7项职权之一，除财务监督外，监事会还具有对于董事及高级管理人员损害公司利益行为的事中监督权、向股东会提出对存在违法及违反章程行为的董事或高级管理人员的罢免建议的权力、代表公司对实行损害公司利益行为的高级管理人员提起诉讼的权力、向股东会提出议案的权力，提议召开临时股东会并在董事会不作为时召集主持临时股东会的权利，以及公司章程授予的其他权力。可见，相比于《公司法(修订草案一审稿)》，新《公司法》拓宽了审计委员会的职权范围，使之与监事会等同。这一立法设计为新《公司法》通过授权公司在董事会审计委员会与监事会中间进行“二选一”，解决审计委员会与监事会职权冲突问题提供了先决条件。

5. 关于审计委员会与监事会的选设：对于同作为公司监督机构的审计委员会与监事会的关系是亟须明晰的，新《公司法》第 69 条与第 121 条所规定的审计委员会和监事会之间是否存在排他性的关系，即在公司选择设立审计委员会的情况下，是否还能够同时设立监事会或监事。单从法条文本来看，两规范重点强调有限责任公司与股份有限公司可以选择在董事会中设置审计委员会，而不设监事会或监事，上述问题的关键在于“不设监事会或监事”是否同样被涵盖入前文“可以”的范畴。我们认为，“不设监事会或监事”不在“可以”的范围之内，换言之，审计委员会与监事会的设置当是排他的，“公司设审计委员会的，不设监事会”当属强制性规范，这是基于避免职能交叉和矛盾的考量。在审计委员会与监事会职权一致的前提下，在二者间进行“二选一”而不存在同时设置审计委员会与监事会的“第三种”进路是应当的。

需要承认的是，我国新《公司法》无疑借鉴了《日本公司法》过去的改革与发展经验，通过引入英美法系单层制董事会的治理模式，并对美国的审计委员会制度及与之配套的独立董事制度进行本土化改造，最终让公司在董事会审计委员会与监事会之间进行选择。对于公司监督机制的改革，这无疑是一个精巧的设计，它至少具有如下几个方面的价值：其一，通过引入审计委员会制度，为公司“经营者”①对公司内部治理的结构性改革提供启示，一方面开拓了“经营者”的改革思路，另一方面也起到了公司治理示范文本的作用；②其二，通过赋权予“经营者”，让其在两种制度之间选择，而非“一刀切”强制选择某一种制度，减少了转型的成本与风险；其三，将选择适合我国的监督机制的任务交予市场，相比于“能力有限”的立法者的判断，更可能找到最适合我国公司的监督机制；

① 此处的经营者区别于经理，应主要指有权控制公司并能够对公司的治理结构产生影响的人。

② 参见平力群：《日本公司法与公司治理》，社会科学文献出版社 2021 年版，第 269 页。

其四,引入单层制有助于吸引外商投资,提高我国于全球化市场竞争中的地位。随着贸易壁垒的消失,商品市场、资本市场都已经迈向全球化,与之相伴的市场竞争也已经及于全球。市场竞争也是制度之间的竞争,对他国制度的借鉴学习通常是有益的,至少很难想象一个来自美国的投资者相比于应用自己熟悉的单层制治理结构的公司会更信任使用双层制治理结构的公司。

(二)延伸问题

1. 公司设审计委员会时特定规范前置程序的简化

公司设董事会审计委员会与公司设监事会的差异在于,公司内经营权力与监督权力是否发生分离。对于在董事会内设审计委员会的公司,其董事会既是公司经营权力机构,也是公司监督权力机构,公司组织机构由股东会、董事会、经理构成;至于选择监事会的公司,董事会仅为公司经营权力机构,监事会是公司监督权力机构,这也是我国原《公司法》中规定的公司组织机构模式。但是新《公司法》中的部分制度仍只是在公司监督机构以及公司经营机构相互独立的前提下进行设计的,未能考虑到设置审计委员会的公司监督机构与经营机构两位一体的特征。

譬如,新《公司法》第 63 条、第 114 条,关于在有限责任公司与股份有限公司中股东会召集主持的规范,规定股东自行召集主持股东会的,需满足两项程序上的前置条件:一是董事会不能履行或者不履行召集股东会会议职责,二是监事会不召集和主持股东会会议。若机械地认为审计委员会承接了监事会的所有职权,则在新《公司法》下,设审计委员会的公司股东若想自行召集主持股东会便需要先请求公司董事会再请求审计委员会,在董事会与审计委员会都不作为后,符合法定要求的股东才得以自行召集主持股东会。但是,审计委员会为董事会内部一专门委员会,在上述前置程序中要求股东分别请求董事会与审计委员会实无必要,上述规定显然使得股东自行召集主持股东会的前置程序冗余,应理解为只要董事会不能履行或不履行召集股东会会议职责,便满足了股东自行召集主持股东会的程序性的前置条件。

再如,根据新《公司法》第 189 条"股东代表诉讼"的规定,董事、高级管理人员执行职务违反法律、行政法规或者公司章程的规定,给公司造成损失的,符合法定条件的股东欲提起股东代表诉讼,须以向监事会请求,但监事会不作为或者拒绝为前置程序。若公司选择设审计委员会、不设监事会,则一旦董事、高级管理人员执行职务违反法律、行政法规或者公司章程的规定,给公司造成损失的,符合法定条件的股东便有权直接提起代表诉讼,而无须履行前置程序。

2. 审计委员会的监督标准——合法监督或合理监督

监事会作为专门监督机构的监督和审计委员会作为董事会专门委员会的监督在监督深度上是否存在差异,是值得关注的。各国公司法上监督制度的形塑,并非在于一朝一夕,而是公司治理实践和公司法立法之间多年互动的产物。譬如,在日本公司法上,内部监督制度历经1973年、1981年、1993年、2001年、2002年、2005年等多次改革。其中,1973年的监事制度修改将监事的职权从会计监督扩大到对董事一般职务的监督,后续多次修改则着力于监事的独立性、对董事会的报告义务等事项。在日本公司法上,监查委员会对职务执行行为的监督不仅要审查其合法性,也要审查其合理性,但监事会是否负担合理性监督则存在争议。日本学者通常认为,监事的监督仅审查合法性,而不审查合理性,这是监查委员会与监事会监督权之间的重大差异。[①] 也有日本学者认为,监事的监督不限于合法性的内容,肯定会涉及合理性乃至正当性的内容。[②] 尽管存在前述争议,但相较于监事会的监督权,董事会的监督权具有更加深入和全面的可能性。

依我国新《公司法》的规定,监事会的监督系合法性监督,在新《公司法》第78条所规定监事会的诸项监督职权中,其第2项所规定的对公司经营活动的监督,即对董事、高级管理人员执行职务时违反法律、行政法规、公司章程或者股东会决议的行为进行的监督,此时执行职务行为的不适当性体现在违反法律或者公司组织规则上,监事会的监督为合法性监督无疑;该条第3项规定了监事会纠正或者停止董事、高级管理人员侵害公司利益行为的监督权,此时由于侵害公司利益行为系对保护公司法律之违反,亦未超出合法性监督的范畴。

我们认为,如果公司舍监事会而设董事会审计委员会,此时审计委员会的监督深度除合法性监督外,还应当扩张至合理性监督。新《公司法》虽然对此未予以明确,但可基于以下理由而厘定。

---

① 参见[日]近藤光男:《最新日本公司法》,梁爽译,法律出版社2016年版,第290页。

② 参见[日]前田庸:《公司法入门》,王作全译,北京大学出版社2012年版,第378页

其一,基于审计委员会是董事会的内设机构,其成员具有董事身份,其参与公司决策,涉及决策的商事裁量,必然涉及合理性判断。譬如,在我国《公司法》所沿用的资本维持模式之下,董事会所进行的违法分配行为有明确的法律规则,监事会对此可以开展合法性监督。据此,新《公司法》第 211 条规定,公司违反规定向股东分配利润的,负有责任的董事、监事、高级管理人员应当承担赔偿责任。但是,在公司清偿能力模式之下,公司清偿能力的判断本质上系商事裁量事项,董事需要承担相应的裁量责任,但不应扩张至不负担商事裁量职能的监事会或监事上。董事会中的独立董事,一方面基于董事会成员身份参与董事会决策和业务执行,另一方面又承担着对董事会进行自我监督的职责。这与监事会的监督不同,监事会并不参与公司的经营决策和业务执行,系专门负担监督职责的公司机构。由此,审计委员会的监督显然具有更加缜密和深入的可能性。

其二,事实上,监督本身与管理难以区分,董事会对高级管理人员的绩效监督也可以被描述为管理公司的行为,参与管理也使得董事更为知情,管理和监督不可避免地交织在一起。采取董事会和监事会的双层设置时,由于执行机构和监督机构的主体区分,这种差别尚且明显。对于合并了监督职权之后的集权式董事会,监督与管理通常一体呈现,难以区分。比如,在进行关联交易的决策过程中,同时也负担着对关联交易公允性的监督。基于董事监督义务和风险管理体制的构筑义务等,无论是代表董事抑或一般董事,均肩负着监督其他董事的行为是否遵守法律、公司章程并且合规的义务,使得参与管理和监督的边界更趋于模糊。

其三,权力配置涉及责任承担问题。监事会不负担商事决策职能,不负担合理性监督之义务,亦无须承担由此而生之责任。审计委员会的董事则不然,其违反合理性监督义务时,在故意或重大过失时不免存在承担责任之空间。譬如,在证监会新制定的《上市公司独立董事规则》中,独立董事的职权包括重大关联交易的认可权,对董事和高管薪酬、重大关联借款和资金往来发表独立意见的权利等。由于关联交易本身关涉合法性和公允性等面向,这些监督职权本身并不限于合法性层面,已经扩充至合理性范畴,故而,审计委员会的监督及于合理性层面,亦是权责一致的要求。

专题二十 经理的职权

一、新《公司法》修改的主要内容

经理,通常是指由董事会聘任的、负责公司日常经营管理活动的常设或业务执行机构。与股东会、董事会、监事会不同,经理并非会议形式的组织机构,其行为不需要通过会议以多数决原则形成意志和决议,而是以担任总经理的高级管理者的最终意志为准。虽然公司也设副总经理,但副总经理只是由总经理提名协助其工作的辅助人员。①

本次新《公司法》相比原《公司法》对经理职权的相关规范在立法模式上进行了修改。原《公司法》第 49 条采取的是列举式的立法模式,一一列明经理享有的 8 项职权;新《公司法》第 74 条则采用的是概括式的立法模式,仅对经理职权的内容作出概括性规定。对于经理职权规定的表述上,原《公司法》第 49 条列举的经理的 7 项具体法定职权未被新《公司法》保留,仅保留了“经理列席董事会会议”的规定。

二、本次修改的现实依据

(一)我国经理制度的沿革

经理制度在我国有着深厚的实践基础。早在 1988 年实行的《全民所有制工业企业法》中明确规定了全民所有制企业实行厂长(经理)负责制,由厂长(经理)领导企业的生产经营管理工作。《全民所有制工业企业法》中的厂长(经理)制度影响了我国后续《公司法》的制定,从某种程度上说,我国《公司法》中的经理制是《全民所有制工业企业法》中厂长(经理)角色在公司法中的延续。②

---

① 参见赵旭东主编:《公司法学》,高等教育出版社 2015 年版,第 306 页。

② 参见徐凌云、汤海庆:《现代公司经理人的法律地位》,载《人民司法》2004 年第 6 期。

1993 年,我国颁布了第一部《公司法》,其中第 50 条、第 119 条规定了有限责任公司以及股份有限公司设经理,并以列举加兜底条款的形式规定了 8 项经理具有的职权,包括:(1)主持公司的生产经营管理工作,组织实施董事会决议;(2)组织实施公司年度经营计划和投资方案;(3)拟订公司内部管理机构设置方案;(4)拟订公司的基本管理制度;(5)制定公司的具体规章;(6)提请聘任或者解聘公司副经理、财务负责人;(7)聘任或者解聘除应由董事会聘任或者解聘以外的负责管理人员;(8)公司章程和董事会授予的其他职权。可见,1993 年《公司法》继受了《全民所有制工业企业法》中的经理概念,以强制性规范要求有限责任公司以及股份有限公司设置经理。至于经理职权,若按照权力来源进行划分,包含 7 项由法律规定的法定职权,由章程规定的章定职权以及由董事会授予的授予职权。在强制性与任意性规范的定性上,前述法定职权为强制性规范,章定与授予职权为任意性规范。在职权范围上,1993《公司法》对《全民所有制工业企业法》中的规定有所限缩,经理不再全权负责企业的经营管理。公司经营管理职权被划分为决策权以及执行权,经理的职权主要被锚定为后者。

2005 年《公司法》对经理的设置与职权进行了较大幅度的调整。首先,2005 年《公司法》将关于有限责任公司设置经理的规范由强制性规范修改为任意性规范,对股份有限责任公司设置经理的规范未作调整,仍为强制性规范。其次,对于经理职权的规定,删除了 1993 年《公司法》中"公司章程授予的其他职权"的规定,并新增一款——"公司章程对经理职权另有规定的,从其规定",由此,整个关于经理职权的规范都为任意性规范。此后,至本次修法才对经理职权范围作出调整,但未对经理的设置规范进行调整。

(二)对于原《公司法》的评价——以列举形式规定经理职权存在弊端

在立法模式上,原《公司法》以列举的形式规定经理职权无疑是想通过列举式的精细化立法,提升作为任意性规范的经理职权规范对于公司的指引作用。但是,归因于经理的职权内容——执行公司日常经营事务中作为执行的对象的公司日常事务的复杂性以及发展性,此种立法模式导致了理论和实践适用中的两点疏漏。

其一,归因于公司日常经营事务的复杂性,要想准确把握公司经营事务的内涵和外延是十分困难的,精细化的列举式立法容易出现职权划分边界不清的现象。譬如在原《公司法》中所规定经理职权包括的"主持生产经营管理工作"

与"组织实施年度经营计划"、"拟定公司基本管理制度"与"制定公司具体规章"两组表达在含义上便显得纠缠不清,相互杂糅的定义会有损商事实践中对该条的应用价值,难以实现降低股东间缔约成本以及填补合同疏漏的功能。

其二,列举式的精细化立法欠缺灵活性。公司日常经营事务的外延极其宽泛,并且还会随着商业实践发展而不断扩张,法律的稳定性决定着其难以应对本就复杂且持续发展的商业实践,容易出现法律规定与现实相脱节的情况。另外,虽然公司章程可以另行规定的方式排除该条的适用,但实践中大多数公司章程基于成本考量更倾向于照搬公司法内容,仅在产生纠纷时对该条文的内涵进行有利于自身利益的解释,使得该条文成为当事人逃避责任的方式。

三、经理职权的理论阐释

(一)经理多元化的定位

有关经理的性质与法律定位,学界对其的研究成果可谓卷帙浩繁,若总结梳理,观点大致可以归为以下几类。

其一是"雇员说"。此定性主要侧重经理与公司之间的劳动和雇佣关系,即认为经理属于公司雇员,若进一步细分,有观点认为经理属于公司的雇员、高级雇员或高级职员;[①]亦有观点认为经理是公司的高级管理人员。[②] 我国《公司法》便将经理置于高级管理人员的定位,包括经理在内的所有高级管理人员都是以与所任职公司的雇佣或劳动关系为基础而获任高级职位的。

其二是"商事辅助人说"。该观点认为经理为商法上的商业使用人或商事辅助人,即从属于商事主体,接受商事主体委任或雇佣,辅助其从事商事经营活动的人,公司为商事主体。[③] 所谓商事主体,是指以自己的名义实施商行为并能够独立享有和承担民事权利义务的人。而商事辅助人,又称商业辅助人、商业

---

① 参见江平主编:《新编公司法教程》,法律出版社 2003 年版,第 146 页;雷兴虎主编:《公司法新论》,中国法制出版社 2003 年版,第 137 页;史际春等:《企业和公司法》,中国人民大学出版社 2001 年版,第 238 页。

② 参见范健、蒋大兴:《公司法论》,南京大学出版社 1997 年版,第 569 页;李建伟:《公司制度、公司治理与公司管理:法律在公司管理中的地位与作用》,人民法院出版社 2005 年版,第 188 页;吴伟央:《经理地位异化的〈公司法〉因应》,载《法治研究》2007 年第 11 期。

③ 参见赵万一主编:《商法》,高等教育出版社 2007 年版,第 34 页;赵中孚主编:《商法总论》,中国人民大学出版社 2009 年版,第 139 页。

使用人,是指基于委任或雇佣合同关系而从属于商事主体以辅助其营业的人,经理便属于商事辅助人。该学说主要强调经理作为商事辅助人不具备独立的商事主体资格,在进行商行为时,其人格被作为商事主体的公司吸收。

其三是"机构说"。该学说认为公司经理为公司内部一独立组织机构,与股东会、董事会、监事会等并列,为公司的执行机构。①

其四是"机构辅助者说"。该学说认为经理是董事会执行业务的辅助者或者是辅助的业务执行机构,②即经理由董事会聘任、负责组织日常经营管理活动,是董事会这一执行机构的辅助机构。对经理是属于独立业务执行机构还是附属于董事会的执行辅助人素有争议,对此下文也会进行更为详尽的论述。

其五是"代理说"。经理是公司的代理人,即由商人所聘任的营业活动的全权代理人。③ 该学说实际上将公司与经理之间的关系定性为委托代理的合同关系,而合同关系以意思自治为基本原则。经理若是公司的代理人,则经理的设置乃至其职权都可为公司意思所调整,换言之,经理的设置规范与职权规范皆应属于任意性规范。

虽然学界对于经理的法律性质与地位的观点不尽相同,但其中多数观点并不冲突,它们不过是在不同法律关系中对经理所做的观察,只是视角与侧重不同。经理的性质具有多元属性,对此,有学者曾指出:"经理是同时处在多元法律关系中的主体,其地位表现出了多元的特性。"④

(二)独立业务执行机构或是执行辅助人

经理是否为公司内部的相对独立组织机构?这是公司法要想完善经理制度亟须阐明的经理最重要的定性,对此议题,国内学界已经争论许久,肯定说认为经理作为公司事务的执行机构,应当属于公司组织机构的一环;而否定说则认为,业务执行属于董事会的职权,经理系由董事会选任的董事会之助手,在公司内不具有独立的机构地位,而是依附于董事会。经营决策由董事会以会议决

① 参见赵旭东主编:《公司法学》(第4版),高等教育出版社2015年版,第306页;韩长印、吴泽勇:《公司业务执行权之主体归属——兼论公司经理的法律地位》,载《法学研究》1999年第4期;周友苏:《新公司法论》,法律出版社2006年版,第340页。

② 顾功耘主编:《公司法》,北京大学出版社2004年版,第182页。

③ 参见施天涛:《商法学》,法律出版社2004年版,第197页;叶乃杰、吕晓杰:《公司经理是公司机关吗——对公司经理法律地位的再思考》,载《河北法学》2002年第S1期。

④ 王保树、钱玉林:《经理法律地位之比较研究》,载《法学评论》2002年第2期

议方式决定,而执行具体业务的职权则往往授予董事或兼职董事。经理通常不被视为公司组织机构,或者虽被视为公司组织机构但仅为公司业务执行机构的辅助者,不认其为独立的业务执行机构。① 可见,在公司法上,经理是否属于公司的业务执行机构,甚至是否属于公司内独立的组织机构之一,都是极具争议的。

若想厘清经理是否构成公司内独立的组织机构,首先便要明确某一公司机构可以构成公司独立组织机构的标准。换言之,要明确公司机构的哪一个或哪一类特质得以使其被认定为公司内独立的组织机构。公司内组织机构分化为股东会、董事会或监事会的实质在于分权。传统公司法将投资者对于公司的权力大体一分为三:一是撷取投资红利以及就特定重大事项予以表决的股东权力,二是负责公司日常经营的权力,三是监督经营者的权力。三项权力范畴互不重叠,各自且皆有其独立价值。进而三类权力便依次化为双层制治理结构中的股东会、董事会与监事会,或是单层制结构中的股东会、董事会。由此看来,判断经理能否作为公司内独立机构的关键在于经理是否有专属于其的职权。

对此问题的回答应当是肯定的,原因在于:首先,域外的实践已经表明,公司权力已经发生了进一步的下沉,董事对公司事务的经营管理的权力已经日渐转移给经理,经理负责公司日常经营不是由法律授权,而是来自商业实践,正如前文艾森伯格教授所言,经理主导公司经营管理的地位是归因于现代公司董事会制度自身的局限性;其次,在中国公司经营现实中,原先属于董事会的对公司的经营管理职权已然分化为经营决策的权力以及实际经营,执行业务的权力,并且实际经营的权力已经下沉至经理。对此,有学者主张:"公司业务执行权从经营决策权中独立出去并为经理人所拥有,乃现今公司治理的一个显然事实,公司立法应做的事情是积极承认这一事实而不能掩耳盗铃,否则会造成公司法与实际运行之间差距的进一步扩大。"②公司法作为一门应用科学,天生具有贴

① 参见韩长印、吴泽勇:《公司业务执行权之主体归属——兼论公司经理的法律地位》,载《法学研究》1999 年第 4 期。

② 李建伟:《公司制度、公司治理与公司管理:法律在公司管理中的地位与作用》,人民法院出版社 2005 年版,第 203 页。

近生活、解释实践的内在品性,[①]于现实中负责处理日常经营事务的经理当然应当为公司内独立的执行机构。

(三)经理的职权——对业务执行的解释

作为公司的业务执行机构,如何理解经理的职权即业务执行?

1.互相交错的执行与决策

业务有狭义与广义之分,狭义的业务执行主要指公司对外的营业活动,而广义的业务执行包含公司需要处理的所有事务,这些事务有的与公司营业密切关联,如对外融资、对外投保等。有的虽与特定的具体营业本身无直接关联,但属于决定公司存续发展的重大事项,如增资减资、合并分立等。无论何种事项,只要属于公司自身需要处理或办理的,无疑都属公司事务,因而也常被归入广义的公司业务。公司法上业务执行中的业务应采纳广义业务之意,我国《合伙企业法》中的"事务执行"也即为业务执行。依照《合伙企业法》的规定,全体合伙人均有执行事务的同等权力,但合伙人也可以确定其中一人或数人作为合伙事务执行人负责合伙事务。此中的合伙事务并无营业内事务与营业外事务之分,当然覆盖所有合伙事务。由此推之,公司的业务执行机构所应执行之业务应包括营业内和营业外的所有公司事务,任何公司都不可能设置两套机构分别执行营业内事务和营业外事务。

诚然,经理的一般职权应被划定为业务执行,然而执行和决策确实是难以完全分离的,任何业务的开展既需要决策,也需要执行。在难以保证上级决策者所作出的决策是详尽周到的前提下,执行者也必然要去思考,要去决策,而并非盲目机械地照做,因此二者间的交错是必然的。公司业务的开展是层次化的,在前后相接、相互关联的业务事项中,某一下游事项的决策机构很可能就是上游事项的执行机构,而某一上游事项的执行机构往往就是下游事项的决策机构。负责执行业务与日常经营的经理,实际上也享有就具体事务进行决策的职权,决策渗透于经营管理的全过程。对经理而言,其所谓业务执行的职权,就是根据市场行情变化,及时作出反应,合理安排生产要素的组合,使公司不断形成新的生产能力,创造价值。实际上,经理的业务既是决策中的执行,也是执行中

① 参见[美]弗兰克·伊斯特布鲁克、[美]丹尼尔·费希尔:《公司法的经济结构》,罗培新、张建伟译,北京大学出版社2014年版,第15页。

的决策。[①] 而之所以仍称经理为公司日常经营与业务执行机构，主要是对经理主要职能的反映。

2. 公司法对于经理职权的规范立法技术

作为公司的业务执行机构，经理的职权范畴是极为广泛的，它涵盖了公司存续经营的所有事务；其内容是庞杂的，经理的职权中执行与决策交错，而难以把握具体公司事务的外延。因此，在立法技术层面对经理的职权以概括性的条款为佳，归因于经理职权范畴的广泛性与复杂性，除"执行公司业务"作为经理的固有职权需法律明确规定外，对于业务执行的具体内容，法律应保持缄默的态度。商业实践的复杂性使不置身于公司经营的立法者通常难以捕捉到公司业务的全貌，而不完整或是语词模糊的界定都可能造成适用上的僵硬与费解，即使采取列举＋兜底性的条款以增强条文的灵活性，列举具体公司业务的部分，也往往有"自作多情"之嫌而徒增立法与解释的成本。实际上，纵观域外的有关规定，公司法对于经理职权的规定往往都是法定且概括的，如《法国商法典》规定了经理管理公司的职权，但也并未就具体的经营管理行为予以详细展开，德国公司法也仅仅是规定经理的职权在于经营公司，并代表公司对外同第三人开展交易。[②]

四、新《公司法》规定解读与延伸问题

（一）新《公司法》的规定与解读

新《公司法》中关于经理职权的规范如下。

> **第 74 条** 有限责任公司可以设经理，由董事会决定聘任或者解聘。
>
> 经理对董事会负责，根据公司章程的规定或者董事会的授权行使职权。经理列席董事会会议。
>
> **第 126 条** 股份有限公司设经理，由董事会决定聘任或者解聘。
>
> 经理对董事会负责，根据公司章程的规定或者董事会的授权行使职权。经理列席董事会会议。

---

① 参见王鸿：《公司经理法律地位的确认与职权区域的界定》，载《当代法学》2003 年第 7 期。

② 参见［挪］马德斯·安登斯、［英］弗兰克·伍尔德里奇：《欧洲比较公司法》，汪丽丽等译，法律出版社 2014 年版，第 261 页。

1. 从法定职权到章定职权和授予职权

与原《公司法》相比，新《公司法》对经理职权的规定作出较大修改，在立法模式上，原《公司法》采取的是经理职权法定方式，如同股东会、董事会和监事会一样，通过列举方式规定了经理享有的8项职权。新《公司法》则采取概括式立法，仅对经理职权的内容作出抽象性的概括规定，即根据公司章程的规定或者董事会的授权行使职权，由此，经理行使的是章定职权和授予职权。

2. 新《公司法》对经理职权的规定的积极意义

新《公司法》对经理职权规定方式的改变初衷和主要目的是强化公司自治，放松法律管制，扩大公司治理事项的自治空间和权力，使经理的职权范围更具弹性，激发公司经营活力，提高经营效率，避免法律对于公司治理事务的不必要干预和强制。同时，也因法律列举规定的局限性，难以将经理的全部职权都涵盖周全，由章程规定和董事会授权更能适应各种公司的不同需求。

3. 经理对外法律行为的效力问题

新《公司法》对经理职权的修改有其积极意义，应给予积极评价，但同时也形成了新的问题。原《公司法》通过列举经理的法定职权赋予了经理对公司所有经营管理事务的执行权，使经理在对外民商事活动中有全权代表公司的权力外观。而新《公司法》下，经理的职权源自董事会授权与章程规定，经理究竟享有哪些职权？是享有全部公司对外行为的代理权还是只享有部分代理权？如果章程未作规定，董事会是否给予了授权，授予的是一项、两项还是多项权力等，都变得不确定。此种情况下，如何确定经理对外民商事活动的效力？与经理缔约的相对人是否有义务审查公司章程或董事会的授权文件以确认经理的职权范围？

公司机构的职权类型与公司对外的越权行为及相对人的注意义务直接关联。对于公司机构依强制性规范享有的绝对职权，对外当然具有推定所有人知晓的公示效力；公司章程如有违背性规定，不仅其本身因违法无效，亦不会产生对外行为的效力，据此可以较为容易地对公司机构对外的有权或越权行为作出判断并确定其有效或无效的法律后果。而对于公司机构相对的法定职权和章定职权，公司相对人无法从法律的一般规定、只能从公司章程的具体条款中获知，因此必然涉及章程是否具有对外效力和相对人是否负有章程审查义务的问题。至于公司机构的授予职权，其权力的外观既不是法律规范，也不是公司章程，而是公司机构专门签发或特别出示的委托文件，依此职权代表公司的对外行为已与民法上民事委托行为相连接,其行为效力将需要同时依据《公司法》和《民法典》的相关规定加以综合判断。

4. 章程规定与董事会授权的关系

新《公司法》删除了原《公司法》中的法定职权,规定“经理根据章程的规定或董事会的授权行使职权”。其中章程规定与董事会授权的关系又当如何界定？换言之,如果章程规定与董事会对经理的授权有所不同,经理的职权又应如何确定。对此,我们认为,公司章程规定应优先于董事会授权,具体而言,若章程规定与董事会授权存在冲突,则经理的职权内容应以章程规定为准,董事会对经理的授权不应当与章程对经理职权的规定相抵触。

5. 董事会授权范围的界定

董事会的授权是经理职权的组成部分,对于董事会的授权范围,新《公司法》未作详细规定。因此,需要进一步解决的问题是,董事会的法定职权是否都可以授予经理,如果存在限制,如何明晰其边界？我们认为,除“召集股东会会议,并向股东会报告工作”以及“决定经理人选及薪酬”外董事会的其他法定职权都可以授予经理。其中原因在于,在本书之前的章节已经提到,公司组织机构规范以任意性规范为主,若无必要则应尊重公司意思。将公司经营机构区分为董事会与经理是归因于实践中董事会因作为会议制机构自身的限制而无法满足执行公司业务的需求,因此设经理为之补充,但实际上董事会与经理皆属于宏观层面的公司经营权力机构,在逻辑层面并不存在阻止公司经营权力在经营权力机构内自由分配的理由,因此董事会的法定权力理论上应该都可以授予经理。但是,对于“召集股东会会议,并向股东会报告工作”该项职权旨在衔接董事会和股东会的工作流程,质言之,是为衔接经营决策机构与权力机构工作所设定的权力,因此不宜授予作为业务执行机构的经理。此外,对于“决定经理人选及薪酬”的权力,若将此授权于经理,则会产生经理自己决定自己选任以及薪酬的矛盾情况,因而也不宜授予经理。

(二)延伸问题

1. 经理制度与《民法典》“职务代理制度”的衔接

《民法典》第170条规定了所谓的“职务代理制度”(亦称“商事代理制度”):执行法人或者非法人组织工作任务的人员,就其职权范围内的事项,以法人或者非法人组织的名义实施的民事法律行为,对法人或者非法人组织发生效力。同时,新《公司法》《民法典》规定了“法定代表人”制度,在对外民事活动的效力上,法定代表人以法人名义从事民事活动的,后果由公司承受。可见,法定代表人与职务代理人以法人名义对外从事民事活动,其在法律效果的归属安排上是一致的,即对外民事活动效果归属于法人。“法定代表人制度”与“职务代理制度”也有不同之处,主要为:一是制度的适用范围。法定代理人适用于执行法人或非法人组织工作任务的人员,这包含企业的雇员,也可能是企业外的人员;而法定代表人则仅由执行公司事务的董事或经理担任。二是法定代表人具有唯一性,一法人只得有一位代表人,而职务代理人则不受此限制。三是法定代表人对公司的全权代理,而职务代理人则在职权范围内行使代理权。

如上文所述,经理作为公司业务执行机构,其在职权范围内对外的民商事法律行为应具有法律效力。经理的业务执行权可能涵盖公司所有事务,也可能仅是其中的一部分,法定代表人制度并不一定与经理基于职权于公司治理中的地位相匹配,此时,《民法典》“职务代理制度”便得以成为代表人制度的补充,经理可被认定为公司业务的“职务代理人”,由此,经理以公司名义对外从事的属于公司经营范围内的民事法律行为当对于公司发生效力,进而确保了经理业务执行权的行使。

2. 对经理的设置与职权规范的思考

我们认为公司法未来的改革,可以对经理的设置以及职权规范再做调整,具体如下。

(1)设置经理的规范是强制性规范还是任意性规范?

对于设置经理的规范是属于强制性规范还是任意性规范,换言之,经理当属于法定的公司必须设置的机构,还是任意设置的机构仍是可以商榷的。学界对这一问题存在争论,持肯定意见者认为经理设置的法定化是对公司治理实践的回应;①也有学者以委托代理理论认为经理的设置与否属于公司自治的事项。② 域外对于这一问题的规定也不尽相同,有美国公司法将经理的设置与否交由董事会决定,不作强制要求;也有德国公司法以及法国公司法,对于其封闭公司

① 参见赵旭东:《再思公司经理的法律定位与制度设计》,载《法律科学(西北政法大学学报)》2021年第3期;王鸿:《公司经理法律地位的确认与职权区域的界定》,载《当代法学》2003年第7期。

② 参见叶乃杰、吕晓杰:《公司经理是公司机关吗——对公司经理法律地位的再思考》,载《河北法学》2002年S1期。

设置经理采取强制性规范。在此次新《公司法》的修改进程中,立法者对于经理的设置应为法律强制还是公司自治也经历了方向上的反复,主要是在有限责任公司设置经理的规范上。《公司法(修订草案一审稿)》并未改变原《公司法》中对有限责任公司设置经理的规范为任意性规范的定性,而在《公司法(修订草案二审稿)》与《公司法(修订草案三审稿)》中皆以强制性规定,要求任何公司都必须设置经理,最终新《公司法》又将有限责任公司设置经理的规范改回任意性规范。

我们认为,未来公司法进一步修改的方向是,将公司中设置经理的规范定为强制性规范,要求任何公司都必须设置经理。首先,任何公司都需要作为自然人的经理执行公司业务,董事会的固有缺陷使其并不能胜任日常经营公司的职责,而仍需仰仗个人;其次,在中国的公司治理实践中,经理的设置是非常普遍的,或许在不同的公司中可能有不同的称谓,如CEO、总裁、总经理,但其实质皆属于公司经理,可见中国公司法对经理制度的法定化是对企业生存发展的内在需求的回应,符合中国商业实践,有利于整体提高公司经营管理水平。要言之,不论是对于股份有限公司,还是有限责任公司,关于设置经理的规范都应当是强制性的。实际上我国《公司法》已经认识到了关于经理设置的规范应为强制性规范,在《公司法(修订草案二审稿)》《公司法(修订草案三审稿)》中皆以强制性规定,要求任何公司都必须设置经理,而之所以新《公司法》最终将有限责任公司设置经理的规范设为任意性规范,是基于强制有限责任公司设置经理所带来的治理成本可能对有限责任公司造成负担过重的考量。但是,我们认为,经理的设置属于任何公司都应当付出的成本,因而并无评价是否对公司产生过重治理成本的必要。总而言之,关于有限责任公司设置经理的规范也应为强制性规范。

(2)应以强制性规范明确经理的业务执行权

关于经理为公司必设的业务执行机构的定性我们认为,经理作为法定的公司业务执行机构,负责公司日常经营事务的执行,对其职权的规范应具有一定的强制性。不然,若董事会未予以授权且章程未作规定,则经理作为必设机构确无职权,显然不妥,并且,业务执行机构为经理在公司中的应然定位,不具备业务执行职能的经理难以称之为经理。故虽然在立法技术层面难以通过精细化的立法规定经理职权,但仍应概括地规定有限责任公司、股份有限责任公司的经理负责执行公司业务。

专题二十一　法定代表人制度

一、新《公司法》修改的主要内容

通常认为，法定代表人是唯一一个无须公司特别授权即有权对外独立代表公司的自然人，其余机关或人员必须取得授权后才能代表公司。[1]"法定性"和"唯一性"被认为是法定代表人的最核心特征。2005年《公司法》突破了2004年《公司法》下董事长或执行董事为公司的法定代表人[2]之规定，允许公司章程在董事长、执行董事和经理中进行选择，法定代表人的法定性因此有了一定的突破，但唯一性仍是法定代表人制度的核心内容。

法定代表人的代表权限是"基于其法定职位而产生的、当然的、概括性的、原则上不受限制的对外代表法人的权力"[3]，其权力之大、权力之集中导致了公司法理论和实务上的诸多问题，甚至一度被质疑突破了公司的独立人格，动摇公司设立之根基，需要进行重点关注。法定代表人制度自诞生以来，一直面临着尖锐的质疑与冲突，学界关于法定代表人的存废、选任范围、变更方式、权责内容等一直存在争议。因而此次《公司法》修改，对我国原法定代表人制度进行了全面重构，改动颇多：

第一，扩大了法定代表人的选任范围。原《公司法》规定法定代表人由董事长、执行董事或总经理担任，新《公司法》将选任范围扩大至所有执行公司事务的董事和经理，给予公司较高的自治空间。

第二，增加了法定代表人辞任、补任的规定。担任法定代表人的董事或者经理辞任的，视为同时辞去法定代表人；又规定了公司应当在法定代表人辞任之日起30日内确定新的法定代表人。完善了法定代表人的选任机制。

---

① 参见赵旭东：《公司法学》，高等教育出版社2006年版，第369页。

② 参见《公司法》(2004年)第45条第4款、第51条第3款。

③ 蔡立东：《论法定代表人的法律地位》，载《法学论坛》2017年第4期。

第三，增加了法定代表人地位和责任的规定。与《民法典》《民法典合同编通则解释》的规定进行衔接，规定了代表行为的法律后果由公司承受，越权代表不得对抗善意相对人的法律效力，职务侵权时的公司责任与法定代表人个人责任。

第四，改变了法定代表人的选任机制。原《公司法》规定法定代表人的选任由章程决定，并规定公司法定代表人应于公司章程、营业执照中载明。而新《公司法》只要求章程记载法定代表人的产生、变更办法，比如可以在章程中规定由董事会决议选任，不需要每次更换法定代表人时均修改章程。

第五，明确了法定代表人的变更机制。原《公司法》规定，公司法定代表人变更的，应当办理变更登记，且在实践中常以登记作为生效要件。新《公司法》则规定："公司变更法定代表人的，变更登记申请书由变更后的法定代表人签署。"一方面，该规定改变了法定代表人的变更程序，变更登记申请书由原法定代表人改为变更后的法定代表人；另一方面，法律承认在申请变更登记前已经存在新的法定代表人，因而该登记只具有公示效力，不具有生效效力。

二、本次修改的现实依据

（一）我国原公司相关立法关于法定代表人的规定

我国关于法定代表人的规定主要见于《民法典》《公司法》《市场主体登记管理条例》《民法典合同编通则解释》中，其主要内容如下。

1. 法定代表人的产生方式和范围

现行法律规定的法定代表人选任范围较窄。《民法典》第81条规定，法定代表人依据法人章程的规定，在董事长、执行董事、经理或主要负责人中产生。原《公司法》第13条规定，公司法定代表人由公司董事长、执行董事或经理担任。《市场主体登记管理条例》第12条规定了包括无民事行为能力、限制民事行为能力、个人所负数额较大的债务到期未清偿等五种不得担任企业法定代表人的情况。国家发改委和商务部发布的《外商投资准入特别管理措施（负面清单）》中规定部分行业企业法定代表人必须由中国籍公民担任；司法部规定除了隶属、联营等特殊情况，企业法定代表人原则上不得兼任另一企业法定代表人。

2. 法定代表人的登记

根据原《公司法》第7、13、25、81、92条和《市场主体登记管理条例》的相关规定,公司章程应当载明法定代表人,公司法定代表人的产生和变更应当在市场监督管理部门进行登记,公司营业执照应当载明法定代表人的姓名。根据证监会相关规定,公司法定代表人的履职情况属于披露事项。文化部门和公安部门还要求互联网上网服务经营场所经营单位法定代表人进行备案。原法律规定法定代表人产生及变更需要登记,但未明确法定代表人的产生、变更及解除程序、登记属于对抗要件抑或生效要件及对第三人的效力等问题。

3. 法定代表人的职权和责任

法定代表人的权责主要规定在《民法典》第61、62条,原《公司法》第128、146、155条,《民事诉讼法》第51条,《民法典合同编通则解释》第20—23条,并散见于部门规章和地方法规中。在职权方面:法定代表人的权限依据法律和法人章程规定;法定代表人应当在公司股票、债券和合同上签字;法定代表人负责公司诉讼事务。在责任承担方面:法定代表人以法人名义从事的民事活动,其法律后果由法人承受;法人章程或者法人权力机构对法定代表人代表权的限制,不得对抗善意相对人;法定代表人因执行职务造成他人损害的,由法人对外承担民事责任;法人承担民事责任后,可依法律或章程的规定向有过错的法定代表人追偿。公司法定代表人对公司的违法行为可能承担相应的行政责任、经济责任和刑事责任。

(二)原公司立法关于法定代表人规定的不足

在原有法律体系下,法定代表人制度存在较多的强制性规范,并且,法定代表人在公司内部的定位不够明晰,导致权责模糊,实践中生出诸多纠纷。其不足之处主要体现为以下几个方面。

1. 法定代表人制度过于刚性僵化

在原有法律体系下,法定代表人制度存在过多强制性规范,使其适用过分僵化。受制于政治经济制度、文化传统等多元因素,我国法定代表人制度存在浓厚的行政色彩和强制性特征。[①] 在法定代表人的选任、变更、代表权限、诉讼等方面存在较多强制性规范,应当对其进行弱化。例如,《民事诉讼法》第51条规定:“公民、法人和其他组织可以作为民事诉讼的当事人。法人由其法定代表

① 参见张伯娜:《公司内部的法定代表人任免争议应以股东会决议判定》,载《人民司法》2015年第4期。

人进行诉讼。其他组织由其主要负责人进行诉讼。”该条文对诉讼代表权构成了严格限制，由此形成了法定代表人在诉讼表意上的垄断权。具体到诉讼等具体司法程序中，我国法院通常要求法人当事人提交营业执照、法定代表人身份证明书、法定代表人身份证等身份材料，使得法人诉讼难以摆脱法定代表人而进行。在公司法上已经确立的公司代表诉讼，亦常因诉讼程序中的法人身份证明要求而陷入无法立案的状态。

2. 法定代表人制度与公司内部权力配置冲突

法定代表人非现代公司的当然机构，与建立在股东会、董事会、监事会的分权架构基础上的治理机制相比，其属于异质性组织机构。这种异质属性导致法定代表人与董事会的执行代表权之间易生冲突。董事会的执行权与代表权为关联性权利，执行权的行使无法脱离代表权，而代表权的行使也无法脱离执行权。比如《美国标准商事公司法》第 8.92 条规定，除非公司章程或股东协议另有限制，公司所有权利应由董事会行使或在董事会授权下行使。在理想模式下，法定代表人应完全摒除个人意志而执行董事会的决策，但这在实践中并非一以贯之。如果将公司的执行权和代表权分离开来，归属于不同的公司机关，董事会的执行权就会受到影响：要么因代表人怠于执行而无法实施决议，要么因代表人擅自进行表意而架空董事会职权。① 不仅如此，由于代理授权机制对于法定代表人授权行为的要求，前述代表权的冲突会进一步对公司代理表意构成消极影响。在发生公司利益损害的情形下，甚至无法通过法定代表人主张救济，加剧了公司治理上的利益冲突和事后救济困难。

另外，原法定代表人制度还可能导致董事地位异化。在董事会内部，可因董事身份将其区分为执行董事与非执行董事、内部董事与外部董事等，属于分工差异，系固有的制度安排差异。然则，在董事长或执行董事担任法定代表人的情况下，代表董事将取得其他非代表董事不具备的特殊地位，拥有其他董事不具有的表意权利，进一步加剧公司董事会内部的异质化和权利分化，加剧董事长滥权行为，与董事会决议决策机制相左。这种个人主义基础上的代表机制，加之我国公司治理中的科层文化等本土资源，与现代公司治理的要求并不

① 参见柳经纬：《斩不断、理还乱的法定代表人制——评〈公司法〉第十三条关于法定代表人的新规定》，载《河南省政法管理干部学院学报》2006 年第 4 期。

相容。在任人唯亲的董事会文化中，董事的行为标准不再是其所附的信义义务，而是演变为对董事长的个人忠诚程度，这使得董事会的决策不再依据商业规则和商议性民主集思广益、充分酝酿，而是受到董事长个人好恶、董事会成员的亲疏远近之影响。① 在经理担任公司法定代表人的情形下，将进一步加剧公司权力下沉至公司经理，导致董事会的权利弱化甚至被空置，进一步加剧代理成本。

3.法定代表人的权责失衡

在公司治理中，理想的机构设置有赖于权利、义务和责任之间的平衡。正如美国经济学家阿罗所指出，在任意规模的组织中，决定都是由某些个人作出并由他人执行的，组织治理的关键在于权力和责任的平衡。② 然而，无论在规范层面，抑或公司法实践中，法定代表人的权利、义务和责任均处于失衡状态。法定代表人掌握公司的表意权，但原公司法上并未明确其产生、变更、免职等职务变动机制，也未明确其职权和未尽义务时的法律责任，难以支持合理的权利行使。

在公司治理机构中，董事会系股东选出，经理为董事会选聘而产生。对于二者违反信义义务的行为，公司法上均设有体系化的救济措施，包括事前的法定义务规范，事后的职务无因解除制度、损害赔偿责任、代表诉讼等多元机制。然则，对于法定代表人而言，对其进行职务任免则仰赖于公司章程的修改，且立法上缺乏其产生办法、辞去职务、解除职务制度，变更法定代表人所需的烦琐程序也背离了公司实践需求。由此，构建权责平衡的公司代表人制度，有赖于代表人任免机制、代表人法定义务、代表人损害赔偿责任、兼顾交易相对人的登记对抗规则等层面的规范完善。

(三)学界关于法定代表人制度的意见和建议

学界主要围绕以下四个问题提出建议：

1.关于选任范围，学界普遍建议应顺应商业效率和公司自治的需求，进一步扩大法定代表人的选任范围。有学者建议“公司的法定代表人按照公司章程的规定，由董事或者高级管理人员担任。”另有学者指出，现行法上对法定代表人所设定的诸多选任限制和责任设定，并非基于其代表人身份，而是基于其对

① 参见郑志刚：《中国公司治理的理论与证据》，北京大学出版社2016年版，第125页。

② [美]肯尼斯·阿罗：《组织的极限》，陈小白译，华夏出版社2014年版，第98页。

经营活动的实质参与，应当进一步扩大选任范围，放任公司进行自主选任。①

2. 关于变更和任免程序，学者建议简化变更程序、增加对法定代表人辞去职务、解除职务的程序规定。对于法定代表人的变更，2018 年《公司法》要求进行变更登记，该程序较为烦琐，且要求原法定代表人签署变更登记申请书，实践中往往难以实现，应当简化。对于法定代表人的辞职：董事兼任法定代表人的，董事辞职应视为同时辞去法定代表人；经理兼任法定代表人的，也应当同样适用。对于法定代表人被解除职务的程序，2018 年《公司法》未作规定，仅仰赖于公司章程的修改，需要增加对未依照法律规定和公司章程规定履行职责的法定代表人的免职程序。

3. 关于法定代表人登记的效力，学界建议改法定代表人登记生效为决议生效，登记仅作为对抗要件。该主张已经基本被《民法典》接纳，法定代表人的姓名作为登记事项，需遵循《民法典》第 65 条之规定："法人的实际情况与登记的事项不一致的，不得对抗善意相对人。"

4. 关于法定代表人的权责，一方面，有学者提出，应当改革法定代表人制度，弱化法定代表人对公司治理的制约，可设立公司秘书制度，行使原本属于法定代表人的消极权力，解决章程、协议、程式、公章的看护问题。另一方面，应增设规定，要求法定代表人重大过失或故意行为造成损害时承担损害赔偿责任，该主张已经被《民法典》第 62 条吸收，但有学者指出，应将"过错"责任明确修改为"故意或重大过失"。

三、法定代表人制度的理论阐释

（一）我国法定代表人的起源与内涵

我国的法定代表人制度起源于改革开放初期的国企改革，本来系为了解决国有企业经营效率低下而产生的权力分配和责任承担机制。② 在计划经济向市场经济的转轨过程中，为了解决国企所有权与经营权不分的情况，明晰产权，将国企转变为了具有独立法人资格的公司。在这一改革进程中，相关的企业立法

---

① 参见袁碧华：《法定代表人的制度困境与自治理念下的革新》，载《政法论丛》2020 年第 6 期。

② 参见史际春、邓峰：《论经济责任制对国企改革价值的再发现》，载《政法论坛》1999 年第 1 期；方流芳：《国企法定代表人的法律地位、权力和利益冲突》，载《比较法研究》1991 年 Z1 期。

均规定企业法人需具有唯一的“法定代表人”，设立法定代表人在当时被认为是国企改革的必由之路。[①] 为了兼顾资产的国有属性与企业的独立性，国家在下放权力的同时，牢牢把握住国有企业负责人——厂长的选任。厂长由上级主管部门任命，其绩效考核、职务晋升与其主管部门任命的职务紧密关联。脱胎于厂长负责制的法定代表人制度，其首要任务是以资格法定和职权法定的制度安排，让法定代表人成为科层制企业治理模式在法律上、事实上的“一把手”，让企业摆脱主管部门的干预，获得独立性。[②] 在奉行命令导向式的国有企业内，此种“独任一长”制有其制度基础上的路径依赖，虽然问题诸多，但其系统解决有赖于基础制度的进化，难以单独进行变革。

1982 年《民事诉讼法(试行)》首次提出了“法定代表人”这一法律术语，但未进行准确界定其内涵与现在所认为的法定代表人有所不同，是指法定的可以代表企业事业单位、机关、团体进行民事诉讼的人，一般是其负责人。这种理解在后来被认为是法定代表人的职权之一，即具有代表公司进行诉讼的权力。1986 年《民法通则》则首次对“法定代表人”进行了定义，确定法定代表人由法律或章程产生，其民事行为的法律后果由法人本身承受。[③] 这已经具有了现行法下的法定代表人内涵，法定代表人不但具有代表身份，亦为代表法人行使职权的负责人。其后，关于“法定代表人”的条款遍布于法律、行政法规、地方法规、行政规章和最高人民法院司法解释中，围绕“法定代表人”形成了一个不断增生的规范群体。

(二)域外法定代表人制度的立法概况

法定代表人制度，虽然非我国首创，但具有明显的中国公司法特色。目前英美法系公司法中没有代表人概念，公司的对外行为由被认为是公司代理人的董事、高级职员进行，公司对其在代理权限内的行为承担法律后果。大陆法系公司法，例如德国、日本、瑞士等中存在公司代表人制度。德国股份公司实行董事会成员共同代表和公司章程自由变更相结合的代表制度。共同代表制下，德国股份公司董事会可以对外代表公司处理几乎所有的公司事务，而第三人向公

① 参见方流芳：《国企法定代表人的法律地位、权力和利益冲突》，载《比较法研究》1999 年 Z1 期。

② 参见路风：《单位：一种特殊的社会组织形式》，载《中国社会科学》1989 年第 1 期。

③ 参见《民法通则》(1986 年)(现已废止)第 38、43、49、110 条。

司作出意思表示时,可以向任一董事为之。章程自由规定下,基于公司章程或公司章程授权的监事会决议,股份公司可以采取有限共同代表或单独代表的方式①。德国股份公司通过章程变更代表形式十分常见。单独代表权与中国的法定代表人的区别在于,单独代表可以授予多个董事。瑞士采取与德国相似的制度。公司董事会对外代表公司,在章程未明确规定时,董事会任一成员均可对外代表公司,董事会也可以将代表公司的权利授予数个董事或第三人。日本采取单独代表制,公司董事代表公司,数人为公司董事时,各自代表公司,且日本公司法允许公司另行规定代表董事或其他代表。在日本公司法下,代表董事有权实施公司业务有关的一切诉讼内外的权利,对该等权利的限制不得对抗善意第三人。

(三)法定代表人的表意功能厘定

法定代表人问题是民法与商法共同关注的复合性问题,既关涉民事法律行为基础之上的行为法规则,又关涉公司治理等组织法规则,并且于二者之间存在制度张力。

从法律属性上而言,公司表意行为属于法律行为,奉行私法自治的基本原则。就意思表示中的自治而言,其涵盖包括行为意思、表示意思、效果意思等主观构成要件和表示行为等客观构成要件。② 其中,表示行为是指表意人通过语言的、文字的、自动化的或者其他方式表明其意志的行为。对于任何有效的意思表示而言,前述各构成事项上均系合法无瑕疵。意思自由的要求,不但贯穿于各意思要件,亦及于表意过程,包括进行表意的主体(如是否通过代理)、表意方式、表意对象、表意内容等事项。对于自然人而言,意思表示的形成与表示于主体上一致,于行为上一贯,于内容上一体,故其自治性至为明显。但对于法人而言,其意思形成与意思表示之间通常存在分离,公司作为组织存在,其最终意思表示的实现有赖于组织中的自然人主体予以表示,由此引发对表意机制的需求。

在法人表意机制上,我国现行法上有代表与代理两种形式,前者主要指向

① 德国法规定了股份公司共同代表制,但允许章程自由规定仅由部分董事等进行的有限共同代表,或者仅由一人进行的单独代表。

② 参见[德]本德·吕斯特、[德]阿斯特丽德·施塔德勒:《德国民法总论》,于馨淼、张姝译,法律出版社 2017 年版,第 153 页。

法定代表人，后者则通常指向委托代理、职务代理两种形式。其中，法定代表人的表意规范体现在《民法典》第61条中；委托代理的规范体现在《民法典》第一编第七章第二节所规定的委托代理部分；职务代理作为委托代理的一种特别形式则规定在《民法典》第170条中。在前述模式中，职务代理作为默示的授权模式不直接受制于法定代表人的权限，其他两种模式均在不同程度上受法定代表人制度的表意制约。

对于我国的法定代表人制度，法定代表人究竟是公司的意思表示机关或执行机关，还是公司的意思表示机关与执行机关的统一体？依据原《公司法》规定，法定代表人可由董事长、执行董事或经理担任，由此形成了代表人与公司经营决策者的部分重合：董事长、执行董事或经理既参与公司经营活动，又因其代表人身份而进行对外表意。这种身份上的重合虽然会在一定程度上确保法定代表人对公司意思形成有一定程度的参与和了解，但也将导致参与公司经营的行为和代表公司表意的行为之间的规制紊乱。在现代公司治理机构中，法定代表人仅为公司表意的代表者，而绝非所谓的“代表法人从事民事活动的负责人”，其本身对内并无决定法人进行何种民事活动的决策权，对外个人责任的承担也多限于代表领域，很难要求其仅基于代表人身份而承担过多责任。

（四）法定代表人行为的效果归属

学界对于法定代表人行为的性质与效果归属问题的探讨由来已久，我国学界与实务界多提倡“代表说”并强调其与“代理说”的区分。[①]《民法典》第61条第2款有关“法定代表人以法人名义从事的民事活动，其法律后果由法人承受”的规定也被视为立法上采纳“代表说”的体现。学界对于代表与代理关系的讨论主要集中于如何解释法人的代表人以法人名义作出的行为由法人承受的效果归属问题。对此，大陆法系又素来将之与颇有渊源的“法人本质论”捆绑讨论。

1. 法人本质论同效果归属论的联系与分离

在法人本质论的问题上，首先，有关法人“实在说”，该说认为，法人系切实存在的有机体或组织体，是具有意思能力与行为能力的“现实整体人”。其次，

---

① 参见王利明：《民法总则研究》，中国人民大学出版社2012年版，第304页；梁慧星：《民法总论》，法律出版社2017年版，第133页。

法人“拟制说”则主张，法人人格是由生物人的伦理人格扩张而来的，其虽有权利能力，但并不具有行为能力，法人不是自然存在的，其成立需要获得国家的认可。[①] 对于以法人名义对外活动的董事等法人的代表人的行为性质及其效果归属，持实在说的学者通常以“代表说”予以解释，而支持拟制说的学者则多以“代理说”来阐释这一问题。理论上普遍认为代表说与代理说是实在说与拟制说的延续，[②]“代表说”立足于法人具有独立的组织意志和行为能力的观点，认为法人的代表人属于法人的机关而并非代理人，机关行为就是法人行为。[③] 与之不同，“代理说”则认为，既然法人的主体资格来自于法律的拟制且法律拟制仅以法人获得主体地位已足，没有意思能力的法人当然也不具备行为能力，以法人名义对外参与民事活动的法人机关实际是法人的代理人，以代表人相称不过是一种比喻。代表人行为并非法人的行为，不过是行为的效果通常归属于法人。[④] 就此而言，实在说与代表说、拟制说与代理说在法人行为能力的论述上确实呈现出了紧密的联系。

有学者认为，我国《民法典》第57条肯定了法人的行为能力，即意味着我国民法采纳法人实在说的观点，进而在法定代表人行为的效果归属上采取代表说的观点。然而，法人本质论与效果归属论是两个不同面向、不同层面的问题，强求二者间的关联实在是穿凿附会。首先，辨别法人本质论不能以实在法规定为依据。法人本质论具有浓厚的主体论哲学色彩和先验性特征，制定法无法为该问题的论证提供相应的规范依据。其次，从某种法人本质论作为理论基础切入讨论制定法的适用不可行。无论立法者持何种法人本质观、是否认可并回应法人的行为能力问题，作为组织体存在的法人只能通过其成员参与民事活动是不争的事实。立法与实践所关注的是法人成员的行为效果如何由法人承受，而非法人有无行为能力。具体而言，对于诸如《民法典》第61、504条等效果归属规范而言，立法是否并以何种形式认可法人的行为能力，对其适用效果并无影响。更重要的是，即便认可法人具有行为能力，上述规范的适用依旧存在着法人自己参与民事活动与法人通过其代表人参与民事活动两种解释，代表说与代理说

---

① 参见朱庆育：《民法总论》，北京大学出版社2016年版，第460页。
② 参见朱庆育：《民法总论》，北京大学出版社2016年版，第460—461页。
③ 参见王利明：《民法总则》，中国人民大学出版社2017年版，第156页。
④ 参见马俊驹、余延满：《民法原论》，法律出版社2014年版，第129页。

此时均有适用的可能。①

综上所述,虽然法人本质论与效果归属论在理论上具有延续性,但是二者没有必然的联系,无论持何种法人本质观,效果归属论都存在代表说与代理说两种解释路径。

2."代表说"与"代理说"效果归属问题上的一致

从不同的论证逻辑出发,代表说与代理说在效果归属上大体是相同的。在我国,《民法典》第61条第2款规定,法定代表人以法人名义从事的民事活动,其法律后果由法人承受,此为法定代表人行为效果归属的一般规范,代表说的学者普遍将该规定视为《民法典》坚持代表说的规范依据。然而除代表说外,代理说也可予该条文以圆满解释。在代理说的语境中,代表人行为即为代理行为,其效果归属可以在《民法典》第162条有关"代理人在代理权限内,以被代理人名义实施的民事法律行为,对被代理人发生效力"的代理行为效果归属的一般规范中展开。此条中"在代理权限内"的要件在代理人为享有概括代理权限的法定代表人时便可被忽略,此时法定代表人的行为效果与代表说完全相同。总之,就代表人行为效果归属一般规范的解释而言,两种学说虽然解释路径不同,但殊途同归,均认为法定代表人行为的法律后果应由法人承受。②

(五)法定代表人制度存废之争

在公司法理论上,对于我国法定代表人制度的调整路径,长期以来学说上主张不一。有学者主张废除法定代表人制度,改采公司代理人制度,放任公司进行自主选任。③ 有学者则主张摒弃法定代表人概念,以公司代表人代之,并且强调其与非代表董事的平等地位,借此修正法定代表人特殊地位所带来的公司治理失衡。④ 有学者虽然未主张废止法定代表人制度,但强调其向"法人的意思表达"功能回归。⑤

主张废除法定代表人制度的理由主要是:(1)法定代表人制度是出于我国

---

① 参见李洪健:《作为特殊代理行为的代表行为:效果归属与规范适用》,载《法学评论》2022年第6期。

② 参见李洪健:《作为特殊代理行为的代表行为:效果归属与规范适用》,载《法学评论》2022年第6期。

③ 参见袁碧华:《法定代表人的制度困境与自治理念下的革新》,载《政法论丛》2020年第6期。

④ 参见杨汝轩:《论中国公司代表人制度的改革——以两大法系比较研究为视角》,载《河北法学》2012年第11期。

⑤ 参见蔡立东:《论法定代表人的法律地位》,载《法学论坛》2017年第4期。

计划经济时代国企厂长经理负责制的需求，随着现代企业制度和管理理念的逐步建立，各职能部门的经理人在一定权限范围内均可以代表公司，因此只需要运用表见代理理论来确认其行为的有效性即可；(2)对商业效率的追求促使签章制度发生变更，公司法定代表人的签字已经不再绝对坚持且法律要求必须由法定代表人盖章的场合，实际上常常并非由法定代表人亲自签章。基于废除法定代表人制度的思路，学界建议参照德国或日本的模式建立公司代表人制度。采取董事会对外代表制或董事各自对外表制，并允许公司股东或公司章程自行确定公司代表人。此外，取消法定代表人必须登记的强制性规定。

主张保留法定代表人制度的理由主要是从我国的营商环境和公司法的发展历史看，保留独任的法定代表人有其价值。(1)公司法定代表人制度的存在在我国尚不成熟、契约精神尚不盛行的环境下，给交易各方一种交易安全感，当然如果是多个法定代表人又可能导致道德风险；(2)法定代表人的设置在我国公司法下已经存在近三十年，贸然取消法定代表人制度无论是对公司的运营还是政府的管理都可能带来较大的不适；(3)法定代表人的存在不否认公司董事、高级管理人员及员工在各自职权范围内对公司的代表权利，不会实质影响公司运营效率；(4)法定代表人与公司普通代表的区别在于配套的登记制度，其为具有公示意义的公司代理人，登记在代理行为效力和第三人信赖保护的层面发挥作用。

四、新《公司法》规定解读与延伸问题

(一)新《公司法》的规定与解读

新《公司法》对法定代表人制度进行了重大修改，对学界关切的重点问题进行了回应，主要变动有以下几点。

1. 扩大了法定代表人的选任范围

第10条第1款 公司的法定代表人按照公司章程的规定，由代表公司执行公司事务的董事或者经理担任。

本款将法定代表人的选任范围扩大至所有执行公司事务的董事和经理，并给予公司一定的自治空间。

公司的法定代表人，由公司章程规定，法律不作具体规定，赋予了公司自治的空间。但是公司依照章程所选出的法定代表人必须是代表公司执行公司事

务的董事或者经理，不得选任在此范围外的自然人。新《公司法》是对原《公司法》第 13 条的修改，原《公司法》规定可以担任法定代表人的有三类，即董事长、执行董事、经理。新《公司法》扩大了法定代表人的选任范围，规定法定代表人应由执行公司事务的董事或者经理担任，是因为法定代表人对外代表公司从事经营活动，执行公司事务的董事或者经理对外亦代表公司从事经营活动，如此规定可以使公司对外从事经营活动的代表或者代理外观具有相对的一致性。

所谓“代表公司”，一方面，包括法定代表人对外代表公司从事民事活动，是公司的表意机关；另一方面，包括法定代表人对内代表公司执行内部管理事务。另外，根据新《公司法》第 11 条第 1、2 款的规定，法定代表人以公司名义从事的民事活动，其法律后果由公司承受。公司章程或者股东会对法定代表人职权的限制，不得对抗善意相对人。

所谓“执行公司事务”的董事，又可称执行董事、内部董事、非独立董事，与非执行董事、外部董事、独立董事相对，是指在公司担任董事之外，还同时出任其他职务，负责公司的经营、管理、投资、筹资等一个方面或者几个方面事务的董事。需要特别注意的是，“执行公司事务的董事”并非“执行董事”，后者专指有限责任公司不设董事会时的执行董事，其实质相当于设董事会时的董事长，是唯一的。新《公司法》所规定的“执行公司事务的董事”，是指所有执行公司事务的董事，并非唯一的，可以是担任经理的董事，也可以是担任财务总监的董事，还可以是担任法务总监的董事。换言之，只要是执行公司事务的董事，无论其是否是董事长，均有资格出任法定代表人。

所谓“经理”，是指负责公司日常经营管理的高级管理人员，意即新《公司法》第 265 条第 1 项规定的高级管理人员的一种。本条规定中的经理仅指总经理，不包括副经理。

关于法定代表人的数量，本条存在两种理解。一是认为法定代表人是唯一的，二是认为法定代表人可以是复数。从我们国家以往的立法来看，法定代表人只能有一个，公司法的法定代表人制度，应当与《民法典》的规定保持一致。同时，法定代表人不仅具有民法、商法等私法上的意义，还具有税法、行政法、刑法等公法上的意义，而公法意义上的法定代表人是唯一的。譬如，《税收征收管理法》第 44 条规定，“欠缴税款的纳税人或者他的法定代表人需要出境的，应当在出境前向税务机关结清应纳税款、滞纳金或者提供担保。未结清税款、滞纳金,又不提供担保的,税务机关可以通知出境管理机关阻止其出境"。为了维护我国法律秩序的统一有序,避免公司法定代表人行为冲突引起的混乱和纠纷,做唯一法定代表人的解读更为合理。

2. 增加了法定代表人辞任、补任的规定

> **第10条第2、3款** 担任法定代表人的董事或者经理辞任的,视为同时辞去法定代表人。
>
> 法定代表人辞任的,公司应当在法定代表人辞任之日起三十日内确定新的法定代表人。

公司法定代表人与公司之间属于委托合同关系,根据《民法典》第933条的规定,公司法定代表人享有法定任意解除权,可以随时辞去公司法定代表人职务。辞任采送达生效主义,意即自公司法定代表人辞任通知送达公司之日起生效。

公司法定代表人的辞任分为两种。一是担任公司法定代表人的董事或者经理,辞任董事或者经理的,由于其不再符合本条第1款规定的"由代表公司执行公司事务的董事或者经理担任",故本条第2款规定,担任法定代表人的董事或经理辞任的,视为同时辞去法定代表人。二是担任公司法定代表人的董事或者经理,辞去法定代表人职务,但不辞去董事或者经理职务的。换言之,该担任公司法定代表人的董事或者经理,辞去的仅是法定代表人职务,其仍然保留董事或者经理职务。

无论是以上哪一种情形,公司法定代表人都将陷入空缺。这将导致大量需要法定代表人实施的民事活动陷入停滞,这将对公司的正常经营活动造成巨大的负面影响。例如,本法第149条规定,股票应当由法定代表人签名。鉴于公司法定代表人具有代表公司从事民事活动的重要功能和重要法律地位,第10条第3款规定了法定代表人的强制补任规则,即法定代表人辞任的,公司应当在法定代表人辞任之日起30日内确定新的法定代表人。

3. 增加了法定代表人地位和责任的规定

> **第11条** 法定代表人以公司名义从事的民事活动,其法律后果由公司承受。
>
> 公司章程或者股东会对法定代表人职权的限制,不得对抗善意相对人。

> 法定代表人因执行职务造成他人损害的，由公司承担民事责任。公司承担民事责任后，依照法律或者公司章程的规定，可以向有过错的法定代表人追偿。

(1)法定代表人代表行为的法律后果

该条第1款规定，法定代表人以公司名义从事的民事活动，其法律后果由公司承受。这一规定吸收了《民法典》第61条第2款"法定代表人以法人名义从事的民事活动，其法律后果由法人承受"的规定，仅将其中的"法人"改为了"公司"。

对于公司法定代表人行为与公司行为之间的关系，根据是否以公司名义进行活动，可将公司法定代表人从事的民事活动分为两种情形：一是不以公司的名义对外从事民事活动。譬如，法定代表人以自己的名义购买房屋、去医院看病等等，这些行为的法律后果均归属于法定代表人个人，不归属于公司。二是法定代表人以公司的名义对外从事民事活动。此种情形下，基于法定代表人与公司之间的代表关系，其行为产生的相应法律后果，将由公司承受。因此，法定代表人只有以公司名义对外从事民事活动，法律后果才由公司承受。需要注意的是，所谓"承受"，既包括对法定代表人的代表行为所产生的权利的承受，也包括对法定代表人的代表行为所导致的义务和责任的承受。

(2)公司章程或者股东会决议限制法定代表人职权的效力

该条第2款规定，公司章程或者股东会对法定代表人职权的限制，不得对抗善意相对人。该款规定吸收了《民法典》第61条第3款"法人章程或者法人权力机构对法定代表人代表权的限制，不得对抗善意相对人"，仅将其中的"法人"改为了"公司"。

公司章程或者股东会对法定代表人职权的限制，不得对抗善意相对人。从另一角度来说，法律、行政法规对法定代表人职权的限制，对相对人发生效力。此外，《民法典》第504条规定，法人的法定代表人或者非法人组织的负责人超越权限订立的合同，除相对人知道或者应当知道其超越权限外，该代表行为有效，订立的合同对法人或者非法人组织发生效力。该条的核心即在于判断"相对人知道或者应当知道"。与本款相联系，法律直接限制法定代表人代表权的，应属相对人知道或者应当知道的情形。因为法律公布施行后，即推定社会公众是知悉的。而公司章程、股东会决议等对法定代表人代表权的限制,除具有特定的公开路径外,不能直接认定为相对人知道或者应当知道,而是要结合具体案情综合分析判断。譬如,上市公司的公司章程是对全社会公示的,可以认定属于当事人知道或者应当知道的事项。

实践中,对法定代表人代表权的限制一般有三种,在相对人是否善意的认定上存在区别:

其一,法律、行政法规的限制,推定相对人非善意,越权代表行为无效。《公司法》虽然没有专门的条款直接对法定代表人的对外代表权作限制性规定,但是其对股东会和董事会的权力授予,实际上就是对法定代表人代表权的限制。如第 59 条规定,股东会享有对发行公司债券、公司的合并和分立等事项作出决议的职权。此条即表明法定代表人未经股东会同意,无权代表公司签订发行公司债券的合同和公司合并、分立的合同。在这种情形下,法定代表人越权行为违背的是法律的限制,而任何相对人都应当知道法定代表人越权,不能被认定为善意相对人,因此该代表行为应为无效。这与《民法典合同编通则解释》第 20 条的规定是一致的,即法定代表人超越法律、行政法规对公司法定代表人代表权所作限制,以公司名义与相对人订立合同的,相对人负有审查公司章程、股东会决议或者董事会决议的义务,未尽到合理审查义务的,该合同对公司不发生效力。

其二,公司章程的限制,不能推定相对人非善意。很多公司在公司章程中对法定代表人代表权进行限制,公司章程在公司登记机关的备案本身不足以构成"相对人知道或应当知道"的依据。如《欧盟第 1 号公司法指令》第二节第 9 条第 2 款明确规定,公司章程或者有决策权的公司机关对于公司机关权力的限制,不得被公司利用对抗第三人,即便这些限制已经公告。从我国的实践来看,有些地方查阅公司章程手续烦琐,公司章程的公示效果有限。并且,在商事交易实践中,相对人严格查阅对方公司章程的情形也不普遍。所以,在我国的司法实践中,为保护交易安全和相对人的利益,不应认定公司章程的备案构成"相对人知道或应当知道"的证据,因此公司章程对代表权的限制可能不对相对人产生效力。

其三,公司股东会、董事会对法定代表人代表权的限制,一般推定相对人为善意。股东会和董事会可以直接以决议的形式限制法定代表人的代表权。但决议一般不具有公开性,除非公司主动出示,相对方一般是不知道且不应当知道的,因此一般认为相对方是善意的,除非有证据证明相对人对公司股东会、董事会决议知悉。虽然新《公司法》仅规定了股东会决定对法定代表人职权的限制,不得对抗善意相对人,但基于董事会决议与股东会决议均是内部文件,一般不对外公示,故董事会决议对法定代表人职权的限制,也应适用本款规定,不得对抗善意相对人。《民法典合同编通则解释》第20条对此也进行了规定,即法定代表人超越公司章程、股东会决议等对法定代表人代表权所作限制,以公司名义与相对人订立合同的,相对人不负有审查公司章程、股东会决议或者董事会决议的义务,该合同原则上对公司发生效力。

(3)法定代表人职务侵权行为的民事责任

该条第3款规定,法定代表人因执行职务造成他人损害的,由公司承担民事责任,但可以向有过错的法定代表人追偿。公司就法定代表人的行为承担的民事责任,包括合同责任和侵权责任,本款规定的仅是侵权责任。公司承担侵权责任的情形有二:一是公司承担因法定代表人执行职务所致的侵权责任,二是公司承担除法定代表人之外的其他雇员执行职务所致的侵权责任。前者适用本款和《民法典》第62条,后者适用《民法典》第1191条。

关于公司对法定代表人的职务侵权行为承担民事责任后能否向该法定代表人追偿的问题,《民法典》、新《公司法》均持肯定立场。《民法典》第62条规定,法定代表人因执行职务造成他人损害的,由法人承担民事责任。法人承担民事责任后,依照法律或者法人章程的规定,可以向有过错的法定代表人追偿。新《公司法》第188条规定,董事、监事、高级管理人员执行职务违反法律、行政法规或者公司章程的规定,给公司造成损失的,应当承担赔偿责任。法定代表人作为董事、高管,可能据此直接承担赔偿责任,也可能依据第11条被追偿,从而构成规范的竞合。

此外,关于法定代表人是否要对其职务侵权行为承担个人责任的问题。新《公司法》第191条规定,董事、高级管理人员执行职务,给他人造成损害的,公司应当承担赔偿责任;董事、高级管理人员存在故意或者重大过失的,也应当承担赔偿责任。由此,在法定代表人执行职务造成他人损害的情形下,若其存在故意或者重大过失的,存在第191条的适用空间,即受侵害的人也有权直接请求该法定代表人承担个人责任。

4. 改变了法定代表人的选任机制

> **第46条** 有限责任公司章程应当载明下列事项：
>
> （一）公司名称和住所；
>
> （二）公司经营范围；
>
> （三）公司注册资本；
>
> （四）股东的姓名或者名称；
>
> （五）股东的出资额、出资方式和出资日期；
>
> （六）公司的机构及其产生办法、职权、议事规则；
>
> （七）公司法定代表人的产生、变更办法；
>
> （八）股东会认为需要规定的其他事项。
>
> 股东应当在公司章程上签名或者盖章。

根据本条第7项的规定，有限责任公司章程应当载明公司法定代表人的产生、变更办法。而原《公司法》规定法定代表人的选任由章程决定，并规定公司法定代表人应于公司章程、营业执照中载明。新《公司法》并未要求章程选任法定代表人，只要求章程记载法定代表人的产生、变更办法，比如可以在章程中规定由董事会决议选任，不需要每次更换法定代表人时均修改章程。

选任机制的变化使得对法定代表人的法律规制更加科学。一方面，这一变化扩大了公司自治权。原《公司法》对法定代表人的选任规定了烦琐的程序，更换法定代表人需要通过特别决议进行章程修改，限制了公司自治；而新《公司法》破除了这一程序，章程仅需规定法定代表人的产生、变更办法，公司可自行约定更简单的法定代表人选任机制。另一方面，应当厘定公司自治的边界。法定代表人拥有对公司的法定代表权，随着法定代表人的选任范围扩大，公司的法定代表人和公司之间需要存在一种极高的信任关系。这种信任在法律上表现为通过合法程序产生，因此法定代表人的产生程序应当有法律依据或章程依据，不能完全由公司自由决定。

5. 明确了法定代表人的变更机制

> **第35条第3款** 公司变更法定代表人的，变更登记申请书由变更后的法定代表人签署。

这一款规定找出了原《公司法》下法定代表人变更困难的问题症结,并作出了相应调整。原《公司法》第13条规定:"公司法定代表人变更,应当办理变更登记。"虽未言明法定代表人因登记而变更,但概因受到《企业法人法定代表人登记管理规定》(现已废止)①的影响,实践中常常将登记作为法定代表人产生、变更的生效要件,采登记生效主义的立场。这种方式看似维护了法定代表人的公信力,但登记代表人易与公司内部所确立的未登记代表人之间产生冲突。实践中,围绕公司法定代表人的确定,出现了"李逵李鬼之争",一方是公司在市场监督管理局登记的法定代表人,另一方是手持公司任命决议的法定代表人,甚至还有一方是持有公司印章者,难以确定哪一方才是公司的法定代表人。

新《公司法》对法定代表人的变更机制进行了明确规定。一方面,该规定改变了法定代表人的变更程序。在原有立法体系下,公司申请变更登记时,需要原法定代表人签署变更登记申请书,因而常出现法定代表人变更登记难的问题,该条文直接规定,由变更后的法定代表人签署申请书即可,可有效减少实务纠纷。另一方面,该规定明确了法定代表人的变更依据并非登记。法律承认在申请变更登记前已经存在新的法定代表人,因而该登记只具有公示效力,不具有生效效力。结合新《公司法》第35条第1款"公司申请变更登记,应当向公司登记机关提交公司法定代表人签署的变更登记申请书、依法作出的变更决议或者决定等文件"的规定,实际决定法定代表人变更的,应是变更决议或者决定等文件。登记的主要目的是使某些法律事实得到公开,利害关系人得以悉知。公示的目的是保护利害关系人的知情权利,登记的公示效力已经足以满足利害关系人利益保护的要求。

在既往的代表权纠纷中,我国法院也秉持了内外区分的裁判思路,即对内部争议以公司决议为准,对外部争议则以登记为准。于公司内部,公司通过一定的程序自行选择代表人即发生效力,但未变更情形下第三人可基于登记外观得以保护自身权益,由此平衡公司的内外部关系。从该角度出发亦可见,公司与相对人进行交易时,相对人利益保护的基础在于公司的登记公示与登记效力,而不在于代表人的人数多少和内部配置模式,后者显然为公司自治事项。

---

① 参见《企业法人法定代表人登记管理规定》(1999年)(现已废止)第3条:企业法人的法定代表人(以下简称法定代表人)经企业登记机关核准登记,取得法定代表人资格。

(二)延伸问题

1. 法定代表人任职限制的弱化

允许公司自主确定其代表权归属以及代表人设置,系此次公司法修改的重要立法面向,但仍然存在进一步扩大的空间。有学者指出,在代表人的范围上,应当取消任职限制,允许公司设立职业化的代表人。从比较制度看,与规定公司代表人或类似制度的国家相比,我国新《公司法》对法定代表人的选任范围仍然是比较严格的。《德国民法典》第26条规定,公司董事会具有法定代表人的地位;《日本公司法》第349条规定,董事代表股份有限公司。但另行规定代表董事及其他代表股份有限公司的人的情形除外。《美国加利福尼亚州公司法》第5214条规定,根据第5141(a)及5142条的规定,下列任何一人签字的任何票据、抵押、借债证明、合同、财产让与或其他书面文书及其转让或保证,在公司和其他任何人之间已经完成或开始履行的,当交易对方不知签字人员无权执行该事项时,公司不得以签字人员缺乏授权宣布无效:董事会主席、董事长或副董事长、任一秘书、任一秘书助理、首席财务官或任一助理财务员。①

但在我国公司法实践中,事实上也已经突破了新《公司法》所规定的任职人员范围限制,如2018年华为技术有限公司的法定代表人变更为该公司的监事会秘书。任职人员范围的自治化有助于我国公司治理机制的优化,弱化对代表人选任范围的规制,转而通过代表人任免权限的配置对其进行规范更为合理、科学。例如,可将选定代表人的权限机制归属于董事会,明确经由董事会进行决议的代表人任免机制。

2. 法定代表人对公司的损害赔偿

我国新《公司法》下的法定代表人制度仍存在进一步完善的可能,例如:公司法定代表人损害公司利益时,立法上缺乏妥当的事后救济渠道。在法定代表人损害公司利益时,法定代表人显然不会代表公司起诉法定代表人自己,但法律上的衔接程序并不明确。譬如,在青海碱业有限公司与宁波市康盛投资有限公司与冯某成损害公司权益纠纷案中,法定代表人给公司造成损失时,未经法定代表人同意,亦没有经过股东会讨论通过,青海碱业在起诉状上的公章和授

① 该条文修改于1996年,于1997年1月1日起生效。

权委托书上的公章被认为不属于青海碱业的意思表示。[①]

可以从两个角度去构建这一救济渠道:第一,在实体法上明确法定代表人违反法定义务的损害赔偿责任,以提供救济的请求权基础。现行《民法典》第62条第2款和新《公司法》第11条已经对其过错责任进行了规定。第二,在程序上明确监督权对法定代表人的约束,我国尚未对其进行规定。可借鉴《德国股份公司法》第112条之规定,监事会可代表公司对侵害公司利益的行为提起直接诉讼。并且,我国诉讼法上对法定代表人代表诉讼的强制要求,导致了针对法定代表人侵害行为的实体救济障碍和程序救济困难,可通过对监督权的设置改变这一困境。

① 参见青海碱业有限公司与宁波市康盛投资有限公司与冯某成损害公司权益纠纷案,最高人民法院(2014)民提字第143-1号判决书。

专题二十二 关联交易

一、新《公司法》修改的主要内容

关联交易通常是指公司与其关联方之间转移资源或者义务的交易。在现代资本市场与公司治理领域,关联交易的出现对法律提出了巨大的挑战,其直接或间接涉及公司法、证券法、合同法、税法等多个领域。在公司法层面,关联交易的审议程序以及信息披露情况可能反映出公司治理和内控制度的不完善,不公允的关联交易将会损害公司利益。但是,关联交易本质上是一种中性行为,其也可能给公司带来富有效率的交易。因此,识别对公司公允或者有利的交易,剔除不公允的关联交易,构建一套科学精细的规则体系至为重要。立足于对公司利益的保护,区分关联人的身份和性质差异,公司法层面的关联交易制度体系主要应包括不公允关联交易的识别规则和不公允关联交易造成损害时的责任规则。

原《公司法》中规制关联交易的规定,可以归纳为关联交易的一般条款和特别条款,前者包括"关联关系"的含义界定规则和禁止控股股东、实际控制人等主体利用关联关系损害公司利益的责任规则,后者包括公司担保决议、上市公司决议中的关联人回避表决规则和董事、高级管理人员自我交易的程序与责任规则。以上规则主要存在三方面的问题,其一是内容不够具体详细,其二是适用对象和适用范围有限,其三是规则之间法律效果存在冲突,这给司法实践带来了困惑。

新《公司法》以第 182 条和第 185 条为中心,针对原有规则的缺漏之处,吸收司法裁判的经验,扩大了关联人的范围,增加了一般性的关联交易报告义务和回避表决规则,明确并完善了识别不公允关联交易的程序规则。新《公司法》还引入了影子董事和事实董事制度,完善了公司人格否认制度,为因不公允关联交易而利益受损的当事人提供了更多救济手段,强化了关联交易人的责任,有较多可圈可点之处。但是,新《公司法》在关联交易的一般条款和特别条款的适用关系,关联交易行为的效力判断规则上仍然回应不足而有待澄清,生效后的新《公司法》与《公司法司法解释(五)》中的关联交易规则的适用关系亦有待明确。我们就此对新《公司法》中关联交易制度的变革及其未尽之处展开分析和探讨。

二、本次修改的现实依据

(一)完善关联交易制度的现实意义

作为公司的一种经济行为,关联交易的产生具有必然性与合理性,然而实践中其对于公司治理造成的负面影响却日益暴露。关联交易中双方当事人的地位通常不平等,关联人拥有信息优势并在关联交易的定价中享有较大的决策优势。在具体的关联交易中,公司控股股东、董事、高管等关联人面临是谋取自身利益,还是履行对公司的忠实义务或诚信义务的选择,处于严重的利益冲突困境之中。一旦其通过关联交易来转移企业的财产,或利用公司的资源谋求私利,对公司没有控制权或影响力的中小股东就很难及时维护自身的权益。[①] 目前实践中发展出几类比较具有代表性的利益输送的情形,包括编制虚假利润和制造虚假资产、公司为关联方提供担保或进行不公平的资产买卖、异常的股权收购或转让、控股股东与实际控制人的债务与公司债权充抵等。以上不公允关联交易给公司、股东乃至债权人的利益带来的潜在风险,亟待新《公司法》的集中回应。

但是另一方面,我们也不应忽视关联交易可以发挥的积极功能。关联交易能够降低企业的交易成本,分散投资风险,并提高企业的经营效益。公司在资本市场进行交易时,需要选择适合自己的交易相对人,并通过市场调查或其他方式获得对方的具体信息,从而不得不投入大量的人力和物力成本。然而,借由公司与其关联人之间的内部交易行为,则可节约从外部寻找合适对象并进行信息处理的成本。此种关联交易还有助于减少交易过程中的投资风险,提高交易的稳定性,强化交易的安全性和可执行性。此外,通过关联交易行为,利润在关联方之间流动,能够给企业带来更多的经营资金,并有效提高其经营业绩,帮

① 参见李建伟:《关联交易的法律规制》,法律出版社2007年版,第111—114页。

助企业扩大经营规模,实现做大做强的目标。当公司陷入困境时,关联交易也有助于公司脱离泥潭,间接募集更多的资金,从而惠及关联交易方。针对中国上市公司的一项实证研究表明,关联交易发挥了构建内部资本市场以缓解融资约束以及获取大股东“支持”的作用,综合来看对公司价值产生了积极影响。

关联交易的这些积极功能在我国公司集团广泛存在的现实背景下更具意义,由于市场经济条件下的资本集中是企业发展的必然规律,实践中大量存在由各独立公司通过关联关系组成的公司集团。公司集团中的各独立公司仅是其成员,集体意志的形成、财产的运用、经营活动实际上都是受制于集团权力机构。集团公司往往通过底层的公司融资,通过中层的公司实现利润,并通过上层的组织架构来实现杠杆效应。集团公司内部的关联交易,可能仅对其中个别公司的利益造成损害,但整体上有助于公司集团的整合及利益最大化。因此,在关联交易制度的设计中,既要对不公允的关联交易进行矫正,也要注意相关规则应促进或者不妨碍公司之间集团化的整合,维持好一定的关联交易规制强度。原《公司法》中的关联交易制度对此回应程度尚不足够,需要通过新《公司法》予以完善。

(二)关联交易制度的立法探索

1. 公司法及其司法解释的探索

原《公司法》中关于关联交易的规制条款散见于各章节中。“总则”中包括第 16 条第 3 款的关联担保时股东表决权排除规则和第 20 条公司的控股股东、实际控制人等主体不得利用关联关系损害公司利益的责任规则。“股份有限公司的设立和组织机构”一章中包括第 115 条公司不得直接或者通过子公司向董事、监事、高级管理人员提供借款和第 116 条公司应当定期向股东披露董事、高管薪酬的规定。“公司董事、监事、高级管理人员的资格和义务”一章中包括第 147 条关于董事、监事、高级管理人员应当遵守法律、行政法规和公司章程并对公司负有忠实义务和勤勉义务的规定以及第 148 条关于董事、高级管理人员不得违反公司章程的规定或者未经股东会、股东大会同意而与本公司订立合同或者进行交易的规定。“附则”中的第 216 条则对“关联关系”的概念予以界定。

最高人民法院为应对营商环境评估之需要,以《公司法》中关联交易的规定为依据,制定了《公司法司法解释(五)》,完善了关联交易的相关规则。《公司法司法解释(五)》第 1 条规定:“关联交易损害公司利益,原告公司依据民法典

第八十四条、公司法第二十一条规定请求控股股东、实际控制人、董事、监事、高级管理人员赔偿所造成的损失，被告仅以该交易已经履行了信息披露、经股东会或者股东大会同意等法律、行政法规或者公司章程规定的程序为由抗辩的，人民法院不予支持。公司没有提起诉讼的，符合公司法第一百五十一条第一款规定条件的股东，可以依据公司法第一百五十一条第二款、第三款规定向人民法院提起诉讼。”该规定指出了不公允关联交易的判断标准，并明确异议股东有权为了公司利益以自己的名义提起诉讼。《公司法司法解释(五)》第2条规定：“关联交易合同存在无效、可撤销或者对公司不发生效力的情形，公司没有起诉合同相对方的，符合公司法第一百五十一条第一款规定条件的股东，可以依据公司法第一百五十一条第二款、第三款规定向人民法院提起诉讼。”该规定则将股东代表诉讼扩展到将关联交易合同认定无效、可撤销或对公司不发生效力的情形。

2. 上市公司层面的制度探索

上市公司的监管规则或交易所的自律准则也对上市公司的关联交易问题有所回应。《上市公司治理准则》设专节规制关联交易，该准则第74条规定：“上市公司关联交易应当依照有关规定严格履行决策程序和信息披露义务。”第75条规定：“上市公司应当与关联方就关联交易签订书面协议。协议的签订应当遵循平等、自愿、等价、有偿的原则，协议内容应当明确、具体、可执行。”第76条规定：“上市公司应当采取有效措施防止关联方以垄断采购销售渠道等方式干预公司的经营，损害公司利益。关联交易应当具有商业实质，价格应当公允，原则上不偏离市场独立第三方的价格或者收费标准等交易条件。”第77条规定：“上市公司及其关联方不得利用关联交易输送利益或者调节利润，不得以任何方式隐瞒关联关系。”

交易所的股票上市规则则有针对性地从“关联交易利害关系人的认定”“关联交易区别认定与豁免”等角度进行规制。例如《上海证券交易所股票上市规则》第6.3.18条明确允许一些虽然属关联交易但是交易具有安全性、可控性、价格公允性和透明性的事项，豁免于按照关联交易的披露和审议程序，主要包括：“(一)上市公司单方面获得利益且不支付对价、不附任何义务的交易，包括受赠现金资产、获得债务减免、无偿接受担保和财务资助等；(二)关联人向上市公司提供资金，利率水平不高于贷款市场报价利率，且上市公司无需提供担保；

(三)一方以现金方式认购另一方公开发行的股票、公司债券或企业债券、可转换公司债券或者其他衍生品种……”几人事项。

3. 国有公司层面的制度探索

国有企业内部人利用关联交易侵吞转移国有资产亦是高发现象,因此我国国有企业的相关立法中对于关联交易问题存在较为系统完整的规定。《企业国有资产法》第43条对关联方进行了认定,包括公司的董事、监事、高级管理人员;公司的董事、监事、高级管理人员的近亲属;公司的董事、监事、高级管理人员及其近亲属所有或实际控制的企业。第44条规定:“国有独资企业、国有独资公司、国有资本控股公司不得无偿向关联方提供资金、商品、服务或者其他资产,不得以不公平的价格与关联方进行交易。”第45条规定:“未经履行出资人职责的机构同意,国有独资企业、国有独资公司不得有下列行为:(一)与关联方订立财产转让、借款的协议;(二)为关联方提供担保;(三)与关联方共同出资设立企业,或者向董事、监事、高级管理人员或者其近亲属所有或者实际控制的企业投资。”第46条规定:“国有资本控股公司、国有资本参股公司与关联方的交易,依照《中华人民共和国公司法》和有关行政法规以及公司章程的规定,由公司股东会、股东大会或者董事会决定。由公司股东会、股东大会决定的,履行出资人职责的机构委派的股东代表,应当依照本法第十三条的规定行使权利。公司董事会对公司与关联方的交易作出决议时,该交易涉及的董事不得行使表决权,也不得代理其他董事行使表决权。”《企业国有资产法》对于典型的关联人和关联交易的内容作出了列举,并较早地确定了一般性的针对国有公司的关联交易事项的表决权回避要求,为新《公司法》确立相关规则提供了依托。

4. 小结

总体而言,我国并不缺乏规制关联交易的相关规范。但是,仍然存在几个方面的问题:其一,既有的规则仍然比较零散而缺乏系统性,具体规则之间的内在逻辑也有所欠缺。比如控股股东、实际控制人与董事、高管的关联交易规范的法律后果缺乏协调,造成法官陷入条款适用的选择困境,并在部分案件中将程序与结果审查条款互相挪用。[①] 其二,既有规则多向上市公司、国有公司倾

---

① 参见伍坚、刘慈航:《论自我交易与关联交易之制度统合——以〈公司法〉修订为契机》,载陈洁主编:《商法界论集》第11卷,法律出版社2023年版,第70页。

斜,对非上市公司的关联交易关注不够,关联交易制度的系统性立法迫在眉睫。其三,基础性规则缺失。诸如关联人的范围认定、审议关联交易的程序规则、关联人表决的回避规则等制度,实则已经存在较为成熟的制度探索,但公司法层面却未能明确。因此,既有的关联交易规制规则仍然是一个粗犷而残缺的版本,亟待通过此次《公司法》的修改加以完善。

(三)关联交易的实践探索

司法实践中,指导案例也构成了关联交易规范的一部分,在审判实践中发挥着不可或缺的独特作用。如最高人民法院发布的指导性案例 33 号“瑞士嘉吉国际公司诉福建金石制油有限公司等确认合同无效纠纷案”中,明确了债务人将主要财产以明显不合理低价转让给其关联公司,关联公司在明知债务人欠债的情况下未实际支付对价的,可以认定债务人与其关联公司恶意串通、损害债权人利益,与此相关的财产转让合同应当无效。该案明确了关联交易的效力认定规则。又如最高人民法院判决的“耿志友、刘月联公司关联交易损害责任纠纷案”中,法院针对符合形式合法外观要件的关联交易,继续以公司是否从关联交易中获得利益为标准,对其实质内容是否符合正常的商业交易原则以及交易价格是否合理等进行审查。该案则系司法实践围绕如何判断关联交易的实质公允而先于《公司法》所作出的探索。目前司法实践中所探索出的比较成熟的关联交易规则亦有待新《公司法》的借鉴吸收。

三、关联交易的理论阐释

(一)我国关联交易制度的概念界定模式

从实定法观察,界定关联交易存在两种模式:第一种是对关联关系作出界定,进而认定公司与具有关联关系的主体之间的交易构成关联交易;第二种是将关联交易定义为关联方之间的交易,进而对何谓关联方、何谓交易进行界定。我国的关联交易规制体系中,对于这两种概念界定模式均有所采纳。

第一种模式来源于我国《公司法》。原《公司法》第 216 条第 4 项规定:“关联关系,是指公司控股股东、实际控制人、董事、监事、高级管理人员与其直接或者间接控制的企业之间的关系,以及可能导致公司利益转移的其他关系……”第 21 条第 1 款规定:“公司的控股股东、实际控制人、董事、监事、高级管理人员不得利用其关联关系损害公司利益。”据此可以推论出，公司法中的关联交易就是公司与具有关联关系的主体之间的交易。

第二种模式则可见于我国证券交易所的自律准则。以《上海证券交易所股票上市规则》为例，该规则第 6.3.2 条首先原则性地规定：“上市公司的关联交易，是指上市公司、控股子公司及控制的其他主体与上市公司关联人之间发生的转移资源或者义务的事项”，进而具体列举了“交易”的类型；第 6.3.3 条则对关联人的类型进行了罗列，并规定了“实质重于形式”的关联人的兜底式认定方法。这种界定模式逻辑相对清晰，内容具体明确，通过对“关联人”和“交易”进行列举加兜底式的认定，便可明确关联交易的具体外延。

（二）我国关联交易制度的分类

1. 根据关联交易的行为模式所作的分类

关联交易的行为模式包括两类，一类是直接发生在关联人与公司之间的自我交易，例如公司直接将其资产出售给关联人或者向关联人购买相应资产，可以称为直接的或者狭义的关联交易。另一类则是特定主体通过他们关联的主体，间接跟公司进行交易，这被称为间接的关联交易或者广义的关联交易。

2. 根据关联人的身份所作的分类

基于公司法中实施关联交易主体的身份，可以区分控股股东、实际控制人、董事、监事、高级管理人员所为的关联交易。这几类主体均在不同程度上享有对公司的控制力，但是我国《公司法》在“总则”中，统一规定了以上几类主体不得利用关联关系损害公司利益，却又在“公司董事、监事、高级管理人员的资格和义务”一章中仅针对董事、监事、高级管理人员的关联交易行为作出了关联交易相关的程序性规定。

3. 根据关联人性质所作的分类

就关联人的性质来看，可以区分为与自然人和与法人发生的关联交易两种。作为关联人的自然人一般是指能拥有一定数量的表决权股份或能对公司施加实质性控制与影响的人，包括公司股东和管理人员及其关系密切的家庭成员。而作为关联人的法人是指能够通过直接或间接方式控制公司或被公司控制的公司法人。这种关联人既可因母子公司关系而产生，也可因受同一公司控制而产生，常见的情况包括母公司、子公司、受同一母公司控制的子公司。无论是关联自然人还是关联法人，各国法律在判断是否构成关联人时，都强调在其相互关系上存在控制或重大影响关系,一方能够对另一方的财务和经营决策形成实质性控制或重大影响,则二者就是关联人,二者之间的关系也就构成关联关系。

4. 根据关联交易的具体内容所作的分类

我国《企业会计准则第36号——关联方披露》采用列举的方式,对常见的11种关联交易进行了分类:(1)购买销售商品。为提高交易效率和公司利润,关联公司间商品交易是常见的关联交易。(2)其他资产的购买销售。除了上述商品类型之外的资产进行销售或者购置,同样也是这一交易的常见类型。(3)劳务派遣。关联方之间基于劳务派遣形成的关联交易,在母子公司极为常见。(4)担保抵押。为解决公司的融资贷款和债权保证等问题,关联公司间经常发生抵押担保类关联交易。该类交易有利于促进公司的经营活动开展,但给提供抵押担保的公司带来较大风险,我国对上市公司对外提供抵押担保明确要求不适用于特定对象且应及时予以披露。(5)提供资金。在关联方间进行资金层面的提供,其中还包括其他类型的资金投资。(6)租赁交易。常见的租赁类交易,有融资性租赁和经营性租赁。(7)代理交易。常见的代理类交易有产品销售代理。(8)研究与开发项目转移。如果出现了关联关系,可能会在具体的研发中,因为关联方的影响将项目进行转移。(9)许可协议。如果具有关联关系,往往内部可能会形成协议,同意关联方使用自身的品牌商标。(10)代为管理。在关联公司间,某方同另一方形成了管理协议,代为管理项目合同。(11)高管薪酬。因高管与公司形成关联关系,故高管薪资支付也是关联交易之一。

(三)我国关联交易制度的规制重心

完善我国关联交易制度,首先应当在理念层面客观认识该制度的利弊之处。在制度设计中,既要立足于我国民商事立法中个体独立的法人视角,又要承认我国关联交易的发生场域更多集中在关联企业之间或集团公司内部的现实情况,确保规制强度的适应性。具体而言,公司法上关联交易的规制重心,系于识别并保护公允的关联交易,剔除不公允的关联交易并科以造成损害的当事人相应的法律责任。

1. 不公允关联交易的识别规则

识别不公允的关联交易,首先要求充分的信息披露。一方面,《公司法》可以依托企业信用信息公示系统的配套设施，借助公司登记制度及《市场主体登记管理条例》中的受益所有人披露制度，要求通过代持、协议控制等手段与公司形成关联关系的主体进行预先披露，从而将关联关系披露的关口前移，使公司内部治理机构、外部监管机构共同享有关联关系信息，形成更好的关联交易识别或发现机制。[①] 另一方面，公司内部治理规范中的报告义务，亦是信息披露要求的体现。《公司法》可以要求董事、监事、高管等公司内部人，在与其相关的关联交易发生之时，及时向公司充分告知关联关系及关联事项的内容，以便公司决议机构就是否批准关联交易作出更为客观真实的判断。

识别不公允的关联交易，其次要求公司内部确立审议关联交易的程序规则。这通常包括关联交易议案的提出、会议的召开、利害关系人的回避、无利害关系人批准后的决议作出及公告等内容。其中比较核心的规范即关联交易的事先批准程序，其赋予公司判断某一项关联交易是否公平并决定是否批准交易的权力。通常认为，董事会中的非关联董事或者由独立董事组成的专门委员会，以及股东会中的无利害关系人作为代表公司作出判断的主体，经充分披露后的关联交易，还需取得以上主体的多数批准才可以进行。这一程序规则有两方面的意义。一是有利于保护中小股东。在关联交易需经无利害关系股东过半数通过时，关联交易的决定权实际被赋予中小股东，控股股东无法强制达成交易，股东内部之间可以就此对交易价格展开协商谈判，从而使得中小股东获得更多的盈余。二是经过事先批准的关联交易，交易双方已经就交易条件充分评估，为法院对于关联交易的再行实质审查减轻了负担。[②]

最后，不公允的关联交易的识别，通常还包括法院事后根据交易对价是否实质公允而为的审查。如果公允则关联交易就有效，此时是否经过有权机构批准其实并不重要。保留法院对关联交易是否实质公允的审查权，一方面是因为一些关联交易的行为即便能够通过公司内部的程序规则的审查，但是未必最有利于公司利益；另一方面是因为一些实质有利于公司利益的关联交易行为，受制于回避表决的程序规则，可能无法获得通过。因此，对于关联交易是否实质公允的判断，实则是法院对于公司利益的兜底性保护。这一规则确实有其合理

① 参见刘贵祥：《从公司诉讼视角对公司法修改的几点思考》，载《中国政法大学学报》2022年第5期。

② 参见林一英：《关联交易的差异化规范：方法和主体的视角》，载《中国政法大学学报》2022年第5期。

性,但是同样带来了一些问题,即事后审查交易将造成当事人难以自证交易公平,也给法律适用造成不确定性。此外,由法院进行最终审查,可能也意味着对于公司通过正当程序批准或追认关联交易所表达的自由意志的忽视,有损公司自治原则。①

2. 不公允关联交易造成损害时的责任规则

关联交易的规制,还应着力构建非公允关联交易造成损害发生时的赔偿或补偿机制。按照经济学的成本收益分析方法,如果某一交易的收益大于成本支出,就会增加这一行为的激励,反之则会减少交易的发生。损害赔偿可以提高非公允关联交易的违法成本,并使其大于行为人的个人收益,从而使当事人自觉停止有关非公允关联交易。② 具体而言,因关联交易而需承担损害赔偿责任或补偿责任的情形又主要包括两种:

第一,不涉及关联公司,仅仅是公司的控股股东、实际控制人、董事、监事、高管在关联交易中损害公司利益。董事、监事、高管等主体因关联交易损害公司利益的行为而向公司承担侵权责任,系基于其对公司的信义义务。而控股股东及实际控制人由于对公司享有绝对的控制权,基于权利与义务相一致的原则,也应当对公司至少负有诚信义务,在因其关联交易的行为给公司造成损失时,应承担相应赔偿责任。

第二,在涉及关联公司的场合下,控制公司利用从属公司为其谋利,并且对从属公司造成了不公平损害。如果控制公司是能够直接或间接地对从属公司施加实质性影响的公司,在其与关联方交易的时候,控制公司往往会利用其对从属公司的这种影响力,迫使从属公司进行违背公平原则的不利益的经营,例如高价买入低价卖出,为没有利益关系的公司的债务承担担保责任等,并从中获取利益。从属公司在这种经营中沦为了控制公司牟取自己利益的工具和牺牲品,从属公司及其中小股东的利益不合理地受到了损失,公司法应当对这种情况作出约束,要求控制公司向从属公司承担损害赔偿责任。考虑到这种情形下决议往往是控制公司及其控股股东、董事等主体共同作出的,此时可能构成共同侵权,公司法也有必要苛以后者一定的赔偿责任。但是,需注意的是,由于

① 参见迟颖:《有限责任公司董事自我交易制度建构与司法适用》,载《法学家》2021 年第 3 期。

② 参见钟凯:《公司法实施中的关联交易法律问题研究》,中国政法大学出版社 2015 年版,第 60 页。

控制公司和从属公司作为关联公司可能同属一个公司集团,个别从属公司的利益损害并不当然等于集团利益的损害,此时如果控制公司能够通过事先合约或者事后补偿的方式弥补从属公司的损害,此种关联交易就并不会带给控制公司及相关内部人以赔偿责任。基于此,还有必要顺应集团公司中的控制公司根据整体利益的需要,按照集团章程规定的范围和程序指示从属公司开展关联交易的现实需求,明确控制公司对从属公司管理权的边界,事先建构关联公司内部之间的补偿请求权,确保集团公司整体利益和其中个体公司利益的平衡。

(四)关联交易制度的域外制度概况

1. 不公允关联交易的识别规则之借鉴

法国、德国、意大利和日本的公司法,都存在董事在实施与公司的关联交易之前必须将交易向董事会披露并获取后者无利害关系董事的批准的规定。美国法一般也要求董事与公司的关联交易必须事先取得无利害关系方的批准。譬如,《美国特拉华州普通公司法》第 144 条第(a)款规定:“一个或者多个董事或者高级管理人员与公司之间、一个或者多个董事或者高级管理人员作为董事或者高级管理人员或者具有经济利益的公司、合伙、协会或者组织与公司之间的合同或者交易,不会仅仅因为如下原因或者仅仅因为董事或者高级管理人员出现或者参加了授权该合同或者交易的董事会或者专门委员会,或者仅仅因为任何一个董事或者高级管理人员的投票权被计入其中,而归于无效或者可撤销:(1)有关董事或者高级管理人员的关系或者利益,和合同或者交易的实质性内容向董事会或者专门委员会披露,并且经后者无利害关系董事的多数善意的授权,无论无利害关系董事是否少于法定人数;或者(2)有关董事或者高级管理人员的关系或者利益,和合同或者交易的实质性内容向有权投票的股东披露,并且得到了后者善意的特别批准;或者(3)合同或者交易对公司在被董事会、专门委员会或者股东授权、同意或者批准时是公平的。”根据上述规定并结合有关判例,若董事、高级管理人员与公司之间的交易获得了无利害关系董事或者股东的批准,那么该交易就将受到商业判断规则保护。但是,若参与批准的董事或者股东并非无利害关系的或者并非在充分知情的情况下作出的,那么董事还需要证明该交易对公司是公平的,需要接受法院严格的公平性审查。如果董事与公司的关联交易根本没有披露也没有获得有权机构任何批准,那么公司则有权撤销相关的交易协议。

对于控股股东与公司的交易,是否必须经报告和批准,各国公司法和示范性文件的态度则存在很大差异。譬如,《法国商法典》第L225-38条第1款,要求公司与持股比例超过10%的股东进行交易时,必须事前取得董事会的批准,但《法国商法典》第L225-39条将日常经营活动的交易排除出该条的适用范围。与之对比,美国法不要求控股股东与公司进行交易之前必须取得有权机关的批准,但美国判例法以及示范性文件鼓励控股股东取得批准,美国的成文法并未对控股股东与公司的交易作出与董事、高级管理人员相同的规定。值得注意的是《美国法学会公司治理准则》的第5.10条规定:"(a)一般规定。一个控股股东与公司进行交易时存在以下情形将被视为履行了公平交易的义务:(1)交易在订立时对公司是公平的;(2)在披露利益冲突和交易之后,得到了无利害关系股东的事先授权或者批准,并且在股东诉讼时不构成浪费公司资产。"根据其规定,控股股东与公司之间的交易可以不经过披露和批准,只要该交易对公司是公平的。但是美国特拉华州判例法为了鼓励控股股东去获取有权机关的批准,赋予了经批准的交易以举证责任倒置的优惠政策,以及在符合无利害关系董事和无利害关系股东双重合格批准的情况下适用商业判断规则。由此,即便控股股东未将其与公司之间的交易向公司披露并获取任何形式的批准,只要他能够证明该交易在发生时对公司而言是公平的,该交易仍然是有效的;这与董事与公司的关联交易未报告、未批准,属于可撤销或者无效的交易,是不同的。

域外制度通常将"程序合法"与"实质公允"审查的规则紧密融合,并在规则设计上对董事和控股股东作出一定区分,此种规定有其合理性。董事通常属于公司的公司管理者,对公司的大多数交易都具有一定的控制权,其与公司直接或间接进行交易,必然会处于利益冲突位置,因此必须向公司报告。而控股股东通常属于公司的投资者,并不必然参与到公司的经营管理活动,即便其与公司进行交易时亦处在交易的两边,但并不必然参与公司一方的交易决策,利益冲突不如董事的关联交易显著。再者,控股股东对董事和少数股东,事实上本身就构成一种"内在威胁",此时要求董事会、股东会进行批准的意义是形式大于实质。①

---

① 参见邹学庚:《公司治理中控股股东的法律规制》,中国政法大学2022年博士学位论文,第185—190页。

2. 不公允关联交易造成损害时的责任规则之借鉴

公司的控股股东、董事等主体在关联交易中因损害公司利益而承担赔偿责任在美国法中同样存在,不过其中的董事责任通常因责任豁免条款或董事责任保险制度而得到减轻。域外较为有特色的不公允关联交易之下的责任规则,多存在于德国等存在关联企业立法的国家和地区中。譬如,《德国股份公司法》第311条规定:"不存在控制合同的,控制企业不得利用其影响力,促使从属《德国股份公司法》的股份有限公司、股份两合公司实施对自己不利的法律行为,或者以自己蒙受不利益代价采取或放弃某种措施,除非该不利益得到补偿。在营业年度中未实际给予补偿的,至迟在从属公司遭受不利益的营业年度结束时必须确定,应于何时、以何种利益补偿该不利益。对于被确定用于补偿的利益,应赋予从属公司一项法律上的请求权。"第317条规定:"一个控制企业促使一个与其不存在控制合同的从属公司实施对其不利的法律行为,或者促使其采取或不采取某项措施致其蒙受不利益,而该不利益至营业年度结束时未实际得到补偿或者未给予从属公司一项对为补偿而确定的利益的请求权的,则该控制企业对由此给公司造成的损害向公司负赔偿义务。只要股东因此遭受损害,则控制企业也向股东负赔偿义务,但股东因公司受害而蒙受的损失不予考虑……在控制企业之外,促使公司实施法律行为或者采取措施的企业法定代表人也作为连带债务人承担责任。"

四、新《公司法》规定解读与延伸问题

(一)新《公司法》的规定与解读

新《公司法》中关联交易制度的规范主要如下:

> **第182条** 董事、监事、高级管理人员,直接或者间接与本公司订立合同或者进行交易,应当就与订立合同或者进行交易有关的事项向董事会或者股东会报告,并按照公司章程的规定经董事会或者股东会决议通过。
>
> 董事、监事、高级管理人员的近亲属,董事、监事、高级管理人员或者其近亲属直接或者间接控制的企业,以及与董事、监事、高级管理人员有其他关联关系的关联人,与公司订立合同或者进行交易,适用前款规定。

第185条　董事会对本法第一百八十二条至第一百八十四条规定的事项决议时,关联董事不得参与表决,其表决权不计入表决权总数。出席董事会会议的无关联关系董事人数不足三人的,应当将该事项提交股东会审议。

以上两条规则系本次新《公司法》对于关联交易制度的核心修改,主要应作如下理解:

其一,扩大了关联人的范围。新《公司法》首先将关联人的范围扩张至监事,其次将董事、监事、高级管理人员的近亲属,董事、监事、高级管理人员直接或间接控制的关联企业、董事、监事、高级管理人员近亲属直接或间接控制的关联企业明确纳入了关联人的范围,最后还保留了“与董事、监事、高级管理人员有其他关联关系的关联人”作为兜底。此种“形式列举+实质认定”的关联人认定模式实则是对证券交易所的股票上市规则的凝练。《上海证券交易所股票上市规则》第6.3.8条规定:“关联董事包括下列董事或者具有下列情形之一的董事:(一)为交易对方;(二)拥有交易对方直接或者间接控制权的;(三)在交易对方任职,或者在能直接或间接控制该交易对方的法人或其他组织、该交易对方直接或者间接控制的法人或其他组织任职;(四)为交易对方或者其直接或者间接控制人的关系密切的家庭成员;(五)为交易对方或者其直接或者间接控制人的董事、监事或高级管理人员的关系密切的家庭成员;(六)中国证监会、本所或者上市公司基于实质重于形式原则认定的其独立商业判断可能受到影响的董事。”关联人范围的扩张,有助于识别关联交易公允性的程序规则的落实,否则董事、监事、高级管理人员动辄可以通过各种隐蔽手段规避程序规则进行关联交易,损害公司的利益。

其二,规定了董事、监事、高级管理人员对董事会或股东会的关联交易事项的报告义务。新《公司法》扩张了关联人的范围,但要求公司外部的关联人履行报告义务既不现实,也不效率,因此有必要将报告义务统一赋予公司内部的关联人。经由此种公司法层面的信息披露,董事会或股东会可以及时充分的掌握情况,在充分研判的基础上采取有利于公司利益的应对措施。

在报告对象上,新《公司法》第182条将“董事会或者股东会”确立为公司关联的董事、监事、高级管理人员履行报告义务的对象。但是新《公司法》第139

条第1句则另行规定:“上市公司董事与董事会会议决议事项所涉及的企业或者个人有关联关系的,该董事应当及时向董事会书面报告”,从而将“董事会”确立为上市公司关联董事履行报告义务的对象。其原因主要在于上市公司股东会相较董事会而言,不常召开也不易召开,由董事会对关联事项进行批准更符合商事效率的要求。此系关联交易制度项下,为上市公司所量身定制的特别规定。

在报告事项上,新《公司法》一体性地要求关联人就各类关联交易事项均向公司董事会或股东会进行报告,未设置豁免机制。但是在上市公司的自律准则中,对于虽然属于关联交易但是具有安全性、可控性、价格公允性和透明性等惯常性交易事项,设置了豁免规则而使其排除在关联交易报告规则之外。《上海证券交易所股票上市规则》第6.3.18条作如下列举:“(一)上市公司单方面获得利益且不支付对价、不附任何义务的交易,包括受赠现金资产、获得债务减免、无偿接受担保和财务资助等;(二)关联人向上市公司提供资金,利率水平不高于贷款市场报价利率,且上市公司无需提供担保;(三)一方以现金方式认购另一方公开发行的股票、公司债券或企业债券、可转换公司债券或者其他衍生品种;(四)一方作为承销团成员承销另一方公开发行的股票、公司债券或企业债券、可转换公司债券或者其他衍生品种;(五)一方依据另一方股东大会决议领取股息、红利或者报酬;(六)一方参与另一方公开招标、拍卖等,但是招标、拍卖等难以形成公允价格的除外;(七)上市公司按与非关联人同等交易条件,向本规则第6.3.3条第三款第(二)项至第(四)项规定的关联自然人提供产品和服务;(八)关联交易定价为国家规定;(九)本所认定的其他交易。”这一特别法上的关联交易的豁免规则,有助于防止因法律制度之间功能重叠而造成的过度规制的问题,对于节省公司治理运营成本,提高决策效率具有重要意义。

其三,关联交易的同意权主体交由公司章程决定。相较原《公司法》第148条将自我交易的同意权限定于股东会的规定,这种立法模式更为合理。原《公司法》的立法初衷是善意的,其考虑到董事会成员之间及其与监事、高级管理人员间的密切牵连,将可能存在利益冲突的董事会排除在同意权主体之外。但这不利于公司灵活安排自己的事务,忽视了公司运行的效率。对于大公司尤其是上市公司而言,面对自我交易或者商业机会,要求董事、监事、高级管理人员征求一年才召开一次或者几次的股东会的同意,可能与商业精神和效率追求相悖。新《公司法》的规定将选择权赋予公司,更好满足了不同规模的公司的治理需要。

其四,确定了一般性的关联董事回避表决制度。关联董事回避表决制度不再专属于上市公司,非上市公司在对关联交易事项作出决议时,也应当遵循表决权回避的程序。但是这一规定在理解适用中,还存在一些问题需要予以注意。首先,该规定仅排除了关联董事的表决权,但是董事的其他权利并不受到影响,例如接收会议通知、出席会议以及在董事会上申辩说明的权利。其次,当董事会中的大多数董事或全部董事与董事会的决议事项存在关联关系,以至于无关联关系董事人数不足三人时,董事会将无法形成决议以致将决议事项提交给股东会进行决议。但是,提交股东会后,与该事项存在直接或间接利益关系但不担任董事的关联股东,通常是控股股东或实际控制人,是否应基于关联关系回避,新《公司法》并未明确。若不要求其回避,则无法实现避免利益冲突的制度目的;若要求其回避,则该关联事项可能由剩下的少数小股东决议,因为持股份额较小,其决策的理性激励不足,董事会与多数股东可能承担了该决议的大部分风险,将会导致"反向不公"。

(二)延伸问题

新《公司法》在原《公司法》的基础上扩大了"关联人"的概念范畴和关联交易的规制范围,完善了衡量关联交易公平性的程序规则,值得肯定。但是在以上规则之外,还有一些关于关联交易制度的理解适用问题有待明确。

1.关联交易的一般条款和特别条款的适用关系

目前新《公司法》的关联交易规制模式可以理解为一种不完全版的关联交易统合规制模式,总则中其采用侵权责任条款的模式统一规定了控股股东、实际控制人与董事、监事、高级管理人员不得利用关联关系损害公司利益,然而分则中关于董事、监事、高级管理人员自我交易的程序规则与归入权的有关规定仍然难以直接适用于控股股东和实际控制人。区别对待的法理或许在于:董事、监事、高级管理人员作为公司的代理人及内部主体,其与公司之间的关联交易是直接的利益冲突交易,相较而言,控股股东、实际控制人与公司之间是两个人格独立的法律主体,利益冲突程度较弱。但是,考虑到我国公司股权结构的客观实际,大股东、实际控制人操纵的反而占了绝对多数,董事关联交易是第二位的。基于控股股东、实际控制人对公司的重大影响力,在关联交易问题上应当与董事等公司内部人员适用相同的法律规则。[①] 值得肯定的是，新《公司法》第180条第3款增设了“事实董事”制度，即公司的控股股东、实际控制人不担任公司董事但实际执行公司事务的，适用董事忠实、勤勉义务的有关规定。这一规定可以使构成事实董事的控股股东、实际控制人间接适用董事、监事、高管关联交易时的程序规则及归入权规则，但仍然较为迂回而有待进一步明确。

2.《公司法司法解释（五）》中关联交易的规则应继续适用

《公司法司法解释（五）》第1条、第2条确立了两项规制关联交易的规则，其一是基于实质公允原则的关联交易判断规则，其二是将不当关联交易行为对接至股东派生诉讼的规定。新《公司法》未明确引入《公司法司法解释（五）》的规则，但规定了比较完整的审议关联交易的程序规则，在一些制度中程序规则可以起到推动交易实质公允或减轻举证责任负担的作用。因此，学界在《公司法司法解释（五）》第1条是否继续适用的问题上产生了不同认识。

一种观点认为，《公司法司法解释（五）》所确立的实质公允的判断规则应当继续适用，即便关联交易遵守了公司法规定的程序规则，如果实质给公司造成了损害，则关联人仍然需要对公司承担赔偿责任。此时，应由主张关联交易行为给自己利益造成损害的一方负担举证责任，有必要在新《公司法》第182条后增设一款：“关联交易符合前款规定的法定程序的，主张该交易不公平，要求损害赔偿的一方应当举证证明该交易实质损害了公司利益；关联交易没有遵循前条规定的法定程序的，交易方应当举证证明该交易结果实质公允，否则应当对公司承担不公平交易损害赔偿责任。”原因在于关联交易公允性认定存在多元的价值判断取向，程序规则并不能包含法律上的一切判断。在组织法层面，应以公司利益的最大化作为最终的审查标准。另一种观点则认为，经过法定程序审查的关联交易即应推定公平，而无须再面临法院的实质审查。原因主要有三：其一，法院进行最终审查意味着公权力的判断代替了公司内部股东会或董事会的商事判断。其二，遵守程序规则的关联交易，如果仍然将面临公允性的实质审查，将导致关联人失去遵守这一规则的动力，新《公司法》这一设计的规范目的可能落空。其三，《公司法司法解释（五）》所确立的实质审查规则，是为了适应营商环境评估的需要，而且彼时《公司法》中并不存在完善的程序规则，

① 参见刘贵祥：《从公司诉讼视角对公司法修改的几点思考》，载《中国政法大学学报》2022年第5期。

实质审查规则仅在当时有其必要性与合理性。

对此,我们认为:实践中控股股东、实际控制人等主体利用不公允关联交易损害公司和中小股东利益的现象频繁发生,程序规则易被架空,仅仅符合程序规定并不等同于公司利益已获保障。《公司法司法解释(五)》第1条所确立的规则是对中国公司治理的现实困境的妥善回应,应当继续予以维持,从而为公司和中小股东提供兜底的救济手段。基于同样的强化股东救济的理由,其第2条关于将不当关联交易行为对接至股东派生诉讼的规定也应当继续予以维持。

3. 违反程序规则的关联交易行为的效力问题

新《公司法》第182条仅规定了关联交易应遵守的程序规则,但未明确指出违背该规则的法律后果。由于关联交易的程序规则系由公司通过内部章程决定,违背这一规则是否必然导致关联交易行为的效力瑕疵,司法实践与理论界存在较大争议。在这一问题上,合同法和组织法的思维相互渗透,目前主要存在三种学说:一是有效说,认为股东会或董事会决议批准的规定并非效力规定,而仅是公司内部基于章程确立的程序性规定,相对人并没有义务审查,违反此规定而进行的交易有效;二是无效说,认为违反批准程序的关联交易有损公司利益,应直接认定为无效;三是相对无效或可撤销说,认为违反批准程序的关联交易不必然损害公司利益,公司可事后根据该关联交易是否实质公允决定是否撤销。不过该撤销权亦应受到一定限制,对于已经履行完毕的关联交易不应允许撤销。对此,我们总体上支持前述第三种观点,此种观点跳出了一味保护善意相对人利益的传统合同法思维,以公司利益为审查核心,同时兼顾了交易的安全性,系属对于各方利益最优的选择。

专题二十三 决议效力制度

一、新《公司法》修改的主要内容

公司决议，一般由公司组织机构成员依据预先共同设定或接受的程序和议事规则，依可接受的多数决而形成。① 决议作为一种团体法律行为，适用集体决策机制中的“多数决规则”②，决议一旦形成，对公司、全体股东均具有约束力。这一性质决定了股东会决议的形成，在实体和程序上都必须遵循较为严格的规定，一旦有所瑕疵，则可能损害少数派股东或公司的利益，应对决议的效力作出一定程度的否定性评价。

对于决议瑕疵的类型，原《公司法》规定了决议无效和可撤销制度，新《公司法》则新增了决议不成立规则，即在公司股东会、董事会决议缺少了必要的形式要件情况下，应认定股东会、董事会自始未作出决议。在判断决议是否无效、可撤销前增加了对其是否成立的判断，在法律逻辑上更加周延。另外，新《公司法》调整了决议可撤销的除斥期间，将其由自决议作出之日起5年修改为1年。

二、本次修改的现实依据

决议不成立纠纷在被立法确认以前，常常被归入决议无效或可撤销纠纷中进行处理，看似能够解决大部分决议效力问题，但仍存在疏漏，需要引入决议不成立规则，实现对决议效力制度的完整认识。

（一）公司瑕疵决议效力的立法演变

关于股东会瑕疵决议的效力，一直以来便有“二分法”与“三分法”之争。③ 2005年《公司法》第22条，首次引入了公司决议的瑕疵诉讼制度，将公司的瑕

① 参见姜山：《公司机关决议瑕疵诉讼若干法律问题探析》，载《法律适用》2011年第8期。
② 参见李建伟：《公司法学》（第3版），中国人民大学出版社2014年版，第283页。
③ 参见钱玉林：《股东大会决议瑕疵研究》，法律出版社2005年版，第272—281页。

疵决议明确区分为了无效和可撤销两类。2011 年 2 月 18 日,最高人民法院《关于修改〈民事案件案由规定〉的决定》的通知,也将公司决议纠纷的案由修订为:公司决议效力确认纠纷和公司决议撤销纠纷。

其后,随着经济的发展,公司决议效力纠纷案件高发,甚至成为舆论焦点,引发关注。为了正确适用《公司法》,审理好相关案件,2016 年 12 月 5 日最高人民法院通过了《公司法司法解释(四)》,其中将公司决议瑕疵规则由无效、可撤销的“二分法”变化为无效、不成立、可撤销的“三分法”。该解释首次在官方文件中体现了瑕疵决议效力之“三分法”的地位。而《民法典》第 134 条第 2 款规定:“法人、非法人组织依照法律或者章程规定的议事方式和表决程序作出决议的,该决议行为成立。”明确规定了决议成立的条件,可认为正式在法律层面确立“三分法”的地位。

从“二分法”到“三分法”,在实践中看似只是将“决议不成立”单独分离出来,理论上却是将法律行为理论引入股东会决议的结果,体现出对相关制度的全新理解。

(二)决议效力“二分法”无法妥善地解决纠纷

在早些年,决议效力仍采“二分法”的时候,司法实践中虽不存在决议不成立的案由,但实际存在着诸多事实上的决议不成立纠纷,即决议具有极为严重的程序瑕疵,已经符合当下认为的决议不成立之标准。但由于当时立法和司法裁判中均缺乏对决议不成立的理解与认可,当事人都是通过决议无效之诉或决议撤销之诉进行诉讼的。然而决议无效是对决议内容违法的审查,往往无法涵盖不成立的事由;决议撤销又受到严格的除斥期间的限制,使得部分当事人很难通过诉讼得到法律救济。例如,在当事人以决议无效进行起诉时,有法院认为决议内容不违反法律法规,驳回了当事人的决议无效请求;[①]在当事人以决议可撤销进行起诉时,有法院以超过除斥期间为由驳回了当事人的决议撤销请求[②]。因此,在“二分法”的决议效力体系下,存在一种决议,具有严重程序瑕疵,但决议内容是合法的,相关权利人可能无法认定该决议效力的瑕疵,使自己

① 参见江苏省南京市中级人民法院民事判决书,(2013)宁商终字第 887 号;江苏省高级人民法院民事判决书,(2017)苏民再 124 号。

② 参见武汉市硚口区人民法院民事判决书,(2016)鄂 0112 民初 4999 号。

的合法权益无法受到法律保护。

（三）决议不成立规则确立后相关案件激增

在《公司法司法解释（四）》颁布后，决议不成立被公司实践和司法实践所接受，相关案件数量迅速增长，有学者对2017年至2020年的决议不成立案件进行了实证研究，结果表明，决议不成立的案件有1281例，较之前10年增长了约21.7倍。另外，在决议效力瑕疵的三种案由中，决议不成立的案件所占的比例也逐年增大，至2017年，就已经超过了决议撤销的案件数量。①

（四）决议效力“二分法”存在逻辑缺陷

将决议效力瑕疵区分为无效与可撤销的“二分法”看似清晰明了，却忽略了决议成立与生效之间具有的顺位逻辑，导致决议瑕疵判定逻辑的断裂和评价规则的简单化。从逻辑上讲，“二分法”并不完整，“三分法”增设了“决议不成立”这一情形，使得公司决议效力评价体系在逻辑上更加周延，弥补了“二分法”的缺陷。

三、决议效力制度的理论阐释

（一）决议不成立的内涵

公司决议不成立，指股东会、董事会决议存在严重的程序瑕疵，使之不能被认定为股东会、董事会之意思表示的决议效力瑕疵状态，是三种法定决议瑕疵之一。

“决议不成立”与“决议不存在”常被混淆使用。学界有关于决议效力“四分法”的主张，认为决议效力应分为决议不存在、未形成有效决议、决议无效、决议可撤销四种类型，其中前两种可概括为决议不成立，②因此两个概念具有区别，且为包含关系。但也有学者指出，二者含义相同，在《公司法司法解释

① 参见薛波、钟成杰：《公司决议不成立司法实证研究》，载《时代法学》2022年第2期。

② 《公司法司法解释（四）》第5条规定：股东会或者股东大会、董事会决议存在下列情形之一，当事人主张决议不成立的，人民法院应当予以支持：（1）公司未召开会议的，但依据公司法第37条第2款或者公司章程规定可以不召开股东会或者股东大会而直接作出决定，并由全体股东在决定文件上签名、盖章的除外；（2）会议未对决议事项进行表决的；（3）出席会议的人数或者股东所持表决权不符合公司法或者公司章程规定的；（4）会议的表决结果未达到公司法或者公司章程规定的通过比例的；（5）导致决议不成立的其他情形。

(四)》颁布前,两种概念内涵一致,仅用词不同,[①]在《公司法司法解释(四)》颁布后,相关概念被统一为"决议不成立",不再使用"决议不存在"作为法律概念。我们认为,无论在早年如何使用决议不成立与决议不存在的概念,在《公司法》《公司法司法解释(四)》均定义"决议不成立"的当下,使用这一概念更为准确。

(二)决议的性质

关于决议性质,目前学界有不同的主张:

一种观点认为,公司决议行为属于民事法律行为中共同行为的一种,主张共同行为是由同一方向平行的两个或多个一致的行为。[②] 据此,公司决议是公司股东依据一定的表决程序而实施的行为,公司股东参与公司决议进行表决是典型的共同行为的一种。

另一种观点认为公司决议不属于民事法律行为,决议行为与合同行为、共同行为有许多方面的不同,两者在如适用领域、意思表示机制和方向、行为主体数量及约束主体范围等方面都存在差别。[③] 单纯使用法律行为理论解释公司决议并不合适[④],决议行为具有团体法特性,有学者主张公司决议以股东意思和公司意思的形成为元素,决议是各种不同行为的有机结合。公司决议是参与决议的股东在决议事项上的意思偶然结合。另有学者认为决议行为的团体法属性来源于将个体的私权转让给组织,使决议具有公共管理的属性,并认为决议制度在中间起了纽带的作用。[⑤]

另外,有学者指出,公司决议行为是一个杂糅性的问题,既融合了民法又融合了商法。公司决议有不同的类型,根据类型的不同对公司决议纠纷的性质进行划分,然后再进行具体分析。[⑥]

理论界和实务界就决议的法律效力一直存在争议,但该争议随着原《民法

---

① 参见刘俊海:《〈公司法〉司法解释四的创新、缺憾与再解释》,中国科学文化音像出版社 2018 年版。
② 参见王雷:《论我国民法典中决议行为与合同行为的区分》,载《法商研究》2018 年第 5 期。
③ 参见温世扬、朱海荣:《中国民法典对潘德克顿体系的扬弃》,载《苏州大学学报(社会科学版)》2020 年第 5 期。
④ 参见陈醇:《从公司合同说到组织说:法律行为视角下的公司与公司法》,载《财经法学》2020 年第 6 期。
⑤ 参见吴飞飞:《决议行为归属与团体法"私法评价体系"构建研究》,载《政治与法律》2016 年第 6 期。
⑥ 参见刘文科:《公司决议的法律性质与效力》,载《法治现代化研究》2018 年第 3 期。

总则》第134条的明确规定而逐渐消弭。《民法典》第134条延续了原《民法总则》的规定,决议为法律行为之一种。

(三)瑕疵决议的类型

关于公司瑕疵决议的类型问题,有学者支持“二分法”,认为决议不成立独立于决议效力瑕疵,决议效力瑕疵包括无效与可撤销两种形态,效力待定与尚未生效均非决议效力瑕疵形态。决议无效与可撤销背后的效力配置逻辑不同,二者对应的效力瑕疵事由亦有所不同。①

但更为学者所认可的观点是,我国效力瑕疵的类型从“二分法”逐渐演变为“三分法”是一种进步。有学者指出,“二分法”具有自身优势,在法律中便于适用,但存在自身的理论缺陷。② 也有学者指出,在决议可撤销与决议无效之外新增设决议不成立,“三分法”的划分方法使法理基础更加缜密,使民事法律行为体系更加完善。③

此外亦有学者认为决议效力应有四种认定方式,即成立和不成立、生效和未生效、可撤销和不可撤销、无效与有效。④

新《公司法》的规定,暂时止息了瑕疵决议的类型之争,“三分法”已然被立法所接受。

(四)瑕疵决议的效力

在瑕疵决议效力认定方面,大多数学者认为不能用单一的眼光看待。多数学者认为,公司决议的效力呈现出双阶的结构,包括决议上个体法层面表决人的意思表示和团体法层面组织的法律行为,对于公司决议的效力评价应当分阶进行。⑤ 因此,公司瑕疵决议的效力应当区分其对外效力和对内效力,在决议无效或被裁判撤销时,对外效力是指公司依据该决议与善意相对人形成的民事法律关系不受影响,对内效力则要求公司承担决议无效或被撤销的法律后果。有学者在此基础上提出,公司现有的表意机制根本无法解决公司决议的纠纷,无

① 参见房绍坤、张泽嵩:《决议行为效力瑕疵的分类与认定》,载《法学研究》2022年第3期。

② 参见钱玉林:《股东大会决议瑕疵研究》,法律出版社2005年版,第183页。

③ 参见李建伟、王力一:《公司决议不成立之诉实证研究——〈公司法解释四〉出台前审判创新实践的价值发现》,载《经贸法律评论》2020年第3期。

④ 参见张旭荣:《法律行为视角下公司会议决议效力形态分析》,载《比较法研究》2013年第6期。

⑤ 参见王滢:《公司决议行为的双阶构造及其效力评价模式》,载《当代法学》2021年第5期。

法协调公司的内外部关系，代表人的权利义务不对等、义务与责任处于失衡状态，从根本上违反了团体法。①

四、新《公司法》规定解读与延伸问题

（一）新《公司法》的规定与解读

我国新《公司法》吸收了《民法典》《公司法司法解释（四）》中公司决议“三分法”的规则，规定了决议无效、可撤销、不成立三种瑕疵决议类型，并规定了决议存在瑕疵时的法律后果，具体规定与解读如下。

1. 决议无效

> **第 25 条** 公司股东会、董事会的决议内容违反法律、行政法规的无效。

本条是决议无效的认定规则，其虽然仅规定了股东会决议、董事会决议，但监事会决议亦应当适用本条规定。

公司决议除了适用《公司法》上的决议效力规则之外，还存在适用民事法律行为的效力规则之可能，十分复杂。因此公司决议无效存在两种情况。

（1）违反法律、行政法规强制性规定的决议无效

股东会是公司的权力机构，董事会是公司的决策机构，二者依法作出的决议，体现的是公司的意志，对公司、股东、董事、监事和高级管理人员等均具有法律效力。因此，股东会决议、董事会决议的内容，对股东与公司之间、股东与其他股东之间、董事、监事、高级管理人员与公司之间的法律关系，影响重大。公司的经营运行和管理决策必须在法律与行政法规允许的范围内进行。股东会或者董事会决议的内容违反法律、行政法规的，具有两个方面的危害：一方面，这种违法性常常对股东的权益会产生较为不利的影响；另一方面，由于其违法性程度较为严重，一般也会对社会公益等其他利益产生消极影响。因而，各国立法均将这种决议的效力规定为无效，我国亦不例外。

根据《民法典》第 134 条的规定，决议行为法律效力的判断，适用民事法律行为效力的判断规则。根据《民法典》第 153 条第 1 款的规定，违反法律、行政法规的强制性规定的民事法律行为无效。但是，该强制性规定不导致该民事法

① 参见刘斌：《公司治理视域下公司表意机制检讨》，载《中国政法大学学报》2021 年第 2 期。

律行为无效的除外。与之相比，本条既未将违反的对象限于法律、行政法规的强制性规定，也未规定《民法典》第153条但书部分的内容。应当结合《民法典》第134、153条的规定，补足本条内容。换言之，本条所称的违反法律、行政法规，是指违反法律、行政法规的强制性规定。这是因为法律、法规的强制性规定构成社会的底线规则，必须得到遵守，否则有损害社会公共利益之虞。并且，本条所称的强制性规定，不能是不导致民事法律行为无效的强制性规定。

对于违反法律、行政法规强制性的行为效力判断，2019年最高人民法院在《九民纪要》第30条中指出，最高人民法院《关于适用〈中华人民共和国合同法〉若干问题的解释（二）》第14条将原《合同法》第52条第5项规定的“强制性规定”明确限于“效力性强制性规定”。此后，最高人民法院《关于当前形势下审理民商事合同纠纷案件若干问题的指导意见》进一步提出了“管理性强制性规定”的概念，指出违反管理性强制性规定的，人民法院应当根据具体情形认定合同效力。随着这一概念的提出，审判实践中又出现了另一种倾向，有的人民法院认为凡是行政管理性质的强制性规定都属于“管理性强制性规定”，不影响合同效力。这种望文生义的认定方法，应予纠正。

最高人民法院在2023年发布的《民法典合同编通则解释》中放弃了长期使用的效力性强制性规定、管理性强制性规定的概念。最高人民法院2023年12月5日发布的《最高人民法院民二庭、研究室负责人就民法典合同编通则司法解释答记者问》指出，“在解释起草的过程中，考虑到效力性强制性规定的表述已被普遍接受，不少同志建议继续将效力性强制性规定作为判断合同是否因违反强制性规定而无效的标准。经过反复研究并征求各方面的意见，解释没有继续采用这一表述。主要是因为，虽然有的强制性规定究竟是效力性强制性还是管理性强制性规定十分清楚，但是有的强制性规定的性质却很难区分。问题出在区分的标准不清晰，没有形成共识，特别是没有形成简便易行、务实管用的可操作标准，导致审判实践中有时裁判尺度不统一。”在对效力性强制性规定和管理性强制性规定不予区分的基础上，《民法典合同编通则解释》第16条进一步细化了“该强制性规定不导致该民事法律行为无效的除外”的具体情形，于此不赘。

（2）违反公序良俗的决议无效

如果公司决议并未违反法律、行政法规的强制性规定，而是违反了其他层级的法规或规章，其效力如何？最高人民法院在《九民纪要》第31条中规定，违反规章一般情况下不影响合同效力,但该规章的内容涉及金融安全、市场秩序、国家宏观政策等公序良俗的,应当认定合同无效。由此可见,尽管规章的规范层级较低,但其背后有可能关涉公序良俗,违反其规定同样有可能导致行为无效。此时,否定行为效力的基础在于《民法典》第153条第2款规定的,违背公序良俗的民事法律行为无效。

最高人民法院在《民法典合同编通则解释》第17条中规定,合同虽然不违反法律、行政法规的强制性规定,但是有下列情形之一,人民法院应当依据《民法典》第153条第2款的规定认定合同无效:(1)合同影响政治安全、经济安全、军事安全等国家安全的;(2)合同影响社会稳定、公平竞争秩序或者损害社会公共利益等违背社会公共秩序的;(3)合同背离社会公德、家庭伦理或者有损人格尊严等违背善良风俗的。如果公司决议存在前述情形,也将导致其无效。

2. 决议可撤销

第26条 公司股东会、董事会的会议召集程序、表决方式违反法律、行政法规或者公司章程,或者决议内容违反公司章程的,股东自决议作出之日起六十日内,可以请求人民法院撤销。但是,股东会、董事会的会议召集程序或者表决方式仅有轻微瑕疵,对决议未产生实质影响的除外。

未被通知参加股东会会议的股东自知道或者应当知道股东会决议作出之日起六十日内,可以请求人民法院撤销;自决议作出之日起一年内没有行使撤销权的,撤销权消灭。

本条是关于决议可撤销的规定。决议可被撤销的原因有二:(1)公司股东会、董事会会议存在程序瑕疵。该程序瑕疵与决议不成立比,相对较轻,是指召集程序、表决方式违反法律、行政法规或者公司章程,但确实召开了股东会、董事会会议。一定的程序瑕疵并不绝对会导致决议实体上的不公,因此法律赋予当事人撤销权,允许其自行决定是否主张该权利。另须注意的是,会议存在轻微瑕疵的,可能不影响决议效力,瑕疵程度可由法院进行裁量。(2)公司股东会、董事会会议内容违反公司章程。公司章程属于公司内部的自治宪章,主要调整当事人之间的权利义务关系,而通常情形下与社会公共利益无涉。因此股东会、董事会决议的内容违反公司章程规定的,也应赋权于当事人,令其自行决定该决议效力。

此外,关于撤销权的行使方式和期限问题。本条第1款规定,被通知参加股东会会议的股东提起撤销之诉的法定期间为60日,自决议作出之日起算。股东超过60日而未提起诉讼的,该决议则确定有效,股东的撤销权归于消灭。未被通知参加股东会会议的股东提起撤销之诉的法定期限为自知道或者应当知道股东会决议作出之日起60日。这种区分具有积极意义:(1)保护股东权利。原《公司法》规定当事人可"自决议作出之日起六十日内,请求人民法院撤销。"将决议作出之日作为股东权利救济的起算时间点,常有股东可能不知道相关公司决议,待股东知晓时,已经过了60日的期间便无法提起公司决议撤销之诉,从而架空股东的程序性权利。因此有学者建议以"知道或应当知道之日起60内"行使撤销权,本条规定可实现类似的效果,保证存在瑕疵的决议得以纠正,从而实现对股东权利的实质保护。(2)兼顾公司运营的稳定性。实践中常担心如果以"知道或应当知道决议作出之日起六十日"作为决议撤销的法定期间,会导致决议效力不决,与公司法追求的宗旨不符,新《公司法》为平衡保护股东利益与公司经营稳定性,采取区分两种期间计算时点的方式,一类保留"自决议作出之日起六十日内"的规定;另一类针对"未被通知参加股东会的股东",则规定"自知道或者应当知道股东会决议作出之日起六十日内"可行使撤销权,防止股东滥用权利。

此外,为了避免未被通知参加股东会的股东,一直未能知道或者应当知道股东会决议,导致该股东会决议的效力长期处于不确定的状态,影响公司经营稳定和交易相对人的交易安全,新《公司法》增加了撤销权可行使的最长期限为一年的限制。股东诉请撤销公司决议,属于形成之诉,应当在法定期间内行使,不得中止、中断与延长。

3. 决议不成立

> **第27条** 有下列情形之一的,公司股东会、董事会的决议不成立:
>
> (一)未召开股东会、董事会会议作出决议;
>
> (二)股东会、董事会会议未对决议事项进行表决;
>
> (三)出席会议的人数或者所持表决权数未达到本法或者公司章程规定的人数或者所持表决权数;

（四）同意决议事项的人数或者所持表决权数未达到本法或者公司章程规定的人数或者所持表决权数。

本条是关于决议不成立的规定。根据《民法典》第134条第2款之规定，决议行为自公司依照公司法或者公司章程规定的议事方式和表决程序作出而成立。由此，没有依照公司法或者公司章程规定的议事方式和表决程序作出的决议，不成立。决议不成立存在以下四种形式：

(1)未召开股东会、董事会会议作出决议的，决议不成立

公司股东会、董事会在没有召开会议的情况下作出的决议，严重违反了公司法规定的议事方式和表决程序，损害了其他股东或者董事的合法权益，原则上是不成立的。但需要注意的是，股东会会议的议事方式和表决程序，归根结底是公司自治事项，若股东们同意以不召开股东会会议的方式进行表决和决议，法律自无理由不许。基于此理由，本法第59条第3款规定，公司股东会可以不召开会议作出决议的例外情形，意即全体股东以书面形式一致表示同意的，可以不召开股东会，直接作出决议，并由全体股东在决定文件上签名或者盖章。本法第60条规定，只有一个股东的有限责任公司不设股东会。股东作出股东会决议时，应当采用书面形式，并由股东签名或者盖章后置备于公司。

(2)股东会、董事会会议未对决议事项进行表决的，决议不成立

虽然召开了股东会、董事会，但是股东或者董事并没有就相关提案进行表决，该决议将缺少必要的成立要件而归于不成立。与《民法典》第134条第2款之规定衔接，属于决议行为不成立的情形。

(3)出席会议的人数或者表决权不符合公司法或者公司章程的规定时，决议不成立

出席会议人数，涉及公司法中的一个特别概念，即股东法定出席比例，是指召开合法有效的股东会，出席会议的股东们代表的公司有表决权的股份数量应满足法定标准。公司一般是由多数人合作投资组建的商业经营组织，股东会依法行使公司的若干重要权力，若参加股东会议的股东很少，则不利于公司决策集思广益，还可能出现少数股东操纵股东会甚至损害其他股东利益的情形，公司成立的根基就会动摇。因此，相互合作和相互监督是公司企业健康运行的双轨，规定股东法定出席比例对维持这种平衡不无意义。

我国公司法并未规定股东会的法定出席比例。这种情形主要是因为担心中小股东普遍采取“弃会”和“搭便车”的行为反而影响股东会的效率，给公司增添不得不二次召集股东会的时间和金钱成本。在我国公司法并未对股东法定出席比例作出规定和要求的情况下，股东会出席会议的人数主要是通过公司章程加以规定。若出席股东会会议的股东人数未达公司章程规定的最低比例，这将不符合公司章程规定的议事方法和表决程序，该股东会会议作出的决议应为不成立。另外，关于董事会会议的董事出席人数问题，域外制度一般要求过半数董事出席方为有效。新《公司法》第 124 条规定，董事会会议应当有过半数董事出席方可举行。董事会作出决议，应当经全体董事的过半数通过。这可被称为是“双过半数”规则。若董事会会议出席董事不足半数，该董事会决议不成立。

(4)同意决议事项的人数或者表决权数未达公司法或者公司章程规定的，决议不成立

公司股东会、董事会决议，通过的是一个团体性事项，如果要求该决议需要全体股东或者董事一致同意才能通过，对全体成员而言确实更为公平，但这也会导致公司决策效率低下。为了平衡公平和效率，世界各国公司法普遍采取资本多数决的方式通过决议，并针对一般事项和特别事项，规定了一般多数和绝对多数的不同要求。新《公司法》第 73 条、第 124 条规定，董事会决议应当由过半数董事通过。新《公司法》第 66 条、第 116 条规定，股东会作出决议，一般情况下应当经出席会议的股东所持表决权过半数通过，但对于股东会作出修改公司章程、增加或者减少注册资本的决议，以及公司合并、分立、解散或者变更公司形式的决议，应当经出席会议的股东所持表决权的 2/3 以上通过。由此，若股东会决议或者董事会决议未获得公司法或者公司章程规定的人数或者表决权数，那么该决议就缺少必要的成立要件，属于决议不成立，该决议也就不构成公司意志。

4. 瑕疵决议的法律后果

第 28 条 公司股东会、董事会决议被人民法院宣告无效、撤销或者确认不成立的，公司应当向公司登记机关申请撤销根据该决议已办理的登记。

股东会、董事会决议被人民法院宣告无效、撤销或者确认不成立的，公司根据该决议与善意相对人形成的民事法律关系不受影响。

本条参照《民法典》第 85 条和第 504 条，规定了决议外部效力规则，即股东会、董事会决议无效、撤销或者不成立，不影响公司基于该决议与善意相对人形成的民事法律关系。

该条在法律上明确了瑕疵决议对内、对外具有不同的法律后果。(1)对内效力:公司应当向公司登记机关申请撤销根据该决议已办理的变更登记。参照《民法典》第 157 条对民事法律行为无效、被撤销或者确定不发生效力时的规定，决议行为无效、被撤销或者不成立的，因该行为取得的财产，应当予以返还；不能返还或者没有必要返还的，应当折价补偿。需要特别指出的是，对于需要向公司登记机关办理登记手续的决议，决议无效、被撤销或者不成立后，登记就失去了存在的基础，公司应当及时向公司登记机关申请撤销根据该决议办理的登记。这样才能使得公司登记恢复到决议作出之前的状态。(2)对外效力:公司根据该决议与善意相对人形成的民事法律关系不受影响。其中，所谓善意，是指相对人在与公司形成民事法律关系时，不知道且不应当知道股东会、董事会决议存在无效、撤销或者不成立的情形。股东会、董事会决议虽然主要涉及的是公司内部事项，但在法律有规定的情形下，在一定程度上也具有外部效力。譬如，新《公司法》第 15 条规定，公司向其他企业投资或者为他人提供担保，按照公司章程的规定，由董事会或者股东会决议。这就意味着，债权人在接受公司提供的担保时，有审查公司章程、董事会或者股东会决议的义务。债权人据此审查了这些文件并接受公司提供的担保，向债务人放款。而后，该担保决议被宣告无效、撤销或者确认不成立，此时公司法定代表人对外提供担保的代表行为，就失去了公司授权的基础，构成了越权担保，依照《民法典》第 504 条的规定，除相对人知道或者应当知道其超越权限外，该代表行为有效，订立的合同对公司发生效力。同时，《民法典》第 85 条也规定，营利法人的权力机构、执行机构作出决议的会议召集程序、表决方式违反法律、行政法规、法人章程，或者决议内容违反法人章程的，营利法人的出资人可以请求人民法院撤销该决议。但是，营利法人依据该决议与善意相对人形成的民事法律关系不受影响。由此，决议无效、撤销或者不成立的，不影响善意相对人根据该决议与公司形成的法律关系。若非如此，不利于保护善意相对人的交易安全，也不利于维护交易秩序。

（二）延伸问题

1. 决议不成立、无效、可撤销之区分

对于决议不成立、无效、可撤销的判断，分为两个步骤。

（1）判断决议是否成立

公司决议作为一种民事法律行为，其成立、生效、撤销虽有自己的特殊之处，但仍要遵循法律行为的基本规则。无论是决议的无效还是可撤销，均需以其成立为前提，因而对公司决议成立与否的判断具有较前的判定顺位。公司决议成立与否是一种事实判断，要看是否具备成立要件。

首先，需判断是否确实召开了符合法律或章程规定的股东会、董事会。公司决议的形成必须通过会议，诸位股东、董事在会议上经过充分的讨论、表决，才能形成公司的意思。若未实际召开会议而伪造"决议"、实际会议中未进行表决、故意未通知多数股东董事而召开会议作出"决议"、就召集通知未列明的事项作出"决议"、会议未达到法定最低出席人数等，都应视为未针对此项决议召开符合规定的会议。

其次，议事方式和表决程序要依照法律或章程的规定。我国公司法对普通决议和特别决议都规定了最低表决权数，某些情况下还允许章程对表决权比例作出规定，这是决议的成立要件之一，未达到相应表决权数的"决议"自然不成立。只有形式上合法召开会议并表决通过的决议，才可认为成立。

决议不成立与决议无效可能被混淆，二者的主要区别在于：①二者的成因不同。决议不成立的原因是会议程序无法满足决议的成立要件，属于严重的程序瑕疵；而决议无效的原因是决议内容违反法律、行政法规的强制性规定，属于实质上的内容瑕疵。②二者的损害后果不同。决议不成立一般仅涉及公司内部自治问题，基于商事外观原则，可能不影响善意相对人的利益，因此损害后果常常较轻；而决议之所以无效，本质上是因为危害到了公共利益或者他人重大利益，损害后果较重。

（2）决议成立后区分是否无效、可撤销

已成立的决议，可能存在瑕疵从而导致无效或可撤销。决议无效、可撤销的判断主要是看该决议是否具备法定的无效事由或可撤销事由。

法定的可撤销事由可分为以下三种情形：①召集程序存在瑕疵。故意或过失造成部分股东未接到通知而无法参加会议；召集通知未载明召集事由、议案和议题等；召集人不具有法律或章程规定的资格；作出召开股东会的董事会决议存在瑕疵；利用召集时间或召开地点故意使部分股东无法参加会议等情形，都是召集程序的瑕疵。②表决方式存在瑕疵。此类瑕疵与前述第一点都是通过制造不合理的阻碍，使部分股东无法行使其在股东会会议上的正当权利，以此达到有利于个别股东的目的。让非股东投票、阻碍部分股东行使表决权、违反章程规定的表决比例、由不适格人担任股东会主席、利害关系股东参与表决等，都可作为撤销决议的原因。③决议内容违反章程。这种情况在实践中比较多见，[①]例如，公司章程规定公司董事只能由控股5%的股东担任，股东会却选出一位控股3%的股东；又如，章程规定公司总资产未超过1亿元时不能对外担保，股东会却在公司总资产9000万元时决议为某公司担保。

依照法律规定，决议内容违反法律、行政法规的无效。司法上强调无效适用的谦抑性，[②]为了体现对公司自治的尊重、稳定公司法律关系，司法对决议效力的干预要尽可能慎重，尤其是决议无效这种根本性的否定，只有穷尽其他手段都不能将瑕疵治愈，才可认定为无效。

2. 决议无效的典型情形

相较于合同，公司决议所关涉的利益主体更多，所涉利益更为复杂。在《公司法》司法实践中，公司决议无效的情形繁多，比如损害股东利益、损害公司利益、损害国家利益、损害他人利益、超越决策权限、违反公序良俗等，裁判尺度差异较大。

最高人民法院《关于适用〈中华人民共和国公司法〉若干问题的规定（四）（征求意见稿）》中曾试图规定决议无效的类型："股东会或者股东大会、董事会决议内容有下列情形之一的，应当确认无效：（一）违反公司法第20条规定，损害公司、股东或者公司债权人的利益；（二）违反公司法第37条、第46条、第99等规定，超越股东会或者股东大会、董事会职权；（三）违反公司法第166条规定向股东分配利润；（四）违反法律、行政法规的强制性规定的其他情形。"但因争议过大，该条最终未出现在正式发布的司法解释之中。在本轮《公司法》修订

① 参见刘毅：《股东权利保护研究》，北京大学出版社2016年版，第72页。

② 李建伟：《论公司决议可撤销的适用事由——基于司法适用立场的立法解释》，载《浙江社会科学》2009年第8期。

中,该问题亦因争议过大而搁浅,新《公司法》中也未能作出类型性规定。对此,在司法实践中,应当结合公司决议所违反的具体法律条款及其背后法益进行判断,更为细致的类型化规则有待于未来的立法或司法解释予以完善。

对于能够主张决议无效的主体,新《公司法》未做具体规定。《公司法司法解释(四)》第1条规定,“公司股东、董事、监事等”有权主张决议无效。根据该规定,能够主张决议无效的主体是股东、董事和监事。需要关注的是,该规定中的“等”字指示了股东、董事和监事的列举,是一种未完全列举。我们认为,凡是与该决议具备法律上利益关系的人,均有权主张决议无效,这些利害关系人可以包括一些特定情形下的公司前股东、债权人、职工等。

3. 决议撤销之诉的法院裁量驳回制度

《公司法司法解释(四)》第4条规定:“股东请求撤销股东会或者股东大会、董事会决议,符合公司法第二十二条第二款规定的,人民法院应当予以支持,但会议召集程序或者表决方式仅有轻微瑕疵,且对决议未产生实质影响的,人民法院不予支持。”我国探索在决议撤销之诉中引入法院的裁量驳回制度,当股东滥用撤销权时,法院可通过驳回诉讼的方式对公司进行救济。但新《公司法》中并没有明确规定,需要进行解释。法院在审理决议撤销之诉时,即使存在撤销事由,法院也可以自由裁量,其具体审查标准有三。

(1)符合程序性要求

在进入实体审判前,需对决议撤销之诉做一些程序方面的审查,民事案件的立案标准在此不做赘述,决议撤销之诉的独特之处在于:

第一,被告为公司。公司作为享有法律人格的团体,其意志由公司机关实现。股东会作为最高权力机关,其决议决定的是公司事务,并不直接调整参与制定决议的成员个体之间的关系,而是旨在构筑他们共同的权利领域或者他们所代表的法人或者组织的权利领域。① 股东会决议形成公司效果意思②,后续的公司行为也以该决议为基础,公司在决议撤销之诉中,处于最具利害关系人的地位,应成为适格被告。

---

① 参见[德]卡尔·拉伦茨:《德国民法通论》(下册),王晓晔译,法律出版社2003年版,第433页。

② 参见姜山:《公司机关决议瑕疵诉讼若干法律问题探析》,载《法律适用》2011年第8期。

第二，不得超过起诉期间。撤销决议诉讼属于形成诉讼①，法院判决一旦生效，决议的效力将发生变化，基于该决议产生的公司法律关系也将发生变化，为了避免法律关系长期处于不稳定的状态，各国法律都规定了决议撤销之诉的起诉期间，新《公司法》第26条第1款也规定了起诉期间为60日。该起诉期间在性质上普遍认为是除斥期间②，即为权利行使的不变期间，为法律强制规定，公司章程或当事人间不得将其任意缩短或延长，期间经过，撤销权人将失去实体法上的撤销权。

第三，原告必须适格。德国、日本和韩国的立法规定，股东会决议撤销权人包括股东、董事和监事，③我国新《公司法》第26条第2款则规定，股东会决议撤销之诉的适格原告仅为股东。根据公司治理理论，股东享有公司的最高权力，原因在于表决权应配置给公司剩余财产的最后索取人——股东。④ 由此可见，股东在公司中具有与董监高不同的地位，由股东会作出的决议也不能任由董监高撤销，在决议效力诉讼中，股东享有与其他利益相关者不同的撤销权，具有合理性，至于某些特殊股东是否享有撤销权，则可作进一步探讨：①股权取得的时间，应为诉讼时持有股权。因为股东会决议瑕疵危及的不是股东个人利益而是公司的整体利益，只有在诉讼时持有股份的股东才享有对公司的利益，享有现实的诉讼利益。②无表决权股东应享有撤销权。只要是股东，就作为股东大会的成员，对适当运营股东会决议持有利益。⑤ 撤销权不是表决权的附属权利，而是股东共益权的一种，无论股东是否享有表决权，公司决议都对其有约束力，当决议存在瑕疵时，股东自然也可以提起撤销之诉。③缺席股东、当场无异议股东也享有撤销权。在股东会表决过程中，投赞成票并不能完全代表股东的真实意思，许多股东对于公司业务并不精通，会议上的同意可能只是出于信赖或者只是表面上的同意。若仅因其在会议上投的赞同票而剥夺其撤销权，未免过于武断。

除上述三点外，股东会决议撤销之诉的程序性事项一般遵循普通民事诉讼的标准，在相关程序合规的情况下，才需根据法条规定对案件进行实体审查。

---

① 参见[日]前田庸：《公司法入门》（第12版），王作全译，北京大学出版社2012年版，第303页。

② 参见柯芳枝：《公司法论》（上），台北，三民书局股份有限公司2002年版，第276页。

③ 参见《德国股份法》第245条；《日本商法典》第247条；《韩国商法》第376条。

④ 参见罗培新：《公司法学研究的法律经济学含义——以公司表决权规则为中心》，载《法学研究》2006年第5期。

⑤ 参见[韩]李哲松：《韩国公司法》，吴日焕译，中国政法大学出版社1992年版，第417页。

（2）会议召集程序或表决方式有轻微瑕疵

会议的召集程序或表决方式只能有“轻微瑕疵”，此处对“轻微”的认定需要依赖于法官的自由裁量。例如，章程规定召开股东会应提前15天通知，而仅提前14天通知股东；公司章程规定应当现场表决，但实际采取非现场签字表决的方式等，是多数情况下可以认定的“轻微瑕疵”。

但在具体的案件中，对“轻微”程度的认定不可过于死板，要根据具体的案情作出判断。根据检索案例来看，仅召集前的通知期限这一项就相差颇大，有的案件甚至仅提前2天发出召集通知，都会被法官认定为“轻微瑕疵”。究其原因，自然不是法官的判定有误，而是可能所有股东都身处同一城市，其召集通知期限较短也不会对股东会的召开产生影响，那么这种“轻微”的认定，就是一种合理的判定。由此可见，对“轻微瑕疵”的认定，实际上要结合下一个标准——瑕疵是否对决议产生了实质影响来判断。

（3）瑕疵对决议未产生实质影响

程序瑕疵对决议的实质影响主要体现在两个方面：决议是否通过、股东表决权是否得到保障。[①] 若表决方式不符合章程规定，但不影响表决权的行使和最终结果，即可认定为“无实质影响”。

对“轻微瑕疵”的认定，要结合是否对决议产生了实质影响来判断，而看似非常轻微的瑕疵，也可能对决议产生实质影响。例如，在明知部分股东需要15天才能赶到会场的情况下，即使提前14天发出通知，仍是故意导致股东无法参加会议，对决议产生了实质影响。并且，在判断过程中，不能以结果论，要注重对股东表决权的充分保护。例如，两人合开的有限责任公司，即使其中一人占比70%，其独自召开的股东会议形式上符合了法定最低出席人数和通过比例，也不可以在不通知另一股东的情况下，自己通过决议，因为会侵犯另一股东对决议的知情权和表决权。

满足以上三个条件，法院才得以判决驳回股东提起的决议撤销之诉。这一判断过程较为复杂，需结合具体案件进行综合考量，从而体现股东会决议撤销之诉中的法官自由裁量权。

---

① 参见贺小荣、曾宏伟：《〈关于适用《中华人民共和国公司法》若干问题的规定（四）〉的理解与适用》，载《人民司法·应用》2017年第28期。

专题二十四 董事、高级管理人员对第三人责任

一、新《公司法》修改的主要内容

传统公司法理论依据信托关系说、代理关系说和委任关系理论解释董事与公司之间的法律关系,董事被认为是公司的受托人、代理人和受任人,董事与公司之外的第三人并不发生直接的法律关系。随着公司的发展,公司权力结构发生了由"股东会中心主义"向"董事会中心主义"的转变,这一转变导致股东会权力的削弱和董事地位、权力的强化,并随之产生了董事滥用权利,损害股东、债权人等公司外利害关系人利益的现象。为了防止董事滥用职权,不少国家和地区通过判例或立法确立了董事对第三人责任制度。[①] 一般认为,"董事对第三人责任"是指,董事履行职务有重大过错致第三人受损害时,对他人负有的损害赔偿责任。此处的董事,亦应作广义理解,代指公司管理层而非狭义上的董事职务,外延上包括董事、经理、副经理、财务负责人等能够自行或合谋侵害公司及第三人利益的公司管理人员。

基于本轮《公司法》修订中"强化控股股东和经营管理人员的责任"[②]的要求,新《公司法》第191条借鉴域外经验,引入了董事、高级管理人员对第三人责任制度(以下简称董事对第三人责任制度)。该规定明确董事、高级管理人员执行职务,给他人造成损害的,由公司承担首要赔偿责任;其次,要求存在故意或者重大过失的董事、高级管理人员,对于其执行职务行为给债权人造成的损害,承担赔偿责任。此系本轮《公司法》修订的重要创新成果之一,充分回应了实践中对于董事滥权行为强烈的规制需求。在我国采用注册资本认缴制的公司中,公司债务到期后,公司往往没有资产可供清偿,公司债权人欲向有资产而不愿

---

① 参见赵旭东主编:《公司法学》(第4版),高等教育出版社2015年版,第317页。

② 全国人大常委会《关于〈中华人民共和国公司法修订草案〉的说明》(2021年12月20日)。

履行出资义务的公司股东追责，却又面临着层层障碍。对于董事这一导致损害发生的“始作俑者”，引入该制度对其滥权行为予以严厉规制，具有更为重要的现实意义。然而，董事毕竟属于公司内部人，由其对外承担责任，与我国传统的法人机关理论或替代责任理论的法律体系的龃龉之处较为显著，这也导致在引入该制度的过程中产生了巨大的争议。

董事对第三人责任制度总体上与法人人格否认制度相似，系例外情况下对法人责任的突破，因此董事对第三人责任制度在实践中的司法适用应严格谨慎，其责任成立、责任形态、责任范围应与董事正常商业经营相协调。本书从引入董事对第三人责任制度的现实依据出发，对董事对第三人责任进行理论阐释，并围绕新《公司法》中相关规定的规范构造展开分析，指出其在适用中可能存在的疑问以及可资完善的空间。

二、本次修改的现实依据

(一)引入董事对第三人责任制度的现实紧迫性

现代社会中，公司董事、高级管理人员滥用权利、通过公司损害第三人利益的案例大量增加，三聚氰胺毒奶粉事件、康美药业虚假陈述案等都大大触动了社会公众的神经。从形式上看，这些违法行为大都是董事以公司名义进行的，并且在公司规模化经营的影响下，其给社会公众造成的损害比董事作为自然人可产生的影响更大。① 这些案件的频发都呼唤对公司董事不当行为进行规制，要求其承担一定的对外责任，能够起到合理的震慑作用，督促其履职勤勉尽责。除规模较大的公司之外，现实中更多存在的是董事和股东身份重合的小规模公司，在这些公司中，董事损害债权人利益的行为通常更为突出。此时，董事对第三人责任制度事实上是发挥类似人格否认制度的作用，为债权人进行兜底性的损害赔偿。这也可从域外董事对第三人责任制度的源起过程中获得求证：“二战”后，与中小型股份有限公司进行交易但在公司倒闭时未得到清偿的第三人数量急剧增加，出于保护第三人的目的，日本立法允许第三人追究董事个人责

---

① 参见王长华、余丹丹：《论代理成本视角下董事对第三人责任的正当性》，载《河南财经政法大学学报》2017 年第 2 期。

任。[①] 不论是何种规模的公司,基于第三人直接向董事求偿的可行性,该制度可以形成第三人对董事行为的外部监督,促使董事合法、适当地履行职务,从而有利于减轻公司承担的不利后果,维护了公司这一独立主体的利益,也间接维护了公司背后的股东的利益。

(二)董事对第三人责任制度的立法探索

1992年我国《海南经济特区股份有限公司条例》(已失效)第106条就曾规定:"董事履行职务犯有重大过错,致使第三人受到损害,应当与公司承担连带赔偿责任。"2019年《证券法》第85条规定:"信息披露义务人未按照规定披露信息,或者公告的证券发行文件、定期报告、临时报告及其他信息披露资料存在虚假记载、误导性陈述或者重大遗漏,致使投资者在证券交易中遭受损失的,信息披露义务人应当承担赔偿责任;发行人的控股股东、实际控制人、董事、监事、高级管理人员和其他直接责任人员以及保荐人、承销的证券公司及其直接责任人员,应当与发行人承担连带赔偿责任,但是能够证明自己没有过错的除外。"在《公司法》未规定董事对第三人责任制度的背景下,为落实严格的监管政策,率先要求资本市场中上市公司的董事直接对虚假陈述的受害投资者承担责任。[②] 尽管证券法中的投资者通常不包括债权人,但这也足以彰显立法者对于强化董事对外责任的积极态度。此外,《企业破产法》第125条第1款规定:"企业董事、监事或者高级管理人员违反忠实义务、勤勉义务,致使所在企业破产的,依法承担民事责任。"此亦属于其他部门法对于董事对第三人责任制度的先行探索。

公司法体系内部,也先后通过司法解释,在一些特定问题上确立了董事对第三人的责任。《公司法司法解释(二)》在公司清算领域率先探索董事对第三人责任。该解释第18条规定:"有限责任公司的股东、股份有限公司的董事和控股股东未在法定期限内成立清算组开始清算,导致公司财产贬值、流失、毁损或者灭失,债权人主张其在造成损失范围内对公司债务承担赔偿责任的,人民法院应依法予以支持。有限责任公司的股东、股份有限公司的董事和控股股东

---

① 参见陈景善:《论董事对第三人责任的认定与适用中的问题点——以日本法规定为中心》,载《比较法研究》2013年第5期。

② 参见刘俊海:《董事责任制度重构:精准问责、合理容错、宽容失败——以弘扬企业家精神为视角》,载《交大法学》2023年第3期。

因怠于履行义务，导致公司主要财产、账册、重要文件等灭失，无法进行清算，债权人主张其对公司债务承担连带清偿责任的，人民法院应依法予以支持。上述情形系实际控制人原因造成，债权人主张实际控制人对公司债务承担相应民事责任的，人民法院应依法予以支持。”第19条规定：“有限责任公司的股东、股份有限公司的董事和控股股东，以及公司的实际控制人在公司解散后，恶意处置公司财产给债权人造成损失，或者未经依法清算，以虚假的清算报告骗取公司登记机关办理法人注销登记，债权人主张其对公司债务承担相应赔偿责任的，人民法院应依法予以支持。”第20条第1款规定：“公司解散应当在依法清算完毕后，申请办理注销登记。公司未经清算即办理注销登记，导致公司无法进行清算，债权人主张有限责任公司的股东、股份有限公司的董事和控股股东，以及公司的实际控制人对公司债务承担清偿责任的，人民法院应依法予以支持。”

《公司法司法解释(三)》则从出资责任领域勾勒出董事对第三人承担责任的框架。该解释第13条规定：“股东未履行或者未全面履行出资义务，公司或者其他股东请求其向公司依法全面履行出资义务的，人民法院应予支持。公司债权人请求未履行或者未全面履行出资义务的股东在未出资本息范围内对公司债务不能清偿的部分承担补充赔偿责任的，人民法院应予支持；未履行或者未全面履行出资义务的股东已经承担上述责任，其他债权人提出相同请求的，人民法院不予支持。股东在公司设立时未履行或者未全面履行出资义务，依照本条第一款或者第二款提起诉讼的原告，请求公司的发起人与被告股东承担连带责任的，人民法院应予支持；公司的发起人承担责任后，可以向被告股东追偿。股东在公司增资时未履行或者未全面履行出资义务，依照本条第一款或者第二款提起诉讼的原告，请求未尽公司法第一百四十七条第一款规定的义务而使出资未缴足的董事、高级管理人员承担相应责任的，人民法院应予支持；董事、高级管理人员承担责任后，可以向被告股东追偿。”第14条规定：“股东抽逃出资，公司或者其他股东请求其向公司返还出资本息、协助抽逃出资的其他股东、董事、高级管理人员或者实际控制人对此承担连带责任的，人民法院应予支持。公司债权人请求抽逃出资的股东在抽逃出资本息范围内对公司债务不能清偿的部分承担补充赔偿责任、协助抽逃出资的其他股东、董事、高级管理人员或者实际控制人对此承担连带责任的，人民法院应予支持；抽逃出资的股东已经承担上述责任,其他债权人提出相同请求的,人民法院不予支持。”

总体来看,无论是在历史上还是在当下,我国民商事规范体系中均存在对于董事对第三人责任制度的规则探索,董事在一些情形下对第三人承担责任的正当性与合理性,在现实中也已经广为司法实践所接受与认可。目前,该制度仅是欠缺公司法层面的系统性回应。因此,新《公司法》有必要将实践中点状的董事对第三人责任制度的规则予以吸收,并将其确立为一般性的董事违信责任。

三、董事、高级管理人员对第三人责任的理论阐释

(一)董事对第三人责任的类型

董事对第三人承担责任的情形主要包括两种,一种是直接损害的责任,又称“因无法履行的交易引发的责任”,另一种则是间接损害的责任,又称“漫不经心经营引发的责任”,这两种责任形态可以并存。

1. 直接损害的责任

直接损害,通常指董事在执行职务时存在恶意或重大过失而直接给公司债权人造成的损害。代表性的直接损害包括:“公司面临破产时,董事明知根本无法偿还借贷金钱或在无法支付价款的情况下购入商品给交易第三方造成的损失”[①]以及“公司公开发行融资时,董事对募集说明书的事项进行虚假陈述而给债权人造成的损失”[②]。虽然董事的行为造成债权人利益的损害,但是公司利益却未必受损。比如,上市公司董事向银行提供虚假证明文件并成功获得银行贷款,后因上市公司资产少等原因而无力向银行偿还贷款。此时,上市公司提供了虚假财务报告,但自身利益并未遭受损害,仅引起债权人贷款无法回收的损失。

2. 间接损害的责任

间接损害,通常是指董事的经营行为漫不经心,从而造成公司资产状况恶化,甚至使公司陷入破产,最终导致公司债权人无法从公司那里行使债权所产

① 陈景善:《论董事对第三人责任的认定与适用中的问题点——以日本法规定为中心》,载《比较法研究》2013年第5期。

② 叶林、叶冬影:《公司董事连带/赔偿责任的学理考察——评述〈公司法修订草案〉第190条》,载《法律适用》2022年第5期。

生的损害。在这类事例中,第三人的损害是因公司利益受损而间接发生的,因此属于间接损害。第三人可以通过行使债权人代位权,并通过证明董事有可能事先预计到债权行使的可能性,以及其遭到的损害同董事恶意或重大过错的职务懈怠导致了公司损害之间存在因果关系等,获得法律所规定的救济。①

实践中还逐渐发展出一种"名义董事违反监督义务的责任",其所对应的损害亦应属于"间接损害"。此种责任主要赋予同公司之间不存在任何职务行为而将名字借给公司进行登记的所谓"名义董事",名义董事一旦就任就应当承担全面监督代表董事的业务执行行为,如果因怠于阻止其他董事实施违法行为,造成公司与第三人利益的受损,就应当被追究相应的责任。②

(二)董事对第三人责任的性质

董事对第三人责任的性质,直接影响对责任构成要件、责任范围等诸方面因素的理解,其意义较为重要。目前,关于董事对第三人责任的性质,学理上存在较大分歧,主要包括如下三种学说。③

1. 法定责任说

法定责任说下还包括"特别法定责任说"和"修改法定责任说",前者更具有代表性,该学说认为,股份公司的运营依赖于董事、高级管理人员,而股份公司具有更强的公众性,因此在强化董事的地位以及权限的同时应强化董事对第三人的责任。董事对第三人责任区别于债务不履行责任以及侵权行为责任,为"特别的法定责任"。此时损害的范围不仅应包括"直接损害",还应包括"间接损害"。受到损害的第三人只要举证损害与董事的职务懈怠行为之间的因果关系以及董事的"恶意、重大过失"即可,对于董事是否存在对第三人加害的故意或过失则无须举证。该种特别的法定责任可以与一般侵权行为之间发生竞合。

2. 特殊侵权行为责任说

特殊侵权行为责任说将董事对第三人责任认定为对董事责任的强化规定,区别于民法的一般侵权行为。该学说又分为三种:第一种见解认为损害既包括"直接损害"又包括"间接损害",而"恶意、重大过失"应作为判断懈怠职务的要

① 参见[日]近藤光男:《最新日本公司法》(第7版),梁爽译,法律出版社2016年版,第310页。

② 参见[日]近藤光男:《最新日本公司法》(第7版),梁爽译,法律出版社2016年版,第310—311页。

③ 参见陈景善:《论董事对第三人责任的认定与适用中的问题点——以日本法规定为中心》,载《比较法研究》2013年第5期。

件。该学说认可与民法的一般侵权行为之间的竞合,除了性质认定不同之外,其基本适用了法定责任说的要件。第二种见解基本与第一种见解的内容相同,不同之处在于其主张股东的损失应通过股东代表诉讼来予以补偿,并否定短期时效的适用。第三种见解原则上只认可“间接损害”,在这一点上与法定责任说不同。三种见解之中,又以第一种见解更具影响力。

3. 侵权行为特则说

侵权行为特则说认为董事日常需要处理繁杂的事务,需要应对纷繁复杂的经济社会的情势变更,因此应免除董事的轻过失责任,将董事对第三人责任排除在民法的一般侵权行为责任的范围之外,适用特殊规则。董事责任的损害范围应限定为“直接损害”,并应当把“恶意、重大过失”作为“加害要件”来理解。

4. 小结

以上学说主要反映了学界对于董事的主观过错要件之于董事责任的认定意义、董事对第三人责任的责任范围及其与民法上侵权行为责任的竞合关系的不同认识。对董事对第三人责任性质的认定将影响这一责任的轻重程度,在法定责任说之下,董事责任通常较重;而在侵权行为特则说之下,董事责任相对较轻,具体采用何种学说应取决于一个社会中对董事义务强弱的判断以及董事客观履职尽责的情况。在关注利益相关者保护和强化通过董事履职尽责维持社会秩序、增加整体福利的社会,通常更宜采取法定责任说来理解这一制度。①

(三)新《公司法》中引入董事对第三人责任制度的争议

1. 反对引入董事对第三人责任制度的理由

(1)冲击法人机关理论与替代责任理论

有观点认为,根据传统的法人机关理论,董事作为公司的机关不应当对外担责,这样有助于维护公司法人作为独立民事主体对外承担民事责任的独立性。② 公司法作为组织法的主要功能是协调公司组织体的成员、治理结构(董事、监事、高级管理人员)与公司之间的关系,并进一步夯实公司资本“三原则”以实现《公司法》对公司债权人利益的保护,不宜削弱或突破公司制度的责任独

① 参见佐藤孝弘:《董事对第三人责任——从比较法和社会整体利益角度分析》,载《河北法学》2013 年第 3 期。

② 参见中国法学会商法学研究会 2022 年年会会议简报(第三分会场)。

立以及公司制度固有的组织体成员相互间的利益平衡机制而寻求对债权人的过度保护。根据现有的替代责任理论体系，董事作为公司的雇员也不应对外承担责任。[①] 此时，董事履职行为的风险应当归于作为利益享有者的公司，而公司作为雇主也被推定更有能力承担责任，因此其通常作为对外承担责任的直接责任人。

（2）董事与第三人之间缺乏委托或信托关系

有学者指出，董事与债权人之间缺乏作为承担责任的前提条件的基础法律关系。如果在组织法的视角下理解董事对第三人责任，那么只有在董事与第三人直接形成基础关系或者对第三人具有保障义务的情况下，其才会承担责任。[②] 而基于传统理解，董事为公司的机关，只与公司发生法律关系，在执行职务的过程中只向公司承担信义义务。亦有学者指出，通常并不存在一般性的董事对第三人的信义义务。董事对公司承担信义义务只可能出现在非常特殊的法律情景中，比如在公司已经陷入资不抵债边缘的情况下，董事所管理的公司财产，其实际的财产利益已经归属于债权人，这时候可以要求董事对债权人承担信义义务，要求董事为债权人利益妥善管理公司的财产。[③]

（3）董事直接向第三人承担责任突破了我国现实层面的经济基础

在我国的公司治理语境中，公司所有权和经营权的实际分离程度不高，董事多由股东委派指示而缺乏独立性。此时，要求并无实权的董事直接对第三人承担责任，突破了我国现实的经济基础，贸然引入该制度将增加中小企业的风险隔离成本。我国公司法真正应规制的是公司控股股东、实际控制人通过影响董事而不当介入公司治理的法律责任。

2. 肯定引入董事对第三人责任制度的理由

我们认为，前述反对引入董事对第三人责任制度的理由均不够充分，具体可以从以下三个角度进行回应。

（1）不应僵化理解法人机关理论和替代责任理论

董事的个人性在职务活动中并未消灭，法律技术的形式逻辑推演不能完全

---

① 参见齐砺杰：《董事第三人责任条文的理解与适用辩难》，载《中国政法大学学报》2022 年第 5 期。

② 参见中国法学会商法学研究会 2022 年年会会议简报（第三分会场）。

③ 参见中国法学会商法学研究会 2022 年年会会议简报（第三分会场）。

忽视董事两面性的客观事实。[①] 个人的利己本性是一切社会关系形成和展开的人性基础，个人加入法人并没有改变他是一个独立的人这一事实，本质上他还具有独立于法人的自己的利益和意志，最大化自己的利益依然是其行为的首要目的。[②] 既然其人格并未被公司完全吸收，那么要求其独立于公司而对外承担一定的责任亦完全合理。另外，替代责任理论通常假设组织的经济实力要优于个人的经济实力，因此相较董事个人，公司被视为更有赔偿能力的主体。但是，此种经济实力优势的假设，是以大中型企业作为假想背景的。在实际生活中，数量更多的也更为常见的是小企业，其内部成员，并不具有比其更强的赔偿能力，这一前提假设并不合理。[③] 因此，将工作人员对受害人的独立责任凸显出来的有限替代模式，其实更符合现实情况与实际要求。

(2)董事通过公司而与第三人之间存在间接的基础法律关系

一方面，董事和公司之间的关系可以被理解为委托关系，因此，董事损害第三人利益的行为可能被认定为债务不履行的体现。[④] 另一方面，在将董事和公司之间的关系理解为信义关系的情况下，由于现代公司治理模式之下第三人等利益相关者与公司的联系愈发紧密，公司法上的董事信义义务也因此具备了动态特征，特定情形下董事对于第三人的义务亦可视为其信义义务的当然延伸。[⑤] 当董事违背信义义务的行为致使其他主体利益受损时，公司法预设的权责平衡遭到打破，董事只对公司承担信义义务的常态规定便失去了适用的背景，董事不法行为的后果传递至其他主体的同时，也意味着董事信义责任一并传导至第三人。

(3)董事承担一定限度的责任符合现实需求

首先，新《公司法》引入董事对第三人责任制度有助于证成《证券法》中董事虚假陈述责任的正当性。其次，董事负担一定限度内的责任，并不会当然导致驱赶效应或董事的恐惧心理。董事内部存在内部董事、外部董事、职工董事

① 参见王长华：《公司法人机关理论的再认识——以董事对第三人的责任为视角》，载《法学杂志》2020年第6期。

② 参见蔡立东：《论法定代表人的法律地位》，载《法学论坛》2017年第4期。

③ 参见王成：《我国民法上侵权替代责任的反思与重构》，载《清华法学》2023年第5期。

④ 参见中国法学会商法学研究会2022年年会会议简报(第三分会场)。

⑤ 参见陈鸣：《董事信义义务转化的法律构造——以美国判例法为研究中心》，载《比较法研究》2017年第5期。

等不同类型,参与公司决策的程度也有深浅的区分,通过董事责任的分类和减免规则,进行过责相称的惩戒,不会突破我国目前的现实经济状况。最后,对于幕后指示董事损害公司和第三人利益的控股股东、实际控制人,亦可通过“影子董事”制度予以规制,强化控制权人责任与强化法定董事的责任并不存在冲突。

(四)董事对第三人责任的域外规定

1. 日本公司法

《日本公司法》第 429 条首先笼统地规定了董事等管理人员因履职行为存在恶意或重大过失时对第三人的损害赔偿责任,进而区分并明确董事、会计顾问、监事等各类主体对第三人承担特定责任的情形。其中,对于董事及执行官,主要指向:(1)在募集股份、新股预约权、公司债或附新股预约权公司债的认购人之际,对必须通知的重要事项的虚假通知,或对用于说明有关该募集的该股份有限公司事业及其他事项的资料的虚假记载或记录;(2)对财务报表及事业报告及其附属明细表以及临时财务报表中应记载或记录的重要事项的虚假记载或记录;(3)虚假登记;(4)虚假公告。《日本公司法》第 430 条则指出此时损害赔偿责任的类型,系董事等管理人员内部的连带责任,而非董事与公司之间的连带责任。

2. 韩国法

《韩国商法》第 401 条同样确定了董事对第三人责任:“董事因故意或者重大过失怠于其任务时,对第三人承担连带损害赔偿责任。”此外,需指出的是韩国公司法中由内部人直接对外承担责任更是司空见惯,具体可归纳为三种类型:(1)代表董事因执行业务给他人造成损害的,公司与该代表董事应承担连带损害赔偿责任。(2)董事故意或因重大过失懈怠其职务的,该董事个人应对第三人承担连带损害赔偿责任,此时公司应对董事的行为承担使用人责任。(3)公司对代表董事及董事以外的被雇佣人的不法行为承担损害赔偿责任。被雇佣人个人也应对其不法行为承担损害赔偿责任。[①] 不同类型的差异仅在于公司在具体场景中是否需要担责,而无论何时董事等内部人员均需直接面向第三人承担责任。

---

① 参见[韩]崔埈璿:《韩国公司法》(上),王延川、崔嫦燕译,中国政法大学出版社 2020 年版,第 464 页。

3. 德国法

德国法在实践中同样逐渐认可了董事对外直接承担责任的可能性。根据《德国民法典》第31条的规定:"董事会、董事或其他依章程选任之代表人,因执行业务所为应负损害赔偿义务之行为,加损害于第三人者,社团负其责任。"这一规定作为归责条款,仅是指出社团在这些情况下负有损害赔偿义务,并不排除此时自然人承担损害赔偿义务的可能性。[①] 在此基础上,德国立法者为了避免董事对第三人承担过重的责任。在《德国民法典》第31a条之下又增设了责任限制条款:"机关成员或特别代表人系无偿或一年所得报酬未逾七百二十欧元者,因执行其业务而生损害,仅就故意或重大过失对社团负责。"德国立法者认为这一免除部分董事轻过失责任的责任限制条款有助于促进董事参与社团管理,从而进一步增强全体成员的参与度。

四、新《公司法》规定解读与延伸问题

(一)新《公司法》的规定与解读

新《公司法》中董事、高级管理人员对第三人责任的制度规定如下:

> **第191条** 董事、高级管理人员执行职务,给他人造成损害的,公司应当承担赔偿责任;董事、高级管理人员存在故意或者重大过失的,也应当承担赔偿责任。

1. 董事、高级管理人员的含义

此处的董事、高级管理人员应作实质主义的理解,不仅限于经由法定程序选任的形式董事或者形式高级管理人员,还应包括虽然非董事、高级管理人员但实质行使董事、高级管理人员权力或者幕后支配、影响董事、高级管理人员行使权力的实质董事与实质高级管理人员。[②] 新《公司法》第180条第3款和第192条分别引入了事实董事和影子董事、影子高级管理人员,组成了我国公司法中的实质董事或实质高级管理人员的概念之外延。就此,控股股东和实际控制

① 参见[德]汉斯·布洛克斯、[德]沃尔夫·迪特里希·瓦尔克:《德国民法总论》(第41版),张艳译,中国人民大学出版社2019年版,第327页。

② 参见刘斌:《重塑董事范畴:从形式主义迈向实质主义》,载《比较法研究》2021年第5期。

人如果构成实质董事或实质高级管理人员,亦应当相应适用董事对第三人责任制度。

2. 执行职务的含义

董事仅须因其执行职务的行为而对第三人承担责任。"执行职务"一词与《民法典》中的用人者责任存在交叉,民法学理中对执行职务的认定存在主观说和客观说两种观点。主观说认为,职务的范围应以用人者的指示事项而定,但当被使用者是为了有利于用人者指示事项而实施行为时,也应属于执行职务。客观说则认为,执行职务的认定应以行为的外观为依据,客观上可认为是执行职务的,不必考虑用人者或被使用者的意思。[①] 对此,《公司法》应结合两种观点,立足于组织法的特性,注重该制度强化第三人保护的功能,尽可能扩大执行职务的文义涵盖范围,将其解读为"执行委托事务或者从外观上看与执行委托事务有牵连的行为"。当然,这一解释也不能过于泛化。对于"董事在任职期间,基于个人原因而损害债权人利益"的情况便不应被纳入董事对第三人责任制度的规制,此时其行为即便构成违法犯罪,也与公司行为和董事职务无关。

3. 他人的含义

从文义上看,董事对第三人责任中的他人可能包括股东、债权人,乃至职工、消费者、供应商、零售商等主体。但是,考虑规范目的,进行体系解释,此处的"第三人"应当指股东之外各类可能因董事利用公司实施行为而遭受损害的主体。

首先,他人不应包括股东。一般而言,董事对公司所负的忠实勤勉义务足以间接解决董事对股东的保护问题,当董事损害公司利益而间接损害股东利益时,股东可以通过派生诉讼主张救济。此外,由于新《公司法》第 190 条已经允许股东直接对违反法律、行政法规或者公司章程的规定的董事提起诉讼,因此更无将股东作为第三人的必要性。否则,董事既可能因为违法违规行为给公司或股东造成损失而被股东追责,又可能因为董事对第三人责任而被股东追责,这在规范构造上叠床架屋,也使董事可能要承担双重损害赔偿责任。

其次,他人应当包括职工、消费者、供应商等其他利益相关者。考虑到这些主体可能因董事的指示而遭受不同的损害,如职工被拖欠工资、消费者使用瑕

---

① 参见郑玉波:《民法债编总论》,中国政法大学出版社 2004 年版,第 159 页。

疵产品遭受损害等。当这些利益相关者向董事主张损害赔偿时,应给予他们必要的保障,并对公司董事予以适当惩戒,以实现董事对第三人责任制度的目标。

4. 故意或者重大过失的含义

故意或者重大过失这一董事主观层面的过错程度的含义指向,与其行为所造成的损害的范围密切相关。董事对第三人责任制度中的"损害"既包括董事执行职务的行为直接损害第三人合法权益而产生的直接损害,也包括因怠于履职而致公司无法清偿债务所带来的债权人的间接损害,因而此处的故意或者重大过失既存在于其所实施的行为可能损害第三人合法利益的场合,也存在于其行为系对公司的经营管理事项有所懈怠的场合。但是,从组织法视角观之,在这两种场合下董事均违反了对公司的信义义务。在间接损害的场合下自不待言。在直接损害的场合下,董事所违反的不损害他人的一般性义务,的确具备侵权法层面的注意义务的特征。但是,在公司法中,其更多应作董事违背对公司的信义义务的理解,本质上,董事对第三人的义务亦传导自董事对公司的信义义务。

5. 董事、高级管理人员的赔偿责任的含义

新《公司法》在起草过程中,对于董事对第三人责任的类型问题的认识发生过转变。《公司法(修订草案一审稿)》曾在第 190 条规定:"董事、高级管理人员执行职务,因故意或者重大过失,给他人造成损害的,应当与公司承担连带责任。"此种公司与董事共同承担连带责任的模式的优势在于能够充分救济债权人,使得债权人可以自由选择向公司或者董事主张全额责任。但是这一规定也一度成为众矢之的。有学者从连带责任的体系定位指出:该规则属于侵权法规则在公司法的简单再现,在控股股东、实际控制人构成影子董事时亦须承担连带责任的条款的加持下,组织法上的替代责任体系实则已不复存在。[①] 更多学者则从连带责任的法律效果反思其正当性:连带责任分担采取完全赔偿构造,在部分行为人求偿不能时不可避免地导致过错程度低、因果关系贡献度低的行为人承担过重的责任。董事是极具风险的一种职业,经营公司业务本就非常复杂且经常要面临各种挑战。[②] 实践中,多数董事执行公司事务是为公司利益,少

① 参见齐砺杰:《董事第三人责任条文的理解与适用辩难》,载《中国政法大学学报》2022 年第 5 期。

② 参见冯果、柴瑞娟:《论董事对公司债权人的责任》,载《国家检察官学院学报》2007 年第 1 期。

数董事的滥权行为也未必是故意为之,而是在客观情况下不得不受制于控制股东的意志。因此,动辄要其承担无限连带责任,对大多数一向尽心尽职的董事来说,是不公平的。而且,过责失衡的机制也可能导致董事不再心存顾忌,彻底疏于其注意义务,董事责任本应当发挥的威慑惩戒的作用也将就此落空。

因此,《公司法(修订草案二审稿)》转而规定"赔偿责任",并为新《公司法》所维持,这一规定基本消除了关于连带责任的争议。原因在于,我国法律体系中,连带责任需以法律明确规定或当事人明确约定为前提,赔偿责任难以将其涵括其中。但是,此处的赔偿责任的内涵仍然不甚明了,至少存在按份责任或补充责任的解释空间。

如果此处的赔偿责任指向按份责任,那么,公司与董事各自仅在一定份额内承担责任,且该份额对债权人具有约束力。此种模式较现行法中公司先行担责而事后向董事追偿的规定,扩张了责任主体,的确惩戒了存在故意或重大过失的董事。但是,这种模式可能不当缩小了公司责任,假如公司有赔偿能力而董事缺乏赔偿能力,按照按份责任的逻辑,将导致债权人抱着公司这座金矿却无所适从,与该项制度引入的初衷有所背离。如果此处的"赔偿责任"指向补充责任,那么公司应属于董事职务行为的第一责任主体,董事个人责任的顺位在公司责任之后。补充责任的法律构造,一方面不会减损公司所应当承担的责任,另一方面也能够有效避免董事因承担过重的责任而损害其履职的积极性,我们总体上支持补充责任的观点,并进一步认为此处应解读为按份补充责任。理解这一责任类型应注意如下要点。

第一,此处的补充责任不同于《民法典》第 62 条所确立的法定代表人责任。后者的法律构造严格区分公司对于第三人的对外责任与董事对于公司的对内责任,相应条文应呈现为"董事执行职务,因故意或者重大过失,给他人造成损害的,由公司承担民事责任;公司承担民事责任后,依照法律或章程的规定,可以向有过错的董事追偿"。作此理解,将意味着董事不会成为直面第三人的赔偿主体,无论在何种情况下第三人仅得向公司这一主体主张责任,实际上彻底否认了董事对第三人责任制度的引入意义。

第二,此处的补充责任系指"董事仅在公司债务不能清偿时,方承担补充责任"。类似的法律构造是《公司法司法解释(三)》第 13 条第 2 款前半句的规定:"公司债权人请求未履行或者未全面履行出资义务的股东在未出资本息范围内对公司债务不能清偿的部分承担补充赔偿责任的,人民法院应予支持。”换言之,第三人仍然享有直接起诉董事的权利,只不过要受到董事基于“公司尚能清偿债务”这一事实上的先诉抗辩权的限制。

第三,董事的补充责任还应受到其实际造成的损害的范围的限制。董事基于故意或重大过失的不当行为客观上造成了第三人利益的损失,但是基于不同董事的职责要求、参与决策的程度的差异,如果不作区分而一刀切地要求所有董事都对第三人承担无差别的赔偿责任,显然是不合理的。通常情况下执行董事责任应重于非执行董事、董事长责任应重于普通董事、具有专业知识背景的董事责任应重于不具备特定知识背景的董事。在此基础上,个别董事因参与决策的程度的不同,其对于最终损害后果的贡献程度亦不相同,董事仅需根据其行为与损害后果之间的过错与原因力程度来承担按比例的赔偿责任。如果公司不能清偿债务的部分超出其实际造成的损害的范围,董事同样无须承担责任。此处的按份补充责任实则类似近年来证券虚假陈述赔偿责任领域广为采纳的比例连带责任,两者的共性在于认定董事责任时遵循过责相称的基本理念,区别在于当第三人主张损害赔偿时,按份补充责任存在顺位的限制。

(二)延伸问题

新《公司法》明确了董事、高级管理人员在存在故意或重大过失的情况下的赔偿责任,但是对于其仅存在一般过失时是否需要承担责任则未作明确规定。此外,虽然我们认为应当对董事对第三人责任作补充责任的理解,但董事最终承担的责任额度仍取决于法官的自由裁量权。此时,并不排除董事被判决承担过于严苛的责任而过分损害其利益,造成董事群体履职积极性丧失的可能性。负责经营决策的公司董事实属宝贵的企业家资源,因此,为了弘扬企业家精神,更好地对这一群体进行保护,在公司法体系内部还有必要完善限制董事责任的制度,避免董事责任范围的不确定性所带来的负外部性。

1. 豁免董事一般过失时的责任

新《公司法》对于董事一般过失时的责任作出留白,但考虑到董事责任的性质,并对新《公司法》的规定作反面解释,应认为此时直接由公司承担赔偿责任,且不发生公司对董事的追偿权。类比董事对公司的责任可知,董事之所以需要向公司承担赔偿责任,是因为其违反了忠实、勤勉义务。基于董事义务的传导性,董事对第三人承担责任的强度不应高于董事直接对公司所承担的责任的强度。学理层面,董事对公司的责任尚且有商业判断规则的限制与保护,只要董事的决策行为是根据可靠的信息、善意地以及诚实地相信该行为是为了公司最佳利益而作出的,哪怕造成损害结果也无须承担赔偿责任,其排除了许多针对董事不存在严重过失的违反注意义务的行为所提起的诉讼,那么董事对第三人的责任显然也应当受到一定的限制。在董事的主观过错仅为一般过失的情况下,其可归责性较低,此时应当直接由公司向第三人承担赔偿责任,从而给予董事的职务行为一定的容错空间。①

2. 完善董事责任的限制规则

我国公司法中原本并不存在董事责任的限制或减免规则,通过观察域外制度,董事责任主要由如下四种方式加以限制:公司章程、股东会决议、法律规定、法院决定。通常而言,前两种公司内部意定限制模式更适宜公司法的性质。但是,这一意定限制模式的理论基础在于"股东与公司之间因章程或决议而形成合同关系,董事对公司的责任是一种对内责任,股东可以根据其意思对这种责任进行分配"②,并不能当然适用于董事对第三人责任这一对外责任的场景。因此,可以应用于董事对第三人责任之限制场景下,相对而言属于法定模式的董事责任保险制度受到了更多的重视。新《公司法》第 193 条规定:"公司可以在董事任职期间为董事因执行公司职务承担的赔偿责任投保责任保险。公司为董事投保责任保险或者续保后,董事会应当向股东会报告责任保险的投保金额、承保范围及保险费率等内容。"该制度的意义在于利用保险制度消化掉董事行为所引发的责任,转嫁本应由董事所承担责任的风险,从而有效保障董事、公司以及第三人的利益。

不过,考虑到目前新《公司法》中的董事责任保险制度仅是倡导性规定,还有必要考虑建立公司补偿制度,进而通过双重保障程序,避免通常属于优质企业家的董事群体承担过重责任。公司补偿制度,是指公司董事因过失执行职务,应对公司或者第三人诉讼而支出抗辩费用或者赔偿金,由公司依照法律规定或者公司章程规定给予补偿的制度。公司补偿制度的法理基础是代理原则,

① 参见徐强胜、王萍萍:《论董事对第三人责任——兼评〈公司法(修订草案)〉第一百九十条》,载《河南社会科学》2023 年第 7 期。

② 林一英:《董事责任限制的入法动因与路径选择》,载《政法论坛》2022 年第 4 期。

董事与公司之间的关系如同代理人与本人之间的关系，代理人因正常履行代理事务所支出的合理费用与遭受的损失，本人有义务予以赔偿。公司补偿的约定通常存在于公司章程之中，当董事因执行职务不当对第三人承担赔偿责任后，公司往往会直接补偿其损失。[①] 董事对第三人责任制度可以与公司补偿制度相结合，公司补偿制度可以为董事对其他人应承担的个人赔偿责任提供资金支持，而董事责任保险则可以在公司补偿制度以外通过保险合同的约定强化对董事的保护，从而对公司不能补偿的部分加以分担，周延对董事之保护，从后端避免董事对第三人责任制度罚过其当的风险。

① 参见王伟：《董事补偿制度研究》，载《现代法学》2007 年第 3 期。

专题二十五 控股股东、实际控制人的义务与责任

一、新《公司法》修改的主要内容

控股股东、实际控制人的义务与责任,是指控股股东、实际控制人在公司法中所应承担的特殊义务与责任。基于理性和自利的人性预设,控股股东、实际控制人因享有对公司的控制权,其不但可以通过操控公司的投资行为、经营行为直接影响公司利益,还可以通过控制公司的筹资行为影响公司内部的权益比例。例如,通过股东会决议,对董事人选进行任免从而控制公司的经营活动,实施各类"隧道行为";还可以通过修改公司章程"欺压"其他中小股东、使谋取一己之私的行为合法化;甚至还可以通过低价增发的方式改变公司内部的资本权益格局,直接损害中小股东权益。

鉴于此,新《公司法》极大地强化了控股股东、实际控制人的义务和责任,新增规定:(1)公司的控股股东滥用股东权利,严重损害公司或者其他股东利益的,其他股东有权请求公司按照合理的价格收购其股权(新《公司法》第 89 条第 3 款);(2)"事实董事"规则,即公司的控股股东、实际控制人不担任公司董事但实际执行公司事务的,适用董事信义义务的规定(新《公司法》第 180 条第 3 款);(3)"影子董事"规则,即公司的控股股东、实际控制人指示董事、高级管理人员从事损害公司或者股东利益的行为的,与该董事、高级管理人员承担连带责任(新《公司法》第 192 条)。同时,新《公司法》承继了原《公司法》第 20 条、第 21 条的规定,规定了:(1)不公平关联交易禁止规则,即公司的控股股东、实际控制人不得利用关联关系损害公司利益(新《公司法》第 22 条);(2)公司股东不得滥用股东权利损害公司或者其他股东利益(新《公司法》第 21 条);(3)公司股东不得滥用股东权利损害公司债权人利益(新《公司法》第 23 条)。此外,新《公司法》还规定控股股东、实际控制人转让股份的特别限制(新《公司法》第 160 条第 1 款。)。新《公司法》从以上 7 个方面,对控股股东、实际控制人

进行了较为严密、系统的法律规制，这是本次《公司法》修改的一大亮点。

为深入理解新《公司法》对控股股东、实际控制人的特别法律规制，有必要对控股股东、实际控制人的义务与责任展开深入、系统的理论阐释。

二、本次修改的现实依据

我国公司治理的主要矛盾是控股股东与中小股东之间的矛盾。原《公司法》公司治理制度的重大缺陷是公司治理的法定主体与实际主体的严重脱节，未将控股股东作为公司治理主体纳入公司治理范围并忽略和放弃了对其相应的法律规制。[①] 新《公司法》围绕控股股东、实际控制人的义务和责任，构建了较为系统的规范体系，回应了社会各界的期待和需求，具备充分的现实依据。

（一）我国公司治理的主要矛盾：控股股东与中小股东的矛盾

作为股权结构高度集中的国家，我国公司治理的主要矛盾无疑是股东之间的矛盾。股东之间的"内斗"和大股东对中小股东的"欺压"是有限责任公司存在的最为典型和突出的问题。因发展方向、长远利益、经营方针、重大交易、利益分配、人事安排等各种事项的不同思路和主见，经常形成有限责任公司股东间的对立与矛盾。为实现自己意志和确保自身利益，控制权和管理权的争夺往往成为股东"内斗"的核心内容。在某些公司，控股股东图谋私利而不惜损害公司利益，许多有限责任公司中的小股东所受大股东"压迫"的程度远甚于上市公司中的小股东，[②]相比上市公司的少数股东，封闭公司的少数股东更脆弱，更易受到损害，也更迫切地需要保护。[③] 而在另一些公司，股东关系完全破裂，股东之间冲突激烈，公司组织机构陷于僵局，公司运行动辄瘫痪，大量公司的解散倒闭不是因为经营的亏损而是由于内部的冲突。人民法院受理的大量决议效力诉讼、股权转让诉讼、股东侵权诉讼与代表诉讼、知情权与查账权之诉、强制分配盈利之诉和公司解散之诉等，许多都是公司内部争斗、矛盾激化的结果，是公司治理状态和治理效果的折射反映和生动写照。中国裁判文书网显示，2013 年

---

① 参见赵旭东：《公司治理中的控股股东及其法律规制》，载《法学研究》2020 年第 4 期。

② 参见甘培忠：《有限责任公司小股东利益保护的法学思考——从诉讼视角考察》，载《法商研究》2002 年第 6 期。

③ See Ragazzo & Robert A., *Toward a Delaware Common Law of Closely Held Corporations*, 77 Wash. ULQ 1100 (1999).

至2018年,与公司有关的纠纷数量分别为1372件、7122件、8684件、28433件、46132件、60938件,呈现出快速增长的态势。2019年虽有回落,但仍有57414件。据最高人民法院有关部门统计,随着公司数量的快速增长,公司治理和股东权利纠纷案件也在逐年上升,在公司纠纷案件中占比高达60%多。[①]

控股股东与中小股东的冲突同样是我国股份有限公司治理的核心问题。上市公司的经营丑闻和违法违规事件多与控股股东的过度控制和权利滥用相关,如较早成为新闻事件的申华实业股东大会决议案[②]、宏智科技公司股东大会召集纠纷[③]展现了股东之间围绕董事会组成进行的激烈争斗,国美电器公司与黄光裕案[④]使人们看到了大股东与中小股东为争夺公司控制权而以股东大会为平台展开的对抗,深圳万科董事会决议案[⑤]则上演了股东之间(包括实际控制人之间)为控制公司决策进行的法律较量。这些事件都是对上市公司治理主要问题的生动注解和诠释。上市公司收购本质上是公司控制权的转让和交易,是继任控股股东与原控股股东之间取而代之的争夺和较量,不仅会剧烈地撼动现任管理层的地位和权力,还会造成对现有其他股东利益的直接波及和连带。证券法单独设置上市公司收购制度,既反映了立法协调公司收购冲突的良苦用心,也反映了股东控制权在公司治理中的显要地位。证券监管机关和沪深交易所对上市公司的市场监管除了虚假陈述问题外,很重要的方向是大股东占压和挪用上市公司资金、通过担保和不公平的关联交易掏空上市公司以及一味圈钱融资而不向投资者分配红利等。为此出台的各种监管规范和细则成为上市公司重要的行为准则。这些受到严格监管的行为都是大股东滥用权利损害中小股东权益的典型,亦表明其作为上市公司治理核心问题的普遍性和严重性。

在股权集中模式占主导地位的中国,控股股东与中小股东之间的冲突与矛

---

① 参见罗书臻:《最高人民法院发布公司法司法解释(四)》,载《人民法院报》2017年8月29日,第1版。

② 参见《上海法院受理深圳君安状告上海申华案》,载新浪网1999年3月12日,http://news.sina.com.cn/richtalk/news/china/9903/031206.html。

③ 参见《宏智科技"双份"股东大会的法律迷途》,载新浪网2004年1月14日,http://finance.sina.com.cn/roll/20040114/0247602421.shtml。

④ 参见"国美控制权之争"系列报道,载新浪网,http://finance.sina.com.cn/focus/gome_huang2010。

⑤ 参见《万科宝能系百亿级资本大战是怎么回事?》,载新浪网,http://news.sina.com.cn/c/nd/2015-12-19/doc-ifxmttme5867909.shtml。

盾,是公司治理面临的主要问题。我国的上市公司因股权高度集中,所有权与经营权无法彻底分离,上市公司的经营者实际上仍受命于或受制于公司的控股股东,并不存在西方国家20世纪30年代在公众公司中出现的所有权结构过于分散,以致不能有效制约经营者意义上的所有权与经营权相分离现象。相反,控制股东掌握公司人事业务上的大权,随时有权撤换董事等管理人员,也有权对公司的重大事项作出决定。① 公司法更应重点关注和倾力研究的是股东之间,特别是大股东与中小股东、控股股东与其他股东之间的矛盾和冲突,应该为规制控股股东权利行使、防范和遏制其权利滥用(尤其是表决权的滥用)以及切实保障中小股东合法权益探索切实可行的法律途径和操作方案。没有控股股东的公司治理是虚幻和不真实的,任何忽视控股股东的公司治理制度设计都可能误入歧途并劳而无功,至少在近前和未来的相当长时期,公司治理中的控股股东及其法律规制应是公司治理最具理论意义和现实价值的研究课题。

(二)原《公司法》公司治理制度的重大缺陷:控股股东法律规制缺位

1. 控股股东虽非法定治理主体但实际控制公司治理

原《公司法》下的公司治理是一个没有控股股东的公司治理。虽然控股股东拥有事实上的公司控制权,并且控股股东权利行使与权利滥用构成公司治理的核心问题,但在公司法的立法上,并未对控股股东给予应有的关注和规制。他既不是法定的公司治理主体,也未被分配任何法定的公司治理权利,甚至规定他的法条文字都是异常的"吝啬"。遍览原《公司法》218 个条款,"控股股东"的文字只在两个条款中出现了 3 次:第一条是第 21 条第 1 款规定,"公司的控股股东、实际控制人、董事、监事、高级管理人员不得利用其关联关系损害公司利益";第二条则是在附则的第 216 条中,对控股股东和关联关系作了两个概念的界定。可见,具有实质内容的规定就只有第 21 条,而且这一条还是对董事、监事等几个主体的共同性规定,专门针对控股股东的特别条款根本就没有。

分权制衡是公司治理法律设计的基本思路。公司治理的基本模式是由四个不同的法定机构执掌不同的法定权力,形成分工合作、相互制约的管理关系。股东会作为公司的最高权力机构,其有权审议决定公司的一切重大事项。董事会作为公司的执行机关,对股东会负责并执行股东会的决议,主要负责制定公

① 参见梁上上:《股东表决权:公司所有与公司控制的连接点》,载《中国法学》2005 年第 3 期。

司重大事项的方案和决定经营机构的有关事项。监事会作为公司的监督机关，主要负责检查公司财务和对董事、公司高级管理人员职务行为的监督。经理作为公司日常业务的管理机构，负责实施董事会的决议，主持公司的生产经营活动。这四个组织机构依法分别执掌着公司重大事项决定权、公司事务执行权、检查监督权和日常业务管理权，是法定的公司治理主体，享有法定的治理权力。然而，对于绝大多数公司来说，与其说治理权力掌控在股东会或董事会手中，不如说掌控在控股股东手中，控股股东才是公司真正的主宰者和终极的控制者，是事实上的公司治理主体。

在资本多数决的公司决策机制之下，控股股东凭借其绝对或相对多数的股权比例而拥有的多数表决权，可以确保其支持的决议总能通过，其反对的决议总能被否决。封闭公司中的“股东同意”，可能完全就是“控制（或多数）股东的同意”①。公司治理的最高权力名义上归属股东会，事实上却属于控股股东。在多数控制的情况下，多数股东拥有的表决权足以选举产生公司的多数董事，甚至全部董事。董事会根本不可能独立，不过是控股股东的附庸，多数董事是控股股东的代言人或代理人。监事会的产生途径和机制与董事会完全相同。受制于控股股东的监事会监督经理等业务管理机构尚有可能，但要对控股股东的行为实施监督，则近乎空想。准确地说，这样的监督相当于控股股东的自律约束。② 至于经理这一业务管理机构，因其由董事会聘任，控制了董事会也就延伸控制了经理，经理权利终究无法独立于控股股东的权利范围。因此，许多公司治理的效果和水准相当程度上系之于控股股东，好的公司治理主要不是因为有多么好的治理结构或治理规则，而是因控股股东良好的商业诚信、宽和自律、责任担当和管理能力。对赌协议的安排是对控股股东实际权利最有力而生动的例证。投资者对目标公司进行投资，收益的是公司，却由控股股东对投资回报和股份回购作出承诺，而其在法律上并无这样的义务。控股股东作出这样的承诺，盖因目标公司被其控制，投资者的投资预期能否实现主要取决于控股股东的决策和管理。这样的治理结构虽然未得到法律的承认和鼓励，但却真切地存在于公司组织的现实之中，这样的权力图谱虽然没有写入公司法的条款，却是

---

① 施天涛、杜晶：《我国公司法上关联交易的皈依及其法律规制》，载《中国法学》2007 年第 6 期。

② 参见甘培忠：《论完善我国上市公司治理结构中的监事制度》，载《中国法学》2001 年第 5 期。

机构运行的必然逻辑。

在形式上，控股股东只是普通的股东，并没有直接管理公司事务的任何权力，但他实际上却执掌和行使着公司主要事项的决定权，由此形成了我国公司法和公司治理最为突出和奇特的法律现象，即公司治理的法定主体与实际主体严重脱节、公司治理法定权力的分配与实际权力的分配严重脱节，造成“有权者无责、有责者无权”的局面。

2. 对控股股东公司治理立法与现实脱节的后果

控股股东根本就没有进入我国公司法规制的视野，公司治理根本未将其纳入范围或者作为独立的治理主体，控股股东这一在公司治理中举足轻重、最为主要的治理主体就这样被公司法的治理规范完全忽略了。而我国公司治理中最普遍、广受斥责的严重问题恰好都源自控股股东，包括控股股东的不实出资和虚假出资，公司的“内部人控制”和管理层的“监守自盗”，利用关联交易输送不当利益损害公司、中小股东和债权人利益等。特别是对于上市公司，某种意义上，国有股“一股独大”是我国上市公司存在的一系列治理问题的根源。与大多数发达国家的公司治理问题主要是由“所有权和控制权分离”导致的不同，我国的公司治理问题主要是由控股股东滥权所引发的。[①] 公司治理主体和权利分配的法律规定与客观现实的脱节必然导致公司治理规范的低能或失效。关于公司治理的立法设计把关注点和注意力只放在了股东会、董事会、监事会这几个形式上的治理机构上，而完全忽略了对控股股东等实际治理主体的法律规制。其中尤为突出的是，原《公司法》只规定了董事、监事和经理的义务与责任，而对控股股东是否也应负有同样的义务和责任，则无任何明确的法律要求。控股股东损害公司和弱势股东利益事件之所以频繁发生，公司法中控股股东义务与责任规定的缺失是重要原因。

（三）社会各界对控股股东、实际控制人的义务与责任的意见和建议

社会各界对强化控股股东、实际控制人的法律规制呼声极高，在《公司法（修订草案一审稿）》公布之后，社会各界提出了许多富有价值的建设性意见和建议。

---

① 参见张开平：《简论中国上市公司治理结构的特征》，载甘培忠、楼建波主编：《公司治理专论》，北京大学出版社 2009 年版；郭雳：《中国式监事会：安于何处，去向何方？》，载《比较法研究》2016 年第 2 期。

1. 关于控股股东、实际控制人不得滥用权利

有部委单位提出，要明确控股股东、实际控制人对公司、其他股东、公司债权人负有信义义务，违反者不仅要承担赔偿责任，还可能引发决议无效等其他救济。对于股东压制，有部委单位提出，建议增加排挤、压迫股东的相关规则。有高校提出，建议增加规定，股东滥用股东权利导致合作基础丧失的，允许其他股东要求该股东或者公司以公平价格收购其股权或者股份，从而实现从公司退出。

2. 关于控股股东、实际控制人的关联交易

(1)关于关联交易的界定

有高校建议，新增若干条文，规定公司与关联方之间的何种交易构成关联交易，规定关联方的概念，并对关联方的界定作出列举加兜底式的定义。

(2)关于关联交易的规制模式

有部委单位建议，进一步增加关联交易的规制，包括关联交易的效力、操纵人的赔偿责任，引入《公司法司法解释(五)》所规定的救济措施。

(3)关于控股股东、实际控制人的关联交易规制

有高校建议，新增一条关于控股股东、实际控制人关联交易的程序问题的规定：第一，控股股东、实际控制人不得滥用关联关系损害公司利益；第二，控股股东、实际控制人及其关联方应对关联交易对公司是公平的承担举证责任；第三，若前述关联交易按照公司章程的规定得到了无利害关系的董事或者董事会专门委员会或者无利害关系的股东在充分知情的情况下的批准，就此发生纠纷的，由公司承担证明该交易不公平的举证责任。

(4)关于董事会与关联交易相关的职权

有高校建议，在董事会职权部分新增一条，规定董事会有编制关联交易报告的义务，记录公司上一年度与关联方之间发生的法律行为以及为关联方利益实施的其他行为，并要求董事会将关联交易报告提交监事会审议批准。监事会应当对报告的真实性、完整性、准确性进行审查，并作出是否批准的决议。报告存在虚假、错报或者遗漏的，负有责任的董事、监事对公司由此受有的损失分别承担连带责任。同时规定，董事会应当将关联交易报告提交给履行审计职责的会计师事务所。

3. 关于“事实董事”制度

有部委单位、高校提出，建议删除“利用对公司的影响”要件，对公司的影响

或支配与责任构成无关，并增加“监事”作为被指使主体。有高校建议，增加“在事实上行使董事、高级管理人员职权”的规定，以补充控股股东、实际控制人直接行使权利的情形。有高校、科研院所提出，控股股东、实际控制人还可能利用其持股优势操纵股东会，侵害公司和股东利益，建议对控股股东、实际控制人的规制进行进一步改进；同时，建议明确在一般过失情形下是否承担赔偿责任。吉林大学法学院提出，控股股东、实际控制人的范围过于狭窄，指使对象缺少监事，责任上应该为损害赔偿而非连带责任，并加入董事的免责事由。

4. 关于控股股东概念

有部委单位建议，将“控股股东”修改为“控制股东”。有高校建议，将“控股股东”定义为，是指“其出资额占有限责任公司资本总额百分之五十以上或者其持有的股份占股份有限公司股本总额百分之五十以上的股东，但有相反证据的除外……”同时，增加一款规定，股东与其关联方、一致行动人所持股权或者股份应当合并计算。

综上所述，我国公司治理的主要矛盾，是控股股东与中小股东之间的冲突和矛盾，原《公司法》对控股股东的法律规制几乎为空白，无论是实务界还是理论界，均有极高的加强控股股东法律规制的呼声。在此背景下，新《公司法》对控股股东、实际控制人的义务与责任进行了较为系统性的规范设计。

三、控股股东、实际控制人的义务与责任的理论阐释

（一）控股股东、实际控制人的义务与责任概述

依新《公司法》第265条第2项、第3项的规定，控股股东，是指其出资额占有限责任公司资本总额超过50%或者其持有的股份占股份有限公司股本总额超过50%的股东；出资额或者持有股份的比例虽然低于50%，但依其出资额或者持有的股份所享有的表决权已足以对股东会的决议产生重大影响的股东。实际控制人，是指通过投资关系、协议或者其他安排，能够实际支配公司行为的人。控股股东是通过股权关系控制公司的人，实际控制人是非通过股权关系控制公司的人，二者都拥有对公司的控制权，但控制权形成的原因并不相同。

对公司的控制本身并不具有可苛责性，具有可苛责性的是对公司的过度控制和对控制权的滥用。在理性和自利的人性预设下，控股股东、实际控制人在行使控制权时，存在只注重自身利益，而忽视公司利益、少数股东利益的天然倾

向,因而控股股东、实际控制人滥用控制权,损害公司及中小股东合法权益的现象是经常发生的。在我国,控制股东、实际控制人滥用控制权、肆意损害公司和少数股东利益的情况更为严重,尤以关联交易、资产重组、违规担保、抽逃资金、阻止少数股东召集股东会临时会议等事件最具有代表性。因此,各国和地区的公司法在建立中小股东保护制度的过程中,也逐渐形成了控股股东、实际控制人应承担特殊义务的理论,即控股股东、实际控制人应对公司和其他股东承担信义义务。其理论依据在于控股股东、实际控制人事实上对公司享有的控制权和控制利益。当然,公司控股股东、实际控制人是否对公司和其他股东负诚信义务,在理论界素有分歧。然而,随着控制权的滥用,控股股东、实际控制人损害公司和少数股东利益事件的不断增加,控股股东、实际控制人负有信义义务的理论已经或正在被逐步接受。

由于控股股东、实际控制人都对公司有控制的能力,他们都不应利用其控制关系或能力损害公司利益,否则若致使公司遭受损害,则他们应当承担相应法律责任。因此,公司法上对控股股东的相关规定,通常也适用于实际控制人。鉴于实际控制人概念过于模糊和宽泛,不利于读者掌握相关原理,因此下文以控股股东为主要对象展开论述。

(二)控股股东信义义务的理论基础[①]

我国学界对公司法应否构建控股股东信义义务存在争议,但支持者占多数。学理上认为,控股股东享有公司控制权,该控制权的行使将会影响公司和中小股东的合法利益,故对后者负有信义义务。在具体解释路径上,存在以下四种学说。

1. 信托说:受益人与受托人关系的类推

发源于维护公平、正义和良心的衡平法——信托法认为,任何一个人在对他人的财产进行管理或者行使控制权时都负有相应的信义义务。控股股东拥有对公司的控制权,而公司不仅是控股股东的财产,也是少数股东的财产,故控股股东在行使对公司的控制权时相当于在对他人(少数股东)的财产进行管理,是后者的受托人,因而需要对后者承担信义义务。这种法理解释路径,是将信

① 参见邹学庚:《控股股东信义义务的理论反思与类型化》,载《比较法研究》2023 年第 4 期。

托法中受托人与受益人之间的信义义务类推适用于控股股东和少数股东。[①]

2. 合伙说：封闭公司股东关系的合伙化

封闭公司中股东之间的关系可被类比为一种合伙，进而将合伙人之间的严格义务扩张适用于股东之间。封闭公司的理论和立法预设是，股东之间基于信赖和信任共同成立公司，封闭公司也就具有极强的人合性。在封闭公司中，股东期待能够共同做决定，按照持股比例分享公司收益和管理权。[②] 美国马萨诸塞州最高法院在 Donahue v. Rodd Electrotype Co. 一案中，对封闭公司的定义是：(1)具有很小的股东群体；(2)没有成熟的股份交易市场；(3)多数股东直接参与公司的经营管理活动。在这一定义下，马萨诸塞州最高法院进而认为，"封闭公司与合伙是极为相似的，封闭公司只不过是一种'公司化'的合伙，它的股东只不过是为合伙'穿上'了公司的外衣，拥有了公司所具有的有限责任、永续存在等特征。大多数封闭公司在内部关系上实质就是两三个人之间的合作，他们提供了公司所需要的资金、技能、经验和劳务。这与合伙是一致的，如果公司要走向成功，那么股东之间的关系必须是互相信任、信赖以及绝对忠诚的"[③]。

3. 代理说：董事信义义务向股东的扩张

该说的核心思想是，董事无法独立于选任他的控股股东，因此二者之间构成实质代理关系，控股股东是委托人，董事是代理人。在代理关系中，委托人需要承担替代责任，董事行为的法律效果根据代理法归属于控股股东，因此可以将董事信义义务扩大适用于控股股东。换言之，该说认为，股东之间的关系是独立的、平等的，没有必要通过解释股东之间的关系来推导控股股东信义义务。控股股东之所以要承担违信责任，派生于其代理人(董事)的不当行为。这种代理关系，是基于控股股东对董事的实质控制而产生的实质代理关系，而非基于具有特定形式性的法律行为。在美国法院的司法实践中，法官通常不会要求原告提供控股股东和董事之间代理关系的证据；相反，法官更倾向于让原告去证

---

① See Jerry B. Helwig, *The Fiduciary Duty of Controlling Shareholders*, 7 (4) Western Reserve Law Review 467(1956).

② See James M. Van Vliet, Jr. & Mark D. Snider, *The Evolving Fiduciary Duty Solution for Shareholders Caught in a Closely Held Corporation Trap*, 18 Northern Illinois University Law Review 239(1998).

③ Donahue v. Rodd Electrotype Co., 328 N. E. 2d 505(1975).

明股东是否控制着公司以及董事是否缺乏独立性。①

4. 市场说:封闭公司缺乏股份交易市场

该说认为,封闭公司的股份缺乏有效率的二级市场,这将导致如下不利后果:(1)公司股份缺乏定价机制;(2)激化股东在分配政策方面的矛盾;(3)限制股票市场作为监督机制的功能;(4)剥夺信息匮乏的股东获取价格信息的途径。② 以上四方面的局限使中小股东难以顺畅地“用脚投票”退出公司,从而放任了控股股东肆无忌惮地实施各类机会主义行为,剥削中小股东的利益。因而有必要对其施以信义义务。

(三)控股股东信义义务的类型化③

1. 划分控股股东信义义务外延的标准

《民法典》第 131 条规定:“民事主体行使权利时,应当履行法律规定的和当事人约定的义务。”该条是关于权利义务相统一原则的规定,也即享有一定的权利必须负担相应的义务。根据该原则,控股股东信义义务的外延与其享有或行使的权利具有对应关系。并且,控股股东信义义务的功能,就在于以抽象的“法律规定”的形式,在那些控股股东享有事实上的权利,但当事人没有约定对等义务的场域下,填补其义务的漏洞。因而,对控股股东信义义务的外延进行划分的一个重要标准,就是其所享有权利的内容。

控股股东在公司中所享有和控制的权利来源于以表决权为核心的股东权利,并之以资本多数决,通过股东会、董事会等机构向单纯股东权利外部进行侵略性扩张和延伸。其中,就新股认购权、股利分配请求权等自益权和股东会出席权、提案权、知情权等共益权而言,控股股东所负担的义务与普通股东并无二致,也无须为此额外负担特殊的信义义务。唯有疑问的是,兼具自益和共益属性的表决权,它通过资本多数决机制得以向单纯股东权利外部进行扩张,包括以下三种方式:(1)控股股东凭借其享有的表决权,有权单独决定股东会决议事项,从而在事实上享有股东会职权。(2)通过选任半数以上董事,甚至全部董事,从而在事实上控制了董事会职权;并依同理取得经理职权。(3)不仅如此,

---

① See Stephen M. Bainbridge, *Corporate Law* 185, 3rd ed., Foundation Press, 2015.

② See Frank H. Easterbrook & Daniel R. Fischel, *Close Corporations and Agency Costs*, 38 (2) Stanford Law Review 271 (1986).

③ 参见邹学庚:《控股股东信义义务的理论反思与类型化》,载《比较法研究》2023 年第 4 期。

控股股东还可以将以上职权/控制权,随同控制股份/板块一并对外转让,以获取控制权溢价。这些权利/职权的行使主体是控股股东,而受影响的对象是包括公司和其他股东在内的利益相关者,这使得控股股东在某种意义上具备了与董事相类似的受托人地位。

从权利义务相统一的视角观察,以上控股股东享有的额外的职权或权利,才是控股股东信义义务的真正"对手"。据此,可以将控股股东信义义务分为行使股东会职权时的信义义务、行使董事会职权时的信义义务和出售控制权时的信义义务三类。

2. 控股股东行使股东会职权时的专属信义义务

控股股东权利的取得方式与董事存在显著不同。董事是被股东会选任并赋予相关职权的;而控股股东是通过向公司交付最大份额的资本和财产,获得半数以上或者具有重大影响的能够左右股东会决议的表决权,从而形成对股东会乃至公司整体的控制。简言之,董事职权的取得仅仅来源于股东、公司的单方面授权,并无对价;而控股股东对股东会职权的取得,源于其出资的交换。在职权来源上的根本性差异,导致了控股股东在行使股东会职权时所负信义义务的特殊性,即控股股东有权自由行使法律、公司章程赋予的股东权利,但不得损害中小股东既有利益与合法期待;同时,控股股东在行使股东权利时没有义务牺牲自己的利益。具体可从以下三方面分析。

(1)积极表达:有权自由行使法律、公司章程赋予的股东权利

基于控股股东取得股东会控制权的有偿性,原则上控股股东有权依照自己的意愿行使法律、公司章程赋予的股东权利,意即有权为自己的利益行使表决权。普通法判例在很早的时候就承认此点。① 大陆法系也将权利保护、私人自治的理念贯穿于整个私法之中。也许是因为控股股东在我国公司实践中的强势地位,对其加以限制迫在眉睫。纵观我国有关控股股东的文献资料,多是谈论如何对控股股东加以限制和规制,却少有对如何保障和引导控股股东权利的正当行使作出理性的解说。② 但是,在强调对控股股东权利进行限制的同时,不能遗漏作为前提的控股股东权利的自由行使问题。

---

① See Haldeman v. Haldeman, 197 S. W. 376, 381 (Ky. 1917).

② 参见赵旭东:《公司治理中的控股股东及其法律规制》,载《法学研究》2020 年第 4 期。

（2）消极表达之一：不得损害中小股东既有利益与合理期待

权利行使的外溢性决定了任何权利的行使均是受到限制的。自罗马法以来，法律就对包括所有权在内的权利的行使施予一定的限制。新《公司法》第21条也规定，股东不得滥用股东权利损害公司或者其他股东的利益。

一方面，控股股东行使股东会职权时不得损害中小股东的既有利益。中小股东的既有利益，是指中小股东享有的法律确定的民事权利和已经形成稳定预期的固有利益。中小股东享有的法律确定的民事权利是指中小股东享有的资产收益权、参与重大决策和选择管理者的权利、股东查阅权、分红权、优先购买权等权利。这些权利都是已经被法律类型化的权利，具有“归属效能”、“排除效能”和“社会典型公开性”三大特征。[①] 毫无疑问，当控股股东侵害中小股东的如上权利时（比如控股股东直接决议开除中小股东或者直接决议不给中小股东分红），其应当承担损害赔偿责任。中小股东享有的已经形成稳定预期的固有利益是指虽然没有被法律类型化为权利，但是已经形成归属于中小股东的稳定预期的民事权益。例如中小股东持股比例所对应的公司净资产份额。虽然由于公司独立法人人格的存在，中小股东并不直接享有对公司相应份额财产的所有权，但是中小股东持股比例所对应的财产份额的价值是确定的。按照民事权利具有的“归属效能”、“排除效能”和“社会典型公开性”三大特征来分析，这种民事权益具有“归属效能”“排除效能”两大特征。至于“社会典型公开性”这个特征，由于未有法律直接规定，实践中可能存在不同的认识，须借由法官在个案中判断。但就少数股份所对应的净资产份额而言，司法实践普遍认可其构成一种具有稳定预期的固有利益。[②]

另一方面，控股股东行使股东会职权时不得损害中小股东的合理期待。中小股东的合理期待，是指中小股东在投资公司或者管理公司时所获得的非正式民事权益，这需要法院在具体案件中加以判断。典型者如，在公司成立之初，股东投资公司的目的是获取工作机会，而在公司运营过程中，控股股东通过控制

① 参见于飞：《侵权法中权利与利益的区分方法》，载《法学研究》2011年第4期。

② 参见叶某卫、葛某卿与平湖伟峰科技有限责任公司股东会或者股东大会、董事会决议效力纠纷案，浙江省嘉兴市中级人民法院（2011）浙嘉商终字第185号民事判决书；董某与上海泰富置业发展有限公司等股东滥用权利赔偿纠纷案，上海市第二中级人民法院（2008）沪二中民三（商）初字第238号民事调解书。

股东会剥夺了中小股东出任董事、经理或者监事并获取报酬的合理期待；若无正当、合法的理由，控股股东应对此承担赔偿责任。[①] 而关于如何判断一个事项是否构成“合理期待”，英国法院认为需要审查股东之间所有的交易历史和背景，阅读所有正式和非正式的文件，探寻双方当事人的合作基础，并最终确定一方是否损害了另一方的合理期待。[②] 其背后的理由是，公司成员之间的合意或者安排并非全部以正式文本的内容体现在公司章程或者其他文件之中，许多合意及其细节藏匿在这些非正式文件之中。[③] 必须承认，合理期待是一个模糊的概念，它给予了法官在作出裁判时一定的裁量空间，但是在认定某个事项构成合理期待时，法官需要负担较重的论证义务。

(3)消极表达之二：没有义务牺牲自己的利益

由于控股股东利益与中小股东利益存在此消彼长的紧张关系，因此控股股东在行使股东会职权时，二者之间可能会出现利益冲突。例如，公司现有未分配利润1000万元，同时拥有一个投资报酬率为16%的投资机会，控股股东自身拥有一个投资报酬率为20%的投资机会，中小股东没有属于自身的投资机会。此时，控股股东控制股东会作出利润分配的决议，获取现金股利，从而得以投资自身的投资项目；中小股东提出挑战，认为该项利润分配的决议损害了公司的利益。此时，中小股东的请求能否得到支持？该问题似乎很难回答：一方面，由于控股股东自身拥有的投资机会的报酬率要高于公司所拥有的投资机会，那么一个符合商业逻辑的做法当然是从公司获取现金股利；另一方面，公司享有的投资机会确实能够在客观上为公司带来经济效益，在此时作出利润分配的决议，无异于故意浪费公司机会，这将会损害公司的利益，进而间接损害中小股东的利益。

美国特拉华州衡平法院在1994年判决的Mendel v. Carroll[④] 一案，能够给予上述问题一个较为圆满的回答。该案中，卡罗尔家族持有凯蒂工业公司48%至52%的股份，他们提出以每股26美元的价格挤出合并凯蒂工业公司的中小股东；与此同时，一位名为桑福德·彭斯勒的人向凯蒂工业公司董事会发出竞

① See Wilkes v. Springside Nursing Home, Inc. ,353 N. E. 2d 657 (Mass. 1976).

② See Saul D. Harrison & Sons Plc, Re [1995] 1 BCLC 14 at 19.

③ See Paul L. Davies & Sarah Worthington, *Gower's Principles of Modern Company Law* 961 – 965, 10th ed. , Sweet & Maxwell, 2016.

④ Mendel v. Carroll, 651 A. 2d 297 (Del. Ch. 1994).

争要约，准备以每股 28 美元的价格发起收购。卡罗尔家族知悉后，决定撤回挤出合并的要约，并对外宣称将不会出售持有的股份。由于卡罗尔家族拒绝出售股份将导致收购成为不可能，桑福德·彭斯勒只得终止收购进程。少数股东起诉称，卡罗尔家族作为控股股东违反了对中小股东的信义义务，他们应出售他们的股份使少数股东获得更优的收购价格。特拉华州衡平法院主审法官艾伦认为，本案中，虽然卡罗尔家族拒绝出售股份的做法非常自私，但是法律并没有要求他们必须作出自我牺牲以满足少数股东的利益，最终判决驳回了原告的诉请，认定卡罗尔家族没有义务出售他们的股份。①

综上，在法律没有规定控股股东有义务牺牲自己的利益、为公司（股东）利益最大化行事时，控股股东在行使股东会职权时可以为“私益”行事，这与作为纯粹公司受托人的董事必须为“共益”行事存在显著不同。事实上，在前例中，只要控股股东控制股东会作出的利润分配决议，是按照持股比例或者公司章程的规定进行分配的，那么便不会涉及利益冲突和自我交易问题。此时，公司是否要作出利润分配的决定，将落入商业判断规则的范围，法院通常不会进行干预。②

3. 控股股东行使董事会职权时适用董事信义义务

控股股东在行使董事职权时，应承担与董事同等的信义义务。从具体情形看，控股股东可以通过以下三种方式行使董事职权：一是自然人控股股东直接出任董事、执行董事；二是选任听命于自己的人为董事，将后者作为“提线木偶”，间接行使董事职权；三是虽然没有出任董事，但在事实上直接行使董事职权。自然人控股股东直接出任董事时须负担董事义务，这无须赘言；对于后两者，根据权利义务相统一原则，均可直接推论出控股股东应承担相应的董事义务。但唯有疑问的是，如此穿透法律形式上董事的身份，将董事义务直接加诸于控股股东，是否存在充分的法理依据？是否会造成董事义务的泛化？

这可以从英国“事实董事”、“影子董事”理论得到法理支持。在英国法上，关于董事的定义并不拘泥于形式上董事的身份，而是采用实质认定方法，也即根据《英国 2006 年公司法》第 250 条关于董事的规定，董事是指处在董事位置上的人，无论其如何称呼。而对于何谓“处在董事位置上的人”，英国法院通常

---

① See Mendel v. Carroll, 651 A. 2d 297 (Del. Ch. 1994).

② See Sinclair Oil Corp. v. Levien, 280 A. 2d 717 (Del. 1971).

采实质认定的方法,也即谁以董事身份行事,谁就是董事,谁就要承担董事义务。这种董事认定的方法可被称为实质主义的董事认定规则。在1994年的一个案例中,英国高等法院衡平法庭的法官米利特明确地将董事分为三类:一是法律上的董事,即一个被有效任命履行董事职务的人;二是"事实董事",即一个没有被有效任命或者完全没有被任命但以董事身份行事的人;三是"影子董事",即公司董事习惯于根据他的指示或者指令行事的人。从前述米利特法官对"事实董事"和"影子董事"的定义看,二者最大的区别仅在于前者置身台前而后者置身幕后,这种区别并无实益。① 近年来,二者的边界日趋模糊。

英式董事实质认定方法,将董事义务施加于实际行使董事职权的任何人,透过表象观察内里,不拘泥于法律形式上的董事身份,虽有助于规制控股股东滥用控制权却又无须承担责任的情形,但也可能导致董事义务的泛化和法官自由裁量权过大等问题,因此,该制度的难点转化为在不具备法律形式上的董事身份时,如何实质认定董事身份。为此,《英国2006年公司法》第251条第2款、第3款对何种情形下不适用"影子董事"规则作出了规定,从反面限缩了该规则的适用范围。

综上,无论是根据权责相一致的理论,还是借助"事实董事"、"影子董事"理论的解释力,对行使董事职权的控股股东施加与董事同等的信义义务,具备充分的法理基础支持。进一步的问题则是董事信义义务的具体内容。通说认为:董事对公司负有的信义义务,可细分为注意义务和忠实义务。注意义务要求董事在作出商业决策时必须尽到一个一般谨慎的人在同样或者相似的情形下的注意义务,只要尽到该义务,即便决策失误致公司受损,其亦受商业判断规则的保护。忠实义务要求董事在行使职权处理公司事务和财产(包括信息)时必须尽到善意的努力以增进公司的利益,否则,就要为公司由此受到的损失承担个人责任。

我国新《公司法》吸收了上述理论观点,认可了控股股东在行使董事职权时应负董事信义义务。新《公司法》第180条第1款规定,董事、监事、高级管理人员对公司负有忠实义务,应当采取措施避免自身利益与公司利益冲突,不得利用职权谋取不正当利益。第2款规定,董事、监事、高级管理人员对公司负有勤

① 参见刘斌:《重塑董事范畴:从形式主义迈向实质主义》,载《比较法研究》2021年第5期。

勉义务,执行职务应当为公司的最大利益尽到管理者通常应有的合理注意。第3款规定,公司的控股股东、实际控制人不担任公司董事但实际执行公司事务的,适用前两款规定。

4. 控股股东出售控制权时的特殊信义义务

公司控制权出售时,存有控股股东和公司、中小股东之间的利益冲突。该过程中有两大价值需要权衡:一是法律对股东有权自由出售股份的承诺;二是伴随控制权转让的股份出售将会影响公司政策进而影响包括中小股东、公司债权人在内的全部公司利益相关者的利益,一般需要董事会或者股东会的批准,控股股东与公司利益相关者之间存在紧张关系。这种紧张关系决定了法律必须要对公司控制权出售进行适当的调整,以平衡各方利益。

由于公司收购法或并购法的缺失,我国对控制权转让中控股股东的法律义务并无太多规制和司法实践。从域外制度与实践看,美国法院通过一系列富有影响力的判例,形成了控制权出售过程中控股股东所负有的信义义务规范群。譬如,控股股东负有不得向掠夺者出售的义务,以保护中小股东免受有掠夺意图的买方的侵害。① 该义务要求,控股股东在出售控制板块时,若知悉或者发现了可疑的交易特征或过高的买价,负有进一步调查买方的义务。② 否则,由此造成中小股东受到买方的掠夺,转让人需承担赔偿责任。③ 又如,控股股东不得通过出售公司职位转让控制权,除非伴随控制板块的转让。在美国法上,不伴随控制板块转让的公司职位出售,因违反公共政策是无效的。④ 如果控股股东通过出售公司职位获利,那么该利益需归入公司,因为公司职务是公司的财产,控股股东这么做违反了对公司的忠实义务。

四、新《公司法》规定解读与延伸问题

(一)新《公司法》的规定与解读

鉴于控股股东、实际控制人在公司治理中的特殊地位,本次《公司法》修改,强化了对控股股东、实际控制人的法律规制,具体包括以下七个方面。

---

① See DeBaun v. First W. Bank & Tr. Co. ,120 Cal. Rptr. 354 (Ct. App. 1975).

② See Harris v. Carter,582 A.2d 222,235 (Del. Ch. 1990).

③ See DeBaun v. First W. Bank & Tr. Co. ,120 Cal. Rptr. 354,360 (Ct. App. 1975).

④ See Brecher v. Gregg,89 Misc. 2d 457,392 N.Y.S.2d 776 (Sup. Ct. 1975).

1. 控股股东、实际控制人行使董事职权时，须承担董事的忠实义务和勤勉义务

第 180 条第 3 款 公司的控股股东、实际控制人不担任公司董事但实际执行公司事务的，适用前两款规定。

享有一定的职权，须承担相应的义务，这是权责相统一原则的要求。由此，新《公司法》第 180 条第 3 款作了上述规定。这是本次《公司法》修改的新增条款，意即控股股东、实际控制人虽不担任公司董事，但实际执行公司事务时，是"事实董事"，应当承担董事信义义务。

理解该款规定的核心，在于理解何谓"实际执行公司事务"。控股股东、实际控制人只有在履行或实施了公司董事的职责或者行为，才能够被认定为实际执行公司事务。需要注意的是，新《公司法》规定了董事会的职权，但未规定董事的职权。新《公司法》第 67 条规定，"董事会行使下列职权：(一)召集股东会会议，并向股东会报告工作；(二)执行股东会的决议；(三)决定公司的经营计划和投资方案；(四)制订公司的利润分配方案和弥补亏损方案；(五)制订公司增加或者减少注册资本以及发行公司债券的方案；(六)制订公司合并、分立、解散或者变更公司形式的方案；(七)决定公司内部管理机构的设置；(八)决定聘任或者解聘公司经理及其报酬事项，并根据经理的提名决定聘任或者解聘公司副经理、财务负责人及其报酬事项；(九)制定公司的基本管理制度；(十)公司章程规定或者股东会授予的其他职权"。因此，实际参与或行使了上述董事会法定职权的控股股东与实际控制人，即应作为"事实董事"一并作为忠实义务与勤勉义务的适用对象。实践中，控股股东或实际控制人构成"事实董事"的通常情形，包括存在董事选任瑕疵、以董事身份参与董事会会议与决议、以董事身份签字、作为执行董事行使董事会职权等。

2. 控股股东、实际控制人控制董事、高级管理人员损害公司或者其他股东利益的，与后者承担连带责任

第 192 条 公司的控股股东、实际控制人指示董事、高级管理人员从事损害公司或者股东利益的行为的，与该董事、高级管理人员承担连带责任。

控制人与被控制人之间构成一个整体，对被侵权人构成共同侵权，依《民法

典》第 1168 条“二人以上共同实施侵权行为,造成他人损害的,应当承担连带责任”的规定,控制人要对被控制人的行为所导致的损害赔偿,承担连带责任。由此,新《公司法》第 192 条作了上述规定。该条也被称为“影子董事”规则,是本次《公司法》修改新增条款。

理解本条规定的核心,在于理解“指示”的含义。“指示”一词的解读可参照民法中“意思表示”的解释,大体分为明示和暗示两种类别。对于明示的指示,例如有书面的决议或批示,自然可以被涵盖进本条的规制范围,或虽没有正式的批示,但有直接的聊天记录或其他非正式的指示性内容,也应解释为作出了指示。

3. 控股股东、实际控制人不得利用关联关系损害公司利益

第 22 条 公司的控股股东、实际控制人、董事、监事、高级管理人员不得利用关联关系损害公司利益。违反前款规定,给公司造成损失的,应当承担赔偿责任。

控股股东、实际控制人享有对公司的控制权,因而可以控制公司与自身或者关联方进行交易,使公司高价购买商品、服务或者低价卖出商品、服务,进而使控股股东、实际控制人自身或其关联方获取远超正常公平市场交易的利益。这是一种直接损害公司利益,进而间接损害其他股东、公司债权人合法权益的机会主义行为,不应为法所允。由此,新《公司法》第 22 条作了上述规定。

需要注意的是,关联交易并非一个负面的概念,而是一个中性概念。公平的关联交易可以为公司带来稳定、长期的交易关系,节约交易成本,对公司的经营和发展有益;不公平的关联交易,将损害公司利益,进而间接损害股东、公司债权人和其他利益相关者的利益,对公司的经营和发展不利。由此,在关联交易制度的构建上,公司法的目标是,支持和鼓励那些公平、合理的关联交易,遏制和惩戒那些不公平、不合理的关联交易,而非不加区分地一概禁止所有关联交易。

4. 控股股东压迫其他股东的,受压迫股东有权请求公司以合理的价格收购其股权

第 89 条第 3 款 公司的控股股东滥用股东权利,严重损害公司或者其他股东利益的,其他股东有权请求公司按照合理的价格收购其股权。

股东压迫是一种复合性、综合式的股东利益侵害行为。当控股股东利用控制权压迫其他股东的程度，达到了足以摧毁二者之间信任基础的程度时，应允许受压迫的股东以合理的价格退出公司。这也是美国、英国等国家公司法的典型衡平救济措施。由此，新《公司法》第89条第3款作了上述规定。该款系2023年《公司法》修改新增条款。

"严重损害公司或者其他股东利益"，强调有限责任公司控股股东滥用权利的后果，一般要达到使中小股东与控股股东之间合作基础丧失的程度。当双方丧失合作基础后，若仅给予中小股东以相应的损害赔偿救济的途径，仍强求其留在公司中，可能无法弥补或者抵消在未来控股股东可能会对其实施的更为隐蔽的侵害行为。同时，压迫行为本身的复杂性、隐蔽性，以及诉讼本身的不确定性和成本，使得单纯的损害赔偿已不足以震慑压迫者和救济受压迫者，只有通过请求公司以合理的价格回购股权，从而退出公司的方式，才是一种充分合理的救济。另外，关于股权收购的合理价格问题。合理价格既可以是股权交易市场的合理价格，也可以是双方协商确定的价格。在当事人无法协商确定回购价格时，我国法院对异议股东请求公司回购股权时合理价格的确定，主要有评估报告和审计报告两大标准。其中，评估报告系针对股权经济价值的评估，审计报告则是对公司净资产账面价值的审计。

5. 控股股东不得滥用股东权利损害公司或者其他股东利益

第21条 公司股东应当遵守法律、行政法规和公司章程，依法行使股东权利，不得滥用股东权利损害公司或者其他股东的利益。

公司股东滥用股东权利给公司或者其他股东造成损失的，应当承担赔偿责任。

法律、行政法规的规定，构成社会的底线规则。股东行使股东权利，必须要遵守法律、行政法规，否则将会损害社会公共利益和公共秩序。公司章程是公司自治的宪章，是对股东与公司，股东与其他股东，股东与董事、高级管理人员之间权利义务关系进行调整的具体法律文件，对公司、股东、董事、高级管理人员等均具有法律约束力，股东行使股东权利必须要遵守公司章程。由此，新《公司法》第21条作了上述规定。

实践中，股东滥用股东权利损害公司或者其他股东利益的情形有三种。一是股东滥用表决权。这是股东滥用权利的主要情形。例如,股东特别是控股股东利用其多数表决权,控制股东会通过了以不公平价格定向增资的决议,损害其他股东的合法权益,构成权利滥用。再如,控股股东通过股东会无故解除了由中小股东长期担任的董事或者高级管理人员的职务,违反了股权协议或者使其失去了从公司获取工资薪金的权利或者合理期待,构成权利滥用。二是,股东滥用股东查阅权。本法要求,股东查阅会计账簿、会计凭证应具备正当目的。股东若为个人目的,以刺探公司商业秘密为目的行使查阅权,将构成权利滥用。三是,股东滥用提案权。例如,股东恶意提案,扰乱公司治理,也将构成权利滥用。股东滥权情形不胜枚举,本书限于篇幅,于此不赘。

6. 控股股东不得滥用股东权利损害公司债权人利益

第23条 公司股东滥用公司法人独立地位和股东有限责任,逃避债务,严重损害公司债权人利益的,应当对公司债务承担连带责任。

股东利用其控制的两个以上公司实施前款规定行为的,各公司应当对任一公司的债务承担连带责任。

只有一个股东的公司,股东不能证明公司财产独立于股东自己的财产的,应当对公司债务承担连带责任。

新《公司法》第23条规定了法人人格否认制度,是指当公司法人独立地位和股东有限责任被滥用时,否定公司的法人人格,使股东或公司对相关债务承担连带责任的制度,旨在矫正有限责任制度在特定法律事实发生时对债权人保护的失衡现象。

法人人格否认制度,可以分为纵向法人人格否认、横向法人人格否认和反向法人人格否认三类。纵向法人人格否认,是指否认公司的法人人格,使股东对公司债务承担连带责任;横向法人人格否认,是指否认各关联公司的法人人格,使关联公司之间对对方的债务负连带责任;反向法人人格否认,是指否认公司的法人人格,使公司对股东的债权人承担连带责任。本条第1款规定纵向法人人格否认制度,第2款规定了横向法人人格否认制度,第3款规定了一人公司法人人格否认制度。

值得关注的是,关于本条第1款、第2款能否同时适用的问题,存在两种不同意见。一种意见认为,不能同时适用,也即纵向法人人格否认和横向法人人格否认不能并用。这意味着,在法人人格否定的情形下,公司的债权人,要么可以要求公司的股东承担连带责任,要么可以请求公司的其他关联公司(兄弟公司、姐妹公司)承担连带责任,而不能同时要求公司的股东和其他关联公司(兄弟公司、姐妹公司)承担连带责任。另一种意见认为,可以同时适用,也即纵向法人人格否认和横向法人人格否认可以并用。这意味着,在法人人格否定的情形下,公司的债权人可以同时要求公司股东和其他关联公司(兄弟公司、姐妹公司)承担连带责任。我们赞同后一种意见。在此种意见下,由于同时否认了公司和其他关联公司(兄弟公司、姐妹公司)的法人人格,公司股东的债权人也可以要求公司和其他关联公司(兄弟公司、姐妹公司)承担连带责任。质言之,本条在一定范围内承认了反向法人人格否认制度。

此外,还需要说明的是,在适用关系上,本条第3款是可以单独使用,还是应当与第1款合并适用,也存有不同意见。我们认为,若要求本条第3款必须与第1款合并适用,那么当符合本条第1款要件时,本身就可以适用法人人格否认制度,这将使本条第3款为特别保护一人公司债权人而设置的举证责任倒置规则落空,因此本条第3款应当可以单独适用。

7. 控股股东转让股份的特别限制

第160条第1款 公司公开发行股份前已发行的股份,自公司股票在证券交易所上市交易之日起一年内不得转让。法律、行政法规或者国务院证券监督管理机构对上市公司的股东、实际控制人转让其所持有的本公司股份另有规定的,从其规定。

我国相关法律法规对控股股东转让其持有的股份存在特别的限制性规定。例如,新《公司法》第160第1款作出的上述规定。中国证监会颁布的《首次公开发行股票注册管理办法》第45条第2款规定,“发行人控股股东和实际控制人及其亲属应当披露所持股份自发行人股票上市之日起三十六个月不得转让的锁定安排”。由此,公司公开发行股份的,控股股东所持有的股份在股票上市之日起36个月内不得转让。

可见,新《公司法》从以上7个方面,对控股股东、实际控制人进行了较为严密、系统的法律规制,是本次《公司法》修改的一大亮点。

（二）延伸问题

新《公司法》对控股股东、实际控制人进行了较为严密的系统性法律规制，这是本次《公司法》修改的一大亮点。但仍需要指出的，还有许多内容和细节需要进一步研究和完善，具体而言：

其一，有关控股股东、实际控制人的规范体系，主要都是抽象的条款，缺少具体的规则。例如，对于控股股东、实际控制人关联交易问题，新《公司法》第22条仅规定了一个抽象的条款。并未如新《公司法》第183条一般，对董事、监事、高级管理人员的关联交易作出具体的程序性规定。

其二，新《公司法》第180条第3款规定，公司的控股股东、实际控制人不担任公司董事但实际执行公司事务的，适用董事忠实义务、勤勉义务的规定。但何为"实际执行公司事务"，有待未来司法实践进一步明确和类型化。

其三，新《公司法》第192条规定，公司的控股股东、实际控制人指示董事、高级管理人员从事损害公司或者股东利益的行为的，与该董事、高级管理人员承担连带责任。但何为"指示"，是必须明示，还是可以包括默示，也有待未来司法实践进一步明确和类型化。

其四，新《公司法》第89条第3款规定，公司的控股股东滥用股东权利，严重损害公司或者其他股东利益的，其他股东有权请求公司按照合理的价格收购其股权。该款仅规定受压迫股东有权请求公司收购其股权，而没有规定受压迫股东有权请求控股股东收购其股权。而受压迫股东请求公司收购其股权是否能够实现，仍需要看公司是否有充足的利润去实施收购行为，这对受压迫股东的保护是不足的，也与美国、英国等域外公司规定的一般做法不符。

其五，新《公司法》第21条规定，公司股东应当遵守法律、行政法规和公司章程，依法行使股东权利，不得滥用股东权利损害公司或者其他股东的利益，否则给公司或者其他股东造成损失的，应当承担赔偿责任。同时，新《公司法》第89条第3款规定，公司的控股股东滥用股东权利，严重损害公司或者其他股东利益的，其他股东有权请求公司按照合理的价格收购其股权。可见，当控股股东滥用权利严重损害公司或者其他股东的利益时，这两个条款之间产生竞合。此时，应当如何进行法律适用，也有待未来进一步解释和阐明。我们认为，此时应赋予受压迫的股东以选择权。

PART 05

第五编

新公司法中的其他制度

专题二十六 横向人格否认制度

一、新《公司法》修改的主要内容

人格否认制度，在美国被称为“揭开公司面纱”，在英国被称为“刺破公司面纱”，在德国被称为“直索责任”，在日本被称为“透视理论”，是指为阻止公司独立人格的滥用，就具体法律关系中的特定事实，否认公司的独立人格和股东的有限责任，责令公司的股东对公司债权人直接负责的法律制度。[①] 广义上的人格否认制度可分为纵向、横向、逆向三种，其中最典型的是纵向人格否认制度。横向人格否认制度则是指否认由一个股东控股的两个或两个以上关联公司的人格，要求公司对彼此的债务承担连带责任。逆向人格否认则是指由公司向股东债权人承担责任的制度。

随着经济的发展，企业规模逐渐扩大，公司集团已经逐渐成为商事实践中常见的商业结构，该结构利用公司人格独立制度进行业务分离，形成规模效应和协同效应。在公司集团中，控制权往往被集中于控制公司，控制公司对其下属公司进行集中统一管理，但是，也因为控制权的集中与利益的一致，公司集团内部的公司很容易被股东滥用，侵害公司债权人利益的现象时有发生。在公司集团化的背景下，股东可能滥用独立人格制度损害债权人利益，造成债权人与股东利益格局的失衡，横向人格否认制度是纠正该利益失衡格局的有效制度

① 参见赵旭东主编：《公司法学》(第4版)，高等教育出版社2015年版，第6—7页。

工具。

我国原《公司法》仅规定了纵向人格否认制度，并不能很好地满足实践的需求，故而审判实践发展出了横向人格否认制度的裁判规则与指引。新《公司法》第23条第2款新增横向人格否认的相关规范，在法律层面正式规定了横向人格否认制度。对于新《公司法》所确立的横向人格否认制度，我们将进行详细分析。

二、本次修改的现实依据

（一）最高人民法院第15号指导性案例的探索

2005年我国《公司法》引入人格否认制度，成为世界范围内第一个将人格否认制度统一、明确、系统地规定在成文法中的国家。但是，原《公司法》仅规定了股东向公司债权人承担无限连带责任的纵向人格否认制度，并没有就姐妹公司之间的横向人格否认制度进行规定。由于缺乏明确规范作为裁判依据，审判实践中对姐妹公司之间能否适用人格否认制度存在很大的争议。

2013年最高人民法院颁布了第15号指导性案例，就横向人格否认制度作出了裁判指引，自此以后实践中刺穿横向公司面纱的判决明显增多。在该判决中，法院参照原《公司法》第20条第3款，以三家公司人格高度混同为由，否认三家公司的独立人格，判决其中两家公司对第三家公司的债务承担连带责任。

该指导案例的主要案件事实可以概括为：被告之一工贸公司拖欠原告徐工机械公司货款未付，原告主张三被告机械公司、瑞路公司与工贸公司人格混同，三家公司实际控制人王某礼以及工贸公司股东等人的个人资产与公司资产混同，均应承担连带清偿责任。法院查明，机械公司、瑞路公司的股东均为王某礼、倪某，工贸公司的控股股东为张某蓉（系王某礼之妻）。该案的二审法院江苏省高级人民法院认为：工贸公司与机械公司、瑞路公司人格混同。包括以下三个理由：一是三家公司人员混同。三家公司的经理、财务负责人、出纳会计、工商手续经办人均相同，其他管理人员亦存在交叉任职的情形，工贸公司的人事任免存在由机械公司决定的情形。二是三家公司业务混同。三家公司实际经营中均涉及工程机械相关业务，经销过程中存在共用销售手册、经销协议的情形；对外进行宣传时信息混同。三是三家公司财务混同。三家公司使用共同账户，以王永礼的签字作为具体用款依据，对其中的资金及支配无法证明已作区分;三个公司与徐工机械公司之间的债权债务、业绩、账务及返利均计算在工贸公司名下。因此,三个公司之间的人格表征因素(人员、业务、财务等)高度混同,导致各自财产无法区分,丧失独立人格,构成人格混同。

在判决书中,江苏省高级人民法院论证道:“公司的独立财产是公司独立承担责任的物质保证,公司的独立人格也突出地表现在财产的独立上。当关联公司的财产无法区分,丧失独立人格时,就丧失了独立承担责任的基础……本案中,三个公司虽在工商登记部门登记为彼此独立的企业法人,但实际上相互之间界限模糊、人格混同,其中川交工贸公司承担所有关联公司的债务却无力清偿,又使其他关联公司逃避巨额债务,严重损害了债权人的利益。上述行为违背了法人制度设立的宗旨,违背了诚实信用原则,其行为本质和危害结果与《公司法》第二十条第三款规定的情形相当,故参照《公司法》第二十条第三款的规定,川交机械公司、瑞路公司对川交工贸公司的债务应当承担连带清偿责任。”可见,在存在明显法律漏洞的情形下,法院以诚实信用原则与法人制度宗旨为法理基础,参照适用纵向人格否认的规定,从人员、业务、财务三个角度认定三个关联公司人格混同,判决三个公司对外承担连带责任。

(二)《九民纪要》的规定

2019 年《九民纪要》专门对人格否认问题作出了细化指引,列举了三类股东滥用行为的典型表现:“人格混同”“过度支配与控制”“资本显著不足”。其中第 11 条规定了“过度支配与控制”的四种典型情形与兜底条款。四种典型情形分别为:“(1)母子公司之间或者子公司之间进行利益输送的;(2)母子公司或者子公司之间进行交易,收益归一方,损失却由另一方承担的;(3)先从原公司抽走资金,然后再成立经营目的相同或者类似的公司,逃避原公司债务的;(4)先解散公司,再以原公司场所、设备、人员及相同或者相似的经营目的另设公司,逃避原公司债务的。”这四种情形在理论上都可能与横向人格否认制度直接相关。

并且,在第 11 条第 2 款中,最高人民法院直接规定了横向人格否认制度的一般性规范:“控制股东或实际控制人控制多个子公司或者关联公司,滥用控制权使多个子公司或者关联公司财产边界不清、财务混同,利益相互输送,丧失人格独立性,沦为控制股东逃避债务、非法经营,甚至违法犯罪工具的,可以综合案件事实,否认子公司或者关联公司法人人格,判令承担连带责任。”《九民纪要》就此将横向人格否认制度抽象为一般性规则，一定意义上发挥了填补规范空白的重要作用。

（三）引入横向人格否认制度的必要性

引入横向人格否认制度具有正当性基础，我国学界通说对在纵向人格否认制度的基础上新增横向人格否认制度的必要性予以肯定。① 在《公司法》中确立横向人格否认制度，能为实践提供切实可行的依据。为避免关联公司成为控股股东逃避债务的工具，应否认在意志、财产、组织机构、经营行为等方面丧失独立性的关联公司的独立人格。② 若我国《公司法》中缺乏横向人格否认制度的规范，会导致审判实践以类推、扩张适用等方式弥补法律漏洞，如指导案例第15号即是参照适用纵向人格否认制度来回应实践需求。纵向人格否认制度与横向人格否认制度虽然具有相似的价值目标，但在具体构造与法律效果上相距甚远，因此学界对指导案例第15号参照适用的判决方法有不少反对意见。③ 在指导案例第15号与《九民纪要》的基础上，在法律层面确立横向人格否认制度，契合社会各界的主流观点，符合公平正义原则的本质要求。

三、横向人格否认制度的理论阐释

（一）横向人格否认制度的正当性基础

有限责任作为公司法的基石性原则，是公司区别于其他企业形态的最本质特征。股东仅以认缴或认购的出资为限承担责任，有利于减少投资风险，降低因经营权与所有权分离而产生的代理成本。但是，有限责任制度也可能被股东滥用，公司可能成为股东侵害债权人利益的工具。为平衡股东与债权人的利益，实现公平正义，由此产生了人格否认制度。人格否认制度的核心目标是追求股东与外部债权人利益的平衡，削减因股东滥用独立人格与有限责任制度而带来的不利影响，保护公司债权人的合法权益，实现公平正义。

在原理上，纵向人格否认制度强调对股东有限责任原则的否认，而横向人格否认制度更多仅强调公司人格的非独立性，是对公司独立人格原理的突破。

---

① 代表性观点参见朱慈蕴：《公司法人格否认制度理论与实践》，人民法院出版社2009年版，第54页。

② 参见赵旭东：《公司法人格否认规则适用情况分析》，载《法律适用》2011年第10期。

③ 参见李建伟：《关联公司法人人格否认的实证研究》，载《法商研究》2021年第6期；王军：《人格混同与法人独立地位之否认——评最高人民法院指导案例15号》，载《北方法学》2015年第4期。

公司的独立人格意指公司是独立于其成员的民事主体,具有独立的组织机构、独立的财产和独立承担民事责任的能力。独立的组织机构意味着公司有形成公司决策、对内管理公司事务、对外代表公司进行业务活动的机构,公司有独立的意志,不受股东个人意志的绝对控制,也区别于其他公司。独立的财产意味着公司对其财产享有所有权,公司的财产既区分于股东的财产,也区别于其他公司的财产。独立承担民事责任意味着公司以其财产对外承担债务与责任,一般情形下无须对其他公司的债权人承担民事责任,也无权要求其他公司以其财产对公司的债务承担责任。横向人格否认制度是依照一定判断标准,否认公司之间独立人格的制度。

在制度背景上,横向人格否认可追溯至法律对公司集团的规制。公司集团是指在统一管理之下,由法律上独立的若干企业或公司联合组成的团体。① 公司集团使得公司之间具有特殊的经济联系,改变了公司原本的独立状态,对关联公司自身的利益、与关联公司有关的其他公司以及债权人的利益都有着不容忽视的影响。

各国立法早已对公司集团形成了系统的规制手段,主要可归纳为以下三个层面:其一,关联关系的披露制度。这要求关联方将关联关系披露给社会公众,或者通知关联公司的股东与债权人。其二,双重股东代表诉讼、查账权的穿越制度。此类制度赋予母公司股东以自己名义为子公司利益提起诉讼的权利、赋予母公司股东查阅子公司会计凭证的权利。其三,刺破公司面纱制度。要求关联企业对彼此的债务承担连带责任。除此之外,还有关联企业实质合并破产制度。可见,横向人格否认制度是对公司集团进行法律规制的有效手段之一,在我国引入横向人格否认制度具有正当性和必要性。

(二)横向人格否认制度的比较法理论阐释

在比较法审判实践中,人格否认制度已经历了较为长期的发展与更新。就横向人格否认制度而言,比较法上存在三种学说对其理论基础作出的具体阐释。

1. 企业整体说

企业整体说发轫于美国,是由哥伦比亚大学阿道夫·伯利教授于 1947 年

① 参见赵旭东主编:《公司法学》(第 4 版),高等教育出版社 2015 年版,第 57 页。

提出的一种学说。该学说认为,公司实体来源于已经形成或正在形成的企业整体,当企业整体内的各个公司事实上经营同一事业或者公司之间利益一致时,这些公司实质上为同一企业的不同部门,依照企业的经济事实,公司的独立人格应被否认,应将企业整体看作单一法律人格。这样的认定将由两层法律关系组成:各个公司之间的外部债权人与企业整体的外部关系,以及企业整体关于责任分配的内部法律关系。① 该学说将企业整体合并为一个法律人格,认为一个企业整体内部存在多个法律人格的现象是违背独立人格原则的,若依照企业的经营范围、对外债权债务关系等经济事实可以推断企业整体内部的各个公司之间互相并不具有独立性,则可以避免股东利用有限责任规则逃避责任。

该学说起源于美国工业经济快速发展的时期,彼时工业化矛盾加剧,大规模的公司集团涌现,股东往往滥用有限责任原则逃避对外的自愿或非自愿之债。美国审判实践中由此产生了单一实体虚假分割理论。如著名的纽约出租车案,该案中被告卡尔顿拥有十家出租车经营公司,每家公司有两辆车,且每辆车都只投保法律规定的最低责任保险(10000 美元)。原告被其中一辆车撞上,其认为尽管这十家公司看起来彼此独立,但据融资、供应、员工等经营事实来看,应视为单一实体,均应被列为被告,且股东卡尔顿因欺诈也需要承担连带责任。该案中法院的分歧主要在股东个人是否应承担连带责任,而对于需将十家公司看作同一整体对外承担连带责任,"刺穿"姐妹公司面纱这一点法院并没有分歧。② 单一实体虚假分割理论是对企业整体说的反面论述,若原本应视为同一企业的整体被股东虚假分割为多个实体,滥用有限责任原则和公司独立人格逃避对外债务,则法院有权"刺穿"公司之间的人格,将多个公司视为同一的整体。

综上可见,企业整体说对传统人格否认理论进行了更新与发展。根据企业整体说,横向人格否认制度的适用不以股东滥用控制权或有限责任为前提,原告也无须证明欺诈要件,仅依据企业之间在经营业务、债务关系等经济事实中的同一性即可"刺破"公司面纱。可以说,"企业整体说"理论绕开了滥用要件,

① See Adolf A. Berle Jr., *The Theory of Enterprise Entity*, 47 COLUM. L. REV,1947,p. 343 - 344.

② See Walkovszky v. Carlton,18 N. Y. 2d 414 (1966).

是适用“刺破”公司面纱规则的新思路。[①] 就该学说的外延而言，其并不仅仅涵盖姐妹公司之间的人格否认，也包含纵向的母公司与子公司之间的人格否认，属于横向人格否认的上位概念。

2. 三角刺破说

就横向人格否认制度在美国的理论发展而言，除了企业整体说外，还有三角刺破说。三角刺破说是指当股东滥用人格制度时，“刺穿”被该控股股东控制的姐妹公司的面纱，而这一“刺破”过程首先是要求股东个人对其中一个姐妹公司的负债承担连带责任，随后再由另一个姐妹公司对股东的债务承担连带责任，债务在姐妹公司与控股股东之间形成三角流动关系，首先从负债公司流向控股股东，其次从控股股东流向关联姐妹公司，[②]最后形成姐妹公司、控股股东三者都需要对负债承担连带责任的法律后果。本质上，运用三角刺破说来解释横向人格否认制度，是将纵向人格否认与逆向人格否认相结合。[③]

企业整体说与三角刺破说均是美国人格否认司法实践中发展出来的理论，两者都可以用来解释横向人格否认制度的法理基础。但是这两种学说也存在明显的区别：其一，在构成要件层面，企业整体说并不关注股东的滥用行为，更多仅依照公司之间的经济事实来判断是否将多个公司人格视为同一实体，是对人格否认制度的创新发展。而三角刺破说是将纵向人格否认与逆向人格否认制度结合应用，仍需证明股东的滥用要件。其二，在法律效果层面，企业整体说并不直接处理控股股东对公司的连带责任，股东是否需要对公司债务承担连带责任，需要通过纵向人格否认进行单独分析。除非控股股东与姐妹公司一样，均是具有相似经济事实的公司，那么法院可以直接适用企业整体说将控股公司、姐妹公司视为同一整体而否认其各自的独立人格。而运用三角刺破说解释姐妹公司的人格否认，责任的流向为从负债公司到控股股东再到关联姐妹公司，这意味着横向人格否认是建立在纵向人格否认的基础之上的，故而若适用三角刺破说否认姐妹公司之间的独立人格，无须再另行分析姐妹公司背后的股东是否承担连带责任。

---

① 参见陈洁：《商事指导性案例的司法适用》，社会科学文献出版社 2017 年版，第 66—67 页。

② See Caudill, *Matthew D. Piercing the corporate veil of a New York not-for-profit corporation*, 8 Fordham J. Corp. & Fin. L. 470(2003).

③ 参见朱慈蕴：《公司法人格否认制度理论与实践》，人民法院出版社 2009 年版，第 55 页。

3. 康采恩制度理论

德国法的人格否认制度通常译为“直索责任”。与美国类似,在实践中德国也出现了多种解释人格否认制度原理的学说,其中与横向人格否认最为直接关联的是德国成文法所规定的“康采恩制度”。

康采恩制度是《德国股份公司法》所规定的将公司与股东直接视为一体的制度,在亏损承担、债权人保护、对局外股东的利益补偿等方面控制公司对附属公司有特殊的权利义务。《德国股份公司法》第 291 条第 1 款对关联企业进行了定义:“关系企业合同指的是一个股份公司或者股份两合公司将其公司置于另一个企业的管理之下(控制合同)或有义务将其全部盈余移转于另一个企业(盈余移转合同)的合同”[①],该条款主要规范的是契约型康采恩企业。第 302 条规定了控制企业为附属企业提供财务保障的义务,即控股企业需对合同执行期内未被盈余公积金填补的亏损进行补偿,有观点指出该条款并非人格否认的规范依据,规制的仅是关联企业的内部关系,无关外部债权人对控制企业的清偿请求权。[②] 但德国实践与学理通说均类推适用该条规定,要求存在“合格事实康采恩”情况下支配股东必须直接对公司债权人承担清偿责任。[③]

德国法的康采恩制度与美国的企业整体说较为类似,均是否认形式上独立但经济上一致的公司的独立人格。但这两者也存在些许差别,德国康采恩制度是层级化的治理结构,强调控股股东对从属公司的控制,有明显的主从上下关系,对于纵向人格否认具有更强的解释力度。而美国的企业整体说是网络化的治理结构,[④]强调公司集团背景下各个公司基于集团利益而分别经营的事实,更多是从经济事实出发判断企业内部各个公司的独立性。

以上是横向人格否认制度在比较法上的主要理论参照。除此之外,日本学界也基本赞成人格否认制度在姐妹公司之间的适用。[⑤]

(三)横向人格否认制度的适用范围

与纵向人格否认制度不同,构成横向人格否认的公司之间并没有直接的持

① 《德国商事公司法》,胡晓静、杨代雄译,法律出版社 2014 年版,第 205 页。

② 参见蒋建湘:《协议控制下企业集团相关主体的利益保护——德国契约康采恩法的借鉴》,载《政法论坛》2015 年第 4 期。

③ 参见《德国商事公司法》,胡晓静、杨代雄译,法律出版社 2014 年版,第 489 页。

④ 参见石一峰:《关联公司人格否认动态判断体系的构建》,载《环球法律评论》2022 年第 3 期。

⑤ 井上和彦「法人格否認の法理の現状と将来」高岡法学第 6 巻第 1 号(1994 年)58—59 頁参照。

股与被持股的关系,而是由同一股东持股控制或实际控制。在学理表达上,横向人格否认的概念常与关联公司人格否认、姐妹公司人格否认共同使用,这三个概念彼此之间的关系本质关乎横向人格否认制度的适用范围。我们认为,对该问题应作如下理解。

第一,横向人格否认制度与关联公司之间的关系。关联公司的概念界定存在较大争议。制度上,《公司法》仅对关联关系进行了定义,法律效力位阶较低的《税收征收管理法实施细则》第 51 条第 1 款则规定,关联企业是指在资金、经营、购销等方面存在直接或者间接的拥有或者控制关系,或直接或者间接地同为第三者所拥有或者控制,或在利益上具有相关联的其他关系的企业。应该说,对关联公司进行统一的定义是比较困难的,因为不同部门法的立法目标会影响概念的内涵与外延。[①] 但就公司法人格否认领域来说,关联公司应看作是姐妹公司的上位概念。综合现行通说,关联企业本质上是指以股权控制、协议控制或其他手段联合为基础的经济利益联合体。[②] 因此,构成关联关系的公司,既包含纵向上的母公司与子公司、公司与控股公司,也包含横向上互相影响的姐妹公司等,横向关联公司更多只是关联公司的派生类型,母公司与子公司之间的纵向关联关系,才是关联公司的核心指向。[③] 由此可见,学界常称的关联公司人格否认问题,并非专指姐妹公司之间的横向人格否认,而是包含了母子公司的纵向人格否认的广义概念,是横向人格否认制度的上位概念。

第二,横向人格否认制度与姐妹公司之间的关系。姐妹公司是一种形象表达,指向由同一股东控制或实际控制的同层级的公司。但横向人格否认制度其实并不仅指同一股东控制的同一层级的公司,还包含了受同一股东控制的多类公司,如同一股东直接控制的一级子公司与同一股东间接控制的二级子公司,层级不一致的公司可能处于同一持股链条上,如彼此之间构成持股与被持股的关系,也可能不处于同一持股链条上,实践中将其形象表述为“叔侄公司”。应该认为,姐妹公司之间的人格否认是横向人格否认制度最典型的适用情形,但横向人格否认制度可适用于由同一股东控制或实际控制的公司之间,并不仅仅

① 参见赵旭东主编:《公司法学》(第 4 版),高等教育出版社 2015 年版,第 61 页。

② 参见施天涛:《关联企业法律问题研究》,法律出版社 1998 年版,第 6—14 页;金剑锋:《关联公司法律制度研究》,法律出版社 2016 年版,第 63—99 页。

③ 参见李建伟:《关联公司法人人格否认的实证研究》,载《法商研究》2021 年第 6 期。

指向姐妹公司,也包含了诸如"叔侄公司"等不同层级的情况。

(四)横向人格否认制度的法律效果

横向人格否认制度的法律效果是被"刺破"面纱的公司对彼此的债务承担连带责任。除此以外,社会各界争议较大的问题是,"刺破"由同一股东控制的公司间的面纱,公司背后的股东是否当然也需承担连带责任?就此社会各界存在不同观点。

第一类观点主张横向人格否认制度不仅否认公司之间的独立人格,而且否认股东的有限责任,否则并不符合原《公司法》第 20 条的立法宗旨、公平正义与债权人保护的理念。[①] 运用三角刺破理论解释横向人格否认制度的学说本质上也支持对股东有限责任的否认。[②] 在新《公司法》修订的过程中,有学者提出,建议完善审议稿中相关内容的构成要件表述,修改为"滥用公司法人独立地位和股东有限责任,导致公司人格与其他主体发生混同的,由该主体和公司对公司债务承担连带责任",以涵盖股东、关联公司。

第二类观点主张横向人格否认制度应与纵向人格否认制度区别适用。[③] 法院不能主动追加控股股东承担连带责任,股东是否对公司债务承担连带责任,还需要判断其是否满足纵向人格否认制度的构成要件,并具体分析人格混同的内容,公司法人与其他公司法人人格相混同是横向人格否认,是对法人独立地位原则的背离,而股东与公司人格混同是纵向人格否认,是对有限责任与法人独立原则的违反。

四、新《公司法》规定解读与延伸问题

(一)新《公司法》的规定与解读

新《公司法》中有关横向人格否认的规定如下。

> **第 23 条第 2 款** 股东利用其控制的两个以上公司实施前款规定行为的,各公司应当对任一公司的债务承担连带责任。

① 参见樊纪伟:《关联公司扩张适用公司人格否认之检讨——兼评最高法院指导案例 15 号》,载《湖南大学学报(社会科学版)》2016 年第 3 期。

② 参见朱慈蕴:《公司法人格否认制度理论与实践》,人民法院出版社 2009 年版,第 55 页。

③ 参见王纯强:《关联企业法人格否认制度的完善与裁判标准构建》,载《法律适用》2019 年第 24 期;陈洁:《商事指导性案例的司法适用》,社会科学文献出版社 2017 年版,第 65 页。

新《公司法》第23条第2款新增横向人格否认制度，其中“前款”是指第1款的纵向人格否认制度：“公司股东滥用公司法人独立地位和股东有限责任，逃避债务，严重损害公司债权人利益的，应当对公司债务承担连带责任。”就新《公司法》第23条第2款横向人格否认制度的具体适用，我们认为应作如下理解。

1. 构成要件

人格否认制度的构成要件有“主体要件”“行为要件”“结果要件”三个要素。主体要件强调人格否认案件双方当事人的适格性，行为要件强调股东滥用公司人格的事实与行为，结果要件强调客观上损害债权人利益的结果。[①] 对新《公司法》所规定的横向人格否认制度的构成要件，可作如下剖析。

(1)主体要件

主张横向人格否认的原告与纵向人格否认并无本质不同。因此，主体要件最为核心的问题是被告的范围，也即横向人格否认制度的适用范围。新《公司法》第23条第2款限定于“股东利用其控制的两个以上公司”，具体而言：

第一，“控制”一词不仅仅指向控股，也包含实际控制，如股东通过投资关系、协议或者其他安排，能够实际支配公司的行为。在新《公司法》修改的过程中，有学者提出，除了公司股东外，建议增加“其他人”或“实际控制人”，否则横向人格否认制度的适用范围会有所缩小且易被规避。我们认为，新《公司法》第23条第2款的表述应不仅指向通过持有股权控制公司的股东，也包含通过投资协议等安排控制公司的实际控制人。

第二，两个以上公司需受控于同一股东。由同一股东控制的关联企业，彼此之间可能是同层级的姐妹公司，也可能是不同层级的叔侄公司，也有可能是股东控制的一级公司与二级公司。有观点认为，横向人格否认制度不应强调由同一股东控制或实际控制，非关联公司也同样有财务、人员、业务上重叠的可能。[②] 依照新《公司法》第23条第2款的规定，现行的横向人格否认制度确实强调多个企业之间需具有被同一股东控制的关联关系，没有被同一股东控股或实际控制的非关联企业，无法适用新《公司法》规定的横向人格否认制度。

---

① 参见赵旭东主编：《公司法学》(第4版)，高等教育出版社2015年版，第8—9页。

② 参见王军：《人格混同与法人独立地位之否认——评最高人民法院指导案例15号》，载《北方法学》2015年第4期。

(2)行为要件

结合新《公司法》第23条第1款与第2款,横向人格否认制度的行为要件可理解为股东利用其控制的两个以上公司实施滥用公司法人独立地位和股东有限责任,逃避债务的行为,该要件的核心是股东的滥用行为。国内外实践与理论界均更倾向于类型化股东的滥用表现,以避免人格否认制度的过度适用。《九民纪要》列举了三类股东滥用行为的典型表现:"人格混同""过度支配与控制""资本显著不足",其中横向人格否认制度被归类于"过度支配与控制"。

但是,《九民纪要》所列举的这三种情形并非泾渭分明,在横向人格否认中既有"多个子公司或者关联公司财产边界不清、财务混同,利益相互输送"的人格混同要素,也有"沦为控制股东逃避债务、非法经营,甚至违法犯罪工具"的过度控制与支配要素。新《公司法》仅对横向人格否认制度作出了原则性规定,并未列举股东滥用独立人格的具体表现,有待后续实践探索予以具化。我们认为,适用横向人格否认制度时,可从人格混同与过度支配与控制这两个方面对股东是否滥用法人独立人格进行判断,参考《九民纪要》的规定,应作如下理解。

首先,人格是否混同的判断,也即判断被同一股东控制的多个公司之间是否存在人格混同。在财产、业务、人员、住所等要素中,最根本的判断标准是公司是否具有独立意思和独立财产,财产的混同是主要的判断标准,其他方面的混同往往只起到补充作用。如学者强调,人员混同在集团公司、母子公司之间往往颇为常见,这也是实现集团统一管理和控制目的之必然手段。[①] 财产混同的具体表现有公司之间无偿使用资金或者财产,不作财务记载的;公司用另一公司的资金偿还债务,或者将公司的资金供关联公司无偿使用,不作财务记载的;公司账簿不分,致使财产无法区分的;公司盈利不加区分,致使双方利益不清等。

其次,过度控制与支配的判断,也即股东是否过度支配与控制两个以上公司,使公司完全丧失独立性,均沦为控制股东的工具或躯壳。实践中常见的情形包括:子公司之间进行利益输送的;子公司之间进行交易,收益归一方,损失却由另一方承担的;先从原公司抽走资金,然后再成立经营目的相同或者类似的公司,逃避原公司债务的;先解散公司,再以原公司场所、设备、人员及相同或

① 参见赵旭东:《公司法人格否认规则适用情况分析》,载《法律适用》2011年第10期。

者相似的经营目的另设公司,逃避原公司债务的等。

(3)结果要件

我国自确立人格否认制度起就规定了“严重损害公司债权人利益”这一要件。公司独立人格与股东有限责任作为公司法的基础性原则,“刺穿”公司面纱应视为债权人保护的例外手段,不可轻易否定公司独立人格。新《公司法》第23条第2款并未直接规定结果要件,需引致第1款所规定的“严重损害公司债权人利益”要件。

结果要件有客观滥用与主观滥用之争,前者强调股东严重损害债权人利益的客观事实,后者强调不仅需要有客观损害事实,还需要证明滥用行为人存在规避法律或约定义务的主观恶意。现行通说为客观滥用说,这一学说更有利于实现公司法人格否认的制度目标。

相比滥用要件丰富的实践探索,相关实证研究表明,结果要件在实践中普遍呈现出说理不足、重视力度不够的特征,法院对其判断标准也没有形成共识。① 相比于大篇幅的人格混同论证,最高人民法院颁布的第15号指导案例对严重损害债权人利益这一要件仅作出一句说理:“无力清偿,又使其他关联公司逃避巨额债务,严重损害了债权人的利益。”应该明确的是,严重损害债权人利益的要件至少需要满足公司无法清偿到期债务,如《九民纪要》所指出的“股东滥用权利使公司财产不足以清偿公司债务人的债权”,但至于构成“严重”的标准如何认定,是依照公司现行的资产状况、长期的清偿能力,还是只要客观发生到期无法清偿就可以“刺穿”公司面纱,仍有待审判实践进一步明确具体判断标准。结果要件所面临的这一问题,并非横向人格否认制度独有的问题,而是现行人格否认制度的共性问题。

2. 法律效果

横向人格否认制度的法律效果,是公司之间的人格刺穿,符合人格混同要件的公司需要对另一公司的债务承担连带责任。新《公司法》第23条第2款并未明确横向人格否认制度是否同时导致股东承担连带责任。我们认为,横向人格否认制度并不当然导致股东承担连带责任,第23条第1款与第2款应区分适用。虽然第23条第2款在适用时同样需要满足第1款所规定的“公司股东滥用公司法人

---

① 参见李建伟:《关联公司法人人格否认的实证研究》,载《法商研究》2021年第6期。

独立地位和股东有限责任,逃避债务”要件,但这两款在法律效果上存在明显差别,第2款仅指向公司之间的人格刺穿,而第1款则指向股东与公司间的人格否认。股东是否需要对公司的债务承担连带责任,取决于原告的诉讼请求,法院不可依职权追加,横向人格否认与纵向人格否认应区分判断,第2款与第1款应分开适用,第2款并不当然导致股东对公司债务承担连带责任的法律后果。

(二)延伸问题

原《公司法》仅规定了纵向人格否认制度,故横向人格否认制度又与逆向人格否认制度一并被合称为人格否认制度的扩张适用。逆向人格否认可分为内部逆向人格否认与外部逆向人格否认。内部逆向人格否认是指由公司内部人员(如公司控股股东)请求否认公司人格,以便使自己有资格对第三人提起诉讼,又或者是使得公司的财产免于对公司债权人承担责任的制度;外部逆向人格否认是指外部第三人请求否认公司人格,由公司对股东债务向股东债权人承担连带责任的制度,外部逆向人格否认是更为典型的逆向人格否认。

外部逆向人格否认制度有着不容忽视的实践需求,实践中很多股东会将财产转移至公司名下,以逃避对个人债务的执行。但相较于纵向人格否认与横向人格否认,我国审判实践对逆向人格否认的法律适用较为谨慎。逆向人格否认在我国是否有法律依据,理论界对此存在不同的主张。有观点认为我国并未明文规定逆向人格否认制度,无论是原《公司法》还是新《公司法》,或是《九民纪要》,都仅对纵向人格否认与横向人格否认作出了规定。也有观点认为《九民纪要》所规定的人格混同和过度支配与控制也包含了母公司为子公司债务承担连带责任的情形,新《公司法》第23条的规定亦存在解读出逆向人格否认的可能。

我们认为,新《公司法》第23条第2款所规定的横向人格否认,的确在一定范围内承认了逆向人格否认制度的可能性:被同一股东控制的多个企业,既有可能是同一层级的姐妹公司,也有可能是处于同一持股链条的母子公司,如控股股东A直接控股子公司B,子公司B直接控股孙公司C,B公司与C公司也属于被同一股东控制的公司,彼此之间也可适用横向人格否认制度。若被同一股东控制的母子公司之间满足横向人格否认的构成要件,则子公司与母公司的公司人格面纱被揭开,子公司需对母公司的债务向母公司债权人承担连带责任。

以上解读是对现行规范的理论推演,该如何具体设计逆向人格否认制度的构成要件与法律效果,仍有待后续理论与实践的探索。

专题二十七 公司债券制度

一、新《公司法》修改的主要内容

公司债券是发行公司为满足资金需求向债券持有人发行并承诺按期还本付息的凭证,其作为一种重要的有价证券,表彰了债券持有人与发行公司之间的债权债务法律关系。公司债券是一种重要的投资工具,公司债券之上附着了债券持有人、发行公司、债券受托管理人等各方主体的异质性利益。平衡以上主体的利益诉求,是公司债券制度的重要内容和目标。为了落实党中央关于公司债券管理体制改革的要求,适应债券市场发展实践需要,新《公司法》系统性修改完善了公司债券的相关规定,主要包括如下几处:其一,根据《第十四届全国人民代表大会第一次会议关于国务院机构改革方案的决定》,将国家发改委的企业债券审核职责划入中国证监会的要求,删除国务院授权的部门对公开发行债券注册的规定(新《公司法》第195条第1款);其二,明确公司债券可以公开发行,也可以非公开发行(新《公司法》第194条第2款);其三,将债券存根簿改为债券持有人名册(新《公司法》第198条、第201条、第202条第2款);其四,将发行可转债的公司由上市公司扩大到所有股份有限公司(新《公司法》第202条第1款);其五,取消无记名债券的形式,要求债券必须为记名债券(新《公司法》第197条);其六,增加债券持有人会议与债券受托管理人的相关规定(新《公司法》第204条、第205条、第206条)。这些规则主要可以分为三类。

第一,衔接《证券法》对于公司债券制度作出的修改,拓宽公司债券制度的适用范围,鼓励公司融资。具体包括:扩张公司债券的发行和转让渠道,扩大发行可转债的公司的适用范围,允许经授权的董事会决定公司债券的发行事项,修改"债券存根簿"为"债券持有人名册",以"债券募集办法"替代"债券募集说明书"等。

第二,回应相关政策改革需要,对公司债券融资行为进行更有效的监管。

例如，删去国务院授权的部门对公开发行债券注册的规定，从而使公司债券、企业债券、非金融企业债务融资工具均可适用于《公司法》的规定，更好地防范了多头监管可能引发的监管套利问题。例如，回应反洗钱金融行动特别工作组FATF于2019年4月公布的第四轮《中国反洗钱和反恐怖融资互评估报告》的要求，完善记名债券制度，更好地保障金融交易安全，进一步优化营商环境。

第三，自公司法层面对关于债券持有人、债券受托管理人、债券发行人等多元主体的权利义务关系的规则进行体系化建构，切实保护债券持有人的合法权益。新《公司法》同时规定了债券持有人会议和债券受托管理人的相关事项，其均属债券持有人的组织性保护制度，对内有助于凝聚债券持有人群体内部的最大利益共识，协调债券持有人中集体与个体的利益冲突，对外有助于降低债券持有人的维权成本，提高案件审理效率以节约司法资源。[①]

在这三类公司债券制度的变革中，尤以第三类制度最具代表性和特色，在立法过程中社会各界对此制度设计提出的意见和建议也最为集中。因此，本书主要对兼采债券持有人会议与债券受托管理人相关规定的债券持有人组织性保护制度（新《公司法》第204条至第206条）进行重点分析和详细解读。

二、本次修改的现实依据

（一）债券持有人利益保护的实践要求

据中国人民银行统计，截至2023年6月末，我国债券市场托管余额为151.5万亿元，占GDP的比重为143.4%，其中公司信用类债券托管余额32.3万亿元，占比达21.3%，规模已达全球第二、亚洲第一。公司债券的净融资额度远超同期股票的净融资额度，公司债券融资实则成为仅次于银行信贷的第二大企业融资渠道。然而，相较于债券市场的迅速发展，债券持有人的利益保护机制仍不成熟，持有人不仅需要面对系统性风险，还会因债券契约的不完备、负债代理成本及股东有限责任的负外部性等原因面临非系统性风险的影响。[②] 现实

---

① 参见蒋大兴：《被忽略的债券制度史——中国（公司）债券市场的法律瓶颈》，载《河南财经政法大学学报》2012年第4期。

② 参见伍坚、黄入凌：《债权人参与公司治理视野下的债券持有人会议制度研究》，载《上海金融》2016年第7期。

中，在债券融资实践中债券违约事件频繁发生，自2014年我国信用债市场出现首例违约“11超日债”事件后，债券违约呈现出密集化、常态化趋势。2023年上半年共发生债券违约事件36起，涉及本金金额为295.5亿元，同比分别增长11.4%和13.6%。其中，公司信用类债券违约事件涉及金额占比最高，达到86.1%，涉及本金金额为254.3亿元。公司债券的大量违约将直接对金融系统的稳定造成影响。

公司债券持有人本质上属于债权人，一般不参与公司日常经营管理。但是，由于公司的所有者和管理者在管理公司的过程中必然以自我利益为先，公司与债券持有人之间存在巨大的代理成本。如何确保作为代理人的公司不对作为委托人的债券持有人实施机会主义行为，是公司法上债权人保护的重要目标。然而，目前我国关于公司债券的制度规范层级仍然较低，供给相对有限。当下，正视我国资本市场失衡性的融资结构与粗放式的制度设计，切实完善公司债券制度，加强对债券投资者的保护以推动我国债券市场的快速发展已经成为我国资本市场可持续发展的重要课题。《公司法》中的公司债券制度不能简单重复《证券法》中有关债券发行与交易的事宜，而应更多立足于组织法的定位，以对债券持有人利益的维护为中心，完善债券持有人会议、债券受托管理人等制度。

（二）债券持有人组织性保护制度的立法探索

基于债券持有人个体分散的特点，个别救济对于债券持有人成本较高，相较而言，组织性的保护机制对其可谓最优的立法选择。债券持有人的组织性保护制度主要包括债券持有人会议制度和债券受托管理人制度两种，我国实践中亦不乏相应的探索。债券持有人会议制度及债券受托管理人制度经由《证券公司债券管理暂行办法》（已失效）、《公司债券发行与交易管理办法》（以下简称《发行与交易管理办法》）、《证券法》、《全国法院审理债券纠纷案件座谈会纪要》等规范变革，制度框架不断明确，规则设计不断完善，但是有待更高位阶的组织法对其中的制度细节作出进一步的规定。

1. 债券持有人会议制度的立法探索

中国证监会早在2003年的《证券公司债券管理暂行办法》中即首次引入了债券持有人会议制度。2015年首次发布的《发行与交易管理办法》（已失效）继续确认该制度的地位，其以当事人自治为基础进一步设定债券持有人会议规则，以规章的方式规定了会议决议对全体债券持有人有约束力。除了前述管理办法之外，上海证券交易所和深圳证券交易所还分别制定了《债券上市规则》，进一步细化了《发行与交易管理办法》的规则。2019 年修订后的《证券法》第一次在法律层面规定了公司债券持有人会议制度，但条款简要，仅涵盖了公开发行公司债券时债券持有人会议的必设性、债券持有人会议可以通过决议方式变更债券受托管理人、改变资金用途必须经过债券持有人会议通过等事项。2022 年 4 月，上海证券交易所和深圳证券交易所分别发布了修订后的《债券上市规则》（均已失效），进一步调整完善了债券持有人会议规则。以上海证券交易所 2022 年修订的《债券上市规则》为例，其设专节规定了债券持有人会议的原则、约定事项、召开会议的情形、提议召开会议的主体及程序、提案及议案审查规则、会议通知规则、表决权征集规则、会议出席规则、会议见证规则、会议决议公告规则、披露规则等内容，基本涵盖了债券持有人会议运行中的诸多技术性规则。由于我国公司债券市场分别由中国证监会、中国人民银行、国家发改委分头监管，除了中国证监会制定的前述规则之外，还包括中国银行间市场交易商协会于 2013 年发布并于 2019 年、2023 年修订的《银行间债券市场非金融企业债务融资工具持有人会议规程》。作为行业自律规则，该会议规程规定了债券持有人会议的召开条件、召集程序、参会机构、表决方式等。在国家发改委监管的企业债券领域，债券持有人会议的运作主要通过政策性文件予以规范。比如，在 2011 年发布的国家发展改革委办公厅《关于进一步加强企业债券存续期监管工作有关问题的通知》中规定，如发行人拟变更债券募集说明书约定条款，拟变更债券受托管理人，担保人或担保物发生重大变化，作出减资、合并、分立、解散及申请破产决定等对债券持有人权益有重大影响的事项，应当召开债券持有人会议并取得债券持有人法定多数同意方可生效，并及时公告。

从规范供给上看，证券法、监管规章、交易所规则或自律规则构成了债券持有人会议的三个规范层级，相对完备。但是，以上规范配置或多或少也存在一些问题有待通过公司法加以完善。例如，现有的规范配置无法解决债券持有人会议的组织法效力问题；债券持有人会议制度与公司法上决议制度之间缺乏关联衔接；建立在自治基础上的债券持有人会议制度的规范强度不够，难以提供充分的债券持有人利益保护。

2. 债券受托管理人制度的立法探索

我国债券受托管理人制度同样始于2003年中国证监会发布的《证券公司债券管理暂行办法》,该办法规定公司债券发行人要为公司债券持有人聘请“债券代理人”。2007年中国证监会发布的《公司债券发行试点办法》(已失效)正式确立了债券受托管理制度。2015年中国证监会发布的《发行与交易管理办法》又进一步细化了债券受托管理制度,规定了受托管理人的选任、资格、职责等方面的内容。此后,《公司债券受托管理人执业行为准则》《公司债券受托管理人处置公司债券违约风险指引》的出台对这一制度进一步进行补充。2019年修订的《证券法》同样在法律层面正式肯定了债券受托管理人这一制度,确立了债券受托管理人的任职资格与职责要求,以及其代债券持有人提起、参加民事诉讼或者清算程序的权利。2020年最高人民法院发布的《全国法院审理债券纠纷案件座谈会纪要》未对受托管理人利益冲突问题做深入探讨,但是通过明晰裁判思路,为合理处置债券市场风险提供了指引。2020年最高人民法院公布的《担保制度司法解释》规定了将担保物登记在受托管理人名下时债券持有人的利益应如何保护的相关内容。2023年的《发行与交易管理办法》完善了受托管理人的相关规定,要求公开发行公司债券的发行人应当为债券持有人聘请受托管理人,同时对非公开发行公司债券的,要求发行人在募集说明书中以约定的方式明确聘请受托管理人事项。2023年的《发行与交易管理办法》第58条第4句对受托管理人的职责进行了原则性的概括规定:“债券受托管理人应当勤勉尽责,公正履行受托管理职责,不得损害债券持有人利益。”但是,在受托管理人的责任追究上,该办法仅规定应当由中国证监会实施警告、罚款等行政处罚,缺乏民事责任追究方面的规定,责任机制的不完备使得利益冲突问题得不到严格规制。

总体而言,现有规则体系中针对债券受托管理人制度的规定还不够完善,难以充分防范债券受托管理人违背其应尽义务而损害债券持有人利益的行为,对于债券受托管理人与债券持有人会议之间的法律关系也未能充分厘清,叠床架屋的构造亦可能拖延对债券持有人的利益救济。由此,债券受托管理人立法的缺陷与不足,亦亟须得到新《公司法》的回应。

三、公司债券制度的理论阐释

（一）公司债券持有人组织性保护制度的模式选择与核心问题

公司债券持有人组织性保护机制主要包括债券持有人会议模式和债券受托管理人模式两种。典型的债券持有人会议模式，是以债券持有人会议作为决议机关，行使债券持有人权利。典型的债券受托管理人模式，立足于公司债券持有人团体的主体性，进而由该团体选任专业的管理人来维护债券持有人的利益。我国公司法兼采债券持有人会议模式与债券受托管理人模式，对两类模式的特点均有所吸收，但并非两种模式的简单相加，在理论上又被称为“混合模式”。

1. 债券持有人会议模式

公司债券持有人会议是为了公司债券持有人的共同利益而设立，通过会议的形式来行使权利的一种法律机制。公司债券持有人会议系法律所直接承认的债权人团体之意思决定机关。债券持有人会议制度在组织法逻辑上包括两重价值：其一，为促进债券持有人整体利益，实现债券持有人团体的内部治理价值；其二，为间接保障债券持有人利益，在特定情形下以债权人集体身份参与公司治理。因此，债券持有人会议制度对内应涵盖会议的组成、召集主持、表决、费用负担等一系列程序性规则；对外则应明确债券持有人会议决议的效力。

债券持有人会议模式的一个重要特征是其作出的决议对于没有参加会议或者持异议的债券持有人也将产生约束力，其正当性基础源自尊重当事人的合意、维护公司债券的标准化证券属性、优化债券持有人决策效率、为债券发行人提供便利等多方面因素。首先，债券持有人会议模式对于公众投资者的约束力系基于募集说明书中债券持有人与发行人的合意安排。其次，由于同一类别、批次、期限的债券，其承载的权利义务是完全相同的，这种个体分散但整体集合的特点，使得债券持有人群体作为与债券发行人利益相对的整体而存在。[①] 债券持有人会议可以避免大额债券持有人通过单独行使权利取得优先清偿或者优先安排，造成各债券持有人获得的利益呈现差异，进而导致债券持有人竞争行使权利，损害公司债券的流通性和债券市场的情况。最后，对于债券发行人

① 参见王瑞贺主编：《中华人民共和国证券法释义》，法律出版社 2020 年版，第 181 页。

而言,债券持有人会议模式可以优化债券持有人决策效率并为其提供便利。当发行人遇到财务危机而需要公司债债权人进行某种程度的牺牲时,可以较为高效地取得公司债债权人的同意,比如允许缓期清偿、降低利率、解除部分担保措施等。如果不能及时取得债券持有人的同意,公司可能不免走向破产,进而造成债券持有人利益的更大损害。

另外,由于发行人掌握着制定债券持有人会议规则的主动权,甚至对于会议决议的形成有巨大的影响力,在公司法层面对债券持有人会议决议的公平性作原则性规定就显得十分必要。总体而言,债券持有人会议模式这种集团性保护模式,是效率优先、兼顾公平的原则使然。[①]

2. 债券受托管理人模式

债券受托管理人模式,是指债券发行人委托或指定一个受托人,负责为债券持有人处理债券担保、兑付、转让、违约事件等事务。尽管各国对债券受托人职责的规定不尽一致,债券受托管理人的功能略有差异,但论其实质,其属于"公司债债权人团体之执行机关",主要负责监督发行人是否遵守了债券契约所规定的义务。

债券受托管理人模式的所涉问题首先在于其制度定性:学界目前存在"委托代理说"与"信托说"两种主流观点。委托代理说认为,公司债券受托管理人与债券持有人系委托关系,受托管理人系受发行人或债券持有人的委托而进行管理。"信托说"认为,发行人与委托管理人之间的受托契约是信托关系,其本质是为债券持有人之权益而存在。债券持有人在公司债券信托构造中有着委托人和受益人的双重地位。债权人通过信托将其享有的财产权利转移给受托管理人,而发行人虽然也是债券受托管理协议中的主体,但其身份应为债券持有人的代理人,在债券的真正权利人确定之前代其签订信托合同。一旦投资者认购该债券,即表明其无条件认可发行人签订信托契约的代理行为,将信托契约的意思表示归属于己身。[②] 就此,债券持有人成为此项权益的受益人,亦即这些请求权在衡平法上的所有权人,其权益具有所有权的性质,而不仅是债权人与债务人之间基于合同关系的请求权。两种观点均有其合理性,亦存在不足之

① 参见刘迎霜:《论公司债债权人对公司治理的参与》,载《财经理论与实践》2010 年第 1 期。
② 参见刘迎霜:《公司债券受托管理的信托法构造》,载《法学评论》2020 年第 3 期。

处。委托代理说之下,作为代理人的债券受托管理人须按照被代理人的意志行事,难以充分发挥主观能动性,无法凭借自己的专业技能为债券持有人的最大利益行事。信托说的问题则在于,发行人在未确定信托财产范围及债券持有人时,就已聘请债券受托管理人,此时不符合信托财产确定性的要求,难以与信托结构相适应。①

债券受托管理人模式所涉的另一大问题在于如何解决其与债券持有人之间的利益冲突。由于公司债券受托管理人通常是由发行公司在债券发行时指定的,其责任与义务系发行公司与受托管理人在债券发行前共同制定并彰显于公司债券中。债券持有人作为公司债券利益与风险的直接承担者,在购买公司债券时,不得不接受这一法律关系的安排并期望发行公司与受托管理人能设定周全的条款来保护自身的权益。而这不仅需要发行方和受托管理人具有较高的商业信誉与职业道德,还要求债券契约条款合理与完备,若二者缺一,则债券持有人的权益能否得到切实保护就面临着巨大的挑战。②

3. 混合模式

混合模式之下,债券持有人会议系在发行人外部设立的法定合议团体。作为法定合议团体,凡发行债券者,必须设置债券持有人会议,就债券持有人共同利害关系事项作出决议。然而,该团体不是公司机关亦不具备独立的民事法律主体资格。此时,还需要引入通常持有金融牌照的受托管理人,弥补债券持有人会议弱主体性的不足。受托管理人属于金融业者,持有金融牌照,熟悉本息兑付、债券转让、处理日常事务等业务,在与发行人签订受托管理协议后,发挥债券持有人代表的功能。

混合模式的意义在于实现全过程的债券持有人利益之保护。通常而言,尽管公司债券持有人会议能够对事关债权人保护之重大事宜作出决策,但是,由于其仅是临时性会议组织,往往仅在债务人发生违约情形后才以特别决议的方式对涉及债权人利益的重大事项作出意思决定,对债务人日常经营的监督事项无法起到作用。然而,债券从发行到偿付或者违约是一个完整的过程,当债务

---

① 参见马更新:《公司债券受托管理人利益冲突的防范与规制》,载《大连理工大学学报(社会科学版)》2023 年第 3 期。

② 参见汪文渊:《公司债券持有人组织性保护制度的理念更新与法律变革——基于制度融合的视角》,载《证券法苑》2016 年第 1 期。

人沦落违约之境地,债券受托人多半已回天乏力,日常的经营监督恰恰是避免因债务人违约而陷入亡羊补牢困境的重要举措。因此,在债券持有人会议的基础上引入债券受托管理人制度可以弥补前者的不足。①

(二)公司债券持有人组织性保护制度的域外相关规定及其借鉴

新《公司法》在债券持有人的组织性保护制度的问题上,选取了兼采债券受托管理人和债券持有人会议的混合模式。日本、韩国亦是采取这一模式的典型代表,其立法中的相关规定各有特色,值得借鉴。

1. 日本公司法

《日本公司法》第 4 编第 3 章第 702 条至第 742 条详细地规定了公司债券受托管理人的资格、权限、任免、责任等内容,公司债券持有人会议的召集、通知、表决权行使、报酬与费用承担等事项以及公司债券受托管理人和公司债券持有人会议职权协调。

就公司债券受托管理人的规定,比较有代表性的包括以下内容。第 705 条关于公司债管理人的权限的规定:"公司债管理人为公司债债权人取得有关公司债债权的清偿或为保全有关公司债债权的实现,有实施一切必要的诉讼内或诉讼外行为的权限。公司债管理人取得前款清偿的,公司债债权人可请求该公司债管理人支付公司债的偿还额及利息。此时,有规定发行公司债券意旨规定的,公司债债权人须以公司债券为对价,请求支付该偿还额;以息票为对价,请求支付该利息。依前款前段规定的请求权,在 10 年内未行使的,因时效而消失。公司债管理人对其接受委托管理的公司债,实施第 1 款行有必要的,可经法院批准,调查公司债发行公司的业务及财产状况。"第 710 条关于公司债券受托管理人的责任的规定:"公司债管理人实施违反本法或公司债债权人会议决议的行为的,对公司债债权人连带承担由此造成的损害赔偿责任。公司债发行公司怠于偿还公司债或支付利息,或在公司债发行公司停止支付后,或在此前的 3 个月内,公司债管理人实施下列行为的,对公司债债权人承担损害赔偿责任。但在该公司债管理人证明未怠于诚实地管理公司债或该损害并非因该行为所致的情形除外:(一)对有关该公司债管理人债权的债务,从公司债发行公

① 参见陈洁、张彬:《我国债券受托管理人制度的构建与选择——以公开募集的公司债为视角》,载《证券法苑》2019 年第 3 期。

司取得有关提供担保或消灭债务的行为的。(二)向该公司债管理人和法务省令规定的特别关系人转让该公司债管理人的债权(限于该特别关系人对有关该债权的债务,从公司债发行公司取得有关提供担保或消灭债务行为的情形)的。(三)该公司债管理人对公司债发行公司享有债权的,专门以该债权抵销因合同所负债务为目的,与公司债发行公司签订以处分公司债发行公司财产为内容的合同,或签订以受让公司债发行公司债务人的债务为内容的合同,且因此将对公司债发行公司所负的债务与该债权抵销的。(四)该公司债管理人对公司债发行公司负有债务的,受让对公司债发行公司的债权,且将该债权与该债务抵销的。"

就公司债券持有人会议的规定,比较有代表性的包括以下内容。第718条关于公司债券持有人会议的召集请求的规定:"①持有相当于某类别公司债总额(已偿还额除外)的十分之一以上公司债的公司债权人,可对发行公司债公司或公司债管理人出示公司债权人会议目的事项及召集理由,请求召集公司债权人会议。②发行公司债公司持有的自己的该类别公司债金额的合计额,不计入前款规定的公司债总额。③在下列情形下,提起第一款规定请求的公司债权人得到法院许可,可召集公司债权人会议。一、第一款规定的请求后没有不迟延地实施召集程序的情形。二、未发出自提起第一款规定的请求之日八周内的某日为公司债权人会议日召集公司债权人会议通知的情形。④依第一款规定的请求或依前款规定拟召集的无记名公司债的公司债权人,必须向发行公司债公司或公司债管理人出示其公司债券。"第724条关于公司债权人会议的决议的规定:"①在公司债权人会议上通过决议事项,必须有出席的表决权人的表决权总额的二分之一以上享有表决权者的同意。②虽有前款的规定,但在公司债权人会议上通过下列事项,必须有表决权人表决权总额的五分之一以上,且有享有出席的表决权人表决权总额三分之二以上表决权人的同意。一、有关第七百零六条第一款各项所列行为的事项。二、依第七百零六条第一款、第七百三十六条第一款、第七百三十七条第一款但书及第七百三十八条规定以公司债权人会议决议为必要的事项。③公司债权人会议对第七百一十九条第二项所列事项以外的事项,不得作出决议。"

就公司债券受托管理人和公司债券持有人会议职权协调的规定,则包括以下内容。第706条关于公司债受托管理人职权限制的规定:"公司债管理人,非依公司债债权人会议决议，不得进行下列行为。但对第 2 项所列行为，有第 676 条第 8 项所列事项规定的除外：(一)对该全部公司债，因其延期支付、债务未履行产生的责任免除或和解的行为(下项所列行为除外)。(二)对该全部公司债，实施诉讼行为或属于破产程序、再生程序、更生程序或有关特别清算程序的行为(前条第 1 款的行为除外)。"第 737 条关于公司债债权人会议决议的执行的规定："公司债债权人会议决议，由公司债管理人或公司债债权人代表(有公司债管理人的除外)执行。但依公司债债权人会议决议，另行决定公司债债权人会议决议执行人的除外。"

2. 韩国商法

《韩国商法》同样详细规定了公司债券管理公司及公司债券持有人会议的规则，其中，第 484 条关于公司债受托管理人的职权及其与公司债券持有人会议的职权协调的规定比较有代表性："①公司债券管理公司为了公司债券持有人可以受领与公司债券相关债权的偿还，或者为了保全债权的实现，可以行使必要的裁判上或者裁判外的所有行为。②公司债券管理公司受领第一项规定的债权的偿还时，应当及时公告，并通知已知的公司债券持有人。③在第二项规定的情形下，公司债券持有人可以向公司请求公司债券的偿还金额和利息的支付。④公司债券管理公司从事符合下列各号中规定的行为(除受领与公司债券相关债权的偿还或者为保全债权事项的行为外)时，应当由公司债券持有人会议决议。但是，发行公司债券的公司可以规定公司债券管理公司在符合第二号中规定的行为时不需公司债券持有人会议的决议。对该全部公司债券支付的延期，因其债务的不履行而发生的责任免除或者和解；与该全部公司债券相关的诉讼行为或者属于与债务人重整和破产相关的程序上的行为。⑤公司债券管理人根据第四项但书的规定，未经公司债券持有人会议的决议而行使第四项第二号规定的行为时，应当及时公告，并通知已知的公司债券持有人。⑥第二项第五号规定的公告，应当与发行公司债券公司公告的方法一致。⑦与接收权利委托的公司债券相关的，公司债券管理公司为了第一项或者第四项各号中规定的行为，认为必要时，经法院的许可，可以调查发行公司债券公司的业务和财产状况。"

四、新《公司法》规定解读与延伸问题

（一）新《公司法》的规定与解读

1. 关于公司债券持有人会议的规定

> **第 204 条** 公开发行公司债券的，应当为同期债券持有人设立债券持有人会议，并在债券募集办法中对债券持有人会议的召集程序、会议规则和其他重要事项作出规定。债券持有人会议可以对与债券持有人有利害关系的事项作出决议。
>
> 除公司债券募集办法另有约定外，债券持有人会议决议对同期全体债券持有人发生效力。

首先，本条第 1 款将债券持有人会议制度的适用前提限定于“公开发行公司债券的”公司，排除了非公开发行公司债券的公司的适用空间。

其次，本条第 1 款将债券持有人会议制度的适用对象限定于“同期债券持有人”。债券持有人会议系为债券持有人的整体利益而设，同期发行的债券，其类别、批次、期限及所承载的权利义务完全相同。但是，由于债券可以分次发行，非同期的债券持有人之间的利益未必一致，如果为非同期的债券持有人统一设立“债券持有人会议”，则可能在其内部引发利益冲突。

再次，本条第 1 款要求发行公司在债券募集办法中对债券持有人会议的召集程序、会议规则和其他重要事项作出规定，即赋予发行公司相关义务的同时，将相关程序性规则交由各方自治，而未直接将其予以法定化。发行公司制定债券募集办法时，应参照《发行与交易管理办法》、《上海证券交易所公司债券上市规则》和《深圳证券交易所公司债券上市规则》，具体细化债券持有人会议的召集程序、会议规则和其他重要事项，包括但不限于：会议召集、主持、通知、出席、召开程序及其适用情形；会议的表决规则及决策机制，通常包括表决权回避规则、一般决策机制和重大事项决策机制；会议决议的披露与落实。

最后，本条第 1 款将债券持有人会议的决议事项限定于“与债券持有人有利害关系的事项”。结合 2023 年《发行与交易管理办法》第 63 条第 1 款的规定，这里的利害关系事项主要应当包括：（1）拟变更债券募集说明书的约定；（2）拟修改债券持有人会议规则；（3）拟变更债券受托管理人或受托管理协议

的主要内容;(4)发行人不能按期支付本息;(5)发行人减资、合并等可能导致偿债能力发生重大不利变化,需要决定或者授权采取相应措施;(6)发行人分立、被托管、解散、申请破产或者依法进入破产程序;(7)保证人、担保物或者其他偿债保障措施发生重大变化;(8)发行人、单独或合计持有本期债券总额10%以上的债券持有人书面提议召开;(9)发行人管理层不能正常履行职责,导致发行人债务清偿能力面临严重不确定性;(10)发行人提出债务重组方案的;(11)其他对债券持有人权益有重大影响的事项。基于债券持有人会议决议原则上的法定约束力,此处的利害关系事项亦应作法定主义的理解。这意味着债券募集办法和债券持有人会议议事规则不能排除法定决议事项,但可以约定法定决议事项之外的决议事项,扩大债券持有人会议的决议事项范围。

本条第2款规定了债券持有人会议的决议效力的归属规则。在债券持有人会议决议的效力归属问题上,本款允许"公司债券募集办法"作出特别约定,如果募集办法无特别约定,则该决议通常应当对"同期全体债券持有人"发生效力。从体系解释角度观之,公司债券募集办法可以约定债券持有人会议所作出的决议仅对参与表决的债券持有人发生效力。本款的规范缺漏之处在于,其仅仅规定了决议的对内效力,而未明确其对外效力。基于目的解释,此时应当认为受托管理人同样受到决议约束,从而确保债券持有人会议对可能影响持有人利益的重要事项拥有最高和最终的决定权。

2. 关于公司债券受托管理人的规定

> **第205条** 公开发行公司债券的,发行人应当为债券持有人聘请债券受托管理人,由其为债券持有人办理受领清偿、债权保全、与债券相关的诉讼以及参与债务人破产程序等事项。
>
> **第206条** 债券受托管理人应当勤勉尽责,公正履行受托管理职责,不得损害债券持有人利益。
>
> 受托管理人与债券持有人存在利益冲突可能损害债券持有人利益的,债券持有人会议可以决议变更债券受托管理人。
>
> 债券受托管理人违反法律、行政法规或者债券持有人会议决议,损害债券持有人利益的,应当承担赔偿责任。

（1）第205条规定了公司债券受托管理人的适用前提、选任及职权

首先，本条明确了仅在“公开发行公司债券的”公司中，发行人方有义务为债券持有人聘请债券受托管理人。至于“非公开发行公司债券的”公司，根据《发行与交易管理办法》第57条第1款的规定：“……发行人应当在募集说明书中约定债券受托管理事项。在债券存续期限内，由债券受托管理人按照规定或协议的约定维护债券持有人的利益。”

其次，本条为前述关于债券受托管理人应采“委托说”或“信托说”的性质界定留出了解释的空间。《公司法（修订草案三审稿）》第205条曾规定：发行人应当为债券持有人聘请债券受托管理人，“委托”其为债券持有人办理清偿、债权保全、与债券相关的诉讼以及参与债务人破产程序等事项。这一表述似为“委托说”的观点提供了规范文义层面的支撑，而新《公司法》最终删去“委托”二字，实则意在避免束缚学界对这一问题的理论探讨，至于何种解释路径最优，应有待制度实践之反馈。

最后，本条罗列了债券受托管理人的主要职权，以上职权的共性特征是，需要受托管理人在债券发行公司的经营风险和资信发生变化时作出及时的反应和判断。基于此，对于职权罗列条款之后的“等”字的解释，亦应当作性质类似的“等内等”的理解，《发行与交易管理办法》《公司债券受托管理人执业行为准则》中关于债券受托管理人的职权的规定可作参照：①持续关注发行人和保证人的资信状况、担保物状况、增信措施及偿债保障措施的实施情况，出现可能影响债券持有人重大权益的事项时，召集债券持有人会议；②在债券存续期内监督发行人募集资金的使用情况；③对发行人的偿债能力和增信措施的有效性进行全面调查和持续关注，并至少每年向市场公告一次受托管理事务报告；④在债券存续期内持续督导发行人履行信息披露义务。

（2）第206条规定了公司受托管理人的义务及法律责任

本条第1款规定了债券受托管理人对于债券持有人的“勤勉尽责”“不得损害债券持有人利益”的义务，这里关于其义务内容的表述来源于《发行与交易管理办法》第58条。虽然此处的表述不同于新《公司法》第180条关于董事应对公司“负有忠实义务”“勤勉义务”的规定，但债券受托管理人的义务总体上可以与《公司法》上的董事义务作相同理解。

本条第2款规定了债券持有人会议变更债券受托管理人的权力。公司债

券受托管理人系为债券持有人委托管理债券事务,理论上应当由债券持有人聘请,但由于公开发行公司债券时,没有债券持有人,故只能由发行人聘请。债券持有人的选任权并未被剥夺,原则上,如果债券持有人对发行人聘请的债券受托管理人不满意,就可召开债券持有人会议,通过决议变更债券受托管理人。但是,考虑到如果债券持有人会议享有无因解除债券受托管理人的权利,就可能使债券受托管理人一味迎合债券持有人会议的要求,而丧失应有的独立性和专业性。因此,本款将债券持有人会议变更债券受托管理人的情形限定在了"受托管理人与债券持有人存在利益冲突并可能损害债券持有人利益的情形"。不过,基于发行公司应受债券持有人的监督,两者之间存在显著的利益冲突关系,发行公司的利益可能会直接嫁接至由发行公司指定并承担费用的债券受托管理人处,进而债券受托管理人与债券持有人之间的利益冲突关系可能较为显著,债券受托管理人将面临动辄被债券持有人会议所变更的风险。因此,对于"利益冲突"的具体内涵,未来还有必要留待司法实践予以明确。

本条第 3 款明确了债券受托管理人违反法律、行政法规或者债券持有人会议决议而导致债券受托管理人利益受损的损害赔偿责任。此时债券受托管理人需承担损害赔偿责任,系因其违反了第 1 款所规定的"勤勉尽责"义务。在本次立法之前,对于债券受托管理人的不当行为,仅在《发行与交易管理办法》第 74 条中存在行政责任的规定:"发行人及其控股股东、实际控制人、债券受托管理人等违反本办法规定,损害债券持有人权益的,中国证监会可以对发行人、发行人的控股股东和实际控制人、受托管理人及其直接负责的主管人员和其他直接责任人员采取本办法第六十九条规定的相关监管措施;情节严重的,处以警告、罚款。"该规定之下,即便债券受托管理人的违法情节严重,也仅仅面临警告和罚款的处罚,对其而言可谓毫无约束力。新《公司法》引入的民事责任强化了对受托管理人不当行为的规制,扩充了债券持有人的救济渠道,更有助于其维护合法权益。

(二)延伸问题

1. 债券持有人会议的决议的效力瑕疵规则的完善

债券持有人会议的决议效力瑕疵的问题,已经超出了《发行与交易管理办法》和交易所规则的射程范围,有待《公司法》予以规定,这也是债券持有人会议制度在组织法层面亟待解决的问题。但遗憾的是,新《公司法》对此并未作明确规定。从我国《公司法》的现有规定来看,虽然其提供了较为系统的公司决议效力瑕疵规则体系,但也限定了其适用范围。在新《公司法》未予明确的情况下,公司债券持有人会议的决议至多可以参照适用一般的公司决议效力瑕疵的规则。但需注意的是,一些债券持有人会议的决议虽然在内容和程序上符合法律和债券持有人协议的规则而没有产生效力瑕疵,但其对部分债券持有人仍会造成绝对或相对的不利影响。比如,有公司债券的发行人要求提前兑付,在债券的市场价值至少超过面值 2 元的情况下,债券持有人会议统一通过了以面值提前兑付的决议;有公司债券发行人将"初始票面利率 + 上调"改为"初始票面利率 + 调整",在明显给部分债券持有人带来不利影响的情况下顺利通过决议。① 因此,债券持有人会议的决议瑕疵的相关问题,有待后续立法和司法实践予以明确。

2. 组织性保护策略下个别债券持有人利益之平衡

组织性保护策略对于分散的债券持有人而言通常是最优选择,但是也不能完全忽视个别债券持有人的利益,在组织性保护的策略中应注意通过制度设计维护个别债券持有人的权益。《全国法院审理债券纠纷案件座谈会纪要》中规定了几种债券持有人可以不受组织性保护制度拘束的情形。《全国法院审理债券纠纷案件座谈会纪要》第 15 条规定:"……债券持有人会议根据债券募集文件规定的决议范围、议事方式和表决程序所作出的决议,除非存在法定无效事由,人民法院应当认定为合法有效,除本纪要第 5 条、第 6 条和第 16 条规定的事项外,对全体债券持有人具有约束力。"其中,第 5 条、第 6 条分别指向的是部分债券持有人另行委托受托管理人代为起诉或自行提起诉讼的情形。由此,该纪要并未强调赋予持有人会议决议以强制的拘束力,而是采用了以债券持有人会议授权下的受托管理人代为集中起诉为原则,个别起诉为补充的模式,从而保障了个别债券持有人的请求权与诉权。不过需要指出的是,持有人不遵守持有人会议决议单独提起诉讼,并不意味着其异议就存在获得法院支持的可能,个别债权持有人单独提起诉讼的判决结果尚需受到基于持有人会议集体提起诉讼的判决结果的限制。换言之,虽然债券持有人会议决议逻辑上不必然发生吞噬异议的效果,但并不影响其拘束力在事实上扩张至所有持有人。《全国法院

① 参见刘斌:《债券持有人会议的组织法建构》,载《中国政法大学学报》2022 年第 5 期。

审理债券纠纷案件座谈会纪要》第16条则是指向债券持有人就特定重大事项决定权的保留权,主要包括“债券持有人会议授权的受托管理人或者推选的代表人作出可能减损、让渡债券持有人利益的行为”“在案件审理中与对方当事人达成调解协议”“在破产程序中就发行人重整计划草案、和解协议进行表决”,出现以上情形时,受托管理人或者持有人会议推选的代表人必须事先征求各债券持有人的意见或者获得债券持有人会议的特别授权,否则其行为不对个别债券持有人发生效力。以上几种例外情形赋予了个别债券持有人在特定的重大事项上提出异议并按自己意志而作出行为的权利,在维系组织性保护策略对效率的追求的基础上,体现了对个别债券持有人利益的尊重,兼顾了公平价值的需求。因此,在新《公司法》生效后,以上几种例外情形原则上也应继续予以适用。

专题二十八 公司清算义务人

一、新《公司法》修改的主要内容

公司清算义务人是指公司解散事由发生后,应当在法定期限内组成清算组进行清算的主体。公司清算义务人制度的主要内容包括公司清算义务人的主体选择、义务、责任。新《公司法》第 232 条完善了公司清算义务人制度。

新《公司法》完善公司清算义务人制度之前,尽管《民法典》《公司法司法解释(二)》《九民纪要》等已经共同构建了公司清算义务人制度的基本内容,但是我国社会各界一直存在关于公司清算义务人的义务范围、主体范围、民事法律责任的争论,也有观点质疑公司清算义务人制度存在的必要性与合理性。

新《公司法》第 232 条结合我国司法实践的需求对公司清算义务人制度作出了系统性的修改,明确了公司清算义务人的主体范围,强化了清算义务人的义务与责任,对完善我国公司清算制度具有重要意义。本专题从理论和实务层面出发,分析了新《公司法》完善公司清算义务人制度的现实依据,阐释了公司清算义务人制度的相关理论,并对新《公司法》第 232 条公司清算义务人制度的具体内容作出解读。

二、本次修改的现实依据

(一)原公司清算义务人制度规范存在不足

新《公司法》施行之前,我国有关公司清算义务人制度的规范散见于《民法典》、《公司法司法解释(二)》和《九民纪要》之中。

根据《民法典》第 70 条规定,法人的董事、理事等执行机构或者决策机构的成员为清算义务人;法人解散的,除合并或者分立的情形外,清算义务人应当及时组成清算组进行清算;清算义务人未及时履行清算义务,造成损害的,应当承担民事责任。公司是典型的法人组织,《民法典》第 70 条的规定适用于公司。

换言之，根据《民法典》的规定，公司的清算义务人由公司的执行机构或者决策机构的成员担任，但具体由公司的哪一组织机构成员担任清算义务人、是否“及时组成清算组”如何认定、清算义务人未及时履行清算义务应当承担哪些民事责任，《民法典》均未予明确。

《公司法司法解释(二)》第 18 条至第 21 条将有限责任公司的股东、股份有限公司的董事和控股股东、公司的实际控制人规定为公司清算义务人，并分别规定了其不作为的侵权责任、作为的侵权责任、未经清算即办理公司注销的民事责任，以及公司清算义务人的内部责任分担规则。[①]《九民纪要》对《公司法司法解释(二)》第 18 条第 2 款作出了进一步解释，限缩了应当承担责任的股东范围。

尽管存在上述规范，但在新《公司法》修改公司清算义务人制度之前，我国各界对于公司清算义务人的义务范围是否超出组成清算组、公司股东是否应当担任公司清算义务人、公司清算义务人怠于履行清算义务时应当承担何种民事法律责任等问题仍存有较大争议。这些争议反映出新《公司法》施行前我国公司清算义务人制度存在主体义务范围不清、主体范围不当、主体责任不明等问题。

(二)完善公司清算义务人制度的实践和理论需求

公司清算义务人相关纠纷是我国司法实践中一类常见的纠纷，在原《公司法》缺乏相关制度规范的情况下，司法机关通常会以《公司法司法解释(二)》的相关规定作为裁判依据。其中，引起较大争议的是《公司法司法解释(二)》第 18 条第 2 款的适用结果。实践中，一些职业债权人从公司债权人处以超低价格收购“僵尸公司”的“陈年旧账”后，对该“僵尸公司”提起强制清算之诉；在获得人民法院对公司主要财产、账册、重要文件等灭失的认定后，这些职业债权人再根据《公司法司法解释(二)》第 18 条第 2 款的规定，请求股东对公司债务承担

---

① 《公司法司法解释(二)》第 18 条至第 21 条虽未明确使用“公司清算义务人”的概念，但其立法机关在解释这 4 条规定时，均使用了“清算义务人”一词概称其中规定的“有限责任公司的股东、股份有限公司的董事和控股股东，以及公司的实际控制人”。因此，《公司法司法解释(二)》第 18 条至第 21 条实际上是关于公司清算义务人的规定。参见最高人民法院民事审判第二庭编著：《最高人民法院关于公司法司法解释(一)、(二)理解与适用：新旧公司法衔接·公司解散清算》，人民法院出版社 2008 年版，第 353—400 页。

连带清偿责任。法院适用《公司法司法解释(二)》第18条第2款判决股东对公司债务承担连带清偿责任后,股东对公司债务承担的责任远远超过其认缴出资数额,职业债权人却可以“空手套白狼”,导致利益明显失衡的现象出现。

这一现象引发了理论界关于股东担任公司清算义务人合理性的怀疑。反对股东担任公司清算义务人的理由包括以下四点:第一,股东的义务仅以出资为限,不包括组织清算;①第二,要求股东承担清算义务相当于将股东的有限责任扩大为无限责任,致使股东与债权人之间的利益关系失衡;②第三,要求股东履行清算事务不符合公司治理的实际情况;③第四,股东难担组织清算的大任。

面对实践中的问题以及理论界的怀疑,《九民纪要》第14条对引起争议的《公司法司法解释(二)》第18条第2款的适用条件作出了限缩解释,将应当承担责任的股东限定为担任公司董事会或者监事会成员、曾选派人员担任公司董事会或监事会成员、曾参与公司经营管理的股东。如果股东“既不是公司董事会或者监事会成员,也没有选派人员担任该机关成员,且从未参与公司经营管理”就不属于公司清算义务人,无须承担怠于履行清算义务的法律责任。可见,最高人民法院也意识到了将股东一概规定为公司清算义务人存在不妥。《九民纪要》的规定虽然能够在一定程度上减少《公司法司法解释(二)》将股东规定为公司清算义务人所引发的利益失衡问题,但不能从根本上解决这一问题,亟须《公司法》予以回应。

另外,我国理论界长期以来还存在有关公司清算义务人义务内容与责任范围的争论。为完善我国公司清算义务人制度,新《公司法》也有必要对此作出明确规定。

三、公司清算义务人制度的理论阐释

广义上的清算包括非破产清算和破产清算,前者是依据公司法开展的清算,后者是依据破产法实施的清算。非破产清算可进一步分为普通清算和特别清算,二者在清算程序的启动方式以及负责清算事务人员的选任方式等方面存

① 参见韩长印、楼孝海:《建立公司法定清算人制度》,载《法学》2005年第8期。

② 参见梁上上:《有限公司股东清算义务人地位质疑》,载《中国法学》2019年第2期。

③ 参见刘文:《论我国公司清算人产生方式之完善》,载《西南民族大学学报(人文社科版)》2007年第12期。

在区别。普通清算，是指公司解散事由出现后，由公司在法定期限内自行组织人员开展的清算；特别清算又称指定清算，指的是公司解散事由出现后，公司未在法定期限内组织人员开展清算或者组成清算组后不清算，经公司利害关系人申请，由法院指定有关人员开展的清算。本部分的讨论对象仅为普通清算。

(一)普通清算程序中清算义务内容的解构

普通清算程序繁复，需要对公司所有的财产、负债进行彻底的核查、清理，在此过程中须确保公司及其股东、债权人、职工等利益相关者的合法权益受到充分保障。这一复杂程序的顺利推进离不开清算程序中相关义务主体的明确分工，各主体的职责边界越清晰，各项事务进展得也就越顺利。相反，清算义务内容不清，各主体推诿责任的可能性就越大，普通清算程序的实施难度也就越大。而新《公司法》施行前，公司普通清算制度在我国司法实践中效果不佳的原因也大多与清算义务的具体内容不清有关。[①] 此外，我国理论界关于公司清算义务人制度的争议也大多与公司清算义务的配置方式联系紧密，故在深入分析公司清算义务人具体制度内容之前，有必要对公司清算义务的内容进行解构。

为保障普通清算制度的顺利实施，公司清算义务应当分解为启动清算程序的义务、实施清算的义务和配合清算的义务。

1. 启动清算程序的义务

2018《公司法》第183条和新《公司法》第232条均规定，公司解散事由出现后，应当在解散事由出现之日起15日内组成(成立)清算组。其中，组成(成立)清算组即为启动清算程序，负有组成清算组的义务也就意味着负有启动清算程序的义务。在公司正常开展经营活动的阶段，公司的组织机构一般只包括股东会、董事会、经理、监事会，不包括清算组。因此，公司解散后并不能直接开展财产清理、通知公司债权人、分配财产等事务，还须待负责实施这些事务的人员——清算组成员确定、组织组成后，这些具体事务才能推进。可见，组成清算

① 参见深圳市中级人民法院公司清算和破产审判庭王芳法官在“公司法修改巡回论坛第十二场”所作《公司高管的法律职责与清算义务——以公司法与破产法衔接为视角》主题报告。转引自《[纪实]公司解散、清算制度的发展完善与〈公司法〉修改“公司法修改巡回论坛”第十二场中山大学站》，载微信公众号“商法学研究会”2021年1月7日，https://mp.weixin.qq.com/s/jr2ekhXLSLTZqh6eNWrG0w。

组是实施清算的必经程序，清算组不组成，具体清算事务也就难以开展。而作为清算程序的关键环节，启动清算程序的义务应当明确。否则，当公司已经走向终止、不再开展经营活动，公司内部人员无利益驱使时难免会消极懈怠，不积极组织人员清算。此外，为防止负有启动清算程序义务的人员在公司解散后长期不组成清算组，导致公司资产贬值、清算相关材料毁损、灭失等不利于清算程序开展的情形出现，有必要对启动清算程序义务的履行期限作出规定，要求负有这一义务的主体在期限届满之前组成清算组。

2. 实施清算事务的义务

清算组组成后，实施清算事务的主体随之明确，清算事务的开展也就具有了人员基础，清算程序进入实施阶段。新《公司法》第 234 条规定了清算组在清算期间的 7 项“职权”，从另一个角度来看，这也是清算组应当履行的 7 项义务。这 7 项义务分别为：(1)清理公司财产，分别编制资产负债表和财产清单；(2)通知、公告债权人；(3)处理与清算有关的公司未了结的业务；(4)清缴所欠税款以及清算过程中产生的税款；(5)清理债权、债务；(6)分配公司清偿债务后的剩余财产；(7)代表公司参与民事诉讼活动。公司普通清算程序的目的在于“对公司债权人利益、公司股东利益和社会经济秩序的保护”，“这种保护，又是通过公司财产的清理、债权的受偿、债务的清理和剩余财产的处理实现的”[①]。可见，新《公司法》第 234 条规定的 7 项义务都与实现清算程序之目的紧密相关，充分考虑到了公司债权人、职工、公司股东、社会税收等多方面的利益。其中，有两点值得特别注意。

第一，关于公司财产的分配。普通清算程序是公司经由非破产程序退出市场的程序之一，公司法并未像破产法那样对公司债务清偿的顺序作出特别规定，公司各债权人平等受偿。股东对公司财产享有的是剩余索取权，故公司股东在公司财产分配中劣后于公司债权人，仅当公司债务全部清偿后公司财产仍有剩余，股东才能对公司的剩余财产进行分配。股东的剩余索取权对公司债权人的债权是绝对的劣后，而非相对的落后。换言之，公司债权人在公司尚未清算完毕前申报的债权优先于股东剩余索取权受偿。并且公司债权人在公司清算程序终结后补充申报的债权一般情况下也应当优先于股东剩余索取权——

① 刘敏：《公司解散清算制度》（修订版），北京大学出版社 2012 年版，第 6 页。

如果股东已经取得了公司剩余财产，公司债权人就有权要求股东返还其已经获得的公司剩余财产以清偿债务。[①]

第二，关于清算组代表公司参与民事诉讼活动。在公司正常经营阶段，公司经营事务和管理事务由董事会和高级管理人员负责。公司被解散后，随着营业上权利能力的丧失，公司治理的重心已经由以营利为目的的经营管理事务转向以了结公司债权债务关系为目标的清算事务。清算阶段，公司的人格依然存在，选任清算组成员即意味着清算组取代了公司原本的董事会和高级管理人员。“关于董事之规定，于不违反清算目的之限度，应准用于清算人。”[②]清算组在与公司的关系中扮演着清算事务执行机构的角色，在与债权人等公司外部主体的法律关系中则是公司的代表机构。[③]

3. 配合清算的义务

清算程序的核心内容是全面处理公司的财产关系，而全面处理公司财产关系的前提便是掌握公司的财产及其相关情况，包括以公司名义签订的合同、公司的财务会计报告、会计账簿、原始凭证、财产清单等文件和材料。具体清算事务开始履行之后，为了便利相关事务的处理，公司的财产及其相关资料应当交由清算组占有和使用。而在公司解散后、清算组组成前的一段时间内，公司的财产及其相关资料也应当由专人负责妥善保管，以免其毁损、灭失，给清算程序带来不便、给公司股东、债权人等造成损失。此等妥善保管并移交公司财产及其相关资料的义务在学理上被称为配合清算的义务。[④] 区别于上述启动清算程序的义务及实施清算的义务，我国原《公司法》和新《公司法》都未对配合清算的义务作出明确规定。配合清算义务的履行是清算组得以高效、完整地履行清算义务的关键，即清算程序成果实施的关键。制度规范的缺少导致配合清算义务落实不到具体个人身上，相关问题便由此引发，实践经验表明，公司普通清算

---

① 《公司法司法解释(二)》第 14 条第 1 款规定：“债权人补充申报的债权，可以在公司尚未分配财产中依法清偿。公司尚未分配财产不能全额清偿，债权人主张股东以其在剩余财产分配中已经取得的财产予以清偿的，人民法院应予支持；但债权人因重大过错未在规定期限内申报债权的除外。”

② 史尚宽：《民法总论》，中国政法大学出版社 2000 年版，第 201 页。

③ 参见施天涛：《公司法论》(第 4 版)，法律出版社 2018 年版，第 601 页；刘敏：《公司解散清算制度》(修订版)，北京大学出版社 2012 年版，第 67—68 页。

④ 参见王欣新：《论清算义务人的义务及其与破产程序的关系》，载《法学杂志》2019 年第 12 期。

制度在实践中效果不佳的原因之一便是“法律没有规定清算配合义务”①。

（二）公司清算义务人概念辨析

新《公司法》明确公司清算义务人的概念之前，我国理论界对公司清算义务人的内涵存在不同观点，对公司清算义务人与清算人、清算组成员、配合清算义务人等相关概念的关系也有不同看法，代表性观点包括以下四种。

第一种观点认为，公司清算义务人是指履行所有公司清算义务的主体，其职责内容广泛，具体包括“组织清算组，担任清算组成员，启动清算程序，并竭尽全力对清算组的清算工作履行必要的协助义务（如提供财务会计报告和会计账簿、原始凭证、公司财产清单等）”②。

第二种观点认为，公司清算义务人是指应当及时启动清算程序并妥善保管公司财产及清算相关文件的主体。③

第三种观点认为，公司清算义务人的职责是从事法定的清算组织工作和重大的清算事项决策。④

第四种观点认为，公司清算义务人仅指有义务在法定期限内组成清算组织以启动清算程序的主体，⑤实施具体清算事务的主体为“清算人”或“清算组成员”，⑥负责妥善保管并移交公司财产及其相关资料的主体则应当称为“配合清算义务人”⑦。

对比可见，理论分歧产生的根本原因在于，我国学者对公司清算义务人的义务内容存在不同理解。但是，已经取得共识的是，公司清算义务人的义务内容不超出公司清算义务的范围，上述各观点无非是对启动清算程序义务、实施

① 深圳市中级人民法院公司清算和破产审判庭王芳法官在“公司法修改巡回论坛第十二场”所作《公司高管的法律职责与清算义务——以公司法与破产法衔接为视角》主题报告，载微信公众号“商法学研究会”2021 年 1 月 7 日，https://mp. weixin. qq. com/s/jr2ekhXLSLTZqh6eNWrG0w。

② 刘俊海：《现代公司法》（第 3 版），法律出版社 2015 年版，第 1156 页。

③ 参见张新宝：《〈中华人民共和国民法总则〉释义》，中国人民大学出版社 2017 年版，第 134 页。转引自王欣新：《论清算义务人的义务及其与破产程序的关系》，载《法学杂志》2019 年第 12 期。

④ 参见蒋大兴：《公司清算义务人规范之适用与再造——“谁经营谁清算”vs.“谁投资谁清算”》，载《学术论坛》2021 年第 4 期。

⑤ 参见刘敏：《公司解散清算制度》（修订版），北京大学出版社 2012 年版，第 57 页；白莉：《公司清算制度法律问题研究——以债权人利益保护为中心》，法律出版社 2011 年版，第 68 页。

⑥ 参见刘敏：《公司解散清算制度》（修订版），北京大学出版社 2012 年版，第 57 页；白莉：《公司清算制度法律问题研究——以债权人利益保护为中心》，法律出版社 2011 年版，第 68 页。

⑦ 王欣新：《论清算义务人的义务及其与破产程序的关系》，载《法学杂志》2019 年第 12 期。

清算事务义务、配合清算义务作不同的排列组合。

从字面含义阐释,"公司清算义务人"一词只能说明该主体负有"清算义务",不能反映出该"清算义务"的具体范围,学者将其扩大解释为所有清算义务或限缩解释为启动清算程序义务的做法本质上没有优劣之分,但在同一话语体系内确实造成了相关概念的混淆。基础概念清晰是制度构建的关键和基础,公司清算义务人概念不清,公司清算义务人制度便也难以构建。对此,理论上有两种解决思路。一是废除公司清算义务人的概念和制度,将履行清算义务的主体统称为"清算人",清算人由公司选任或法律规定,所有与公司清算相关的事务均由此类主体统一负责,不再区分启动清算程序义务人、实施清算事务义务人、配合清算义务人。[①] 二是保留公司清算义务人的概念及制度,由《公司法》对其进行完善,明确公司清算义务人是区别于其他清算相关主体的、仅负启动清算程序义务的人员。[②]

新《公司法》采取了第二种思路,将公司清算义务人定义为应当在解散事由出现之日起 15 日内组成清算组进行清算的主体。至此,我国学者对公司清算义务人制度必要性的争论虽未必会尘埃落定,但公司清算义务人区别于清算人、清算组、清算组成员、配合清算义务人却是不应再有争议的。

在新《公司法》的语境下,与公司清算相关的主体包括公司清算义务人、清算组、清算组成员三类。其中,公司清算义务人指的是应当在公司解散事由出现之日起法定期限内组成清算组的主体,公司董事担任公司清算义务人;清算组指的是由公司清算义务人依法组成的,负责实施具体清算事务的公司机构;清算组成员指的是构成清算组的人员,具体人员由公司章程规定或者股东会决议决定,若公司章程没有规定且股东会决议没有决定担任清算组成员的具体人员,则公司董事为清算组成员。理论上存在的清算人、配合清算义务人的概念未被新《公司法》明确规定。

(三)董事担任公司清算义务人的理论基础

公司清算义务人的义务范围确定后,另一个值得讨论的问题是该主体的人

① 参见胡改蓉:《我国公司清算主体模式的反思——由双轨制向单轨制的转换》,载《法治研究》2023 年第 4 期。

② 参见梁上上:《有限公司股东清算义务人地位质疑》,载《中国法学》2019 年第 2 期。

选问题,即谁应当承担法律规定的启动清算程序的义务。新《公司法》施行前,我国司法机关倾向于将有限责任公司股东、股份有限公司董事和控股股东认定为公司的清算义务人,这些主体未在法定期限内组成清算组开始清算,造成公司财产贬值、流失、毁损或者灭失的后果的,债权人有权要求其在造成损失范围内对公司债务承担赔偿责任。[①] 学理上就此也存在"谁经营谁清算"标准与"谁投资谁清算"标准之争,前者主张公司清算义务人应当由公司的经营管理者——董事担任,后者则认为作为公司设立者的股东应当负责终止其所设立的公司。[②]

我们认为,确定公司清算义务人的人选应当同时考虑两个问题,一是何者能够胜任这一职位,二是何者应当承担启动清算程序义务。换言之,担任公司清算义务人的主体应当同时满足两个条件,一是具备及时组成清算组的能力,二是负有及时组成清算组的义务。

清算程序的启动上承公司解散,下接清算程序的实施,是一个中间环节。具备相应的知识、对相关情况有充分的把握是公司清算义务人履行具体职务的必要条件,一个堪当大任的公司清算义务人应当具备了解并运用以下两方面信息的能力和义务:其一,公司解散的信息,包括公司因何事由解散、何时解散等;其二,公司清算组成员的信息,包括公司章程或股东会决议对清算组成员的规定或意见。

针对公司解散相关信息,根据新《公司法》第 229 条、第 232 条的规定,导致公司清算的事由包括 4 类:(1)公司章程规定的营业期限届满或者公司章程规定的其他解散事由出现;(2)股东会决议解散;(3)依法被吊销营业执照、责令关闭或者被撤销;(4)被人民法院依法解散。在这 4 类公司解散事由中,公司章程一般由全体股东制定、股东会决议一般由全体股东作出,故公司股东应当对第一类、第二类公司解散事由较为了解;人民法院判决解散公司的前提是有部分股东请求解散公司,判决结果送达原告股东和被告公司,故原告股东应当对第四类公司解散事由较为了解;而第三类事由中,公司因受行政处罚而解散的

① 参见《公司法司法解释(二)》第 18 条第 1 款。

② 参见蒋大兴:《公司清算义务人规范之适用与再造——"谁经营谁清算"vs."谁投资谁清算"》,载《学术论坛》2021 年第 4 期。

情况,不参与公司经营管理的股东对此不知情也无可非议。综上可见,公司股东未必对公司解散的每一项事由都了然于胸,根本原因在于,在控制权与所有权分离的现代公司中,股东已经不再参与公司的经营管理,公司只是进行股东进行股权投资的工具,运营公司、支配公司财产的职责交由公司董事承担。[①] 因此,作为公司经营管理者的董事应当具备掌握导致公司解散每一事由的能力。此外,从义务的角度出发,解散关乎公司的生死存亡,属于公司经营管理中的重大事项,董事的信义义务应当包含及时掌握公司解散相关信息的内容。

针对选任公司清算组成员相关的信息,根据新《公司法》第 232 条第 2 款的规定,公司清算组成员原则上由公司董事组成,但是公司章程和股东会决议也可另行选任他人担任。当公司章程及股东会决议未作特殊规定时,由公司董事组织董事会成员组成清算组的难度和成本显然低于由股东组织,这在股东不掌握公司所有董事联系方式的情况下更是如此。而在公司章程或股东会决议选任他人担任清算组成员的情形下,作为章程制定者和决议作出者的股东虽然掌握了清算组成员的信息,但是其毕竟是公司的投资者而非经营管理者,强令其承担按照公司章程或股东会决议启动清算程序组的义务有违现代公司控制权与所有权分离的原则。因此,董事更应该承担公司解散事由发生后组成清算组的义务。

综上所述,相较于股东而言,董事更具担任公司清算义务人的能力,同时其对公司所负信义义务也应包含及时启动清算程序的内容。正如本专题第二部分所述,我国理论界对股东担任公司清算义务人的做法存在诸多怀疑的根本原因也正是在于,股东既不具备及时组成清算组的能力,也不应承担及时组成清算组的义务。因此,若将股东规定为公司清算义务人,不仅对股东不公平,也无法保障清算程序的及时开展,易使公司、公司债权人的合法权益受到损害。

(四)公司清算义务人怠于履行清算义务的民事责任

原《公司法》对公司清算义务人怠于履行清算义务时应当承担的民事责任未作规定,新《公司法》施行前,我国学者对此存在不同观点。

有的学者构建了体系化的公司清算义务人的民事责任,认为公司清算义务

① 参见[美]阿道夫 · A. 伯利、[美]加德纳 · C. 米恩斯:《现代公司与私有财产》,甘华鸣等译,商务印书馆 2005 年版,第 196—197 页。

人应当承担四种民事责任：一是清算责任，即清算义务人未依法组织清算而承担的强制履行清算义务的责任；二是赔偿责任，即清算义务人未尽清算义务给他人造成损失而承担的赔偿他人损失的责任；三是清偿责任，即清算义务人出于逃避债务等不法目的，采取转移财产、隐匿账册、恶意注销等行为导致无法清算，或者未经清算直接办理公司注销登记，故而对公司债务承担的清偿责任；四是承诺责任，即公司未经清算而欲办理注销登记时，公司清算义务人应登记机关要求作出承担公司注销后的法律后果的承诺，故而对其承诺承担的责任。① 这一观点与《公司法司法解释（二）》第 18 条至第 20 条关于公司清算义务人民事责任的规定十分类似。

但是，也有学者持不同观点，认为上述观点实质上混淆了公司清算义务人的责任、清算组的责任以及其他侵权主体的责任，公司清算义务人的责任仅限于未及时组成清算组给公司或公司债权人造成损失时应当承担的赔偿责任，其他与清算相关的责任不应由公司清算义务人承担。②

在原《公司法》未明确公司清算义务人义务范围的情况下，我国学者难免会对何谓公司清算义务人违反其义务的情形以及相应的责任存在不同理解。但如今，随着新《公司法》已经明确公司清算义务人的义务内容仅包括“在解散事由出现之日起十五日内组成清算组进行清算”，公司清算义务人违反其义务的情形不应扩及未及时组成清算组之外，其民事责任也不应包括与其未及时组成清算组无关的责任，如清偿责任与承诺责任。具体而言，第一，清偿责任属于清算组的责任，而非公司清算义务人的责任；第二，公司未经清算即申请注销登记应当适用新《公司法》第 240 条规定的简易注销制度，由公司全体股东对其承诺承担责任，不存在公司清算义务人制度的适用空间。

理论上，清算责任与赔偿责任与公司清算义务人违反义务的行为都具有相关性。追究公司清算义务人未及时履行清算义务的赔偿责任只能补偿公司、公司债权人的既有损失，不能解决公司未清算的问题，公司仍然处于应清算而未清算的状态。此时，公司或公司债权人要求公司清算义务人继续履行组成清算

① 参见李建伟：《公司清算义务人基本问题研究》，载《北方法学》2010 年第 2 期。

② 参见胡改蓉：《我国公司清算主体模式的反思——由双轨制向单轨制的转换》，载《法治研究》2023 年第 4 期。

组的清算责任理论上能够解决公司未清算的问题。但是,组织成立清算组是一种积极的行为,司法机关无法强制要求怠于履行启动清算程序义务的公司清算义务人必须继续履行义务,即便司法机关作出了公司清算义务人应当继续履行职责的判决,该判决在实践中也难以执行。此外,在新《公司法》已经确立了强制清算制度的情况下,仍然要求公司清算义务人承担继续履行的责任也无必要,利害关系人可以根据新《公司法》第233条的规定申请人民法院指定有关人员组成清算组进行清算。因此,公司清算义务人怠于履行清算义务时应当承担的责任只包括赔偿责任。

(五)公司清算义务人制度的独立价值:域外制度及其借鉴空间

世界各国、各地区的市场主体退出机制基本都由破产机制和非破产机制组成,因而清算程序通常包括破产清算和非破产清算,非破产清算程序中一般也都存在与我国新《公司法》第232条至第239条规定的普通清算程序类似的制度设计。但是,对于何者、通过什么方式启动普通清算程序的问题,域外规定存在一定区别,主要做法包括:

美国多州采取的是由董事会在股东会通过清算公司的决议后启动并实施具体清算事务的立法模式。在美国,公司决定进入清算程序属于"重大变更"事项,需要遵循五个步骤:第一,董事会决议通过公司进行清算的事项;第二,董事会就清算公司的事宜通知股东;第三,董事会召集股东会讨论公司清算事宜;第四,股东会决议通过公司清算相关事项;第五,公司将董事会和股东会批准公司进入清算程序的决议等相关资料提交行政机关。由此可见,在美国,公司自愿解散的程序主要由董事会主导,在清算程序中亦是如此。清算程序由董事会启动,并由其负责监督。①

英国采取的是由公司股东在股东会会议上指定清算组成员开始清算的立法模式。在英国,公司清算包括自愿清算和基于法院命令进行的强制清算,前者的主要程序如下:"先由公司的董事发布有偿债能力的法定声明(statutory declaration of solvency),然后股东在股东会议上通过自愿清算的决议,并指定

① 参见[美]理查德·D.弗里尔:《美国公司法》(第7版),崔焕鹏、施汉博译,法律出版社2021年版,第342—343、361页。

清算人开始清算。”①

日本等国未对清算启动程序及公司清算义务人作特殊规定，仅规定公司清算组成员的构成及其实施清算事务的时限。在日本，负责履行具体清算义务的主体被称为“清算人”，原则上由公司董事担任，但公司章程和股东会决议也可另行选任他人担任；《日本公司法》第 475 条规定的清算开始原因出现后，公司“必须不延迟地在官报上向该清算股份公司的债权人公告在一定期间内应当申报其债权的内容，并且对已知的债权人分别进行催告”②。德国、③韩国④也都采取了与日本类似的做法，即相关立法中不规定专门的启动公司清算程序制度，不存在公司清算义务人的概念，立法直接对清算组的人员构成作出规定，公司解散事由发生后直接进入清算阶段，公司解散事由发生之日即为清算人就任之日。

可见，确立专门的公司清算义务人制度在域外并非普遍的做法，也非常见的立法选择，域外大多数规定中不区分启动清算和实施清算，而是将二者统一作为公司清算的整体程序进行规范。这与我国新《公司法》区分启动清算程序和实施清算程序的立法模式截然相反。有学者以此为由对新《公司法》确立公司清算义务人制度的合理性与必要性提出怀疑。⑤ 我们认为，各司法主权区域的文化背景、社会环境、法律实施情况等存在差异，借鉴域外成熟制度经验不等同于否定现有制度而完全直接照搬域外做法，比较研究应立足于我国司法实践的实际情况，目的在于解决我国司法实践的实际困难。

长期以来，我国实践中都存在“久拖不算”的公司解散纠纷，公司解散后无法高效快速地进入清算程序、开展清算事务。有学者认为，公司解散后未及时清算的根本原因在于，原《公司法》未似域外大多数国家那样，直接规定公司清算组的成员，如此，“公司清算就会因清算人缺位而难以开展”⑥。然而，原

---

① 白莉：《公司清算制度法律问题研究——以债权人利益保护为中心》，法律出版社 2011 年版，第 19 页。

② ［日］近藤光男：《最新日本公司法》（第 7 版），梁爽译，法律出版社 2016 年版，第 437、439 页。

③ 参见［德］托马斯·莱赛尔、［德］吕迪格·法伊尔：《德国资合公司法》（第 6 版）（下），高旭军等译，上海人民出版社 2019 年版，第 787 页。

④ 参见《韩国商法》第 531 条。

⑤ 参见韩长印、楼孝海：《建立公司法定清算人制度》，载《法学》2005 年第 8 期。

⑥ 胡改蓉：《我国公司清算主体模式的反思——由双轨制向单轨制的转换》，载《法治研究》2023 年第 4 期。

《公司法》第183条已经明确了公司清算组的人员构成,即“有限责任公司的清算组由股东组成,股份有限公司的清算组由董事或者股东大会确定的人员组成”。可见,即便我国《公司法》直接规定了公司清算组成员的人选,也无法解决我国实践中存在的“清算难”问题,域外的主流做法对我国的借鉴意义有限。

我们认为,新《公司法》确立的清算义务人制度更加契合我国公司清算实践的需求,能够更加有效地解决“清算难”的问题。根据新《公司法》的规定,公司清算义务人通过“组成清算组”的方式履行启动清算程序的义务,公司清算义务人怠于履行义务造成损失的,应当承担损失赔偿责任。这一规定实质上为公司清算程序的实施提供了双重保障。一是公司清算义务人对清算组组成的监督机制,即由专门主体确保清算组实际成立,并按照《公司法》要求将全体人员配备到位;二是《公司法》对公司清算义务人履行职责的督促机制,通过设定公司清算义务人怠于履行职责时的赔偿责任督促其及时启动清算程序。

综上所述,新《公司法》专门规定公司清算义务人制度的做法虽与域外多数国家的制度不同,但符合当下我国公司清算实践的需要。公司清算义务人制度对保障公司清算程序的顺利实施具有积极意义,具有独立于清算人制度的价值。

四、新《公司法》规定解读与延伸问题

(一)新《公司法》的规定与解读

新《公司法》对公司清算义务人的规定如下:

> **第232条** 公司因本法第二百二十九条第一款第一项、第二项、第四项、第五项规定而解散的,应当清算。董事为公司清算义务人,应当在解散事由出现之日起十五日内组成清算组进行清算。
>
> 清算组由董事组成,但是公司章程另有规定或者股东会决议另选他人的除外。
>
> 清算义务人未及时履行清算义务,给公司或者债权人造成损失的,应当承担赔偿责任。

分析该条规定可见,新《公司法》规定的公司清算义务人制度的主要内容包括以下三个方面。

1. 公司清算义务人的人选与履职方式

公司清算义务人为公司董事。董事一般通过董事会集体决策的方式行使职权，但是根据新《公司法》第 75 条、第 128 条的规定，规模较小或者股东人数较少的有限责任公司或股份有限公司可以不设董事会，设一名董事行使董事会的职权。在不设董事会的公司中，董事单独履行组成清算组的义务自不待言。然而，在设董事会的公司中，清算组应当由董事会决议组成，还是董事会的任一成员组成却是值得讨论的问题。我们认为，在新《公司法》第 232 条已经对清算组的人员构成作出明确规定的情况下，董事或董事会对清算组成员的选任一般已经没有商议的空间和必要，除非公司章程规定或股东会决议由董事会决定公司清算组成员。一般情况下，要求公司清算义务人必须通过董事会决议的方式履行启动清算程序的义务过于苛刻，也不利于清算程序的及时开展。因此，除非公司章程或者股东会决议另有规定，否则董事会的任一成员都享有组成清算组的职权并负有及时组织清算的职责。

2. 公司清算义务人的义务内容

公司清算义务人的义务是在公司解散事由发生之日起 15 日内按照法律规定、公司章程规定或股东会决议组成清算组，但公司因合并或分立而解散的情形外。公司因合并或分立解散后，公司清算义务人无须组成清算组的原因在于，原公司的债权、债务已经由法律规定的其他方式处理，无须通过清算程序保障公司股东、公司债权人等的合法权益。具体而言，公司因新设合并或吸收合并解散时，合并各方的债权、债务由合并后存续的公司或者新设的公司承继；公司债权人有权在法定期限内要求公司清偿债务或者提供相应的担保。[①] 而当公司因存续分立、新设分立解散后，其财产作相应的分割，公司分立前的债务一般由分立后的公司承担连带责任。[②]

对于公司清算义务人"组成"清算组的具体方式，我们认为，应解释为公司清算义务人以公司名义向新《公司法》规定的清算组成员或公司章程、股东会决议另行规定的人员发出成立清算组的通知。为保障公司清算义务人履行职责能够实现组成清算组的实际效果，公司清算义务人的义务还应包括督促法定或

---

① 参见新《公司法》第 220 条、第 221 条。

② 参见新《公司法》第 222 条、第 223 条。

章定清算组成员答复。公司清算义务人收到全部清算组成员明确答复之时,其义务即履行完毕。

3. 公司清算义务人未及时履行清算义务的民事责任

新《公司法》第 232 条第 3 款规定,公司清算义务人未及时履行清算义务,给公司或者债权人造成损失的,应当承担的赔偿责任,该责任属于侵权责任中的结果责任。具体而言,该责任的构成要件包括以下四个方面:第一,公司清算义务人存在未及时履行清算义务的行为;第二,公司或者债权人遭受损失;第三,公司清算义务人未及时履行清算义务的行为与公司或者债权人的损失之间具有因果关系;第四,公司清算义务人未及时履行清算义务存在主观上的过错,包括故意和过失。当以上四个构成要件同时满足时,公司清算义务人应当承担赔偿损失的责任。

如本专题第三部分所述,公司清算义务人未及时履行清算义务的民事责任仅限于赔偿责任。因此,新《公司法》第 232 条第 3 款的规定应作严格的文义解释,不应包含理论上存在的以及《公司法司法解释(二)》规定的清算责任、清偿责任及承诺责任。

(二)延伸问题

新《公司法》取消了原《公司法》将董事区分为执行董事和非执行董事的规定,在非上市公司中,董事会成员均为“董事”,均负有新《公司法》第 232 条规定的启动清算程序的义务。然而,在上市公司董事会中,除普通董事外,还包括一类特殊的董事——独立董事。独立董事是否在新《公司法》第 232 条规定的范围之内?值得进一步讨论。

独立董事指的是不在公司担任除董事外的其他职务并与其所受聘的公司及其主要股东不存在可能妨碍其进行独立客观判断的关系的董事,其具体职责和特别职权包括:参与董事会决策并对所议事项发表明确意见;对上市公司与其控股股东、实际控制人、董事、高级管理人员之间的潜在重大利益冲突事项进行监督,促使董事会决策符合上市公司整体利益,保护中小股东合法权益;对上市公司经营发展提供专业、客观的建议,促进提升董事会决策水平;独立聘请中介机构,对上市公司具体事项进行审计、咨询或者核查;向董事会提议召开临时股东大会;提议召开董事会会议;依法公开向股东征集股东权利;对可能损害上市公司或者中小股东权益的事项发表独立意见;法律、行政法规、证监会规定和公司章程规定的其他职责。[①]

我们认为,独立董事主要承担监督职能,履职目的在于保护中小股东的合法权益。上市公司解散、清算同样涉及中小股东合法权益的保护,直接关系到中小股东的剩余索取权能否实现以及实现的程度。因此,上市公司的独立董事也应承担启动清算程序的义务,新《公司法》第232条规定的“董事”应当包含独立董事。

① 参见《上市公司独立董事管理办法》第17条、第18条。

专题二十九 强制注销制度

一、新《公司法》修改的主要内容

强制注销制度,又称依职权注销公司制度,指的是公司登记机关依法直接消灭怠于履行终止程序公司的主体资格,但不影响原公司股东、清算义务人的责任的制度。新《公司法》第241条新增强制注销公司制度。

在我国,公司作为法律承认的独立主体,其人格须经公司登记取得,该人格的消灭自然也须经公司登记程序。新《公司法》施行前,公司注销登记长期以来都只是"依申请"的行为,即公司登记机关只能根据公司的申请依法注销公司登记,公司未提交注销登记申请时,公司登记机关无权主动注销公司登记。

新《公司法》第241条确立强制注销制度,丰富了我国公司注销制度的类型。新《公司法》第241条规定的强制注销制度的主要内容,包括有权强制注销公司的主体、强制注销制度适用范围、强制注销公司的程序、强制注销公司的法律后果。这是强制注销公司制度首次进入我国《公司法》。强制注销制度对完善我国公司退出制度,解决我国实践中公司注销难、"僵尸公司"大量存在的问题具有重要意义,确立强制注销制度是新《公司法》的立法亮点之一。本专题从理论和实务层面出发,分析了新《公司法》构建强制注销制度的现实依据,阐释了强制注销制度的相关理论,并对新《公司法》第241条所规定的强制注销制度具体内容进行解读。

二、本次修改的现实依据

(一)商事登记实践的需求

2017年起,为解决我国实践中存在的公司注销难、"僵尸公司"大量存在的问题,我国各地公司登记机关逐步开展依职权注销公司登记的试点工作,探索构建强制注销制度。[①] 此过程中，由于我国原《公司法》并未就强制注销制度作出相应规定，在缺乏上位法依据的情况下，公司登记机关作出强制注销公司决定时始终面临“违法行政”的风险。为解决我国强制注销公司试点工作面临的现实问题，回应我国强制注销制度改革的现实需要，新《公司法》在总结我国各地前期工作经验的基础上构建了强制注销制度。

1. 商事登记实践的做法

新《公司法》施行前，在国家统一立法层面，作为规范市场主体登记的法律规范，《市场主体登记管理条例》只规定了依申请注销公司制度，并没有规定强制注销制度；但在该条例的立法过程中，立法机关曾有将“强制退出制度”增设其中的想法。在地方立法和政策试点层面，强制注销制度已有先期实践，如《上海市浦东新区市场主体退出若干规定》《深圳经济特区商事登记若干规定》《海南自由贸易港市场主体注销条例》等都对此作了相关规定。

(1)《商事主体登记管理条例(草案)》的制度预设

《商事主体登记管理条例(草案)》是《市场主体登记管理条例》的过程性立法文件，它曾针对市场主体强制退出的适用情形和法律效果作专门规定。根据《商事主体登记管理条例(草案)》第74条的规定，除法律、行政法规规定的其他情形外，强制退出制度适用于以下三类公司：①被吊销营业执照或被责令关闭满6个月未申请注销登记或者未办理清算组备案的公司；②被列入严重违法失信名单满3年仍未依照相关规定完成信用修复的公司；③利用简易注销程序逃废债务，被登记机关撤销简易注销登记的公司。登记机关作出的强制退出决定将产生以下三个方面的法律后果。第一，对于被强制退出的公司而言，其主体资格尚在，但名称使用不再受法律保护；第二，对于被强制退出公司的清算义务人而言，公司被强制退出不影响清算义务人组织清算的义务，其应当在清算程序完成后向公司登记机关申请办理注销登记；第三，对于被强制退出公司的法定代表人、负责人和直接责任人而言，他们的投资范围和职业范围受到限制，不得担任其他公司的股东、法定代表人、董事或监事以及其他商事主体的负

① 2017年，浙江省瑞安市印发《瑞安市市场监督管理局吊销未注销企业监管办法(试行)》的文件，并据此在全市范围内开展吊销未注销公司的强制退出试点工作。有研究认为，浙江省瑞安市的这一做法拉开了全国推广强制退出的大幕。参见张钦昱：《公司市场退出法律制度的嬗变逻辑与进化路径》，载《政治与法律》2021年第2期；全国工商和市场监管部门企业监管专家型人才培训班第五课题组：《市场主体强制退出机制初探》，载《中国市场监管研究》2018年第5期。

责人。[①] 虽然《市场主体登记管理条例》最终并未保留前述规定,但是新《公司法》制定强制注销制度时借鉴了前述制度设计。

(2)地方试点的典型经验

在缺乏法律规范的情况下,我国各地通过试点工作构建的强制注销制度存在一定的差异,各地形成了具有当地特色的规则体系。

针对强制注销制度的适用对象范围,各地做法并不统一。有的地方强制注销制度较为宽泛,适用对象包括多类公司,如《海南自由贸易港市场主体注销条例》则将强制注销适用于五类公司,分别为:第一,依法被吊销营业执照、责令关闭、撤销满 6 个月未申请注销登记的公司;第二,经营期限届满 6 个月未延期或者未申请注销登记的公司;第三,依法歇业期限届满未恢复营业或者未申请注销登记的公司;第四,依法被除名满 6 个月未申请注销登记的公司;第五,法律、法规规定的其他情形。但也有别的地方限缩强制注销制度的适用范围,如《浙江省吊销未注销企业监督管理暂行办法》中的强制注销制度仅适用于一种公司,即吊销营业执照后届满 3 年且下落不明或者无法取得联系的未注销公司。《福州市市场主体强制注销管理试行办法》规定的强制注销制度的适用范围则更为限缩,应当被强制注销的公司应同时符合以下七个条件:①被吊销营业执照已届满 2 年且未依法办理清算组备案;②未发生或已结清职工工资、社会保险费用、法定补偿金、应缴纳税款(滞纳金、罚款);未领用发票或已缴销全部领用发票的;③无在缴医社保人员;④无登记在册的不动产权利且无股权(投资权益)被冻结、出质或动产抵押等情形;⑤无有效存续的商标、专利知识产权;⑥无正在诉讼或仲裁程序中、受到罚款等行政处罚尚未执行完毕等情形;⑦无其他不宜强制注销情形。

对于强制注销公司决定的告知制度,各地存在催告和公告两种不同的做法。福州市采取的是向被注销公司催告的做法,[②]上海市、深圳市和海南省采取的是向社会公告的做法,但三地具体公告期各有不同,《上海市浦东新区市场主

① 参见《商事主体登记管理条例(草案)》第 75—77 条。

② 《福州市市场主体强制注销管理试行办法》第 5 条规定,"对符合本办法第四条规定强制注销条件的市场主体,参照《中华人民共和国民事诉讼法》的送达方式送达《强制注销告知书》,相关市场主体无法取得联系的,可以直接采取批量公告的方式,通过国家企业信用信息公示系统或市场监管部门门户网站等发布《拟强制注销公告》,告知当事人依法享有陈述、申辩和要求举行听证的权利,告知利害关系人享有提出异议的权利"。

体退出若干规定》规定的是60日,《深圳经济特区商事登记若干规定》规定的是45日,《海南自由贸易港市场主体注销条例》规定的是30日。

针对强制注销制度的异议程序,对此作出详细规定的地方较少,大多数地方仅概括性地将利害关系人或者相关单位提出异议规定为公司登记机关不得强制注销公司的条件之一。对异议程序作出详细的地方包括福州市,《福州市市场主体强制注销管理试行办法》第5条赋予公司利害关系人提出异议的权利,登记机关应当核实异议;异议理由成立的,公司登记机关应当立即终止强制注销程序;异议理由不成立的,公司登记机关应当自收到书面异议材料之日起10日内告知异议人。

针对撤销强制注销公司决定的回转程序,我国地方实践中亦存在相关规定,但是具体做法存在一定差别,特别是回转期的期限长短不一。例如,福州市回转期最长不得超过5年、石家庄市为2年。

针对强制注销的法律效力,各地存在不同规定。大多数地方认为,强制注销公司使公司主体资格消灭,公司占用的名称等所有市场资源随即释放,但公司股东、清算义务人等仍需对公司债务承担民事责任。例如,《上海市浦东新区市场主体退出若干规定》第10条第1款第1句规定,"强制注销决定生效后,市场主体资格终止"。再如,《福州市市场主体强制注销管理试行办法》第6条规定,"自强制注销决定书送达之日起,被强制注销市场主体的主体资格终止"。但也有少部分地方认为,强制注销不发生消灭公司主体资格的效果,公司名称自公司被强制注销之日起满1年后才向市场释放,并且公司清算义务人在公司被强制注销后仍须承担组织清算的义务。例如,《泉州市企业强制注销暂行规定》第10条第1、2款规定:"自强制注销企业决定书送达之日起,市场监督管理部门在企业登记注册业务系统中标注强制注销状态。企业被强制注销后,其企业名称自企业被强制注销之日起未满1年的,第三人不得申请登记;已满1年的,第三人可以申请登记。"其第11条规定:"企业被强制注销后,其清算义务人依法承担的组织清算义务不变,且应在清算完结后依法申请注销。清算义务人依法组织清算并申请办理注销登记的,市场监督管理部门按照相关企业类型的登记法律法规办理,同时在企业登记注册业务系统中将企业状态由强制注销重新标注为申请注销。"

2. 商事登记实践的不足

对比上述《商事主体登记管理条例(草案)》与我国地方的相关规定可见,《商事主体登记管理条例(草案)》规定的“强制退出”实质上并不是强制注销制度,而是强制解散制度,因为登记机关作出强制退出决定并不产生公司主体资格被消灭的法律效果,公司的清算义务人还须履行组织清算、申请注销公司登记的义务。

总结典型地区的实践经验可知,各地对强制注销制度的适用范围大小有不同的观点。宽泛者,如海南省,公司登记机关强制注销公司的权力范围较广,覆盖多类未依法正常开展经营活动的公司;窄小者,如福州市,公司登记机关的权力被严格限缩,公司登记机关作出强制注销公司的决定不仅需要考虑公司开展经营活动的实际情况,还须考虑各种不宜依职权直接注销公司的情况,如公司的涉诉情况、公司持有的商标权等权利情况、公司职工福利落实情况等。强制注销具有直接消灭公司的主体资格的强大法律效力,对被注销公司的股东、债权人、职工、社区等都将产生巨大的影响,所以强制注销制度的适用应当慎之又慎,适用范围不宜过于宽泛。然而,强制注销制度同时也兼具着清理“僵尸公司”进而优化市场资源配置以及政府决策、管理的重要使命,故公司登记机关的权力范围不宜过窄。因此,有必要在《公司法》中对强制注销制度的适用范围作明确规定。

各地在实践中探索构建的强制注销公司决定的告知制度、公司及其利益相关者提出异议的制度、撤销强制注销公司决定的回转制度,都是强制注销制度中保护公司及其利益相关者合法权益的重要手段,同时也是限制公司登记机关职权、避免其滥用强制注销权力的关键,新《公司法》也有必要对此予以明确。

(二)理论界的呼吁

我国各界对《公司法》中构建强制注销制度普遍持积极态度。

有观点认为,清理“僵尸公司”是完善我国市场主体强制退出机制应当关注的重点,应当赋予行政机关强制注销“僵尸公司”的权力。①

① 参见全国工商和市场监管部门企业监管专家型人才培训班第五课题组:《市场主体强制退出机制初探》,载《中国市场监管研究》2018 年第 5 期;林一英:《公司清算制度的修改——以经营异常公司的退出为视角》,载《法律适用》2021 年第 7 期;王伟:《非正常经营企业强制性市场退出机制研究——优化营商环境背景下的行政规制路径》,载《行政法学研究》2020 年第 5 期。

还有观点认为,大量应注销而未注销的"僵尸公司"长期滞留于市场,不仅占用有限的市场与监管资源,还易引致市场风险、破坏正常交易秩序,我国《公司法》应当构建行政机关依职权注销的强制注销制度,以期适应市场需求、提高市场主体退出效率。①

更有观点直接指出,我国原先构建市场主体退出都无法解决"僵尸公司"的问题:破产制度"积重难返",吊销制度无异于"扬汤止沸",年报制度改革"功亏一篑",简易注销制度改革更是"隔靴搔痒";因此,强制注销制度的引入兼具理论价值和实践价值。②

三、强制注销制度的理论阐释

(一)强制注销制度的体系定位

1. 强制注销与一般注销、简易注销的关系

完整的注销公司登记制度由一般注销制度、简易注销制度和强制注销制度构成。

一般注销制度中的注销程序最为复杂,公司及公司登记机关须按照先后顺序依次开展以下事务:首先,公司解散的法定事由发生后,公司依法进行清算;其次,公司依法完成清算后,公司清算组向公司登记机关提出注销公司登记的申请;最后,公司登记机关对公司清算组提出的申请进行审查,符合条件的,依法作出注销公司登记的决定。注销登记是公司退出市场的最后一个程序,主体登记被注销即意味着公司的法人人格被消灭。为避免股东、债权人等利害关系人因公司注销前的财产、债权债务关系未处置妥当而产生纠纷,法律规定公司解散后、申请注销公司登记前应当组织清算程序,妥善处理公司财产、清偿公司债务。

精细、缜密的清算程序理论上虽然能够最大限度地保护股东、债权人等公司利益相关主体的合法权益,但也是以牺牲效率、增加公司终止成本为代价的。清算的时间越长、程序越烦琐,在扣除清算费用及其他相关费用之后,处于公司

① 参见张阳、左进玮:《商事主体强制注销的制度争议与入法方案》,载《中国市场监管研究》2023年第3期。

② 参见张钦昱:《僵尸企业出清新解:强制注销的制度安排》,载《法学杂志》2019年第12期。

财产分配列后顺位的债权人和股东能够分得的财产就越少。而如果公司实质上不存在清算的必要,即公司在解散之前就已经自行妥善处理公司的财产及债权债务关系或者设立后并未产生债务或者仍然要求公司必须按照法律规定严格履行清算程序,就会损害债权人和股东的利益。可见,不加区分地要求所有公司履行形式上的清算程序与清算程序本身的制度目的相悖。因此,在债权人的债权已经得到清偿、公司股东对公司享有的股东权益已经实现、社会经济秩序不会受到负面影响的情况下,应当允许公司不经过形式上的清算程序直接申请注销公司登记。就此,我国逐步建立了“简易注销制度”。根据新《公司法》第240条的规定,公司在存续期间未产生债务或者已清偿全部债务的,经全体股东承诺,可以按照规定通过简易程序注销公司登记;通过简易程序注销公司登记,公司无须组织清算,但应当通过国家企业信用信息公示系统对公司进行简易注销的相关情况予以公告,如公告期间没有人提出异议,期限届满后公司即可向公司登记机关申请注销公司登记。

综上可见,一般注销程序和简易注销程序的主要区别在于公司注销之前是否需要组织清算,共同点在于公司提出注销登记的申请是公司登记机关注销公司登记的前提条件。此际,一般注销和简易注销都是公司依其自主意愿启动的程序,公司登记机关不作过多干涉。如此一来,是否退出市场就是公司的自决事项,由公司自治。而公司登记机关对此不进行干预的原因主要是公司法等相关法律预设每一家公司都是理性、负责的主体,当其不欲或不能继续从事经营活动时都会及时通过一般注销程序或简易注销程序消灭其主体资格,以免造成市场资源的浪费。然而,现实中的情况与立法机关的预设存在一定的背离,有部分公司的董事、股东等负有清算、注销公司义务的相关人员在公司营业期限届满、股东会决议解散、营业执照被吊销、被责令关闭、被撤销登记等情况出现后,并没有按照公司法等相关法律法规的规定及时组织清算、办理注销登记,而是直接停止营业,将公司遗弃于市场之中。此种消极不作为的行为催生了大量的“僵尸公司”,扰乱了市场的正常秩序。而在规范层面上,市场正常秩序被扰乱的根本原因在于公司法等相关法律在公司注销事项上赋予了公司过多的自由,行政权力过于谦抑。

市场失灵时,政府有必要对市场主体的相关行为进行积极干预。此际,在纯粹的公司自治已经无法维持正常的市场主体退出秩序反而还产生了一定消极影响的情况下,政府有必要介入公司注销的相关事项,行政权力应当对公司的自决权进行干涉。[①] 这便是公司登记机关有权强制注销公司的正当性基础。由此亦可见,强制注销制度与一般注销制度、简易注销制度的主要区别在于公司在注销登记方面是否享有自主决定权。

总体而言,一般注销制度、简易注销制度及强制注销制度各有关注、各有所长。以这三类公司注销制度共同构建的公司注销制度体系完整,既满足了公司在退出市场过程中的自治需求和效率需求,也能够实现维护市场正常秩序的目的。

2. 强制注销与强制解散、强制清算的关系

如前所述,公司经由一般注销程序退出市场的完整程序先后包括解散、清算、注销。强制注销制度是行政权力对公司注销程序中公司自治的干涉,而解散和清算程序中同样存在行政权力的介入,分别对应强制解散制度和强制清算制度,二者在新《公司法》上亦存在相应的规定。

根据新《公司法》第 229 条第 1 款的规定,公司解散事由包括三类:第一类是自愿解散事由,包括公司章程规定的营业期限届满、公司章程规定的其他解散事由出现、公司股东会决议解散等;第二类是行政解散事由,包括依法被吊销营业执照、责令关闭、被撤销;第三类是司法解散事由,即公司的经营管理状况构成公司僵局时,法院按照公司股东的请求依法判决公司解散。其中,第二类公司解散事由的发生即意味着公司被行政机关强制解散。然而,公司被强制解散并不等同于公司会被强制清算和强制注销。即便公司因其违法行为而被吊销营业执照、被责令关闭或被撤销,公司的自主意思仍值得尊重,仍被法律所保护。由此,公司被强制解散后,首先进入自行清算的程序——公司董事应当在解散事由出现之日起 15 日内组成清算组进行清算。

当公司董事未按照要求及时组织清算时,若放任公司董事的不作为则会导致公司解散时尚未了结的债权债务关系一直处于悬而未决的状态,致使公司股东、公司债权人等的合法权益得不到有效的保护。此时,国家权力介入公司清算至关重要,故新《公司法》第 233 条对公司董事逾期不组织清算时行政机关申

---

① 参见段威:《优化营商环境下市场主体登记的功能定位与制度保障》,载《甘肃社会科学》2022 年第 1 期。

请人民法院强制清算该公司作出专门规定。另外,新《公司法》第 233 条还规定了由公司利害关系人启动的强制清算程序,即公司解散事由发生后,如果公司董事未按规定组织清算或逾期不组织清算,公司股东、公司债权人等公司的利害关系人就有权申请人民法院指定有关人员组成清算组进行清算。可见,新《公司法》规定的强制清算程序的启动主体并不限于行政机关,立法机关鼓励公司的利益相关者通过清算程序积极维护自身合法权益。值得注意的是,行政机关启动强制清算的事由与公司利害关系人启动强制清算程序的事由并非完全相同,前者仅限于公司被强制解散的情形,后者则包括公司自愿解散、被强制解散、被司法解散等情形。公司自愿解散或被司法机关强制解散后,同样存在公司董事怠于组织清算的可能性,此时行政机关却不进行干预,其主要原因在于行政机关及时获取公司自愿解散及司法解散相关信息的难度较大、成本较高,即便赋予行政机关申请法院对公司进行强制清算的权力,实践中也难以落实。

公司清算程序终结并不意味着公司的主体资格消灭,只有公司登记被注销才可谓公司完全退出了市场。因此,作为公司退出程序中的最后一环,强制注销制度承接着公司解散后不启动清算、启动清算后不进行清算、清算后不申请注销的结果,使强制公司退出制度形成闭环。如果不构建强制注销制度,“僵尸公司”阻塞市场的问题就难以得到根本解决,强制解散公司制度和强制清算公司制度的根本目的就难以完整地实现。

(二)强制注销的制度价值

强制注销制度在程序启动方式、制度效果等方面均具有独特性,而这也是强制注销制度得以发挥其独立价值的关键。2019 年 6 月 22 日,国家发改委、最高人民法院、工业和信息化部等联合印发《加快完善市场主体退出制度改革方案》,从国家层面对市场主体退出制度改革工作作出部署和要求,其中包括“引导或强制低效无效市场主体依法有序退出”。《加快完善市场主体退出制度改革方案》指出,我国探索建立强制注销公司等市场主体之制度的目的在于“提高市场重组、出清的质量和效率,促进市场主体优胜劣汰和资源优化配置,推动经济高质量发展和现代化经济体系建设”,在此过程中要做到“稳妥实施强制解散退出”,“依法保障退出市场主体和利益相关方的合法权益”。据此,强制注销制度的价值可见一斑,包括高效清理“僵尸公司”、优化政府决策、规范政府行政行为等三个方面。

1. 高效清理“僵尸公司”

作为一个具有独立人格的主体，公司享有独立财产。这些财产既包括纯粹私人利益的财产，如股东出资、公司盈余等，也包括涉及公共利益的财产，如公司的名称、商标、专利等。其中，涉及公共利益的财产被特定公司占有之前属于社会公共资源，但因公司的登记、注册而具有排他性，受到法律的保护。例如，针对公司名称，根据《市场主体登记管理条例》的规定，名称是公司必须登记的事项，一个公司只能登记一个名称，经登记的公司名称受到法律保护；①《民法典》则明确赋予包括公司在内的法人享有名称权，任何组织或者个人不得以干涉、盗用、假冒等方式侵害公司的名称权。② 对于依法正常开展经营活动的公司而言，名称、专利、商标等无形资产是其组织生产、交易的必要生产资料，更是其生存、发展的基础保障。如果法律不对公司的这些无形资产进行特殊保护，那么公司的正常生产经营活动将面临极大阻碍，公司股东、员工、债权人等公司利益相关者的合法权益乃至社会的整体利益都有可能受到损害。此际，正常运营的公司独占使用这些社会资源具有合理性与正当性，法律应当予以保护。相反，如果允许已经不再开展正常经营活动的“僵尸公司”继续占用这些经营资源，就必然会使这些经营资源持续处于闲置的状态；同时，由于公司的名称、专利、商标等无形资产具有法律意义上的排他性，“僵尸公司”长时间地占用这些市场资源也将“限缩大众创业、万众创新的空间，浇灭创业者的热情”③。因此，有必要通过强制注销程序，“在强制终止市场主体资格的同时，‘以死促生’式地强制倒逼市场主体对自身所有资源进行最后处置，及时结束不正常的资源闲置利用状态，为市场资源再利用进行松绑，将自身所占用的市场资源及时向市场进行释放”④。

2. 优化政府决策

强制注销“僵尸公司”是优化政府决策的基础。长期以来，建设人民满意的服务型政府都是我国政府建设的目标。“服务型政府”强调“政府的公仆身

---

① 参见《市场主体登记管理条例》第 8 条、第 10 条。

② 参见《民法典》第 1013 条、第 1014 条。

③ 张钦昱：《僵尸企业出清新解：强制注销的制度安排》，载《法学杂志》2019 年第 12 期。

④ 徐晓明：《市场主体强制注销制度的内在取向及其法治建构》，载《行政法学研究》2023 年第 4 期。

份”，为公众提供令其满意的服务是政府存在的合理性前提。[①] 建设人民满意的服务型政府是一项系统性的工程，对政府的机构设置、权力运行等提出了多方面的要求，其中包括“提高政府决策的科学化、民主化、法治化水平”[②]。而在服务市场主体方面，掌握各类正在从事经营活动的市场主体的准确数量是政府作出科学的、符合实际需要的、有利于市场主体发展的决策的基本条件。如果政府掌握的数据虚高，就有可能导致政府作出的决策不恰当，造成资源浪费。在这一点上，“僵尸公司”的存在无疑会增加政府决策偏差的风险。[③] 因此，有必要通过强制注销制度“挤出水分”，确保市场经济基础数据的真实性，提高政府决策的有效性。

另外，在市场主体监管实践中，将“僵尸公司”清理出市场，也有利于降低行政管理的成本，使政府监管资源不会被“僵尸公司”挤占，从而促进行政管理资源的合理配置。

综上可见，运用强制注销的手段，行政机关可以实现高效清理“僵尸公司”的目的。而这一目的的实现对于节约市场资源、优化市场资源配置、促进政府科学决策、降低行政管理成本等都具有积极意义。

3. 规范政府行政行为

强制注销是一项快速出清市场主体的制度，体现了商法中的效率追求。然而，效率并非商法唯一的价值面向，商事法律制度追求效率的同时也强调安全。在强制注销制度中，安全的价值追求体现为对政府行政行为的规范，以实现保护公司及其利益相关者合法权益的目的。

按照企业维持原则的要求，法律应当尽可能地维护公司等企业的稳定、协调、可持续发展，而非推动其退出市场。原因在于，一方面，“一个公司的经营资产包括无形的商誉作为一个整体的价值通常要比拆分后高”；[④]另一方面，公司是一个牵涉多方利益的组织体，承担着稳定就业、缴纳税金、维持市场交易秩序

---

① 参见王丽莉：《服务型政府：从概念到制度设计》，知识产权出版社 2009 年版，第 57—58 页。

② 《怎样建设人民满意的服务型政府？》，载中央人民政府门户网站 2013 年 3 月 29 日，https://www.gov.cn/2013zfbgjjd/content_2365469.htm。

③ 参见全国工商和市场监管部门企业监管专家型人才培训班第五课题组：《市场主体强制退出机制初探》，载《中国市场监管研究》2018 年第 5 期。

④ [美]罗伯特·W.汉密尔顿：《公司法概要》，李存捧译，中国社会科学院出版社 1999 年版，第 213 页。

的社会责任，公司的正常存续以及持续开展经营活动对于数量众多的公司利益相关者个体以及社会整体而言至关重要。[①] 尽管强制注销制度的预期适用对象仅限于挤占市场资源、增加行政管理成本的“僵尸公司”，而不包括正常开展经营活动的健康公司，但是任何的权力都存在被滥用的风险。为避免行政机关注销仍在正常开展经营的经营活动的公司，有必要从实体和程序两个方面对公司登记机关强制注销的权力进行限制，确保公司登记机关在强制注销制度的目的范围之内行使权力。具体而言，实体方面，应当明确强制注销制度的适用对象范围，确保非“僵尸公司”不受影响；程序方面，应当构建精细、严密的强制注销程序规则，包括公司利益相关者异议、撤销强制注销决定等。

（三）强制注销制度的法律性质

强制注销是由公司登记机关实施的一项行政行为，但该行政行为的法律性质为何，是行政强制、行政许可、行政处罚还是行政确认，值得进一步讨论。

首先，我们认为，强制注销不属于行政强制。根据《行政强制法》的规定，行政强制包括行政强制措施和行政强制执行。行政强制措施，是指行政机关在行政管理过程中，为制止违法行为、防止证据损毁、避免危害发生、控制危险扩大等情形，依法对公民的人身自由实施暂时性限制，或者对公民、法人或者其他组织的财物实施暂时性控制的行为；行政强制执行，是指行政机关或者行政机关申请人民法院，对不履行行政决定的公民、法人或者其他组织，依法强制履行义务的行为。强制注销公司登记是公司登记机关终局性地消灭公司人格的行为，并非一项临时措施，故不属于行政强制措施。强制注销公司登记程序不涉及公司登记机关强制公司履行特定义务的问题，故强制注销也不符合行政强制执行的特征。

其次，我们认为，强制注销不属于行政许可。《行政许可法》第 2 条规定，“行政许可，是指行政机关根据公民、法人或者其他组织的申请，经依法审查，准予其从事特定活动的行为”。可见，行政许可本质上是一种依申请实施的行政行为，具有扩大申请主体权利能力范围的法律效果。这与强制注销截然相反。一方面，强制注销属于依职权实施的行政行为，公司登记机关作出强制注销决定不以相关主体申请为前提；另一方面，强制注销的法律后果是公司终止，即公

① 参见赵旭东主编：《商法总论》，高等教育出版社 2020 年版，第 45 页。

司权利能力和行为能力被消灭。

再次,强制注销是否属于行政处罚？有学者持反对观点,认为强制注销不属于我国《行政处罚法》明确规定的行政处罚的种类,也不具有制裁性;如果将其认定为行政处罚,则有违“一事不二罚”原则。[①] 根据《行政处罚法》的规定,行政处罚是指行政机关依法对违反行政管理秩序的公民、法人或者其他组织,以减损权益或者增加义务的方式予以惩戒的行为,具体包括罚款、没收违法所得、没收非法财物、限制开展生产经营活动、责令停产停业、责令关闭等种类。我们认为,强制注销公司登记并非我国现行《行政处罚法》明确规定的处罚种类,但是公司登记机关强制注销公司登记的行为具有行政处罚的特征。第一,强制注销公司登记具有制裁性,减损了公司的权益。根据新《公司法》的规定,强制注销的对象是未在法定期限内向公司登记机关申请注销公司登记的被吊销营业执照的公司、责令关闭的公司及被撤销登记的公司。强制注销这些不依法退出市场的公司实际上是对其实施惩戒措施。第二,强制注销行为即便定性为行政处罚也不违反“一事不二罚”原则。为使过罚相当,保护当事人的合法权益,行政处罚法确立了“一事不二罚”原则。就我国《行政处罚法》而言,这一原则指的是“行政执法机关针对当事人的同一个违反行政管理秩序的行为,不得给予二次及以上的行政处罚”,“对同一当事人的多个违法行为分别作出处罚决定合并执行不是‘二罚’”[②]。据此,违反“一事不二罚”原则的前提是行政机关已经作出了一个行政处罚决定。撤销公司登记不属于行政处罚而是公司登记机关对其作出的行政确认行为的纠正和否定,[③]故公司登记机关强制注销被撤销登记的公司不违反“一事不二罚”原则。当被注销的是被吊销营业执照的公司、被责令关闭的公司时,公司登记机关作出强制注销决定的原因与公司被吊销营业执照或被责令关闭的原因并不相同,在被吊销营业执照或被责令关闭后,公司未依法按期完成终止程序的行为是另一种违法行为。因此,公司登记机关强制注销被吊销营业执照的公司、被责令关闭的公司也不违反“一事不二

① 参见张钦昱:《僵尸企业出清新解:强制注销的制度安排》,载《法学杂志》2019 年第 12 期。

② 胡建淼:《论行政处罚“一事不二罚”原则及其“一事”与“二罚”的认定标准》,载《法学评论》2023 年第 5 期。

③ 参见肖海军:《论公司设立登记撤销制度——以〈公司法〉第 199 条的适用展开》,载《中国法学》2011 年第 2 期。

罚”原则。

最后，强制注销是否属于行政确认？对此，我国学者普遍持肯定观点，强制注销制度本质上是“行政权力对市场自治的谦抑介入”，法律性质属于行政确认，系对公司经营状态的确认。[①] 此外，从公司登记的法律性质分析，强制注销亦具有行政确认的特征。近年来，我国各地逐步改革市场主体登记许可制，试点推行市场主体登记确认制，即以行政确认为基础性质制定并实施的市场主体登记制度。市场主体登记确认制试点工作普遍取得了良好的社会效应，市场主体登记确认制如今已经成为我国主流的市场主体登记制度，《市场主体登记管理条例》第 19 条第 1 款规定，登记机关对申请材料进行形式审查，对申请材料齐全、符合法定形式的予以确认并当场登记。尽管强制注销并非公司登记机关依申请实施的法律行为，但其本质上仍属于登记行为，具有行政确认的属性。这也可以说明，强制注销不属于行政许可的撤销，因为公司登记不属于行政许可，没有可供撤销的行政许可行为。

（四）强制注销后的民事责任承担规则

对于公司债权人而言，其最关注的问题是公司被强制注销后公司尚未了结的民事法律关系应当如何处理。这关系到公司债权人的债权能否实现以及以何种方式实现。

如前所述，强制注销制度的功能在于高效清理“僵尸公司”、优化政府决策、规范政府行政行为，并不包括处理公司的债权债务关系。“因此，企业在被强制注销后，不能再为营业行为，商号等权利随之消逝，但其债权债务关系、股权结构等不作实体上的变更。”[②]换言之，即便公司未经清算即被公司登记机关强制注销，公司股东、董事等相关主体的义务和责任也不受公司主体资格被消灭这一事实的影响。此际，公司被强制注销后，公司债权人便可通过追究原公司股东、董事等相关主体违反出资义务之责任、未履行清算义务之责任的方式实现债权。

（五）强制注销制度的域外相关制度模式辨析

在我国探索构建强制注销制度之前，域外规定已经存在相关制度设计。比

---

① 参见张阳、左进玮：《商事主体强制注销的制度争议与入法方案》，载《中国市场监管研究》2023 年第 3 期。

② 张钦昱：《僵尸企业出清新解：强制注销的制度安排》，载《法学杂志》2019 年第 12 期。

较研究是法学研究的基本方法之一，我国也多有从比较法视野对强制注销制度进行研究的学术论著，大多域外相关规定中对强制注销公司的几种制度模式进行了总结概括，但是观点尚未统一，主要包括三种不同的分类思路。第一种思路将域外强制公司退出制度分为三类，一是强制除名制度，即公司登记机关依法将公司名称从公司登记册中剔除，我国香港地区的《公司条例》规定了强制除名制度；二是强制清算制度，即“以清算完毕作为公司消灭的实质判断标准”，我国澳门地区《商法典》、《日本公司法》规定了强制清算制度；三是拟制清算制度，即“由法院以命令的方式对违反相关法律的公司予以解散，类似于我国对违法企业进行的行政解散”，《韩国商法》规定了拟制清算制度。①

第二种思路将域外相关规定强制公司退出的制度概括为三类，一是强制除名制度，即由公司注册登记机关依法将非正在运营或经营业务的公司从登记簿除名从而注销公司主体资格，我国香港地区的《公司条例》及《英国2006年公司法》中都构建了强制除名制度；二是强制注销制度，即由法院依法注销公司登记，《德国家事事件和非讼事件程序法》对此作出规定；三是拟制解散制度，即歇业公司未在法定期限内向公司登记机关申报其不终止营业的事宜则视为解散，《日本公司法》及《韩国商法》对此作出规定。②

第三种思路认为，域外有关强制公司退出的制度应当分为四种，一是未开展经营或停止经营公司解散制度，即“自设立之日起即未开展经营或者停业超过一定期限的商事主体，将面临被解散的效果”，规定了这一制度的包括《日本公司法》、我国澳门地区《商法典》；二是休眠公司解散制度，即休眠公司未在法定期限内申报其处于营业状态则被拟制为解散，规定了这一制度的包括《日本公司法》和《韩国商法》；三是除名制度，即在符合法律规定的情况下，“公司的名称将会被登记机关从登记册中剔除，公司也因此面临解散”，规定了这一制度的包括我国香港地区的《公司条例》、《英国2006年公司法》及《爱尔兰公司法》；四是未按规定年报公司法定解散制度，即“公司自注册之日起满三年仍未开始营业或者公司连续三年未开展业务时，主管机关的负责人可以行使法定解

① 参见王伟：《非正常经营企业强制性市场退出机制研究——优化营商环境背景下的行政规制路径》，载《行政法学研究》2020年第5期。

② 参见林一英：《公司清算制度的修改——以经营异常公司的退出为视角》，载《法律适用》2021年第7期。

散权”,《加拿大商业公司法》对此作出规定。[①]

对比上述理论界对域外强制公司退出制度的研究结果,可见,按照不同的分类思路,域外相关规定中并不一定存在“强制注销制度”。这一结论出现的根本原因是域外相关规定中确实没有类似我国新《公司法》规定的“强制注销制度”,还是现有成果中的比较研究方法使用不当?仔细研究域外相关规定的一手资料可见,答案应为后者。在英文版本的各国、各地区公司法或商法典中,公司退出相关制度中常用的词系“dissolve”。该词通常被翻译为“解散、解除、取消、废除、宣告无效”[②]。其中,“解散”之意与公司法的语境最为贴切,故我国学者大多按字面意思将其翻译为“解散”。然而,在我国《公司法》的语境下,“解散”具有其特殊的法律含义,即解散只是公司终止的必经流程之一,公司解散并不等同于公司终止。“解散”一词难以述尽“dissolve”的全部内涵。况且,“dissolved corporation”通常被翻译为“终止的公司”[③]而非“解散的公司”。此际,我国部分现有研究成果认为域外不存在类似我国新《公司法》规定的强制注销制度的结论是值得商榷的。“既有概念的混同不一导致强制注销制度在理论与实践中的混杂失序”,“对域外文本翻译的差异性进一步造成语词的混淆”[④]。

其实,仔细研究域外规定可见,域外并不缺乏行政机关或司法机关依职权注销公司登记的规定。以大多数学者都提到的我国香港地区的《公司条例》中规定的强制除名制度为例,根据英文版《公司条例》第 15 部分的规定,公司名称被公司登记机关从登记簿中“剔除”(strike off)后,公司即处于“dissolved”状态,此时公司无须进行清算,公司的财产被视为无主物归政府所有,公司的义务和责任由公司股东、董事、经理承担,承担方式与公司未进入“dissolved”状态一致。可见,《公司条例》中规定的强制除名制度实质上就是新《公司法》规定的强制注销制度,而非强制解散制度。

---

① 参见赵诗昊:《构建我国商事主体强制退出制度的抉择与展望》,载《上海法学研究》集刊 2021 年第 22 卷。

② 夏登峻主编:《英汉法律词典》(第 5 版),北京大学出版社 2021 年版,第 390 页。

③ 夏登峻主编:《英汉法律词典》(第 5 版),北京大学出版社 2021 年版,第 390 页。

④ 张阳、左进玮:《商事主体强制注销的制度争议与入法方案》,载《中国市场监管研究》2023 年第 3 期。

四、新《公司法》规定解读与延伸问题

(一)新《公司法》的规定与解读

新《公司法》新增强制注销制度规范如下:

> **第241条** 公司被吊销营业执照、责令关闭或者被撤销,满三年未向公司登记机关申请注销公司登记的,公司登记机关可以通过国家企业信用信息公示系统予以公告,公告期限不少于六十日。公告期限届满后,未有异议的,公司登记机关可以注销公司登记。
>
> 依照前款规定注销公司登记的,原公司股东、清算义务人的责任不受影响。

1. 强制注销制度的适用范围及程序

新《公司法》第241条第1款规定了强制注销制度的适用范围及程序。具体而言,新《公司法》构建的强制注销制度适用于3类公司,即被吊销营业执照的公司、责令关闭的公司、被撤销的公司,并且这些公司都是在相关行政解散决定作出后3年内未向公司登记机关申请注销公司登记的公司。依法享有直接注销公司主体资格的行政机关仅限于公司登记机关。

程序上,新《公司法》确立的强制注销制度须按照"公司登记机关公告→公告期异议(如有)→公司登记机关注销公司登记"的程序实施。换言之,强制注销程序包括公告、异议、注销等三个程序。其中,公告的平台是国家企业信用信息公示系统,公告期限为60日以上。公告期间,有权提出异议的主体为与强制注销公司决定存在利害关系的主体,包括公司股东、董事、经理、债权人等。如果公司利害关系人在公告期间对强制注销公司的决定提出异议,且异议成立,公司登记机关便应终止强制注销程序;反之,如果公告期间公司利害关系人没有提出异议或者异议不成立,公司登记机关便可在公告期届满后注销公司登记。

2. 强制注销后的民事责任承担规则

新《公司法》第241条第2款规定了公司被强制注销后其债权债务关系的处理规则。对于公司被强制注销后仍未了结的债权、债务,新《公司法》规定,原公司股东、清算义务人的相关义务和责任承担不受公司主体资格已被消灭这一

法律事实的影响。

公司清算义务人是公司解散事由出现后负有在法定期限内启动清算义务的主体，其怠于履行启动清算义务的民事责任由新《公司法》第232条规范。根据该条规定，董事为公司清算义务人，其应当在解散事由出现之日起15日内组成清算组进行清算；清算义务人未及时组成清算组，给公司或者债权人造成损失的，应当承担赔偿责任。[①] 值得注意的是，根据新《公司法》第241条第1款的规定，强制注销制度的适用对象是“满三年未向公司登记机关申请注销公司登记”的3类被行政解散的公司。自行政解散决定作出之日起3年内，被解散公司的清算义务人可能未组成清算组，也可能组成了清算组，但清算组不履行清算义务或未在3年内完成所有清算事务。在前一种情形下，清算义务人应当对其未及时组成清算组给公司或者债权人造成的损失，承担赔偿责任；在后一种情形下，公司清算义务人已经履行了其所负法定义务，公司被强制注销后，清算义务未履行产生的法律责任应当由清算组而非公司清算义务人承担。

根据新《公司法》确立的公司清算制度，股东并非清算程序的必须参加者。尽管如此，在股东既不担任公司清算义务人，也非清算组成员的情况下，其仍有可能承担其他民事责任，包括未依法履行出资义务时的出资责任、滥用公司独立人格应当承担的责任等。在正常进行的公司终止程序中，股东所承担的上述责任应当在公司注销之前就已经履行完毕，公司债权人、公司其他股东的合法权益已经实现。在未经完整清算程序即注销公司主体资格的强注销程序中，公司债权人、股东的合法权益无法通过清算程序获得保障，新《公司法》第241条第2款对原公司股东在公司被注销后仍应承担相关责任的要求为公司债权人、股东提供了必要的权利救济途径，体现了强制注销制度维护公司利益相关者合法权益的价值面向。

3. 强制注销后公司财产的归属

公司被强制注销后，其主体资格被消灭，法律性质相当于设立中的公司。关于设立中公司的法律性质，理论上主要有无权利能力社团说、同一体说、修正的同一体说等三种学说，其中无权利能力社团说为通说。[②] 据此，公司被强制注

---

① 关于公司清算义务人的具体民事责任请参阅本书专题二十八。

② 关于设立中公司法律性质的详细论述请参阅本书专题一。

销后，公司财产应当归全体股东所有。

（二）延伸问题

公司登记机关强制注销公司登记的法律后果是公司主体资格被消灭，如果公司登记机关强制注销公司的决定有误，一家仍在正常开展经营活动的公司莫名地被剥夺主体资格，那么该公司的合法权益便会受到不当侵害，公司股东、债权人等的合法权益也会遭受损害。因此，强制注销公司程序须以严谨、科学、合理的方式展开。目前，新《公司法》规定的强制注销公司程序仍待完善，特别是撤销强制注销公司决定的回转程序、公告期间的异议程序。

1. 撤销强制注销公司决定的回转程序

公司登记机关作出强制注销公司的决定后，应当允许公司利益相关者依法申请撤销强制注销公司的决定，恢复公司主体资格。强制注销区别于一般注销，后者经过严密的清算程序，债权债务已了结。但强制注销制度改变了以往先清算、后注销的一般流程，先以行政强制力完成注销，公司在强制退出以后便失去了市场主体资格，这一结果可能会给公司利益相关者的合法权益保障带来不利影响。因而，有必要在强制注销程序中增设撤销强制注销决定的回转机制。具体而言，析其缘由：一方面，强制注销是依职权的行政行为，行政行为可能存在错误，应当有合理、及时的纠正程序，否则缺乏约束的监管可能造成责任转嫁和滥权的发生；另一方面，强制注销制度的适用对象为“僵尸公司”，监管介入的强制注销没有经过清算程序，实践中存在债权债务认定错误或利害关系人合法利益被严重损害的可能。但与此同时，基于公司登记的公信力和稳定性考虑，回转期不宜过长，《公司法》应当设置最长的回转期限。综合相关规定及我国实践做法，回转期的最长期限规定为 3 年较为适宜，这一时长能够较好地平衡各方利益，既保证了被注销公司的利益相关人有充足的时间知晓公司被强制注销的事实，又能避免因时间过长而影响公司登记的公信力。

2. 异议程序

（1）利害关系人异议成立的标准

强制注销意味着公司主体资格的消灭，利害关系人在收到强制注销的公告后，需要对其权利义务作出妥善的安排。若利害关系人对公司要被强制注销存有异议，其需要明确知道自己的异议能否起到终止强制注销程序的法律效果。因此，应当明确利害关系人异议成立的标准，给当事人明确的预期。同时，该条款的设置可以让准备提出异议的利害关系人对实际情况作出评估和考量，若完全不符合提出异议的条件，则其自身就不会再提出异议，或提出异议后公司登记机关也可以不予以受理。此外，明确利害关系人异议成立的标准还有利于提高公司登记机关的效率，减少相应的争议。我们认为，一项成立的异议应当包含以下内容：①异议提出者与拟被强制注销公司存在利害关系；②利害关系人认为强制注销将严重损害利害关系人合法权益；③强制注销决定确有错误。

（2）利害关系人异议成立的法律效果

利害关系人提出异议后，公司登记机关应当对异议的情况予以核实。公司登记机关是否认可异议，分为以下两种情况：第一，公司登记机关认为异议理由成立的，应当立即终止强制注销程序。公司登记机关若认可异议人提出的异议，如强制注销确实存在事实错误的，登记机关无疑应当终止强制注销程序，让拟注销公司的主体资格恢复到强制注销程序启动前的状态。第二，公司登记机关认为异议理由不成立的，应当自收到书面异议材料之日起 10 日内告知异议人，并恢复强制注销程序。若公司登记机关认为异议理由不成立，应当将情况于一定时限内告知异议人，异议人若无其他异议，则可以根据该情况作出权利义务的后续安排；若异议人还有异议，则可以通过行政复议等其他程序主张自己的权利。在此情况下，公司登记机关理应继续强制注销程序。在实践中，《福州市市场主体强制注销管理试行办法》亦采用了此种做法。

专题三十 国家出资公司组织机构的特别规定

一、国家出资公司组织机构的特别规定概述

深化国有企业改革，完善中国特色现代企业制度，贯彻党对国有企业的领导，是本次《公司法》修订的一大重要目标。国有企业经公司制改造以建立现代企业制度，是中国国企改革的基本方向与主线，也是《公司法》自诞生之初便肩负的一个重要历史使命。但是，基于国有企业尤其是国资公司在股权结构、人事制度、企业目标等问题上与一般的营利性公司存在的差异，我国公司法的立法一直面临此种特殊性与一般性的协调难题。

原《公司法》在第二章"有限责任公司的设立和组织机构"之下设专节规定"国有独资公司的特别规定"，界定了国有独资公司的概念，并规定了国有独资公司的设立、组织机构设置及重大事项的决策机制等内容。新《公司法》扩展了"国有独资公司"的概念内涵和适用范围，引入了"国家出资公司"这一概念，从而将"国有独资公司""国有资本控股公司"均作为规制对象，并设"国家出资公司组织机构的特别规定"专章，从出资人职责的界定、党组织与传统公司组织机构的融合、内部监督管理和风险控制制度的建立、取消监事会并由审计委员会承接其职责等方面作出针对性规定。由此，结合原《公司法》的既有规定，新《公司法》中的国家出资公司组织机构的特别规定主要可以包括两类：第一类是总括性规范，主要规定出资人权益享有与职责履行、党组织地位与职权、重大事项的事前报请批准以及内部监督管理与风险控制制度。第二类是国有独资公司的专门规则，主要规定公司章程的制定、股东会职权的行使、董事会的职权与组成、经理的任免、董事与高管的兼职限制以及审计委员会监督机制。

较之原《公司法》长期仅在有限责任公司之下谨慎保留"国有独资公司"的特殊地位的规制模式，新《公司法》的规定大大强化了公司法中的国资属性，扩展了其中关于国资公司的特别制度安排。但是，在《公司法》中大幅置入国资公

司有关规定的做法，长期以来其妥当性备受争议，围绕《公司法》中的国资公司的去留之争持续不断。不过，尽管在其立法定位的问题上存在争议，但是学界对此类公司的存在合理性以及其在组织机构设置和治理机制上的特殊性的认识是统一的。新《公司法》重塑了国家出资公司的治理机制，但还有进一步完善的空间。本书从"国家出资公司"的概念分析入手，围绕新《公司法》的相关规定，结合重要的国企改革文件，重点针对"国家出资公司的党组织参与公司治理制度""国有独资公司中的决策和监督机制""国家出资公司的合规治理机制"进行分析阐释，指出新《公司法》所作出的变革及其背后的实质动因。

二、国家出资公司的概念选择与立法定位

（一）确立"国家出资公司"的概念的现实依据

新《公司法》在原有立法的基础上，将国资公司的规制范围由"国有独资公司"扩张至"国家出资公司"。这一修改，与国有资产管理体制的制度变革密切相关。长期以来，国有资产管理体制的模式直接影响公司法层面的国资公司内涵界定，自 1993 年《公司法》第一次引入国有独资公司概念之时起便是如此。1992 年国务院多部委联合印发了《关于国家试点企业集团国有资产授权经营的实施办法（试行）》（已失效），该办法指出通过国有资产授权经营，由国有资产管理部门将企业集团中紧密层企业的国有资产统一授权给核心企业经营和管理，建立核心企业与紧密层企业之间的产权纽带，增强集团凝聚力，使紧密层企业成为核心企业的全资子公司或控股子公司，发挥整体优势。就此，1993 年《公司法》第 64 条第 1 款规定："本法所称国有独资公司是指国家授权投资的机构或者国家授权的部门单独投资设立的有限责任公司。"此处的"国家授权投资的机构"的概念指向便应当包括"少数具备条件的集团公司"①。

2003 年，随着国有企业改制的初步完成，整合国有资产存量资源被确立为彼时的国有资产管理体制的改革目标。2003 年，我国成立了国资委，同年国务院颁布的《企业国有资产监督管理暂行条例》第 12 条将其界定为"代表国务院履行出资人职责、负责监督管理企业国有资产的直属特设机构"。由此，国资委基本被确立为统一行使管理国有资产权力的机构。随后，2005 年《公司法》修

① 参见国有资产管理局《关于企业集团国有资产授权经营的指导意见》（1996 年）。

改时,即于第65条第2款规定:“本法所称国有独资公司,是指国家单独出资、由国务院或者地方人民政府授权本级人民政府国有资产监督管理机构履行出资人职责的有限责任公司。”这一规定同样将国资委确立为《公司法》中唯一的履行出资人职责的机构。但是,这一修改事实上收窄了“国有独资公司”的范围。

然而,2013年以来,国有资产管理体制又发生了根本性的变化。党的十八届三中全会颁布了《中共中央关于全面深化改革若干重大问题的决定》,该决定指出:“改革国有资本授权经营体制,组建若干国有资本运营公司,支持有条件的国有企业改组为国有资本投资公司。”由此,国家又开始在“国资委+国有企业”双层运营模式基础上,试点“国资委+国有资本投资公司+国有企业”的三层运营模式。2018年国务院颁布的《关于推进国有资本投资、运营公司改革试点的实施意见》中又进一步肯定了国有资本投资、运营公司的功能定位:“国有资本投资、运营公司均为在国家授权范围内履行国有资本出资人职责的国有独资公司,是国有资本市场化运作的专业平台。公司以资本为纽带、以产权为基础依法自主开展国有资本运作,不从事具体生产经营活动。国有资本投资、运营公司对所持股企业行使股东职责,维护股东合法权益,以出资额为限承担有限责任,按照责权对应原则切实承担优化国有资本布局、提升国有资本运营效率、实现国有资产保值增值等责任。”因此,新《公司法》在将“国有独资公司”囊括入“国家出资公司”这一概念的同时,亦不再将履行出资人职责的机构限定为国资委,而是有所扩张。新《公司法》第169条第1款规定:“国家出资公司,由国务院或者地方人民政府分别代表国家依法履行出资人职责,享有出资人权益。国务院或者地方人民政府可以授权国有资产监督管理机构或者其他部门、机构代表本级人民政府对国家出资公司履行出资人职责。”此处的概念与1993年《公司法》中“国有独资公司”的概念相类似,不过“其他部门、机构”具有完全不同的含义指向,“其他机构”主要指向国有资产管理体制改革中所指向的“国有资本投资公司”和“国有资本运营公司”,而“其他部门”则主要指向对少数中央金融、文化企业履行出资人职责的财政部。

数十年来,围绕“政府代理国有资产所有权职能的机构与政府执行社会经济管理职能的机构分离”“在国有资产的监管与运营中,实现政(监管)企(运营)分离”“在国有资产的经营活动中,实行资本经营与生产经营的分离”的“三个分离”①的改革目标,国有资产管理体制历经数次变革,《公司法》也因应其变化对履行出资人职责的规定作出调整,最终导致了此次新《公司法》中所规制的国资公司的内涵和外延的变化。

值得一提的是,本次新《公司法》中的“国家出资公司”,既包括国家出资的有限责任公司,也包括国家出资的股份有限公司。这同样与国有资产管理体制的变革息息相关。2015 年以来,国务院、国资委相继颁布《关于国有企业发展混合所有制经济的意见》《中央企业混合所有制改革操作指引》等规范文件,“国家出资公司”内涵外延的扩张,正是对前期国有公司混合所有制改革试点成果的肯定与回应,并在法律层面为下一步改革的深化奠定了基础。

(二)《公司法》中规定“国家出资公司”的必要性

新《公司法》通过专章规定了“国家出资公司组织机构的特别规定”,但是近年来,关于公司法中国资公司的立法必要性之争却可谓绵延不断。这一争议在 1993 年制定《公司法》时自然并不存在,因为彼时制定《公司法》的目的即“建立现代企业”,因此称 1993 年《公司法》为“国有公司法”也不为过。但是,随着 2005 年《公司法》立法目标的转向,这一情况也渐渐出现了变化。2005 年《关于〈中华人民共和国公司法(修订草案)〉的说明》中指出,此次修改主要是解决公司设立门槛过高,公司治理结构不够完善,对股东、债权人、其他利害关系人和社会公众利益缺乏有效的保护手段等问题。② 国企改制不再作为直接的立法目标,公司法的定位实则也从国有企业改制法转向普通公司法。因此,不少学者基于此,主张将国有公司从《公司法》中剥离。有学者认为,应剔除公司法中为国企改革服务的政策性较强的内容,删除《公司法》中关于国有公司的规定,以使《公司法》恢复纯粹。③ 还有学者认为,应根据国有公司的营利性程度差异,分别适用不同法律。若国有公司是营利性的,无论其是独资还是控股,均应与非国有公司一样,统一适用《公司法》,而对于提供公共产品和准公共产品的公益性国有企业,则应建立专门的“公共企业法”,就该类特殊法人的特殊制度进行专门规定,如该类企业的立法宗旨、投资决策机制、特殊治理结构、价格

① 李建伟:《国有独资公司前沿问题研究》,法律出版社 2002 年版,第 106—108 页。

② 参见《关于〈中华人民共和国公司法(修订草案)〉的说明》(2005 年 2 月 25 日)。

③ 参见甘培忠、曹丽丽:《我国公司法体系的重构——有限责任公司法和股份有限公司法的分立》,载《环球法律评论》2004 年第 4 期。

机制、收入分配机制、监督机制等。[①]

以上观点的本质都是认为国有公司所蕴含的公共性与一般公司的营利性相互冲突,因而国家出资公司不应为《公司法》所规定。但是,对公司营利性的解释应当超越工具论而代之以主体论,“营利性——社会责任”实则构成公司运行的底层逻辑,而《公司法》正是对公司“营利性——社会责任”实践的法律调适。国家出资公司并未脱离“营利性——社会责任”的运行逻辑,将其纳入《公司法》的调整范围并无理论障碍。《公司法》为国家出资公司设定的特殊治理范式可以保障其承担特殊社会责任进而体现应有的公共属性。[②] 再者,一味强调“剥离”,会让《公司法》在调整范围上进一步狭隘化和形式化,从而缺乏调整规范市场现实的能力,其所规定的“公司”形态会成为一个虚化的概念,沦为各种投资主体用来掩人耳目的“马甲”。新《公司法》借由组织机构设置的特别规定对国家出资公司作出特别规定,符合组织体复杂多元的特性,更好彰显了《公司法》对各类企业的多元化治理需求和治理实践的回应性,也与市场实践更为贴合。[③]

(三)“国家出资公司”概念的规范阐释

新《公司法》关于“国家出资公司”概念的规定如下:

> **第168条第2款** 本法所称国家出资公司,是指国家出资的国有独资公司、国有资本控股公司,包括国家出资的有限责任公司、股份有限公司。

“国家出资公司”系本次草案的新增规定,在我国传统的国有企业法制中,并无与之相对应的法定类型。该条文所采取的是列举式的模式,包含了“国有独资公司”和“国有资本控股公司”两种类型。其中,“国有独资公司”的概念,长期为我国立法使用,内涵相对清晰。但是,“国有资本控股公司”的内涵则未甄明确。仅从文义上看,“国有资本控股公司”意指国有股权占控股地位的公司,结合新《公司法》对于“控股股东”的概念界定可推知,“国有资本控股公司”应当是指“国有资本出资额或持有股份占比50%以上或虽不足50%但其表决

① 参见顾功耘、胡改蓉:《国企改革的政府定位及制度重构》,载《现代法学》2014年第3期。

② 参见胡国梁:《国家出资公司进入〈公司法〉的逻辑理路》,载《政治与法律》2022年第12期。

③ 参见汪青松:《国家出资公司治理模式选择与法律制度保障》,载《政治与法律》2023年第9期。

权足以对股东会决议产生重大影响的公司”。但是,在控股股东的比例如何计算的问题上,可能引发疑义而有待明晰。其一,新《公司法》设置了存在表决权差异的类别股,因此对控股情形的认定存在表决权占比或出资额占比的理解分歧,我们认为此处应系表决权占比。其二,对于表决权占比50%以上的情形,应区分是按一个国有出资人代表的出资单独计算,还是按多个国有出资人代表的出资合计。例如,一公司中存在多个国有出资人股东,其各自表决权占比均未达50%,但合计超过50%,该公司是否属于“国家出资公司”须得法律明示。①我们认为,此时应当允许合并计算,只要合并计算的股东是新《公司法》第169条规定的“国有资产监督管理机构或者其他部门、机构”即可。

由于“国家出资公司”的界定采取的是封闭式概念的列举模式,此种列举模式是否周延同样存在疑问。首先,“国家出资公司”的外延是否应当包括“国家参股公司”?这一概念出现在《企业国有资产法》中,该法第5条规定:“本法所称国家出资企业,是指国家出资的国有独资企业、国有独资公司,以及国有资本控股公司、国有资本参股公司。”有学者在学理层面解释这一概念时将“国有参股公司”涵盖其中;②而有的学者则认为国家参股公司应被排除在这一概念之外,以避免公司法中国有企业法制的过度扩张。③ 其次,“国家出资公司”的外延是否应当包括“国有全资公司”?国有全资公司,指两个以上的国有企业或者其他国有投资主体投资设立的公司。这一概念来源于2017年国务院办公厅发布的《关于进一步完善国有企业法人治理结构的指导意见》,2020年国资委与财政部联合印发的《国有企业公司章程制定管理办法》也对其进行了针对性规定。有学者指出:“过往《公司法》中缺少关于国有全资公司的界定,造成大量国有独资公司投资的全资公司未能得到有效规范。而实践中,很多国有集团公司的资产都下沉在二级、三级子公司,集团公司出现了明显的空心化。虽然在法律性质上,该类企业属于国有一人公司,但依《公司法》规定,无法被纳入‘国有独资公司’范畴,而若将其归入‘一人有限责任公司’进行调整,又与国资管理的现实不符。”④我们认为,新《公司法》对于国家出资公司的外延界定总体上是合

① 参见陈甦:《中国特色现代企业制度的法律表达》,载《法治研究》2023年第3期。

② 参见李建伟:《公司法学》(第5版),中国人民大学出版社2022年版,第33—34页。

③ 参见蒋大兴:《公司法修订草案中的关键缺失》,载《中国法律评论》2022年第5期。

④ 胡改蓉:《〈公司法〉修订中国有公司制度的剥离与重塑》,载《法学评论》2021年第4期。

理的,“国家参股公司”的范围过于庞大,其国资属性可能较为有限,而作为一级公司的“国有全资公司”已经为国家出资公司的概念所涵盖,无须特别指明,至于非一级公司的“国有全资公司”也不应被囊括其中。国家出资公司的外延确定应更多考虑其诞生的历史背景与现实因素,符合国有资产管理体制的要求。如果将“国家出资公司”的外延大幅扩张,将会给大量国有公司造成过高的制度转换成本,也将导致《公司法》的国资属性过载,突破了改革应有的限度。因此,新《公司法》中“国家出资公司”应当仅指向“一级公司”层面的国有独资公司与国有资本控股公司。

三、确立国家出资公司的党组织参与公司治理制度

(一)确立国家出资公司中的党组织参与公司治理制度的现实依据

在中国的公司治理结构中,党的领导始终是重要的结构性要素,只不过在国有企业改革的不同阶段有不同的表达方式。公司治理结构中党的领导及企业中党组织地位本是一种政治关系,将其转化为法律关系并以明确的法律规范表达出来,实质上是将公司治理结构的政治性与法律性有机结合,这也正是中国特色现代企业制度实践创新的过程中,需要公司法有效体现的标志性成果。[①]

2015 年,中共中央办公厅印发了《关于在深化国有企业改革中坚持党的领导加强党的建设的若干意见》。该意见强调坚持党的领导是我国国有企业的独特优势,提出要坚持党的建设与国有企业改革同步谋划、党的组织及工作机构同步设置,实现体制对接、机制对接、制度对接、工作对接,要把加强党的领导和完善公司治理统一起来,明确国有企业党组织在公司法人治理结构中的法定地位,确保党的领导、党的建设在国有企业改革中得到体现和加强。2017 年,党的十九大修改的《中国共产党章程》对国有企业党组织的功能定位和主要权责作出规定,首次提出“国有企业党委(党组)发挥领导作用,把方向、管大局、保落实,依照规定讨论和决定企业重大事项”。2019 年 12 月施行的《中国共产党国有企业基层组织工作条例(试行)》亦对国有企业党的领导和公司治理问题作了比较详细的规定,国有企业应当将党建工作要求写入公司章程,公司章程要写明党组织的职责权限、机构设置、运行机制、基础保障等重要事项,明确党组织

① 参见陈甦:《中国特色现代企业制度的法律表达》,载《法治研究》2023 年第 3 期。

研究讨论是董事会、经理层决策重大问题的前置程序，落实党组织在公司治理结构中的法定地位；坚持和完善“双向进入、交叉任职”领导体制；国有企业重大经营管理事项必须经党委（党组）研究讨论后，再由董事会或者经理层作出决定；保证党对干部人事工作的领导权和对重要干部的管理权等。2021 年，中共中央发布的《关于中央企业在完善公司治理中加强党的领导的意见》进一步明确党组织在公司治理中的重要作用：“中央企业党委（党组）是党的组织体系重要组成部分，在公司治理结构中具有法定地位。”

（二）国家出资公司的党组织参与公司治理制度的规范阐释

新《公司法》关于国家出资公司的党组织参与公司治理的规定如下：

> **第 170 条规定** 国家出资公司中中国共产党的组织，按照中国共产党章程的规定发挥领导作用，研究讨论公司重大经营管理事项，支持公司的组织机构依法行使职权。

对于这一规定，应作如下阐释。

首先，此处“共产党的组织”的含义应当指向国家出资公司内部的基层党组织，而非市一级的党委组织。①

其次，本条规定概括指出党组织应当参与公司治理，但是对于党组织在国家出资公司治理结构中应处于何种地位或应如何履职未予明确。其他关联法规或制度实践中对此已有探索，目前最重要的制度安排是“三重一大”，即重大事项决策、重要干部任免、重要项目安排、大额资金的使用，必须经集体讨论作出决定。

“三重一大”事项决策的基本程序主要包括四个方面：第一，“三重一大”事项提交会议集体决策前应当认真调查研究，经过必要的研究论证程序，充分吸收各方面意见。重大投资和工程建设项目，应当事先充分听取有关专家的意见。重要人事任免，应当事先征求履行公司与国有资产出资人职责机构的纪检监察机构的意见。研究决定企业改制以及经营管理方面的重大问题、涉及职工切身利益的重大事项、制定重要的规章制度，应当听取企业工会的意见，并通过

---

① 参见蒋大兴：《走向“政治性公司法”——党组织如何参与公司治理》，载《中南大学学报（社会科学版）》2017 年第 3 期。

职工代表大会或者其他形式听取职工群众的意见和建议。第二,党委(党组)、董事会、未设董事会的经理班子应当以会议的形式,对职责权限内的“三重一大”事项作出集体决策,不得以个别征求意见等方式作出决策。紧急情况下由个人或少数人临时决定的,应在事后及时向党委(党组)、董事会或未设董事会的经理班子报告;临时决定人应当对决策情况负责,党委(党组)、董事会或未设董事会的经理班子应当在事后按程序予以追认。经董事会授权,经理班子也可以决策“三重一大”事项。第三,决策会议符合规定人数方可召开。与会人员要充分讨论并分别发表意见,主要负责人应当最后发表结论性意见。会议决定多个事项时,应逐项研究决定。存在严重分歧的,一般应当推迟作出决定。会议决定的事项、过程、参与人及其意见、结论等内容,应当完整、详细记录并存档备查。第四,公司在决策作出后应当及时向履行国有资产出资人职责的机构报告有关决策情况,企业负责人按照分工组织实施,并明确落实部门和责任人。参与决策的个人对集体决策有不同意见的,可以保留或者向上级反映,但在未作新的决策前不得擅自变更或者拒绝执行。如遇特殊情况需对决策内容作重大调整,应当重新按规定履行决策程序。

最后,本条的概括性规定也为国家出资公司党组织参与公司治理的模式留出了创新空间。在“三重一大”等要求的基础上,国家出资公司也可根据自身的具体情况,探索党组织参与公司治理的其他模式,并通过公司章程予以明确。[①]总体而言,基于实践发展,依据已有的理论和政策法规,国有企业党组织权责建构的重点在于明确其在公司治理中的决策权、把关权、监督权,带头履行责任、管党治党责任,确保党组织在国有企业改革发展中严把方向、严抓落实、严厉各方、严格自身。[②]

四、完善国有独资公司中的决策与监督制度

国有独资公司中的决策与监督制度的完善,需要强化董事会在公司治理中核心定位,董事会不仅应当继续履行决策的职责,还应当通过内设的审计委员

---

① 参见王新红、武欣玲:《论党组织参与国有公司治理的法律原则》,载《中南大学学报(社会科学版)》2017 年第 5 期。

② 参见王金柱、王晓涵:《新时代国有企业党组织“三权两责”建构分析》,载《中共中央党校(国家行政学院)学报》2022 年第 3 期。

会承接原本监事会的监督职责。这势必要求强化董事会的专业性和独立性,并强化董事的履职保障机制。

(一)完善国有独资公司中决策与监督制度的现实依据

国有独资公司中决策与监督制度的发展史,是一部董事会职能定位的强化史与监事会职能定位的弱化史。通过梳理相关规范沿革,可以见证集决策与监督职权于一身的国有独资公司董事会的公司治理中心地位是如何逐步确立的。

从董事会一端而言,2004 年国资委印发《关于中央企业建立和完善国有独资公司董事会试点工作的通知》(已失效),其肯定了国有公司中董事会的作用,将国有独资公司履行出资人职责的重点放在对董事会的管理上,确保在实现出资人职责到位的同时,使企业依法享有经营自主权。2008 年颁布的《企业国有资产法》对国有独资公司董事会的职权进行了界定,依其规定,国有独资公司对改制、上市、重大投资、为他人提供大额担保、转让重大财产、进行大额捐赠等重大事项,除有关法律、行政法规以及企业章程的规定由履行出资人职责的机构决定的以外,由董事会决定。2009 年,国资委印发了《董事会试点中央企业董事会规范运作暂行办法》,总结试点经验,在更大规模上指导中央企业推进董事会的规范运作工作。2015 年,《中共中央、国务院关于深化国有企业改革的指导意见》中明确要求:“健全公司法人治理结构。重点是推进董事会建设,建立健全权责对等、运转协调、有效制衡的决策执行监督机制。”2021 年 9 月,国资委印发的《中央企业董事会工作规则(试行)》进一步强化并明确了董事会的地位:董事会是企业经营决策主体,定战略、作决策、防风险,依照法定程序和公司章程决策企业重大经营管理事项。

从监事会一端而言,1994 年颁行的《国有企业财产监督管理条例》(已失效)最早规定了“监事会”的专节内容,并将此处的监事会界定为“监督机构根据需要派出的对企业财产保值增值状况实施监督的组织”。1998 年,国务院颁布了《稽察特派员条例》(已失效)以加强对国有重点大型企业的财务监督,评价国有重点大型企业主要负责人员的经营管理业绩。1999 年《公司法》修改后,明确规定由国务院向国有独资公司派出监事会。时至 2018 年 3 月出台的《关于调整国务院国有资产监督管理委员会职责机构编制的通知》将国有重点大型企业监事会职责划入审计署,不再设立国有重点大型企业监事会。2018 年 7 月,国务院发布《关于推进国有资本投资、运营公司改革试点的实施意见》,进一步明确两类公司作为国有独资公司,取消监事会在其公司治理结构的设置。由此,履职近20年的国有企业外派监事会完成历史使命,国有独资公司中出现了监管的真空地带。随着国有独资公司中监督机关的空缺与董事会职权定位的强化,将董事会塑造为集决策与监督权力于一身的机构具有现实必要性和可行性。

(二)国有独资公司中决策与监督制度的规范阐释

新《公司法》关于国有独资公司中决策与监督制度的规定如下:

第172条 国有独资公司不设股东会,由履行出资人职责的机构行使股东会职权。履行出资人职责的机构可以授权公司董事会行使股东会的部分职权,但公司章程的制定和修改,公司的合并、分立、解散、申请破产,增加或者减少注册资本,分配利润,应当由履行出资人职责的机构决定。

第173条 国有独资公司的董事会依照本法规定行使职权。国有独资公司的董事会成员中,应当过半数为外部董事,并应当有公司职工代表。董事会成员由履行出资人职责的机构委派;但是,董事会成员中的职工代表由公司职工代表大会选举产生。董事会设董事长一人,可以设副董事长。董事长、副董事长由履行出资人职责的机构从董事会成员中指定。

第174条 国有独资公司的经理由董事会聘任或者解聘。经履行出资人职责的机构同意,董事会成员可以兼任经理。

第175条 国有独资公司的董事、高级管理人员,未经履行出资人职责的机构同意,不得在其他有限责任公司、股份有限公司或者其他经济组织兼职。

第176条 国有独资公司在董事会中设置由董事组成的审计委员会行使本法规定的监事会职权的,不设监事会或者监事。

对于以上规定,应作如下阐释。

其一,董事会的职权。国有独资公司的董事会不仅享有一般公司董事会的职权,同时还根据履行出资人职责的机构的授权,行使股东会的部分职权。国有独资公司不设股东会,由履行出资人职责的机构代行职权。但是基于这一机构特殊的地位和性质,其无法面面俱到地直接决定国有独资公司的工资分配总体水平、重大资产处置等事项并承担相应的责任。因此,从公司经营管理中的权利、义务、责任统一的基本规则出发,该机构将相关权利授权给董事会行使,从而扩张了董事会的职权,并使董事会在事实上承接了股东会分解而来的职权。

其二,董事会的成员组成。董事会由委派董事、外部董事和职工代表董事组成。为了保障决策符合国有独资公司的应有定位,国有独资公司中首先需要存在由履行出资人职责的机构所委派的董事,这在一些国家中也被称为"政府董事"。国有独资公司的董事长、副董事长由履行出资人职责的机构从董事会成员中指定。从国有独资公司的实际治理情况来看,其董事长、副董事长通常而言均系此类委派董事,委派董事需要经常性地向履行出资人职责的机构汇报工作。为了保证决策的独立性,国有独资公司存在外部董事过半数的比例限制要求。为了保证决策的公平性,照顾职工等利益相关者的利益,国有独资公司强制要求在公司董事会中设置职工董事,但为兼顾决策的效率性,此处未设比例要求而交由公司自行决定。

其三,董事会的履职保障。新《公司法》明确规定国有独资公司的经理由董事会聘任或者解聘。但是,在国有公司董事会是否享有对经理的任免权的问题上,各国的规定存在差异,一些国家中的国有公司的经理直接由政府任命。然而这种模式并不可取,这会导致经理倾向于绕开董事会直接向政府报告工作,导致对董事会权力的蚕食与董事会的虚置。经理的定位应当是负责辅助董事会执行公司业务的机关,其职权直接来自公司章程或董事会的授予,其在履职中需向董事会报告工作并直接受到董事会的监督。因此,这势必要求国有独资董事会享有对经理层的任免权,从而强化其权威性,以督促后者辅助其行事,形成强有力的职责杠杆。① 不过,董事会成员与经理层成员也应当避免过度重合,否则董事会的权力将不受控地过度膨胀,导致棘手的"内部人控制"问题。就此,新《公司法》规定只有经履行出资人职责的机构同意,董事会成员方可兼任经理。

其四,董事会成员兼职的严格限制。根据新《公司法》的规定,董事、高级管理人员未经履行出资人职责的机构的同意,不得在其他公司或者其他经济组织兼职。这一规定与管理层的竞业禁止义务并不相同,严格限制国有独资公司管理层兼职,是为了防止管理层因兼职而疏于对公司的管理,造成公司利益受损

① 参见胡改蓉:《国有公司董事会独立性之保障》,载《华东政法大学学报》2010 年第 6 期。

并进而导致国有资产流失。

其五,董事会中的审计委员会对监事会监督职责的承继。新《公司法》破旧立新地规定国有独资公司可以设置监事会,并将监事会的职权承接至由董事组成的审计委员会。作此制度设计主要是为了避免与国企改革文件中取消"外派监事会"的要求发生冲突,系符合我国国情的制度安排。不过,国有独资公司的审计委员会不必当然由与"外派监事"类似的"委派董事"组成,委派董事、外部董事、职工董事均可作为审计委员会的组成人员。审计委员会的职权主要包括检查公司财务,对董事、高级管理人员执行职务的行为进行监督,对违反法律、行政法规、公司章程或者股东会决议的董事、高级管理人员提出解任的建议等。

(三)国有独资公司的决策与监督制度的域外借鉴

经济合作与发展组织发布的《OECD 国有企业公司治理指引》着重对如何完善以董事会为中心的国有公司治理结构,提出了全方位的建议,具有重要的借鉴意义。《国有企业公司治理指引》首先在宏观层面提出国有企业董事会应当在公司的整体目标框架内,根据职责授权,制定(批准)、监督、审核公司战略以及公司绩效指标,识别重大风险并制定有效的风险管理政策和流程,对公司经营业绩负担最终责任。为了确保国有企业公司治理的有效性,《国有企业公司治理指引》从国有企业董事会与国有股东的关系、董事会的人员构成、首席执行官的决定任免权等方面提出了建议。具体而言:国家担任控股股东时,有权自行提名并选任董事会成员,而无须征得其他股东同意。国家在甄别、提名和选举董事会成员的过程中应承担严格的责任。但是,一般而言,所有权管理部门或其他政府官员不应被任命为政府商业企业的董事会成员,否则国家股东或者政府很难克制干预国有企业日常管理的冲动。除此之外,为了确保国有企业董事充分履行监督职能,应当赋予其任免首席执行官的权力,或者至少在某些情况下,与所有权管理部门共同任免首席执行官,或就任免事宜咨询其意见。不论任免程序如何,首席执行官的任命均应基于专业条件和竞聘流程,尤其是对于从事经济活动的大型国有企业而言,由独立的专家管理选任流程,不失为一种好的做法。①

---

① 参见鲁桐:《〈OECD 国有企业公司治理指引〉修订及其对中国国企改革的启示》,载《国际经济评论》2018 年第 5 期。

五、确立国家出资公司中的合规治理机制

(一)确立国家出资公司中合规治理机制的现实依据

国家出资公司中的合规机制的确立,同样经历了一系列国企改革文件的探索。2018 年,国资委印发《中央企业合规管理指引(试行)》,开始在中央企业中进行合规制度的尝试。该指引将合规管理职责分别分配给了董事会、监事会和经理层,并同时要求设立合规委员会和合规管理负责人。2022 年 8 月,脱胎于这一指引的《中央企业合规管理办法》正式出台,其内容涵盖了合规管理的组织和职责、制度建设、运行机制、合规文化、信息化建设、监督问责等方面。该办法一方面配合相关制度的修改删除了监事会的有关规定,明确并完善了董事会、经理层参与合规管理及在其中的相应职能;另一方面对标国际合规标准,增设了合规委员会、合规管理牵头部门、首席合规官、合规管理员等新设机构与主体,从决策执行到监督问责,从顶层宏观到细化落实,为中央企业提供了一套完整、全面的合规管理模式,也为新《公司法》从国家出资公司着手确立公司合规机制提供了实践基础。

(二)国家出资公司中合规治理机制的规范阐释

新《公司法》关于国家出资公司中合规治理机制的规定如下:

> **第 177 条** 国家出资公司应当依法建立健全内部监督管理和风险控制制度,加强内部合规管理。

合规是指企业经营管理行为和员工履职行为符合国家法律法规、监管规定、行业准则和国际条约、规则,以及公司章程、相关规章制度等要求。合规管理则是指企业以有效防控合规风险为目的,以提升依法合规经营管理水平为导向,以企业经营管理行为和员工履职行为为对象,开展的包括建立合规制度、完善运行机制、培育合规文化、强化监督问责等有组织、有计划的管理活动。合法性义务是合规管理的基础,但合规管理超越了单纯的合法性义务之遵守,其需要依托组织化措施使企业、企业的机关以及企业职员的行为符合法律规定。

新《公司法》以合规管理为主线,要求国家出资公司构建内部监督管理机制、内部控制体系和风险管理体系,并积极开展合规治理。但是,这一概括性规定未具体指出合规机制应当如何构建,以及合规义务应当如何落实。2022 年

《中央企业合规管理办法》的相关规定可以提供指引,该办法一方面明确了传统的公司治理的组织机构的合规职责,其第8条规定:“中央企业董事会发挥定战略、作决策、防风险作用,主要履行以下职责:(一)审议批准合规管理基本制度、体系建设方案和年度报告等。(二)研究决定合规管理重大事项。(三)推动完善合规管理体系并对其有效性进行评价。(四)决定合规管理部门设置及职责。”第9条规定:“中央企业经理层发挥谋经营、抓落实、强管理作用,主要履行以下职责:(一)拟订合规管理体系建设方案,经董事会批准后组织实施。(二)拟订合规管理基本制度,批准年度计划等,组织制定合规管理具体制度。(三)组织应对重大合规风险事件。(四)指导监督各部门和所属单位合规管理工作。”另一方面,该办法第10条至第15条也规定要求中央企业通过合规委员会、首席合规官、合规管理牵头部门等专门的合规机构落实合规职责。具体而言,合规委员会主要负责统筹协调工作,首席合规官领导合规管理部门组织开展相关工作、指导加强合规管理并对公司主要负责人负责,合规管理部门牵头负责企业合规管理工作。

根据该办法的规定,国家出资公司为满足合规要求,需要新设专门的合规组织机构履行合规职责。这可能直接引发新设的合规机构与既有的公司治理机构的职权协调、责任分配等实践难题,对此有必要率先作出理论阐释。例如,合规委员会承担的更多是宏观领导和统筹工作,但在重大事项上也有实质决策权。由此,合规委员会如果在重大合规事项上的决策产生错误,就应与公司董事会共同承担责任。又如,合规管理负责人,虽然看似相对经理层而言,具备一定的独立性,但其更多是分担了经理通常所享有的拟定公司的基本管理制度的职权,在性质上应属于经理层的辅助机构。再如,合规管理牵头部门,由于通常受合规管理负责人领导,并不具有对公司其他部门全面合规管理的职权,性质上应属于公司内部的议事协调机构,主要负责起草合规管理的计划与制度规定、参与重大事项合规审查和风险应对、督促违规整改、提出处理建议、组织合规培训等。[①]

此外,需要指出的是,与党组织参与国家出资公司治理的情形类似,新《公司法》及《中央企业合规管理办法》等规范仅为国家出资公司的合规治理确立基本的框架和指引,具体如何落实,仍鼓励各国家出资公司结合实际情况进行探索、创新。

---

① 参见刘斌:《公司合规的组织法定位与入法路径》,载《荆楚法学》2022年第3期。

专题三十一 上市公司的特别规定

一、上市公司的特别规定的总体性概览

（一）上市公司的定义

新《公司法》第134条明确规定："本法所称上市公司，是指其股票在证券交易所上市交易的股份有限公司。"上市公司是股份有限公司的一种。新《公司法》规定，只有股份有限公司享有股票上市交易的权利，其他任何类型的公司都不具有这种权利。同时，也并非所有股份有限公司发行的股票都能够上市交易，能够上市交易的只是股份有限公司中的一部分。因此，上市公司一定是股份有限公司，但股份有限公司并不一定都是上市公司。

在我国，股份有限公司可分为上市公司、非上市公众公司、非公众股份公司三种类型，并受到监管规则的差序规制。其中，非上市公众公司是指股东累计超过200人、股票公开转让但未在证券交易所公开上市的股份有限公司，主要是在全国中小企业股份转让系统、区域性股份交易市场等进行交易；非公众股份公司则是股份无法公开转让的股份有限公司；而上市公司，是指股票在证券交易所上市交易的股份有限公司。需要注意的是，上市公司的股票在证券交易所上市交易，但股票的公开交易不等于股票的上市，公开交易具有各种不同的市场范围和交易方式，证券市场分为一级市场、二级市场、场外交易市场等，在这些市场上交易的股票都是股份有限公司发行的股票，在这些市场上的交易都属于公开交易。证券交易所是公开市场中的二级市场，是实行证券集中交易的特殊市场，在证券交易所进行的交易又称为挂牌交易，只有股票在证券交易所上市交易的公司才属于上市公司。

（二）新《公司法》修改的主要内容

原《公司法》关于上市公司的特别规定有5条，分别规定了上市公司的定义、特别决议事项、独立董事制度、董事会秘书制度和董事的表决权回避制度。

较之原《公司法》,新《公司法》第五章第五节“上市公司组织机构的特别规定”保留了关于上市公司之定义、特别决议事项、董事会秘书的规定,在独立董事管理、董事回避制度上进行了修改,并且新增了审计委员会职权、依法披露股东和实际控制人、禁止违法代持、禁止纵向交叉持股等内容。

在独立董事管理制度上,原《公司法》第122条规定:“上市公司设独立董事,具体办法由国务院规定。”新《公司法》第136条第1款规定:“上市公司设独立董事,具体管理办法由国务院证券监督管理机构规定。”相较于原《公司法》,该条保留了上市公司设置独立董事的要求,并进一步明确了可以对独立董事制度进行规范立法的部门为“国务院证券监督管理机构”。这一改变将独立董事的管理明确授权给国务院证券监督管理机构,符合我国的法律实践。由于二者均未对独立董事进行具体规范,而是授权其他部门进行管理,被授权部门的明确并不影响独立董事制度的实质内容,因此我们不对其进行过多探讨。

在关联董事的表决权回避制度上,原《公司法》第124条规定:“上市公司董事与董事会会议决议事项所涉及的企业有关联关系的,不得对该项决议行使表决权,也不得代理其他董事行使表决权。该董事会会议由过半数的无关联关系董事出席即可举行,董事会会议所作决议须经无关联关系董事过半数通过。出席董事会的无关联关系董事人数不足三人的,应将该事项提交上市公司股东大会审议。”新《公司法》第139条基本沿袭了原规定,在此基础上仅作出了两项修改:(1)将关联关系的认定从“企业”扩大至“企业或者个人”;(2)规定了关联董事的书面报告义务。本次修改的改动幅度不大,此处不再赘述。

(三)对上市公司进行特别规定的原因

上市公司不同于一般公司,其特殊之处在于以下三个方面。

第一,上市公司涉及公众投资者利益,需要进行较为严格的法律监管。上市公司社会影响力大,相比于普通企业,资本总额较大,股东数量较多,其股东往往是不特定的社会公众。一方面,上市公司的问题可能扩散至全部股东,具有极强的社会效应;另一方面,上市公司通过资本市场具有了较高的知名度,拥有较高的商业信誉,还往往是当地的名企,对社会具有示范效应。因而,围绕其建立的法律规范必须较为严格,以免造成不良影响的扩散。

第二,上市公司事关金融市场稳定,需要统筹发展与安全。上市公司的股票、债券等可以公开上市交易,具有较强的金融属性。就上市公司而言,其中的大量个人投资者对上市公司的经营监督管理权漠不关心,他们在意的是金融利益,即投资回报。虽然名义上公司股票持有人均为公司股东,但是在证券市场中,此类群体由于资本分散、规模较小、信息获取能力较弱、专业知识和技能不足,难以对公司管理层施加有效影响。个人投资者股东属性中的管理因素大大弱化,并逐渐蜕化成为单纯获取收益的“名义股东”,有股东之名而无股东之实。因此,《公司法》在上市公司的相关规定中,需要在为上市公司的发展提供制度供给的基础上,通过加强监管统筹上市公司的发展与金融市场的安全,如应在组织机构上为上市公司设立更多的强制性规范以规范上市公司的运营、注重信息披露以加强上级部门和社会公众对上市公司的监管等。

第三,上市公司的规范体系较复杂,《公司法》是对其规范的重要一环。上市公司的规范体系主要表现为三个方面:(1)《公司法》。虽然《公司法》中有一节对上市公司进行特殊规定,但主要是针对上市公司的组织机构进行特别规范,并不涉及股票发行等内容。寥寥几个条款难以规范上市公司的全部行为,需要依据其他法律条文共同形成规范体系。(2)《证券法》。《证券法》是规范上市公司股票发行和交易行为的法律,是上市公司相关行为的主要法律依据。(3)其他规范性文件。证监会及各交易所发布了许多上市公司相关的规范性文件,具有法律效力或者行为指引功能,如《关于在上市公司建立独立董事制度的指导意见》《上市公司治理准则》《关于加强社会公众股股东权益保护的若干规定》《上市公司股东大会规则》《上市公司章程指引》等。《公司法》作为规范公司组织架构的基本法,需要对上市公司的组织机构作出针对性回应,其他规范性文件不得在《公司法》的法律规定之外创设法律。

正是基于上市公司的特殊性,《公司法》在“股份有限公司的设立和组织机构”一章中设置专节“上市公司组织机构的特别规定”,对上市公司的组织机构进行了特别规定,这也是本次公司法修改的重要主题。另外,规范我国上市公司问题的制度体系包括《公司法》《证券法》,以及《上市公司股东大会规则》《上市公司章程指引》等证监会和交易所发布的规范性文件,需要对其进行关注。

二、规范上市公司的审计委员会职权

(一)新《公司法》修改的主要内容

原《公司法》未对审计委员会进行关注,新《公司法》第121条第2款规定:

“审计委员会成员为三名以上，过半数成员不得在公司担任除董事以外的其他职务，且不得与公司存在任何可能影响其独立客观判断的关系。公司董事会成员中的职工代表可以成为审计委员会成员。”该规定适用于上市公司。另外，新《公司法》第137条新增了对上市公司审计委员会职权的规定。

（二）本次修改的现实依据

原《公司法》虽未规定审计委员会，但证监会颁布的规章中对董事的专门委员会进行了规定，实践中也作出了探索。《上市公司独立董事管理办法》第5条第1、2款规定：“上市公司独立董事占董事会成员的比例不得低于三分之一，且至少包括一名会计专业人士。上市公司应当在董事会中设置审计委员会。审计委员会成员应当为不在上市公司担任高级管理人员的董事，其中独立董事应当过半数，并由独立董事中会计专业人士担任召集人。”《上市公司治理准则》第38条规定：“上市公司董事会应当设立审计委员会，并可以根据需要设立战略、提名、薪酬与考核等相关专门委员会。专门委员会对董事会负责，依照公司章程和董事会授权履行职责，专门委员会的提案应当提交董事会审议决定。专门委员会成员全部由董事组成，其中审计委员会、提名委员会、薪酬与考核委员会中独立董事应当占多数并担任召集人，审计委员会的召集人应当为会计专业人士。”《上市公司治理准则》第39条规定：“审计委员会的主要职责包括：（一）监督及评估外部审计工作，提议聘请或者更换外部审计机构；（二）监督及评估内部审计工作，负责内部审计与外部审计的协调；（三）审核公司的财务信息及其披露；（四）监督及评估公司的内部控制；（五）负责法律法规、公司章程和董事会授权的其他事项。”《上市公司治理准则》第43条规定：“专门委员会可以聘请中介机构提供专业意见。专门委员会履行职责的有关费用由上市公司承担。”

以上规定在近些年为上市公司设立审计委员会进行了指导，也为《公司法》规定审计委员会提供了一定的规范和实践基础。虽然新《公司法》所承认的审计委员会职权与《上市公司治理准则》的规定并不一致，新《公司法》明确确认的审计委员会职权是对公司财务会计进行监督，仅及于《上市公司治理准则》所规定的财务部分，并不包括内部控制等事项监督，但其并不完全否定相关规定的合法性，需要证券监督管理机关在后续对规章进行梳理、协调。

（三）规范上市公司审计委员会职权的理论基础

审计委员会作为董事会专门委员会，系美国公司治理的产物。在美国，董事会内部设置专门委员会是为了提高董事会效率，保障董事会决策的客观性，但公司设置何种委员会完全是公司自律行为，依公司章程而定。依《美国标准商事公司法》第8.25节之规定，除《美国标准商事公司法》、公司章程或内部细则另有规定，董事会可以设立一个或多个委员会，并指定一名或多名董事会成员服务于任何委员会；在董事会或者公司章程或者内部细则规定的范围内，每个专门委员会都有权行使董事会权力。与此同时，监督义务被视为董事勤勉义务的重要组成部分，监督职权可在董事会内部进行自主分配。[①] 美国各州的法律并不要求设立审计委员会，但鉴于审计委员会在问责程序中具有重要作用，不乏主张在上市公司中强制设立审计委员会的主张。[②] 由于大型上市公司的财务丑闻，美国于2002年7月颁布了《萨班斯—奥克斯利法》(Sarbanes-Oxley Act)，以强化公众公司的财务监督。该法第301条规定了审计委员会的设立、独立性要求和主要职责。依照该法，审计委员会的职责主要集中于财务会计领域的监督，包括：负责聘请注册的会计师事务所，决定其报酬，监督其工作；受聘的会计师事务所直接向审计委员会报告；接受、保留和处理有关会计、内部会计控制、审计方面的投诉；聘请独立的法律顾问或其他咨询顾问。[③] 由于该法属于联邦证券法范畴，其并无法直接遁入公司法层面适用于所有公司类型。在这一点上，我国公司法则直接在组织法层面对审计委员会进行职权设定，二者具有不同的语境。

对于审计委员会的职权，域外公司制度亦有不同设定，职权范围或大或小，并无统一模式。新《公司法》将审计委员会的监督职权聚焦于财务会计监督，系立法者的主动选择而非规范漏洞，也是对审计委员会监督效用进行理性定位后的职权配置。值得注意的是，除了财务会计监督职权之外，会议召集与提议等职权虽然处于次要地位，但在公司治理中并非毫不重要。公司法层面对这些职权的省略，将对其他关联制度产生关联影响，原本通过监督机制实现的公司利益冲突治理，将不得不转而寻求其他机制解决。

---

① 参见吕成龙：《上市公司董事监督义务的制度构建》，载《环球法律评论》2021年第2期。

② 参见美国法律研究院：《公司治理原则：分析与建议》(上卷)，楼建波等译，法律出版社2006年版，第123页。

③ See The Sarbanes-Oxley Act (2002), Section 301.

(四)新《公司法》的规定与解读

新《公司法》关于上市公司审计委员会职权的规定如下：

> **第137条** 上市公司在董事会中设置审计委员会的，董事会对下列事项作出决议前应当经审计委员会全体成员过半数通过：
>
> (一)聘用、解聘承办公司审计业务的会计师事务所；
>
> (二)聘任、解聘财务负责人；
>
> (三)披露财务会计报告；
>
> (四)国务院证券监督管理机构规定的其他事项。

虽然新《公司法》并不强制要求上市公司设审计委员会，但依据《上市公司治理准则》第38条的规定，“上市公司董事会应当设立审计委员会”。需要注意的是，该条规定的上市公司审计委员会职权并不适用于上市公司以外的其他公司，新《公司法》通过第69、121、137条，对有限责任公司、股份有限公司和上市公司的审计委员会作出了差异化规定，应当分别适用。

作为新《公司法》新增的条文，上市公司设置审计委员会的主要目的是确保公司的财务报告和审计工作能够独立、公正、透明地进行，以保护投资者的权益、维护市场秩序，以及提高公司治理的质量。根据新《公司法》的规定，审计委员会是作为董事会的一个特殊委员会而存在的，其职责主要围绕审计、财务管理和财务报告展开；其也规定了董事会对四类事项作出决议前应当经审计委员会全体成员过半数通过，即审计委员会对四类决议的前置性批准。

具体而言，根据本条规定，审计委员会在以下四个方面对董事会决议有前置性批准的权利和要求。

1. 聘用、解聘承办公司审计业务的会计师事务所。审计委员会有权决定选择或解雇承担公司审计任务的会计师事务所。这一权力确保了审计工作的独立性，因为会计师事务所需要保持中立，不受公司管理层的不当影响，以确保财务报告的真实性和准确性。

2. 聘任、解聘财务负责人。公司的财务负责人(通常是首席财务官)在财务管理和报告方面发挥关键作用。审计委员会有权参与决定公司的财务负责人的聘任与解聘，以确保公司在财务管理方面拥有经验丰富、诚信可靠的领导者。

3. 披露财务会计报告。审计委员会监督公司的财务会计报告的披露，以确保报告真实、准确、完整和及时。这有助于防止虚假陈述和信息不完整的问题产生，保护投资者免受误导。

4. 国务院证券监督管理机构规定的其他事项。审计委员会还必须处理国务院证券监督管理机构制定的其他事项，以确保公司遵守相关法规和规定。这可以包括针对公司治理、财务披露和审计的其他具体要求。

新《公司法》实施后，实践中对于上述事项的决议即需要先行由审计委员会作出过半数决议，之后再报请董事会批准，相当于把董事会的权力一定程度上下放到审计委员会。需要注意的是，如果董事会作出了相关决议但未经审计委员会事先批准，该决议就将被认为存在瑕疵，应当根据实际情况认定为决议不成立或可撤销。

三、新增股东、实际控制人的信息披露

（一）新《公司法》修改的主要内容

原《公司法》对上市公司信息披露的规定较为简单，其在第123条规定："上市公司设董事会秘书，负责公司股东大会和董事会会议的筹备、文件保管以及公司股东资料的管理，办理信息披露事务等事宜。"原《公司法》将信息披露的职权授予董事会秘书。此外，原《公司法》仅规定了上市公司收购本公司股份时的信息披露义务。新《公司法》则新增了对上市公司股东、实际控制人的信息披露要求。

对于上市公司的信息披露，证监会在《上市公司信息披露管理办法》中通过65个条文，对信息披露义务人、信息披露的内容、信息披露的方式、定期报告与临时报告制度、信息披露事务管理制度、监督管理与法律责任等进行了详细的规定。《证券法》第80条第1、2款更是对上市公司股东、实际控制人的信息披露进行了具体规定："发生可能对上市公司、股票在国务院批准的其他全国性证券交易场所交易的公司的股票交易价格产生较大影响的重大事件，投资者尚未得知时，公司应当立即将有关该重大事件的情况向国务院证券监督管理机构和证券交易场所报送临时报告，并予公告，说明事件的起因、目前的状态和可能产生的法律后果。前款所称重大事件包括：……（八）持有公司百分之五以上股份的股东或者实际控制人持有股份或者控制公司的情况发生较大变化，公司的实际控制人及其控制的其他企业从事与公司相同或者相似业务的情况发生较大

变化……"需要明确的是,新《公司法》在本条规定股东、实际控制人的依法信息披露,目的在于实现与《证券法》《上市公司信息披露管理办法》等规范的衔接,强调其依法披露的必要性,而非创设一种新的信息披露内容。

(二)新《公司法》的规定与解读

新《公司法》关于上市公司股东、实际控制人信息披露的规定如下:

第140条第1款 上市公司应当依法披露股东、实际控制人的信息,相关信息应当真实、准确、完整。

该条要求上市公司依法披露股东和实际控制人的信息。"应当依法披露股东、实际控制人的信息"是指新《公司法》要求上市公司在其他法律、法规、规章等规定的范围内披露股东、实际控制人的信息。本条规定并不要求上市公司无条件披露股东、实际控制人的信息,原因在于:(1)要求上市公司无条件披露股东、实际控制人的信息为上市公司附加了过多的义务。上市公司的股东数量较多,且常产生变化,要求其全部披露难以实现。(2)从文义解释的角度来看,要求上市公司在其他法律、法规、规章等规定的范围内披露股东、实际控制人的信息更加合理。"依法"即为依照法律的规定,若不强调以其他法律、法规、规章为依据,则仅规定"上市公司应当披露"即可。因此,对"应当依法披露股东、实际控制人的信息"的理解,应限于《证券法》第80条、《上市公司信息披露管理办法》第14条所规定的持有公司5%以上股份的股东或者实际控制人及其变化的信息披露。

对于披露信息的要求,本条规定"相关信息应当真实、准确、完整"。其中,信息"真实"是指公司不得进行虚假陈述,不得提供虚假或误导性的信息,以免造成市场的波动;信息"准确"要求信息与实际情况一致,且具有确定性,如应依法披露股东姓名和持股份额,不得对具体数额做模糊处理等;信息"完整"要求不得遗漏重要细节,不得故意隐瞒股东的持股情况。

这一规定的核心目的是确保市场的透明度、保护投资者的权益、维护市场的公平性和稳定性,以及提高公司治理的质量。披露股东和实际控制人信息在公司治理方面具有关键意义。上市公司作为特殊的公司类型,其所有权结构和实际控制人必须公开透明,以确保投资者能够了解公司的经营状况和风险。这种透明度有助于建立市场信任,提高投资者的信心,促进资本市场的健康发展。

另外,披露股东和实际控制人信息的要求使公司管理层、董事会和监事会能够更及时、准确地了解公司的所有权结构和实际控制情况,从而确保公司决策的透明性和合法性。这有助于预防不当干预和维护公司治理的有效性。

四、禁止违法代持上市公司股票

(一)新《公司法》修改的主要内容

原《公司法》对代持股票和代持上市公司股票均未作规定,但是证监会要求上市公司股权清晰,一般会要求公司在上市前对代持股权进行清理;在公司上市后,要求其披露股权代持的形成原因并持续追踪股权代持的状态。

新《公司法》第 140 条第 2 款明确禁止了对上市公司股票的违法代持。因其并未详细列举违法代持的具体情形,我们需要对其进行讨论。

(二)新《公司法》的规定与解读

新《公司法》关于禁止违法代持上市公司股票的规定如下:

第 140 条第 2 款 禁止违反法律、行政法规的规定代持上市公司股票。

该条规定并不是对上市公司股票代持行为进行全面禁止,而只是对违法、违规的代持行为加以禁止。因此,本条所确定的上市公司代持规范应当被理解为原则允许、例外禁止。

本条是《公司法》首次将“代持”作为法律概念在法条中予以明确,因此需要明晰“代持”的概念。股权代持,实践中也称作隐名投资,主要指股权的名义持有者与实际股东利益的享有者相分离的现象。其中,股权的名义持有者一般被称为名义股东、显名股东或股权代持人,而股权实际利益的享有者则称作隐名股东、实际投资人或被代持人。股权代持是一种十分常见和普遍的商业现象,主要因为投资人碍于特定的身份限制或政策限制不方便直接担任公司股东,或单纯为了切割自身名下的财产,从而委托其他主体代其担任公司股东,成为公司名义上的股东,而自己则隐于幕后,成为实际的投资人。股权代持关系引发了权利的名义主体与实质主体的分离,名义股东虽然被登记为公司的股东,也在形式上行使股东的各项权利,但实际上其所实施的各项表决行为应当按照实际投资人的指示进行,其所获得的分红利益也均应转由实际投资人享有。名义股东扮演的更多是一种“牵线木偶”的角色,而其背后的实际投资人才是实际的操盘人。股权代持关系实际包括对内和对外两个方面,其中名义股东与实际投资人之间的内部关系应当是委托合同关系,名义股东主要是依托内部的委托合同进行利益处置;而与公司的对外关系则是纯粹的股权关系,为名义股东与公司之间的法律关系,实际投资人与公司在法律上并无直接的关联。

本条规定了违法代持的效力认定规则。

(1)原则上有效。意思自治是民商法中最重要的基本原则之一,强调法无禁止即可为,故而在股权代持方面,原则上应当尊重商事交易中的此种特别安排,认可代持行为之法律效力。

(2)违反法律、行政法规强制性规定代持的无效,违反管理性强制性规定代持的,可能产生其他法律后果。《民法典》第153条第1款规定:"违反法律、行政法规的强制性规定的民事法律行为无效。但是,该强制性规定不导致该民事法律行为无效的除外。"该条概括规定了违法行为的效力。对于法律行为效力的认定,自最高人民法院《关于适用〈中华人民共和国合同法〉若干问题的解释(二)》提出违反"效力性强制性规定"无效的意见以来,最高人民法院《关于当前形势下审理民商事合同纠纷案件若干问题的指导意见》、《九民纪要》等均对效力性强制性规定、管理性强制性规定的分类进行了厘定。但法律规范的复杂性,使区分效力性强制性规定和管理性强制性规定成为民商法学界公认的"世界性难题"。为了避免陷入无休止的理论争议,影响裁判尺度的统一,2023年12月5日颁布的《民法典合同编通则解释》第16条并没有使用效力性强制性规定和管理性强制性规定的表述,而是仅对"不导致该民事法律行为无效"的强制性规定进行了列举,即"(一)强制性规定虽然旨在维护社会公共秩序,但是合同的实际履行对社会公共秩序造成的影响显著轻微,认定合同无效将导致案件处理结果有失公平公正;(二)强制性规定旨在维护政府的税收、土地出让金等国家利益或者其他民事主体的合法利益而非合同当事人的民事权益,认定合同有效不会影响该规范目的的实现;(三)强制性规定旨在要求当事人一方加强风险控制、内部管理等,对方无能力或者无义务审查合同是否违反强制性规定,认定合同无效将使其承担不利后果;(四)当事人一方虽然在订立合同时违反强制性规定,但是在合同订立后其已经具备补正违反强制性规定的条件却违背诚信原则不予补正;(五)法律、司法解释规定的其他情形。"在上市公司股权代持层面,违法无效的强制性规定常与谋取不正当利益相关。例如,2023年施行的《证券发行与承销管理办法》第27条规定:“发行人和承销商及相关人员不得有下列行为……(四)以代持、信托持股等方式谋取不正当利益或向其他相关利益主体输送利益……”另有相当比例的行为目的是规避某种法律对投资身份的规定,如《公务员法》规定国家公务人员不得经商,而某公务员为规避此种法律规定而要求他人代其持有股份。这种以规避法律为目的的代持行为则可能被否定其法律效力。但对信息披露规则、证监会的实名交易规则等的违反,由于对社会公共秩序造成的影响显著轻微,并不单因对其的违反而无效。

《公司法》并非完全禁止上市公司的股权代持。这意味着一般情况下,个人或机构是可以代持上市公司股票的,并且这种代持一般意义上不受限制,但必须严格遵守法律法规的规定,禁止违反法律和行政法规的规定来进行代持。违反法律法规的代持行为可能会造成市场的滥用和不当干预,导致市场操纵、股价操纵和其他不正当行为。本条的存在和实施有助于建立一个诚信、公正和透明的市场环境,提高市场的透明度,保护投资者的权益,也防止市场滥用和不当干预,促进法律合规和公司治理的最佳实践。通过遵守这一规定,上市公司能够建立声誉、提高法律合规水平,吸引投资者,维护市场的稳定性和诚信度,确保市场秩序的健康运作。

值得讨论的是,新《公司法》第140条第2款并未明确代持上市公司股票合法与违法的边界问题,而只是采用此种转致性质的条款,具体由法律或行政法规对代持行为加以限制。然而,目前在法律和行政法规的层级上并没有对上市公司股票代持行为有明确的禁止性规定,类似的规定更多出现在证监会下属的一系列规章之中。但问题便是,部门规章在效力级别上要低于法律、法规,那么违反了此种规章性文件而实施代持行为是否同样可纳入本条规定的范畴?进而的问题是,违反了本条规定而代持股票将产生何种法律后果?单从法理上看,违反部门规章并不会导致法律行为无效,但此种论断亦不能一概而论,如果某个部门规章背后所体现的是金融管理和金融安全等原则性的价值,那么违反相关规定可能会导致该行为因有违诚实信用原则或公序良俗原则而无效。因此,核心的判断标准就是看代持行为是否会严重损害国家的金融安全或特定领域的管理秩序。基于此,如果是一般的代持行为,并不违反法律法规的具体规定或原则性规定,则其效力不受影响;如果是特定行业公司(如保险公司、商业银行等)的代持,则可能会影响国家正常的金融管理秩序和金融安全,此时,不仅代持合同可以认定无效,名义股东持有股份的法律状态很可能也被认定为无效。

五、禁止上市公司纵向交叉持股

(一)新《公司法》修改的主要内容

交叉持股是一种公司之间相互持股的情况,通常是指母公司持有子公司的股权,同时子公司也持有母公司的股权。这种情况可能对公司法和市场产生多方面影响。母公司持有子公司股权可能是为了确保对子公司的控制,以便影响其经营决策和战略。同时,子公司持有母公司股权可能用作战略投资,或者是为了维护一种相互依赖的关系。这些交叉持股关系可以有多种背后动机,包括风险分散、合作、降低融资成本和税收优惠等。然而,交叉持股问题可能对公司法和市场产生多方面的影响。

原《公司法》未禁止上市公司的纵向交叉持股,最高人民法院《关于人民法院为企业兼并重组提供司法保障的指导意见》第6条规定,“对交叉持股表决方式、公司简易合并等目前尚无明确法律规定的问题,应结合个案事实和行为结果,审慎确定行为效力”。新《公司法》将上市公司的纵向交叉持股纳入规范体系,为相关实践提供了法律依据。

(二)本次修改的现实依据

早在《公司法》出台之前,我国的部分规范性文件中已涉及交叉持股的相关条款。早在1992年的《深圳市股份有限公司暂行规定》《股份有限公司规范意见》中,就有关于交叉持股的相关规定。但是在1993年《公司法》颁布后,这些文件均已失效,1993年《公司法》对公司对外投资总额进行了限制,要求不得超过净资产的50%。2005年修订《公司法》时这一规定也被删除,导致我国法律层面的规范文件对交叉持股问题的规范长期处于空白状态。

在部门规章的立法层面上,《证券公司设立子公司试行规定》第10条规定:“子公司不得直接或者间接持有其控股股东、受同一证券公司控股的其他子公司的股权或股份,或者以其他方式向其控股股东、受同一证券公司控股的其他子公司投资。”但该规定仅仅涉及证券公司,对其他公司和上市公司没有涉及。上海证券交易所及深圳证券交易所的《股票上市规则》对上市公司交叉持股作出了相关规定,上市公司控股子公司不得取得该上市公司发行的股份。确因特殊原因持有股份的,应当在1年内消除该情形,在消除前,上市公司控股子公司不得对其持有的股份行使表决权。

上海证券交易所及深圳证券交易所的《股票上市规则》及其他配套监管要求,其性质属于交易所的业务规则,在法律位阶中只能被认为是规范性文件,在司法实践中,有可能不被法院参照适用,但为新《公司法》的修改进行了探索,具有一定的借鉴价值。

(三)新《公司法》的规定与解读

新《公司法》关于禁止上市公司纵向交叉持股的规定如下:

第141条 上市公司控股子公司不得取得该上市公司的股份。上市公司控股子公司因公司合并、质权行使等原因持有上市公司股份的,不得行使所持股份对应的表决权,并应当及时处分相关上市公司股份。

该条明确规定了上市公司与其控股子公司之间的股份交叉持有情况以及控股子公司如何处理所持股份的情况。

母子公司之间的交叉持股可能导致一些不良影响:第一,它可能导致公司治理问题。母公司持有子公司的股权可能会引发内部利益冲突,原因在于母公司可能试图影响子公司的经营决策,以符合母公司的利益。这可能损害子公司的独立性,对其他股东造成不利影响。第二,交叉持股也可能对市场公平竞争产生影响。如果母公司和子公司之间存在交叉持股,就可能会引发市场操纵、内幕交易的担忧,尤其是两家公司在相同或相关的行业中竞争,这可能导致不公平竞争,损害其他市场参与者的权益,影响市场的正常运作。新《公司法》作禁止性规定的主要目的是确保上市公司与其控股子公司之间的独立性,防止出现潜在的利益冲突和不当控制,从而维护资本市场的健康运作和公平性。

新《公司法》规定了上市公司纵向交叉持股的两种情形。

1.上市公司控股子公司不得取得该上市公司的股份。这意味着上市公司的控股子公司不得直接或间接地购买或持有上市公司的股份。这一规定的目的在于确保上市公司的独立性和自主性,避免控股子公司通过持有上市公司股份来影响上市公司的经营决策或控制。如果上市公司的控股子公司同时持有上市公司股份,将陷入一种特殊的交叉持股状态,即上市公司持有子公司股份,同时子公司也持有母公司股份，此种状态难免陷入一种矛盾，可能导致母子公司之间的相互掣肘，也可能导致公司利用此种复杂的股权关系谋取不正当利益，因此这种持股样态在上市公司的范畴被严格限制。

2. 如果上市公司控股子公司因公司合并、质权行使等持有上市公司股份，则存在表决、处分上的限制和要求。一方面，控股子公司不得行使其所持股份对应的表决权，这是为了避免控股子公司通过行使表决权来干涉上市公司的经营活动，保障上市公司的决策自主性。同时，这也有助于防止潜在的利益冲突，避免控股子公司的管理层面临选择支持控股子公司还是上市公司的困境。另一方面，该条文要求控股子公司应当及时处分相关上市公司股份。这一规定强调了控股子公司持有上市公司股份的时限，以防止长期的交叉持股情况。这有助于维护上市公司的独立性，防止潜在的不当控制。

总体而言，新《公司法》规定的核心目的是确保上市公司与其控股子公司之间的关系是透明、公平、独立的。它通过禁止控股子公司取得上市公司股份，限制控股子公司行使股份表决权，以及规定控股子公司要及时处分股份，防止了潜在的利益冲突和不当控制，从而维护了资本市场的稳定和公平。这有助于保护广大投资者的权益，维护市场的正常运作。